教育部人文社會科學研究青年基金項目

『《磧砂藏》隨函音義輯校與研究』（12YJC730009），

中華女子學院資助成果

《磧砂藏》隨函音義研究

譚　翠◎著

中国社会科学出版社

圖書在版編目（CIP）數據

《磧砂藏》隨函音義研究／譚翠著．—北京：中國社會科學出版社，2013.8

ISBN 978 - 7 - 5161 - 2960 - 9

Ⅰ．①磧⋯　Ⅱ．①譚⋯　Ⅲ．①大藏經—語音—研究　Ⅳ．①B941
②H113

中國版本圖書館 CIP 數據核字（2013）第 155175 號

出　版　人	趙劍英
責任編輯	李炳青
責任校對	凌文超
責任印製	張漢林

出　　　版	中國社會科學出版社
社　　　址	北京鼓樓西大街甲 158 號（郵編 100720）
網　　　址	http://www.csspw.cn
	中文域名:中國社科網　　010 - 64070619
發　行　部	010 - 84083685
門　市　部	010 - 84029450
經　　　銷	新華書店及其他書店

印　　　刷	北京市大興區新魏印刷廠
裝　　　訂	廊坊市廣陽區廣增裝訂廠
版　　　次	2013 年 8 月第 1 版
印　　　次	2013 年 8 月第 1 次印刷

開　　　本	710 × 1000　1/16
印　　　張	33.5
插　　　頁	2
字　　　數	568 千字
定　　　價	88.00 圓

凡　例

　　一、本文所引《影印磧砂藏經》是二十世紀三十年代上海影印宋版藏經會以陝西本《磧砂藏》爲底本影印而成的。該藏經雖以陝西本爲底本，但其中補配了其他藏經，在徵引隨函音義和佛經經文時，一律簡稱爲《磧砂藏》，不標明實際底本名稱。《磧砂藏》隨函音義和經文引文標注方式如下：出處中斜綫前的數字表示《影印磧砂藏》的册數，斜綫後的數字代表頁數，小寫字母"a、b"分别代表上半頁和下半頁。如"（138/17a）"，指引文出自《影印磧砂藏經》的第 138 册第 17 頁上半頁。

　　二、《大正新修大藏經》，簡稱《大正藏》。本文所引《大正藏》經文標注方式如下：出處中大寫字母"T"後面的數字代表《大正藏》的卷數，小寫字母"p"後面的數字代表頁碼，小寫字母"a、b、c"分别代表上、中、下三欄。《大正藏》校勘使用的别本主要有：南宋思溪藏（宋）、元大普寧寺藏（元）、明嘉興藏（明）、宫内省圖書寮本（宫）、正倉院聖語藏本（聖）、正倉院聖語藏本别寫（聖乙）等，本文引用《大正藏》校勘記時所説的宋、元、明、宫等即上揭相應版本的簡稱。

　　三、慧琳《一切經音義》，簡稱《慧琳音義》。本文所引《慧琳音義》如無説明均爲《大正藏》（第 54 册）本。

　　四、本文引用敦煌文獻標明卷號。引用其他文獻資料，用頁下注的方式標注具體頁碼。

　　五、本文所引文獻如存在訛衍脱的情況，處理方式如下：訛字在原文後用"（）"標出正字；脱字據上下文或文意補出時外加"［］"；缺字用"□"表示。

　　六、爲方便叙述和避免理解上的歧義，本文行文一律使用規範的繁體字。所引文獻中無關主旨的文字變體和訛字，一般改爲相應的規範字。

目　録

上　編

下編 《磧砂藏》隨函音義彙編

上　編

第一章

緒　論

第一節　隨函音義和《磧砂藏》隨函音義

一　隨函音義

（一）什麼是隨函音義

研究隨函音義，首先遇到的一個問題便是：什麼是隨函音義？要解決這個問題，我們必須首先得對"音義"作出恰當的定義。

清代謝啓昆《小學考》卷四五下云：

> 音義爲解釋群經及子史之書，故諸家著録不收入小學。然其訓詁反切，小學之精義具在於是，實可與專門著述互訂得失。且《通俗文》、《聲類》之屬，世無傳本者，散見於各書音義中至多，則音義者，小學之支流也。昔賢通小學以作音義，後世即音義以證小學，好古者必有取焉。①

《漢語大詞典》"音義"條下云：

> 六朝以來注釋古書字音字義的一種著作體。如陸德明《經典釋文》中諸經及《老子》、《莊子》音義，陳第《屈宋古音義》等。②

《中國大百科全書·語言文字卷》未見"音義"條，但該書"音義

---

① 謝啓昆：《小學考》，漢語大詞典出版社 1997 年版，第 568 頁。

② 羅竹風主編：《漢語大詞典》（三卷本）"音義"條，漢語大詞典出版社 1997 年版，第7394 頁。

書”條云：

> 音義專指解釋字的讀音和意義的書。古人爲通讀某一部書而摘舉其中的單字或單詞而注出其讀音和字義，這是中國古書中特有的一種體制。根據記載，漢魏之際就有了這種書……一部書因師承不同，可以有幾家爲之作音，或兼釋義。有的還照顧到字的正誤。這種書在傳統“小學”著作中獨成一類，與字書、韻書、訓詁書體例不同，所以一般稱爲“音義書”，或稱“書音”……佛教經典在北齊時也有人作音，到唐代有兩部最知名的音義書，一部是唐高宗時釋玄應所作的《衆經音義》，另一部是唐憲宗時釋慧琳所作的《一切經音義》。包容極富，爲研究古音古義的重要參考資料。①

綜合各家説解及現存音義的基本情況，我們不難得出這樣的結論：“音義”是中國傳統小學的一種著作體例，産生於漢魏之世，盛行於隋唐之際，式微於五代之後，至元明之後，其體幾亡。從功能而言，音義既能傳訓詁之旨，抉音聲之要，又能證各本之異同，考古義之得失；就範圍而論，既注解群經、史傳之世俗典籍，又訓釋經、律、論之佛藏經典。

那麼，什麼是“隨函”呢？這一問題則涉及“音義”體例的發展流變。于亭曾推測，“音義很可能經歷了一個附著於文本，並未單獨成篇的階段，可能就是以 S. 3663、S. 10、P. 2669 寫本中這類面貌隨注於文本上下。其後學另紙順序摘録被注之字，抄撮標注的字音字義，匯爲一篇，命之曰‘某書音’，卷背之音注，則稱‘某書音隱’、‘音義隱’，如此成爲獨立單行的書音，形成異於常倫的體式。敦煌殘卷中尚存六朝隋唐之《禮記音》、《毛詩音》、《楚辭音》、《文選音》寫本，體例極簡，多隨文摘字，字目下面只出直音字或者反切上下字，間或有極簡短的義訓，可以窺見古制”②。可見，“音義”最初很有可能經歷了隨文訓詁的階段，然後才逐漸發展到獨立單行的“書音”，至隋末唐初的陸德明《經典釋文》集前代之大成，成爲儒家經史音義的典範。

---

① 《中國大百科全書·語言文字卷》“音義”條，中國大百科全書出版社 1988 年版，第 452 頁。

② 于亭：《論“音義體”及其流變》，《中國典籍與文化》2009 年第 3 期，第 15 頁。

　　然而，佛教經典中的音義體例又是如何發展演變的呢？其實，它與上文所述的儒家經史“音義”有着相似的發展路徑。對此，黃耀堃認爲佛經音義大致可以分爲三類：一是隨文加注，不少正文裏面經常附注音義，如唐代菩提流志譯的《廣大寶樓閣善住秘密陀羅尼經》等，其中在咒語裏面夾注了一些發音方法以及反切，有些還注上梵漢語義比較之類；二是一些專收音義的書，如可洪《新集藏經音義隨函錄》等；三是隨函音義，即附在每一卷（函）末的音義。第一類的音義在本質上與第三類沒有太大分別，就其形式而言，第三類可以説是第一類發展到第二類的“中間過體”①。雖然第一類的音義也可稱爲“隨函（卷）音義”，但經折裝流行之後，第三類卷末附載的形式更爲普遍②。據此，從體例上來看，“隨函”即附著於佛經卷末或函末，它是佛經隨文加注的變體，是發展到佛經音義專書的過渡體例。

　　綜上所述，我們認爲隨函音義的定義可以有如下表述：

　　隨函音義，是附著於佛經卷末或函末，對該卷（函）佛經中的字詞進行注音、辨字、校勘、釋義以方便佛經閱讀和理解的一類傳注體例。

（二）隨函音義的流傳與分布

　　弄清了什麼是隨函音義，下面我們就來探討一下佛經隨函音義的相關情況。其實，儘管佛經隨函音義不像佛經音義專書一樣，爲歷代佛經目錄所記載，但實際上這種附加音義產生和發展由來已久，一直伴隨著佛經的流傳和刊刻。如上文所述，溯其源流，蓋因歷代佛典多爲生僻字加注音義，附於卷品之後，便形成了此種音義形式。在早期佛經寫卷中就已見其端倪，如在敦煌文獻寫本佛經中就存有大量隨函音義，像斯4151號《諸星母陀羅尼經》卷末附有一行隨函音義，斯4210號《金光明最勝王經》卷末亦附有兩行隨函音義，等等；歷代刊刻的大藏經中隨函音義亦十分常見，如應縣木塔發現的《遼藏》本《妙法蓮花經》第5、13、16、18、19、20號刻本卷末均附有隨函音義③，現存的《磧砂藏》、《普寧藏》、《嘉興藏》等大藏經卷末亦普遍刻有音義，可見，佛經卷末附有隨函音義

---

　　① 黃耀堃：《磧砂藏隨函音義初探》，中國音韻學研究會、石家莊師範專科學校編：《音韻論叢》，齊魯書社2004年版，第252頁。

　　② 同上書，第262頁。

　　③ 山西省文物局、中國歷史博物館編：《應縣木塔遼代秘藏》，文物出版社1991年版，第108、128、141、151、163頁。

在佛教典籍中是一種非常普遍的現象。那麼，這些數量眾多的隨函音義分布流傳情況如何呢？

目前所見存的用“隨函”稱名的音義有可洪《新集藏經音義隨函録》和行瑫《内典隨函音疏》，這些名稱的取義可能就是可洪和行瑫最初閲讀經卷便隨函附記，最後再彙録成書。柳豫《紹興重雕大藏音序》云“昔瑫法師嘗著音釋，附於函末”，現今所存行瑫音義殘卷大多亦附於函末，據此可推測，行瑫《内典隨函音疏》極可能是先附於函末，然後才彙集成書的。可以説，上揭兩部音義是隨函音義的集大成之作，然而，在這兩部著作撰寫之前和完成之後，隨函音義的的分布流傳情況又是如何呢？對此，我們有必要作一番全面的梳理。

如前所述，敦煌寫經附載有大量隨函音義①，作爲現今可見較早的漢文佛經材料，這些附載的音義資料可以幫助我們探討隨函音義的早期形態。如斯4268號《金光明最勝王經》卷一末附有音義兩行，斯4283號《金光明最勝王經》卷七殘卷末亦附有兩行音義，斯4391號《金光明最勝王經》卷二殘卷末附有一行音義，其中斯4268號經音後有“長安三年歲次癸卯十月己未朔四日壬戌三藏法師義淨奉制於長安西明寺新譯并綴文正字”的譯經題記，根據《敦煌經部文獻合集》的考證，長安三年爲公元703年，這一年是《金光明最勝王經》譯經的年份，而且也是上揭經音產生的最早年代，但是上揭寫卷的題記有可能是傳抄者照抄，並非這個經本的實際抄寫年代；其根據伯2274號《金光明最勝王經》卷七經文末的題記推斷，上揭經音的產生時間至遲當不晚於唐大中八年（854）；而斯6691號《金光明最勝王經音》則爲另外一種形式，似乎晚於上述經音產生的時間，它大體是彙集經文各卷卷末已有的經音而成②。

其實，不論上述音義產生於上述何時，體例如何，反映的應該爲隨函音義的早期情形。音義體在隋唐之際達到了高峰，前已論及，佛經音義專書的集大成之作玄應《一切經音義》（以下簡稱《玄應音義》）和慧琳《一切經音義》（以下簡稱《慧琳音義》）也在此間相繼問世，這或多或

---

① 參見張涌泉《敦煌經部文獻合集·小學類佛經音義之屬》（第十、十一冊），中華書局2008年版。該兩冊已將現今可見敦煌寫經中的音義收録並作出考釋，其中就包括有大量佛經隨函音義。

② 同上書，第5324—5325頁。

少都影響和促進了隨函音義的發展，因此隨函體音義的鴻篇之作《新集藏經音義隨函錄》（以下簡稱《可洪音義》）由五代後晉僧人可洪撰寫完成，如上所述，我們認爲其有可能最初爲閱讀經卷便隨函附記，最後再彙錄成書，似乎也可以看作斯 6691 號《金光明最勝王經音》那樣彙集經文各卷卷末已有經音的一種發展。而與此同時，佛經經卷也逐漸由寫卷發展成爲刻本，那麼，刻本佛經的卷末是否附有隨函音義，其發展演變又是如何呢？

　　北宋初年官方主持雕刻的《開寶藏》是我國最早的一部刻本大藏經。可惜《開寶藏》現今全藏已佚，保存只有極少數殘卷。其卷末是否附有隨函音義，學界對此多有論述，主要觀點有以下兩種：一爲高田時雄指出未聞《開寶藏》附有注音[1]；一爲黃耀堃根據《高麗藏》[2] 部分經卷卷末有隨函音義，從而推測"開寶藏"可能也有隨函音義[3]。但迄今爲止，學界對此還未形成定論，蓋因單憑現今可見的少量殘卷尚難以窺見其全貌。據我們調查，今《高麗藏》附有隨函音義的經卷主要集中在華嚴部以及《宗鏡錄》，如東晉佛陀跋陀羅譯《大方廣佛華嚴經》六十卷、唐實叉難陀譯《大方廣佛華嚴經》八十卷和唐般若譯《大方廣佛華嚴經》四十卷，每卷卷末均附有隨函音義。同樣以《開寶藏》爲底本的《趙城金藏》部分經卷卷末亦附有隨函音義，如《法鏡經》、《大毗盧遮那成佛神變加持經》等。又據高田時雄介紹，日本大谷大學、增上寺和建仁寺所藏《高麗大藏經》初雕本中亦有附載《內典隨函音疏》作爲隨函音義的現象[4]。

　　另外，遼智光撰《新修龍龕手鏡序》曰："故祇園高士探學海洪源，準的先儒，導引後進，揮以寶燭，啓以隨函，郭迻但顯於人名，香嚴唯標於寺號，流傳歲久，抄寫時訛，寡聞則莫曉是非，博古則徒懷惋歎，不逢敏達，孰爲編修？"[5] 竊以爲句中"隨函"蓋指當時可見到的附於佛經卷

　　① ［日］高田時雄：《可洪〈隨函錄〉與行瑫〈隨函音疏〉》，載氏著《敦煌·民族·語言》，鍾翀等譯，中華書局 2005 年版，第 425—446 頁。該文原刊於《京都大學人文科學研究所報告》，1994 年 2 月。

　　② 文中的《高麗藏》指的是韓國東國大學校利用海印寺今存八萬一千余塊經版，也就是完成於十三世紀，學界稱之爲《再刻高麗藏》版予以重印的《高麗大藏經》，特此說明，下不出注。

　　③ 黃耀堃：《磧砂藏隨函音義初探》，第 260—273 頁。

　　④ ［日］高田時雄：《可洪〈隨函錄〉與行瑫〈隨函音疏〉》，第 412 頁。

　　⑤ （遼）釋行均：《龍龕手鏡》，中華書局 1985 年版，第 3 頁。

末或函末的隨函音義，且《龍龕手鏡》中多次引用並參考了《隨函》的
用例，如：

（1）《龍龕手鏡·人部》："逹，《隨函》音達。"①

（2）《龍龕手鏡·歹部》："殀殀，《隨函》云：'誤，合作歽，音朽，
枯也。'又俗鉤、苟二音。"②

（3）《龍龕手鏡·木部》："橞，《隨函》音宛，於遠反，爲衣入㙮也。"③

可見行均撰寫《龍龕手鏡》時，佛經經卷附有隨函音義的現象非常
普遍。又《房山石經》的遼金刻經部分公認爲是據《遼藏》印本刊刻，
其中也有少數經卷偶爾附有隨函音義，如《大毗盧遮那成佛神變加持經》
卷七④、《大智度經論》卷七七末等便附有隨函音義⑤。又韓國誠庵古書
博物館藏守其藏本遼代刻經唐實叉難陀譯《大方廣佛華嚴經》的平、潛、
育字函經卷下都有隨函音義。又應縣木塔發現的《遼藏》第 5、13、16、
18、19、20 等號的《妙法蓮花經》經卷卷末亦均附有隨函音義。據此推
知，雖然行均所據底本與守其藏本、應縣木塔本不是同一部遼代藏經，但
《遼藏》部分經卷附有隨函音義的推論應該可以成立。

既然《高麗藏》初雕本以及再雕本、《遼藏》和《趙城金藏》卷末皆
有附載隨函音義的現象，那麼我們也有理由推測《開寶藏》部分經卷應附
有隨函音義。而宋元時代在江南刻印的私版大藏經，如《崇寧藏》、《圓覺
藏》、《磧砂藏》、《普寧藏》以及隨後刊刻的明代官版《永樂北藏》、私版
《嘉興藏》等大藏經函末亦刻有音義⑥。此外，歷代刊刻的一些單行本佛教
典籍也附有隨函音義，如《四部叢刊初編》收錄的上海涵芬樓影印明汪
道昆本《弘明集》、《廣弘明集》每一卷卷末均附有音義。但據我們調查，
上述單行本佛教典籍附有的隨函音義與《永樂北藏》本對應經卷的隨函
音義相同，推其原因，蓋因現今單行本佛教典籍一般源自某部佛教大藏
經，故其所附隨函音義亦爲大藏經中相應經卷隨函音義的翻刻。

---

① （遼）釋行均：《龍龕手鏡》，第 494 頁。

② 同上書，第 514 頁。

③ 同上書，第 381 頁。

④ 中國佛教協會、中國佛教圖書文物館編：《房山石經》，華夏出版社 2000 年版，第 13
册，第 305 頁。

⑤ 同上書，第 16 册，第 305 頁。

⑥ 參見陳士強《中國佛教百科全書·經典卷》，上海古籍出版社 2000 年版。

　　以上我們對隨函音義的分布情況作了一個簡要的回顧。從中可以看出，就整體而言，不論是早期的漢文寫本佛經還是作爲佛教文獻彙總的漢文佛教大藏經，都存有大量的隨函音義；然而就個體而論，大藏經之間隨函音義的數量差異還是非常顯著的。由於《開寶藏》和《遼藏》現今全藏已佚，我們無法全面考察，但是通過比較《高麗藏》、《房山石經》、《趙城金藏》與《磧砂藏》、《永樂北藏》和《嘉興藏》，我們發現前者的隨函音義要遠遠少於後者，因此我們不禁産生這樣的疑問：前者中的某些隨函音義是不是刊刻時被删去了？如果是的話，又是爲什麽呢？竊以爲前者應存在刊刻時將部分隨函音義删除而未予刊刻的現象。如前所述，從早期寫本佛經開始，卷末附有隨函音義就十分普遍，尤其是自宋而後，隨函音義已成爲刻本大藏經不可或缺的一部分，甚至連一些善男信女發願刊刻的單行本經卷都附載有隨函音義。因此，這些藏經據以刊刻的底本必然附有大量隨函音義。至於爲什麽遭到删除，是刻工有意爲之[①]，還是主持雕版者爲了節約人工和財力，抑或爲了統一體例，暫時還不得而知，姑發此疑，以待後考。

二　《磧砂藏》隨函音義

　　《磧砂藏》，全稱《平江府磧砂延聖院大藏經》，又名《延聖禪院大藏經》、《延聖院本》、《延聖寺本》，因刻版地點在平江府陳湖中磧砂洲延聖院而得名，是南宋最後一部私刻大藏經。關於《磧砂藏》始刻的年代，目前學界尚未取得一致的認識[②]，但基本都认爲開雕於南宋末年，此後由於遭遇火災和戰亂，刻經事業曾一度中斷，至元代大德年間又重新恢復，

---

　　①　任繼愈在《關於編輯〈中華大藏經〉（漢文部分）的意義》中説："如《房山雲居寺石經》（即《房山石經》）可謂善本，其中有些石刻佛經體現了《遼藏》的面貌，但其中也有刻工貪圖省工，出現許多上下不相連屬的'一'字，從一般校勘原理看這與字形、字音、字義或上下的錯簡毫無關係，只是由於刻工按版計酬，爲了省力，又能占滿版面，才出現了不應出現的許多'一'字，漢字中只有一字筆劃最少，刻起來又省力，用來充字數最方便。"參見《任繼愈學術論著自選集》，北京師範學院出版社1991年版，第383頁。這段話從另一方面説明了刻工對佛經刊刻的影響，因此我們懷疑有些經卷後所附載的隨函音義，是刻工有意删掉了。

　　②　陳士強認爲《磧砂藏》始刻於南宋理宗紹定四年（1231），參見陳士強《中國佛教百科全書·經典卷》，第411頁；李際寧根據西大寺本《大般若經》卷一經卷，認爲《磧砂藏》始刊於南宋嘉定九年（1216），參見李際寧《北京圖書館藏磧砂藏研究》，《北京圖書館館刊》1998年第3期，第73頁。對此，我們更傾向於後者的觀點。

直至元英宗至治二年（1322）①，《磧砂藏》全藏刻成。現存全藏總計五百九十一函，用千字文"天"至"煩"編號。據呂澂統計，《磧砂藏》全藏收經一千五百十七部，六千三百二十八卷，而現行影印本則總計爲一千五百三十二部，六千三百六十二卷②。

今存《磧砂藏》刻本主要有以下五種：其一爲陝西開元寺和臥龍寺本，即陝西本，現存於陝西省圖書館，合計五百九十一函，六千三百六十二卷；其二爲山西太原崇善寺本，即崇善本，有五百六十二函，四千八百四十六卷；其三爲北京大悲寺明代配鈔本五千三百四十八冊，即大悲本，現藏於美國普林斯頓葛斯德東方書庫；其四爲日本對馬宗氏舊藏四千五百四十八冊，今在日本武田科學振興財團杏雨書屋；其五爲北京柏林寺舊藏"兩千數百冊"，現藏於國家圖書館，即國圖本③。除此之外，許多藏書單位和私人還收藏有該藏的零本，如日本奈良四大寺就有該藏《大般若波羅蜜多經》五百九十六帖。

本文主要依據的是《影印宋磧砂藏經》（以下簡稱《磧砂藏》），該影印本是二十世紀三十年代上海影印宋版藏經會以陝西本《磧砂藏》爲底本，藏內所缺的經典用《資福藏》、《普寧藏》、《永樂南藏》等補配而成，也是現今易得的影印刻本大藏經之一。

就版本和影響而言，呂澂曾對《磧砂藏》有如下評價："《磧砂藏》开始是準備依照思溪圓覺禪院本寫刻的，中間一度停頓後，又參照元代普寧寺版大藏經續刻，因此，它和這兩種刻版有密切關係，可想而知。在全藏裏又配用妙嚴寺版《大般若經》和《大寶積經》另本，補充了管主八募刻的秘密經版，所以又和這些刻本的母版有其淵源（妙嚴寺刻般若等四大部是參照福州、思溪、普寧、磧砂和弘法五版的，管版從弘法寺藏經選出則又淵源於遼金刻經）。在宋、元各種大藏經刻版中再沒有像磧砂版這樣關係複雜的了。元末，經過了兵亂，南方各種大藏經都損失了，只剩磧砂版比較完全，明初洪武年間（1397年前後）刻成的《南藏》（初刻本）就純粹用它爲底

---

① 《磧砂藏》的刻竟年代也有不同説法，但一般來説普遍認爲是元至治二年（1322），參見陳士強《中國佛教百科全書·經典卷》，第411頁；呂澂《磧砂版藏經》，載《呂澂佛學論著選集》卷三，齊魯書社1991年版，第1464頁。

② 呂澂：《磧砂版藏經》，第1467頁。

③ 李際寧：《北京圖書館藏磧砂藏研究》，第70—73頁；黃耀堃《磧砂藏隨函音義初探》，第251頁。

本增訂而重刻。這樣，磧砂版有些特點就又通過《南藏》而影響於以後各版藏經了。"① 據此可知，《磧砂藏》的版本源流儘管非常複雜，但在大藏經史上尤其在江南一系的私刻和官刻大藏經史上却具有承上啓下的作用。

就版式來論，該藏經屬於宋元時代在江南刻印的私版大藏經，故沿襲了江南諸藏自《崇寧藏》以來的基本版式，"爲梵夾本，每版三十行，折成五面，每面六行，每行十七字。每一版的第一面或第二面折縫處刻有函號和版號，有時還刻有刻工姓名。卷末有時刻寫經人姓名"②。卷末一般都附有隨函音義。

從版本源流來說，由於自宋而後，隨函音義成爲刻本大藏經不可或缺的一部分，因此《磧砂藏》所附載隨函音義也如其藏經刻版一樣版本源流非常複雜，但總體來說，這些卷末普遍附有的隨函音義仍淵源有自。李富華和何梅曾指出這些隨函音義 "《磧砂藏》的宋刻版源於南宋《圓覺藏》，僅對個別字的字體作了校正"③，"《磧砂藏》元刻版的音義部分就是《普寧藏》的覆刻"④。

又從形態來論，《磧砂藏》隨函音義大概分爲兩類，一類即前文提到的第一種隨函音義，一般只注音切，簡單釋義，間或關涉字形；另一類則爲專人所作音義，體例多樣，各有特色。

又從數量上來看，據我們初步統計，《磧砂藏》隨函音義所收條目和音切多達數十萬條之巨，雖然其中的條目和音切多有重複，但除去重複條目，餘下的也多達數萬條，其數量之大遠遠超過玄應、希麟等音義專書。

以上我們僅就其外部形態進行了簡要概括，這些爲數衆多的隨函音義就是本書的研究材料，也是本書的研究對象。

三　隨函音義研究概況

近些年來，無論是漢文佛經文獻語言本身的研究還是佛經音義的研究都取得了很大的成績。越來越多的學者注意到佛經音義在漢語史和佛經文獻方面的價值，相關的研究成果正源源不斷地産生出來，但成果主要集中

---

① 吕澂：《磧砂版藏經》，第1468頁。
② 陳士強：《中國佛教百科全書·經典卷》，第411頁。
③ 李富華、何梅：《漢文佛教大藏經研究》，宗教文化出版社2003年版，第281頁。
④ 同上書，第329頁。

在音義專書方面，如《慧琳音義》、《玄應音義》、《可洪音義》、慧苑
《華嚴經音義》等都有相應的學術專著和碩博論文對其進行全面而具體的
研究，相關的單篇論文更是層出不窮。相比之下，佛經隨函音義的研究則
顯得十分薄弱。究其原因，大體是因爲這類音義散見於經律論三藏中，長
短不一，爲數甚巨，又多未彙集成册，且某些音義詞條一再重複出現，要
對其進行全面的整理研究難度甚大。

　　然而，佛經隨函音義無論在佛經文獻還是漢語史方面都具有重要的研
究價值。二十世紀九十年代初期，張金泉、許建平整理了當時可見的敦煌
音義寫卷，著有《敦煌音義匯考》一書，在敦煌文獻音義研究方面具有
導夫先路之功。由於該書采取“有音注必録”的標準，“所取既有音義
書，也有注音寫卷”①，因此書中既有佛經音義專書殘卷的校勘整理，也
包括了少量佛經隨函音義的整理考釋。稍後，二十世紀九十年代末，隨着
國內外各家收藏單位將其藏有的敦煌文獻陸續出版，張涌泉開始對現已公
布的所有敦煌佛經音義寫卷進行全面的整理和研究，其中就包括有大量的
隨函音義寫卷，其成果收録在新近出版的《敦煌經部文獻合集·小學類
佛經音義之屬》中。這是迄今爲止首次對隨函音義開展的大規模整理研
究工作，對佛經隨函音義的全面整理研究具有重要的意義和指導價值。

　　可與此同時，其他漢文大藏經隨函音義的整理研究工作還没有系統地
進行。除了幾篇單篇論文偶有涉及，還没有一本專門性的著作或單篇碩博
論文對其進行整理研究，而《磧砂藏》隨函音義因其易見且量多，故少數
學者曾撰寫單篇論文對其進行初步研究：一位是日本學者高田時雄，他較
早對《磧砂藏》隨函音義的音韻學價值予以關注，做法是將行瑫、可洪、
《廣韻》、《磧砂藏》隨函音義及玄應的《摩訶僧祇律》前十卷的反切進行
比較②；另一位是香港學者黃耀堃，他從《高麗藏》的例子推測《開寶藏》
可能也有隨函音義，並從《磧砂藏》隨函音義中找出了《可洪音義》曾經傳
入宋代的證據，並對《磧砂藏》隨函音義的年代斷限進行了初步的考訂③。

　　由此可見，漢文大藏經隨函音義迄今尚未引起學界足夠的關注，關於
它的研究成果也還是寥寥無幾。相對於音義專書，隨函音義的整理研究是

---

① 張金泉、許建平：《敦煌音義匯考》，杭州大學出版社 1996 年版，第 2 頁。
② ［日］高田時雄：《可洪〈隨函録〉與行瑫〈隨函音疏〉》，第 425—446 頁。
③ 黃耀堃：《磧砂藏隨函音義初探》，第 260—273 頁。

現今佛經音義研究中的一個相對薄弱的環節，這與它在漢文大藏經中爲數衆多的數量很不相稱。但由於時間和精力的關係，我們現在無法對其進行窮盡性的整理研究，我們只能先做部分的整理研究工作，爲將來進行窮盡性的整理研究作準備。鑒於此，我們選擇"《磧砂藏》隨函音義研究"作爲本書的研究對象。因爲作爲現今常見又量多的一種大藏經隨函音義，迄今爲止，關於它的研究論文和專著还相對缺乏，關於它的整理研究工作也没有系統進行，迫切需要我們進行詳細的考察，探求其在佛經文獻以及漢語史上的寶貴價值。

第二節　隨函音義的形態與特徵

遍檢各大藏經的隨函音義，現存刻本佛經的隨函音義大體分爲兩種情形：一種爲沿襲早期敦煌寫經中隨函音義的體例，一般只注音切，簡單釋義，間或關涉字形；另一種則附載某人專門爲該經或整個大藏經所作的音義，如應縣木塔發現的《遼藏》第5、13、16、18、19、20等號的《妙法蓮花經》經卷卷末均附有隨函音義，其中第18、19、20、21號，即《妙法蓮花經第四》甲、乙、丙、丁四卷的隨函音義完全相同，又上述四卷所據爲同一底本，甲、乙爲同一版本的不同印本，音義説解頗爲詳細，還提到了《慈恩音義》、《玉篇》、《切韻》等書的引文，與《玄應音義》、《可洪音義》等對應經卷的説解完全不同①。據此推測，上述隨函音義極有可能是一部專爲《妙法蓮華經》所作音義的一部分。至於該音義是與佛經同時產生，還是先有該音義然後再將其分散於佛經卷末，由於材料的限制，我們暫時還無法作出判斷，但佛經函末或卷末常附有專人所作的音義確是事實。由於此類專人所作音義的内容和體例特徵往往因人而異，而且從現今大藏經的分布情況來看，第一種隨函音義占了絶大多數，它們體例一致，内容和説解大體相同，而且許多詞條往往一再重複出現，又都普遍附於佛經函末或卷末，代表了隨函音義的基本體例，因此下面我們將集中討論該類音義的特徵，總的説來，有以下特點：

---

①　山西省文物局、中國歷史博物館編：《應縣木塔遼代秘藏》，第108、128、141、151、163頁。

一　體例上的承襲性

對於早期隨函音義的體例，《敦煌經部文獻合集》有如下闡述：“這些經音大體可以分爲兩類，一類是每卷難字的集中注音，切語多不標‘反’字，注文間或關涉形義；另一類是散見於經文中的隨文標注的切音，反切末多標‘反’字，注文不涉及字形字義。前一類經音大約是後來的研讀者施加的，後一類經音則有可能出於譯經者的自注。”① 上述文字雖然説明的是敦煌寫經中《金光明最勝王經音》的情況，但對於早期隨函音義來説却具有普遍意義。整體而言，敦煌寫經中隨函音義的音切切語雖然有一小部分不標“反”字者，但還是有相當有一部分標“反”者，還有一部分採取直音方式；另外，注文雖然間或關涉形義，但仍然只屬於少數。總而言之，其説解非常簡單，還處於從隨文而注向佛經音義專書發展的一個過渡階段。

又高田時雄曾指出：“自福州東禪寺版以來的江南諸藏，在函末或卷末附有音釋……江南各藏經的音釋，雖然偶有若干異同，但基本上看是一致的。該音釋到底是如何由來的，目前全然無從得知。有可能是以唐末五代時期在江南流傳的藏經後面所附音釋者爲祖本的，一如《隨函録》引用‘某某經音’之類。”② 他指的就是遍布於《崇寧藏》、《圓覺藏》、《磧砂藏》等宋元以來江南私刻藏經附載的第一種體例的隨函音義的情況，他認爲江南藏經的隨函音義無論體例還是内容説解都基本一致。

而李富華和何梅則具體考證了宋元以來江南諸藏以及明清官藏隨函音義的異同。爲了考察《崇寧藏》的音釋對後世大藏經的影響，他們將山西省博物館藏《崇寧藏》本經字函《法苑珠林》卷七四所附音義與宋《磧砂藏》、元《普寧藏》、明《永樂北藏》、清《龍藏》對應經卷所附音義作了比較，發現宋、元兩部私版大藏經的音義源於《崇寧藏》，僅稍有改動；而明清的兩部官版大藏經的音義基本保持一致，但相對於《崇寧藏》來説，二者有了較大的改動③。又元《普寧藏》的音義源於南宋《資福藏》，并仿《資福藏》附於佛經函末，但並非照搬，而是更加精煉；

---

①　張涌泉：《敦煌經部文獻合集·小學類佛經音義之屬》，第5325頁。

②　［日］高田時雄：《可洪〈隨函録〉與行瑫〈隨函音疏〉》，第446頁。

③　李富華、何梅：《漢文佛教大藏經研究》，第190—191頁。

《磧砂藏》元刻版的音義部分就是《普寧藏》的覆刻[1]。《磧砂藏》的宋刻版源於南宋《圓覺藏》，僅對個別字的字體作了校正[2]。據此可知，現今各大藏經附載的隨函音義雖然體例基本一致，但從内容説解上來説還是有所不同，既有對前代藏經隨函音義的繼承，也有對其的修改和校正。

　　因此，如果單從體例而言，無論這類隨函音義是附載於佛經寫卷還是刻本，它的體例都基本保持一致，即一般音切、釋義相當簡單，間或關涉字形。因此，我們認爲如果説早期的隨函音義採用該種體例是因爲它當時僅爲一種向佛經音義專書過渡的體例，那麽後來的隨函音義沿用該種體例則應是基於對早期隨函音義刻意地摘抄和擬作，而且隨着音義體的日漸式微以及後代藏經的隨函音義僅爲對前代機械地抄襲翻刻或稍有改動，隨函音義的該種體例便被穩固地承襲下來，從而成爲現今我們見到的遍及經律論三藏的隨函音義的基本樣式。

二　條目上的重複性

　　隨函音義條目上的重複性是隨函音義的另外一個特徵，主要表現在以下兩個方面：

　　一方面，許多詞條在各大藏經不同經卷的隨函音義中一再重複出現，其中既有佛教術語，如"苾蒭"、"羼提"、"殑伽"、"鄔波"等；也有普通詞語，如"憺怕"、"奮迅"、"梯隥"、"背僂"、"攣躄"等，這些詞條不僅字頭相同，甚至連説解也大體一致。

　　另一方面，各大藏經間相應經卷的隨函音義的條目往往大致相同，如《大毗盧遮那成佛神變加持經》卷七隨函音義，《房山石經》本[3]、《趙城金藏》本[4]、《高麗藏》本[5]無論是條目還是説解，甚至連"吰"的俗寫形式都完全相同。現將其迻録如次：

嚩，毗庚反。弊，毗也反。吰，丁以反。喱，你入聲。嚲，他以反，凡真言中平聲字皆稍上聲呼之；若諸與下字相連，亦可逐便以入聲呼之；如婆伽梵呼爲薄伽梵之類是也。

從説解來看，上述音義主要講的是真言咒語中字的讀音，竊疑係出自譯師

① 李富華、何梅：《漢文佛教大藏經研究》，第 329 頁。
② 同上書，第 281 頁。
③ 中國佛教協會、中國佛教圖書文物館編：《房山石經》，第 13 册，第 305 頁。
④ 中華大藏經編輯局編：《中華大藏經》，中華書局 1993 年版，第 23 册，第 647 頁。
⑤ 《影印高麗大藏經》，韓國東國大學校譯經院 1994 年版，第 13 册，第 926 頁。

之手，有可能在佛經寫本中就已附載，與佛經同時產生，歷代刻本大藏經遂因仍之。

又如，北宋新譯經《宗鏡録》的隨函音義，《磧砂藏》本就與《高麗藏》本大體相同。《宗鏡録》一百卷，又名《宗鑒録》、《心鏡録》，爲北宋延壽所撰，成書於北宋建隆二年（961）。據《佛祖歷代通載》卷一八記載，北宋開寶年間（968—975），“高麗國王覽師（延壽）言教，遣使齎書叙弟子禮，奉金縷袈裟紫晶數珠金澡灌等。彼國僧三十六人，親承印記，歸國各化一方”[T49,p0658a]。故《宗鏡録》在成書後不久即傳入高麗，且影響廣泛，現存《高麗藏》就收録有《宗鏡録》的全帙，且每卷卷末皆附有隨函音義。又從版式和多卷經卷末尾附有的延祐二年（1315）刊刻題記來看，《磧砂藏》本《宗鏡録》經卷①除了少量幾頁爲《普寧藏》和《永樂南藏》所補頁外，其餘均爲《磧砂藏》的元刻本，卷末亦普遍附載有隨函音義。二者的異同情況如表1—1所示：

表1—1

《磧砂藏》千字文函號	相同卷數	《磧砂藏》本與之不同的經卷號	具體情形
濟	5	濟三、濟五、濟六、濟七、濟十	上述幾頁屬於永樂南藏所補頁
弱	6	弱一、弱二、弱三、弱十	弱一未附隨函音義，弱二、弱十條目較麗藏略少幾條，弱三屬於永樂南藏所補頁
扶	4	扶一、扶二、扶三、扶四、扶七、扶八	上述幾卷條目較麗藏略少幾條
傾	5	傾一、傾二、傾五、傾六、傾八	除傾五屬於永樂南藏所補頁，其他各卷條目較麗藏略少幾條
綺	3	綺一、綺二、綺三、綺五、綺六、綺七、綺九	各卷條目較麗藏略少幾條
回	9	回七	條目較麗藏略少幾條
漢	6	漢四、漢五、漢六、漢十	條目較麗藏略少幾條

---

①　《磧砂藏》本《宗鏡録》一百卷屬於千字文濟至感十函，爲《影印磧砂藏經》第549—558冊。

续表

《磧砂藏》 千字文函號	相同卷數	《磧砂藏》本與之不同的經卷號	具體情形
惠	3	惠一、惠三、惠四、惠五、惠七、 惠九、惠十	除惠九屬於永樂南藏所補頁， 其他各卷條目較麗藏略少幾條
說	3	說一、說二、說五、說七、說八、 說九、說十	條目較麗藏略少幾條
感	5	感四、感六、感八、感九、感十	感八、感九未附隨函音義，感 四、感六條目較麗藏略少幾條， 感十爲永樂南藏所補頁

（以上每函包括十卷）

　　通過以上逐卷比勘，我們發現《高麗藏》本與《磧砂藏》本《宗鏡錄》隨函音義，儘管《磧砂藏》本一部分經卷的音義條目較《高麗藏》本略少，但現存的這些《磧砂藏》隨函音義無論在排列次序還是說解内容上均與《高麗藏》本完全一致，其與《高麗藏》本同源應無疑問。

　　另外，值得注意的是，《磧砂藏》濟字函中有多頁經文爲《普寧藏》所補頁，如濟一、濟二、濟九隨函音義後題“徑山興聖萬壽禪寺首座沙門慧元重校”一行，且濟一、濟二後又還附載有“杭州大普寧寺大藏經局”的刊刻題記，在《磧砂藏》首冊二中亦載有上述幾頁均屬《普寧藏》所補頁；與此同時，濟四、濟八雖然沒有任何刊刻題記，但首冊二中亦載有該頁屬於《普寧藏》所補頁，上述數卷隨函音義均與《高麗藏》隨函音義完全密合，而且李富華和何梅曾指出：“《磧砂藏》元刻本的釋音部分，就是《普寧藏》的覆刻”①，據此推知，《普寧藏》本《宗鏡錄》的隨函音義亦大體與《高麗藏》本相同。

　　道安曾在《中國大藏經雕印史》中指出，宋太宗“乘外來比丘息災和施護來朝之機會，即在太平興國寺西偏建立譯經院，作爲佛典之新譯道場……即命於太平興國寺譯經院之西側，創建印經院，貯藏運京之所有經板。並即開始印刷大藏經。此時，乃將譯經院與印經院合稱爲‘傳法

---

① 李富華、何梅：《漢文佛教大藏經研究》，第 329 頁。

院'。將佛典翻譯、雕造、出版、流通，合成爲北宋之國家事業……雍熙元年（984）九月，依太宗詔示：凡在譯經院新譯出並詔準入藏之新譯經論，亦全部在此印經院鏤刻出版。在此印經院出版之北宋敕版大藏經，因其爲宋代國家正法流傳之功德事業，宋朝爲改善國際友誼，將此珍貴之大藏經，分別賜贈契丹、西夏、高麗、日本、交趾等鄰近諸國"①。

可見，北宋開雕《開寶藏》後，一方面將其印刷流通，另一方面又組織譯經院新譯佛典，並成立了兼具譯經與印經的"傳法院"，負責佛典的翻譯、新譯經典的入藏等一系列流程，而後這樣敕版刊刻的大藏經又被作爲禮物賜贈給鄰國，使得該藏在大藏經史上產生了深遠的影響。據此也可推知，到北宋時，由於佛經的翻譯事業已經發展得相當成熟，再加上新譯佛經是通過如此分工細緻、組織嚴謹的"傳法院"譯出並流通，因此，新譯佛經無論在經文內容還是行款上肯定都有一個統一的標準，"傳法院"不僅會對佛經經文進行嚴格的校勘，對經卷卷末的隨函音義也必然會進行仔細的勘訂，此部分隨函音義體例相同也是很自然的事情，而且由於隨函音義體例上的承襲性，因而各大藏經中此部分隨函音義內容大體相同。

另外，隨函音義中雖然不乏許多與佛經刻本屬於"同時材料"者，即蓋與佛經刻本同時刊刻，如《磧砂藏》本《正法華經》卷二隨函音義、《磧砂藏》本《大乘大悲分陀利經》卷一隨函音義等，其記載的文字形體與經文原文的字形一致，甚至連一些俗字形體也相吻合，但其中還是存在著爲數衆多的重複性條目，因此，這類重複性的條目便與佛經刻本不屬於"同時材料"，我們在利用這些材料時，應加以注意和辨別。

總之，隨函音義條目上的重複性，究其原因蓋與其成於衆手，並非一人一時一地之作有關。一般而言，隨函音義均附載於佛經函末或卷末，旨在對該函或該經經文中的疑難字進行注解以方便研讀者閱讀和理解。由於它針對的對象主要是該函或該經的研讀者，不同於專人所作音義，缺乏整體平衡性的考慮，故從整體來看，隨函音義一詞頻出、一字頻釋的現象十分普遍。

---

① 道安：《中國大藏經雕印史》，載《現代佛教學術叢刊》第十冊《大藏經研究彙編（上）》，大乘文化出版社 1977 年版，第 123—124 頁。

三　內容上的層累性

此外，內容上的層累性也是隨函音義的一個重要特徵。魯國堯曾在《七音略校注序》中指出："《韻鏡》、《七音略》這類早期切韻圖，是層累地造成的。猶如民間文學一樣，好多韻圖的作者無從知曉，所以張麟之只得感歎：'其來也遠，不可得指其人。''自是研究，今五十載，竟莫知原於誰。'韻圖在長期的流傳過程中，會經常有人根據自己的學識、愛好、師承，爲求'完善'或切時，不斷對它加工。"① 我們認爲這段話也同樣適應於《磧砂藏》隨函音義，從整體而言，它也如同切韻圖，大體相當於"民間文學"，是歷代佛經傳抄和刊刻者長期創作累積的結果，經層累而成，而且其層累的情況也相當複雜。這種層累性表現在隨函音義中便是：就音切而言，隨函音義的音切基本與《切韻》系韻書相吻合，比較少地反映當時語音的實際情形；就釋義而言，亦基本沿襲歷代字、韻書的義項。

因此，我們將此類隨函音義作爲研究資料時，其體例上的承襲性、詞條上的重複性和內容上的層累性都是無法迴避的問題。與此同時，還應該正確區分此類隨函音義與專人所作音義的不同，它們不出於同一作者之手，也不是同一時代的產物，需要分開來處理。這些都需要我們做大量的剝離工作，儘管這種剝離工作相當複雜，但也不失爲有意義的嘗試，它將直接關係到我們如何正確地對待和使用這些音義。

第三節　隨函音義的研究方法

要順利有效地進行隨函音義的考察和研究，必須掌握正確的研究方法，並在考察和研究工作中一以貫之，這樣才能達到事半功倍的效果。從目前的實際情況來看，儘管近年來佛經音義的研究取得了令人矚目的成績，但就筆者目力所及，總結研究經驗、探討研究方法的論文和論著還未見。其實，總體來看，佛經音義研究的內容和方法大體分爲兩個部分，一方面是文獻學研究，一方面是語言學研究，具體到隨函音義，其研究內容和方法亦包括上述這兩個方面。就文獻學而言，其研究方法主要有校勘、

---

① 魯國堯：《語言學文集：考證·義理·辭章》，上海人民出版社 2008 年版，第 262 頁。

輯佚、比勘異文等；從傳統語言學來説，其研究方法則包括依據古訓、考察異文、審辨字形、審核文例、因聲求義、方言佐證等等，這些方法在現今佛經文獻學和語言學的研究中仍然得到沿用。另外，還有一些新的研究方法，如梵漢對勘、同經異譯對比、漢藏對比等，也在現今的研究中得到普遍運用。這些研究方法對於我們現今進行隨函音義研究具有重要的借鑒和指導意義，但是隨函音義作爲一批複雜而特殊的音義，既有與其他音義材料共通之處，也有自己獨特的特點。鑒於筆者的學力以及隨函音義的特點，在研究《磧砂藏》隨函音義時，本書採用的具體方法和手段主要有以下幾種：一是審定詞條，二是考察背景，三是比勘異文，四是印證外典。兹分別舉例説明如次。

一　審定詞條

對於中國哲學史的研究，任繼愈曾指出要"詳細地佔有歷史資料，認真地進行審查和鑒別……所以研究工作的第一步是全面地搜集資料，去僞存真，確定時代和作者。資料根據不充分就難免陷於空談和武斷；使用錯誤的資料，同樣也得不出正確的結論"①。這段話強調了科學處理研究資料的重要性，這一點也同樣適用於隨函音義的研究。因此，隨函音義首要的研究方法便是審定詞條，認真仔細地審查和鑒別音義條目能使我們的研究工作建立在真實、可靠的材料之上。

如前所述，隨函音義不是成於一時一地一人之手，來源複雜，體例不一。而且很多隨函音義與之前附載的佛經並不屬於"同時材料"，即隨函音義是佛經刊刻者轉抄自其他專人所作音義的對應卷次或其他版本大藏經對應經卷所附載的隨函音義，因此導致了隨函音義所列條目的文字與佛經經文原文的文字不一致，某些説解的内容也與經文内容不相關。另外，許多隨函音義作者大抵爲學識不高的普通僧俗，他們對音義條目説解的正確與否仍需要我們進一步驗證。因此，這些特點決定了我們在進行《磧砂藏》隨函音義研究時，要科學地處理材料，一方面認真辨別材料，另一方面審慎地、有選擇地加以利用，使其成爲有用的資料。如：

1. 《磧砂藏》本《普曜經》卷七隨函音義 （129/79a）

該卷隨函音義所列詞條的文字與佛經經文文字多有出入，具體説來，

---

① 《任繼愈學術論著自選集》，第 31 頁。

隨函音義中所列文字多爲俗體，而佛經原文則爲其正體，如詞條中作爲詞頭中"迲"、"踩"、"涴"，佛經對應經文寫作"迊"[129/72b]、"躁"[129/73a]、"浣"[129/78a]；又如"慌惚"條，隨函音義釋云："上正作恍惚，兄往反；下音忽，釋如前。"[129/79a]而佛經對應經文正作"恍惚"[129/76a]。但是，在這種二者不對應的情況下，這些材料仍然極具價值，能説明和解決很多問題。如：

（1）愡，正作恐，懼。（129/79a）

按：今《磧砂藏》本《普曜經》卷七原文有"師徒益恐，皆言：'咄！咄！殺是大沙門了矣'"等句[129/77a]，即此字所出。今《大正藏》本亦同。據此，"愡"應爲"恐"之增旁俗字，蓋因"恐"描述心理活動，遂在俗書中增加"心"旁。今查《漢語大字典·心部》："愡，同'恐'。《劉知遠諸宮調·知遠走慕家莊沙佗村入舍》：'心懷愡惧。'"①《中華字海》略同②。故此條隨函音義可作爲大型字典的又一書證。

（2）阝尼，正作邠，補貧反。（129/79a）

按：今查《磧砂藏》本對應經文作"邠尼"，對應原文如下："其兜術天身來下降母胎，在林邠尼樹，墮地行七步。"[129/75a]由此推知，"阝"應爲"邠"之偏旁易位俗字。溯其產生之由，蓋因"分"草書常寫作"分"、"分"③，故"邠"常寫作"邠"，在俗書中又發生偏旁位移寫作"阝"。

2.《磧砂藏》本《大樹緊那羅王所問經》卷二隨函音義（138/17a）

此卷隨函音義亦與所附載經卷文字有出入，隨函音義所出詞條多用俗體書寫，在分辨文字正俗時作者的某些説解還有待商榷，具體情況如下：

（1）醫毉，醫字，下正。（138/17a）

按：今《磧砂藏》本對應經文原文有"世醫遊行於十方，不能治世煩惱病，十力醫王演妙音，滅諸結使與安樂"等句[138/13a]，即此字所出。

①　徐中舒主編：《漢語大字典》（縮印本），湖北、四川辭書出版社 1993 年版，第 2335 頁。

②　冷玉龍等編：《中華字海》，中華書局、中國友誼出版公司 1994 年版，第 602 頁。

③　洪鈞陶編：《草字編》，文物出版社 1983 年版，第 326 頁。

《大正藏》本亦同。今查《干禄字書》平聲："醫醫醫：上俗中通下正。"①
《五經文字·酉部》："醫，從巫俗。"②《集韻·之韻》："醫，於其切，
《說文》'治病工也'……或从巫，俗作醫，非是。"③據此，"醫"、"醫"
二字皆爲"醫"之俗字。又"𢀛"爲"巫"的俗體形式，唐《廣妬神
頌》中即有其例④，敦煌文獻中亦有其用例⑤，故"醫"爲"醫"的進一
步訛寫，隨函音義云"醫"爲正體，不妥。

（2）𡧱冢，下俗用。（138/17a）

按：今《磧砂藏》本對應經文原文有"大名大威力無等，無比無錯
無濁語，伏怨寂怨離諸怨，世尊利益願時來"等句[138/13a]，即此字所出。
《大正藏》本亦同。今考《說文·宀部》："宋，無人聲，从宀，尗聲。"⑥
《玉篇·宀部》："宋，前的切，無聲也。寂、冢，並同上。"⑦可見，"宋"
爲《說文》所出本字，"寂"爲其後起字；而"冢"作爲俗體，漢碑中就
已見⑧；"𡧱"則爲"寂"常見俗體"𡧱"之變體⑨。據此，"𡧱"、"冢"
皆爲俗體形式，隨函音義作者以"𡧱"爲正體，非是。

雖然隨函音義作者對上述文字的正俗分辨有誤，但該卷隨函音義仍有
其他有價值的材料，如：

（3）㼽慢，上只是愛字。（138/17a）

按：此條隨函音義對應經文作"愛慢"，原文如下："是虛空相無相
似故，是害愛慢離魔業故。"[138/10b]據此，"㼽"應爲"愛"之俗寫。今查
《漢語大字典》未收錄該字形，《中華字海》收錄有該字的兩個相近字形
"㼽"和"㼽"。《中華字海·爪部》："㼽，同'舜'。字見《龍龕》。"⑩

---

①　（唐）顔元孫撰：《干禄字書》，紫禁城出版社1990年影印明拓本，第17頁。

②　（唐）張參撰：《五經文字》，《叢書集成初編》第1064册，中華書局1985年版，第23
頁。

③　（宋）丁度等編：《宋刻集韻》，中華書局1979年版，第17頁。

④　秦公輯：《碑別字新編》"巫"字條，文物出版社1985年版，第36頁。

⑤　張涌泉：《敦煌俗字研究》（下編）"巫"字條，上海教育出版社1996年版，第102頁。

⑥　（漢）許慎撰，（宋）徐鉉校定：《說文解字》，中華書局1963年版，第150頁。

⑦　（梁）顧野王著，（宋）陳彭年等修訂：《大廣益會玉篇》，中華書局1987年版，第54
頁。

⑧　同上書，"寂"字條，第190頁。

⑨　同上書，"叔"字條，第96頁。

⑩　冷玉龍等編：《中華字海》，第893頁。

同書同頁下："㮂，同'舜'。字見《篇海》。"① 上述二字《漢語俗字叢考》認爲《中華字海》以其同"舜"，非是；此二字應爲"㮂"之傳寫變體，皆爲"愛"之訛俗字②，惜無例證。此條《磧砂藏》隨函音義即可爲其提供切證。

（4）彐，多字。（138/17a）

按：今《磧砂藏》本對應經文原文有"發阿耨多羅三藐三菩提心，皆不退轉"等句[138/17a]，即此字所出。據此，"彐"應爲"多"之俗寫。推其産生原因，蓋因"夕"、"彐"形近，俗書中二者易混，隨函音義作者所見經文中就寫作此形。今大型字典下未收載該形體，可據此予以收錄。

另外，該卷隨函音義還透露出當時（大概宋元之際）的一些語音現象，如：

（5）疇，直流反，經意宜用酬字_{士由反}。（138/17a）

按：此條隨函音義對應經文原文作"酬"字，原文如下："若有衆生諍諸財利、奴婢、畜生、舍宅、田地，共相撾打諍訟訴，以方便力現大財寶，酬報是人，令兩和合。"[138/16b]《大正藏》本與之相同，校勘記曰"酬"字宫、聖本皆作"疇"[T15,p0375c]。據此，"酬"與"疇"形成異文。然作何者爲長呢？竊以爲從上下文經意來看，此處"酬"與"報"同義連文，義爲"報也，償也"，隨函音義稱"宜用酬字"，甚是。至於二者發生混同的原因，蓋因二者讀音相近，"疇"應爲"酬"的音近誤字，反映了當時語音中知章二組已經混同。據《廣韻》，"酬"音"市流切"，禪母尤韻；"疇"音"直由切"，澄母尤韻；又知章二組在唐五代西北方音中就已經有合流的趨勢③，《可洪音義》中二者也多有混同④，本例亦爲這種現象的反映。

另外，在本條音義末尾隨函音義作者用小字注明"酬"之反切爲"士由反"，亦反映出當時的另一語音現象，即牀禪相混。依《廣韻》，

---

① 冷玉龍等編：《中華字海》，第893頁。
② 張涌泉：《漢語俗字叢考》，中華書局2000年版，第636—637頁。
③ 邵榮芬：《敦煌俗文學中的別字異文和唐五代西北方音》，原載《中國語文》1963年第3期，後收入《中國敦煌學百年文庫·語言文字卷》，甘肅文化出版社1999年版，第125—126頁。
④ 儲泰松：《可洪音義研究》，博士後研究工作出站報告，復旦大學，2002年，第97—98頁。

"酬"本爲禪母尤韻字；而隨函音義的作者稱其爲"士由反"，爲牀母尤韻字。據《近代漢語綱要》介紹，"北宋邵雍《皇極經世書聲音圖》中音十的第二豎行應是禪母字，而所舉代表字'士'屬牀母，音十一第四豎行應是牀母平聲，但所舉代表字'辰'屬禪母，這説明邵雍的方言中牀禪無別"①。據此，我們推測該隨函音義作者的方音中牀禪二母亦相混無別，上揭隨函音義作者爲"酬"所作之反切即其例。

中古音系中知、章、莊三組聲母的演變是漢語語音發展的一個重要現象。"疇"與"酬"形成異文，反映了當時語音中知章二組已經混同。又在該條末尾用小字注明"酬"之反切爲"士由反"，反映出作者方音中章莊相混，知章莊三組有合流的傾向。又《磧砂藏》首册之二《補頁表》中列出此頁隨函音義系北平松坡圖書館藏《思溪藏》所補，故上述語音特徵至遲能反映南宋時期的語音變化。

通過上述舉例，我們可以看出隨函音義一方面具有重要的研究價值，需要我們大力挖掘和探究；另一方面對待這些材料，我們也應該保持謹慎的態度，認真地審定每一個條目並加以分析和辨別，方可使我們的研究工作真實而有效。

二 考察背景

隨函音義的來源和構成比較複雜，有些是與佛經經文一同刊刻，有些是抄自其他佛經音義專書，還有些則是抄自其他版本藏經的隨函音義，因此，我們這裏説的考察背景就是指的考察隨函音義的源流，即每卷隨函音義的産生年代、音切所反映的語音特點等。對於有刊經題記、發願文的卷次，我們比較容易把握其背景，然而絶大多數隨函音義是沒有明確時代標記的，這對於我們的考察工作來説不那麼有利，在這種情況下做出的判斷有可能會不那麼準確，但儘管如此，我們還是應該儘量嘗試著去考察其背景，釐清其源流，爲今後的研究工作提供某些材料和參考。如：

1. 《磧砂藏》本《大方廣三戒經》卷中隨函音義（85/14b）

該卷隨函音義所出條目的文字與經文原文一致，又根據其版式來看，該經卷每頁版心中均有小字注文，依次標明千字文函號、經名卷次、版次及刻工姓名，如"乃　三戒中　二　杞"，這是典型的《磧砂藏》宋刻版

---

① 蔣冀騁、吳福祥：《近代漢語綱要》，湖南教育出版社 1997 年版，第 81 頁。

版式。另外，該卷隨函音義後還附有捨錢刊造該卷的"昆山縣市邑諸家施主"的姓名以及磧砂延聖院日僧善成於"紹定五年（1232）九月"撰寫的刊經題記。據此，我們認爲此卷隨函音義中的某些反切至遲能反映佛經刊刻時代，即南宋末年的某些語音特點。如：

（1）嬾墮，上郎罕反，下徒臥反。（85/14b）

按：墮，《廣韻》徒果切，全濁上聲；隨函音義"徒臥反"爲定母過韻，去聲。此條音切反映了漢語語音史中的"濁上變去"，表明在當時的語音中存在著這種聲調變化現象。

（2）搥擊，上直追反，擊也。（85/14b）

按：搥，《廣韻》、《集韻》皆音都回反，屬於端母灰韻；隨函音義"直追反"，則屬於澄母灰韻。該條隨函音義大概反映了"舌頭與舌上分化"這種語音變化，雖然韻書由於其滯後性保存了古音，但在當時的實際語音中"端知類隔"大致已易爲音和。

2.《磧砂藏》本《一字佛頂輪王經》卷五隨函音義（195/69b）

該卷隨函音義所出條目的文字與佛經文字一致，又根據版式來看，該經卷每頁版心中的注文依次標明千字文函號、版次，如"絲七　廿一"，這是典型的《磧砂藏》元刻版版式，且其後有元大德五年（1301）辛丑九月的發願文和磧砂延聖院刊經題記。據此，我們推測此卷隨函音義蓋與佛經經文一同刊刻，至遲或能反映元代大德年間的某些語音情況。例如：

（1）疪，及斯反。（195/69b）

按：該條隨函音義對應經文作"疪"，原文如下："使一巧匠六根端嚴清治潔身，令持此鐵鑄八寸輪，輻輞無疪，輞刃鋒利，又以牛糞汁中浸洗於輪，呪一千八遍。"[195/67b]據此，"疪"在上揭經文中表示"瑕疪、缺點"之義，又"疪"《廣韻》音疾移切，讀爲從母，屬於精組字；《集韻》雖有其他三音，但皆與此義無關，故"疪"在此處按照《廣韻》讀爲"疾移切"無疑。而隨函音義"及斯反"，讀爲群母，屬於見組字，因此我們推測此條反切反映了該隨函音義作者的方音中"及"與"疾"已經趨同，見精二組開始合流。又此卷隨函音義後還附有元大德五年（1301）辛丑九月磧砂延聖院的刊經題記，因此該例證有可能是隨函音義作者方音的反映，至遲或能體現元代大德年間的語音特徵。

古精組即齒音，細音前俗稱尖音；古見組即牙音，細音前俗稱團音，兩組音如果在細音前讀爲今聲母［tɕ］［tɕʻ］［ɕ］則爲發生了腭化，這是漢語語音史中一個重要的語音現象，前修時賢多有討論。最早記載這一語音現象的文獻資料，目前學界公認的是傅青主（1602—1683）《霜紅龕集·咳唾珠玉》卷二九："太原人語多不正，最鄙陋惱人，吾少時聽人語不過百人中一二人耳，今儘爾矣，如'酒'爲'九'，'九'爲'酒'，'見'爲'箭'，'箭'爲'見'之類，不可勝與辨。"① 其中"酒"、"箭"爲精組字，"九"、"見"爲見組字，這種尖團音區別的消失，反映了見精兩組字已經在當時太原方音中合流。

然而，我們發現這一條明確標明刊刻年代的隨函音義例證，是否就能推測元代時音或方音中見精就已經開始合流了呢？答案是肯定的。且看下一條相關例證：《磧砂藏》本《菩薩瓔珞經》卷五隨函音義："繫，昔計（反），或作係。"[176/72b] 對應經文原文作"一者經行，可去知去，可來知來，可坐知坐，繫意明想，心不憒亂"[176/61a]。又"繫"在《廣韻》中有"古詣切，縛繫"和"胡計切，《易》之繫辭"兩讀。隨函音義中"繫"按義當取"古詣切"，屬於見母霽韻，而音義作者注爲"昔計（反）"，屬於心母霽韻，反映了音義作者方音中見精兩組讀音接近。

又喬全生在討論古見組字腭化有可能開始於唐五代時，認爲對這個問題的判斷應基於以下兩點：第一，雖然只有"一兩個例子"，關鍵看它是不是事實；第二，能否得到今方言的支持②。這兩點同樣也適用於上揭例證的判定。對此，我們認爲第一點應爲事實，因爲寧忌浮曾指出："舌根音的舌面化，早在宋金元間就發生了。"③ 喬全生也發現"晉方言中有的片早在宋代即已出現見母腭化勢頭"④。故在元代隨函音義作者的方言完全也有可能出現此種趨勢。至於第二個問題，任何語音現象的發生和完成過程都需要一個相當長的過程。我們以《磧砂藏》刊刻地所屬吳方言爲例，據趙元任《現代吳語研究》所記，在二十世紀二十年代，吳語總體來說"見溪群母在齊齒撮口韻前變成腭化音"，"見曉系齊撮腭化，跟國音近"，如紹興除了一部分人的"凡眼字"，普通人的語音中

---

① 楊劍橋：《漢語音韻學講義》，復旦大學出版社 2005 年版，第 155 頁；喬全生：《晉方言語音史研究》，中華書局 2008 年版，第 132—133 頁。

② 喬全生：《晉方言語音史研究》，第 120 頁。

③ 寧忌浮：《〈古今韻會舉要〉及相關韻書》，中華書局 1997 年版，第 27 頁。

④ 喬全生：《晉方言語音史研究》，第 133 頁。

已經沒有尖團之分①。因此現代吳方言中這種尖團不分的現象正支持了我們的觀點。

另外，任何語音現象的發生和完成都需要一個相當長的過程，"疾"和"昔"，按照語音學原理，上揭例證應屬於見精兩組字早期的腭化現象。又曹志耘在《南部吳語語音研究》中亦指出："從南部吳語的一些方言來看，分尖團正朝著不分尖團的方向發展，例如常山話大部分字已經不分尖團了，只有［i］、［iŋ］二韻能分尖團。武義、慶元只有部分鄉下能分尖團，城裡已經不分尖團了。金華城里則只有老年人和一部分中年人在齊齒呼韻母前面能分尖團，年輕人已經完全不分尖團，精、見組細音都讀成［tɕ］組聲母了。"② 據此可知，雖然這種語音演變歷經幾百年，已經接近完成，但現今部分吳方言中齊齒呼韻前仍分尖團，保存著見精分化的痕迹。

衆所周知，語音的發展變化肯定早於文獻的記載，此例證是隨函音義作者方音無意間的流露，反映了見精兩組已經開始合流，爲我們確定此種音變的時間提供了可靠的依據，也爲學者推測早在宋元時期見精兩組的腭化就已發生提供了證據。

另外，通過此種方法，我們陸續推測其他卷次的隨函音義有可能也是與佛經一同刊刻的"同時材料"，或多或少地反映了至遲到佛經刊刻時代，即宋元之際的語音特點。如：

（1）《磧砂藏》本《佛説仁王護國般若波羅蜜經》隨函音義。

（2）《磧砂藏》本《正法華經》卷二隨函音義。

（3）《磧砂藏》本《大般涅槃經》卷一至卷二〇隨函音義。

（4）《磧砂藏》本《普曜經》卷六隨函音義。

（5）《磧砂藏》本《小品般若波羅蜜經》卷一至卷一〇隨函音義。

當然，對這些隨函音義時代的判定或多或少都有推測的成分，但起碼能證明背景考察是十分必要和可行的，而且通過類似的背景考察，我們方能進一步瞭解隨函音義的確切情況。

三　比勘異文

"所謂異文，是指某一句話中的某一個字，在不同的版本或篇目中換

---

① 趙元任：《現代吳語研究》，科學出版社 1956 年版，第 28、84、87 頁。

② 曹志耘：《南部吳語語音研究》，商務印書館 2002 年版，第 52 頁。

成了另一個字。"① 在傳統文獻學和語言學中,通過異文的考察,往往能發現和解決許多版本和訓詁的問題。因此,考察異文是一種非常行之有效的研究方法。既然如此,在運用此方法前,我們就必須選定和搜集好異文材料,那麼,漢譯佛經中的異文材料有哪些呢?

首先,我們想到的異文材料是隨函音義詞條所出文字和對應經文文字不同而形成的異文,這種現象在《磧砂藏》中十分普遍,需要我們認真核對每一個詞條後才能得出;其次,不同版本藏經間的異文,如刻本大藏經與寫經間的異文,不同刻本大藏經間的異文等,這些異文有的未形成校勘記,需要我們親自覆核原卷,有的則形成了一份十分詳細的校勘記,如《大正藏》校勘記,它以高麗藏爲底本,廣搜異本,勘出異同,爲漢文佛經的整理研究提供了一份難得的資料;再次,敦煌零散音義殘卷以及歷代以來的各種專人所作佛經音義,如《慧琳音義》、《玄應音義》、《可洪音義》等,他們不僅列出了當時所見的佛經原文字形作爲音義條目,而且有時還進行是非判定,爲我們今天的研究提供了有益的參考;再者,《經律異相》、《法苑珠林》等佛教類書,前者是梁寶唱等集的一部採録漢譯佛經經、律、論中的佛教故事,分類編排的大型佛教類書,每則故事之末一般注明出處,説明這則故事出自某經某卷。後者則爲唐道世所撰的一部總括佛教經典和世俗典籍,介紹佛教知識、討論人間事理的大型佛教類書,每條故事或事理開頭一般亦注明其來源,注明出自某經或某典籍。因此,我們也可以將這些佛教類書的相關內容看作其徵引佛經的異文材料;另外,同經異譯,即同一部佛經常常存在不同譯本,這在漢譯佛經中也很常見,由此也產生了許多異文現象,提供了眾多異文材料。總之,通過比勘上述列舉的這些異文材料,我們能發現和解決《磧砂藏》隨函音義涉及到的相關問題。如:

(1)摑眥,上俱獲反,摑,打也,恐非此用,宜作矐,纡縛反,下在計反;矐眥,謂裂目而視也。(443/12b)

按:該條出自《磧砂藏》本《經律異相》卷三一隨函音義,對應經文與之同,原文如下:"發是願時,天地六種震動,日無精光,禽獸散走,大海波動,須彌涌没,六欲諸天皆悉怯怖,下閻浮提,化作師子虎狼之屬,張目摑眥,跑地大吼,振跳騰躑,來欲搏齧。"[443/4b] 今《大正藏》

---

① 郭在貽:《訓詁學》,湖南人民出版社 1986 年版,第 88 頁。

本對應經文作"摑髭"，校勘記稱"髭"字宋、元、明、宮本均作"眥"[T53,p0163c]。

又此則故事《經律異相》注明出自《大方便佛報恩經》第一卷，故此段相關文字亦見於《大正藏》本《大方便佛報恩經》第一卷中，原文如下："發是願時，天地六種震動，日無精光，驚諸禽獸，四散馳走，大海波動，須彌山王踊没低昂，乃至忉利諸天亦皆大動。時釋提桓因將欲界諸天，下閻浮提，怯怖，須闍提太子化作師子虎狼之屬，張目䁾眥，㕭地大吼，波踊騰躑，來欲搏噛。"[T03,p0129b]今《磧砂藏》本經文與之相同，且卷末隨函音義云："䁾眥，上呼麥反，正作摑，下在賜反；䁾眥，裂目也。"[189/9b]

又《慧琳音義》卷七九《經律異相》第三十一卷音義出"睚眥"條，並云："上音崖，下音紫，案經義睚眥，張口露齒瞋怒作齧人之勢也，經中從爪、從國作㼌，從目、從此作眦，並傳寫錯謬，甚無義理，今故改之，並從目，形聲字也。"[T54,p0818b]《玄應音義》卷四《大方便佛報恩經》第一卷音義則出"摑眥"條，下云："呼麥反，摑，裂也，下靜計反，目頭曰眥，《淮南子》云'瞋目裂眥'，是也。經文從首作馘，古獲反，生獲斷耳曰馘，馘非此義。"①《可洪音義》卷八《大方便佛報恩經》第一卷音義："銜髭，上户巖反，下即斯反；《經音義》作馘眥，又見別本作䰗貲；應和尚以摑眥替之，上呼麥反，裂也，馘、馘二同，古麥反，截耳也；眥，自詣反，瞋目皃也。"②同書卷二三《經律異相》第三十一卷音義："摑眥，上古麥反，裂也；下才計反，眼角也；又經本作'張目銜髭'也，上又《經音義》以摑字替之，呼麥反。"③

由此可見，此處存在著衆多異文形式，而且衆説紛紜，莫衷一是。總體來説，大體有以下幾種情形：其一是《大正藏》、《磧砂藏》本經文原文和異文作"摑髭"、"摑眥"和"䁾眥"；其二是玄應和《磧砂藏》本《大方便佛報恩經》隨函音義作者認爲應作"摑眥"，作"馘眥"不合經

---

①　（唐）釋玄應撰：《一切經音義》，《影印高麗大藏經》第 32 册，韓國東國大學校譯經院 1994 年影印，第 57 頁。

②　（五代）釋可洪撰：《新集藏經音義隨函録》，《中華大藏經》第 59 册，中華書局 1993 年版，第 850 頁中欄。

③　（五代）釋可洪撰：《新集藏經音義隨函録》，《中華大藏經》第 60 册，中華書局 1993 年版，第 274 頁中欄。

義；其三是《磧砂藏》本《經律異相》隨函音義作者認爲宜作"矊眥"；其四是慧琳認爲所見經本中作"瓯眦"係傳寫錯謬，應據義理改作"矆睒"；其五則是可洪將當時所見經本中有作"衙髭"、"鹹眥"、"搣眥"、"鹹眥"者列出，但未下斷語。

總的說來，從上下文經義來看，基本上各家都同意該詞在此應表示"瞋目皃、裂目而視皃"，因此表示"打眼角"、"打鬍鬚"的"摑眥"和"摑髭"於此皆與經義不適，表示"衙鬍鬚"義的"衙髭"亦與經義不諧，又年代較早的敦煌寫經伯 3053 號、北 445（暑 10）號、449（水 62）號《大方便佛報恩經》殘卷皆存有上揭經文文字，前者雖字迹稍顯模糊，但仍可辨別出該詞語寫作"鹹眥"二形，后二者則清晰顯示均作"鹹眥"，而"鹹"爲"鹹"之俗體，漢《斥彰長田君斷碑》已見①，故現存刻本藏經中作"鹹眥"者由來已久，"摑眥"、"鹹眥"蓋爲因音近或形近而與其混同；慧琳雖然正確指出"瓯眦"與經義不合，但徑直臆改作"矆睒"，亦大謬；今查《玉篇·目部》："矆，許縛切，大視也。矆，同上。"②《廣韻·藥韻》許縛切："矆，大視皃。矆，上同。"③《玉篇·手部》："搣，呼麥切，搣，裂也。"④《廣韻·麥韻》呼麥切："搣，裂也。"⑤ 據此，"矆"雖表示"大視皃"，但不與"眥"相搭配，在此亦不諧，而"搣眥"表示"裂目皃"則與經義契合。綜上所述，竊以爲此處從《玄應音義》和《磧砂藏》本《大方便佛報恩經》隨函音義，作"搣眥"爲長。

（2）喊喊，上呼鑑反，下呼戒反；喊喊，怒聲也。（437/11b）

按：此條出自《磧砂藏》本《佛說無明羅刹經》隨函音義，對應經文同，原文如下："王覩是已，儀容嚴肅，雄心振動，譬如暴風吹鼓大樹，如兩師子共相見時，即奮威猛，諏講而言：'叱夜行主欺我何甚！縱放毒惡傷害我民，呪藥醫療如蘇注火，汝於今者死時到矣。"[437/3b]《大正藏》本對應經文亦作"諏講"，校勘記曰"諏講"宋、元、明本皆作"喊喊"，宮本作"喊喈"[T16,p0851c]。通過版本間的異文比較，我們發現此處存在有"諏講"、"喊喊"、"喊喈"三種不同的形式。那麼，三者何以在此

① （清）顧藹吉編：《隸辨》，中華書局 1986 年版，第 181 頁。
② （梁）顧野王著，（宋）陳彭年等修訂：《大廣益會玉篇》，第 21 頁。
③ （宋）陳彭年等編：《宋本廣韻》，中國書店 1982 年版，第 483 頁。
④ （梁）顧野王著，（宋）陳彭年等修訂：《大廣益會玉篇》，第 31 頁。
⑤ （宋）陳彭年等編：《宋本廣韻》，第 494 頁。

形成異文呢？

　　今查《玉篇·口部》："喊，呼滅切，聲也。"[①] 同書同部首下："唰，許戒切，喝唰也。"[②]《廣韻·怪韻》許介切："唰，喝唰。"[③]《龍龕手鏡·口部》："唰，許戒反，怒大聲也。"[④] 又查"喊"上古音屬曉紐侵韻，"唰"之聲旁"戒"上古音屬見紐職韻，二者同屬牙音。據此，隨函音義釋"喊唰"爲"怒聲也"有其根據，其爲"喊"、"唰"二者凝固而成的雙聲連綿詞。又"喈"上古音屬見紐脂韻，與"喊"亦同屬牙音，《廣韻》音"古諧切"，與"唰"讀音相近，據此推知，"喊喈"、"喊唰"爲同一雙聲連綿詞的不同書寫形式。

　　又查《廣韻·鑑韻》許鑑切："譀，譀講。又呼咸切。"[⑤]《龍龕手鏡·言部》："譀，許鑒反，譀講也。"[⑥]《玉篇·言部》："講，火界切，譀講，諍罵怒皃。又音邁。"[⑦]《慧琳音義》卷七六《無明羅刹集》音義亦出"譀講"條，並釋云："譀講，呀監反，亦作喊；下呀介反，或作唰，大呼大怒也。"[T54,p0802c]"譀"之讀音"許鑒反"、"呀監反"與隨函音義所列"喊"之讀音"呼鑑反"相同或相近，"講"之讀音"呀介反"、"火界切"與"唰"之讀音"呼戒反"、"許戒切"、"許介切"相同，由此可知，"譀講"亦與"喊唰"爲同一連綿詞的不同形式。

　　此外，《可洪音義》卷二二《無明羅刹集》音義對應條目則出"鹹䶘"條，並曰："上呼鑒反，下呼介反，恚怒聲也，正作譀講也；又《經音義》作喊唰，上呼減反，下呼戒反，上又夾、恰二音；郭氏作如咸反，下又胡戒反，並非用。"[⑧] 可見，在可洪當時所見的經本中，該處還存在著作"鹹䶘"的異文形式，與"譀講"、"喊唰"、"喊喈"皆爲同一連綿詞的不同書寫形式。由於連綿詞詞無定形，此處無所謂正俗，故可洪認爲該詞"正作譀講，《經音義》作喊唰，非用"，不妥。

---

① （梁）顧野王著，（宋）陳彭年等修訂：《大廣益會玉篇》，第 26 頁。
② 同上書，第 27 頁。
③ （宋）陳彭年等編：《宋本廣韻》，第 365 頁。
④ （遼）釋行均撰：《龍龕手鏡》，中華書局 1985 年版，第 273 頁。
⑤ （宋）陳彭年等編：《宋本廣韻》，第 425 頁。
⑥ （遼）釋行均撰：《龍龕手鏡》，第 47 頁。
⑦ （梁）顧野王著，（宋）陳彭年等修訂：《大廣益會玉篇》，第 42 頁。
⑧ （五代）釋可洪撰：《新集藏經音義隨函録》，《中華大藏經》第 60 册，第 250 頁中欄。

(3) 不濡，下乳朱反，濡，溼也，作溺稍通。(442/71a)

按：該條出自《磧砂藏》本《經律異相》卷二九隨函音義，對應經文同，原文如下："有大人名曰佛，教化數千億萬人皆令得道，入火不燒，入水不濡，能典覽三千日月萬二千天地，知三世事，身有三十二相八十種好，道德通達諸天敬謁。"[442/66b] 今查《大正藏》對應經文作"不溺"，校勘記云"溺"字宋、元、明本皆作"濡"，宫本作"濤"[T53,p0156a]。另外，雖然《經律異相》在該則故事後注明出自《分惒檀王經》，但現今《大正藏》、《磧砂藏》本中查無該經，又《可洪音義》卷二三《經律異相》第二十九卷音義出"不濿"條，並云："而朱反，霑溼也，《三摩竭經》作㶣，而兖反。"① 俗書"需"、"萬"旁相混，故"濿"爲"濡"之俗寫。今據《可洪音義》，查吴竺律炎譯《佛説三摩竭經》確有此段文字，竊疑該經與《分惒檀王經》爲同經異譯，又該處《大正藏》及《磧砂藏》本《佛説三摩竭經》皆作"不溺"，則"不濡"、"不溺"、"不濤"與"不㶣"在此形成異文。那麽，此處作何者爲宜呢？竊以爲表示"不溼或不霑溼"的"不濡"和表示"不沉於水、不水淹"的"不溺"均與經義契合，難以取捨；"不㶣"，竊疑其爲"不濡"之訛寫，因爲俗書從大、從火不分，"㶣"即"耎"之俗字，又"耎"、"需"旁常互混，《廣韻·獮韻》而兖切："輭，柔也，或從需，餘同。"② 即可證；"不濤"，則疑其爲"不濡"、"不溺"的誤寫。當然上述論述僅爲筆者根據所見異文作出的初步判斷，此處究竟作何者爲宜，還有待進一步的探討。

四 印證外典

佛教徒稱佛經爲"内典"，佛經以外的典籍則爲"外典"，而屬於"内典"的漢文佛經是一種特殊的古代漢語語料，朱慶之曾稱其爲"佛教混合語（Buddhist Hybrid Chinese），簡稱佛教漢語（BHC）"，並指出其"是以翻譯佛典的語言爲代表的漢文佛教文獻的語言。這種語言無論在詞彙還是在語法方面，都與其他漢語文獻有較爲明顯的不同，可以看作是漢

① （五代）釋可洪撰：《新集藏經音義隨函録》，《中華大藏經》第60册，第273册下欄。
② （宋）陳彭年等編：《宋本廣韻》，第273頁。

語歷史文獻語言的一個非自然的獨特變體"[①]。因此，我們在利用《磧砂藏》隨函音義研究漢文佛典語言時，應充分注意到這一特殊性。然而儘管如此，我們還是應該積極利用其他中土文獻，即佛教徒所稱之"外典"，因爲漢譯佛典的受衆畢竟是中土的廣大民衆，翻譯者或創作者必然要採用當時中土人民能明白的文言或口語，許多驗之佛經"内典"可通的語言現象，驗之"外典"亦協，而且綜合了"内典"和"外典"得出的結論也更具有説服力。如：

（1）睍眦，上匹計反，[下]在計反，睍眦，怒目視也。（443/13b）

按：此條出自《磧砂藏》本《經律異相》卷三一隨函音義，對應經文與之同，原文如下："其王疾病，積年不差，恒苦瞋恚，睍眦殺人，人舉目視之亦殺，低頭不仰亦殺，使人行遲亦殺，疾走亦殺，左右侍人不知當何措手足。"[443/9b]今《大正藏》本對應經文作"睍眥"[T53,p0166c]，又"眦"同"眥"，"睍眥"即"睍眦"。

"睍眦"一詞，《漢語大詞典》未收，含義不詳。隨函音義云其爲"怒目視也"，是否正確呢？

從其他音義材料來看，《慧琳音義》卷七九《經律異相》第三十一卷音義："睍眥，上蜺計反，下音薺，准經義'睍眥'者，怒目視人也，《説文》'邪視也'，瞋目之兒也。"[T54,p0818c]釋義與隨函音義略同。

又從其他異文材料來看，《經律異相》注明該則故事出自後漢安世高譯《佛説奈女耆婆經》，今《大正藏》本《佛説奈女耆婆經》對應經文作"睚眥"，校勘記曰"睚"字宋、元本皆作"倪"[T14,p0904a]。"睚眥"、"睍眦"在此形成異文。"倪"上古音屬疑紐支韻，"眥"上古音屬從紐支韻，"睚眥"爲二者凝固而成的連綿詞。又"睚"上古音亦屬疑紐支韻，據此，"睚眥"、"睍眦"應爲同一連綿詞的不同書寫形式。

"睍眦"一詞未見於中土文獻，而"睚眥"則習見。今考《漢書·杜周傳》"報睚眥怨"，顏師古注曰："睚音厓。睚，舉眼也。眥即眥字，謂目匡也。言舉目相忤者，即報之也。一説睚音五懈反。眥音仕懈反。睚

　　①　朱慶之：《佛教混合漢語初論》，載北京大學中文系編《語言學論叢》（第二十四輯），商務印書館 2001 年版，第 1 頁。

眦，瞋目貌也。兩義並通。他皆類此。"① 史炤《資治通鑒釋文》卷二："睚眦，上音五懈切，下仕懈切，瞋目貌也。"② 由此可見，"睚眦"一詞在"外典"中確有"瞋目貌"之義，作爲同一連綿詞不同形式的"睨眦"當與之義同，隨函音義釋其爲"怒目視也"，有其依據，該說可從。

（2）哽塞，上加猛反，下力焰反，哽塞，悲啼不止兒。（446/100a）

按：該條出自《磧砂藏》本《諸經要集》（唐道世集）卷七隨函音義，今《磧砂藏》本對應原文同，原文如下："爾時如來受阿難請，即往其家。是時，彼諸人等，遙見世尊，各各以手拭面，前來迎佛，既至佛所，頭面禮足，悲哀哽塞，不能發言，正欲長歎，以敬佛故，不敢出息，噎氣而住。"[446/94b]《大正藏》本對應經文作"鯁塞"，校勘記稱"鯁"字宋、元、明、宮本皆作"哽"[T54,p0063c]。

"哽塞"一詞，《漢語大詞典》釋爲"因悲痛而氣塞不能言"，書證爲《北史·魏任城王云傳》"順即哽塞，涕泗交流，久而不能言"③，而隨函音義釋其爲"悲痛不止之兒"，到底孰義爲長呢？竊以爲此二者皆有隨文釋義之嫌，"哽塞"即"因悲痛而氣塞或悲傷滿懷"，用來形容悲傷之極。

從其他佛經材料來看，《可洪音義》卷二三《諸經要集》第七卷音義亦出"鯁塞"條，其下云："上又作哽同，古杏反，塞也。"④ 又《諸經要集》稱上揭文字引自吳支謙譯《佛說須摩提長者經》，故上段文字亦見於《大正藏》本《佛說須摩提長者經》，對應原文作"哽塞"[T14,p0805b]。《慧琳音義》卷五七《須摩提長者經》出"哽塞"條，注云："厄杏反，《韻詮》云：'氣塞哀極之爾。'"[T54,p0686c]慧琳、可洪均認爲"塞"即梗塞、氣塞，"哽塞"謂由於悲傷而引起的氣塞。

又中土文獻亦可爲此釋義提供佐證。中古漢語材料《二王雜帖》中"塞"字常與表示悲傷的詞連言，表示感情鬱積，如"感塞"、"咽塞"、

① （漢）班固撰，（唐）顏師古注：《漢書》卷六〇《杜周傳》，中華書局1962年版，第2680頁。

② （宋）史炤著：《資治通鑒釋文》，《叢書集成初編》第3483冊，中華書局1985年版，第45頁。

③ 羅竹風主編：《漢語大詞典》（三卷本）"哽塞"條，漢語大詞典出版社1997年版，第1592頁。

④ （五代）釋可洪撰：《新集藏經音義隨函錄》，《中華大藏經》第60冊，第299頁中欄。

“情塞”等，皆是悲傷之義①；敦煌書儀用語中亦用“哀塞”、“悲塞”、“荒塞”等詞形容悲傷滿懷②；又如《資治通鑒》卷一三七“臨啓哽塞，知復何陳”，《資治通鑒釋文》卷一五曰：“哽塞，上古杏切，下悉則切，哽咽也，塞窒也。”③據此，“哽塞”爲“塞”字與相關表示悲傷義的詞連言的一種，表示“悲痛”、“傷心”鬱積之義，在“外典”中習見。

　　以上我們以《磧砂藏》隨函音義爲例，舉例説明了研究隨函音義所使用的方法。這些方法不僅適用於《磧砂藏》隨函音義，同樣也適用於其他隨函音義的研究。然而在具體的考釋過程中，我們往往需要融会貫通、綜合運用，從不同角度、運用不同的方法進行分析和考察，只有這樣才能全面正確地瞭解隨函音義各方面的情況。

① 方一新、王雲路：《中古漢語讀本》，上海教育出版社 2006 年版，第 369 頁。
② 張小豔：《敦煌書儀語言研究》，商務印書館 2007 年版，第 125—126 頁。
③ （宋）史炤著：《資治通鑒釋文》，《叢書集成初編》第 3483 册，第 306 頁。

第 二 章

《磧砂藏》隨函音義概説

如前所述，隨函音義往往不出於同一作者之手，也不是同一時代的産物，因此其中的體例、源流等相當複雜。在開始對《磧砂藏》隨函音義進行研究之際，我們首先要做的就是從整體上全面瞭解它，弄清其體例，探尋其內容，區分其類別，認清其闕失，爲進一步深入研究做準備。

第一節　體例

總體而言，《磧砂藏》隨函音義的體例與其他隨函音義略同，即一般只注音切，簡單釋義，間或關涉字形或其他，按其內容又大體分爲注音、辨形、釋義、校勘等，兹分別說明之。

一　注音

音義的基本體例就是以音釋義，《磧砂藏》隨函音義也不例外，注音方式主要分爲兩種：一爲直音，一爲反切。如：

（1）棄捐，弃緣二字。（142/16a）

（2）迫迮，伯責二字。（133/21a）

（3）嬰孩，上一盈反，下胡哀反。（365/70b）

（4）脾臂，上頻彌反，下時忍反。（266/12a）

有時直音和反切兩種方式同時使用，如：

（5）舒緩，上音書，下玄伴反。（102/31b）

（6）迅駛，上私閏反，下使史二音。（287/13a）

有時將四聲連同反切一同標示，如：

（7）誐，魚迦上反。（193/42b）

（8）鞘鞭，二同，吾更去反。（191/58a）

（9）妳，女解上反。（321/18b）

（10）廁填，上初使去反，下音田。（156/67b）

例（7）、（9）中的"上"和例（8）、（10）中的"去"位於反切之後，表示該反切讀爲"上聲"和"去聲"。

有時還揭示音切的來源，如：

（11）哆，就經作多曷反。（156/70b）

（12）轀藍，上止茲反，下就經作鹿奄反。（185/36a）

（13）穤，奴臥反，元音而主反。（198/93b）

（14）誹，非沸二音，謗也，《玉篇》芳尾反。（248/42a）

（15）目帝，音帝，應師作他細反。（199/10b）

（16）跤，元音仙可反，別本初交反。（153/21b）

例（11）、（12）中"就經作某某反"和例（13）中"元音"大概就是隨函音義作者當時所見佛經經文中自帶的反切，如例（12），《大正藏》對應經文作"鹿淹反"[T14,p0338a]，與隨函音義所云略同；且上揭"哆"、"轀藍"、"穤"皆爲佛經咒語用字，佛經譯者翻譯時常常自注反切於這些咒語用字下，於是佛經原文中便有了爲數衆多的自帶反切。

例（14）、（15）中有音切出自《玉篇》和《玄應音義》，例（16）中"別本初交反"大概指的是所見別本經文自帶的反切。這類標明出處的音切在隨函音義中僅僅是少數，大多數音切都未標明出處，可實際上這些未標明出處的音切大都來源於隨函音義作者當時所見的字書、韻書和前代佛經音義專書、隨函音義以及佛經原文自帶反切等。

偶爾還對發聲方法進行描述，如：

（17）紇哩，上胡骨反。紇哩，二合聲。凡注二合呼時，疾聲各五分呼之。（494/6a）

（18）溼嚩，上濕字，二合聲。（501/26a）

（19）尾咄，下丁骨反。注云"半音呼"，只是略輕聲疾道。（507/27b）

對一些沒把握的讀音，隨函音義採取了"知之爲知之，不知爲不知"的態度，説明此音"暫時無法弄清楚"、"暫時不敢斷定"，如：

（20）㕧嘘，上胡感反，又有作户音，此是陀羅尼，未敢詳定。（167/29a）

（21）冰，唐《玉篇》音詠，此亦謂敢定是。（167/94b）

（22）朗，古文舅字，舊音女甘反，陀羅尼字，夫（未）敢能定。
（181/21b）

二 釋義

釋義是音義的一項重要功能，釋義工作的好壞直接影響到佛經研讀者對該經義理的理解，因此《磧砂藏》隨函音義十分重視條目的釋義，大部分條目下都有簡單的解釋。總體而言，這些釋義大都屬於"述而不作"，雖未標明具體出處，可基本上都是沿用當時可見的字書、韻書以及其他佛經音義的解釋。

一般來説，大多數情況下隨函音義都只對被釋字進行單獨解釋，如：

（1）僻執，上匹亦人（反），偏僻。（400/58a）

（2）火燼，下音遭，火燒之餘。（401/78a）

有時則分別解釋條目中的字義，如：

（3）髭髯，上即斯反，下而廉反；口上曰髭，頷下曰髯。（297/70b）

（4）嬰孩，上一盈反，女曰嬰；下户哀反，男曰孩。（400/83a）

對於某些詞組或詞語，則將其作爲一個整體來解釋：

（5）瞢瞪，上莫贈反，下音鄧；瞢瞪，昏亂之皃。（492/48a）

（6）步搖，以朱壬結花帶之頭，上步行搖動是也。（288/53b）

偶爾也徵引其他典籍來釋義，如：

（7）濩渃，鑊若二字，《廣雅》云：濁穢水也。（171/36b）

（8）焱豎，上必苗反，正作飆；《爾雅》曰：扶搖曰飆。（477/134a）

對於某些没有把握的釋義，同樣採取謹慎的態度，説明此處"未詳經意"、"未見經意"等，如：

（9）憚，徒旦反，憚，懼也，難也，未明經意。（171/81a）

（10）鐵莘，下才遂反，未見經意。（284/64a）

（11）企牀，上《音義》作丘智反，未詳其旨。（336/70a）

另外，有些詞語的釋義也帶有隨函音義作者個人的見解，如：

（12）庠序，上音祥，行止有度曰庠序。（76/48b）

按：該條出自《磧砂藏》本《大寶積經》卷三六隨函音義，對應原文如下："爾時世尊，於彼中道不移其處，令諸長者建立聖果，以如來威勢入王舍城，四衆圍繞容儀庠序。"[T11,p0203b] 該詞佛經中常見，歷來解釋紛紜，《慧琳音義》卷四六《大智度論》第七十七卷音義解釋爲"謂儀容有法度也"^[T54,p0615b]，《漢語大詞典》本《敦煌變文字義通釋》之説，解釋爲"安詳肅穆"①，《佛經詞語匯釋》釋義爲"穩重、端莊，用傾向於文言的詞來説，就是温恭"②。可見，各家之説，各有側重點，而隨函音義釋爲"行止有度"，又爲我們提供了另一種理解。

有些還指出其所收録的爲虚詞，並分析其用法，如：

（13）野不，下方久反，審詞也。

按：該條出自《磧砂藏》本《分别善惡報應經》卷上隨函音義，對應原文如下："長者復言：'商佉，實是我父兜儞野不？可就銅盤食此肉飯。'商佉即食。"^[493/1b]據此，"不"在上揭經文中同"否"，爲表示詢問意義的語氣詞。《説文·不部》："否，不也。"③段注："不者，事之不然也；否者，説事之不然也；故音義皆同。"④可證。又"詞"在古代漢語中並非用作我們現今常指的語言單位名稱，而是常用來表示"語助詞、虚字"，如《可洪音義》卷一《大般若經》第六會序音義："原夫，音扶，語助也，詞也，亦作邎、訣二字。"⑤故此揭隨函音義中"審詞"即"表示詢問意義的虚詞"。

三　辨形

辨析字形也是音義的一項重要内容，《磧砂藏》隨函音義對佛經文字形體進行了大量的辨析工作，其中包括列舉和揭示佛經經文的異體、正俗、古今，甚至直接勘正字形是非等，爲近代漢字的研究以及大型字典的編纂提供了豐富的資料。例如：

（一）列出異體

（1）訾呰，二同，音紫。齧嚙，二同，魚結反。鞘鞘，二同，音笑。（336/31a）

（2）蕕，直由反，亦作蓲。（171/61a）

（3）豬豬，二同，豬字。（171/75a）

---

① 羅竹風主編：《漢語大詞典》（三卷本）"庠序"條，第1963頁。

② 李維琦：《佛經詞語匯釋》，湖南師範大學2004年版，第331頁。

③ （漢）許慎撰，（宋）徐鉉校定：《説文解字》，中華書局1963年版，第34頁。

④ （漢）許慎撰，（清）段玉裁注：《説文解字注》，上海古籍出版社1981年版，第584頁。

⑤ （五代）釋可洪撰：《新集藏經音義隨函録》，《中華大藏經》第59册，第565頁下欄。

（4）濕湮，二同，深入反。（152/26b）

（二）分辨正俗

（1）烹寡，古瓦反，少也，下正。（436/9b）

（2）繭璽，二同，古典反，上正文，下俗字。（149/37b）

（3）殄殀，二同，徒典反，滅也，絶也，下俗用也。（170/65a）

（4）痠瘦，二同用，上正下俗。（181/30a）

（三）标明古今

（1）喆哲，二同，上古文，下俗用。（156/70b）

（2）陜，古文狹字，咸夾反，窄狹。（158/43a）

（3）挶，其月反，古文橛字。（169/11b）

（4）栝筶，二古活反，上古用，下今用。（232/46a）

（四）勘正是非

（1）輒，竹涉反，專輒也；從取，非也。（121/28a）

（2）遞字，大疏凡有此字皆如此書，今本多作此逓字，非。（117/41b）

（3）捰旋，似宣反，旋遶，上非也。（144/7a）

（4）斂，力冉反；作欠，非。（154/68b）

四　校勘

《磧砂藏》隨函音義充分發揮其隨文注釋的特點，不僅比勘異同，確定是非，往往還對佛經文字在流傳過程中產生的錯訛多有糾正，爲我們校勘整理佛經文獻提供了有益的綫索。總體來説，主要表現在以下三個方面：

（一）定是非

（1）夘藏，上郎短反；或作印藏，非。（141/95a）

（2）牢靭，下音刃；作朒、扨，非。（301/41a）

（3）循觀，上音旬，遍也，歷也；下文循身觀亦同；或作修，誤。（127/86a）

（二）列異文

（1）薄伽，一本作濞伽，乃頂反。（97/71a）

（2）瘃患，上丑刃反，一本作疾。（131/22b）

（3）跛，必我反，脚病；一本作傴，紆主反，背曲疾。（138/73b）

（4）舟柹，下音伐，別本或作船柹。（155/98a）

（三）存推測

（1）趾，音止，恐作跱，直里反。（286/8a）

（2）勉耳，上恐作挽，音晚。（288/54a）

（3）恬，疑是活字。（274/106b）

（4）赦鏝，上恐作被，女板反；下明犯反。（510/31a）

此外，《磧砂藏》隨函音義中還有少量條目涉及佛經經卷的經名、卷品分次等内容，這對於今天我們研究佛經的版本源流具有重要的參考價值。例如：

（1）採蓮花王，應云採蓮達王經，如經廣説，此悮；既諸藏咸然，不敢擅改，爲未詳所出。（451/65b）

按：此條隨函音義出自《磧砂藏》本《歷代三寶紀》卷七隨函音義，對應原文如下：“採蓮華王經一卷或云採蓮華上佛授決号妙華經”[451/57b]。隨函音義作者認爲《歷代三寶紀》出“採蓮花王”有誤，應作“採蓮達王經”。今查《大正藏》本該經名稱爲《採花達王上佛授決號妙花經》、《磧砂藏》本爲《採華達王上佛授決經》，與隨函音義所云吻合。

（2）此經舊爲六卷，《開元録》作五卷，子注或七卷或十卷。據此，今開初卷爲二，揔爲七卷，即釋大寶積經第四十一會是也。（219/59b）

按：此係《彌勒菩薩所問經論》卷七隨函音義，今查《大正藏》本《彌勒菩薩所問經論》爲九卷，《磧砂藏》本則如隨函音義所説爲七卷。又陳士強《佛典精解》云：“《彌勒菩薩所問經論》九卷（元魏菩提留支譯，《開元録》作五卷）是釋《彌勒所問經》（即《大寶積經》第四十一會）的。”[1]　與隨函音義所云契合。

（3）據序云“十三品若立放逸品，則有三十四品”，以此則知放逸品多誤立也，故竺本至第五卷標品題曰“無放逸品之餘”，文義明白可見。（425/50b）

按：此係《出曜經》卷四隨函音義，隨函音義作者在閲讀了《磧砂藏》本和竺本《出曜經》後，認爲《出曜經》中的“放逸品”多爲誤立，言下之意該經應爲三十三品。今查《大正藏》、《磧砂藏》本《出曜經》均分爲三十三品，始《無常品》，終《梵志品》，與隨函音義作者意

---

① 陳士強：《佛典精解》，上海古籍出版社 1992 年版，第 136 頁。

見相合。

第二節　內容特徵

　　《磧砂藏》隨函音義作爲一種大藏經隨函音義，與其他隨函音義之間不僅有一定的繼承和淵源關係，也有其自身的特點。因此，就其內容特徵而言，既有隨函音義的一般特點，也有其獨特之處。這主要表現在以下幾個方面：

一　貯存和辨析大量俗寫訛字

　　《磧砂藏》作爲宋元時期江南私刻諸藏的一種，雖然它是由"磧砂延聖院經局"負責刊造，但該機構並不像負責官刻大藏經的"傳法院"那樣對每一部佛經的版式、體例、內容等進行嚴格的校勘和規範。從《磧砂藏》卷末常見的刊經題記可以看出，正是由於此種"非官方"色彩，《磧砂藏》的很多經卷皆係磧砂延聖院的僧人以及附近的信衆陸續施財發願刊刻而成，它們雖然在版本體例上大體保持一致，但經文以及隨函音義並未標準化和統一化，仍不能免"俗"。具體到隨函音義，則主要表現在：習用俗字，即"行文不避俗字"，辨析亦從俗從時。正因爲如此，隨函音義貯存和辨析了大量民間通用或習用的字體，反映了當時文字使用的真實情況。這些在歷代字書中被視爲"俗"、"通"者在《磧砂藏》中大量使用，其形體大多前有所承，有的還一直沿用到後代，成爲現今的通行正字。下面我們予以舉例說明：

【㚆】

　　（1）㚆㜺顿，三同，而兖反，下正。（289/8b）

　　（2）㚆軟，二同。（316/8b）

　　（3）㚆顿，二同，乳兖反。（382/8a）

　　（4）細㚆，下軟字。（48/73b）

　　（5）㚆㜺，二同，軟字。（215/25a）

　　（6）㚆顿㜺軟，四字同用。（152/26b）

　　（7）㚆，今作軟。（156/5b）

　　（8）柔㚆，下正作軟煗。（169/26b）

　　（9）㚆，軟字，或作㜺字，正作顿。（353/35a）

（10）柔輭，下正作軟。（148/35b）

按：上揭隨函音義總共列舉了"奭、濡、輭、軟、煗"五個形體，並分別對其作出了辨析，或認爲"輭"爲正體，或認爲"軟"爲正體，等等。其實，"軟弱字《説文》作'偄'，古書亦假'奭'、'輭'等字爲之，'輭'爲'偄'的後起換旁字，而'軟'爲'輭'的譌變俗體"①。至於"煗"、"濡"亦爲其發展演變過程中産生的俗寫訛變體。由此可見，隨函音義作者有時給出的正字如"正作軟煗"、"正作輭"，其實都是俗寫字形。又如其用"軟"、"濡"爲字頭注音等，都反映出隨函音義對待這些俗體字形，往往以當時習見或通行爲標準，從俗從時，而非按照傳統字書的標準溯其本源，區別正俗。

【疋】

（1）正迊疋，三並同，疋字，疋正文。（158/43a）

（2）疋匹，疋字，上非。（127/86a）

（3）疇迊，上直流反，正作儔，下疋字。（88/34b）

（4）匹疋，二用同。（443/13a）

（5）迊匹，俗作疋，上非。（297/63a）

（6）迊匹，音同，疋字，下正。（298/21b）

按：上揭隨函音義收錄了"疋、匹、迊、正、迊"五個形體，今考斯2071號《箋注本切韻·質韻》："疋，譬吉反。"② 裴務齊本《刊謬補缺切韻》卷首："匹疋，上正，普必（反）。"③《干禄字書》入聲："迊匹：上俗下正。"④《廣韻·質韻》譬吉切："匹，俗作疋。"⑤ 據此，"匹"應爲正體，俗書"辶"、"乚"旁常互混，"疋"、"疋"當爲其手書俗寫，在刻本佛經中又進一步訛變楷定作"迊"、"正"和"迊"。隨函音義以"正迊疋"爲"三並同"，或以"疋"爲正體，或以"匹疋"爲"二用同"，或將"迊"、"疋"作爲標目字等，均體現了辨析字形從俗從時的特點。

【全】

（1）仝全，二同。（301/7b）

①　張涌泉：《敦煌俗字研究》（下編）"軟"字條，第545頁。

②　周祖謨編：《唐五代韻書集存》，中華書局1983年版，第101頁。

③　同上書，第536頁。

④　（唐）顔元孫撰：《干禄字書》，第59頁。

⑤　（宋）陳彭年等編：《宋本廣韻》，第449頁。

（2）仝，全字同。（430/62a）

（3）全仝，二同。（298/8a）

（4）仝全，二同，下正。（290/62b）

按：上揭隨函音義對應經文原文皆作"全"，但隨函音義却收録了"仝、全"兩種形體，並有隨函音義認爲二者同用。"'全'字《説文》從入从工作'仝'，亦或从玉作'全'。'仝'即'全'的變體。《干禄字書》：'仝全：上俗下正。'……《漢郙閣碑》已見'仝'字。"① 又"全"實際上亦爲"全"之俗字②。由此可見，"仝"、"全"雖從字體演變上來説，皆爲俗變體，但相承共用已久，在隨函音義作者所見的佛經文字中亦同用，遂將其收録並進行辨析。

【㴱】

（1）㴱，音宜，又魚皆反。（137/67b）③

（2）無㴱，下音宜，又魚佳反，㴱際也。又魚佳反。（136/43b）④

（3）㴱，音宜。（338/24b）⑤

（4）墮㴱，下魚皆反，正作崖，山崖也。（391/49a）⑥

按：㴱，《説文・水部》新附："水邊也，从水、从厓，厓亦聲。"⑦上揭隨函音義中"㴱、㴱、㴱"等形體皆爲其俗寫形體，歷代字書失載。至於這些俗字的産生原因，竊以爲蓋因"圭"與"厓"形近而混，"㴱"易俗寫作"㴱"，而後又進一步訛變楷定作"㴱"和"㴱"。隨函音義以上述俗體爲詞頭用字，而且對於經文原文的確有寫作這些字形者。

由以上例證可以看出，它的這一特徵使得《磧砂藏》隨函音義爲我們提供了大量近代漢字的俗寫形體，並爲我們瞭解近代漢字的發展演變、總結漢字演變規律提供了有益的參考。

---

① 張涌泉：《敦煌俗字研究》（下編）"全"字條，第33頁。

② 同上。

③ 此條出自《磧砂藏》本《佛真陀羅所問寶如來三昧經》卷上隨函音義，對應經文原文作"崖"[137/59b]。

④ 此條出自《磧砂藏》本《金光明最勝王經》卷六隨函音義，對應經文原文作"㴱"[136/39a]。

⑤ 此條出自《磧砂藏》本《四分比丘戒本》隨函音義，對應經文原文作"㴱"[338/14b]。

⑥ 此條出自《磧砂藏》本《阿毗達磨大毗婆沙論》卷一九七隨函音義，對應經文原文作"㴱"[391/43a]。

⑦ （漢）許慎撰，（宋）徐鉉校定：《説文解字》，第238頁。

二　積聚和判定衆多佛經異文

衆所周知，漢文佛經在歷代傳抄和刊刻過程中，由於字體演變、字形訛誤、刊刻臆改等原因，産生了衆多版本和大量異文。而《磧砂藏》隨函音義作爲附載於佛經函末或卷末，專門針對該函（卷）佛經進行注音、釋義、辨形等的一類著作，不僅記録了衆多異文，還每每分辨異文、勘定是非，對於漢文佛經的異文研究和校勘整理有著重要的價值和意義。總的説來，其所收録的異文數量龐大，其形成或因形近、或因音近、或因義近、或因版本，等等，有的還帶有一定的普遍性。其記載的異文主要有以下幾種類型：

（一）因字形相近而形成異文者

（1）血適，上血字，下正作滴。（246/63a）

（2）鑯，七乱反，小稍也，經或悞作鑱。（139/13b）

（3）怖勝，一本作悑勝。（183/44b）

（4）攣縮，上力員反，或作戀、孿，皆誤也。（97/62a）

按：上述隨函音義中，"適"與"滴"、"鑯"與"鑱"、"怖"與"悑"、"攣"與"戀"和"孿"皆爲形近字，因此在佛經的傳抄刊刻過程中難免會發生混同，形成異文。此類因形而成的異文在隨函音義記載的異文中所占比重最大。

（二）因語音相近而形成異文者

（1）商侶，下字正作賈旅。（250/20a）

（2）權捷，上巨員反，舊作拳。（128/36a）

按：上揭例一中"侶"、"旅"二字《廣韻·語韻》皆音"力舉切"，音同互混；"權"、"拳"二字《廣韻·仙韻》皆音"巨員切"，亦屬於音同相混者。

（三）因語義相近而形成異文者

（1）資賂，下音路；賂，亦財賄也。（131/46b）

按：本條出自《磧砂藏》本《正法華經》卷五隨函音義，對應原文如下："猶如昔者有一導師，行慈多哀，憐愍貧厄，衣食不充，求乞無獲，窮無資賄，乃爲擊鼓，普令國境：'誰欲入海採珍寶者？'人民皆會。"[131/41a]今《大正藏》本對應經文亦作"資賄"，校勘記云"賄"字宋、元、明、宮本皆作"賂"[T09,p0094c]。據此，"資賄"和"資賂"在此形成異文。考《廣韻·賄韻》："賄，財也，又贈送也，呼罪切。"① 《玉篇·貝部》："賄，呼罪切，贈送財也。"②《玄應音義》卷一七《出曜經》第八卷音義："求賂，力故反，謂以財物與人曰賂；賂，遺也。"③ 殆"賄"、"賂"義近，二者形成異文。

（2）疥患，上丑刃反，一本作疾。（131/18a）

按：本條出自《磧砂藏》本《正法華經》卷二隨函音義，對應經文作"疾患"，原文如下："已所犯罪，致殃如斯，又多疾患，自速瘡痤，若在世間，當獲此咎。"[131/21a] 今《大正藏》本對應經文亦作"疾患"，校勘記曰"疾"字宮本作"疥"[T09, p0076b]。又俗書"尔"旁常與"参"旁相混，如《干祿字書》平聲："珎珍：上通下正。"④ 可資參證。又考《玉篇·疒部》："疾，才栗切，患也，速也，《說文》曰'病也'。"⑤ 《廣韻·質韻》秦悉切："疾，病也，急也。"⑥ 《龍龕手鏡·疒部》："疥，今，丑刃反，病也。又敕忍反，亦病也。"⑦ 據此，"疥"爲"疹"之俗體，隨函音義所云不假，"疹"與"疾"因義近確在此形成異文。

（四）因版本而形成異文者

（1）第六紙第一行第二句"樂說無有量"，按下竺寺藏開爲二句云："常能樂演說，文辭無有量。"（120/9b）

按：本條出自《磧砂藏》本《十住經》卷一隨函音義，對應經文如下："爾時諸菩薩一時同聲，以偈請金剛藏菩薩言：'上妙智慧人，樂說無有量，德重如山王，哀愍說十地。'"[120/3b] 今《大正藏》本與之同。查敦煌寫本伯 2146 號《十住經》卷一經文，該句確係分爲"常能樂演說，文辭無有量"兩句。據此，隨函音義所云不虛，所載下竺寺藏經所本蓋與伯 2146 號同源，爲我們提供了上揭經文另一個版本。

（五）因連綿詞的不同形式而形成異文者

（1）迴遑，二字或作佪惶。（297/36a）

---

①　（宋）陳彭年等編：《宋本廣韻》，第 251 頁。

②　（梁）顧野王著，（宋）陳彭年等修訂：《大廣益會玉篇》，第 120 頁。

③　（唐）釋玄應：《一切經音義》，《影印高麗大藏經》第 32 冊，第 236 頁。

④　（唐）顏元孫撰：《干祿字書》，第 22 頁。

⑤　（梁）顧野王著，（宋）陳彭年等修訂：《大廣益會玉篇》，第 56 頁。

⑥　（宋）陳彭年等編：《宋本廣韻》，第 450 頁。

⑦　（遼）釋行均撰：《龍龕手鏡》，第 475 頁。

按：該條出自《磧砂藏》本《佛本行集經》卷五隨函音義，對應原文如下：“我於昨夕夜半之時，見如是等七種夢相……道里不遠，見有六人，舉聲大哭，以手拔髮。我今恐怖，心意迴遑，夢相既然，未知善惡，汝可爲我一一解之。”[297/30a] 今《大正藏》本與之同。“迴”上古音屬匣紐微韻，“遑”上古音屬匣紐陽韻，“迴遑”爲二者凝固而成的雙聲連綿詞，在上揭經文中表示“彷徨疑惑”之義。衆所周知，連綿詞詞無定形，一個詞往往有多種書寫形式，“迴遑”一詞還可寫作“迴皇”、“迴徨”等多種形式。隨函音義所舉之異文作“恫惶”者，推其産生之由，蓋該詞用來形容内心的感受，受上文“心意”二字的影響，將二字寫作從心旁之“恫惶”，爲連綿詞“迴遑”的另一變體。

（2）憔顇，上不摇反，正作顦；下才遂反。（310/20a）

按：該條出自《磧砂藏》本《十誦律》卷二隨函音義，對應原文如下：“維耶離比丘言：‘汝實忍足安樂住道路不疲，乞食難得故，汝等羸瘦顔色憔顇。’”[310/17a] 今《大正藏》本對應經文作“憔悴”[T23,p0011b]。“憔”上古音屬從紐宵韻，“顇”上古音屬從紐物韻，“憔顇”爲二者凝固而成的雙聲連綿詞，在上揭經文中表示“黄瘦、瘦損之貌”。“憔顇”、“顦顇”、“憔悴”均爲該詞的不同書寫形式，在此形成異文。

（3）**倜**，音蜀，《玉篇》云：“短醜貌。”（289/56b）

按：本條出自《磧砂藏》本《正法念處經》卷七隨函音義，對應原文如下：“若生人中同業之處，得**倜儒**身，目盲耳聾，貧窮少死，常患飢渴，是彼惡業餘殘果報。”[289/53a] 今《大正藏》本對應經文作“侏儒”，校勘記云“侏”字宋、元、明本皆作“**倜**”，宫本作“**蜀**”[T17,p0037c]。“侏”上古音屬章紐侯韻，“儒”上古音屬日紐侯韻，“侏儒”爲二者凝固而成的疊韻連綿詞，又作“**倜倲**”、“**倜儒**”、“**蜀倲**”等形。該詞在上揭經文中表示“短醜貌”，《廣韻·屋韻》徒谷切：“**倜，倜倲**，短醜皃。”[①] 《龍龕手鏡·人部》：“**倜**，獨、蜀二音，**倜倲**，短醜皃。”[②] 可證。據此，因同屬同一連綿詞不同形式，“侏”與“**倜**”、“**蜀**”在此形成異文。

以上我們討論了《磧砂藏》隨函音義所收録佛經異文的五種基本類型，也可以説是佛經異文形成的五種原因，但在具體的例證中，異文形成

---

① （宋）陳彭年等編：《宋本廣韻》，第429頁。
② （遼）釋行均撰：《龍龕手鏡》，第37—38頁。

原因是多方面的，往往需要我們綜合起來分析，才能得其本真。隨函音義積聚和辨析的衆多佛經異文，不僅有助於我們進一步瞭解現行漢文佛經中異文的成因，而且對於現今校讀佛經文獻也具有現實指導意義。

三　重視發揮注音的作用

隨函音義的一個很大的功能便是爲了方便佛教信衆認識和誦讀佛經經文，因此非常重視音義條目的注音和釋義，《磧砂藏》隨函音義尤其如此。它不僅重視字詞的注音，還特別注重聯繫經義，通過注音來分辨字形、辨明通假和分辨正俗等，正如《磧砂藏》本《陀羅尼藏經》卷一隨函音義“處在”條下所云“上尺呂反，經文似此樣字甚繁，不能一一具音切，看讀隨文勢呼之”，隨函音義注音時的確遵循了這一原則，注重“看讀隨文勢呼之”。例如：

（一）辨析同形字

（1）溲，元音色九反，或音搜，非也。（162/9a）

按：本條出自《磧砂藏》本《不空羂索神變真言經》卷一隨函音義，對應經文作“又溲麪捏彼人形”[162/7b]。查“溲”字有兩音，《廣韻·有韻》疎有切：“溞，溞䰞，亦作溲。”[1]《集韻·尤韻》疎鳩切：“溲，溺謂之溲，或作溞。”[2] “疎有切”與“色九反”讀音相同，“疎鳩切”則與“搜”讀音相同。由此可見，隨函音義先列出此處的正確讀音“色九反”，又用“或音搜”列出該形體表示的其他音義項，並注明“非也”，將此種與經義不合的音義項予以排除。

（2）栲掠，考諒二字，下又音略，非此用。（209/61b）

按：本條出自《磧砂藏》本《大智度論》卷一六隨函音義，對應經文如下：“如見父母幽閉囹圄，栲掠搒笞，憂毒萬端。”[209/58a] 查“掠”字有兩音，《廣韻·漾韻》力讓切：“掠，笞也，奪也，取也，治也。”[3]《廣韻·藥韻》離灼切：“掠，抄掠，劫人財物。”[4] 因此表示“笞也”、讀音“力讓切”即“音諒”的音義項與經義契合；“又音略”，即音“離

---

① （宋）陳彭年等編：《宋本廣韻》，第 304 頁。

② （宋）丁度等編：《宋刻集韻》，中華書局 2005 年版，第 77 頁。

③ （宋）陳彭年等編：《宋本廣韻》，第 404 頁。

④ 同上書，第 481 頁。

灼切"者，"非此用"，予以排除。

（3）探視，上土濫反，候也，合作貼；今用探，土含反，取也，俗皆作貼候字用。（491/14b）

按：該條音義出自《佛説大乘莊嚴寶王經》卷二隨函音義，對應經文如下："忽於一日現身爲蠅而來探視，又於一日而現蜂形，又於一日而現猪身，又於一日現非人相，如是日日身相變異而相探覷。"[491/9b]經文中"探"表示"窺探、刺探"，即"候也"之義。又查《廣韻·覃韻》他含反："探，取也。《説文》作'探遠取之也'。"①《玉篇·手部》："探，他含切。《書》：'探天之威。'探，取也。"②故上揭音義揭示"探"字有兩音，讀爲去聲"土濫反"時表示"候也"之義，且有作"貼"的異文；而當時讀爲平聲"土含反"時本應表示"取也"之義，但俗皆作"貼候"義用，點明此種讀音不合經義，應讀作去聲爲宜。

（二）辨明通假字

（1）磣毒，上切錦反，或作㞏，七感反，磣，亦毒也，二音通呼；若作七感反，於理爲長。（96/57b）

按：本條出自《磧砂藏》本《大乘大集地藏十輪經》卷七隨函音義，對應經文作"内心磣毒，無有悲愍"[96/50b]。《大正藏》本經文原文亦同。然遍檢字、韻書，"磣"無"毒也"之義。又《慧琳音義》卷一八《大乘大集地藏十輪經》第七卷音義："㞏毒，楚錦反，借音字也。……《説文》：'㞏，亦毒也。從心，參聲。'經文從石作㞏（磣），是砂㞏（磣）字，非此義也。"[T54,p0421b]據此可知，"磣"應爲"㞏"之通假字，隨函音義中"㞏"是本字"㞏"的音同形近誤字。由於二者在此處互爲通假，故隨函音義認爲"切錦反"、"七感反"可以"二音通呼"，但就經義而言，讀作"七感反"於義爲長。

（2）捄諸，上舊音求，本作救字。（210/20a）

按：該條出自《磧砂藏》本《大智度論》卷二二隨函音義，今《磧砂藏》本對應經文作"財施但能捄諸飢渴、寒熱等病"[210/17b]，但《大正藏》對應經文却作"救諸"[T25,p0227a]。故隨函音義認爲"救"爲本字，"捄"蓋爲其通假字。

①　（宋）陳彭年等編：《宋本廣韻》，第202頁。

②　（梁）顧野王著，（宋）陳彭年等修訂：《大廣益會玉篇》，第30頁。

（3）弑，上尸志反，弑，逆也。（473/54a）

按：此條出自《磧砂藏》本《十門辨惑論》卷下隨函音義，"弑"即"弑"之俗字，敦煌文獻中已見①，又《可洪音義》卷四《大般涅槃經》第十九卷音義："弑殺，上尸志反，下煞上曰弑也。"② 卷二五《賢聖集》第二卷音義："弑君，上尸志反。"③ "弑"、"弑"皆爲"弑"一體之變。然今《磧砂藏》本對應經文却作"殺"，原文如下："或宿善不亡，因懺浣而延壽；或餘殃未殄，遭殺逆而非命。"[473/48b]《大正藏》本亦同。今查《莊子·庚桑楚》"子有殺父，臣有殺君"，陸德明《經典釋文》曰："殺音試，本又作弑。"④ 據此推知，經文原文中"殺"爲通假字，本字當爲"弑"，隨函音義此是用本字爲其注音釋義。

（三）揭示異文

（1）唼，俗音師，子合反，入口也，正所甲反，鳧鴈食也；合作嚓，子盍反，蚊虻嚓人也；又士感反，衘也。（126/30a）

按：本條出自《磧砂藏》本《佛説大般泥洹經》卷一隨函音義，對應經文原文有"其客舍主驅遣令出，抱兒隨道向豐樂國，於路困乏，蚊虻毒虫唼食其身"等句[126/29a]，即此字所出。隨函音義作者當時所見經文中大概有作"嚓"的異文，而且"唼"和"嚓"不同的讀音表示的意思也迥異，故通過注音，作者列舉出了異文，以表明取捨。

（2）拕紐，上音他，經作施，合作弛、弛，並賞是反，解也，捨也。（307/122a）

按：本條出自《磧砂藏》本《摩訶僧祇律》卷二〇隨函音義，對應經文作"施紐"，原文如下："欲入聚落時，當先著，然後著僧伽梨，施紐；出聚落已，脱僧伽梨，抖擻襞艷舉著。"[307/120a]《大正藏》本亦同。此條隨函音義出"拕紐"作爲詞頭，又云"經作施"，還列舉了其他兩種與"施"讀音相同，"並賞是反"的作"弛"和"弛"的形式。據此，隨函音義此是通過注音，列舉異文，並揭示成因，以示區別。

以上我們列舉了《磧砂藏》隨函音義的三個特徵。瞭解這些特徵對

---

① 黃徵編：《敦煌俗字典》"弑"字條，上海教育出版社 2005 年版，第 458 頁。

② （五代）釋可洪撰：《新集藏經音義隨函錄》，《中華大藏經》第 59 册，第 684 頁中欄。

③ 同上書，《中華大藏經》第 60 册，第 352 頁上欄。

④ （唐）陸德明撰：《經典釋文》，中華書局 1983 年版，第 390 頁。

於我們進一步開展《磧砂藏》的研究工作，進一步地挖掘其價值有著重要的意義。

第三節　存在的問題

如前所述，《磧砂藏》隨函音義大都來源於民間，其作者和負責佛經刊刻、傳抄者大底爲處於社會底層的一些僧俗，知識文化水平有限，而且由於這些隨函音義一般經多次輾轉流傳刊刻，故其間出現錯訛也在所難免。下面我們就分別舉例予以論述：

一　不明文字關係而誤釋

《磧砂藏》隨函音義不僅廣泛收録大量傳統字書所認爲的"俗"、"通"者，且辨析時亦從俗從時，前已提及。但在此過程中，蓋由於隨函音義作者學識水平有限或者一時疏忽，對於某些字形的説解往往存在著不足，例如：

（1）縈，上俗作索。（494/42b）

按："縈"字大型字典失收，見於《磧砂藏》本《妙法聖念處經》卷七隨函音義，對應經文作"索"，原文如下："衆生飲酒癡迷醉，愛味誰知癡索牽，墜墮無常惡趣中，是故勿飲無明酒。"[494/41a] 今考《干禄字書》入聲："縈索：上俗下正。"[1] 在敦煌文獻中，"索"亦常俗寫作"縈"[2]，如伯3666號《燕子賦》："燕子不分，以理從縈。"可資比勘。又宋郭忠恕《佩觿》卷上："索有先各、所戟二翻，俗别爲縈。"[3] 故隨函音義云"上俗作索"，不確；"索"實爲正體，"縈"當爲"索"之俗字"縈"的訛變字。

（2）攜，俗作攜字。（513/94b）

按："攜"字未見於大型字典，《磧砂藏》本《景德傳燈録》卷二七隨函音義有其用例，對應經文有"寺僧驚愕曰：'大官何拜風狂漢耶？'寒山復執閭丘手，笑而言曰：'豐干饒舌，久而放之，自此寒、拾相攜出

---

① （唐）顔元孫撰：《干禄字書》，第62頁。

② 張涌泉：《敦煌俗字研究》（下編）"索"條，第527頁。

③ （宋）郭忠恕撰：《佩觿》，《叢書集成初編》第1065册，中華書局1985年版，第25頁。

松門，更不復入寺'"等句[513/89a]，即此字所出。今考"攜"《説文》篆
文作"攜"，《五經文字·手部》："攜，户圭反，相承作攜、或作携者，皆
非。"① 據此，隨函音義云"俗作攜字"，非是。"攜"係依據該字篆文隷
定的正楷字，應爲正體；"攜"當爲"攜"字訛寫形成的俗字。

（3）怖嚇，下許嫁反，正作赫，又許客反。（290/28a）

按：該條出自《磧砂藏》本《正法念處經》卷一三隨函音義。"嚇"
字未見於大型字典，今《磧砂藏》、《大正藏》經文均作"嚇"，又"赫"
字常俗寫作"蒜"，該字或是"赫"俗寫"蒜"之變，或是"赫"字俗
寫"蒜"的進一步省寫②，故此處隨函音義云其"正作赫"有誤，其當爲
"嚇"之俗字。又敦煌寫本俄弗0699號《正法念處經難字》，該號"底卷
字多俗寫"，其中亦出"嚇"字，因該字"左部略有殘泐，兹據殘形録
定"③。又查所附原卷，該字右邊字形似作"蒜"，該字或即寫同"嚇"
形，亦可證。

（4）挨，古文族字。（186/102b）

按：該條出自《磧砂藏》本《佛説華手經》卷九隨函音義，對應經
文作"族"，原文如下："以是得大喜，我修正法故，常生於世間，富貴
族姓家。"[186/93b]據此，隨函音義認爲"挨"在此處爲"族"字無疑，只
是並非"族"字古文，而當爲"族"之俗訛字。俗書"方"與"扌"旁
常相亂，如"旋"之寫作"捥"，"旅"之寫作"挔"等，"族"亦常俗
寫作"挨"，如《可洪音義》卷二《阿彌陁經》卷下音義："破挨，才木
反。"④ 卷三《菩薩念佛三昧經》第一卷音義："挨姓，上才木反。"⑤ 皆
其例。故"族"之作"挨"，蓋源於其俗寫字形"挨"與"挨"形近
而致。

（5）寶觜，下子委反，有本誤作唯乃。（151/24b）

按：本條出自《磧砂藏》本《大方等大雲經》卷二隨函音義，對應

① （唐）張參撰：《五經文字》，《叢書集成初編》第1064册，中華書局1985年版，第6
頁。

② 韓小荊：《〈可洪音義〉研究——以文字爲中心》，博士論文，浙江大學，2007年，第13
頁。

③ 張涌泉：《敦煌經部文獻合集·小學類佛經音義之屬》，第5502頁。

④ （五代）釋可洪撰：《新集藏經音義隨函録》，《中華大藏經》第59册，第608頁中欄。

⑤ 同上書，第640頁下欄。

文字作"能壞一切毒法門，得寶觜法門"[151/21b]。隨函音義"有本誤作唯乃"令人費解，竊疑該作者所見經文中"觜"作"嘴"，復又將"嘴"誤分爲二。佛經異文可證實我們的推測。查今《大正藏》本對應文字作"寶嘴"[T12,p1092b]，據此可知，該處確有作"嘴"字者。又《龍龕手鏡·口部》："嘴，俗，即委反，正作觜、喙二字，鳥喙也。"① 且"觜"俗寫作"嘴"敦煌文獻中亦經見②，故上揭隨函音義云"有本誤作唯乃"，蓋因作者不明"嘴"乃"觜"之俗寫，而誤將其分爲兩字。

二　不明字形相近而誤刻

《磧砂藏》隨函音義中很多卷次係承前代音義著作或隨函音義而來，幾經傳抄和刊刻。在此傳抄和翻刻過程中，因字形相近而誤爲他字的現象經見。例如：

（1）徙—徒

莊，所綺反，又疎皆反。（95/8b）

按：上揭"莊"字當爲"莊"之誤，推其致誤之由，蓋因"徒"與"徙"形體相似而致。該條出自《磧砂藏》本《大方等大集月藏經》卷一隨函音義，對應文字正作"莊"，原文如下："栴達囉跋莊　栴達囉悉帝。"[95/3a] 且今《大正藏》對應文字作"莚"[T13,p0299c]。從讀音來看，該字爲佛經真言咒語用字，主要作用就是表音，查《集韻·紙韻》"所綺切"下有"莊"字③，與隨函音義注音相契合；又"徒"、"徙"相混的例子在隨函音義中經見，如《磧砂藏》本《正法華經》卷六隨函音義："移徒，下斯紫反。"[131/55b] 今《磧砂藏》本對應文字作"移徙"[131/52a]，且《廣韻·紙韻》："徙，移也，斯氏切。"④ "斯紫反"與"斯氏切"讀音相同，故上揭隨函音義詞頭字"徒"爲"徙"之誤也。又如《磧砂藏》本《除恐災患經》隨函音義："滌，徙的反，洗滌也。"[172/70b] "滌"字《廣韻·錫韻》音"徒歷切"，故此條隨函音義中反切上字"徙"爲"徒"之訛也。

---

① （遼）釋行均撰：《龍龕手鏡》，第 271 頁。
② 黄徵編：《敦煌俗字典》，第 577 頁。
③ （宋）丁度等編：《宋刻集韻》，第 89 頁。
④ （宋）陳彭年等編：《宋本廣韻》，第 224 頁。

（2）閑—閉

黠，閉八切。（119/11a）

按："黠"，《廣韻·黠韻》音"胡八切"，屬於匣母；而"閉"《廣韻》有兩音，一音"博計切"屬於幫母，一音"方結切"屬於非母，皆與之不和，疑"閉"字乃爲"閑"之形誤。從字音方面來考察，"閑"《廣韻·山韻》音"户間切"，亦屬於匣母；又從其他實際用例來看，此種訛誤亦見於隨函音義其他條目，如《磧砂藏》本《大般涅槃經》卷七隨函音義："蔽，閑音。"[122/59b]此處"閑"爲"閉"之訛，可以比勘。

（3）賣—貢

控弦，上苦賣反，下音賢，引弓也。（88/18a）

按：此條出自《磧砂藏》本《文殊師利所説不思議佛境界經》卷上隨函音義，對應經文同，原文如下："父遥見之，謂是其怨，執弓持箭，控弦而射。"[88/16a]又"控"，《廣韻》有兩音，一音"苦貢切"，義爲"引也，告也"；一音"苦江切"，義爲"打也"。從經義來看，此處"控"應讀爲"苦貢切"，義爲"引也"。又從隨函音義其他用例來看，《磧砂藏》本《方廣大莊嚴經》卷四隨函音義亦出"控弦"條，其下云："上苦貢反，控弦，引弓射箭也。"[128/36a]據此，上揭隨函音義中反切下字"賣"字乃爲"貢"之誤刻也。

（4）柞—杵

柞，昌与反。（153/11b）

按：上揭"柞"字當爲"杵"之誤，推其致誤之由，蓋因"柞"與"杵"形體相似而致。此條出自《磧砂藏》本《佛説灌頂七萬二千神王護比丘咒經》卷二隨函音義，對應文字正作"杵"，原文如下："持金剛之杵破頭作七分。"[153/8a]且今《大正藏》本對應經文亦作"杵"[T21,p0497a]。又從讀音看，《廣韻·語韻》"昌與切"下有"杵"字①，與隨函音義注音相合。故此處"柞"當爲"杵"之訛也。

由此可見，這些訛誤的産生有時具有一定的普遍性，如果仔細考察其形成原因及表現出來的特點，就會總結出一定的規律以應用於其他古籍的校勘整理。此外，在《磧砂藏》隨函音義中，如"丑"與"五"、"尹"、"日"、"田"、"王"，"尸"與"户"、"尺"，"石"與"古"，"工"與

---

① （宋）陳彭年等編：《宋本廣韻》，第237頁。

“才”，“貢”與“責”、“貴”，“上”與“七”，“名”與“各”，“𰀀”與
“牙”，“反”與“皮”、“尺”，“幼”與“劫”，“于”與“干”，“限”
與“阻”，“先”與“充”，“宜”與“直”、“乃”與“及”、“苦”與
“若”，“抉”與“快”等，常因字形相近而誤刻，這樣的例子還有很多，
限於篇幅，在此不一一討論。

三　不明上下文而衍誤

《磧砂藏》隨函音義中有些條目還存在著誤、衍等現象，係作者或刻
工不明條目的上下文而致。例如：

（1）蠱道，下音古反，呪毒害。（137/9a）

按：該條出自《磧砂藏》本《合部金光明經》卷一隨函音義，條目
釋文中“下音古反”可疑。“道”字《廣韻·皓韻》音“徒皓切”，無音
古反之音。根據釋義“呪毒害”，隨函音義應該是爲詞條中上字“蠱”作
出的音切和解釋，又查《磧砂藏》本《文殊師利現寶藏經》卷下隨函音
義：“蠱道，上音古，腹中毒蟲也。”[145/20b]《六度集經》卷五隨函音義：
“蠱道，上音古，蠱毒。”[158/43a]據此，本條釋文爲誤而兼衍者，其中
“下”爲“上”字之誤，“反”爲衍文。

（2）嬈，奴皎也。（126/52a）

按：本條出自《磧砂藏》本《大般泥洹經》卷三隨函音義，“嬈”
釋義爲“奴皎也”，頗爲費解。查《玉篇·女部》：“嬈，奴了切，苛也，
又擾，戲弄也。”[1]《廣韻·篠韻》奴鳥切：“嬈，苛酷也，又擾，戲弄
也。又音遶。”[2]據此，本條釋文中“奴皎”二字切音與“奴了切”、“奴
鳥切”讀音相同，應爲“嬈”之反切上下字，又因本卷其他條目的反切
皆用“某某反”，故釋文中“也”應爲“反”之誤。

（3）編髮，上必顯反，下音邊。（221/24a）

按：本條出自《磧砂藏》本《金剛般若波羅蜜多經論》卷下隨函音
義，“髮”字“音邊”令人生疑。查“髮”字《廣韻·月韻》音“方伐
切”，與“邊”讀音相距甚遠，竊疑“音邊”爲詞條上字“編”之讀音。
《磧砂藏》本《彌沙塞部五分律》卷九隨函音義：“編髮，上音邊，合作

---

① （梁）顧野王著，（宋）陳彭年等修訂：《大廣益會玉篇》，第17頁。

② （宋）陳彭年等編：《宋本廣韻》，第276頁。

辮，薄犬反。"[328/100b]可資比勘。據此推知，"編"有平聲和上聲兩讀，釋文中"下"應爲"又"、"或"、"亦"等這類表示"或者與兼及"之義的字之誤。

　　除此之外，隨函音義中有些條目還有脫文或倒文現象，如：

　　（4）菓蓏，下果反，瓜之類，在地曰蓏屬也，在樹曰菓，一本作菓菜。（69/56b）

　　按：本條出自《磧砂藏》本《道行般若波羅蜜經》卷七隨函音義，條目中"下果反"讓人疑惑。查"蓏"字《廣韻·果韻》音"郎果切"，竊疑"下果反"中脫反切上字。《磧砂藏》本《普曜經》卷五隨函音義："蓏，郎果反。"[129/60a]《不空羂索神變真言經》卷二七隨函音義："蓏，郎果反，瓜屬也，在樹曰果，在地曰蓏。"[164/59a]可資比勘。據此，條目中"下果反"脫"郎"這類來母字作反切上字。

　　（5）蔭映，下敬於反。（278/60a）

　　按：此條出自《磧砂藏》本《大般涅槃經》卷中隨函音義，條目中"映"字音"敬於反"可疑。查"映"字《廣韻·映韻》音"於敬切"，又《磧砂藏》本《大乘掌珍論》卷上隨函音義："隱映，下於敬反。"[255/44b]《金剛場陀羅尼經》隨函音義："映蔽，上於敬反，下必祭反。"[170/28b]據此，本條釋文中"敬"、"於"倒文。

四　不明經文原義而誤釋

　　《磧砂藏》隨函音義中還偶有因作者不明經文意義而誤釋的情況，如：

　　（1）躁，則到反，躁疾，煩病也。（94/74b）

　　按：該條出自《磧砂藏》本《大乘大方等日藏經》卷八隨函音義，對應經文同，原文如下："娶宿十三日用事，其日得病，麥粥祭神，二十五日，然後除愈，其日生者，爲性躁疾，常護衆生，不害物命，若至關津，須自防慎，當作醫師，善解方藥，能療衆病。"[94/71b]上揭經文的上下文都在講述不同星宿日的吉凶情況，相當於中國民間流行的"黃曆"。"躁疾"在此形容這天出生的人的脾氣，隨函音義解釋爲"煩病也"，與經義不符。推其致誤之由，竊疑作者僅從字面上解釋該詞，認爲該詞表示一種疾病。其實，"躁疾"同義連文，躁亦疾也，表示"迅疾、快速"之義，中古近代漢語中習見①。

（2）陂，音皮。（285/14a）

按：該條出自《磧砂藏》本《摩登伽經》卷中隨函音義，對應經文同，原文如下："今我更説日月薄蝕吉凶之相……月在七宿，若有蝕者，種甘蔗人，當被毀害。在張蝕者，怨賊降伏。在翼而蝕，近陂澤者，亦悉衰落。"[285/13b]《大正藏》本經文原文同。上揭經文主要講述了不同月相所呈現的災異現象，"陂"在上下文中義爲"池塘湖泊"。查"陂"字，《廣韻》有兩讀，一爲"《書傳》云'澤障曰陂'，彼爲切"②，一爲"傾也，《易》曰'無平不陂'，又音碑"③。隨函音義"陂"讀爲"皮"，顯然與經義不符。又《磧砂藏》本《大方廣佛華嚴經》卷四二隨函音義："陂澤，彼爲切。"[114/13b]《正法念處經》卷二三隨函音義："陂澤，上音卑。"[291/24a]可資比勘。據此推知，"陂"注爲"音卑"或"彼爲切"等讀同"碑"的音切爲宜。

另外，《磧砂藏》隨函音義在列舉詞條時，也偶有將分屬不同詞語的語素生造爲一個詞條來加以解釋的，如：

掉貢，上徒吊反，謂戲掉貢高也。（262/25a）

按：本條出自《磧砂藏》本《中阿含經》卷二三隨函音義，對應經文原文如下："殺生、不與取、非梵行者與梵行爲對；增伺、諍意、睡眠、掉、貢高、疑惑者與不疑惑爲對。"[262/19b]"睡眠"、"掉"、"貢高"等均並列表示佛教中的惡行，其中"掉"表示"心不寂静、謔戲"之義，而"貢高"則表示"驕傲自大"之義。據此，隨函音義截取分屬"掉"和"貢高"的"掉貢"作爲詞條來解釋，導致"掉貢"這樣的生造詞産生，不妥。

以上我們對《磧砂藏》隨函音義的整體情況作了簡要的探討，從中我們大略瞭解了《磧砂藏》隨函音義的體例、内容特徵及所存闕失，爲下一步深入的研究打下了基礎。

---

① 方一新、王雲路：《中古漢語讀本》，上海教育出版社 2004 年版，第 97 頁。

② （宋）陳彭年等編：《宋本廣韻》，第 23 頁。

③ 同上書，第 327 頁。

第 三 章

《磧砂藏》隨函音義與文獻學研究

說到《磧砂藏》隨函音義的文獻學價值，給人的第一感覺便是，其徵引文獻的程度遠不及佛經音義專書，除了對其他佛經音義著作偶爾進行引用摘抄外，對於其他的一些世俗典籍，徵引很少，它的許多條目下只出直音字或反切上下字，間或有簡短的義訓。誠然，隨意翻閱的話，是會給人這樣的感覺。然而，如果對其進行全面考察和深入調查，就會發現情況並非如此。隨函音義在刊刻流傳過程中往往會參考或吸收當時流傳的某些佛經音義專書的成果，因此在《磧砂藏》隨函音義中還能發現某些佛經音義在當時流傳的線索，這對於該文獻的流傳史意義甚大。不僅如此，隨函音義偶爾轉抄利用某些當時習見的傳世典籍，對於我們今天對其進行校勘輯佚也有一定的價值。對此，長期以來學界鮮有人留意。前輩學者如黃耀堃雖曾發現《磧砂藏》數卷隨函音義中有少量徵引《可洪音義》的現象①，但引證甚少，且未及全面調查整個隨函音義，而其他涉及音義類文獻學價值的著作均未及《磧砂藏》隨函音義。鑒於此，非常有必要對《磧砂藏》隨函音義的文獻學價值進行全面、深入的研究。

第一節　從《磧砂藏》隨函音義看《可洪音義》
在宋元時代的流傳

《可洪音義》是五代後晉僧人可洪編撰的一部大型佛經音義書。在該書中，可洪主要作了兩方面的工作：一是辨析佛經中的疑難俗字，標示讀音、闡明意義；二是對諸家音義進行商榷，提出己見。據該書卷末《施册入藏疏文》和《慶册疏文》可知，可洪前後花了十年時間纔完成這

① 黃耀堃：《磧砂藏隨函音義初探》，第 255—273 頁。

部巨著①，成書后不久即入藏。《通志·藝文略》、《佛祖統紀》、《宋史·藝文志》遞有著録。敦煌文獻發現以後，又有學者指出敦煌殘卷中亦存有數個《可洪音義》原本殘卷和摘抄殘卷②。據此，《可洪音義》在成書之後流傳甚廣且影響甚大。

然而自《宋史·藝文志》后，《可洪音義》在我國便不見於後代其他公私書目，亦無傳本存世，唯賴《高麗大藏經》纔得以保存至今。該書是否傳入宋代以及何時在中土亡佚，一直是學界探討的重要問題，前賢時彦多有論述。下面我們就《磧砂藏》隨函音義中發現的若干《可洪音義》在宋元時代流傳的線索，略作考證：

一　前人關於《可洪音義》曾否傳入宋代的兩種觀點

《可洪音義》曾否傳入宋代，學界意見不一。總的説來，主要有以下兩種觀點：

（一）《可洪音義》未傳入宋代，主此説者爲日本學者妻木直良、池内宏、神尾弌春等人③

他們认爲《可洪音義》成書以後未曾傳入宋代，而是徑直隨後晉割讓燕雲十六州進入契丹，然後作爲契丹藏所收之書傳到高麗。

（二）《可洪音義》傳入過宋代，主此説者有日本學者竺沙雅章、高田時雄和香港學者黄耀堃

竺沙雅章根據麗藏本《可洪音義》中宋初諱字"敬"、"弘"、"殷"等采取闕筆以避諱的情況推斷，麗藏本當是宋代書寫乃至刊刻之物，否定了後晉到遼再到高麗這樣的傳承軌迹。他認爲《可洪音義》是宋代之後

---

① 後唐長興二年（931）至後晉天福五年（940）。

② 許端容、張金泉、許建平、張涌泉相繼指出伯2948、伯3971、北8722、斯5508、斯3553、斯6189和дх11196爲《可洪音義》殘卷，其中伯3971、斯5508、北8722、斯6189是抄卷，伯2948是選抄，斯3553和дх11196是摘抄。上述統計引自韓小荊《〈可洪音義〉研究——以文字爲中心》，第2頁。

③ ［日］高田時雄《可洪〈隨函録〉與行瑫〈隨函音疏〉》，第400—404頁。妻木直良觀點參見《契丹に於ける大藏經雕造の事實を論ず》，《東洋學報》第2卷第3號，第335頁。池内宏觀點參見《高麗朝の大藏經》，《東洋學報》第14卷第1號，第115頁。神尾弌春觀點參見《契丹佛教文化史考》，大連，滿洲文化協會，又，東京，第一書房復刻本，第84頁。

由宋傳遼，或是由宋直接傳入高麗[①]。

高田時雄從其説，也認爲《可洪音義》在宋初，可能是十世紀中葉，同今日之麗藏本毫釐不爽地付諸刊刻，然後一路西傳到敦煌，另一路從海上傳入高麗。他認爲這樣的流傳也是很自然的[②]。

黄耀堃亦力主"傳入宋代説"。他根據磧砂藏《雜寶藏經》和《陀羅尼雜集》的隨函音義引用了可洪的音釋，認爲這足以證明《可洪音義》一定曾傳入過宋代。另外，他在將磧砂藏《陀羅尼雜集》隨函音義所引"洪師"、"川師"、"舊音"、"郭氏音"與"可洪音義"作了比較后，認爲《磧砂藏》此部分隨函音義雖然與《可洪音義》相同很多，但似乎別有所據，與麗藏本不盡相同[③]。

從材料來看，後者的觀點更符合事實。

如上所言，敦煌文獻中存有數個《可洪音義》殘卷。學界一般認爲，敦煌藏經洞是在十一世紀初被封閉的[④]，而契丹藏的刊雕時代至今未有定論，尚不能證明是在遼聖宗朝（982—1031）雕印[⑤]，而且《可洪音義》是否傳到契丹還有很多疑點[⑥]。因此，《可洪音義》由契丹傳到高麗的觀點值得商榷，此説需要重新檢討。

而"傳入宋代説"中，雖然竺沙雅章和高田時雄的觀點均爲推測所得，但黄耀堃從《磧砂藏》隨函音義中找到了其間接引用《可洪音義》的證據，爲其書在宋代流傳提供了很好的證據，可惜引證甚少，僅有數條隨函音義間接引用的例證，且論證仍顯單薄。

---

① 竺沙雅章觀點參見《契丹大藏經小考》，《内田吟風博士紀念東洋史論集》，京都，同朋舍 1978 年版，第 311—329 頁。

② ［日］高田時雄《可洪〈隨函録〉與行瑫〈隨函音疏〉》，第 403 頁。

③ 黄耀堃：《磧砂藏隨函音義初探》，第 255—257 頁。

④ 俄藏敦煌文獻 Ф.032 號咸平五年（1002 年）的施入記是目前所知藏經洞出土文獻中最晚的年號，而此後有明確紀年的寫本迄今尚未發現，因此學界一般認爲藏經洞封存於十一世紀初葉。

⑤ 葉恭綽認爲契丹藏的雕印始興宗（1031—1045）迄道宗（1055—1064）。陳士強認爲始刻於興宗重熙（1032—1054）初年，完成於道宗清寧九年（1063）。閻文儒等根據山西應縣發現的契丹藏中的題記推測該藏始刻於遼聖宗統和二十一年（1003）間。以上觀點轉引自徐時儀《〈開寶藏〉和〈遼藏〉的傳承關係》，《宗教學研究》2006 年第 1 期，第 45—50 頁。

⑥ ［日］高田時雄：《可洪〈隨函録〉與行瑫〈隨函音疏〉》，第 403—404 頁。

二　《磧砂藏》隨函音義所引《可洪音義》考

最近我們通過對《磧砂藏》隨函音義的全面調查，又發現了若干與《可洪音義》有關的材料。這些材料集中在《磧砂藏》本"龍"字函、"師"字函《大寶積經》、"發"字函《大哀經》以及"受"字函《沙彌尼戒文》、《沙彌威儀》隨函音義①，現條列如下：

（一）《磧砂藏》本《大寶積經》卷一（"龍一"）隨函音義（73/8b）

《磧砂藏》"龍一"隨函音義始"序"終"絶紉"條，凡六十一條，對應《可洪音義》卷二《大寶積經》序一的全部條目和序二的部分條目，未見相應的第一卷經文的條目，其中"告，音谷"和"鍔，音鄂"兩個條目《可洪音義》未見，"絶紉，女振反"條《可洪音義》作"絶紐，女久反"②。

查"告"和"鍔"出於《大寶積經》第二序的作者"唐朝議郎行河南府告成縣主簿徐鍔"，《磧砂藏》、《大正藏》、《中華大藏經》本正文皆同，又唐河南府有"告成縣"而無"谷城縣"，遍檢歷代字書"告"無"音谷"的讀音，此處隨函音義云"音谷"，殆以形近字之音誤注其字。

"絶紉"，《大寶積經》第二序原文有"勇振頹綱，嚴持絶紐"句，應即此二字所出，故"紉"當是"紐"字之誤，切音"女振反"則當是"女久反"之誤；其作"女振反"者，蓋字頭形訛而音切亦訛也。

（二）《磧砂藏》本《大寶積經》卷二（"龍二"）隨函音義（73/17a）

《磧砂藏》"龍二"隨函音義起"羂網"訖"閖邏"條，凡二十條，對應《可洪音義》卷二《大寶積經》第二卷的全部條目，其中"寤寤"條《可洪音義》相應字頭作"寤寤"，查磧砂藏本經文原文正作"寤寤"，乃"寤寤"之換旁俗字，二者皆爲"覺寤"的俗寫形式，常互換③。

---

① "龍"字函、"師"字函、"發"字函、以及"受"字函分別爲《磧砂藏》第73、74、102、338冊。

② （五代）釋可洪撰：《新集藏經音義隨函錄》，《中華大藏經》第59冊，第589頁上欄。

③ 韓小荊：《〈可洪音義〉研究——以文字爲中心》，第9頁。

（三）《磧砂藏》本《大寶積經》卷三（"龍三"）隨函音義（73/26a）

《磧砂藏》"龍三"隨函音義起"慘然"訖"鉗椎"條，凡二十一條，對應《可洪音義》卷二《大寶積經》第三卷的全部條目，其中"鉗椎"條與《可洪音義》對應條目略有不同。

"鉗椎，上巨廉反，下直追反"條《可洪音義》作"鉗推，上巨廉反，甲也，正作鉆；下直追反，正作椎"①，查《磧砂藏》經文原文正作"鉗椎"，"木"旁、"扌"旁常因形近而互混，故隨函音義摘抄此條時據改作此，且省略了"鉗"的説解内容。

（四）《磧砂藏》本《大寶積經》卷四（"龍四"）隨函音義（73/34a）

《磧砂藏》"龍四"隨函音義始"明㲉"終"吃囉呵"條，凡二十三條，對應《可洪音義》卷二《大寶積經》第四卷的所有條目，其中除"陽計"條下缺音切以及"磨醢"條下缺"又音海"外，其他條目的内容及順序皆與《可洪音義》對應條目相同。

（五）《磧砂藏》本《大寶積經》卷五（"龍五"）隨函音義（73/42b）

《磧砂藏》"龍五"隨函音義始"暎奪"終"互相"條，凡七條，對應《可洪音義》卷二《大寶積經》第五卷的所有條目，其中"醍醐，音提胡"條《可洪音義》作"醍醐，上徒兮反，下户吾反"②，二者儘管注音方式不同，但是切音相同，可以互注；又"親戚"條與"唐捐"條間存有空白，即"親戚"條所缺釋義，可據《可洪音義》進行增補，

（六）《磧砂藏》本《大寶積經》卷六（"龍六"）隨函音義（73/50b）

《磧砂藏》"龍六"隨函音義始"牟折"終"枳羅"條，凡二十四條，對應《可洪音義》卷二《大寶積經》第六卷除最後一個條目"奴孽"外的所有條目，其中"莫企"條下"莫智反"，令人費解，查《可洪音義》該條音切爲"丘智反"③，故"莫"當爲"丘"字之誤，應

---

① （五代）釋可洪撰：《新集藏經音義隨函録》，《中華大藏經》第59册，第590頁上欄。

② 同上。

③ 同上書，第590頁中欄。

據改。

（七）《磧砂藏》本《大寶積經》卷八（"龍八"）隨函音義（73/65b）

《磧砂藏》"龍八"隨函音義存有《可洪音義》卷二《大寶積經》第八卷"兆垓"至"錠光"間二十二個條目，"錠光"後"僉然"至"麏鹿"五個條目未見，其中"瘯瘧"條與《可洪音義》對應條目不同。

"瘯瘧"條下云："上郎叫反，舊注云'箭毒也'。"《可洪音義》該條作"上音藥，箭藥毒也，出應和尚音義，又郎叫、郎各二反"①。考《玄應音義》卷四《密迹金剛力士經》第一卷音義："瘯瘧，翼灼反，藥有毒，有無毒者也。《三蒼》：'病消，瘯也。'"② 即《可洪音義》此條所本。據此，此處"舊注"蓋爲《可洪音義》。

（八）《磧砂藏》本《大寶積經》卷九（"龍九"）隨函音義（73/74a）

《磧砂藏》"龍九"隨函音義始"崎嶇"訖"刈色"條，凡十六條，對應《可洪音義》卷二《大寶積經》第九卷的所有條目，其中"刈色，上牛，正作刈，音翼吠"條《可洪音義》作"刈色，上牛吠反"③。

查"刈色"二字應即出於《大寶積經》第九卷經文"其道趣安，心不懷色，道化難調刈色聲香味細滑之法"句。丁福保《佛學大辭典》曰："五欲，色聲香味觸也，能起人貪欲之心，故稱欲。"④ 可見，此處"調"、"刈"互文，指調理消除"色聲香味細滑"等欲念，而可洪截取"刈"和"色"二字作爲一個詞目，則割裂原文，顯然不妥。隨函音義摘抄該條爲"上牛，正作刈，音翼吠"，令人不知所云，應據改。

（九）《磧砂藏》本《大寶積經》卷一〇（"龍十"）隨函音義（73/82b）

《磧砂藏》"龍十"隨函音義始"自意"訖"瘦種"條，凡二十五條，對應《可洪音義》卷二《大寶積經》第十卷的所有條目，其中"和尼"條及"丘慈"條與《可洪音義》對應條目略有不同。

---

① （五代）釋可洪撰：《新集藏經音義隨函錄》，《中華大藏經》第59冊，第590頁下欄。

② （唐）釋玄應：《一切經音義》，《影印高麗大藏經》第32冊，第60頁。

③ （五代）釋可洪撰：《新集藏經音義隨函錄》，《中華大藏經》第59冊，第591頁上欄。

④ 丁福保編：《佛學大辭典》，文物出版社1984年版，第1016—1017頁。

"和尼，音夷，又作和尼反"條，《可洪音義》對應字頭爲"和𡰣"，並注云："音夷，又作和尸。"① 考"𡰣"乃古文夷字。《説文·人部》："𡰣，古文仁，或从尸。"② 段注："按古文夷亦如此。"③ 可證。故"和尼"條中"尼"分別爲"𡰣"、"尸"二字之誤，蓋由於形近二者亦爲"尼"之俗寫字，應據改。

（十）《磧砂藏》本《大寶積經》卷一一（"師一"）隨函音義（74/8a）

《磧砂藏》"師一"隨函音義起"淳淑"訖"曾昫"條，凡二十條，其中"𣏗車"條與《可洪音義》對應條目不同。

"𣏗車"條，《可洪音義》對應字頭作"𣏗草"④，查《大寶積經》第十一卷經文有"或現臥𣏗草上，或臥土上"句，應即此二字所出，故"車"當爲"草"字之誤，應據改。

（十一）《磧砂藏》本《大寶積經》卷一五（"師五"）隨函音義（74/38b）

《磧砂藏》"師五"隨函音義起"鬱蒸"終"愞中"條，凡九條。其中"草屟"條及"愞中"條與《可洪音義》對應條目略有不同。

"草屟"條，《可洪音義》對應條目寫作"草屟"⑤，爲"革屟"之俗寫，《大寶積經》第十五卷經文有"復次夢見如來革屟"句，應即此二字所出。據此，"草"當爲"革"字之誤，應據改。

又"愞中"條下"上如究反"，《可洪音義》作"上如宄反"⑥，《大寶積經》第十五卷經文有"此菩薩以軟中上心"句，應即此二字所出；又"愞"、"軟"皆爲"偄"之俗字，該字《廣韻·獮韻》亦音"而兗切"，故"究"當爲"兗"字之誤，應據改。

（十二）《磧砂藏》本《大寶積經》卷一六（"師六"）隨函音義（74/46b）

《磧砂藏》"師六"隨函音義僅有"廢稭"一條，並注云："福本上

---

① （五代）釋可洪撰：《新集藏經音義隨函錄》，《中華大藏經》第 59 册，第 591 頁上欄。

② （漢）許慎撰，（宋）徐鉉校定：《説文解字》，中華書局 1963 年版，第 161 頁。

③ （清）段玉裁注：《説文解字注》，第 365 頁。

④ （五代）釋可洪撰：《新集藏經音義隨函錄》，《中華大藏經》第 59 册，第 591 頁中欄。

⑤ 同上書，第 591 頁下欄至第 592 頁中欄。

⑥ 同上書，第 592 頁上欄。

音發，下音啓，經意是發啓字。"[74/46b]《大寶積經》第十六卷經文有"雖
勤精進，數數廢稽"句，即此二字所出。《可洪音義》卷二《大寶積經》
第十六卷音義亦出該條，原文作："廢稽，上音發，下音啓，經意是發啓
字。"① 據《可洪音義》中《慶册疏文》記載，該書完成於後晉天福年
間，於天福五年入藏，故此處"福本"當即《可洪音義》。用年代簡稱某
部著作或大藏經在佛教典籍中習見，如《至元法寶勘同總錄》簡稱"至
元錄"，明代萬曆至清代順治年間刊造的大藏經簡稱"萬曆藏"等，皆
可參。

通過以上分析比較，我們可以得出如下結論：

1. 與《可洪音義》相比，上述隨函音義中有數卷的條目要略少
[參見校記（一）、（八）等]，個別字頭及注釋用字的寫法亦略有不
同 [參見校記（二）、（十六）]，但各卷的條目順序與《可洪音義》
完全一致，且説解内容亦大致相同，甚至連一些俗體的寫法也完全
相同。

2. 隨函音義與《可洪音義》間存有的歧異，大多是由隨函音義的刊
刻疏失造成的，且這些疏失多可據現行麗藏本逐一得到匡正。儘管其中還
有少數幾處歧異是隨函音義作者在一定程度上表明己見 [參見校記
（一）、（二）、（五）、（八）、（十）等]，但其直接引自《可洪音義》且
與麗藏本同出一源應無疑問。

3. 隨函音義直接或間接引用了《可洪音義》，且與現行麗藏本所據爲
同一底本，爲《可洪音義》曾在宋代流傳的觀點增加了新的證據，證明
了《可洪音義》的確傳入過宋代。

此外，在《磧砂藏》本《大哀經》卷二隨函音義中亦發現這樣一條
音義："強瀆，二字並非經理。洪師新音云作'慷慨'，上苦朗反，下苦
愛反，嘆息也，於義更乖；又應師云作聲欬，上苦頂反，下苦愛反，出聲
也，亦非其理；今且依應師音義，不知古之譯師意旨以何而用。"[102/31b] 查
《可洪音義》卷三《大哀經》第二卷音義出"嘅嘅"條，其下云："上苦
浪反，正作慷、忼二形；下苦愛反，正作慨、愾、嘅三形。慷慨，大息
也，謂大喘息聲也。"② 據此，上揭隨函音義所引"洪師新音"與其略同。

---

① （五代）釋可洪撰：《新集藏經音義隨函錄》，《中華大藏經》第 59 册，第 592 頁上欄。
② 同上書，第 647 頁下欄。

此處"洪師新音"當即《可洪音義》，亦可證明該隨函音義的作者參考了當時正在流傳的《可洪音義》。

又《磧砂藏》本《沙彌尼戒文》、《沙彌威儀》隨函音義同爲一卷，《沙彌尼戒文》中"彌離"條的説解與《可洪音義》對應經卷的條目完全相同。除此之外，《沙彌威儀》隨函音義之後附有下列文字："右此經依《開元錄》及《品次錄》添之，後有十數五德及敬白文，洪疑此經是人集出也。如後文云'盖聞道太陽垂暈，則倉生蒙朗，真尊演教，有懷開悟'云云，但此語是俗。"[338/75b]此段文字亦見於《可洪音義》卷一七《沙彌威儀》音義條目之後①。由此推知，此段文字中的人名"洪"即"可洪"，其所見的藏經底本中未有《沙彌威儀》，依據《開元錄》及《品次錄》，可洪爲其作音義並添入《可洪音義》中，並懷疑該經爲僞經。故此段文字係可洪辨別經卷疑僞而作，亦見於隨函音義，當可作爲該隨函音義作者參考摘抄《可洪音義》之明證。

三　《可洪音義》在中土亡佚的時間及原因

根據上面的討論，既然《可洪音義》在《磧砂藏》刊行時應還在中土流傳，那麼該書究竟是何時在中土亡佚的呢？日本學者牧田諦亮曾根據《佛祖統紀》中將其卷數誤作四百八十卷②，記載的入藏年月與實際相差一年的情況，推斷《統紀》作成之南宋咸淳年間（1265—1274），《可洪音義》已在中土失傳③。然而，本文依據的上述《磧砂藏》"龍"字函和"師"字函《大寶積經》以及"發"字函《大哀經》、"受"字函《沙彌尼戒文》、《沙彌威儀》經卷的刊刻時代，似乎難以支持這種説法。請進而論證如下：

本文依據的《磧砂藏》經卷是二十世紀三十年代由上海影印宋版藏經會以陝西藏本爲底本，並配補其他版本藏經影印而成的《影印宋磧砂藏經》。該版本是一個補配本，所補頁次在首冊之二《補頁表》中詳細列出，本文所依據的數頁經卷均不在這些補頁的範圍内。

---

　　①　（五代）釋可洪撰：《新集藏經音義隨函錄》，《中華大藏經》第 60 冊，第 51 頁中欄。

　　②　《佛祖統紀》所載四百八十卷之説不誤，參見韓小荊《〈可洪音義〉研究—以文字爲中心》，第 2 頁。

　　③　牧田諦亮觀點參見《五代宗教史研究》，京都，平樂寺書店 1971 年版。

據首冊之二葉恭綽所撰《磧砂延聖院小志》載陝西藏本自身也是一個混合本，包括《磧砂藏》原本、元代吳興妙嚴寺本以及管主八主持刊刻的秘密部經版。其中《大般若波羅蜜多經》、《大寶積經》、《大般涅槃經》的部分大致上以妙嚴寺所刊爲主①。另據何梅考證，《磧砂藏》的版式分爲兩種：宋刻版式和元刻版式，且影印本《大般若經》、《大寶積經》、《大般涅槃經》所用本是湖州妙嚴寺本②。

另外，《磧砂藏》本《大寶積經》卷一〇（"龍十"）末有願文題記云："湖州路妙嚴寺伏承大耆舊僧明淵生前施財栞造《大寶積經》一部，用廣流通。資至化以延洪，助法輪而益遠。然冀伽藍永固，祖道彌昌，恩有均霑，冤親等濟。泰定二年四月　日住持僧明秀謹題。"[73/82b]據該則題記，妙嚴寺版《大寶積經》的刊刻時間爲元泰定年間前後。

又《磧砂藏》本《大般若波羅蜜多經》卷一（"天一"）末有"吳興妙嚴寺經坊"至順三年（1332）題記："曩因《華嚴》板行於世，繼栞《涅槃》、《寶積》、《般若》等經，慮其文繁義廣，不無魯魚亥豕之訛，謹按大都弘法、南山普寧、思溪法寶、古閩東禪、磧砂延聖之大藏重複校讎已畢。"[1/9a]

因此，據上述兩則題記、本文所引《磧砂藏》經卷的版式以及前輩學者關於磧砂藏本《大寶積經》部分以妙嚴寺所刊爲主的論斷，筆者認爲本文所引《大寶積經》部分屬於元代妙嚴寺本，而所引《大哀經》和《沙彌尼戒文》、《沙彌威儀》部分則屬於《磧砂藏》的元刻本。據此，《磧砂藏》隨函音義的作者直接或間接引用了《可洪音義》，或可説明該書至遲到元代還在中土流傳，牧田氏關於《可洪音義》在南宋咸淳年間就已不傳的推斷還有待商榷。

綜上所述，自宋初以來，《可洪音義》在中土如存如亡，其名稱僅見於少數幾部書目，其殘文剩義亦鮮徵引於諸世俗和佛教文獻，因而《磧砂藏》隨函音義中存有如此集中和大規模的徵引《可洪音義》的現象，

①　參見黃耀堃《磧砂藏隨函音義初探》，他還指出不單陝西本如此，崇善本、大悲本、國圖本亦混入了妙嚴寺刊本，第252頁。

②　何梅：《山西崇善寺藏〈磧砂藏〉本的價值》，《宗教學研究》1999年第1期，第61—69頁。該文指出，二者的區別在於宋刻版式每冊卷首、卷末經題下，只注千字文函號，而不注冊次；元刻版式則加注冊次。又前者版間小注依次記千字文函號、經名卷次、版次、刻工姓名，而後者則取消經名卷次，在千字文函號下加注冊次。

對於我們釐清其版本源流以及流傳經過無疑是很有價值的。至於《可洪音義》何以在中土亡佚，筆者推測可能由於以下幾個原因：一是該書收錄的多爲佛經寫卷中的俗寫字而與後代刻本佛經的字形相差甚遠，導致其實用價值大打折扣；二是該書不像有些音義專書那樣廣徵博引地釋義，它的觀點主要出自可洪的一家之言，可信度遭到質疑；三是該書卷帙繁複且不利於檢索，使用起來比較麻煩。上述原因也僅僅是筆者的推測之辭，《可洪音義》在中土亡佚的時間以及真正的原因仍有待於新材料的發現，以便再作深入探討。

第二節　《磧砂藏》中所見《内典隨函音疏》逸卷考

《内典隨函音疏》（以下簡稱《隨函音疏》）是五代僧人行瑫撰寫的一部大型音義。據《宋高僧傳》載，行瑫"亦覽群書，旁探經論，慨其郭迻《音義》疎略，慧琳《音義》不傳，遂述《大藏經音疏》五百許卷，今行于江浙左右僧坊"①，又北宋柳豫寫於元祐九年（1094）的《紹興重雕大藏音序》亦曰"昔瑫法師常著音釋附於函末，而其文不詳備，先後失次"②，則《隨函音疏》卷帙達五百餘卷之多，且最初以隨函的形式附於佛經函末或卷末，當時主要流行於江南一帶。然而，如今該音義除了少量條目被其他音義徵引外，其全帙已在中土亡佚，殘存的少量零卷也僅見於日本。

日本現存零卷主要有五種：一是最早被發現且被定爲日本"國家重要文化財"的第三零七卷，即守屋孝藏氏所藏浙江海鹽縣金粟山廣惠禪院寫本經卷所附的登字函音義；二是附載於大谷大學、增上寺和建仁寺所藏《高麗大藏經》初雕本中的第四八一及四九〇卷；三是附載於奈良市西大寺所藏磧砂版《大般若經》卷一到卷四、卷八到卷一一卷末的零卷；四是東京大學東洋文化研究所所藏《琉璃王經》和《五苦章句經》音義殘卷，該卷音義部分總計七頁，以手抄音義專書殘卷的形式單獨流傳，此前一直被認爲是唐抄本，實則爲《隨函音

---

① （宋）贊寧撰，范祥雍點校：《宋高僧傳》，中華書局 1987 年版，第 645 頁。
② 中華大藏經編輯局編：《中華大藏經》第 59 冊，第 510 頁上欄。

疏》零卷①；五是國際佛教徒協會東京事務所的網頁上所列的待售零卷，網上只公布了最後的部分，也就是《中阿含經》的一頁殘卷。②

這些零卷對我們瞭解《隨函音疏》有著重要作用，但由於我們僅能從少數學者的文章和日本網頁上公布的一些照片以窺其一斑，因此，國內是否存有該音義的零卷鮮有人留意。那麼，國內是否保存有《隨函音疏》零卷呢？答案是肯定的③。近日我們對《磧砂藏》隨函音義進行全面調查時，相繼在該藏海字函、鹹字函《摩訶般若波羅蜜經》和良字函《六字大陀羅尼咒經》末的隨函音義中發現該音義的若干零卷④。這些零卷未見相關文獻收錄，且就其內容而言，亦未與日本現存零卷重合，對於釐清該音義的版本源流和著述體例具有重要的價值。

一　《隨函音疏》逸卷

讓我們首先把上揭零卷的內容分別條列如下：

例（一）《磧砂藏》本《摩訶般若波羅蜜經》卷一五（海五）隨函音義（65/37b）：

紅縹下匹沼切，青黃間色。膚瞖上芳無切，亦膚，皮膚也；下於計切，目瞖障，亦瞳。瞽非盲瞽公戶切，無目平如鼓面，故字從鼓。癩創上來大切，癩，惡瘡病也；下亦瘡。薰篋下謙頰切，篋笥。惡腫朱勇切，肉虛腫皰，亦腫。負債下側賣切，又側下切。𡊥古郎

――――――――――

①　該殘卷的網址爲：http：//shanben. ioc. u-tokyo. ac. jp/main_ p. php，現已由東京大學東洋文化研究所漢籍善本全文影像資料庫全部公布。據黃耀堃介紹，該殘卷的三張殘頁，即《琉璃王經》部分，於 2002 年 3 月至 7 月 "東京大學所藏佛教關係貴重書展" 的網頁上被定名爲《內典隨函音疏》零卷予以公布；另外，該殘卷已收入並影印於中國社会科學院中國歷史研究所、中國人民大學國學院主持編纂的《域外漢籍珍本文庫》（第一輯）子部文獻中，且目次下其名誤作 "玻璃王經音義"，又於其《提要》中云 "《琉璃王經音義》，佚名撰，日本東京大學東洋文化研究所藏唐鈔本"，非也。此觀點參見《域外漢籍珍本文庫・子部》（第一輯）第五冊，西南師範大學出版社、人民出版社 2008 年版，第 321 頁。

②　［日］高田時雄：《可洪〈隨函錄〉與行瑫〈隨函音疏〉》，第 400—404 頁。在該文中，高田氏詳細介紹了三種《內典隨函音疏》的零卷；又參見黃耀堃《磧砂藏隨函音義初探》，第 255—257 頁。在該文中，黃氏簡要列舉了五種《內典隨函音疏》零卷。

③　高田時雄曾指出，由於《影印宋磧砂藏》是以陝西臥龍、開元兩寺所藏的磧砂本爲底本，不像日本奈良西大寺所藏磧砂本那樣包含了嘉定九年（1216）到紹定二年（1229）間由比丘于藝勸進，臨安府附近僧俗出資刊版的經卷，因此《影印宋磧砂藏》本不含《隨函音疏》。該觀點參見高田時雄《可洪〈隨函錄〉與行瑫〈隨函音疏〉》，第 413 頁。

④　海字函、鹹字函以及良字函分別爲《磧砂藏》第 65、66、168 冊。

切。毒螫施隻切，亦作蠚，螫①虫行毒也。其蠚字本黑各切。

例（二）《磧砂藏》本《摩訶般若波羅蜜經》卷二〇（海十）隨函音義（65/75b）。該零卷經文卷末題“當院比丘清滿書”。隨函音義如下：

洿非汙汚烏故切。衰耄下毛報切。疆界几良切，亦畺。任非懷妊汝鴆切，又平聲。蹇非偃僊傳上於件切，下二居件切；偃僊，强傲也。揆則揆，度也。狙非沮疾吕切。穀穀餅上二同用，下亦飯、飰。黠非黜丑律切，退也。純淑常輪切，大也，美好也，篤也；下時六切，善也，純淑，一也，亦淑。

例（三）《磧砂藏》本《摩訶般若波羅蜜經》卷二三（鹹三）隨函音義（66/22a）。該零卷經文卷末題“比丘清滿書”。隨函音義如下：

此卷三品善知識品五十二，趣一切智品五十三，大如品五十四。遠塵遠離三界，分别迷理之凡塵，得初果也。法眼即小乘初果也。泉涌涌起如泉也。

例（四）《磧砂藏》本《摩訶般若波羅蜜經》卷二四（鹹四）隨函音義（66/29b）。該零卷經文卷末題“比丘清滿書”。隨函音義如下：

此卷二品大如品之下、阿鞞跋致品五十五。無翅施豉切，鳥翅羽翼也。被服皮義切，謂被帶也；服謂施用之也。軟輭亦作耎。讜非偏黨當朗切。短拉端卵切，文略从手。辛酸辛酸，物辛粹之甚也。醫豎於其切。輩輩盃妹切。穇授音。

例（五）《磧砂藏》本《摩訶般若波羅蜜經》卷二五（鹹五）隨函音義（66/37b）：

此卷二品轉不轉品五十六，燈炷品五十七。陵菱傷上二力澄切，作凌非，陵，輕也，欺也；下以豉切，輕侮也，亦易。虜掠上盧覩切，亦作虜、擄；下略、亮二音，亦作掠；虜掠，獲地奪也。《漢書》曰：生得曰虜，即俘奪也；又斬首曰獲。強奪曰掠也，又抄暴曰虜掠。柱非燈炷注音。深奥烏告切，内也，深也，藏也，生也，《礼記》“室西南隅也”，字從奥、米。燋焦皆即遥切，焦炷也。

音義之後另有“咸淳六年（1270）平江府常熟縣張妙因”發願文。

例（六）《磧砂藏》本《摩訶般若波羅蜜經》卷二六（鹹六）隨函音義（66/44a）。該零卷經文卷末題“比丘清滿書”。隨函音義如下：

駡詈下力智切，亦作詈。鞞舍此云坐估，即商賈。戍陀羅此即田農官學也。鏤非金縷織力主切，以金爲縷。疊非成氎徒叶切，毛毳布。勁勇居政切，健也，亦勁。恐懅渠據切，《声類》云“惶懅也”，亦懅。有翼蝇職切，羽翼也。繠非紅縹漂眇切。蕀蕀非荊棘上几卿切，下几力切，棘也，從朿作□，亦得。技術技藝也。株杌五忽切，伐木餘。丐

① 該字左上部模糊，暫録作此形。

差_罕。

例（七）《磧砂藏》本《摩訶般若波羅蜜經》卷三〇（鹹十）隨函音義（66/74a）：

此卷二品_{六度相攝品之餘、大方便品六十九}。善馭_{駕馬使也}。鑵_{非溉灌古愛切，又既音}。鎧仗_{兵器也}。

該隨函音義之後另有一則"咸淳葳在丁卯即咸淳三年（1267）仲冬磧砂延聖院比丘惟勉"所作的刊記。

例（八）《磧砂藏》本《六字大陀羅尼呪經》（良八）末隨函音義（168/73b）。該零卷經文卷末題"延聖院比丘清滿書"。隨函音義如下：

七俱胝佛大心經一卷_{亦云佛母心經，地婆訶羅譯}。坦_{非砂潬上亦沙，下但音，水中沙出皃}。諸户_{皆乀，合也}。耦_{非偶魚口乀，諸偶}。茅_{麦包乀}。簿_{非薄上布各乀，非此用}。

千轉陀羅尼經一卷_{智通譯}。呋_{非呹盧正作吠}。揄_{羊須乀}。跢婆_{上丁个乀}。怒弩_{非努跨奴土乀，用力皃；亦胯，苦化乀，胯，兩股間}。馭亻_{非連續正用}。楮木_{丑吕乀，楮，木}。頤_{匝音}。剕_{子忖乀}。

呪五首經一卷_{玄奘譯}。哀_{何可乀}。儜_{尼難乀，亦你}。謎_{迷計乀}。抉_{亦弄，盧凍乀}。岐_{亦岐，岐山}。瓮_{烏貢乀，亦瓫}。

摩利支天經一卷_{失譯}。責_{非債其側介乀，債，負財也，□□□}。呋咃_{田涅乀}。[1]

二　確定逸卷的理由

上揭各隨函音義，與其他隨函音義一樣皆作爲《磧砂藏》隨函音義附載於經卷卷末，原本并未明確標明爲"内典隨函音疏"，那麼，如何確定其爲《隨函音疏》零卷而非其他音義呢？理由如下：

首先，上述零卷的很多條目具有《隨函音疏》的特有體例，這是它與其他音義專書和其他《磧砂藏》隨函音義最大的區別。如前所說，日本現存有五種《隨函音疏》零卷，值得注意的是，第四種《琉璃王經》和《五苦章句經》零卷蓋由於單獨書寫，未附在佛經卷末或函末，亦如上述零卷一樣未標明爲"内典隨函音疏"，但由於其具有《隨函音疏》的特有體例，因此新近被確定爲《隨函音疏》零卷，這是目前學界甄別《隨函音疏》的通常做法。具體説來，其特有體例主要表現在辨析的異體

---

[1]　此行三個條目由於印刷原因，導致條目殘缺，字形失真，姑且録文作此。

字或誤字通常不出現在詞條下的注解中，而是作爲詞頭直接列出。

一種特有體例即是在異體字或誤字下用"非"來指明，然後列出正體，再進行説解，如日本藏《琉璃王經》零卷"盥非，澡罐古玩切"，表示"盥"誤，應作"罐"，這種特有體例亦在上述零卷中呈現，如：

例（一）中"瞽非，盲瞽公户切，無目平如鼓面，故字從鼓"條，查今《磧砂藏》、《大正藏》對應經文均作"盲瞽"[T08，p0291c]，且《慧琳音義》對應經文音義："盲瞽，公户反，無目謂之瞽，《釋名》云：'瞽，目眠眠然，目平合如鼓皮也。'"[T54，p0359c]《可洪音義》對應經文音義："盲瞽，音古。"①據此，《隨函音疏》可從，作"瞽"非，應作"瞽"爲是。從該條亦可看出，與其他音義不同的是，行瑫先將誤字"瞽"用"非"來標示，然後再將正字"瞽"列出，而不是像其他音義一樣，在注解中分辨異體和正俗，這正是《隨函音疏》的特有體例。

例（二）中"任非懷妊汝鴆切，又平聲"條，今《磧砂藏》、《大正藏》對應經卷均有"譬如母人懷妊"句，應即此條所出，《大正藏》校勘記曰"妊"聖本作"任"[T08，p0135a]。又《可洪音義》對應經文音義："懷任，用甚反，正作妊。"②故此處確有作"任"的異文存在，但應作"妊"爲是，《隨函音疏》將"任"列出並用"非"來指明，不像《可洪音義》在注解中分辨正俗，體現其獨特的體例。該卷中"點非黜丑律切，退也"、"阻非沮疾吕切"等條目亦體現了這一特色。

例（四）中"讜非偏黨當朗切"條亦體現了《隨函音疏》的獨特體例，查今《磧砂藏》、《大正藏》對應經卷均有"應起等心，於一切衆生亦等心與語，無有偏黨"等句[T08，p0338a]，應即此條所出，且均作"黨"，可證"讜"非，《隨函音疏》可從。

例（五）中"柱非燈炷注音"條，查今《磧砂藏》、《大正藏》對應經文均作"燈炷"[T08，p0343c]，爲"燈炷品"的品名，故應從《隨函音疏》作"燈"爲是。

例（六）中"繡非，紅縹漂眇切"條，查今《磧砂藏》、《大正藏》本對應經文均作"紅縹"[T08，p0349b]，《可洪音義》對應經文音義："紅縹，匹沼

---

① （五代）釋可洪撰：《新集藏經音義隨函録》，《中華大藏經》第 59 册，第 575 頁中欄。
② 同上書，第 575 頁下欄。

反。"①故《隨函音疏》可從，"䌰"誤，應作"縹"爲是。"鏤非，金縷織力主切，以金爲縷"，"疉非，成氎徒叶切，毛㲲布"等條目亦體現了其特有體例。

例（七）中"䊔非溉灌古愛切，又既音"條，查今《磧砂藏》、《大正藏》本對應經文均作"溉灌"[T08, p0371a]，《可洪音義》對應經文音義："溉灌，上古代反，又音既。"②據此，此處《隨函音疏》可從，應作"溉灌"爲是。

例（八）中"駁〈非連續正用"條，查今《磧砂藏》、《大正藏》本對應經卷均有"佛前駁駁誦呪無定數，見像動揺"等句[T20, p0017c]，應即此條所出，《隨函音疏》此處指經文中用重文符號"〈"來代替"駁"非，應連用作"駁駁"爲正。"耦非，偶魚口乀，譜偶"、"怒弩非努跨奴土乀，用力皃；亦胯，苦化乀，胯，兩股間"等條目亦體現了《隨函音疏》的特有體例。

另一種特有的體例則是將異體字并列在一起而不加判定，如日本藏《琉璃王經》零卷"閤闔，皆何盍切，～門"，高田時雄曾推測此種方式是將誤字、異體字和正體字放在一起，由於没有任何注記，所以無從知道孰正孰誤，他對此表示難以理解，認爲這種處理方式完全没有意義③。然而，根據筆者的考察，此種《隨函音疏》的特有體例，其實是行瑫將所見到的認爲合理的異文同時列出，即表示二者抑或皆可，無所謂正俗，此種方式亦在上述零卷中呈現，如：

例（二）中"洿非汙污烏故切"條，查今《磧砂藏》對應經文作"不汙"[65/61b]，今《大正藏》作"不污"[T08, p0310b]，《可洪音義》對應經文音義："不汙，烏故、烏牙二反。"④又"于"《說文》篆文作"亐"，隸變作"亐"、"于"；在敦煌写卷中"于"、"亏"二字亦常混同⑤，故行瑫認爲此處"洿"非，應作"汙"或"污"爲宜。由於二者可兼存，因此將二者同時列出，不加判定，這種體例亦爲《隨函音疏》所獨有，未見於其他音義。

又例（五）中"陵𢼅傷上二力澄切，作淩非，陵，輕也，欺也；下以豉切，輕侮也，亦易"條，查今《大正藏》對應經卷有"不陵易虜掠他人，令其憂惱"等

① （五代）釋可洪撰：《新集藏經音義隨函録》，《中華大藏經》第59册，第576頁上欄。
② 同上書，第576頁中欄。
③ ［日］高田时雄：《可洪〈隨函録〉與行瑫〈隨函音疏〉》，第415頁。
④ （五代）釋可洪撰：《新集藏經音義隨函録》，《中華大藏經》第59册，第575頁下欄。
⑤ 張涌泉：《敦煌俗字研究》下编《敦煌俗字匯考》，第1頁。

句[T08,p0342a]，應即此條所出。今《磧砂藏》對應經文作 "陵易"[66/31a]，
《可洪音義》對應經文音義亦出 "陵陽" 條①，又 "陵"、"㒵" 爲 "陵"、
"㰎" 二字常見的俗寫形式，《廣韻·蒸韻》力膺切："㰎，欺㰎，俗。"②
《隨函音疏》將 "陵"、"㒵" 二字同時列出，又在注文中指出 "作凌非"，
蓋行瑫認爲此處表示 "欺凌" 義二者皆可。

其次，上述附載在《摩訶般若波羅蜜經》卷末的零卷抄手相同、體
例一致，應出自同一音義殘卷，這是它與《磧砂藏》隨函音義的另一大
區別。如上所列，附載在《摩訶般若波羅蜜經》卷末的零卷，從抄手來
看，除例（一）、（五）、（七）外，其餘各卷皆標明爲 "清滿" 書寫；從
具有《隨函音疏》特有體例的條目來看，僅例（三）未見，但在該零卷
經文卷末題有 "比丘清滿書"，且首題 "此卷三品"，羅列出該卷的三個
品名及次序，與下一零卷列舉的品名次序正好銜接。同時，剩餘的其他經
卷不僅體例相同而且品名次序亦可銜接，而其他《磧砂藏》隨函音義卻
未見此種品名次序連貫且抄手相同的情況。據此，上述零卷應出自同一音
義殘卷，即《隨函音疏》。

又例（八）雖然附載在《六字大陀羅尼呪經》卷末，但僅附有位於
該卷之前且同屬於良字函的《七俱胝佛大心經》、《千轉陀羅尼經》、《呪
五首經》、《摩利支天經》其他四卷佛經的音義條目，未見《六字大陀羅
尼呪經》該卷的條目，竊疑其應附在下頁，但由於卷頁脫落，致使今人
無法得見。又與附載在《摩訶般若波羅蜜經》卷末零卷不同的是，該卷
爲幾卷條目集中一同附載，反切注音皆用 "某某乀" 的方式，此種體例
亦見於日本大谷大學、增上寺和建仁寺所藏高麗大藏經初雕本所附載的
《隨函音疏》零卷中。又該零卷經文卷末亦題有 "延聖院比丘清滿書" 字
樣，與上述《摩訶般若波羅蜜經》零卷的抄手相同，因此該零卷應出自
當時流傳的另一個版本的《隨函音疏》。

另外，從反切方式來看，上述零卷亦與《磧砂藏》隨函音義不同。
一般來説，學界普遍認爲《磧砂藏》隨函音義承襲的是福州東禪寺以來
江南諸藏的音釋，但到底該音釋從何而來，目前還未有定論。又根據我們
的調查，《磧砂藏》隨函音義絕大部分反切都用 "某某反" 的方式，只有

① （五代）釋可洪撰：《新集藏經音義隨函録》，《中華大藏經》第 59 册，第 576 頁上欄。
② （宋）陳彭年等編：《宋本廣韻》，第 179 頁。

少數用“某某切”，還有極少數“反”、“切”混用，“某某乀”的方式僅
見於例（八）和《紹興重雕大藏音》的反切注音中。因此，上述零卷的
注音方式採取少見的“某某切”和“某某乀”，且在《摩訶般若波羅蜜
經》和《六字大陀羅尼呪經》卷末的零卷中集中使用，這在《磧砂藏》
隨函音義中是極爲罕見的，也從另一個側面證明這些音義條目不屬於江南
藏經的音釋系統。

三　《隨函音疏》逸卷的價值

通過上述文獻考證和體例分析，我們可以得出以下結論：

第一，在以往的研究中，前人一直認爲《隨函音疏》的零卷僅存於
日本，未曾發現國内《磧砂藏》中亦附載有該音義零卷。今發現的上述
零卷，不僅爲《隨函音疏》零卷增加了新成員，而且亦可證明作於五代
時期的該音義在南宋末年還在中土流傳，爲我們進一步了解該書的内容和
體例，一窺當時佛經語言文字的面貌提供了寶貴的材料。

第二，如前所論，《隨函音疏》的原本爲隨函附載，且從撰寫於五代
推知，其原本的反切注音方式應爲“某某反”，但上述《隨函音疏》零卷
皆係南宋咸淳年間（1265—1274）同一抄手“比丘清滿”所轉抄。據此
可知，《隨函音疏》在此時既有分卷附載於各卷卷末，反切注音用“某某
切”的方式；同時，又有幾卷集中一同附載，反切注音用“某某乀”的
方式；上述兩種體例樣式並存，亦囊括了日本現存《隨函音疏》零卷的
所有體例特徵①。

第三，據筆者考察，《磧砂藏》本《摩訶般若波羅蜜經》四十卷經卷
的分類情況與日本奈良西大寺所藏磧砂版《大般若經》不盡相同②。具體

---

①　根據反切的體例，日本現存零卷大體可分爲兩種：一種爲第一、四、五種零卷，即金粟寺
藏經所附音義、《琉璃王經》和《五苦章句經》音義殘卷以及《中阿含經》殘卷，其特點是反切注
音的體例皆爲“某某切”；另一種則爲第二、三種零卷，即高麗大藏經初雕本和西大寺所藏磧砂
藏經所附音義，反切注音的體例皆用“某某乀”，即使用了“乀”來代替“反”或“切”字。

②　梶普晉曾指出，西大寺藏磧砂版《大般若經》經卷根據刊記分爲兩種，第一種是附載有
《隨函音疏》的前十三卷，爲嘉定九年（1216）到紹定二年（1229）間因比丘了懃勸進，而由臨
安府附近僧俗出資刊版而成；卷十三以後的經卷則一般都附有趙安國一力雕造的刊記，且隨函音
義利用了福州東禪寺版以來的音釋，而非《隨函音疏》。轉引自高田时雄《可洪〈隨函錄〉與行
瑫〈隨函音疏〉》一文，其觀點參見《奈良縣〈大般若經〉調查報告（本文篇）》，奈良縣教育
委員會1992年版。

而言,《磧砂藏》本《摩訶般若波羅蜜經》經卷大體分爲三種,第一種爲前十卷,其既不附載有《隨函音疏》,亦不附載有隨函音義,一般都附有趙安國一力雕造的刊記;第二種爲卷一七,該卷附有五條隨函音義,且末尾附有一則題爲咸淳二年(1266)姑蘇周二娘的發願文,由於其隨函音義中未見具有《隨函音疏》特有體例者,且從願文可知,該卷爲單獨刊刻,因此該卷屬於該經的另外一類;第三種則爲卷一一以後除卷一七以外的其他經卷,係咸淳年間(1265—1274)由磧砂延聖院的僧人與附近的信衆出資陸續刊刻而成,此類經卷中即包括了上述附載有《隨函音疏》者,且一般經卷末尾都附有"比丘清滿書"字樣。上述第三種經卷末所附載的隨函音義,雖未明確標明爲"内典隨函音疏",但其體例卻與現存《隨函音疏》零卷相同,其中條目具有其他音義所無而爲《隨函音疏》所獨有的特有體例,且與其他《磧砂藏》隨函音義無論是在體例還是注音方式上均存在著較大的區別,因此其係行瑫《隨函音疏》零卷應無疑問。

第三節 《磧砂藏》隨函音義對其他辭書的引用

如上所述,《磧砂藏》隨函音義曾比較集中地徵引《可洪音義》、《内典隨函音疏》這兩部佛經音義專書。除此之外,隨函音義還在收形、注音、釋義等多方面零散地引用了當時可見的其他佛經音義著作及習見的字、韻書,這其中既包括《玄應音義》、《江西音》、《川音》等,又包括《玉篇》、《集韻》等。據此,利用這些徵引材料,我們一方面可以一窺傳世本之異文進而校正其傳刻錯訛,另一方面又可以對亡佚書進行輯佚以期能更好地爲學界所利用。

一 引佛經音義

《磧砂藏》隨函音義還參考引用了很多前代或同時代的佛經音義著作,如:

(一)《玄應音義》

《磧砂藏》隨函音義徵引《玄應音義》較多,其中有暗引也有明引,如:

(1)《磧砂藏》本《大方便佛報恩經》卷四隨函音義:"草蕪,下音察,草蘆也,蘆,采古反,草死。亦作莽,母朗反,陝西人云草蕪,山東

人云草蘆。"[189/36a]

按：此條隨函音義對應經文作"草莽"，原文如下："爾時東方有大風起，吹去雲霧，虛空之中皎然明淨，并閻浮提所有糞穢、大小便利、灰土、草莽，涼風動已，皆令清淨。"[189/33b]可見，此條隨函音義不僅記錄了"草莽"的其他異文形式，還記錄了造成異文的原因是古方音不同，"陝西人云草蔡，山東人云草蘆"。查《玄應音義》卷四《大方便佛報恩經》第四卷"草蔡"條下云："音察，草蘆也，亦芥也；經文作溁，非也；蘆音千古反，枯草也；今陝以西言草蔡，江南山東言草蘆，蘆音七故反。"①據此，隨函音義此條蓋據《玄應音義》而來，乃暗引也。

另外，據我們統計，《磧砂藏》隨函音義多次明引《玄應音義》，徵引時常用"應師云"、"應法師云"等字樣，達四五十條之多，我們將隨函音義所引與《高麗藏》本《玄應音義》進行比較。現擇其要者，條列如下：

（1）《磧砂藏》本《文殊師利現寶藏經》卷上隨函音義："揵椎，上音乹，下直追反，此無正翻，西土無鍾鏧，以此代之，正云'揵稚殖利'。應師云椎、稚二字形相似，故傳寫有誤，今見餘經多作'建搥'，豈非寫誤，此蓋隨譯師之方言。"[145/10a]

（2）《磧砂藏》本《分別功德論》卷上隨函音義："揵椎槌，上音乹，下直追反，《一切經音義》云：梵語臂吒，此言揵椎，以彼無鍾鏧，故俱打椎，椎、椎相濫，故誤。"[422/11a]

按：上兩條隨函音義均出"揵椎"條，前者對應經文原文作："佛告阿難：'汝摳揵椎聚比丘衆。'"[145/10a]後者對應經文原文則作："唯有阿難乃能集耳，迦葉即時鳴揵槌集衆。"[422/1a]今查《玄應音義》卷一《大方等大集經》第十二卷音義："揵推，直追反，經中或作'揵遲'。案梵本'臂吒揵稚'，臂吒，此云打；揵稚，所打之木或檀或桐，此無正翻，以彼無鐘磬故也，但椎稚相濫，所以爲誤已久也。"②據此，《隨函音義》所引與此略同。又該詞爲音譯詞，詞無定形，上述幾種形體，佛經中經見，皆可。

（3）《磧砂藏》本《佛說須賴經》隨函音義："俎，徐與、床女二

---

① （唐）釋玄應：《一切經音義》，《影印高麗大藏經》第 32 册，第 58 頁。

② 同上書，第 7 頁。

反，樹名也，又《經音義》才與反。"[171/14a]

　　按：此條隨函音義對應原文作："須賴答言：'莫說是語，所以者何，不善讒仁者，殺生之報，正使彼等刀割我身，破如跋跙樹。'"[171/6a] 又查《玄應音義》卷五《須賴經》音義："跋跙，才與反，樹名也。"① 與隨函音義所引契合。故上揭隨函音義所引《經音義》亦爲《玄應音義》。

　　此外，從對應經文原文可知，此處"跙"爲譯音用字，無實際意義，重在表音。"跙"《廣韻·語韻》音"慈吕切"，屬於精組從母字；玄應注爲"才與反"，與"慈吕切"音切相同，亦屬精組從母字。而隨函音義認爲音"徐與、床女二反"，其中"徐與反"爲精組邪母，"床女反"爲莊組牀母。據此，從"徐與反"推知，隨函音義作者的語音中有可能"從邪相混"，這是南方方音的特點，古代吳音和現代吳方言中皆有此種現象②，此條反切即爲這種語音現象的反映；又從"床女反"推知，隨函音義作者的語音中有可能還存在著"精莊相混"，此反切反映了照系二等字切精組字。漢語語音史中，黃侃有"照二歸精"説，認爲照系的二等字與精系字有淵源關係，此例或反映了此種現象。又《可洪音義》卷八《須賴經》音義亦出"跋跙"條，且云："徐与、床吕二反，樹名，又《經音義》作'才与反'。"③ 《龍龕手鏡·足部》："跙，徐吕反，行不進皃。"④ 由此推測，"從邪相混"在五代時期有可能亦流行於北方。又可洪所注音與隨函音義所注音切讀音相同，皆認爲"徐与、床吕或床女二反"均可，則此條隨函音義反映了當時的通語或俗呼中的確存在著"精莊相混"這一語音現象。

　　(4)《磧砂藏》本《大莊嚴經論》卷五隨函音義："朕瘦，應師音義云合作菸，於去反，萎蔫也。"[244/37b]

　　按：今查《玄應音義》卷一〇《大莊嚴經論》第五卷音義出"菸瘦"條，且云："《韻集》'一餘反'，今関西言菸，山東言蔫，蔫音於言反，江南亦言殗，殗又作萎，於爲反，菸邑無色也，今取其義，論文朕未

---

　　① （唐）釋玄應：《一切經音義》，《影印高麗大藏經》第 32 册，第 73 頁。

　　② 魯國堯：《〈南村輟耕録〉與元代吳方言》，載《魯國堯語言學論文集》，江蘇教育出版社 2003 年版，第 224 頁。

　　③ （五代）釋可洪撰：《新集藏經音義隨函録》，《中華大藏經》第 59 册，第 818 頁上欄。

　　④ （遼）釋行均：《龍龕手鏡》，第 461 頁。

詳字出。"① 由此可知，《隨函音義》所云與此略同。至於"胅"爲何字，我們將在第五章中詳述，在此暫不展開討論。

（5）《磧砂藏》本《大莊嚴經論》卷六隨函音義："鞁，懸犬反，應師云懸，鞁也，懸縛物也。《説文》'刀鞘也'，鞘音笑。"[244/44a]

按：今查《玄應音義》卷一〇《大莊嚴經論》第六卷音義："愧鞁，又作鞘、鞞二形同，胡犬反，《釋名》：'鞘，懸也，懸縛物也。'"② 故隨函音義所引實爲《玄應音義》對《釋名》之徵引，只是在徵引時，"懸"、"鞁"二字顛倒。

（6）《磧砂藏》本《七佛所説神咒經》卷一隨函音義："目俤，音帝，應師作他細反。"[199/10b]

按：今查《玄應音義》卷五《七佛所説神咒經》音義："目掿，他細反。"③ 應即隨函音義此條所出。

（7）《磧砂藏》本《七佛所説神咒經》卷一隨函音義："㭲利，應師音胡，《陀羅尼集》作胡結反。"[199/10b]

按：今查《玄應音義》卷五《七佛所説神咒經》音義："湖利，户孤反。"④ "户孤反"與"胡"讀音相同，隨函音義所説可從。

（8）《磧砂藏》本《中阿含經》卷七隨函音義："喉痹，下卑利反，喉病也。應師音義云合作閉，痹，塞也。"[260/69a]

按：《磧砂藏》本對應經文原文有"諸賢病者謂頭痛、眼痛、耳痛……喉痹、癲癇"等句[260/66b]，即此條所出。《大正藏》本對應經文作"喉啤"[T01, p0467c]。查《玄應音義》卷一一《中阿含經》第七卷音義："喉閉，閉猶塞也，經文作痹，俾利反，《醫方》：'痹，喉病也。'"⑤ 與隨函音義所引略同。

又《重廣補注黄帝内經素問》卷二："喉痹—陰謂心主之脉，一陽謂三焦之脉也，三焦心主脉並絡喉氣熱内結，故爲喉痹。"⑥ 據此，"喉痹"蓋爲中醫中常見

① （唐）釋玄應：《一切經音義》，《影印高麗大藏經》第 32 册，第 132—133 頁。

② 同上書，第 133 頁。

③ 同上書，第 65 頁。

④ 同上。

⑤ 同上書，第 144 頁。

⑥ （唐）王冰注：《重廣補注内經素問》，《四部叢刊初編》第 63 册，上海書店 1989 年版，第 16 頁。

之疾病名稱，"閟"、"㾺"蓋因音近而與"痺"形成異文。

（9）《磧砂藏》本《增壹阿含經》卷二二隨函音義："五刌，下吾骨反；刌，斷截也，五刑謂斷耳、鼻、手、足、頭也；應師音義去（云）合作五刻，恐誤也。"[268/15a]

按：今《磧砂藏》本對應經文原文作："是時，修摩提女涕零悲泣，顏色變異，並作是說：'我父母五親寧形毀五刌，斷其命根，終不墮此邪見之中。'"[268/9a] 今《大正藏》本對應經文作"五刻"，校勘記曰"刻"字宋、元、明本作"刌"[T02,p0660c]。查《玄應音義》卷一一《增壹阿含經》第二十二卷音義："五刻，古文劓同，苦則反，刻削也，刻畫也，經言'刀劍等刻削之'，是也，經文作刌，非也。"① 應爲隨函音義云"合作五刻"所出。又查《可洪音義》卷一二《增壹阿含經》對應音義亦出"五刌"條，並云："《經音義》作刌，應和尚以刻字替之，苦得反，削也；郭氏作刌，五官反，圓削也；又按莫筠《切韻》作刌，五骨反，斫物頭也；又按《瑠璃王經》作五扻、刌，是也；今定取扻字爲正。"② 亦可證此隨函音義所引與《玄應音義》對應條目契合。

（10）《磧砂藏》本《增壹阿含經》卷二四隨函音義："草㨋，下竹約反，安㨋也，置也，應師音義云合作貯盛。"[268/38a]

按：今《磧砂藏》本對應經文原文作："設當爲國王所擒得者，或截手足……或剝其皮，還使食之，或開其腹，以草㨋之，或以湯中煮之。"[268/29a]《大正藏》本亦同。查《玄應音義》卷一一《增壹阿含經》第二十四卷音義："草貯，張吕反，貯，積也，謂盛貯也，經文作㨋，知略反，擊也，㨋非此義。"③ 應爲隨函音義此條所出。

又俗書"木"、"手"旁互混，"㨋"即"搐"也。今查《可洪音義》卷一二《增壹阿含經》相應經卷亦出"㨋之"條，並云："上知與反，盛也，任也，正作貯、褚、著三形也。又知略反，非也。"④ 可見，玄應謂經文此處應表示"盛貯"之義，是也。又查《廣韻·藥韻》張略切：

---

① （唐）釋玄應：《一切經音義》，《影印高麗大藏經》第 32 册，第 149 頁。
② （五代）釋可洪撰：《新集藏經音義隨函録》，《中華大藏經》第 59 册，第 1001 頁下欄。
③ （唐）釋玄應：《一切經音義》，《影印高麗大藏經》第 32 册，第 149 頁。
④ （五代）釋可洪撰：《新集藏經音義隨函録》，《中華大藏經》第 59 册，第 1002 頁上欄。

"揩，置也，擊也。"① 《龍龕手鏡·手部》："揩，張略反，置也。"② 據此，"揩"有"擊也"、"置也"二義，隨函音義出"草揩"條，"揩"爲"揩"之俗寫，謂其在此表示安置之義，可通。

（11）《磧砂藏》本《四分律藏》卷四九隨函音義："禁滿，應師云：温器也，未詳何出，此恐外國語也。"[335/108a]

按：今《磧砂藏》對應經文原文有"彼比丘染衣竟，不舉釜、禁滿、銅瓶、瓫器、鑊、斧斤"等句[335/107b]，即此二字所出。可知，"禁滿"爲一音譯名物詞。查《玄應音義》卷一四《四分律》第四十九卷音義："禁滿，温器名也，尋撿文字所无，未詳何出，此應外國語耳。"③ 與隨函音義所引略同。

（12）《磧砂藏》本《四分律藏》卷五六隨函音義："劕栱，上應師音義作團。"[336/59b]

按：今《磧砂藏》本對應經文原文有"劕栱屋棟，種種材木墮亦如是"等句[336/55a]，即此條所出。《大正藏》本作"榑拱"，校勘記曰"榑拱"宋、元、明本皆作"劕栱"，宮本作"揣栱"[T22,p0983a]。今查《玄應音義》卷一四《四分律》第五十六卷音義："劕拱，徒端反，《通俗文》：'截斷曰劕。'律文作揣。"④ "徒端反"與"團"讀音相同，可證隨函音義所引不虛。

又《可洪音義》卷一六《四分律》對應經卷出"揣拱"條，下云："上徒官反，圓也，柱上圓栱也；下居勇反，斗口棧也，從木。"⑤ 可知，此處"揣"通"榑"。竊疑"劕"、"揣"與"榑"蓋因音近而在此發生混同，"榑"又因形近訛作"榑"，"栱"、"拱"二字亦因形近而混。

（13）《磧砂藏》本《沙彌尼戒文》隨函音義："箏籥，下疑似筷字，箜篌，應師云正作笛。"[338/75b]

按：今《磧砂藏》本對應經文原文有"不得教人歌儛，不得彈箏籥"等句[338/74a]，即此條所出。《大正藏》本則作"不得教人歌舞，不得彈箏吹笛"，校勘記曰"笛"宋、元、明、宮、聖本皆作"籥"[T24,p0938b]。查

---

① （宋）陳彭年等編：《宋本廣韻》，第484頁。

② （遼）釋行均：《龍龕手鏡》，第218頁。

③ （唐）釋玄應：《一切經音義》，《影印高麗大藏經》第32冊，第196頁。

④ 同上書，第198頁。

⑤ （五代）釋可洪撰：《新集藏經音義隨函錄》，《中華大藏經》第60冊，第42頁中欄。

《玄應音義》卷一七《沙彌尼戒文》音義：“箏笛，古文篴同，徒的反，《說文》‘七孔籥也，羌笛三孔’，戒文作篍，非也。”① 與隨函音義謂“應師云正作笛”相合。

（14）《磧砂藏》本《阿毗曇毗婆沙論》卷三〇隨函音義：“腦胲，下古哀反，足大指也，非此用。應師云宜作解，胡賣反，腦臃。”[366/72a]

按：今《磧砂藏》本對應經文原文有“屎尿涕唾，口中流涎，肪𦡏髓腦，及以腦胲”等句[366/68b]，即此條所出。《大正藏》本則作“脑腕”，校勘記曰“腕”宋、元、明、宮本作“胲”[T28,p0145a]。查《玄應音義》卷一七《阿毗曇毗婆沙論》第二十一卷音義：“腦胲，古才反，足大指也。案字義宜作解，音胡賣反，謂腦縫解也。《无上依經》云‘頂骨无胲’，是也。”② 與隨函音義所云相合。

（15）《磧砂藏》本《賢愚因緣經》卷二隨函音義：“講格，上應師元作斠，音角，正作較，今作講，誤也；下古陌反。”[427/24a]

按：今《磧砂藏》本對應經文原文有“即詣王所，自說智能神化靈術，貪共沙門，講格奇變”等句[427/17a]，即此條所出。《大正藏》本亦同。查《玄應音義》卷一二《賢愚經》第二卷音義：“斠格，今作角同，古學反；角，試也，角力也；格，量度也，字從木。”③ 與隨函音義所云略同。

（16）《磧砂藏》本《諸經要集》卷二〇隨函音義：“興渠，五辛之數，未詳是何，應法師云阿魏是。”[448/95a]

按：今《磧砂藏》本對應經文有“何等爲五？一者木葱，二者革葱，三者蒜，四者興渠，五者蘭葱”等句[448/88a]，即此條所出。可知“興渠”爲一種音譯名詞。查《玄應音義》卷一七《阿毗曇毗婆沙論》第二十八卷音義：“興渠，此是樹汁，西國取之以置食中，今有阿魏藥，是也。”④ 與隨函音義所引相同。

（17）《磧砂藏》本《開元釋教錄》卷一六隨函音義：“臧辭，上音勇字，應師作勇字用。”[457/118b]

按：今《磧砂藏》本對應經文原文有“臧辭梵志經一卷”[457/114b]，即

---

① （唐）釋玄應：《一切經音義》，《影印高麗大藏經》第 32 冊，第 225 頁。
② 同上書，第 228 頁。
③ 同上書，第 157 頁。
④ 同上書，第 228 頁。

此條所出。《大正藏》本作"勇"，校勘記云"勇"字宋、元、明本皆作"臧"[T55,p0658c]。《可洪音義》卷二四《開元釋教録》第十六卷音義："臧辝，上音必，審也，實也，誠也，義是必字，而筆受者妄用染字，遂乖經理也；又音佛，理也，義亦通用；《出三藏記》作臑字也；按此字從應和尚音義已来，諸師相丞作勇字呼，非義也，詳《義足經》，不是勇字。"① 又今雖遍檢《玄應音義》未見，但據《可洪音義》，自玄應以來，此字各類音義均相承作"勇"，隨函音義謂"應師作勇字用"，可從。

（18）《磧砂藏》本《佛本行集經》卷三隨函音義："舍勒，應法師譯云'內衣也'。"[296/20b]

按：今《磧砂藏》本對應經文原文有"上下舍勒價數各直百千兩金，五百金錢"等句[296/17b]，即此條所出。《大正藏》本與之同。查《玄應音義》卷一五《僧祇律》第十一卷音義："舍勒，此譯云衣或言內衣也。"② 與隨函音義所引相同。

（19）《磧砂藏》本《成實論》卷一〇隨函音義："竄矛，上㦧筭反，應法師作㩲，七官反，下音牟。"[414/106a]

按：今《磧砂藏》本對應經文原文有"若是人今死，即入地獄，即生天上，如竄矛離手"等句[414/95b]，即此條所出。《大正藏》本作"㩲鉾"，校勘記云"㩲鉾"宋、元、明、宮本皆作"竄矛"[T32,p0307a]。查《玄應音義》卷一八《成實論》第十卷音義："㩲矛，㦧鷖反，㩲，擲也，下又作釸、戎二形同，莫侯反，《説文》'矛長二丈也'。"③ 與隨函音義所引略同。

又《可洪音義》卷二〇《成實論》對應經文經卷亦出"㩲鉾"條，並云："上倉官反，下莫求反。"④ 竊疑此處"竄"因音近而與"㩲"相混。

（20）《磧砂藏》本《大莊嚴經論》卷四隨函音義："叱，應法師云非也，合作唧唧，聲也，又鬧猥也。"[244/29b]

按：今《磧砂藏》本對應經文有"時彼婬女左右侍從見斯事已，

① （五代）釋可洪撰：《新集藏經音義隨函録》，《中華大藏經》第60冊，第348頁中欄。
② （唐）釋玄應：《一切經音義》，《影印高麗大藏經》第32冊，第206頁。
③ 同上書，第239頁。
④ （五代）釋可洪撰：《新集藏經音義隨函録》，《中華大藏經》第60冊，第160頁中欄。

深自慶幸，叽叽而言：‘我等今者所作甚善，能使衆會注意乃爾’”等句[244/26a]，即此條所出。查《玄應音義》卷一〇《大莊嚴經論》第四卷音義："唧唧，子栗反，《通俗文》：‘唧唧，鼠聲也，亦鬧猥也。’論文作叽，非也。"① 由此可知，隨函音義中"聲也"前當脱一"鼠"字，其他則略同。

又可洪與隨函音義作者持同樣的觀點，謂作"唧"非也。《可洪音義》卷一一《大莊嚴經論》第四卷音義："叽叽，尺一反，小相呼聲也，私召也。應和尚以唧字替之，非用。"② 可證。

另外，隨函音義在徵引《玄應音義》時，有時還用"音義"來指代，如：

（1）《磧砂藏》本《菩薩行方便境界神通變化經》卷中隨函音義："兹其，下音義云正作羡，似箭反，箭草如細葹，今詳未定。"[149/83a]

按：今《磧砂藏》本對應經文原文有"是沙門瞿曇，於是衆生而起大悲，見世衆生如芸草兹箕"等句[149/80b]，即此二字所出。《大正藏》本對應經文則作"芒草滋其"，校勘記云"滋"字宋、元、明、宮本皆作"兹"，聖本作"慈"，"其"字宮本作"箕"[T09,p0309b]。又《玄應音義》卷七《菩薩行方便境界神通變化經》對應經卷下："慈基，書中作羡，似箭反，此草如細荻，北方多饒此草。"③《可洪音義》卷六《菩薩行方便境界神通變化經》對應經卷出"慈箕"條，並云："上子慈反，下居其反，正兹其二字也；《經音義》云：‘此草如細荻，北方多饒此草也。’"④ 據此，隨函音義中所引與《玄應音義》所云契合，此處"音義"當爲《玄應音義》。

（2）《磧砂藏》本《中阿含經》卷六〇隨函音義："鶍鶹，音義云正作鷄，毪音靈，鷄羽也；鶹，匹小反，鳥名也。"[265/88b]

按：今《磧砂藏》本對應經文原文有"我應先知箭羽爲鶍鶹毛，爲鵰鷲毛，爲鵰鷄毛，爲鶴毛耶"等句[265/82b]，即此二字所出。《大正藏》本對應經文則作"飄鶹"，校勘記曰"飄鶹"宋、元、明本皆作"鶍鶹"，

---

① （唐）釋玄應：《一切經音義》，《影印高麗大藏經》第 32 冊，第 132 頁。
② （五代）釋可洪撰：《新集藏經音義隨函錄》，《中華大藏經》第 59 冊，第 960 頁下欄。
③ （唐）釋玄應：《一切經音義》，《影印高麗大藏經》第 32 冊，第 98 頁。
④ （五代）釋可洪撰：《新集藏經音義隨函錄》，《中華大藏經》第 59 冊，第 743 頁中欄。

聖本作"鷄鷈"[T01,p0805a]。查《玄應音義》卷一一《中阿含經》第六十卷音義："鷄氉，力經反，謂氉羽也，經文作鶸鷁，力吉反，下力周反，謂黃鳥也，又作鷀，此並應誤也。"① 與隨函音義所引略同。又《可洪音義》卷一二《中阿含經》對應經卷："鶸鷁，上力日反，下力由反，正作鶸鷁，《經音義》作鷄鷁，《爾雅》云'鳥少美，長醜爲鷁鷁也'，應和尚以鷄翎替之，非也，經意但是鳥名，不唯鷄氉也；下又郭氏音陵，書無此字；上又音漂，鳥飛兒也，非義也；……別本作鷀也。"② 亦可證隨函音義此處徵引之"音義"爲《玄應音義》。

（3）《磧砂藏》本《佛本行集經》卷一三隨函音義："釤，所鑒反，音義云作芟，音衫。"[297/21a]

按：今《磧砂藏》本對應經文原文有"太子釤彼按摩鐵棒，謂言竹束，左手執劍，不用多力，一下斬斫"等句[297/16a]，即此字所出。《大正藏》本與之同。查《可洪音義》卷一四《佛本行集經》對應經卷則出"釤彼"條，下云："上所銜反，伐草也，又所懺反，大鎌也，非。"③《玄應音義》卷一九《佛本行集經》第十三卷音義："芟彼，所嚴反，詩云'載芟'，傳曰：'芟，除草也，亦斫也。'經文作釤，所鑑反，大鎌也，釤非此用。"④"所嚴反"與"衫"讀音相同，則此處"音義"蓋指《玄應音義》。

（4）《磧砂藏》本《中阿含經》卷八隨函音義："帝麑，音義云正作麎，音迷，此云大身魚，其足有四，此最小者。"[260/80a]

按：今《磧砂藏》本對應經文原文有"大神名者謂阿修羅、乾塔惒、羅剎、魚摩竭、黿鼉、婆留泥、帝麑、帝麑伽羅、提帝麑伽羅"等句[260/79a]，即此二字所出。查《玄應音義》卷一一《中阿含經》第八卷音義亦有"帝麑"條，下云："音迷，經中或作低迷，或作坁弥，皆梵言轉耳。"⑤《慧琳音義》卷五二轉引該條作："或作麈同，音迷，經中或作低迷，或作坁彌，皆梵言嚩耳。"[T54,p0651b]《可洪音義》卷一二《中阿含經》對應經卷："帝麑，音迷，麑麑不堪，啖多膏，正作鼀也，或云帝弥，

---

① （唐）釋玄應：《一切經音義》，《影印高麗大藏經》第 32 冊，第 147 頁。
② 同上書，第 999 頁上欄。
③ （五代）釋可洪撰：《新集藏經音義隨函録》，《中華大藏經》第 59 冊，第 1078 頁下欄。
④ （唐）釋玄應：《一切經音義》，《影印高麗大藏經》第 32 冊，第 255 頁。
⑤ 同上書，第 145 頁。

或云低弥，魚也。"① 又《磧砂藏》本《玄應音義》該條則作："或作臒
同，音迷，又經中或作伀迷，或作坻弥，皆梵言囀耳。"[459/28b] 與隨函音義
所引契合，則此處"音義"當指《玄應音義》。

此外，隨函音義中還有一些條目中也徵引了"音義"，竊疑其亦爲
《玄應音義》，但從現今可見的《玄應音義》版本來看，未發現有相合者，
姑置於此處，作爲疑似條目：

（1）《磧砂藏》本《佛本行集經》卷三一隨函音義："脂糁，下音義
息感反。"[299/7b]

按：今《磧砂藏》本對應經文原文有"汝至家内作是語，龜肉羮已
脂糁頭"等句[299/3b]，即此條所出。《大正藏》本則作"脂糁"，校勘記云
"糁"字宋、元、明本均作"縩"[T03, p0798a]。查《玄應音義》卷一九《佛
本行集經》第三十一卷音義："脂糁，古文餤、糝、糣、餞四形，今作同
糝，桑感反，《説文》'以米和羮也，一曰粒也'。"②《慧琳音義》轉引該
條詞頭作"暗糝"，其下云："古文餤、糝、糣、餞四形，今作糝同，桑感
反，《説文》'以米和羮也，一曰粒也'。"[T54, p0681c]《磧砂藏》本《玄應音
義》對應條目作："脂糁，古文餤、糣、餞、糝四形，今作糝同，桑感反，
《説文》'以米和羮也，一曰粒也'。"[460/43b] 又《可洪音義》卷一四《佛本
行集經》對應經卷亦出"脂糁"條，並云："桑感反，羮中米滓也，亦作
餤、糝。"③ 據此，雖"桑感反"與"息感反"讀音相同，但與隨函音義
所稱"音義"之反切上字不同，未知是引自何種音義。

（2）《磧砂藏》本《中阿含經》卷四四隨函音義："呃，護，非也；
音義云：'堅貪守護，音因，中也。'"[264/34a]

按：今《磧砂藏》本對應經文原文有："我語白狗：'汝不應爾，謂
汝從呃至吠'"等句[264/27a]，即此字所出。《大正藏》本作"呢"，校勘記
云"呢"元、明本作"護"，聖本作"唯"[T01, p0704a]。查《玄應音義》卷
一一《中阿含經》第四十六卷音義出"從嘷"條，下云："又作僤同，胡
高反，《説文》：'嘷，咆也。'經文作呢，都礼反，字與詆同，呢，呵也，

① （五代）釋可洪撰：《新集藏經音義隨函録》，《中華大藏經》第59册，第989頁中欄。
② （唐）釋玄應：《一切經音義》，《影印高麗大藏經》第32册，第259頁。
③ （五代）釋可洪撰：《新集藏經音義隨函録》，《中華大藏經》第59册，第1083頁下欄。

呧非字義。"① 又《可洪音義》卷一二《中阿含經》對應經卷:"從呬,
徒兮反,作啼、唬、嗁、呧四形;郭氏作呧,音啼;經云'從呧至大',
言此外道前世名都提也;《經音義》以嘷字替之,戶高反,非也;《玉篇》
音祇,丁礼反;郭氏又作丁兮、丁地二反,後四呼並非也。"② 可知,隨
函音義所徵引之"音義",未知爲何種音義。

(3)《磧砂藏》本《佛本行集經》卷三七隨函音義:"啷輈,上音義
作啷,居梨反;下竹留反。"[299/49b]

按:今《磧砂藏》本對應經文原文有"具解三種韋陀舊解尼乾陀論、
啷輈婆論、解破字論"等句[299/43b],即此二字所出。《大正藏》本與之同。
查《玄應音義》卷一九《佛本行集經》第三十七卷音義:"啷輈,陟流
反,一事十名,啷輈婆論、文句字論也。"③《慧琳音義》所引該條、《磧
砂藏》本《玄應音義》該條皆與之同。《可洪音義》卷一四《佛本行
集經》對應經卷:"啷輈,竹留反。"④ 據此,隨函音義徵引之"音義"
不詳。

(5)《磧砂藏》本《四分律藏》卷五七隨函音義:"企牀,上音義作
丘智反,未詳其旨。"[336/70a]

按:今《磧砂藏》本《四分律藏》對應經文原文有"若繩牀,若坐
牀,若企牀,若板,若石,若樹,若梯"等句[336/61a],即此條所出。《大
正藏》本與之同。今查《玄應音義》卷一四《四分律》對應經卷:"企
床,古文企同,丘弦反,《釋名》云企,启也,启,開也,言自延竦之
時,樞機皆開張也,律文從山作仚,火延反,《說文》'人上山皃也,亦
古文危字',但此二字人多致惑,所以具釋也。"⑤《慧琳音義》所引該
條、《磧砂藏》本《玄應音義》該條皆與之同。《可洪音義》卷一六《四
分律藏》對應經卷出"坐牀"條,下云:"助庄反,《經音義》作企床,
丘弦反。"⑥ 據此,隨函音義徵引之"音義"不詳。

(6)《磧砂藏》本《雜阿毗曇心論》卷四隨函音義:"疕,疾斯反,

---

① (唐)釋玄應:《一切經音義》,《影印高麗大藏經》第 32 冊,第 147 頁。
② (五代)釋可洪撰:《新集藏經音義隨函錄》,《中華大藏經》第 59 冊,第 996 頁下欄。
③ (唐)釋玄應:《一切經音義》,《影印高麗大藏經》第 32 冊,第 260 頁。
④ (五代)釋可洪撰:《新集藏經音義隨函錄》,《中華大藏經》第 59 冊,第 1084 頁中欄。
⑤ (唐)釋玄應:《一切經音義》,《影印高麗大藏經》第 32 冊,第 198 頁。
⑥ (五代)釋可洪撰:《新集藏經音義隨函錄》,《中華大藏經》第 60 冊,第 42 頁下欄。

音義云作枇，側貲反。"[410/56a]

　　按：今《磧砂藏》本對應經文原文有"以行差別故説五見（二取梵音中亦可言摩，亦可言疵，並有竊取義、選擇義，雖實與理乖，而意存求宗，故言選擇所受非道，故言竊取）"等句[410/45b]，即此字所出。可知，該字爲佛經經文自注用字。查《玄應音義》卷一八《雜阿毗曇心論》對應經卷："言批，側買、子爾二反，《説文》'批，擻也"，擻音居逆反，謂擻撮取也。《通俗文》：'揫挽曰批也。'"①《慧琳音義》所引該條、《磧砂藏》本《玄應音義》該條皆與之同。《可洪音義》卷二〇《雜阿毗曇心論》對應經卷："言批，音紫，取也；注文'二取'胡音中亦可言摩，亦可言批，是也；又側此、側買二反，擊也，拳加也。"②據此，隨函音義徵引之"音義"未詳。

　　可見，隨函音義徵引之"音義"有時並非現存玄應和可洪所作音義，至於到底爲何種音義，現今尚難確定。另外，有時"音義"徵引的内容又與多個音義契合，亦讓人難以確定引自何者。例如：

　　（1）《磧砂藏》本《增壹阿含經》卷二三隨函音義："草壞，下正作穰，而羊反，禾莖也，音義作蓑，非也。"[268/26b]

　　按：今《磧砂藏》本對應經文原文有"我今可集聚材木草穰作栿，依此栿從此岸得至彼岸"等句[268/21b]，即此二字所出。《大正藏》本則作"草蓑"，校勘記云"蓑"宋本作"壞"[T02,p0669c]。查《玄應音義》卷一一《增壹阿含經》第二十三卷音義："草薪，大可析者曰薪，經文作蓑，蘇和反，草衣也。"③又《可洪音義》卷一二《增壹阿含經》對應經卷亦出"草蓑"條，下云："蘇禾反，草名，可爲雨衣，第卅八云'收拾材木草葉縛栿而度'，川音作蓑，或作穰，而羊反，禾莖也。"④據此，《玄應音義》、《可洪音義》、川音皆作蓑，"音義"爲何者，未可確定。

　　（2）《磧砂藏》本《太子本起瑞應經》卷上隨函音義："踒傷，上音義云烏臥反，正作□。"[286/8a]

　　按：今《磧砂藏》本對應經文原文有"太子含笑，徐前接象，舉擲

---

① （唐）釋玄應：《一切經音義》，《影印高麗大藏經》第32册，第243頁。
② （五代）釋可洪撰：《新集藏經音義隨函錄》，《中華大藏經》第60册，第151頁上欄。
③ （唐）釋玄應：《一切經音義》，《影印高麗大藏經》第32册，第149頁。
④ （五代）釋可洪撰：《新集藏經音義隨函錄》，《中華大藏經》第59册，第1002頁上欄。

牆外，使無跮傷”等句[286/3b]，即此二字所出。《大正藏》本則作“死傷”，校勘記云“死”字宋、元、明本皆作“跮”[T03,p0474b]。查《玄應音義》卷一三《太子本起瑞應經》對應經卷：“跮傷，烏臥反，《通俗文》：‘足跌傷曰跮。’《蒼頡篇》：‘挫足爲跮。’《史記》：‘跮人不妄起是也。’經文作踠，非體也。”① 又《可洪音義》卷一三《太子本起瑞應經》亦出“跮傷”條，並云：“上烏臥反，江也，立不正也，亦作浣、矮二形，又烏禾反。”② 據此，《玄應音義》、《可洪音義》均作“烏臥反”，“音義”爲何者，亦難確定。

從上述舉例，我們可以看出《磧砂藏》隨函音義中此類“音義”的情況比較複雜，需要具體例證具體分析。

首先，上文《分別功德論》隨函音義徵引《玄應音義》時直接用“一切經音義”，《佛説須賴經》隨函音義用“經音義”，由此推知，隨函音義作者常徵引的當爲《玄應音義》，而非《慧琳音義》。據《宋高僧傳》載，後周顯德年間（954—959）高麗國遣使入浙中求《慧琳音義》而不得③，又行瑫慨其不傳而作《隨函音疏》④。據此，《慧琳音義》的確自唐末以後流傳不廣，尤其在江南極爲稀見，應爲事實。

其次，有些“音義”可以是玄應、可洪等專人所作音義，有些竊疑其有可能爲《磧砂藏》隨函音義作者當時所見佛經經卷附載的隨函音義。歷代佛典皆有將疑難僻字加注音釋附於卷品之後的傳統，此類“音義”亦可供《磧砂藏》隨函音義作者參考和借鑒，爲暗引也。

此外，通過上述比較，不難看出，《磧砂藏》隨函音義徵引《玄應音義》的現象比較普遍，而且與現今《高麗藏》本除了極個別刊刻疏失外，大體相同。

（二）《江西謙大德經音》

凡五見，在隨函音義中稱爲“江西音”，今已佚，現條列如下：

（1）《磧砂藏》本《佛説佛名經》卷六隨函音義：“髷，江西音古暗反。”[183/53b]

---

① （唐）釋玄應：《一切經音義》，《影印高麗大藏經》第 32 册，第 175 頁。
② （五代）釋可洪撰：《新集藏經音義隨函録》，《中華大藏經》第 59 册，第 1050 頁下欄。
③ （宋）贊寧撰，范祥雍點校：《宋高僧傳》，第 109 頁。
④ 同上書，第 645 頁。

按：今《磧砂藏》本對應經文有"南無髻求辟支佛"[183/50b]，即此字所出。《大正藏》本對應經文作"南無髻（丹鬘）求辟支佛"[T14,p0145b]。又《可洪音義》卷八《佛說佛名經》音義下有："髻求，上祁閭反，髮美也，持也，辟支佛名也，今宜作鬘、髻二形，莫顏反，又郭氏作紺、鉗二音，又《玉篇》音紺。"①《龍龕手鏡·長部》："髻，俗，鉗、紺二音。"②據此可知，《大正藏》自注中"丹鬘"蓋指《大正藏》所據底本《高麗藏》在刊刻時所見《契丹藏》作"鬘"，然此處"髻"爲音譯字，爲何會與"鬘"形成異文呢？其實，此處"髻"爲"鬘"之俗體"髻"之訛寫，"紺"、"鉗"爲其俗讀，是一種音隨形變現象③。隨函音義徵引江西音作"古暗反"，亦與之切音"紺"相同，故郭氏音、《龍龕手鏡》、江西音等此處皆存在著"音隨形變"，即用俗呼來讀俗字。

（2）《磧砂藏》本《佛說佛名經》卷一一隨函音義："趀，七俞反，走也，江西元作□，渠幽反，非。"[184/28a]

按：今《磧砂藏》本對應經文有"南無破一切暗起佛"[184/21b]，即此字所出。《大正藏》本作"南無破一切闇趣佛"，校勘記曰"趣"宋、元、明、宮本皆作"起"[T14,p0173a]。《龍龕手鏡·走部》："趨，音俞，越也，過也；又傷遇反，馬趨前也。趀，俗。趣，正，七俞反，走也，疾行也。"④可知"趀"應爲"趣"之俗體，在此爲音譯字，因與"趣"、"起"音近而形成異文。隨函音義雖未抄録江西音所出字形，但列舉了所注音切"渠幽反"，並指明此音非是。

（3）《磧砂藏》本《阿毗達磨大毗婆沙論》卷二二隨函音義："如芊，下古旱反，莖也，又江西音作芉字，千見反。"[374/15b]

按：今《磧砂藏》本對應經文作"如芊"，原文如下："如芊與皮，故斷未斷，恒名相有。"[374/11b]《大正藏》本對應經文作"如羊"，校勘記曰"羊"宮本作"芊"[T27,p0110b]。《慧琳音義》卷六八《阿毗達磨大毗婆沙論》第二十二卷音義："如芊，餘章反，《周禮》'冀州宜畜牛羊'，《禮記》云'羊曰柔毛也'，《說文》云'羊，詳也，從丫，象四足尾之

---

①　（五代）釋可洪撰：《新集藏經音義隨函録》，《中華大藏經》第 59 册，第 839 頁下欄。

②　（遼）釋行均：《龍龕手鏡》，第 87 頁。

③　鄭賢章：《〈新集藏經音義隨函録〉研究》，湖南師範大學出版社 2007 年版，第 409 頁。

④　（遼）釋行均：《龍龕手鏡》，第 324 頁。

形，孔子曰"牛羊之字，從形舉也"'，丫音關患反。"[T54,p0752c] 據此，此處"羊"、"芊"、"芋"、"芊"因形體相近而形成異文，而且隨函音義、江西音以及《慧琳音義》不僅"音隨形變"，還"義隨形變"。

（4）《磧砂藏》本《決定藏論》卷上隨函音義："听羅，江西音上音吼，听羅，剎那數也。"[251/47a]

按：今《磧砂藏》本《決定藏論》上卷經文有"此諸識等日夜牟听羅羅婆剎那過故"等句[251/42a]，即此二字所出。《大正藏》本與之同。查《可洪音義》卷一一《決定藏論》上卷音義："牟听，呼口、呼搆二反，正作听也。"[1] 由此可見，該詞爲陀羅尼用字，江西音注爲"音吼"，與可洪音義所注音切相同。

（5）《磧砂藏》本《大乘大悲分陀利經》卷一隨函音義："齕，魚乙、胡沒二反，江西音作齕，初几反。"[134/22a]

按：今《磧砂藏》本對應經文作"齕"，原文如下："阿遮隸浮地陀馱波遮隸婆禰齕栗那悉地劍。"[134/16b]《大正藏》本對應經文則作"齕"[T03,p0236b]。可見，該字爲陀羅尼咒語用字。查《可洪音義》卷五《大乘大悲分陀利經》第一卷音義："齕栗，上巨乞反，正作齮；下力日反，《悲花經》作乿挐也；上又限沒反，非。"[2]《龍龕手鏡·齒部》："齕，胡結、胡沒二反，齧也。"[3] 據此推測，"齕"表示"齧也"時，音"胡結反"或"限沒、胡沒反"，爲匣母字；但在此處陀羅尼咒語中，該字重在表音，可洪和隨函音義作者分別注爲"巨乞反"和"魚乙反"，則分屬於群母和疑母，同屬於見組字，它的讀音來自於其偏旁，這種原理即漢譯佛經中的"切身字"，可洪認爲此處"正作齮"，並注音爲"巨乞反"，"巨"和"幾"同屬見組字，可資比勘；至於江西音"初几反"，竊疑爲該讀音源自其偏旁"齒"和"乞"的讀音，"齒"和"初"聲母相近，同屬照組字。

又漢譯佛經中存在著很多"切身字"，這些字一般爲咒語用字，只有記音功能，不具實際意義。一般我們認爲這些"切身字"，往往是佛經翻譯者專爲漢譯佛經所造的自反字，但從該例證，我們或可推知，其實佛經

① （五代）釋可洪撰：《新集藏經音義隨函錄》，《中華大藏經》第 59 冊，第 970 頁中欄。
② 同上書，第 714 頁下欄。
③ （遼）釋行均：《龍龕手鏡》，第 313 頁。

翻譯者有時也將漢語中已有固定意義和讀音的字，置於佛經陀羅尼咒語中充當自反字來表示讀音，這種現象值得我們留意。

（三）《西川厚大師經音》

凡三見，在隨函音義中稱爲"川音"，今已佚，現條列如下：

（1）《磧砂藏》本《陀羅尼雜集》卷七隨函音義："蛛蛭，上陟未反，下知利反……川音下作丁悉反。"[445/64a]

按：今《磧砂藏》本對應經文原文有"睒浮羅囊敦囊 蛛蝛呋哦"等句[445/56a]，即此二字所出，其爲陀羅尼咒語用字。《大正藏》本則作"蛛蛭"，校勘記曰"蛭"元、明本作"蝛"[T21,p0617b]。查《可洪音義》卷二三《陀羅尼雜集》第七卷音義："蛛嘟，上陟朱反，下陟利反，《經音義》作蛛唎，應和尚未詳，又川音云撿集本作蛛蛭，丁悉、丁結二反，未委是何本集也。"① 據此，隨函音義所引可從，川音確有注音爲"丁悉反"者。

（2）《磧砂藏》本《陀羅尼雜集》卷七隨函音義："嗔挐，上音值，川音直，下溺加反。"[445/64a]

按：今《磧砂藏》本對應經文原文有"嗔挐浮提因提利蛇浮提"等句[445/56b]，即此二字所出，其爲陀羅尼咒語用字。查《龍龕手鏡·口部》："嗔，音值。"② 故行均與隨函音義注音相同。

（3）《磧砂藏》本《大慈恩寺三藏法師傳》卷三隨函音義："鎩翮，上正作翱，吾高反，飛翔也；下閒隔反，羽翼也；上川音作鎩，所拜反，剪羽也，恐非此意。"[465/30a]

按：今《磧砂藏》本對應經文原文有"言訖，其引前者應聲而迴，鎩翮高雲，投身自墜"等句[465/27b]，即此二字所出。《大正藏》本原文亦同，但校勘記稱"鎩"宮本作"翱"[T50,p0238b]。查《可洪音義》卷二六《大慈恩法師傳》第三卷音義："鍛翮，上都乱反，打也，下行革反；上又川音作鎩，所拜、所八二反，剪羽、鳥羽病，彼惧。"③ 由此可見，隨函音義所引可從，可洪亦稱川音此處作鎩，注爲所拜反，爲剪羽之義。

（四）《郭逿經音》

僅一見，在隨函音義中稱爲"郭氏音"，今已佚，現列舉如下：

---

① （五代）釋可洪撰：《新集藏經音義隨函錄》，《中華大藏經》第60冊，第290頁中欄。
② （遼）釋行均：《龍龕手鏡》，第275頁。
③ （五代）釋可洪撰：《新集藏經音義隨函錄》，《中華大藏經》第60冊，第434頁上欄。

《磧砂藏》本《陀羅尼雜集》卷四隨函音義："哾，徒活反，出郭氏音。"[445/37b]

按：今《磧砂藏》本《陀羅尼雜集》卷四對應經文原文有"阿那叉耶那茶哾闍"等句[445/28a]，即此字所出，該字爲陀羅尼咒語用字。又《可洪音義》卷二三《陀羅尼雜集》第四卷音義："哾，上徒活反，出郭氏音。"① 《龍龕手鏡·口部》："哾，俗音脱。"② 據此，郭氏音此字確讀作"徒活反"，"脱"與"徒活反"讀音相同，此讀音有可能爲俗讀，因"哾"之從"脱"而讀爲"脱（徒活反）"。

（五）《龍龕手鏡》

僅一見，在隨函音義中稱爲"龍龕"，現列舉如下：

《磧砂藏》本《六字咒王經》隨函音義："嗁，都奚反，見《龍龕》。"[170/42b]

按：考今《龍龕手鏡》卷二口部確有"嗁"字，爲"嗁"之俗字，音"都奚反"③，與隨函音義所引相同。

除此之外，《磧砂藏》隨函音義還明確標明參考引用了其他寺院藏經的隨函音義，如：

1. 下竺寺藏釋音

凡兩見，在《磧砂藏》隨函音義中被稱爲"下竺寺藏釋音"、"竺音"，今已佚，現條列如下：

（1）《磧砂藏》本《深密解脱經序》隨函音義："憯，徒敢反，見下竺寺藏釋音。"[146/7b]

按：今《磧砂藏》本對應經文原文有"與虛無齊其量，法性憯爾"等句[146/1a]，即此字所出。《大正藏》本則作"憯爾"，校勘記曰"憯"宋本作"憯"，宮本作"寂"[T16,p0665a]。

（2）《磧砂藏》本《舊雜譬喻經》卷下隨函音義："言嗉……竺音又曰此是梵語翻云'善哉'。"[433/86b]

按：今《磧砂藏》本對應經文原文有"三千國土爲大震動，山林樹木皆讚言嗉"等句[433/84a]，即此字所出。《大正藏》本則作"言嗉"，校勘

---

① （五代）釋可洪撰：《新集藏經音義隨函錄》，《中華大藏經》第 60 册，第 285 頁下欄。
② （遼）釋行均：《龍龕手鏡》，第 276 頁。
③ 同上書，第 269 頁。

記曰 "嗓" 明本作 "嗓"[T04,p0520b]。

2. 雪本

凡兩見，今已佚，現條列如下：

（1）《磧砂藏》本《大智度論》卷六隨函音義："擾水，雪本作攬，杭本及釋音皆擾水。"[208/64b]

按：今《磧砂藏》本對應經文原文有 "復次，譬如靜水中見月影，擾水則不見"[208/57b] 等句，即此二字所出。《大正藏》本作 "攬水"，校勘記稱 "攬" 字元、明、宮、聖、聖乙本皆作 "擾"[T25,p0102b]。

（2）《磧砂藏》本《大智度論》卷一一隨函音義："善符，雪本作府，《說文》'藏也'。"[209/13a]

按：今《磧砂藏》本對應經文原文有 "檀爲善御，開示天道；檀爲善符，攝諸善人" 等句[209/6b]，即此二字所出。《大正藏》本作 "善府"，校勘記稱 "府" 字元、明本作 "符"[T25,p0140a]。

竊疑此兩處引用的 "雪本" 有可能爲行瑫《隨函音疏》，因爲《隨函音疏》卷首署名爲 "雪川沙門釋行瑫"，故《磧砂藏》隨函音義有可能用 "雪本" 簡稱《隨函音疏》，但這僅僅是筆者的推測，且聊備一說。"雪" 蓋指地名，故 "雪本" 還有可能指的是其地某寺院藏經的經文原文或隨函音義。

3. 杭本

僅一見，今已佚，即見於上揭 "雪本" 的第一個例證中，有可能與 "雪本" 一樣，"杭" 蓋指地名，爲其地某寺院藏經的經文原文或隨函音義。

以上我們舉例說明了《磧砂藏》隨函音義徵引《可洪音義》和《隨函音疏》以外其他佛經音義的情況。從中可以看出：

首先，隨函音義作者參考了當時可見的衆多音義材料，以上這些還僅僅是其明引的範圍，但在此間我們仍能看到各類音義之間的相互參考和借鑒，不論是在注音、釋義還是辨形上，它們之間都有一定的繼承與批判。

其次，我們還可以看出音義之間的差異很多情況下是由 "音隨形變" 現象造成的。由於佛經版本衆多，存在著諸多的異文，經師所見經文往往有差異，所見書寫形式不同，注音也隨之變化，從而導致 "俗音" 或者 "俗讀" 的產生。

此外，經師自身的學識、方音等也導致了音義間的差異。不過這些差異無疑是很有價值的，亦能爲我們今天校讀佛經、解釋異文、辨識俗字等提供線索和證據。

另外，由於這些音義大多都已亡佚，因此目前對它們研究還寥寥無幾，上述輯佚工作也從側面反映出這些音義在佛經文獻學、漢語音韻學、文字學等方面都具有一定的價值。

二　引字書、韻書

《磧砂藏》隨函音義除了參考佛經音義著作外，在注音釋義過程中，還引用了當時習見的一些字書、韻書，如：

（一）《玉篇》

《磧砂藏》隨函音義徵引《玉篇》凡八次，由於顧野王《玉篇》原本亡佚，雖有《原本玉篇殘卷》存世，但仍殘缺不全，今本《玉篇》又爲宋代陳彭年等增廣益之，故隨函音義所引與今本《玉篇》不盡相同，具體情況如下：

（1）《磧砂藏》本《佛説陀羅尼集經》卷七隨函音義："冰，唐《玉篇》音詠，此亦謂敢定是。"[167/94b]

按：今《磧砂藏》本對應經文原文作"冰"[167/92a]，該字爲陀羅尼咒語用字。又今《玉篇·水部》中未見該字，今《原本玉篇殘卷》雖存有水部殘卷，亦未見該字，故"冰"是否"音詠"無法核實。又今《大正藏》本對應經文原文寫作"冰"[T18,p0849c]，乃"冰"之異體字。據此，該字是否如《大正藏》經文所載，爲"冰"之訛字；還是如隨函音義所言，在唐《玉篇》中爲"音詠"之字，我們也無法考證，只能闕如。

（2）《磧砂藏》本《大方便佛報恩經》卷四隨函音義："劂剝，上音狸，出《玉篇》，又作劵，力之反；下必角反。"[189/35b]

按：今《磧砂藏》本對應經文作"劂剝"，原文如下："見諸人民屠牛駝馬，劂剝豬羊。"[189/28a]《大正藏》本亦同。今《玉篇·刀部》："劂，符碑切，剝也。"① 音、義均與《隨函音義》不同。

（3）《磧砂藏》本《觀所緣論釋》隨函音義："㩴，音歲，裂也，出《玉篇》。"[256/69a]

---

① （梁）顧野王著，（宋）陳彭年等修訂：《大廣益會玉篇》，第82頁。

按：今《玉篇·手部》：“摋，俞桂切，裂也，挂也。”① 此與《隨函音義》所引釋義略同，讀音“俞桂切”中古音屬於以母霽韻，而隨函音義云“音歲”爲心母祭韻，差異較大。

（4）《磧砂藏》本《增壹阿含經》卷九隨函音義：“怖懅，下其去反，懼也，出《玉篇》。”[266/61b]

按：今《玉篇·心部》：“懅，巨魚切，心急。”② 此與《隨函音義》所引不同。

（5）《磧砂藏》本《正法念處經》卷七隨函音義：“偶，音蜀，《玉篇》云‘短醜貌’。”[289/56b]

按：今《玉篇·人部》：“偶，時束切。偶俅，動頭兒。”③ 此與《隨函音義》所引不同。竊疑該隨函音義作者所引出處有誤，《廣韻·屋韻》：“偶，偶俅，短醜兒。”④《龍龕手鏡·人部》：“偶，獨、蜀二音，偶俅，短醜兒。”⑤ 據此，竊疑此處《玉篇》應爲《廣韻》或《龍龕手鏡》之誤。

（6）《磧砂藏》本《戒因緣經》卷六隨函音義：“鼠嚙，下吾結反，《玉篇》出‘五巧反’。”[346/42b]

按：今《玉篇·口部》：“嚙，五狡切，齧也，正作齩。”⑥ “五狡切”與《隨函音義》所引“五巧反”儘管反切下字不同，但切音相同。

（7）《磧砂藏》本《立世阿毗曇論》卷三隨函音義：“埤堄，上普礼反，《玉篇》作避移反，一音婢，下魚礼反，城上女牆也。”[416/25a]

（8）《磧砂藏》本《立世阿毗曇論》卷四隨函音義：“埤堄，上普礼反，下魚礼反，《玉篇》作避移反，助也，增也，堄即城上女牆也。”[416/29b]

按：上述兩條隨函音義所引係出自《玉篇》同一條目，今《玉篇·土部》：“埤，避移切，附也，補也，增也；《詩》‘政事一埤益我’，埤，厚也。”⑦ 同部首下：“堄，魚礼、魚計二切，《倉頡篇》云‘城上小垣’，

---

① （梁）顧野王著，（宋）陳彭年等修訂：《大廣益會玉篇》，第31頁。

② 同上書，第40頁。

③ 同上書，第15頁。

④ （宋）陳彭年等編：《宋本廣韻》，第429頁。

⑤ （遼）釋行均：《龍龕手鏡》，第37—38頁。

⑥ （梁）顧野王著，（宋）陳彭年等修訂：《大廣益會玉篇》，第27頁。

⑦ 同上書，第7頁。

《廣雅》'女牆'。"① 此與《隨函音義》所引略同。

（9）《磧砂藏》本《法苑珠林》卷二八隨函音義："掞，練結反，拗掞，出《玉篇》。"[483/83a]

按：今《玉篇·手部》："掞，力計、力結二切，拗掞也。"② "力結切"與隨函音義所引"練結反"儘管反切上字不同，但讀音相同，且釋義亦與之相同。

（二）《集韻》

凡三次，《磧砂藏》隨函音義所引與《集韻》相同，具體情況如下：

（1）《磧砂藏》本《尊勝菩薩所問一切諸法入無量法門陀羅尼經》隨函音義："坻，遲、帝二音，《集韻》亦音底。"[170/15b]

按：查《集韻·薺韻》有"坻"字，與"底"字同屬典禮切小韻③，與《隨函音義》所引讀音合。

（2）《磧砂藏》本《中阿含經》卷六〇隨函音義："鷂，音飄，《集韻》云：'鷗鷂，飛輕兒。'"[265/88b]

按：查《集韻·宵韻》有"鷂"字，與"飄"字同屬紕招切小韻，釋義亦作"鷗鷂，飛輕兒"④，與《隨函音義》所引相同。

（3）《磧砂藏》本《舊雜譬喻經》卷下隨函音義："言喍，《集韻》音祭，小聲也……"[433/86b]

按：今《集韻·祭韻》："喍，小語。"⑤ 與"祭"字同屬子例切小韻，與《隨函音義》所引音義略同。

（三）《篇韻》

（1）《磧砂藏》本《放光般若波羅蜜經》卷一隨函音義："裸倮，胡瓦反，裸，露也。篇韻只出魯果反。"[61/6b]

（2）《磧砂藏》本《大寶積經》卷七二隨函音義："裸，玄瓦反，裸露赤體也，尋捡篇韻只有魯果反，亦作躶倮。"[80/20a]

（3）《磧砂藏》本《阿育王經》卷三隨函音義："裸形，上玄瓦反，裸，露也，篇韻作魯果反。"[434/50a]

---

① （梁）顧野王著，（宋）陳彭年等修訂：《大廣益會玉篇》，第6頁。
② 同上書，第32頁。
③ （宋）丁度等編：《宋刻集韻》，第99頁。
④ 同上書，第53頁。
⑤ 同上書，第145頁。

（4）《磧砂藏》本《諸經要集》卷六隨函音義："裸形，上玄瓦反，赤露也，篇韻只魯果反，亦作倮也。"[446/85b]

（5）《磧砂藏》本《大法炬陀羅尼經》卷一〇隨函音義："裸露，上玄瓦反，赤體也，篇韻只出魯果反。"[179/69b]

按："篇韻"在《磧砂藏》隨函音義中凡五見，但實際上指的是"篇韻"的同一條目，引用的是同一音切。對於"篇韻"所指代的文獻，魯國堯曾考訂出宋代存有三代"篇韻"：一是《切韻》與原本《玉篇》，二是《大宋重修廣韻》與《大廣益會玉篇》，三是《集韻》與《類篇》①；儲泰松則考訂出《可洪音義》中出現的《篇韻》指的是《玉篇》、《切韻》②。那麼，上揭隨函音義中"篇韻"連文又代的是哪兩種典籍呢？竊以爲應即《集韻》與《類篇》。查"裸"字《大宋重修廣韻》音"郎果切"③、《大廣益會玉篇》音"力果切"④，雖然切音皆與"魯果切"相同，但反切上字均不同。而《集韻·果韻》僅音"魯果切"⑤、《類篇·衣部》亦僅音"魯果切"⑥，與隨函音義所云契合。據此，上揭隨函音義中"篇韻"連文應爲《集韻》與《類篇》。

（四）《唐韻》

（1）《磧砂藏》本《大莊嚴經論》卷四隨函音義："臃腫，上紆勇反，脹大兒也。臃，《唐韻》不出也。"[244/29a]

（2）《磧砂藏》本《善法方便陀羅尼經》隨函音義："系，舊音'以許反'，《唐韻》'胡計反'。"[170/64b]

（3）《磧砂藏》本《辯正論》卷二隨函音義："慘慄，二三正作瘱㴑，上所錦反，下良吉反，慘慄，寒兒也，此非琳師用字，多誤，而《唐韻》從時，未删定也。"[472/20b—21a]

按："唐韻"在《磧砂藏》隨函音義中凡此三見。現今我們常指的《唐韻》爲孫愐本《唐韻》，該韻書現存平聲、去聲和入聲殘本。"臃"

---

①　魯國堯：《〈盧宗邁切韻法〉述論》，載《魯國堯語言學論文集》，江蘇教育出版社2003年版，第341—343頁。

②　儲泰松：《〈可洪音義〉研究》，第21頁。

③　（宋）陳彭年等編：《宋本廣韻》，第286頁。

④　（梁）顧野王著，（宋）陳彭年等修訂：《大廣益會玉篇》，第128頁。

⑤　（宋）丁度等編：《宋刻集韻》，第117頁。

⑥　（宋）司馬光等編：《類篇》，中華書局1984年影印本，第291頁。

中古音屬平聲鐘韻字，僅見敦煌文獻伯 2018 號殘卷，其鐘韻下有殘缺，故我們無法核實"臃"是否得以收錄；又"系"對應經文原文爲"破（十五）顏破（十六）磨系（十七）磨系（十八）"[170/57a]，爲咒語音譯字，竊疑隨函音義中"舊音"蓋爲咒語讀音。查孫愐本《唐韻》"系"確音"胡計反"①，但故宫藏本《王仁昫刊謬補缺切韻》、裴務齊本《刊謬補缺切韻》霽韻下"系"皆音"胡計反"②；又"慘慄"一詞，隨函音義云"此非琳師用字"，此"琳師"蓋即《辯正論》的作者唐代僧人法琳，但查《磧砂藏》本《辯正論》對應經文却正作"慘慄"[472/15a]，《大正藏》本亦同。竊疑上述隨函音義所指《唐韻》並非現今孫愐本《唐韻》，而是相對於當時所見宋代韻書而言，産生於唐代的衆多韻書的一個統稱，而且隨函音義作者對這類唐韻還作出了"從時"且"未删定"的評價，亦與現存唐五代《切韻》系韻書殘卷的面貌相一致，的確這些韻書收録了當時流行的衆多文字形體，且未進行統一的删減校訂。

（五）《宋韻》

《磧砂藏》本《不空羂索神變真言經》卷三隨函音義："繙，音煩，出《宋韻》。又於元反。"[162/24b]

按：遍檢隨函音義，《宋韻》僅一見。竊疑此處《宋韻》蓋即《大宋重修廣韻》，該隨函音義作者云《宋韻》，蓋相對於唐五代《切韻》系韻書而言，殆認爲"繙，音煩"出自於《大宋重修廣韻》元韻下③。然此讀音並非直至《大宋重修廣韻》時才出現，斯 2011 號《箋注本切韻》、故宫藏本《王仁昫刊謬補缺切韻》元韻下"繙"即屬於"煩"小韻，且皆有"又於元反"的讀音④。

（六）《文字集略》

僅一見，該書已亡佚，現條列如下：

《磧砂藏》本《增壹阿含經》卷二四隨函音義："腔墻，上苦貢反，穿垣也，出《文字集略》。"[268/38a]

除此之外，《磧砂藏》隨函音義還徵引了當時經見的《説文》、《方

---

①　周祖謨：《唐五代韻書集存》，中華書局 1983 年版，第 650 頁。

②　同上書，第 495、589 頁。

③　宋本《集韻》元韻下"繙"雖屬於"煩"小韻，但未有"於元反"的字樣，故《宋韻》應不是指的宋本《集韻》。參見《宋刻集韻》，中華書局 2005 年版，第 39 頁。

④　周祖謨：《唐五代韻書集存》，第 80、405 頁。

言》、《爾雅》、《廣雅》等字書、韻書和其他一些典籍，如：《磧砂藏》本《廣弘明集》卷二三隨函音義："殿最，上覩見反，《漢書音義》云：'上功曰最，下功曰殿，又軍前曰啓，軍後曰殿。'"[478/40a]《磧砂藏》本《續高僧傳》卷一九隨函音義："岪嶸，上助庚反，下惠萌反，山皃，傳非此用，正作噌吰，上楚耕反，下惠萌反，鐘聲也，出《文選》。"[470/57a]由於徵引的次數不多，且多與今本相同，在此不一一列舉。

綜上所述，《磧砂藏》隨函音義的文獻學（尤其是佛經文獻學）價值是不容忽視的，它與其他佛經文獻一樣具有重要的研究價值。通過《磧砂藏》隨函音義，我們不僅瞭解到《可洪音義》的確流傳於宋代，並在《磧砂藏》隨函音義中有過大量徵引，而且還試著對其在中土的亡佚時代和原因作了有益的探討；與此同時，我們還在此中發現了已經亡佚的《隨函音疏》零卷，此卷爲現今日本零卷以外僅存的殘卷，爲我們進一步瞭解該音義提供了寶貴的材料；另外，其中保存的對其他佛經音義和傳世字書韻書的徵引和利用，亦使我們得以窺見隨函作者當時所見之版本，瞭解佛經音義之發展和字書韻書之動態。

第 四 章

《磧砂藏》隨函音義與佛經校理

如前所述,《磧砂藏》隨函音義列舉的異文,類型多樣、價值頗豐。之所以這樣認爲,原因有二:一是因爲隨函音義,顧名思義即爲隨函(卷)而釋,旨在對該函(卷)佛經中的字詞进行注音、辨字、釋義以方便佛經的閱讀和理解,對於該卷佛經有很強的針對性;二是隨函音義的作者往往對當時所見的異文進行了揭示和判斷,可爲我們今天進行漢文佛經校勘提供有益的參考。

第一節 探尋異文成因

王念孫在《讀書雜志》中曾對"古書傳寫脱誤之由"作出如下論述:"推其致誤之由,則傳寫譌脱者半,馮意妄改者亦半也。"[①] 其實,這句話亦可大體概括現今佛經異文的形成原因。如果要再細分的話,可以説這些爲數衆多的異文或因形近、或因音近、或因義近等産生的譌脱、臆改而成。《磧砂藏》隨函音義則往往能提供一些有益的綫索,幫助我們探求其形成之由。現據其産生的原因分類舉例説明如下:

一 因不識誤字而誤改者

殼物,上落彖反;彖字通貫反,未見出。(307/20b)

按:本條出自《磧砂藏》本《摩訶僧祇律》卷一二隨函音義,對應經文正作"殼物"[307/15b],但《大正藏》本對應文字作"穀物",原文如下:"問言:'何等纖價?'答言:'乃至優婆夷足縷,許與我纖作直,彼即瞋恚言"如是如是",子賜穀物,汝識難陀優波難陀不?'"校勘記曰

---

① (清)王念孫:《讀書雜志》,江蘇古籍出版社 2000 年版,第 962 頁。

“穀”宫本作“𣪠”，宋、元、明本皆作“亂”[T22,p0321a]。上揭經文中“穀物”二字，從上下文經義來看，蓋充當“織品”的“抵價品”，且早期寫卷如斯2818號《摩訶僧祇律》對應經文正作“穀物”①，可證此處作“穀物”應無疑問。“𣪠”字未見字書收載，而“亂”亦與“穀”區别甚大，二者何以會與“穀”形成異文呢？對此，《磧砂藏》隨函音義爲我們提供了綫索。從讀音而言，隨函音義云“𣪠”音“落彖反，彖字通貫反”，與“亂”《廣韻》音“郎段切”讀音相同，故隨函音義作者認爲“𣪠”應爲“亂”的同音字，溝通了“𣪠”與“亂”的關係，但未及“穀”字。其實，竊以爲“𣪠”應爲“穀”在傳抄過程中産生的訛字，而後來的佛經刊刻者不明乎此，遂臆改作與之形近的“亂”字，從而一誤而再誤。

二　因不識俗字而妄改者

（1）謎，莫閉反。(154/24b)

按：本條出自《磧砂藏》本《藥師琉璃光七佛本願功德經》卷下隨函音義，對應經文正作“謎”[154/23a]，但今《大正藏》本對應經文作“謎”，原文如下：“時七如來以一音聲，即説呪曰：‘但姪他具謎具謎瞖尼謎膩㗚末底末底。’”校勘記稱“謎”明、宫本皆作“繼”[T14,p0417a]。又查《可洪音義》對應經卷下亦有：“具謎，迷計反。”② 同卷下亦出上揭經文咒語的後半段中的“隝謎”、“苫謎”條。據此推知，由於俗書“辶”與“乚”往往混同，故“謎”字當爲“謎”字俗訛，此處當校作“謎”是。然“謎”何以會誤作“繼”呢？對此，隨函音義所出“謎”字爲我們溝通二者提供了綫索。如上所言，俗書“辶”與“乚”往往混同，而“㡭”旁常俗寫作“迷”，斯388號《正名要録》“正行者正體，脚注訛俗”類：“繼，継。”《干禄字書》去聲：“継繼：上通下正。”③ 可以比勘。以此推論，佛經刊刻者在摹刻時因不知此“謎”即“謎”之俗字，蓋欲回改作“繼”，但由于“繼”字載籍罕見，便想當然地誤刻作更常見的“繼”，似是而實誤。

---

① 黄永武主編：《敦煌寶藏》，新文豐出版公司1981—1986年版，第23册，第579頁。

② （五代）釋可洪撰：《新集藏經音義隨函録》，《中華大藏經》第59册，第754頁下欄。

③ （唐）顔元孫撰：《干禄字書》，第49頁。

（2）户杲，下音限，正作垦。（307/58b）

按：本條出自《磧砂藏》本《摩訶僧祇律》卷一五隨函音義，對應經文同[307/48a]，但今《大正藏》本對應文字作"户閫"，原文如下："時六群比丘協先嫌故，盜以滑埿塗户閫上，當行處著滑埿及塼石。"校勘記曰"閫"宋、元、明本均作"根"，宮本作"垦"[T22,P0344a]。從上下文經義看，此處義爲"門檻"，故"閫"於此契合經義。然此處爲何會誤作"根"、"垦"呢？查《可洪音義》對應經卷下有："户垦，音限，門閫也，正作閫、痕、杲三形也。"[①] 據此可知，此處還有"閫"、"痕"、"杲"等異文。又查《龍龕手鏡·門部》："閫，正音限，門閫，或作痕。"[②]《龍龕手鏡·广部》："痕，音限，門閫也，与閫同。"[③]《廣韻·産韻》中"限"同小韻下："閫，門閫，又作痕、杲，並俗，本只作限。"[④]《玉篇·門部》："閫，户簡切，俗爲門限字。"[⑤]《正字通·广部》："痕，門閫。義與阜部'限'同。《集韻》'閫'作'痕'，'痕'即'痕'之譌省。"[⑥] 故"閫"、"痕"、"杲"應皆爲"限"表示"門檻"義的後起形聲俗字。《磧砂藏》隨函音義云"正作垦"應爲"正作杲"之誤，《磧砂藏》本《佛説般舟三昧經》卷上、《大方等大集賢護經》卷一隨函音義皆云："門閫，下苦本反，門垦也。"[100/8a];[100/27a] 皆其例；而《大正藏》中其他作"根"、"垦"者，蓋皆因佛經刊刻者不明"杲"爲"限"之後起形聲俗字臆改而成，其致誤過程蓋可推測爲：杲→（位移）→根→（增加形旁）→垦。

三　因語音、語義而相混者

哽咽，上古猛反，下於結反；哽咽，憂悲不止之皃，恐非此用；疑作骾噎，骾謂骨骾也，噎，食塞喉也。（177/27b）

按：本條出自《磧砂藏》本《菩薩瓔珞經》卷一一隨函音義，對應經文如下："時師子王，晨朝跱立，六處不動……求覓群獸，逢一象王，殺而食之，髀骨鯁咽，死而復穌。"[177/26a]《大正藏》本經文原文作"鯁

---

① （五代）釋可洪撰：《新集藏經音義隨函録》，《中華大藏經》第59册，第1107頁中欄。

② （遼）釋行均：《龍龕手鏡》，第93頁。

③ 同上書，第300頁。

④ （宋）陳彭年等編：《宋本廣韻》，第267頁。

⑤ （梁）顧野王著，（宋）陳彭年等修訂：《大廣益會玉篇》，第55頁。

⑥ （明）張自烈撰，（清）廖文英編：《正字通》，中國工人出版社1996年版，第328頁。

咽"，校勘記曰"鯁"宋、元、明、宮本皆作"哽"^[T16,p0098a]。此段文字亦見於《經律異相》卷四七，對應文字亦作"哽咽"^[T53,p0244c]。《可洪音義》卷八《菩薩瓔珞經》第十一卷音義亦出"哽咽"條，並云："哽咽，上古杏反。"① 由此可見，"哽咽"、"鯁咽"和"骾噎"在此形成異文。

溯其形成之由，一方面蓋因"哽"、"鯁"、"骾"三者讀音相同，在《廣韻》中同音"古杏切"；另一方面，三者爲同源字，具有相同語義來源，三者同諧"更"聲；另外，隨函音義云"哽咽"表示"憂悲不止之皃"恐非此用，非是。其實，"哽咽"亦可表示"食物堵塞喉嚨不能咽下"，如王充《論衡·效力》："淵中之魚，遞相吞食，度口所能容，然後嘘之，口不能受，哽咽不能下。"② 即其例。至於隨函音義認爲此處疑作"骾噎"之"噎"亦因語音、語義與"咽"相近形成異文，《廣韻·屑韻》烏結切："噎，食塞，又作咽。"③《龍龕手鏡·口部》："噎，烏結反，食不下，或作咽、饐同。"④ 皆可證。

四　因語義、字形相混者

窒重，上烏本反，下去聲。（89/64b）

按：本條出自《磧砂藏》本《毗耶娑問經》卷上隨函音義，對應經文同，原文如下："母心喜笑多有勝相，有笑容軒軺不生，面有勝色隨所行動，多用右足蹈地窒重，無有因緣手摩右脇。"^[89/62b] 今《大正藏》本對應經文作"壓重"，校勘記曰"壓"字宋、元、明、宮本皆作"窒"，聖本作"窨"^[T12,p0227a]。故"壓"、"窒"、"窨"在此形成異文。

今查《可洪音義》對應經卷亦出"窒重"條，並云："上乙本反，俗。"⑤《龍龕手鏡·宀部》："窒，俗，烏本反，窒，坐也，正作穩字。"⑥ 又"坐"常俗寫作"坐"，據此，"窒"應爲"窒"之俗寫，二者皆爲"穩"之俗字。

---

① （五代）釋可洪撰：《新集藏經音義隨函録》，《中華大藏經》第 59 册，第 830 頁中欄。

② （漢）王充著，黄暉校釋：《論衡校釋》，中華書局 1990 年版，第 586 頁。

③ （宋）陳彭年等編：《宋本廣韻》，第 475 頁。

④ （遼）釋行均：《龍龕手鏡》，第 276 頁。

⑤ （五代）釋可洪撰：《新集藏經音義隨函録》，《中華大藏經》第 59 册，第 617 頁中欄。

⑥ （遼）釋行均：《龍龕手鏡》，第 156 頁。

推其形成異文之由，竊以爲"壓"和"窒"蓋因義近而致，因爲從上下文經義來看，此處"右足踏地"形容人的情狀，"窒重"和"壓重"於此皆協。至於"審"爲何與前二者形成異文，竊疑殆因"審"與"窒"形近，佛經刊刻者蓋因不識"窒"這個俗寫形體，故臆改作與之相近的常見字形"審"。

第二節　判定異文是非

《磧砂藏》隨函音義的作者常常對當時所見的異文進行了揭示和判斷，可爲我們正確選擇佛經異文提供很大的幫助。如：

（1）痤短，上正作矬，昨和反。（70/60a）

按：該條出自《磧砂藏》本《小品般若波羅蜜經》卷八隨函音義，對應經文作"矬短"，原文如下："菩薩如是學者，不盲不瞎，不眜眼，不矬短，不聾啞，不頑鈍，不形殘，身根具足。"[70/56a] 今《大正藏》本對應文字作"痤短"，校勘記曰"痤"字宋、元、明、宮本皆作"矬"[T08,p0574a]。究竟"矬短"、"痤短"孰者爲長呢？隨函音義謂"正作矬"，是也，"痤"係"矬"字之誤。因爲從上下文經義來看，"痤短"之上下文言"不盲不瞎，不眜眼，不聾啞"等皆形容人的形貌五官，而"痤短"於此不可解。《説文·疒部》："痤，小腫也。从疒，坐聲。"① 《廣韻·戈韻》昨禾切："矬，短也。"又同小韻下："痤，癤也。"② 可證。據此，自以作"矬短"爲長。

（2）充牣，下音刃，益也；作仞，誤。（468/87b）

按：該條出自《磧砂藏》本《續高僧傳》卷七隨函音義，對應經文原文同，原文如下："昔夢寺内有幡花天伎側塞殿堂，緇素法衆充牣筵席。洎朗來儀創會公私齋講，又盛符焉。"[468/80a] 今《大正藏》本對應文字作"充仞"[T50,p0477c]，那麼，究竟何者爲宜呢？隨函音義謂"作仞，誤"，是也。從上下文經義來看，上揭經文中"充牣"一詞，與上文"側塞"對文，二字當同義連文表示"充滿"之義，而"仞"於此經義不甚契合。據此，竊以爲隨函音義可從，此處作"牣"爲宜。又查《玉篇·牛部》：

---

① （漢）許慎撰，（宋）徐鉉校定：《説文解字》，第155頁。

② （宋）陳彭年等編：《宋本廣韻》，第142頁。

"牣，而振切，滿也，益也。"① 《廣韻·震韻》而振切："牣，滿也。"②
可證。推其互混之由，蓋因二者在使用時常常互爲通假字。如《史記·殷
本紀》："厚賦稅以實鹿臺之錢，而盈鉅橋之粟。益收狗馬奇物，充牣宫
室。"③ 可資比勘。

（3）狼忙，舊狼狽，非。（328/100b）

按：該條出自《磧砂藏》本《彌沙塞部和醯五分律》卷九隨函音義，
對應經文同，原文如下："爾時阿難常受王供養，晨朝著衣持鉢入於後宫。
時王與末利夫人同寢未起，夫人見阿難來，即便狼忙被衣下床，所被之衣
極細而滑，不覺墮落慚羞蹲地。"[328/91b] 今《大正藏》本對應文字則作
"狼狽"，校勘記云"狽"字宋、元、明、宫本均作"忙"[T22,p0063a]。此處
"狼狽"與"狼忙"究竟孰是孰非呢？隨函音義云"舊狼狽，非"，可
從。從上下文經義看，"狼忙"表示"急忙、匆忙"在此處與經義契合；
又從其他佛經音義專書的情況來看，《玄應音義》對應經卷亦有"狼莔"
條，説解云："又作茫同，莫剛反……律文作狽，非體。"④ 據此，因"狼
忙"爲連綿詞，字無定形，"狼莔"、"狼茫"應皆爲其不同的書寫形式。
又玄應云"律文作狽，非體"，蓋玄應當時所見的佛經中即有作"狽"
者，但他亦认爲應作"狼莔"或"狼茫"爲是，可資爲證。

（4）啾喧，上子由反，下知吉反，呵叱也，今恐非也；合作唧，資
七反，多聲也。（131/22a）

按：本條出自《磧砂藏》本《正法華經》卷二隨函音義，對應經文
作"啾喧"，原文如下："有若干種狖狸鼲鼠，其字各異，嗚呼啾喧，其地
處處，而有匿藏，溷廁屎溺，污穢流溢，蟲明刺蒜，充滿其中，師子狐
狼，各各嚛吠。"[131/18a] 《大正藏》本亦同，校勘記曰"喧"宫本作
"唧"[T09,p0057a]。究竟"喧"是還是"唧"是呢？隨函音義云"啾喧"恐
非也，有可能作"唧"，可從。今考《玄應音義》卷七《正法華經》第
二卷音義亦出"啾唧"條，並云："啾唧，子由反，下資栗反，《蒼頡
篇》：'衆鬧聲也'。經文作喧，乃結反，怒也。喧非此義。"⑤ 其中"喧"、

①　（梁）顧野王著，（宋）陳彭年等修訂：《大廣益會玉篇》，第109頁。

②　（宋）陳彭年等編：《宋本廣韻》，第372頁。

③　（漢）司馬遷撰：《史記》，中華書局1959年版，第105頁。

④　（唐）釋玄應：《一切經音義》，《影印高麗大藏經》第32册，第211頁。

⑤　同上書，第95頁。

"喔"爲正俗字,《龍龕手鏡·口部》:"嗁、喔,二俗;喔,正,丁結、陟栗二反;喔咄,叱呵也。"① 可證。又《可洪音義》卷五《正法華經》第二卷音義:"啾唧,上子由反,下子羔反。《上方經》作'啾喔'。"② 據此可知,玄應、可洪當時所見的上揭佛經中"啾唧"確有作"啾喔"者,此蓋即《大正藏》和《磧砂藏》經文所本,但正如《玄應音義》、《龍龕手鏡》及隨函音義所云,"喔"表示"呵叱也,怒也"與經義不合,表"多聲,吵鬧"之義的"啾唧"則與經義吻合。

其實"啾唧"此義,佛經習見,如隋闍那崛多譯《佛本行集經》卷一二:"時有擎挾筌蹄小兒,隨從大王啾唧戲笑。有一大臣咄彼小兒作如是言:'汝小兒輩,幸勿唱叫。'時諸小兒報彼臣言:'何故不聽我等喧適?'"[T03,p0707a] 隋費長房撰《歷代法寶記》:"相公又問:'適言衣鉢在彼,誰人的實?'秦逖張鎧諮儔曰:'逖等充左右巡虞侯,金和上初滅度日,兩寺親事弟子啾唧囑常侍向大夫説:'金和上信衣不知的實,及不肯焚燒。高大夫判付左右巡虞侯,推問得實領過。'"[T51,p0186a]

又"啾"上古屬精母幽韻,"唧"的聲旁"即"上古屬精母質韻,"啾唧"一詞爲二者凝固而成的雙聲連綿詞。據此,根據隨函音義、其他音義專書以及其他佛經,上揭經文中"啾喔"有誤,竊以爲應從隨函音義作"啾唧"爲是。

(5) 稻藁,上音道,下古老反,禾稈也。作蒿,誤。(446/86a)

按:本條出自《磧砂藏》本《諸經要集》卷六隨函音義,對應經文同,原文如下:"故經言'欲知過去因,當觀現在果;欲知未來果,當觀現在因',所以原憲之家、黔婁之室,繩樞瓮牖無掩風塵,席户蓬扉不遮霜露,或舒稻藁以爲薦,或裁荷葉以充衣。"[446/79b] 今《大正藏》本對應文字作"稻蒿",校勘記稱"蒿"字宋、元、明、宮本均作"藁"[T54,p0053c]。又此段文字亦見於《法苑珠林》卷五六,今《大正藏》本《法苑珠林》卷五六中相關文字作:"故經言'欲知過去因,當觀現在果;欲知未來果,當觀現在因',所以原憲之家、黔婁之室,繩樞甕牖無掩風塵,席户蓬扉不遮霜露,或編稻稿以爲薦,或裁荷葉以充衣。"[T53,p0713a] 此處《大正藏》校勘記則稱"稿"字宋、元、明、宮本皆

---

① (遼) 釋行均:《龍龕手鏡》,第 276 頁。

② (五代) 釋可洪撰:《新集藏經音義隨函録》,《中華大藏經》第 59 册,第 705 頁下欄。

作"藁"。究竟何者爲宜呢？隨函音義謂"作藁，誤"，作"藁"字爲宜，可從。從上下文經義看，此處上下文皆形容貧賤之家的寒酸景象，其中"或舒稻藁以爲薦"此句指用稻草的莖幹編織坐褥、墊席。今查《玉篇·艸部》："蒿，呼豪切，蒿，菣也。"①《廣韻·豪韻》呼毛切："蒿，蓬蒿。又姓，出《姓苑》。"②《玉篇·禾部》："稾，公道切，禾稈也，又稾草。"③《廣韻·皓韻》古老切："稾，禾稈，又稾，本草㓞之本。藁，俗。"④ 據此，"藁"爲"稾"之俗體，表示"禾稈"之義與經義正合。"蒿"、"稿"蓋因形音相近而與"藁"混同。

（6）俎，正作沮，才吕反，毁也。（90/11a）

按：本條出自《磧砂藏》本《大方等大集經》卷一隨函音義，對應經文作"阻"，原文如下："善知一切衆生心根，法界真實堅固難阻，能壞一切四魔怨讎，調伏一切惡見煩惱。"[90/5b] 今《大正藏》本對應文字則作"沮"，校勘記云"沮"宮本作"阻"[T13,p0004b]。從經文意思而論，上揭經文中"沮"確表"毁也，壞也"之義，《龍龕手鏡·水部》："沮，又慈吕反，止也，壞也，濕也。"⑤ 可證。又《可洪音義》對應經卷亦出"難俎"條，亦云："慈与反，正作沮。"⑥ "慈与反"、"慈吕反"與"才吕反"同音，據此，此處應從隨函音義作"沮"，作"俎"、作"阻"在此均與經義不適，皆不可從。然"沮"何以誤寫作"阻"和"俎"呢？竊以爲"阻"、"俎"應爲"沮"的形誤字。《玄應音義》卷一《大方廣佛華嚴經》第一卷音義："沮壞，才與反，《三蒼》：'沮，漸也，壞敗也。'經文作俎，側吕反，貯醢器也，一曰置肉几也，俎非此用。"⑦ 可資比勘。"阻"、"俎"蓋因形體近似而與"沮"混同。

（7）禿瘻，上他谷反，無髮也。下吕主反，背曲也。瘻，力朱反，亦傴僂之謂也，然此音多不行，只作僂字用，又瘻古作漏音，痔瘻也。（86/40b）

---

① （梁）顧野王著，（宋）陳彭年等修訂：《大廣益會玉篇》，第66頁。

② （宋）陳彭年等編：《宋本廣韻》，第135頁。

③ （梁）顧野王著，（宋）陳彭年等修訂：《大廣益會玉篇》，第74頁。

④ （宋）陳彭年等編：《宋本廣韻》，第282—283頁。

⑤ （遼）釋行均：《龍龕手鏡》，第226頁。

⑥ （五代）釋可洪撰：《新集藏經音義隨函錄》，《中華大藏經》第59冊，第619頁中欄。

⑦ （唐）釋玄應：《一切經音義》，《影印高麗大藏經》第32冊，第2頁。

按：本條出自《磧砂藏》本《佛説胞胎經》隨函音義，對應經文作"禿僂"，原文如下："佛告阿難：'如其本宿所種諸惡自然得之，或復爲盲聾瘖瘂愚癡，身生瘢瘡，生無眼目，口不能言，諸門隔閉，跛蹇禿僂，本自所作，自然得之，父母所憎違失法義，所以者何？'"[86/38a] 而《大正藏》對應經文卻作"禿瘻"，校勘記曰"瘻"宋、元、明、宮本均作"僂"[T11,p0888c]。究竟此處應作"瘻"還是作"僂"呢？竊以爲當從隨函音義作"僂"爲是。據經義，此處應如隨函音義所云表示"背曲"之義，《玉篇·人部》："僂，力矩切，《説文》云'尩也'……或言背僂也。"①《廣韻·麌韻》力主切："僂，僂傴，疾也。"②《玉篇·疒部》："瘻，力鬬切，瘡也。"③《廣韻·虞韻》盧候切："瘻，瘡也。"④ 可證"僂"在此與經義契合。又《可洪音義》卷二《佛説胞胎經》音義："禿瘻，力主反；傴瘻，不伸也，背曲也，正作僂也；又音漏，瘡也，非。"⑤ 因此，隨函音義可從，此處作"僂"爲長。然"僂"與"瘻"何以在此形成異文呢？可喜的是，隨函音義也給我們提供了綫索。隨函音義云"瘻，力朱反，亦傴僂之謂也"，查《廣韻·虞韻》力朱切："瘻疴，曲瘠。"⑥ 據此，隨函音義所云不虛，"瘻"確有音"力朱反"，義爲"傴僂"者。然而遍檢《經典釋文》，"瘻"無音"力朱反"義爲"傴僂"者，唐五代《切韻》系韻書殘卷中平聲虞韻"慺"小韻下亦没有收録"瘻"字，竊疑此義項爲宋代重修《廣韻》時"瘻"的新增讀音和義項，正如隨函音義所言，"此音多不行，只作僂字用"，故"瘻"與"僂"在此形成異文。

（8）口㕧，下正作悱，方尾反，口欲言也。（86/68b）

按：本條出自《磧砂藏》本《法鏡經·序》隨函音義，原序對應文字如下："然義擁而不達，因閑竭愚，爲之法義，喪師歷載，莫由重質，心憒口㕧，亭筆愴如，追遠慕聖，涕泗并流。"[86/57a] 而《大正藏》本"口㕧"作"口悱"，校勘記曰"悱"宋、宮本作"㕧"[T12,p0015a]。此處作何

---

① （梁）顧野王著，（宋）陳彭年等修訂：《大廣益會玉篇》，第14頁。

② （宋）陳彭年等編：《宋本廣韻》，第244頁。

③ （梁）顧野王著，（宋）陳彭年等修訂：《大廣益會玉篇》，第56頁。

④ （宋）陳彭年等編：《宋本廣韻》，第419頁。

⑤ （五代）釋可洪撰：《新集藏經音義隨函録》，《中華大藏經》第59冊，第611頁上欄。

⑥ （宋）陳彭年等編：《宋本廣韻》，第57頁。

者爲宜呢？隨函音義以爲正作"咘"，是也。從經義來看，"心憤口咘"蓋源於《論語·述而》"子曰'不憤不啓，不咘不發'"，鄭箋曰："孔子與人言，必待其人心憤憤、口咘咘，乃後啓發爲之説也。"[1] 隨函音義釋其爲"口欲言也"與經義契合。又《可洪音義》卷二《法鏡經》音義："口匪，芳尾反，正作咘，《出三藏記》作咘。"[2] 今查《大正藏》本《出三藏記集》所收録之《法鏡經序》確作"口咘"[T55,p0046b]。據此，隨函音義可從，此處作"咘"爲宜。

（9）規利，上均彌反，圖也；經作窺，傾彌反，窺視也，恐非此用。（155/27b）

按：本條出自《磧砂藏》本《月燈三昧經》卷三隨函音義，對應經文作"窺利"，原文如下："心常貪嗜於美食，戲笑歌舞及音樂，販賣貿易恒窺利，憙樂飲醮及乘騎，廣貯積聚飲食已，命終墜墮三惡道。"[155/27a] 而《大正藏》對應經文却作"規利"，校勘記曰"規"宋、元、明、宫本皆作"窺"[T15,p0567b]。究竟此處是"窺"還是"規"呢？隨函音義云"經作窺……恐非此用"，可從。竊以爲此處應據隨函音義作"規"爲長。從經義來看，"規"有表示"謀求，圖謀"之義，《資治通鑒》卷四八"規固二榆"胡三省注："規，圖也，謀也。"[3] 可資比勘。可見"規"在此與經義契合。又從其他佛經用例來看，"規利"表示"謀求利益"，佛經中常見，如唐義淨譯《根本薩婆多部律攝》卷六："若諸苾芻設爲三衣，不應規利而作販賣，又於俗人作市易處，不應自酬價直。"[T24,p0561a] 唐道宣撰《四分律删繁補闕行事鈔》卷中："二邪心者，謂貪心規利，邪命説法以財自壅。"[T40,p0050a] 據此，隨函音義可從，此處作"規"爲宜。

（10）駭惕，上胡解反，下他的反；駭惕，驚懼也。（442/7b）

按：此條出自《磧砂藏》本《經律異相》卷二一隨函音義，對應文字與之同，原文如下："説此語時，天地大動，無雲雨血，諸天駭惕，即以天眼觀見，獵師殺於師子，雨諸天華，供養其屍。"[442/5b]《大正藏》本亦同。《經律異相》在這段文字之後注明此段文字出自《賢愚經》第十三卷，因此此段亦見於《大正藏》本《賢愚經》第十三卷，唯"駭惕"一

---

① （清）阮元校刻：《十三經注疏》，中華書局1980年版，第2482頁。

② （五代）釋可洪撰：《新集藏經音義隨函録》，《中華大藏經》第59册，第610頁上欄。

③ （宋）司馬光編，（元）胡三省音注：《資治通鑒》，中華書局1956年版，第1553頁。

詞改成了"惋愓"，但《大正藏》校勘記曰"惋"宋、元、明本皆作
"駭"[T04,p0438b]。究竟"駭愓"、"惋愓"何者爲長呢？竊以爲此處作"駭
愓"爲宜。從其他異文材料來看，《可洪音義》卷二一《賢愚經》該卷音
義出"駭愓"條，釋曰："上胡駭反，下他歷反。"①《慧琳音義》卷七八
《經律異相》第二十一卷音義亦出"駭愓"條，並云："上諧駭反，下體
亦反，駭愓者，驚怚皃也。"[T54,p0817a]又從經義來看，"駭愓"、"惋愓"雖
均未見大型辭書收載，但查《玉篇·心部》："惋，烏貫切，驚歎也。"②
《廣韻·換韻》："惋，驚歎，烏貫切。"③《玉篇·馬部》："駭，胡駭切，
驚起也。"④《廣韻·駭韻》："駭，驚也。"⑤《玉篇·心部》："愓，他的
切，憂也，疾也，懼也。"⑥《廣韻·錫韻》他歷切："愓，怴愓，憂也，
又愛也。"⑦《磧砂藏》本《弘明集》卷一〇隨函音義："駭愓，上胡買
反，驚駭也；下他的反，悚愓也。"[475/31a]據此，"惋愓"、"駭愓"爲"惋"、
"駭"分別與"愓"凝固而成的並列複音詞。就意義而言，"惋愓"重在
感歎、歎息，而"駭愓"則側重驚駭、震驚，故從經義來説，"駭愓"一
詞與經義契合，《慧琳音義》、《磧砂藏》隨函音義釋其爲"驚怚皃也"、
"驚懼也"可從，《大正藏》本《賢愚經》作"駭愓"爲宜。

第三節　匡正刊刻訛誤

現今漢文佛典中有很多刊刻訛誤是在歷代傳抄和刊刻過程中形成的，
通過《磧砂藏》隨函音義，我們可以發現並糾正其中的一些疏失。如：

（1）失譯《拔陂菩薩經》："有大慈力難可媲，所念常深不離正行，
無能計其所得所念，得聞法數依墮淚，所忌常太，一切具佛所行
思願。"[T13,p00920c]

按："數依墮淚"句《磧砂藏》本同，費解。《大正藏》校勘記曰

①　（五代）釋可洪撰：《新集藏經音義隨函録》，《中華大藏經》第60冊，第206頁中欄。

②　（梁）顧野王著，（宋）陳彭年等修訂：《大廣益會玉篇》，第40頁。

③　（宋）陳彭年等編：《宋本廣韻》，第382頁。

④　（梁）顧野王著，（宋）陳彭年等修訂：《大廣益會玉篇》，第108頁。

⑤　（宋）陳彭年等編：《宋本廣韻》，第251頁。

⑥　（梁）顧野王著，（宋）陳彭年等修訂：《大廣益會玉篇》，第39頁。

⑦　（宋）陳彭年等編：《宋本廣韻》，第502頁。

"依"字宫本作"悽"。考《磧砂藏》本《拔陂菩薩經》隨函音義："數
恔，上音朔，頻數也。下正作悽，依豈反，泣也。"[100/30b]究竟孰是孰非
呢？就經文意思而言，應據隨函音義作"悽"爲是。"悽"當爲"哀"的
增旁俗字，因爲悲哀之情往往結之於心，故"哀"又增"忄"旁作
"悽"。《字彙·心部》："悽，同哀。"①是其證。推其致誤之由，蓋由於俗
書"忄"旁與"亻"旁常常相亂，如"倪"，《集韻·霰韻》或從心作
"悗"②。"哀"和"衣"亦形近易訛，故"依"、"恔"皆爲"悽"的形
近訛誤字。

（2）唐義淨譯《金光明最勝王經》卷一〇："大王今當知，我生大苦
惱，兩乳忽流出，禁止不隨心，如針遍刺身，煩宛胸欲破，我先夢惡徵，
必當失愛子，願王濟我命，知兒存與亡。"[T16,p0453a]

按："煩宛"一詞於此費解，《大正藏》校勘記曰"宛"宋、明、宫
本均作"悗"，元本作"冤"，明註曰"宛南藏作冤"。查《磧砂藏》本
對應經文原文亦作"悗"[136/70a]。究竟何者爲是呢？竊以爲作"煩冤"爲
長。《磧砂藏》本《金光明最勝王經》卷一〇隨函音義："煩宛，下正作
冤。"[136/74b]可證。"煩冤"者，煩惱、冤屈之義。《玄應音義》卷四《大
方便報恩經》第三卷音義："煩冤，於元反，冤亦煩也、屈也。經文作
宛、悗二形，非體也。"③可資比勘。又《廣韻·元韻》中"冤"、"宛"
同屬"鴛"小韻，且二者的訓釋分別爲"冤，屈也，枉也，曲也"、"宛，
屈草自負"，故從音、義兩方面看，此處"宛"應爲"冤"的音誤字。又
《廣韻·換韻》："悗，驚歎。烏貫切。"④《龍龕手鏡·心部》："悗，烏貫
反，驚嘆也，又上聲宛也。"⑤據此推知，"悗"在此處與經義不甚契合，
蓋由於"悗"與"宛"音形相近，故佛經刊刻者又進而將"冤"誤作
"悗"。

（3）唐菩提流志譯《大寶積經》卷三六："時彼世羅即與官屬，從王
舍城至鷲峯山中間道路，屏除草穢、甎瓦、礫石、株杌、毒刺，極令遍淨
如明鏡面。又以香水霑灑其地，敷勝妙衣遍于中路。"[T11,p0204b]

---

① （明）梅膺祚：《字彙》，上海辭書出版社 1991 年版，第 162 頁。
② （宋）丁度等編：《宋刻集韻》，第 162 頁。
③ （唐）釋玄應：《一切經音義》，《影印高麗大藏經》第 32 冊，第 58 頁。
④ （宋）陳彭年等編：《宋本廣韻》，第 382 頁。
⑤ （遼）釋行均：《龍龕手鏡》，第 59 頁。

　　按："株柮"一詞《中華大藏經》影印《金藏》本同,《大正藏》校勘記曰"柮"字元、明本均作"杌"。張涌泉根據斯 2414 號背《大寶積經難字》校證"柮"、"杌"皆即"杌"的俗字,該處"株柮"實爲"株杌"二字所出①。此説甚是。《磧砂藏》本《大寶積經》卷三六隨函音義云:"株杌,吾骨反,樹無枝曰株杌也。"[76/48b]且《磧砂藏》本對應經文原文正作"杌"[76/43b]。又"株杌"一詞,佛經經文中習見,常與荆棘、瓦礫、毒刺等事物一起表示路上的障礙物。如後秦佛陀耶舍共竺佛念譯《長阿含經》卷一八:"以足蹈地,地凹四寸,舉足還復,地平如掌,無有高下。又彼土地無有溝澗、坑坎、荆棘、株杌,亦無蚊虻、蚖蛇、蜂蝎、虎豹、惡獸。"[T01,p0117c]唐實叉難陀譯《大方廣佛華嚴經》卷七四:"一者,此園中地忽自平坦,坑坎、堆阜悉皆不現;二者,金剛爲地,衆寶莊嚴,無有瓦礫、荆棘、株杌。"[T10,p0403b]亦可爲證。那么,"杌"何以寫作"柮"、"杌"呢?此殆由於"兀"、"瓦"二字俗書皆作"乤",又"乤"與"几"形近易訛,三者每多相亂所致。如《慧琳音義》卷一二《大寶積經》第三十六卷音義中亦出"株柮"條[T54,p0381c],影印日本獅谷白蓮社本對應條目亦作"株柮"②,"柮"爲"杌"字之誤也。又"株杌"一詞在《大正藏》中凡三見,此三處均未出校勘記,但亦均爲"株杌"之誤,應據改。

　　另竺法護譯《生經》卷一:"王詔群臣:'以何罪罪之?'各各進曰:'或云甑蒸之,或云煮之,或云枝解,或云臼擣,或云五柮,截耳割舌挑目殺之。'"[T03,p0077b]此處"柮"字,竊以爲亦爲"杌"之誤也。從上下文經義來看,"甑蒸之"、"煮之"、"枝解"以及"截耳"等皆指刑罰的名稱,《磧砂藏》本《阿育王息壞目因緣經》隨函音義:"五杌,下吾骨反,五杌則五刑之罪也。"[435/59a]可證。由此可知,"五杌"在此與經義密合。又從異文材料來看,《大正藏》此處校勘記稱"宋、元、明本作杌",亦可爲證。故此處"柮"亦爲"瓦"與"兀"形近訛誤而産生之俗字。

　　(4)失譯《佛滅度後棺斂葬送經》:"王曰:'首戒云何?'答曰:'第一當遵慈仁,普惠恩及群生,視天下群生身命,若己身命,慈濟悲

───────────

①　張涌泉:《敦煌經部文獻合集·小學類佛經音義之屬》,第 5079 頁。

②　(唐)釋慧琳:《一切經音義》,影印日本獅谷白蓮社刻本,上海古籍出版社 1986 年,第 472 頁。

憝，恕已安彼，道喜開化，護彼若身，潤逮草木，無虛柧絕也。'王曰：
'善哉！佛之仁化。懷天裏地，何生不賴焉？二當遵清，無積穢寶，尊榮
國土，非有無篹，草芥之屬，非惠不取。'"[T12,p1114c]

　　按：上揭經文中"柧"字，《大正藏》校勘記稱明本作"機"。然而，
我們更傾向於另外一種可能，即"柧"乃"拐"之訛字。又《磧砂藏》
本對應經文作"机"[305/28b]，疑明本"機"乃"机"之繁體轉寫，蓋佛經
刊刻者以"机"爲俗體，遂改作了"機"。可喜的是，《磧砂藏》隨函音
義證實了我們的推測。《磧砂藏》本《佛滅度後棺斂葬送經》隨函音義：
"机，音月，正作拐。"[305/31b]就字義而言，"拐"，《玉篇·手部》云"午
厥切，折也"①，《廣韻·月韻》魚厥切"折也"②。而"絕"亦有與之近
似的意義，《廣韻·薛韻》情雪切："絕，斷也。"③可見"拐絕"同義連
文表示"折、斷"之義。"拐絕"在此於經義甚合；又從字形而論，
"瓦"旁常俗寫作"几"，易與"月"旁混同，且俗書"木"旁、"扌"
旁亦常互混，故上揭經文中"柧"乃"拐"字之訛，又如上文所言，
"瓦""几"每多相亂，則進而訛作"机"和"機"。

　　（5）西晉竺法護譯《賢劫經》卷一："惟好淨業國土報應嚴淨之元，
常樂痂痟如敬二親，以逮總持用爲遊觀，得致三昧則是浴池，清白之法爲
所生母，以得堅住一切無爲，專心定意。"[T14,p0002a]

　　按：上揭經文中"元常樂痂痟"，《大正藏》校勘記云宋、宮本作
"無常樂痂痟"，元、明本作"樂常無痂痟"，聖本"元"字作"無"。據
此，竊以爲"元"蓋因與"無"之俗體"无"字形相近而誤，當爲
"無"字；至於"痟"字，當爲"痟"之形誤字。因爲從異文來看，諸
本多作"痟"，又《可洪音義》卷八《賢劫經》第一卷音義亦出"痂痟"
條，並曰："上音加，下于美反，瘡也；下經文作痟，非也。"④可資參
證。又"元"與"常樂痂痟"之間不應點斷，"常"當上屬，與"無"
連文成爲"淨業國土報應嚴淨"這一結構的中心語，從而與其形成偏正
結構，充當"好"的賓語，故此處經文當斷句爲："惟好淨業國土報應嚴

---

① （梁）顧野王著，（宋）陳彭年等修訂：《大廣益會玉篇》，第30頁。
② （宋）陳彭年等編：《宋本廣韻》，第457頁。
③ 同上書，第478頁。
④ （五代）釋可洪撰：《新集藏經音義隨函錄》，《中華大藏經》第59冊，第832頁中欄。

淨之无常，樂痂瘠如敬二親。"這樣看來上揭佛經似乎已經文從字順，沒有疑義了。

然而，細究經義，"痂瘠"二字與病痛有關，在此於上下文經義不甚契合。《磧砂藏》隨函音義則爲我們提供了另外一種可能，即上揭佛經中的"痂瘠"疑爲"袈裟"的音近替代字。《磧砂藏》本《賢劫經》卷一隨函音義："痂瘠，上音加，下音消；上音加，瘡也；下音消，瘦也，渴也，即非經意，宜作袈裟稍通。"[178/9a]"袈裟"本爲梵語音譯詞，《慧琳音義》卷五九《四分律》第一卷音義云："袈裟，……葛洪後作《字苑》始改從衣，案外國通稱袈裟，此云不正色也。……或言'緇衣'者，當是初譯之時見其色濁因以名也。又案《如幻三昧經》云：晉言'無垢穢'，又義云'離塵服'，或云'消瘦衣'，或稱'蓮華服'，或言'間色衣'，皆隨義立名耳。"[T54,p0698c]據此，在佛經翻譯之初，"袈裟"一詞還存有多種音譯或義譯形式，自葛洪《字苑》後，才逐漸穩定成從衣旁的形式，但遍檢佛經，"痂瘠"一詞僅此一例，隨函音義的説法只能爲我們暫備一説，該詞是否爲"袈裟"之誤寫，還需要進一步的考察。

（7）東晉瞿曇僧伽提婆譯《增壹阿含經》卷三五："世尊告曰：'此亦如是，賢聖弟子諸苦已盡，永無復有，餘存在者如一渧水耳，如我衆中最下道者，不過七死七生而盡苦際。若復勇猛精進，便爲家家，即得道迹。"[T02,p0744b]

按：上揭經文中"便爲家家"殊爲費解，校勘記曰"家家"宋、明本均作"寂滅"。《磧砂藏》本對應經文亦作"便爲家家"[269/38a]，卷末隨函音義則云："便爲寂滅，竺本云：便爲家家。"[269/41a]由此可見，隨函音義和《大正藏》校勘記都提示此處還有作"寂滅"的異文。查丁福保《佛學大辭典》："寂滅，爲梵名涅槃 niryāna 之譯語，其體寂靜，離一切之相，故云寂滅。"① 可證"寂滅"於此與經義契合。然"寂滅"與"家家"形音差別甚大，何以會形成異文呢？今考"寂寂"亦有"涅槃"之義，新羅元曉撰《涅槃宗要》卷一："涅槃是寂寂義，法身是積集義，般若是照達義，解脱是離縛義，故知四種無非別也，皆總義者。"[T38,p0244b]故竊疑此處殆原作"寂寂"，由於"寂"常俗寫作"冢"，又進而誤爲"家家"。古籍中"冢"誤作"家"常見，如《鬼谷子·符言》："家于其無

常也。"俞樾謂"家于"乃"寂乎"之訛,隸書"寂"字每作"家",故誤作"家"①。可資比勘。據此,"寂滅"、"寂寂"均有"涅槃"之義,在此處均與經義契合,又由於"寂"俗書常寫作"家"②,進而又訛作"家",便成爲現今《大正藏》和《磧砂藏》經文原文的"便爲家家"。

因此,利用《磧砂藏》隨函音義,我們還可以考察現今大藏經中不同版本間的異文,確定一些異文的是非,匡正佛經中的傳刻訛字,解釋一些異文的形成,這對於漢文佛經異文的研究以及漢文佛經文獻的校勘整理都有著重要的價值和意義。

---

① 轉引自郭在貽《訓詁學》,湖南人民出版社 1986 年版,第 36 頁。
② 張涌泉:《敦煌俗字研究》(下編)"寂"字條,第 189—190 頁。

第 五 章

《磧砂藏》隨函音義與文字學研究

縱觀漢字的發展歷史，漢字的數量是隨著語言的發展而逐漸增多的，從《說文解字》記載的一萬左右，到唐宋時代，字、韻書中所收的漢字已增加了一倍還多，再到明清時期，字書收字多達四萬以上。而佛經文獻作爲一種"舶來品"，既要遵循經文原有的思想內容，又必須與本土語言文化相結合，因此佛經的語言文字便具有其獨特的風格。就文字而言，儘管漢字發展到佛經翻譯流行時代，其形體已經相當穩定，但正如周祖謨所言："漢字是一種表義系統的文字，它雖然很早就走向表音的道路，想儘量跟語音結合，可是沒有完全脫離表義的範疇，在形體上既要表音，又要表義，這就是漢字特有的一種屬性。"① 因此，爲了適應佛經語言獨特的風格，漢語一方面會充分利用固有用字來表達佛經語言，另一方面必然還會出現一些新造佛經用字來適應這一發展變化，從而產生一批異體俗字。"例如'魔'字，中算指出是梵文'魔羅'之省文，並且引《止觀弘決》云：'古譯經論魔字從石，自梁武帝以後，改從鬼。'據此，原來翻音的'磨'字，才會變成會意的'魔'字了"②。《磧砂藏》隨函音義便收錄辨析了許多這樣的異體俗字，爲漢字史的研究以及大型字典的完善提供了豐富的資料。下面我們就從上述兩個方面結合實例予以舉例說明。

第一節　《磧砂藏》隨函音義與近代漢字研究

《磧砂藏》隨函音義爲方便佛經的閱讀和理解而作，其中收錄辨析了大量近代漢字的異體俗字，爲漢字史的研究提供了豐富的資料，爲我們探

① 周祖謨：《周祖謨文字音韻訓詁講義》，天津古籍出版社 2004 年版，第 8 頁。
② 《湯用彤學術論文集》，中華書局 1983 年版，第 334 頁。

尋近代漢字的發展演變規律提供了很大的幫助。其價值茲列舉如下：

一 有利於探尋近代漢字的發展演變規律

(一)【匚】—【辶】—【辶】

1. 《磧砂藏》本《大般若波羅蜜多經》卷三八〇隨函音義："匭乏，上求位反，貧匭也，作遺非。"[38/81a]

2. 《磧砂藏》本《大般若波羅蜜多經》卷五〇六隨函音義："匭遺，求位反，上正。"[51/51b]

3. 《磧砂藏》本《演道俗業經》隨函音義："遺匭，求位反，上非。"[171/68b]

4. 《磧砂藏》本《佛本行集經》卷三隨函音義："远匹，音同疋字，下正。"[298/21b]

5. 《磧砂藏》本《佛本行集經》卷三三隨函音義："远匹，疋字，下正。"[299/21b]

6. 《磧砂藏》本《佛本行集經》卷四〇隨函音義："近匠，下正。"[299/70a]

按：上揭"匚"旁中的"匚"筆俗書常變作"辶"，故隨函音義云"匭"有俗作"遺"者，且"匭"作"遺"亦見載於《龍龕手鏡》卷四辵部，敦煌本伯2833號《文選音》以及斯505號《開蒙要訓》皆有其用例①。又唐張守節《史記正義·論字例》稱俗書"匭匠從走（辵）"，應指的是"匚"旁進一步訛變作"辶"，正如隨函音義有"匹"、"匠"、"匭"三字俗書訛寫作"远"、"近"、"遺"的用例。

(二)【氐】—【刕】—【玄】—【乢】—【弖】

1. 《磧砂藏》本《合部金光明經》卷六隨函音義："坁，音遲。"[137/43b]

2. 《磧砂藏》本《一字佛頂輪王經》卷二隨函音義："羝，音低。"[195/44a]

3. 《磧砂藏》本《佛說大孔雀咒王經》卷上隨函音義："羝，音低。"[166/59a]

4. 《磧砂藏》本《佛說普門品經》隨函音義："岋，底字。"[86/33b]

5. 《磧砂藏》本《虛空藏神咒經》隨函音義："嚂吰，上音蜜，下音底。"[98/36a]

6. 《磧砂藏》本《護命法門神咒經》隨函音義："底庍，二同，丁履反，下同。"[170/65a]

7. 《磧砂藏》本《如來方便善巧咒經》隨函音義："坁坁，二同，音

---

① 張涌泉、傅傑：《校勘學概論》，江蘇教育出版社2007年版，第37頁。

遲，上非也。"[170/55a]

按："氐"旁《説文》作"**氒**"，隸變作"**互**"、"**盁**"，"玄"、"玄"、"**厷**"、"弓"旁皆爲"氐"旁的訛變體①。《龍龕手鏡》卷二土部中收録有"坻"的俗體"**坽**"、"**坾**"等。衆所周知，《龍龕手鏡》所收字形基本上都源於佛經，但是由於其按部首歸類，具體出自何處不詳，隨函音義則可爲這些字形提供具體的出處。上揭隨函音義中"氐"旁字"羝"作"**羜**"，"庶"作"**庈**"、"**庝**"，"哦"作"**咹**"等，在《龍龕手鏡》中亦有其形，亦能爲其提供出處來源。

（三）【兒】一【艮】

1.《磧砂藏》本《佛本行集經》卷一五隨函音義："皃臮，音冒。"[297/36a]

2.《磧砂藏》本《佛本行集經》卷三三隨函音義："皃兒，二同。"[299/21b]

3.《磧砂藏》本《正法念處經》卷七隨函音義："猥貌，兒字。"[289/56b]

4.《磧砂藏》本《正法華經》卷二隨函音義："猥貌，二同，貌字，上非下正。"[131/22a]

按："兒"字《説文》篆文作"**皃**"，隸變作"皃"、"皃"等形，"皃"爲篆文的變體，"皃"、"艮"又爲"皃"的變體，且"兒"旁寫作"臮"，《王一·效韻》中有其用例②，上揭隨函音義中例1、2可資比勘。又敦煌寫卷中有"貌"寫作"猥"、"猥"者，"猥"即"猥"的換旁俗字③，隨函音義例3、4亦其例。

從上述例子可以看出，《磧砂藏》隨函音義收録和辨析大量異體俗字，其中包含了很多近代漢字的發展演變規律，這些規律不僅可以加强我們對文字發展演變的瞭解，還可以運用到今後疑難俗字的考釋中去，具有重要的指導性和可操作性。

二　有利於推進佛經疑難俗字的考釋

佛經俗字是近代漢字的重要組成部分。近年來，佛經俗字研究越來越受到學界關注，張涌泉先振其聲，鄭賢章、鄧福禄、韓小荆等諸家踵事其華，使得佛經俗字的考釋工作得到了长足的發展。《磧砂藏》隨函音義中

---

① 張涌泉：《敦煌俗字研究》（下編）"氐"條，第351頁。

② 同上書，（下編）"貌"條，第588—589頁。

③ 同上。

關於佛經俗字的記載和説解亦能推進佛經疑難俗字的研究工作，其中對於前賢們已經做出的準確考釋，《磧砂藏》隨函音義記載的俗字形體和相關説解可進一步驗證其説，增加確證；對於存有爭議或者釋義尚未完善的考釋，《磧砂藏》隨函音義則可爲其提供另外的説解甚至更準確的解釋。下面我們就從上述兩個方面進行舉例説明：

（一）驗證已有考釋

【骴】

骴，《漢語大字典·骨部》（以下簡稱《大字典》）："zhǔ《龍龕手鏡·骨部》：'骴，丁吕反。'《字彙補·骨部》：'骴，照恕反。見《金鏡》。'"①《中華字海·骨部》（以下簡稱《字海》）："zhǔ 義未詳。見《金鏡》。"②

按：《漢語俗字叢考》根據《慧琳音義》卷六六《集異門足論》第七卷音義認爲其爲"柱"的換旁俗字③，《〈龍龕手鏡〉研究》從其説，並解釋"骴"由於受上文"筋骨"之"骨"的影響而換旁從"骨"以突顯意義④。《磧砂藏》隨函音義則可爲其提供切證。

今《磧砂藏》本《阿毗達磨集異門足論》卷七隨函音義："骴，未詳所出，恐是挂字，知主反。"[357/48b]《磧砂藏》本對應經文有"假使我身血肉枯竭，唯皮筋骨連挂而存"等句[357/43b]，即此二字所出。又查《大正藏》對應經文原文正作"連挂"，校勘記曰"挂"宮、聖本作"骴"[T26,p0394c]。又手書"木"旁與"手"旁常相混，《集韻·嘆韻》冢庚切："挂，掌也，通作柱。"⑤"支撐"表示的动作往往與手相關，則"柱"、"挂"二者常通用，故此"骴"即"挂"字，亦即"柱"字。

【跕】

跕，《大字典·長部》："同'髻'。《龍龕手鏡·長部》：'跕'同'髻'。"⑥

按：《〈龍龕手鏡〉研究》曾根據《龍龕手鏡》中"跕"下"丁念

---

① 徐中舒主編：《漢語大字典》（縮印本），第 4410 頁。
② 冷玉龍等編：《中華字海》，第 1598 頁。
③ 張涌泉：《漢語俗字叢考》，第 1108 頁。
④ 鄭賢章：《〈龍龕手鏡〉研究》，湖南師范大学出版社 2004 年版，第 125 頁。
⑤ （宋）丁度等編：《宋刻集韻》，第 98 頁。
⑥ 徐中舒主編：《漢語大字典》（縮印本），第 4052 頁。

反”這個讀音以及佛經異文考證出“跕”爲“店”受下文“肆”影響而產生的類化俗字，《大字典》下應添加音“丁念反”，意義同“店”的解釋①。《磧砂藏》隨函音義可爲此提供確證。《磧砂藏》本《薩婆多部毗尼摩得勒伽》卷四隨函音義：“跕肆，上正作店。”[345/38a]今《磧砂藏》本對應經文作“店肆”，原文如下：“有比丘多貸店肆物，後主索發，心不欲還，尋即生悔。”[345/34a]今《大正藏》本亦同。《可洪音義》卷一五《摩訶僧祇律》第三卷音義：“跕肆，上正作店。”②《大正藏》本對應經文亦作“店肆”[T22,p250c]，亦可資比勘。

【䛖】

䛖，《字海·言部》：“同‘誣’。字見《龍龕》。”③

按：“䛖”字遍檢《龍龕手鏡》未見，《漢語俗字叢考》曾根據《篇海類篇》卷三言部轉引《龍龕手鏡》“誙䛖，二音誣，義同”的情況推測，此處或即《字海》所本，“䛖”當爲“誣”的俗字④。《磧砂藏》隨函音義就保存有對“䛖”、“誣”二字可靠的訓解，可爲其提供確證。《磧砂藏》本《六度集經》卷五隨函音義：“誣䛖，音無，誑也，上正下誤。”[158/43a]今《磧砂藏》對應經文作“菩薩懷二儀之仁惠，虛䛖謗訕爲造訛端，興兵欲奪菩薩國”[158/35b]，《大正藏》對應經文作“誣”[T03,0026c]，《龍龕手鏡·言部》：“誙，䛖，二俗；誣，通；誣，正。”⑤可證。又《可洪音義》卷一五《十誦律》第四十八卷隨函音義：“䛖己，上文夫反，下九里反。”⑥《大正藏》對應經文正作“誣己”[T23,p0358b]，亦可證。

【㞕】

該字大型字典失收，《〈可洪音義〉研究》曾據可洪《十住婆沙論》第一卷、第十二卷音義以及《大正藏》對應經文“沸屎”，指出“㞕”當是“屎”字受“沸”字影響而產生的增旁俗字⑦。此説甚是。《磧砂藏》隨函音義即可爲其提供切證。今《磧砂藏》本《十住毗婆沙論》卷一三

---

① 鄭賢章：《〈龍龕手鏡〉研究》，第37—38頁。

② （五代）釋可洪撰：《新集藏經音義隨函録》，《中華大藏經》第59册，第1104頁中欄。

③ 冷玉龍等編：《中華字海》，第1457頁。

④ 張涌泉：《漢語俗字叢考》，第1031頁。

⑤ （遼）釋行均撰：《龍龕手鏡》，第41頁。

⑥ （五代）釋可洪撰：《新集藏經音義隨函録》，《中華大藏經》第59册，第1125頁下欄。

⑦ 韓小荊：《〈可洪音義〉研究—以文字爲中心》，第217頁。

隨函音義："湉，屎字。"^[242/29b]且《磧砂藏》本對應經文正作"沸湉"^[242/22b]。

【犳】

犳，《大字典·犬部》："yě《改併四聲篇海·犬部》引《搜真玉鏡》：'犳，音野。'《字彙補·犬部》：'犳，義未詳。'"①

按：《漢語俗字叢考》根據《龍龕手鏡》和《集韻》推測，疑"犳"即"野"字俗體②。此説是也。《磧砂藏》隨函音義就記載有關於"犳"、"野"二字可靠的説解。《磧砂藏》本《薩婆多部毗尼摩得勒伽》卷四隨函音義："犳犴，二字正作野干。"^[345/38a]今《磧砂藏》對應經文作"野干"，原文如下："有比丘經行，野干女來親近比丘，比丘知是母野干，意起染污心。"^[345/29a]據此，"犳犴"爲"野干"之俗字無疑。

然"野干"爲何寫作"犳犴"呢？竊疑蓋因"野干"在佛經中爲"一種獸名"，《玄應音義》卷六《妙法蓮華經》第一卷音義："野干，梵語悉伽羅，形色青黄如狗，羣行夜鳴，聲如狼也。"③可證。爲了突出意義，"干"殆增旁作"犴"，"野"又受其影響換旁作"犳"，從而成爲漢字構形中典型的左形右聲字。

【癌癥】

《〈可洪音義〉研究》曾根據可洪《毗耶婆問經》下卷音義"癌癥，上苦愛反，下蘇奏反，並俗"以及其他相關資料，指出"癌"蓋爲"欬"字方音的後起形聲俗字，"癥"乃是"瘷"的新構形聲俗字④。該説可從。《磧砂藏》隨函音義即能爲其提供確證。《磧砂藏》本《毗耶婆問經》卷下隨函音義："癌癥，上苦愛反，下蘇奏反，正作咳嗽，今此二字未知何出。"^[89/72a]且《磧砂藏》本經文原文正作"咳嗽"^[89/66b]。

【渚】

渚，《字海·氵部》："同渚，見《龍龕》。"⑤

按：《〈可洪音義〉研究》曾據《可洪音義》的相關説解以及其《大正藏》相應經文，指明"渚"亦可作"煮"的增旁俗字，《字海》"渚"

---

①　徐中舒主編：《漢語大字典》（縮印本），第 1338 頁。

②　張涌泉：《漢語俗字叢考》，第 375 頁。

③　（唐）釋玄應：《一切經音義》，《影印高麗大藏經》第 32 册，第 83 頁。

④　韓小荊《〈可洪音義〉研究—以文字爲中心》，第 139—140 頁。

⑤　冷玉龍等編：《中華字海》，第 568 頁。

字下應補入該義項①。《磧砂藏》隨函音義亦有其用例，可證其説甚確。今《磧砂藏》本《正法念處經》卷六一隨函音義："燒渚，下正作煑。"[295/9a]《磧砂藏》、《大正藏》經文均作"燒煑"。可見，俗書中"渚"可作"煑"的俗字，又因"煑"爲"煮"字隸定的另一楷體形式，今以"煮"爲正體，故"渚"亦爲"煮"的俗字。

【羏】

羏，《大字典·羊部》："（一）xiáng《集韻》徐羊切，平陽邪。（1）女鬼。《集韻·陽韻》：'羏，女鬼。'（2）殘。《集韻·陽韻》：'羏，殘也。'（二）yàng《集韻》弋亮切，去漾以。同'痒'。瘡。《集韻·漾韻》：'痒，創也。或從歺。'"②

按：葉貴良曾利用"羏"在道經和佛經中的用例，證明其爲"祥"之異體字，引申有"鬼"義③。其説可信。《磧砂藏》隨函音義即可爲其提供明證。《磧砂藏》本《陀羅尼雜集》卷八隨函音義："蠱羏，上音古，以毒害人也；下音詳，鬼也。"[445/72b]且《磧砂藏》、《大正藏》本經文均作"羏"。

【搭】

搭，《字海·手部》："同'擔'。字見《篇海》。"④

按："搭"當是"擔"之俗字。查《改併四聲篇海·手部》引《搜真玉鏡》："搭，丁甘切。"⑤卻未見"'搭'同'擔'"之説。又《漢語俗字叢考》曾指明"搭"、"搭"爲一體之變，應皆爲"擔"之簡省俗字⑥。可見，《字海》釋義雖是，但出處有誤，有失校勘。《磧砂藏》隨函音義則可爲其提供切證。《磧砂藏》本《善見毗婆沙律》卷一一隨函音義："搭擔，丁甘反。"[348/11a]又《薩婆多部毗尼摩得勒伽》卷一隨函音義："搭擔，二同，丁甘反，下正。"[345/10a]又《阿毗曇毗婆沙論》卷三八隨函音義："擔搭，丁淡反，上正。"[367/60a]皆可證。

---

① 韓小荊《〈可洪音義〉研究—以文字爲中心》，第 172 頁。

② 徐中舒主編：《漢語大字典》（縮印本），第 3129 頁。

③ 葉貴良：《"羏"字考辨》，《語言研究》2004 年第 3 期，第 96—98 頁。

④ 冷玉龍等編：《中華字海》，第 359 頁。

⑤ （金）韓孝彦、韓道昭撰：《改併五音類聚四聲篇海》，《續修四庫全書·經部》第 229 冊，上海古籍出版社 2003 年版，第 446 頁。

⑥ 張涌泉：《漢語俗字叢考》，第 277 頁。

（二）訂補已有訓釋

【俹】

《大字典》和《字海》俱未收録該字，《〈可洪音義〉研究》曾據可洪《大智度論》第十三卷音義、《禪秘要法》中卷音義的説解以及《大正藏》對應經文用字，認爲"俹"當是"俛"的換聲旁俗字①，其説是也。然該字亦見載於《磧砂藏》隨函音義中，《磧砂藏》本《佛説華手經》卷九隨函音義："俹，未詳所出。"[186/102b]此處又爲何字呢？是否亦爲"俛"之俗字呢？

今查《磧砂藏》本《佛説華手經》對應經文有"何用是出家，爲人所形笑。盛年受五欲，老至當出家。命促難保信，俹未生厭心。答言受世樂，無厭增瞋惱。出家離衆穢，常修行慈喜"等句[186/99]，即此字所出。《大正藏》對應經文作"僶未"，校勘記云"僶未"元、明本均作"勉勿"，宮本作"俹未"[T16,p0197a]。竊以爲"俹"在此處乃爲"勉"之增旁俗字，而非"俛"之俗體。因爲從上下文經義來看，"俹"在此處義爲"努力"，又《廣韻·獮韻》亡辨切："勉，勗也，勸也，強也；俛，俯俛。"②"勉"在此處與經義契合；又從異文來看，元、明本均作"勉"，故根據經義及異文，"俹"在此處當爲"勉"之俗字。由此可知，"俹"可兼表"俛"、"勉"二字之俗。

至於《大正藏》本《佛説華手經》此處作"僶"，竊疑蓋因"僶俛"這一連綿詞常連用表示"努力皃"，則受"勉"或"俹"字影響而産生了這一異文形式。

【脄】

該字《大字典》未見收録，《字海·月部》："脄，yú 音魚。義未詳。見《龍龕》。"③

按：《龍龕手鏡·月部》下有"脄，俗，於舉反"④，《漢語俗字叢考》曾根據鳩摩羅什譯《大莊嚴經論》卷五的經文、《玄應音義》對應音義以及《玉篇》，認爲此字當是"淤"或"菸"的俗字⑤。然《〈可洪音

---

①　韓小荊：《〈可洪音義〉研究一以文字爲中心》，第 193 頁。

②　（宋）陳彭年等編：《宋本廣韻》，第 457 頁。

③　冷玉龍等編：《中華字海》，第 910 頁。

④　（遼）釋行均撰：《龍龕手鏡》，第 411 頁。

⑤　張涌泉：《漢語俗字叢考》，第 652 頁。

義〉研究》認爲此説未確，其根據可洪《達摩多羅禪經》上卷的音義及對應經文，認爲此字可能是“瘀”的俗字①。而《〈新集藏經音義隨函録〉研究》則认爲“脒”一形兼表“淤”、“瘀”兩字，《達摩多羅禪經》此處“脒”雖爲“瘀”之俗字，但在《大莊嚴經論》中當從《漢語俗字叢考》所論，其爲“淤”之俗字②。那麽，該字究竟是何字的俗字呢？

細檢可洪《達摩多羅禪經》上卷音義“脒爛，上於去反，下郎嘆反”與對應經文“彼彼諸死屍，青黑瘀爛壞，已壞膿血流，惡汁相澆漫”，又考《玉篇·疒部》：“瘀，於預切。瘀血，積血也。”③《廣韻·御韻》依倨切：“瘀，血瘀。”④ 據此，“於去反”與“於預切”、“依倨切”切音相同，“脒”在此處爲“瘀”之俗字，表示“積血”之義與經義契合，此説甚是。

然而，“瘀”於《大莊嚴經論》卷五經文卻不甚契合，原文經文如下：“比丘聞已，即答之言：‘汝頗見汝家内諸小兒等脒瘦、腹脹、面目腫不？’婆羅門言：‘我先見之。’比丘復言：‘汝舍之中有夜叉鬼，依汝舍住，吸人精氣，故令汝家諸小兒等有斯疹疾。’”[T04,p0280b] 上揭經文中，“脒瘦”、“腹脹”、“面目腫”並列在一起來形容小兒的外貌情狀，故表示“積血”的“瘀”於此不可取，“脒”在此處的正體另有其字。

“脒”字亦出現於《磧砂藏》隨函音義，且爲我們提供了另外一種不同的説解。考今《磧砂藏》本《大莊嚴經論》卷五隨函音義：“脒瘦，應師音義云合作菸，於去反，萎薦也。今詳論意，恐作骺，於許反，肩骨也，一云胷骨。”[244/37b] 查《磧砂藏》、《大正藏》本經文正文皆作“脒瘦”。隨函音義中“骺”爲“髃”之俗字，《玉篇·骨部》：“骺，肩骨也。”⑤《集韻·語韻》歐許切：“髃，眉骨⑥。或省。亦書作骺。”⑦ 可證。又從讀音來看，“歐許切”、“於許反”與《龍龕手鏡》云“於舉反”同

---

① 韓小荊：《〈可洪音義〉研究——以文字爲中心》，第 275 頁。

② 鄭賢章：《〈新集藏經音義隨函録〉研究》，湖南師範大學出版社 2007 年版，第 255 頁。

③ （梁）顧野王著，（宋）陳彭年等修訂：《大廣益會玉篇》，第 56 頁。

④ （宋）陳彭年等編：《宋本廣韻》，第 342 頁。

⑤ （梁）顧野王著，（宋）陳彭年等修訂：《大廣益會玉篇》，第 35 頁。

⑥ “眉”當爲“肩”字之誤，上海古籍本《集韻》此處作“肩骨”，是；參見《集韻》，上海古籍出版社 1985 年版，第 329 頁。

⑦ （宋）丁度等編：《宋刻集韻》，第 95 頁。

音；從經義來看，"腜瘦"、"腹脹"、"面目腫"在上揭經文應皆爲名詞性短語，其中"腜"表示"肩骨"與經義亦契合；從字形來看，表示人的身體部件時，"月"旁與"骨"旁常互換，故"骻"在此處或換旁作"腜"。據此，"腜"在此處亦或"骻"的俗字。

漢字在發展演變的過程中，由於受使用環境和造字者情況等因素的影響，常常會有一個形體兼表兩三個甚至更多漢字的情形，所以此處"腜"爲"菻"字，或爲"殔"字，抑或爲"骻"字，則仍有待更進一步的探討。

三　有利於探明近代漢字的演變軌迹

《磧砂藏》隨函音義不僅保存了大量近代漢字形體，並對其進行了較爲精確的説解，還記録了某些近代漢字的發展演變歷史，有利於探明近代漢字形體的發展演變過程，例如：

【惚】

《磧砂藏》本《大方等大集經》卷一隨函音義："煩惱，下古經多作惚。"[90/11a]敦煌寫經敦研024號《大方等大集經》卷六殘卷中"惱"字皆寫作"惚"，即可爲證。又《干禄字書》上聲："惚惚：上俗下正。"① 《龍龕手鏡·心部》："惚，俗；惚，今；惱，正。"② 據此，"惚"乃爲"惱"之俗字，在古寫經和其他寫本中非常普遍，故隨函音義云"古經多作惚"。

【臃】

《磧砂藏》本《大莊嚴經論》卷四隨函音義："臃腫，上紆勇反，脈大皃也。臃，《唐韻》不出也。"[244/29a]《磧砂藏》本《大威德陀羅尼經》卷一隨函音義："臃，舊音紆恭反，未見出處。"[181/8b]"臃"在中古音中屬於平聲鍾韻字，如前所考，隨函音義所云《唐韻》，蓋爲相對於宋代而言，產生於唐代的韻書的總稱，故從現存唐五代韻書殘卷及《廣韻》來看，其平聲鍾韻下均未載該字，可見隨函音義所言甚確。又該字在現今字典中雖有先秦典籍之用例，如《戰國策·韓策三》："人之所以善扁鵲者，爲有臃腫也。使善扁鵲而無臃腫也，則人莫之爲之也。"③ 但該字《説文》

---

① （唐）顔元孫撰：《干禄字書》，第41頁。

② （遼）釋行均撰：《龍龕手鏡》，第56頁。

③ 該例證爲《漢語大字典》書證，參見徐中舒等編《漢語大字典》（縮印本），第2118頁。又見於劉向集録《戰國策》，上海古籍出版社1985年版，第1019頁。

未見，亦不見載録於敦煌本《切韻》系韻書、《篆隸萬象名義》、《廣韻》和《玉篇》，今查《集韻·鍾韻》於容切："癰，《説文》'腫也'，或作臃。"① 據此，竊疑該字或爲"癰"之後起新造形聲字，至遲至《集韻》該字才被字書、韻書收載，現今先秦古籍所見之"臃"字，蓋刻本流行之際，經刻工改刻而成，並非原本之面貌。

【鮱】

《大字典·魚部》："mí《龍龕手鏡》音弥。魚名。《字彙補·魚部》：'鮱，魚名。'"② 《字海·魚部》："mí 音迷。一種魚。見《字彙補》。"③ 雖然該字現今既有音也有義，但它的來歷是怎樣呢？因爲未見文獻用例，人們始終對此不甚明瞭。今查《龍龕手鏡·魚部》："鮱，俗音弥。"④ 竊疑"鮱"字如同上文"魔"一樣，爲漢譯佛經的新造字，"俗音弥"爲"音隨形變"現象。可喜的是，《磧砂藏》隨函音義證實了我們的推測。《磧砂藏》本《大法炬陀羅尼經》卷二〇隨函音義："坻彌，上音池，坻彌，大身魚也。"[180/72b] 今《磧砂藏》對應經文作"坻彌"，原文如下："又如一切濕生之類，所謂魚鼈黿虬坻彌宜羅，此等皆是卵生所攝。"[180/68b]《大正藏》本亦同。又《磧砂藏》本《一切法高王經》隨函音義："坧鮱，上音遲，一音佽，下音迷，坻鮱，大身魚也。"[157/32a] 今《磧砂藏》對應經文作"坧鮱"，原文如下："慧命舍利弗白佛言：'世尊，無衆生受用得力，謂勝衆生陸地衆生水中衆生，所謂魚黿摩伽羅魚坧鮱宜羅蝦蟇鵝鴨及魚師等。'"[157/26b]《大正藏》本則作"坻鱺"[T17, p0854b]。由此推知，"坻彌"本爲一種魚類名稱，在佛經中爲譯音詞，人們爲了更好地突出它的意思，便將該詞中僅僅表音的"彌"字加魚旁，形成了一個符合漢字左形右聲規律的"鱺"。又因"彌"常俗寫作"弥"，後又寫作"弥"，故而形成了現今大型字典中見到的"鮱"。

【狉】【猇】【桮】【㧞】【㤴】

《磧砂藏》本《拔陂菩薩經》隨函音義："桮，元房悲反。狉，狸也。今檢無狉字，元作豘，音丕。"[100/30b] 俗書"犭"旁、"豕"旁常因義近而

① （宋）丁度等編：《宋刻集韻》，第 6 頁。
② 徐中舒主編：《漢語大字典》（縮印本），第 4699 頁。
③ 冷玉龍等編：《中華字海》，第 1710 頁。
④ （遼）釋行均撰：《龍龕手鏡》，第 166 頁。

互換，則"狉"爲"狉"之後起換旁字。考陸德明《經典釋文》卷三
〇《爾雅》音義下："狉，字或作狉，房悲反，一音丕，《字林》云'貍
也'。"① 裴務齊《刊謬補缺切韻·脂韻》："狉，案《尔疋》'貍別名'。"②
皆其例。又《磧砂藏》隨函音義字頭作"栖"，正文作"括"[100/25a]；《大
正藏》作"狚"，校勘記云"狚"字宮本作"恬"[T13, p0920a]。《龍龕手鏡·
犬部》："狉狉，二俗，作疋悲反，貍子也。今作狉。"③ 據此，"狚"亦爲
"狉"之俗寫字，"括"、"栖"、"恬"則應皆爲由"狚"衍生出來的一系
列俗字，蓋因俗書"犭"、"扌"、"木"、"忄"四個偏旁形近互換所致，
其演變過程或可標示如下：

狉—狉（後起換旁字）—狚（俗寫字）＜
　　　　　　　　　　　　　　　　　　栖（換旁俗寫字）
　　　　　　　　　　　　　　　　　　括（換旁俗寫字）
　　　　　　　　　　　　　　　　　　恬（換旁俗寫字）

【䟿】【脰】【躯】【㝢】

《〈龍龕手鏡〉研究》曾推斷"㝢"、"躯"、"脰"三字同，且同爲佛
經中的新造俗字，疑其正體爲"匡肘"之"匡"字④。《〈新集藏經音義
隨函錄〉研究》進一步證明"㝢"、"䟿"、"脰"乃"匡"字增旁所致，
意義爲曲脛、跛足；又引《荀子·政論》中"匡"的用例説明，"跛匡"
同義連文，"匡"即跛義⑤。又《字典考正》亦曾根據佛經中的用例就
"脰"做出解釋，認爲其與"僂"義近，亦有彎曲之義⑥。那麼，上述幾
字的本字是否爲"匡"字？它們的基本義到底是什麼呢？

《磧砂藏》隨函音義亦有其用例，爲我們瞭解這一系列俗字的源流及
其佛經中的真實意義提供了綫索。《磧砂藏》本《摩訶僧祇律》卷一九隨
函音義："㝢脚，前作䟿，匡字去聲，㝢、䟿二字未詳出。"[307/108a] 查《磧

---

① （唐）陸德明撰：《經典釋文》，第 435 頁。
② 周祖謨：《唐五代韻書集存》，第 549 頁。
③ （遼）釋行均撰：《龍龕手鏡》，第 317 頁。
④ 鄭賢章：《〈龍龕手鏡〉研究》，第 152—153 頁。
⑤ 鄭賢章：《〈新集藏經音義隨函錄〉研究》，第 91—92 頁。
⑥ 鄧福祿、韓小荆：《字典考正》，湖北人民出版社 2007 年，第 224 頁。

砂藏》本對應原文有“汝曲脊跛蹇眼瞎尪脚，㯼頭鋸齒，身不具足，而受具足”等句[307/98b]，應即此二字所出。《大正藏》本對應經文作“㑌脚”，校勘記曰“㑌”元、明本均作“踁”[T22,p0378a]。又《磧砂藏》本同卷經文下亦有“時有婆羅門極醜陋，僂脊尪脚，將一年少端正婦來見”[307/101b]，《大正藏》本對應經文亦作“㑌脚”，又校勘記稱“㑌”明本作“踁”[T22,p0380c]。考《慧琳音義》卷五八《摩訶僧祇律》第十九卷音義：“㑌脚，去誑反，謂脚曲也，書無此字，應俗作耳。”[T54,p0692b]《龍龕手鏡·人部》：“㑌、㑌，二俗，去王，去誑二反。”① 故“㑌”在此處蓋受下文“脚”的影響换從“足”旁作“踁”，從而與音“曲王切”、義爲“踁躟或足框”的“踁”字同形。

然而，“㑌”在此處自身亦爲佛經新造俗字，且隨函音義於“踁、㑌”二字云“未詳出”，又細檢《〈龍龕手鏡〉研究》所據《四分律》第二十卷經文原文“手叉腰軀（宋、元、明、宫本作匡）肘”以及《慧琳音義》對該詞條的説解“横舉肘也，未詳字出”，竊以爲《〈龍龕手鏡〉研究》云“㑌”、“軀”、“䐃”三字同，所説甚是；然解釋其爲“曲脛、跛足”或“跛”義，則恐未確；其實“横舉肘”即“彎曲肘”，上述“軀”②、“㑌”、“䐃”與“踁”應皆爲“尪”在“匡”之上新造的後起俗字，“匡”只是“尪”表示“彎曲”義時的通假字。據此，上述幾字的意義應如《字典考正》所云，爲“彎曲之義”。

今考《荀子·王霸》：“是故百姓賤之如㑌，惡之如鬼。”杨倞注：“字書無㑌字，蓋當爲尪，病人也。”③ 又《荀子·政論》：“譬之，是猶傴巫、跛匡，大自以爲有知也。”杨倞注：“匡讀爲尪，廢疾之人。《王霸篇》曰‘賤之如㑌’，與此‘匡’同。”④ 據此可知，在上文中“匡”與“尪”爲一對通假字。“尪”本爲從尢、㞷聲的形聲字，《説文·尢部》：

① （遼）釋行均撰：《龍龕手鏡》，第25頁。

② 《漢語大字典》未收録該字，《中華字海·身部》：“軀，横舉肘。見玄應《一切經音義》卷十四。”（1431頁）該釋義係《中華字海》機械抄襲玄應《一切經音義》之誤，又玄應《一切經音義》釋義“軀肘”爲“横舉肘”，亦爲隨文釋義，與“軀”的基本義不符，竊以爲“軀”應釋義爲“通‘尪’，彎曲之義”。

③ （清）王先謙撰：《荀子集解》，中華書局1988年版，第226頁。

④ 同上書，第326頁。

"尣，尬、曲脛也。从大象偏曲之形，凡尣之屬皆從尣。𡰩，古文从坐。"①段注："尣本曲脛之稱，引申爲曲脊之稱……尣者，古文象形字。𡰩者，小篆形聲字……或云短小曰尢，本從坐聲，省作尢。"② 而 "匡" 爲從匚、坐聲的形聲字，故二者聲近易通。在佛經中又蓋因修飾人或人的身體部件進而換旁俗作 "伛"、"胜"、"躯"、"距"，如唐道世集《諸經要集》卷一八："第二十，復有衆生，其形甚醜，身黑如漆，面目復青，鞠顬俱堆，皰面平鼻，兩眼黃赤，牙齒疎缺，口氣腥臭，矬短擁腫。大腹亞䯗，脚復繚戾，僂脊匡（宋、元、明本作胜）肋。"[T54,p0172a]明末讀體集《毗尼止持會集》卷八："相貌者有下中上。下者汝是瞎眼曲脊，距脚鋸齒等。"[卍39,p0404c]③可見，上揭經文中 "胜"、"距" 這些後起俗字義爲 "彎曲" 用來修飾 "脚"、"肋"、"肘" 等身體部件，常與 "僂脊"、"鋸齒" 等連用來形容相貌醜陋、不端正者。

另《磧砂藏》本《摩訶僧祇律》卷二四隨函音義："匡脚，上去聲，又作距、伛，未詳所出。"[308/48b]查《磧砂藏》本對應經文原文作 "從今日後，身分不端正人，不應與出家。身分不端正者，眼瞎僂脊，跛脚匡脚，齲齒瓠盧頭" 等句[308/40b]，應即上揭隨函音義詞條所出，而《大正藏》本對應經文却作 "胜脚"，校勘曰 "胜" 宋、元、明、宮、聖本皆作 "匡"[T22,p0419c]。考 "胜" 在此處當爲 "胜" 字之訛，"匡" 旁常俗寫作 "𦣝"，易與 "隹" 旁相誤，又《可洪音義》對應經卷亦出 "胜脚" 條④，故 "胜" 在此處與 "匡" 形成異文。

通過以上分析可知，"尢" 的俗寫形體非常豐富，溯其造字理據，蓋因 "尢" 本義爲 "一種小腿彎曲的疾病"，《玉篇・尢部》："尣，烏光切，跛，曲脛也。……俗作允。尢，同上。"⑤《廣韻・唐韻》烏光切："允，曲脛，俗作尣。尢，尢弱，《説文》同上。"⑥皆其例。又由於與 "匡" 聲韻相近，二者可得通用，進而佛經又在此基礎上，孳乳出一系列

---

① （漢）許慎撰，（宋）徐鉉校定：《説文解字》，第214頁。

② （漢）許慎撰，（清）段玉裁注：《説文解字注》，第495頁。

③ 本文所引《卍續藏》經文，"卍" 後的數字表示卷數，"p" 後的數字表示頁碼，"a、b、c" 表示上、中、下三欄。

④ （五代）釋可洪撰：《新集藏經音義隨函録》，《中華大藏經》第59册，第1110頁中欄。

⑤ （梁）顧野王著，（宋）陳彭年等修訂：《大廣益會玉篇》，第101頁。

⑥ （宋）陳彭年等編：《宋本廣韻》，第162頁。

含有"彎曲"義的增旁俗字。故大致説來，蓋可表示如下：

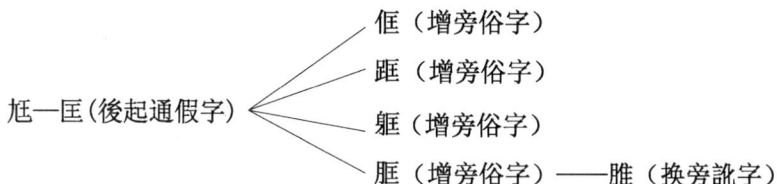

對此，目前的字典辭書還未抉發"尪"與"佢、距、躯、胜"之間的演變脈絡，而且從這一實例也可看出，單憑歷代字典辭書探究漢字的形體演變是遠遠不夠的，還需要從文獻的具體用例出發，將漢字放入實際語言環境才能考察出其演變脈絡。另外，從這一實例亦可看出，漢字孳乳的一個重要途徑便是增加或者改變偏旁來創造形聲字。

第二節　《磧砂藏》隨函音義與大型字典編纂

如上所述，近年來，佛經音義在文字方面的價值越來越受到學界重視，而隨函音義迄今尚未引起足夠的關注。鑒於此，下面我們就以《磧砂藏》隨函音義爲對象，對其中收録辨析的大量疑難俗字進行初步的考察，擬從字典編纂的角度結合實例説明這些疑難俗字在彌補大型字典多方面不足上的實際意義。總的説來，主要體現在以下幾個方面：

一　增補未收字

現今通行的字典中以《大字典》和《字海》收字最多，但二者漏收的現象也十分普遍，《磧砂藏》隨函音義保存的一些獨特字形，多未被二書收録，如：

【廄】

此字大型字典未載，見於《磧砂藏》隨函音義，乃"廄"字之訛。《磧砂藏》本《佛本行集經》卷一六隨函音義："廄厩，音救，養象馬舍，二同用。"[297/43a]《磧砂藏》本對應經文作："是時，城內所有人民皆悉迷悶，沈重睡眠。淨飯王身并諸左右，及太子廄，當馬諸臣、宮人婇女皆悉迷惑，疲乏重眠。"[297/40b]《大正藏》對應經文作"厩"[T03,p0728b]。斯388號《正名要録》"右正行者楷，腳注稍訛"類"廄"下腳注"厩"。"阮"

又爲"既"之俗寫。又《龍龕手鏡·广部》："㢼，俗；廄，今；廏，正，音救，象馬舍也，又聚也。"① 又俗書"广"旁、"厂"旁因形義相近而常互混，據此，"㢼"、"厎"應皆爲"廏"之俗字，隨函音義中"廄"亦應爲"廏"之訛俗字。《篇海類篇·厂部》引《搜真玉鏡》："厎，音救。"② 伯3506號《佛本行集經難字》於卷九的位置亦出"瘛"字，《敦煌經部文獻合集》考云"其當爲'廏'的訛字"③，皆可證。例中"廄"、"瘛"蓋皆爲"廏"字之換旁俗字，亦皆爲"廏"之俗字。

【鞻】

該字大型字典未載，見於《磧砂藏》隨函音義，乃"韀"之俗字，而"韀"又爲"韀"字之俗省。《龍龕手鏡·革部》："韀，或作；韀，今。"④ 可證。《磧砂藏》本《佛本行集經》卷一七隨函音義："鞌鞻，上與鞍同，下音牋，正作韀。"[297/50a]《磧砂藏》本對應經文有"刮刷其背，先以柔軟輕細之物厲於脊上，以金所成七寶莊嚴鞍韀而被"等句[297/44b]，隨函音義中"鞌鞻"即經文中"鞍韀"。該字亦見於《可洪音義》卷一四《佛本行集經》第四十三卷音義："鞌鞻，上烏寒反，下則先反。"⑤ 據此推知，"鞻"應是受上文"鞍"偏旁易位字"鞌"的影響而類化作"鞻"。

【腤】

大型字典未收此字形。《磧砂藏》本《大智度論》卷八九隨函音義："腤膳，上户交反，正作餚，下時扇反。"[216/95a]今《磧砂藏》本對應經文作"腤膳"，原文如下："幻作種種形色：男、女、象、馬……香華、瓔珞、腤膳飲食、作衆伎樂。"[216/91a]《大正藏》本對應經文則作"餚饍"[T25,p0690a]。考《干禄字書》平聲："餚肴：上俗下正。"⑥《慧琳音義》卷三六《大日經》第五卷音義："餚饍，上効交反，俗字也，正體單作肴……今之美食皆曰珍膳，從肉善聲，經文從食作饍，俗字，非也。"[T54,p0547a]據此推知，"肴"爲正體，"餚"爲"肴"之後起增旁字，"腤"應是"肴"

---

① （遼）釋行均撰：《龍龕手鏡》，第200頁。

② （明）宋濂撰，（明）屠隆訂正：《篇海類編》，《續修四庫全書·經部》第229—230冊，上海古籍出版社2003年版，第478頁。

③ 張涌泉：《敦煌經部文獻合集·小學類佛經音義之屬》，第5549頁。

④ （遼）釋行均撰：《龍龕手鏡》，第446頁。

⑤ （五代）釋可洪撰：《新集藏經音義隨函録》，《中華大藏經》第59冊，第1085頁中欄。

⑥ （唐）顏元孫撰：《干禄字書》，第27頁。

受“膳”之影響換旁或增旁而成的俗字。

【寇】

此字大型字典未收，見於《磧砂藏》隨函音義，乃“寇”之俗字。《磧砂藏》本《大方等大集月藏經》卷三隨函音義：“賊寇，下苦候反。”[95/29b] 今《磧砂藏》本對應經文作“賊寇”，原文如下：“二者，於彼國土，他方怨敵不來侵國，兵杖不起；三者，於彼國土，無賊寇、無欺詐、無矯誑。”[95/28b]《大正藏》本同。“寇”何以會寫作“寇”呢？今考俗書“攴”旁、“夂”旁常因形義相近而互混，如《正字通·宀部》：“寇，俗寇字。”①。又“宀”與“冖”旁亦常相混，如《磧砂藏》本《經律異相》卷二九隨函音義：“寇，苦候反。”[442/71a] 則“寇”爲上述兩種情形進一步訛寫的結果。

【聟】

此字大型字典未收，見於《磧砂藏》隨函音義，乃“壻”之俗字。《磧砂藏》本《舍頭諫經》隨函音義：“聟，音細。”[285/31b] 今《磧砂藏》本對應經文有“令斯仁者爲吾夫壻”等句[285/19b]，即此字所出。據此，“聟”乃“壻”之俗字。又《説文·士部》：“壻，夫也。從士，胥聲……讀與細同。婿，壻或從女。”② 故《大正藏》對應經文作“婿”[T21,p0410b]。“聟”之所以成爲“壻”之俗字，蓋爲“聓”字訛寫，而“聓”則是“壻”之俗字③。考《干禄字書》去聲：“聓聟壻：上俗中通下正。”④ 斯 388 號《正名要録》“右正行者楷，脚注稍訛”類“聟聓”下脚注“聓”，皆爲其明證。

【鞘】

此字大型字典未載，《磧砂藏》本《四分律》卷五二隨函音義：“毛鞘，下未詳所出，或作毲，蕭、銷二音，鳥毛羽也，今看律意，未符其理。”[336/21a] 今查《磧砂藏》本對應經文作“毛鞘”，原文如下：“時六群比丘作織毛鞘扇，多殺細蟲若草，時諸居士見皆譏嫌言：‘沙門釋子無有慚愧，害衆生命，自稱言“我知正法”，捉毛鞘扇，害衆生命，如是何有

---

① （明）張自烈撰，（清）廖文英編：《正字通》，第 272 頁。

② （漢）許慎撰，（宋）徐鉉校定：《説文解字》，第 14 頁。

③ 張涌泉：《敦煌俗字研究》（下編）“婿”條，第 217 頁；張小豔：《敦煌書儀語言研究》，商務印書館 2007 年版，第 204 頁。

④ （唐）顏元孫撰：《干禄字書》，第 48 頁。

衆法?'"[336/17b]《大正藏》本對應經文作"毛氄"[T22,p0954b]。故"銷"應即"氄"在俗寫中發生偏旁易位而產生的俗字。

【撻】

大型字典未收該字形。《磧砂藏》本《大莊嚴經論》卷四隨函音義："楚撻，楚，木荊也，或作撻，撻，痛也；下他達反，答也。"[244/29a]今查《磧砂藏》本對應經文作"楚撻"，原文如下："有人執杖隨，尋逐加楚撻，耳常聞惡音，未曾有善語。"[244/24a]《大正藏》本對應經文亦同。據經文可知，"楚撻"指用"杖"打，"楚"是古代的刑杖或督責生徒的小杖，而"撻"則當爲"楚"受"撻"影響而產生的增旁俗字。上揭隨函音義釋"撻"爲"痛也"，顯然是不準確的。

【齿】

該字大型字典未見收録。《磧砂藏》本《阿毗曇毗婆沙論》卷七九隨函音義："抓齿，上之巧反，下與齒同。"[371/61b]今查《磧砂藏》本對應經文作"爪齒"，原文如下："分別修者，分別於身，如說此身謂髮毛爪齒等，乃至廣說。"[371/59b]《大正藏》本亦作"爪齒"，校勘記曰"爪"聖本作"抓"[T28,p0388c]。據此，"抓齿"乃"爪齒"的俗字。

【辟】

該字大型字典未見收録，《磧砂藏》本《月燈三昧經》卷三隨函音義："掉臂，上徒弔反，下俗作辟。"[155/27b]今《磧砂藏》本對應經文作"掉臂"，原文如下："舒手展足奢縱誕，趨步言笑自顧影，伴黨掉臂隨路行，若入部落現異相。"[155/27a]《大正藏》本對應經文亦同。據此，"辟"乃"臂"之俗字。"辟"當是"臂"手書訛寫所致。敦煌文獻北 8437 號《八相成道變文》："感文殊而垂手，接臂虛空，承我佛於河灘，達於彼岸。"例中"臂"寫作"辟"，可資比勘。

【角】【角】

大型字典未收録此二形，見於《磧砂藏》隨函音義，皆爲"角"之俗寫字。《磧砂藏》本《根本說一切有部毗奈耶經》卷三三隨函音義："角角，二同。"[319/25b]今查《磧砂藏》本對應經文作"角"，原文如下："爾時六衆於日初分，著衣持鉢，入城乞食，至施食家，受諸飲食、餅果之類，盛滿角袋，并持飯鉢還歸住處。"[319/23b]《大正藏》本對應經文亦同。據此，"角"、"角"應皆爲"角"之俗寫字。推其致誤之由，蓋因"角"字隸定過程中筆迹異變而成。考《說文·角部》："角，獸角也，象形。角與刀魚相似，凡角之屬皆從角。"① 《説文》云"角與刀魚相似"應就"角"之小篆形體而言，在隸定過程中，象"刀"的這部分，除了隸變作"ク"外，还易變作"刀"與"夕"，故而形成"角"的上述兩種俗寫形體。

【屄】【屄】

大型字典未收此二形，見於《磧砂藏》隨函音義，乃"厥"之俗字。《磧砂藏》本《正法華經》卷一隨函音義："屄厥，二字同，居月反，上非也。"[131/13a] 卷二隨函音義："屄厥，二同，居月反。厥，其也。"[131/22a] 又《經律異相》卷一二隨函音義："厥，厥字作屄，非也。"[441/13a] 今查上揭隨函音義《磧砂藏》和《大正藏》本對應經文皆作"厥"，又俗書中"欠"與"殳"、"厂"與"尸"常因形近而互換，"厥"可俗寫作"屄"、"屄"等形②，故"屄"、"屄"乃"厥"之俗字無疑。

【橛】

大型字典未收此形。《磧砂藏》本《佛本行集經》卷一七隨函音義："橛橛，其月反，椿，竹江反，椿也，上非下正。"[297/50a] 今查《磧砂藏》本對應經文有"爾時車匿即至厩中，於槽櫪上搦取乾陟，即以純金作迦毗遮，七寶莊嚴串於馬口，牽出離槽，別繫餘橛"等句[297/44b]，即此字所出。就字形而言，"屄"爲上文"厥"字俗體進一步手書訛變，故該字爲"橛"手書訛變所致。據此，"橛"爲"橛"字之訛。

【冢】

該字大型字典未載，見於《磧砂藏》隨函音義，爲"冢"之俗字。《磧砂藏》本《正法念處經》卷五九隨函音義："冢塚，二同，下正。"[294/74a] 今《磧砂藏》本對應經文作"塚"，原文如下："唯獨無侶，游於山谷巖窟草聚，唯處塚間。"[294/73b] 《大正藏》本對應經文作"塚"[T17, p0352a]。"冢"、"塚"顯然均爲"冢"之俗字，前者大型字典未見收録。《敦煌俗字研究》已疑"冢"爲"冢"字俗體③，又敦煌寫本伯3438號《大般涅槃經音》第三袟第十卷、伯3823號《大般涅槃經難字》、北6286、北6308、斯2115、斯2869號《大般涅槃經》經文中皆有"冢"作"冢"之用例④，

---

① （漢）許慎撰，（宋）徐鉉校定：《説文解字》，第93頁。
② 張涌泉：《敦煌俗字研究》（下編）"厥"條，第21頁。
③ 張涌泉：《敦煌俗字研究》（下編）"冢"條，第69頁。
④ 張涌泉：《敦煌經部文獻合集·小學類佛經音義之屬》，第5230、5764頁。

皆可證"冢"即爲"冢"之俗體。可見，該字之所以成爲"冢"的俗字，是因"冢"先增旁俗變作"塚"，又進一步俗寫作"冢"，再進一步俗變作"冢"。

【禍】

該字大型字典未收，見於《磧砂藏》隨函音義，乃"禍"之俗字。《磧砂藏》本《大乘顯識經》卷下隨函音義："禍，禍字。"[89/27a] 今《磧砂藏》本對應經文有"如被劫賊執捉將去，作如是言：'訶訶，禍哉！苦哉！我今棄閻浮提種種愛好親屬知友，入於地獄，我今不見天路，但見苦事'"等句[89/26a]，即此字所出。"禍"何以會俗寫作"禍"呢？今考《碑別字新編》載《唐昭仁寺碑》"禍"作"禍"，《唐張琮碑》作"禍"①。又《龍龕手鏡·礻部》："禍禍，二俗；褐禍，二正，胡果反，災禍也。"② 可資比勘。據此，"禍"與"禍"、"禍"或"禍"爲一字之變，其爲"禍"之俗字應無疑問。

【斁】

該字大型字典未載，見於《磧砂藏》隨函音義，乃"暫"字之訛。《磧砂藏》本《妙法聖念處經》卷七隨函音義："**斁**，下恐是暫字寫誤也。"[494/42b] 今《磧砂藏》本對應經文有"汝貪女人，自性堅着，無暫捨離，他意不恒，隨情進退"等句[494/40a]，即此字所出。《大正藏》本亦同。俗書"晝"與"車"常因形近而互混，如《可洪音義》卷一二《長阿含經》第十八卷音義："寶塹，古歷反。"③ 例中"塹"寫爲"塹"即其證。又《大正藏》本《四分律》卷五六有"失塹若木頭"[T22,p0982c]，校勘記稱此處"塹"，聖乙本作"塹"，而《磧砂藏》本作"塹"[336/55a]。據此，隨函音義所言不虛，"**斁**"應是"暫"字訛寫形成的俗字。推其致誤之由，蓋"攴"旁受"晝"寫作"車"之影響而訛變作"斤"。

【舅】【明】

大型字典未收錄此二形，見於《磧砂藏》隨函音義，乃"舅"之俗字。《磧砂藏》本《大乘大悲分陀利經》卷一隨函音義："舅，女感反。"[134/22a]《磧砂藏》本對應經文作"明"，原文如下："婆沙剃婆禰駄

---

① 秦公輯：《碑別字新編》，文物出版社 1985 年版，第 294 頁。

② （遼）釋行均撰：《龍龕手鏡》，第 111 頁。

③ （五代）釋可洪撰：《新集藏經音義隨函錄》，《中華大藏經》第 59 冊，第 985 頁上欄。

隸陀羅波帝眀礙帝牧備牧婆波羅備米帝隸。"[134/16a] 《大正藏》本則作
"舅"[T03,p0236a]。又《磧砂藏》本《大威德陀羅尼經》卷三隨函音義:
"眀,古文舅字,舊音女甘反,陀羅尼字,夫(未)敢能定。"[181/21b] 據此,
竊以爲"翢"、"眀"皆爲"舅"之俗字。溯其产生之由,二者蓋爲"朗"
之俗字,"朗"則見於《説文》,"舅"爲其偏旁位移字,俗書"臼"與
"臽"、"日"形近易訛,"朗"便寫成了"翢"、"眀"。至於其讀音"女
感反","女甘反",爲該字發生訛變而产生的"俗音"或"俗讀",因認
爲該字爲左形右聲的形聲字,而讀作"男"聲,是一種"音隨形變"
現象①。

　　另外,如"印"的俗體"㠱"(《大方等大集月藏經》卷二隨函音
義)、"煮"的俗體"煑"(《正法念處經》卷一二隨函音義)、"炒"的俗
體"焅"(《千手千眼觀世音菩薩姥陀羅尼身經》隨函音義)等字形都未
被大型字典所收録。

二　辨別同形字

　　佛經中某些字形往往由於俗寫而與他字同形,《磧砂藏》隨函音義對
此亦進行了收録和辨析,可爲大型字典的修訂增補義項。例如:

【墼】

　　墼,《大字典·鼓部》:"jī《改併四聲篇海》引《川篇》音墼。鼓
聲。《篇海類編·器用類·鼓部》:'墼,鼓聲。'"②《字海·鼓部》:"jī
音机。鼓聲。見《字彙》。"③

　　按:"墼"字《説文》未收,亦不見於敦煌本《切韻》系韻書、《篆
隸萬象名義》、《龍龕手鏡》、《廣韻》和《集韻》。該字應爲從土、鼓聲
的形聲字,此處讀墼,於聲不諧。竊疑其字實爲"墼"之形訛字。讀音
上,"墼"爲"墼"的直音字;字形上,"墼"與"墼"形體近似;字義
上,由於從鼓音"墼",讓人很容易聯想到"鼓聲"。

　　另外"墼"亦可作"塔"的俗字。《磧砂藏》本《阿閦佛國經》隨

---

　　①　張涌泉:《論"音隨形變"》,載其著《舊學新知》,浙江大學出版社 1999 年版,第 92—
93 頁。

　　②　徐中舒主編:《漢語大字典》(縮印本),第 4764 頁。

　　③　冷玉龍等編:《中華字海》,第 1738 頁。

函音義："墪，塔字，未詳何出也。"[86/19a] 今《大正藏》本《阿閦佛國經》卷下對應經文有"皆供養其身，以七寶作塔。其三千大千世界，當以七寶塔及葉金色蓮華而莊嚴"等句，校勘記曰"塔"宋、宮本作"墪"，元、明本作"鼕"[T11,p0760c]。《磧砂藏》本對應經文中上兩處"塔"字分別作"墪"、"墪"二形[86/15a]。《中華大藏經》所據底本亦爲麗藏本，故經文亦作"塔"，校勘記稱"塔"字《資福藏》、《磧砂藏》本作"墪"，《永樂南藏》、《嘉興藏》、《清藏》本作"鼕"①。据此，"墪"在此處乃是"塔"之俗字，又俗書中"支"與"殳"、"攴"與"支"、"土"與"古"等偏旁常因義近或形近而互換，則"墪"、"墪"、"鼕"（該字《玉篇》認爲其爲鼓字籀文）皆爲"墪"字之俗寫。大型字典"墪"字下應補入該義項。

【屌】

屌，《大字典·尸部》："同'肩'。《字彙·尸部》：'屌，與肩同，髆也。'"②《字海·尸部》："同'肩'。見《正字通》。"③

按："屌"亦可作"角"的俗字。《磧砂藏》本《根本説一切有部毗奈耶》卷一七隨函音義："屌角，二同，下正。"[317/55a] 今《磧砂藏》和《大正藏》本經文正作"角"，故此處"屌"乃"角"之俗字。溯其致誤之由，蓋由於楷定過程中手書訛寫造成。考"角"字《説文》篆文作"𧢲"，象形；隸變作"𧢲"、"角"等形；在楷化中易訛寫作"屌"，故從字形演變的角度而言，上揭"屌"乃"角"之俗字，大型字典"屌"字下應補"同角"之義項。

【怳】

怳，《大字典·心部》："guàng《廣韻》居況切，去漾見。又于放切。陽部。①謬誤。《説文·心部》：'怳，誤也。'②欺騙。《玉篇·心部》：'怳，詐也。'③迷惑。《廣韻·漾韻》：'怳，怳惑也。'"④

按："怳"亦可作"狂"的俗字。《磧砂藏》本《摩訶僧祇律》卷一九隨函音義："怳，狂字。"[307/108b] 《磧砂藏》本對應經文有"設有餘人，

① 中華大藏經編輯局編：《中華大藏經》第 9 册，第 635 頁中欄。
② 徐中舒主編：《漢語大字典》（縮印本），第 972 頁。
③ 冷玉龍等編：《中華字海》，第 663 頁。
④ 徐中舒主編：《漢語大字典》（縮印本），第 2301 頁。

若眠癡狂心亂苦痛，嬰兒非人，畜生雖有是人，故名獨” 等句[307/104a]，
即此字所出。據此，“㹺” 當爲 “狂” 之增旁俗字。竊疑該字受下文 “心”
字影響而産生。大型字典 “㹺” 下應補 “同狂” 的義項。

【骷】

骷，《大字典·骨部》：“kū《廣韻》苦骨切，入没溪。又口滑切。骷
骷，用力；勤。也單用作‘骷’.《玉篇·骨部》：‘骷，用力也。’又《力
部》：‘骷，勤也。’《大方等大集經·日藏分送使品》：‘骷骷專念不起亂
想。’《玄應音義》：‘骷骷，《廣雅》：‘骷，勤也。《埤倉》：‘力作也。’”①

按：“骷” 亦可作 “肋” 的換旁俗字。《磧砂藏》 本 《正法念處經》
卷六五隨函音義：“骷肋，二同，音勒，下正。”[295/43b]今 《磧砂藏》、《大
正藏》 本經文均作 “肋”；又 《可洪音義》 卷一二 《雜阿含經》 第十九
卷音義：“賷骷，上許劫反，下來得反。”② 今 《磧砂藏》、《大正藏》 經文
均作 “脅肋”，皆可證。大型字典 “骷” 字下應補入該義項。

【眃】

眃，《字海·目部》：“‘眽’ 的訛字。字見《集韻》。”③

按：“眃” 亦可作 “眵” 的俗字。《磧砂藏》 本 《正法念處經》 卷六五
隨函音義：“眃眵，七支反，二同，下正上非。”[295/43b]今 《磧砂藏》、《大正
藏》 本經文均作 “眵”。俗書 “攴”、“支” 每多相亂，故 “眃” 當爲 “眃”
之俗寫。《可洪音義》 卷三 《寶星陀羅尼經》 第十卷音義：“阿眃，昌支反，
正作眵。”④ “眃” 即 “眃” 的增點俗字。“眃” 蓋爲 “眵” 從目、支聲的換
旁俗字。《龍龕手鏡·目部》：“眃，俗；眵，正。”⑤ 可證。又查該字《説
文》 未見，亦不見於敦煌本 《切韻》 系韻書及 《篆隸萬象名義》、《玉篇》，
較早見於 《玄應音義》、《可洪音義》、《龍龕手鏡》，故該字蓋爲唐五代時
期 “眵” 的新造形聲俗字。《字海》 “眃” 字下應補入該義項。

【羜】

羜，《字海·羊部》：“同‘羛’。見《龍龕》。”⑥

① 徐中舒主編：《漢語大字典》（縮印本），第 4407 頁。
② （五代）釋可洪撰：《新集藏經音義隨函録》，《中華大藏經》 第 59 册，第 1008 頁中欄。
③ 冷玉龍等編：《中華字海》，第 1047 頁。
④ （五代）釋可洪撰：《新集藏經音義隨函録》，《中華大藏經》 第 59 册，第 652 頁下欄。
⑤ （遼）釋行均撰：《龍龕手鏡》，第 417 頁。
⑥ 冷玉龍等編：《中華字海》，第 1285 頁。

按："乗"亦可作"承"的俗字。《磧砂藏》本《舍頭諫經》隨函音義："相承，經誤作乗。"[285/31b] 《磧砂藏》本對應經文字作"相承"，原文如下："復有人名髮，編結髮，子孫相承，是故世間有編髮種，有人棄家除去鬚髮。"[285/24a]《大正藏》本亦同。据此，"乗"乃"承"之俗字，蓋由於"承"字草書楷化而成。斯214號《燕子賦》："但辦脊背袛承，何用筆語相骸？"又同卷下："推問根由，元無承伏。"其中的兩處"承"字分別寫作"承"和"承"，與"乗"形體極爲近似，即其例。故大型字典"乗"下應增補"同承"之義項。

【狣】

狣，《大字典·犬部》："huí《廣韻》户恢切，平灰匣。古地名。《玉篇·邑部》：'狣，睢陽鄉名。'"①]

按："狣"亦可作"邠"的俗字。《磧砂藏》本《佛遺日摩尼寶經》隨函音義："狣坻，上布巾反，下音遲，即給孤獨之梵名也。"[89/38b] 今《磧砂藏》對應文字作"邠坻"，原文如下："佛在舍衛國祇洹阿難邠坻阿藍時。"[89/32a] "邠坻"即"邠坻"。據此，"狣"乃"邠"之俗字，蓋由"分"旁草書楷化而致。"分"字草書常寫作"分"、"分"②，與"犭"旁形近易混。如《可洪音義》卷二三《經律異相》第三十五卷音義："邠祁，上彼巾反，下丁兮反。"③ 今對應經文原文亦作"邠坻"，"邠"乃"邠"之俗寫，可資比勘。故大型字典"狣"下應增補"同邠"之義項。

【浣】

浣，《大字典·氵部》："（一）mào《集韻》眉教切。去效明。大水貌。《集韻·效韻》：'浣，大水皃。'（二）huǎn《龍龕手鏡》胡管反。同'澣'。《龍龕手鏡·水部》：'浣，澣的俗字。'"④

按："浣"亦可作"浣"的俗字。《磧砂藏》本《方廣大莊嚴論經》卷七隨函音義："洗浣，胡伴反。"[128/61a] 今《磧砂藏》本對應經文作"洗浣"，原文如下："然菩薩欲使將來諸比丘衆不令他人洗浣故衣，即便自洗不與帝釋。"[128/60a] 而《大正藏》本對應經文正作"洗浣"[T03,p0583b]。據此，

---

① 徐中舒主編：《漢語大字典》（縮印本），第 1331 頁。

② 洪鈞陶編：《草字編》，第 326 頁。

③ （五代）釋可洪撰：《新集藏經音義隨函錄》，《中華大藏經》第 60 冊，第 277 頁下欄。

④ 徐中舒主編：《漢語大字典》（縮印本），第 1628 頁。

“洗浣”即“洗浣”。推其致俗之由，蓋因俗書中“完”與“兒”常混用，則“浣”常俗寫作“浣”。《磧砂藏》本《悲華經》卷三隨函音義：“完兒，二同，戶官反；完，全也。”[135/32a]又《佛本行集經》卷四三隨函音義：“完兒，二同，音丸，上正。”[300/21a]皆可證。故大型字典“浣”下應補“同浣”之義項。

【斳】

斳，《字海·斤部》：“同‘薪’。字見《集韻》。”①

按：“斳”或可作“簸”的俗字。《磧砂藏》本《佛説無量門破魔陀羅尼經》隨函音義：“簸，晡臥反，或作斳。”[169/61b]今查《磧砂藏》本對應經文作“簸”，原文如下：“尼陸底 親矢反七簸鞞 蒲詣反八嘻 許嗜反”[169/57b]。據此，“簸”爲佛經咒語用字，重在表音，並無實際意義，但異文材料亦可證明，“斳”應即“簸”之俗字。今《大正藏》本上揭經文對應原文作“斯”，校勘記曰“斯”字宋本作“薪”，元、明本作“簸”[T19,p0688c]。又《可洪音義》卷七《孔雀王呪經一卷》音義：“弥多斯，上奴礼反，下音跛。大本作弥答跛。”②“晡臥反”與‘跛’讀音相近，亦可資比勘。推其產生之由，蓋因俗書“艹”、“竹”旁常互混，“簸”或換旁作“薔”，又訛變作“薪”，再訛寫作“斯”，在《大正藏》經文中又進一步訛變作“斯”。大型字典“斳”字下未及“同簸”之義項。

【㤻】

㤻，《大字典·心部》：“fàn（一）《廣韻》方萬切，去願敷。①惡心。《玉篇·心部》：‘㤻，惡心也。’②急性。《玉篇·心部》：‘㤻，急性也。’《集韻·願韻》：‘㤻，急也。’③悔。《集韻·願韻》：‘㤻，悔也。’（二）《集韻》方願切，去願非。褊狹。《集韻·願韻》：‘㤻，褊狹也。’”③

按：“㤻”亦可作“反”的俗字。《磧砂藏》本《大莊嚴經論》卷二隨函音義：“㤻側，上正作反字。”[244/15a]今《磧砂藏》本對應經文正作“㤻側”，原文如下：“亦如黃髮，紅赤熾然，夏日盛熱，以炙其上，展轉㤻側，無可避處。”[244/12a]《大正藏》本經文原文則作“反側”，校勘記曰“反”字宋、元本均作“㤻”[T04,p0266a]。據此，“㤻”爲“反”之俗

---

① 冷玉龍等編：《中華字海》，第 890 頁。

② （五代）釋可洪撰：《新集藏經音義隨函録》，《中華大藏經》第 59 册，第 799 頁上欄。

③ 徐中舒主編：《漢語大字典》（縮印本），第 2277 頁。

字應無疑問。又《可洪音義》對應經卷亦出"恮側"條，並云："上方晚反……正作反、返、仮三形。又芳萬反，非也。"① 由此可知，"恮"亦出現於當時可洪所見的經文中。據此，竊以爲蓋因"輾轉反側"表示人的內心活動，故此處"恮"寫從"忄"旁，或爲"反"的增旁俗字，或爲"仮"或"返"的換旁俗字。大型字典"恮"字下未見"同反"之義項。

【婔】

婔，《大字典·女部》："pàn《廣韻》薄半反，去換並。'婒婔'見'婒'。"② 又同部首下："tàn《廣韻》他旦反，去翰透。婒婔，儀容不加修飾。《玉篇·女部》：'婒，婒婔。'《廣韻·翰韻》：'婒，婒婔，無宜適也。'《集韻·換韻》：'婒，婒婔，無儀適皃。'"③

按："婔"亦可作"叛"之俗字。《磧砂藏》本《一字佛頂輪王經》卷二隨函音義："傲婔，上吾告反，下音畔。"[195/44b] 今查《磧砂藏》本對應經文原文如下："其諸大天亦皆分座，三界諸天見是人來，傲婔不起迎接敬廙。"[195/44a]《大正藏》本對應經文則作"傲叛"[T19,p0239b]。又查《可洪音義》卷九《一字佛頂輪王經》第二卷音義："傲婔，上五告反，下步半反。"④ 據此，"婔"應爲"叛"之增旁俗字。推其造字理據，蓋因古代男尊女卑思想，許多從"女"旁的字均表示不吉利或不好的意思，故此處"叛"亦增旁作"婔"。大型字典"婔"字下未及"同叛"之義項。

三　提供適當用例

字典的用例包括書證和例證兩個方面。《磧砂藏》中有一部分隨函音義與佛經經文一同付諸刊刻，屬於"同時材料"，故這部分隨函音義是以佛經原文用字作爲字頭，可兼具書證和例證雙重作用，成爲大型字典用例的可靠來源。例如：

【牮】

牮，《字海·牛部》："同'犎'。《王昭君變文》：'夏月牮牛任意肥'。"⑤

---

① （五代）釋可洪撰：《新集藏經音義隨函錄》，《中華大藏經》第 59 冊，第 959 頁下欄。

② 徐中舒主編：《漢語大字典》（縮印本），第 1067 頁。

③ 同上書，第 1066 頁。

④ （五代）釋可洪撰：《新集藏經音義隨函錄》，《中華大藏經》第 59 冊，第 864 頁中欄。

⑤ 冷玉龍等編：《中華字海》，第 852 頁。

按：《敦煌變文校注》於上揭"犂"下注云"此即'犛'之俗字，下文'膳主犛牛'原卷'犛'亦作'犂'"①。即《字海》所本。考《磧砂藏》本《佛説菩薩行方便境界神通變化經》卷上隨函音義："犂牛，上莫友反，又力之反，又音毛，並通呼；腳茚與尾皆有長毛，堪爲翊，音盜，舞者所執之，犛牛出西南道。"[149/74b]《磧砂藏》對應經文原文亦作"犂"[149/71a]，可證。

【剌】【蕀】

剌，《字海·刂部》："同'刺'。字見《龍龕》。"② 又艸部："蕀，'蕀'的訛字。字見《直音篇》。"③ 皆無例證。按：《磧砂藏》本《正法華經》卷二隨函音義："剌蕀，上七賜反，下居力反。"[131/22a]且對應經文作"虫鳥剌蕀，充滿其中，師子狐狼，各各嘷吠"[131/18a]，可證。

【諡】

諡，《大字典·言部》："'謎'的訛字。《龍龕手鏡·言部》：'諡，莫計反。愚言也。'《字彙補·言部》：'諡，謎字之誤。'"④ 又《字海·言部》："'謎'的訛字。字見《龍龕》。"⑤ 皆無例證。按：俗書"辶"與"乚"往往混同，故"謎"常俗寫作"諡"。《磧砂藏》本《佛説藥師琉璃光七佛本願功德經》卷下隨函音義："諡，莫悶反。"[154/24b]且該本對應經文亦作"諡"[154/23a]，可證。

另外，大型字典中有些字係從字書中轉抄並指明來自佛教文獻，但無用例支持，《磧砂藏》隨函音義亦可爲這些佛經用字提供用例參考，如：

【乳】

乳，《大字典·乙部》："疑爲'勃'的訛字。《字彙補·子部》：'乳，此字出釋典，疑是勃字之誤。'"⑥ 又《字海·乙部》："疑爲'勃'的訛字。見《字彙補》。"⑦

按：此字在釋典中確爲"勃"之訛字，《磧砂藏》隨函音義即有其用

---

① 黃徵、張涌泉：《敦煌變文校注》，中華書局 1997 年版，第 166 頁。

② 冷玉龍等編：《中華字海》，第 51 頁。

③ 同上书，第 300 頁。

④ 徐中舒主編：《漢語大字典》（縮印本），第 3979 頁。

⑤ 冷玉龍等編：《中華字海》，第 1462 頁。

⑥ 徐中舒主編：《漢語大字典》（縮印本），第 54 頁。

⑦ 冷玉龍等編：《中華字海》，第 28 頁。

例。今考《磧砂藏》本《佛頂尊勝陀羅尼經》隨函音義：“乳，正作勃。”[169/18b] 查《大正藏》本對應經文原文作“勃”[T19,p0353c]，而《磧砂藏》本對應經文原文則作“乳”，原文如下：“爾時聖尊受天帝請，即說陀羅尼曰：‘……娑普二合吒上乳地上舜提重二十一。’”[169/16b] 據此，此條隨函可爲大型字典“乳”字條提供確證。

【𪼈】

該字《大字典》未收，《字海·巾部》：“𪼈，dèng 音鄧。義未詳。《字彙補》：‘𪼈，帝孕切。出《釋典》神咒中。’”① 無例證。按：《磧砂藏》本《大方廣菩薩藏文殊師利根本儀軌經》卷一一隨函音義：“𪼈，帝孕反；孕，余證反。”[498/6b] 今《磧砂藏》和《大正藏》對應經文均作“𪼈”，該字確爲咒語用字，又係切身字，即專爲漢譯佛經所造的自反字，只有記音功能，不具實際意義。

此外，大型字典中的例證一般力求找到最早用例，但由於各種原因，往往難以做到這點。《磧砂藏》隨函音義中的某些用例便可提前大型字典的書證或例證。如：

【𥴤】

《字海·竹部》：“𥴤，同‘篦’。見《朝鮮本龍龕》。”② 今《磧砂藏》隨函音義中亦有其用例。《磧砂藏》本《佛本行集經》卷一四隨函音義：“𥴤篦，音池，二同。”[297/29a] 對應經文有“一千具篦，一千具螺”等句[297/22a]，即此字所出。又伯 3506 號《佛本行集經難字》在相應位置亦出該字，《敦煌經部文獻合集》云“𥴤，‘篦’字俗寫，……‘篦’又爲‘篦’字俗省”③。亦可資爲證。

【摇】

該字《大字典》未收，《字海·扌部》：“摇，同‘搖’。《金瓶梅詞話》第三十七回：‘西門慶看見，心摇目蕩。’”④ 《磧砂藏》本《佛説寂志果經》隨函音義：“摇，音遥。”[278/100b] 今《磧砂藏》和《大正藏》對應經文均作“摇”，且隨函音義云該字“音遥”，又《龍龕手鏡》上聲第

---

① 冷玉龍等編：《中華字海》，第 471 頁。

② 同上書，第 1245 頁。

③ 張涌泉：《敦煌經部文獻合集·小學類佛經音義之屬》，第 5550 頁。

④ 冷玉龍等編：《中華字海》，第 355 頁。

四十五部“缶”部逕直用“匩”作爲部首標目字，且部首下有：“㠪匩，二通；缶，正。”① 據此，“摼”爲“缶”旁俗寫作“匩”而產生的俗字應無疑問，隨函音義可爲大型字典提供又一例證，且作爲書證，該條亦早於《金瓶梅詞話》。

【殳】

殳，《大字典·㕱部》：“duàn《字彙》杜甀切。投物。《篇海類編·器物類·長部》：‘殳，投物。’”②《字海·㕱部》：“duàn 音斷。①投物。見《字彙》。②同‘段’。見《直音篇》。”③《磧砂藏》本《虛空藏菩薩問七佛陀羅尼呪經》隨函音義：“殳，徒亂反，或作段，音假，非此用也。”[170/34a] 今《磧砂藏》本對應經文作“段”，原文如下：“若復有人被毒藥者，須紫橿木寸截之如筯大，作一千八段，以牛糞塗之，在於像前然火。”[170/31b] 今《大正藏》本亦同。據此，“殳”在此條隨函音義中爲“段”之俗字無疑，可爲大型字典提供又一書證，且早於《直音篇》。

【澗】

澗，《大字典·水部》：“同‘闊’。《正字通·水部》：‘闊，俗作澗。’”④《字海》略同。《磧砂藏》本《大法炬陀羅尼經》卷一一隨函音義：“縱澗，上足容反，縱，直也，闊，橫也。”[180/7b] 今《磧砂藏》本對應經文有“虛空中變成華蓋，其蓋縱闊一百由旬，高一多羅樹”等句[180/7a]，即此二字所出。《大正藏》本亦同。“澗”爲“闊”之“氵”旁發生位移形成的俗字。此條隨函音義可作爲大型字典的書證，且早於《正字通》。

四　訂正原有説解

大型字典在編纂的過程中多沿用以往辭書的説解，但由於數量衆多，編者往往難以一一覈究原有辭書的相關條目，因此往往導致辭書原有訓釋和引文出處的疏失，利用《磧砂藏》隨函音義便可對其中的一些疏失加以訂正，例如：

---

① （遼）釋行均撰：《龍龕手鏡》，第 337 頁。
② 徐中舒主編：《漢語大字典》（縮印本），第 4052 頁。
③ 冷玉龍等編：《中華字海》，第 1487 頁。
④ 徐中舒主編：《漢語大字典》（縮印本），第 1774 頁。

【骼】

《大字典·骨部》："骼，同'勒'。《龍龕手鏡·骨部》：'骼，《舊藏》作勒。'"[1]《字海·骨部》："骼，同'勒'。見《龍龕》。"[2]

按："骼"字大型字典唯以《龍龕手鏡》爲例，《磧砂藏》本隨函音義亦有其用例。《磧砂藏》本《大莊嚴經論》卷四隨函音義："骨骼，下正作骼，古陌反。"[244/29b]今《磧砂藏》本對應經文有"諸節相支拄，骨骼甚悕踈"等句[244/27a]，應即此二字所出。據此，"骼"當爲"骼"之俗字。"骼"之作"骼"，蓋爲聲符音近替換的結果。據《廣韻》，"骼"音"古伯切"，屬於見母陌韻字[3]；"革"音"古核切"，屬於見母麥韻字[4]，二者聲同韻近；《〈龍龕手鏡〉研究》曾指出《龍龕手鏡》中有麥韻與陌韻相混的情況[5]，高田時雄亦曾指出稍早於《龍龕手鏡》的《可洪音義》中也有麥、陌二韻混同的情況[6]；故在當時的語音中，二者的讀音蓋相混無別，"骼"遂換旁作"骼"。

《龍龕手鏡》稱"骼，《舊藏》作勒"，此爲《龍龕手鏡》表示佛經異文的方式，上揭經文《大正藏》對應文句爲"諸節相支拄，骨肋甚稀踈"，且校勘記稱"肋"字宋、元、明本均作"骼"[T04,p0278b]。又"肋"與"勒"在佛經中常通用，如《大智度論》卷四八："復次，須菩提！菩薩摩訶薩，若見棄死人身，骨散在地，腳骨異處，膊骨、髀骨、腰骨、肋骨、脊骨、手骨、項骨、髑髏，各各異處。"[T25,p0403b]上揭經文中的"肋"字，《大正藏》校勘記云宋、宮、聖、石本均作"勒"，故《龍龕手鏡》云"《舊藏》作勒"。衆所周知，《龍龕手鏡》中存在着大量異文，這些異文成爲我們考辨俗字的重要依據。然而，這些所存的異文並不全是説明文字的正俗關係，它們的形成原因紛繁複雜，或因同義替代，或因同音通假，等等，"勒"（或"肋"）殆因與"骼"義近便在此形成異文，後代字書不明所由，誤以其分辨正俗，遂因襲延用，今宜正之。

此外，大型字典中還有一部分"義未詳"的字，《磧砂藏》隨函音義

---

① 徐中舒主編：《漢語大字典》（縮印本），第 4414 頁。

② 冷玉龍等編：《中華字海》，第 1599 頁。

③ （宋）陳彭年等編：《宋本廣韻》，第 492 頁。

④ 同上書，第 495 頁。

⑤ 鄭賢章：《〈龍龕手鏡〉研究》，第 36 頁。

⑥ ［日］高田時雄：《可洪〈隨函錄〉與行瑫〈隨函音疏〉》，第 429 頁。

亦可爲我們識讀這些字提供有用的綫索，例如：

【瘖】

該字《大字典》未收，《字海·疒部》：“yí 音仪。義未詳。見《篇海》。”①

按：《磧砂藏》本《大威德陀羅尼經》卷五隨函音義：“㾕瘖，二並胡兮反，又音因，上俗下正。”[181/38a] 今查《磧砂藏》本對應經文作“瘖”，原文如下：“彼知種種語言名字……鼻邏婆帝闍那帝（三）瘖那闍那帝（四）。”[181/35b]《大正藏》本對應經文亦同。可見，該字爲音譯字，重在表音。查《改併四聲篇海·疒部》引《龍龕》：“瘖，因兮切。”② 此當即《字海》所本。又《龍龕手鏡·疒部》亦有：“瘖，烏兮反。”③ “瘖”或即“㾕”的換旁俗字，二者或皆爲“黟”的俗体。又《龍龕手鏡·疒部》：“㾕，俗，烏兮反，正作黟。”④ 可證。

通過上述兩方面的舉例說明，我們可以清楚地看到《磧砂藏》隨函音義在近代漢字研究，特別是佛經俗字研究上具有重要的價值。它不僅能幫助我們準確地認讀文字，瞭解其成因和意義，而且尤爲重要的是，隨函音義爲這些文字提供了具體的語言環境，能夠爲現今貯存下來的這些文字形體，提供具體的出處，從而使得這些源自佛典的俗字生動起來，也使我們的文字研究更有價值。

---

① 冷玉龍等編：《中華字海》，第 1111 頁。

② （金）韓孝彦、韓道昭撰：《改併五音類聚四聲篇海》，《續修四庫全書·經部》第 229 册，第 346 頁。

③ （遼）釋行均撰：《龍龕手鏡》，第 472 頁。

④ 同上書，第 299 頁。

第 六 章

《磧砂藏》隨函音義與音韻學研究

如前所述，《磧砂藏》隨函音義在文獻學、文字學等各方面頗具研究價值，下面我們擬從音切材料入手，探討其音切的相關問題，以窺其音韻研究之價值。

第一節　音切的來源

從外部形態來看，《磧砂藏》隨函音義的音切大體可分爲兩類：一類是明確注明出處，另一類則未曾注明出處。一般來說，前者的來源比較容易考察，後者因其"暗引"則往往難以稽考，而就數量而言，前者僅僅只是隨函音義的一小部分，因此我們工作的重點在於考察這些未曾標明出處的音切。

在文獻學章節中，我們已經列舉了《磧砂藏》隨函音義明確徵引《玄應音義》、《江西謙大德經音》、《西川厚大師經音》以及佛經自注音切等佛經音義類著作和《玉篇》、《集韻》等世俗典籍的音切。那麼，餘下數量衆多的未標明出處的音切又來自於何處呢？下面我們以《磧砂藏》本《佛本行集經》卷五五隨函音義（301/34b）爲例，將其注音與《廣韻》或《集韻》（括號內有"集"標示）對應音切進行比較：

字	隨函音義注音	《廣韻》注音
嚙	吾結反	五結切
嗒	音帀	色甲切、七接切、作答切（集）
崍	音朔	蘇奏切、所角切、桑谷切
訉	音信	息晉切
孕	余證反	以證切
笶	音筭	蘇貫切

盥	音貫	古玩切、古滿切
嗚	音烏	哀都切
噎	於結切	烏結切
牧	音目	莫六切
緩	胡伴反	胡管切
漫	莫半反	莫半切
惺	息井反	桑經切、息井切
陰	於禁反	於禁切（集）
哺	音步	薄故切

　　從上述比較，我們可以看出，儘管有些音切隨函音義和《廣韻》（或《集韻》）的注音方式不同或者注音方式相同而反切上下字不同，但是音切讀音基本上相同。正如高田時雄所説：“音義這種素材一般來説其保守性是難以否定的……儘管現實中音韻變化在一直不斷地進行，但在音義中，根據韻書的反切所作的音注只要不與現實的字音發生大的矛盾，直接援用韻書的反切也是極其自然的。畢竟反切的創作並不簡單。”[①] 故根據我們的全面調查，《磧砂藏》隨函音義的這些音切具有很強的傳承性，絕大部分的讀音與《廣韻》、《集韻》相同，因此我們推測這些音切應該大多源自《廣韻》、《集韻》等《切韻》系韻書，雖有一些反切上下字與《切韻》系韻書不同，但真正脱離這一系統的音韻現象還比較少見，真正能反映當時語音變化的材料則需要我們從眾多音切中作大量的剥離工作才能得出來。

第二節　音切反映的語音特徵

　　如前所論，《磧砂藏》隨函音義收字眾多，且讀音來源廣泛，佛經音義書、佛經自帶音切、《切韻》系韻書等皆爲其注音來源，因此這些讀音絕大多數並不能反映佛經和隨函音義刊刻時代的實際語音。儘管如此，其中的某些音切還是或多或少地反映了漢語史中的一些語音演變現象和規律，甚至保存有某些尚未見於現存字書和韻書的讀音。

　　另外，由於隨函音義的音切條目多有重複，與《切韻》系韻書不同

---

　　① ［日］高田時雄：《敦煌·民族·語言》，第 429 頁。

的音切又僅占極少數，且更爲重要的是，這些音切積累的是多層面多時段
的語音，表現的絕不是某一個單一的共時語音層面，因此我們不採用反切
繫聯法，而是將其與《廣韻》或《集韻》逐條比對，即比較反切上下字，
歸納出音切所反映的主要語音特徵，以窺探宋元時代的某些語音現象及規
律。此外還需要説明的是，隨函音義中有一部分音切是爲音譯詞與呪語所
作的音注，這類音切我們一般不予選取，但如果音切後有隨函音義作者的
注音，則酌情進行考察。下面本文就從聲母、韻母、聲調三方面對其分別
加以分析：

一　聲母

（一）濁音清化

1. 全濁聲母變全清聲母

（1）以非切奉

憤奉吻三合上，方非粉反。（85/78a）

（2）以精切從

瘠瘠從昔開三入，下即精亦反，病也。（89/8b）

2. 全濁聲母變次清聲母

（1）以澄切徹

樗徹庚開三平用，上直澄庚反。（198/31b）

（2）以初切崇

崢崇耕開二平嶸，上初初耕反，下音宏。（511/25a）

（3）以滂切並

階陛並薺開四上，下浦滂木（米）反，陪道也。（89/72a）

濁音清化是聲母最受關注的一個變化，也是一個漫長的過程。從唐五
代時期《可洪音義》、敦煌俗文學中的別字異文到宋代《皇極經世書聲音
圖》、《九經直音》等材料都或多或少地反映了這一現象；據王力研究，
南宋朱熹的反切中全濁聲母全部消失，表現於"並母平聲併入了幫滂兩
母；奉母併入了非敷兩母；澄母併入了知徹兩母，牀母平聲併入照穿兩
母；牀神禪併入穿審兩母"[1]。上述例子中有幫並、非奉、精從、徹澄、
崇初諸組混切，也是對濁音清化這一現象的記錄。

---

①　王力：《漢語語音史》，中國社會科學出版社 1985 年版，第 261 頁。

（二）知章莊相混

1. 莊章相混

戢莊緝開三入，之章澀反。（131/64a）

詛莊語開三上，之章助反。（162/9a）

訕禪尤開三平，士崇由反。（134/33a）

2. 昌初相混

創初漾開三去，昌昌狀反。（234/70b）

創初漾開三去，昌昌狀反，初也。（253/71b）

閦初屋合三入鬩，二同，昌昌六反。（173/52b）

抄初肴開二平，齒昌交切。（122/84a）

篡初諫合二去，昌昌患反。（305/31b）

策初麥開二入，昌昌隔反。（8/39b）

策初麥開二入駟，上昌昌責反，捶策也；下音四，一乘四馬也。（59/77a）

驅策初麥開二入，上丘俱反，下昌昌責反。（99/50a）

測初職開三入，昌昌側反。（143/10b）（254/66b）

測初職開三入量，上昌昌力反。（44/23b）（72/7b）（88/60a）

測初職開三入度，上昌昌側反，下徒各反。（176/12b）

惻初職開三入，昌昌力反。（79/50b）（95/29b）

惻初職開三入愴，上昌昌側反，下初狀反，傷也，慘也。（177/78a）

慘惻初職開三入，上七感反，下昌昌側反，憂感也。（128/45a）

束亂初震開三去，昌昌謹反。（86/68b）

齠亂初震開三去，上音條，下昌昌謹反。（250/10b）（158/70b）（266/7b）（240/9b）（246/31b）

敞昌養開三上露，上初初兩反。（321/43a）

闡昌獮開三上陀，上初初演反。（322/25b）（331/28b）（332/22b）（337/33b）

釧昌線合三去，初初卷切。（125/84a）

3. 莊知相混

捎生肴開二平拂，上竹知交反。（239/58b）

屭初諫開二去，知知眼反，又初鴈反，通用。（251/77a）

4. 知章相混

調徹琰開三上嗔，市禪鹽反，二同。（95/92a）

譋徹琰開三上，市禪廉反。（199/35b）

5. 知章莊相混

疇澄禪尤開三平，直流反，經意宜用酬禪尤開三平字士崇止開三上由反。（138/17a）

中古音系中知、章、莊三組聲母的演變是漢語語音發展的一個重要現象。北宋邵雍語音中"照穿二母兩等同列，當讀爲一音。此自唐五代已然"①，南宋朱熹語音中章莊互注、知照互注②。隨函音義音切中知章莊三組互注即反映了這種語音現象。尤其是"疇，直流反"條中，對應經文原文作"以方便力現大財寶，酬報是人"（138/16a），"疇"與"酬"形成異文，反映了當時語音中知章二組已經混同。又在該條末尾用小字注明"酬"之反切爲"士由反"，反映出當時語音中章莊相混，知章莊三組合流。又《磧砂藏》首册之二《補頁表》中列出此頁隨函音義係北平鬆坡圖書館藏《思溪藏》所補，故上述語音特徵至遲能反映南宋時期的語音變化。另外，《盧宗邁切韻法》中有"知照合一、非敷合一、徹穿合一"圖，且從圖中列舉的若干代表字看，當是莊章先合，再與知合；初昌先合，再與徹合③。從上引音切來看，整體而言昌初混切在上述材料中數量相對較多，分布較廣，兩呼四聲都有互注，似可説明昌初兩組或者莊章兩組關係更密切，與《盧宗邁切韻法》指出的發展軌迹相合。

此外，隨函音義中還有知章莊三組分別與精組相混的情況，在現今南方方音中，這些現象仍有存在，竊疑這些條目反映的是隨函音義作者的方音現象，現列舉如下：

6. 莊精相混

猜清咍開一平，測初才反，疑猜也。（133/59b）

倉卒清没合一入，下初初没反。（282/11a）

犲崇皆開二平狼，上音才從，下音郎。（148/69a）

7. 知精相混

沮從語開三上壞，上中知吕反。（101/85a）

嚌從霽開四去，竹知皆反。（181/38a）

嚌從霽開四去，竹知戒反。（94/26b）

①　周祖謨：《問學集》，中華書局1996年版，第595頁。
②　王力：《漢語語音史》，第261頁。
③　魯國堯：《盧宗邁切韻法述論》，載《魯國堯語言學論文集》，第366頁。

8. 章精相混

沮_{從語開三上}，時_禪與反。（245/39b）

痤_{從戈合一平}，誓_禪螺反。（173/77b）

困悴_{從至合三去}，下尺_昌醉反。（121/84a）

（三）牀禪相混

蝕_{船職開三入}，市_禪力切。（124/9a）

蝕_{船職開三入}，石_禪音。（122/75b）

千乘_{船證開三去}，下時_禪證反，車乘。（129/86b）

車乘_{船證開三去}，下時_禪登反。（132/21b）

舓_{船紙開三上}，時_禪止反。（239/46b）

舓_{船紙開三上}，時_禪只反。（188/42b）（258/99b）（266/46a）（71/29b）

舓_{船紙開三上}，時_禪紙反。（129/51b）（189/27a）（259/21b）

嗜_{禪至開三去}，神_船利反。（187/9a）（122/34a）

　　牀禪二紐相混由來已久，顏之推在《顏氏家訓·音辭篇》中曾指出他所處的時代"南人以錢爲涎，以石爲射，以賤爲羨，以是爲舓"，即當時南方人不僅從邪不分（以錢爲涎，以賤爲羨），而且船禪無別（以石爲射，以是爲舓）；而且"劉宗昌《周官音》讀乘（船母）若承（禪母）……必須考校"[1]。又唐守溫《歸三十字母例》中禪母之下有"乘常神諶"四字，乘神爲船母字，常諶爲禪母字，可見守溫的語音中也是船禪無別。又據邵榮芬研究，敦煌俗文學中的別字異文亦表明船禪相混是唐五代西北方音的一個特點[2]。宋代像《集韻》這樣的官修韻書船禪兩母都不免相混[3]。隨函音義上述音切反映了宋元時音的這一現象，尤其是隨函音義"舓，時止反"條後附有元大德十年（1306）松江府管主八的刊經題記，是當時時音的流露。

（四）喻三喻四相混，且與影母合併

1. 喻三喻四相混

曳_{喻四祭開三去}，于_{喻三}逝反。（224/47a）

---

　　[1]　顏之推著，王利器點校：《顏氏家訓集解》，中華書局1993年版，第530、545頁。

　　[2]　邵榮芬：《敦煌俗文學中的別字異文和唐五代西北方音》，《中國語文》1963年第3期，第193—217頁。

　　[3]　《魯國堯語言學論文集》，第347頁。

鸀喻四笑開三去，于喻三照切。（124/34a）

淫喻四侵開三平佚，上于喻三針切，下夷日切。（117/17b）

疫喻四昔合三入病，上于喻三益反，災病也。（233/10b）

疫喻四昔合三入瘄，上于喻三益反，下音例。（150/29a）（232/55b）

唯喻四脂合三平然，上羽喻三癸反，恭膺也。（19/9a）（72/7b）

唯喻四脂合三平諾，上于喻三癸反，下奴各反。（175/81b）（258/40a）

2. 影喻相混

揖影緝開三入，以喻四入反。（258/20b）

醫影之開三平，余喻四之反。（285/19a）

婉影阮合三上，緣喻四遠反。（239/78b）

庾喻四麌合三上遇多，上於影主反，千億數也。（249/46b）

瘿影靜開三上癩，上于喻三領反，項；下氣瘤也，下音賴，惡瘡病。（251/54b）

北宋《爾雅音圖》①、南宋朱熹語音中，喻三喻四相混無別②，説明宋代語音中云以合流已經發生，隨函音義中喻三、喻四互注即是這一語音現象的體現。又朱熹反切中喻三脱離匣母而與喻四和影母合流，演變成零聲母③，隨函音義中影喻相混的音切正反映了語言中這一變化。

（五）見精相混

疵從支開三平，及群斯反。（195/69b）

繫見霽開四去，昔心計（反），或作係。（176/72b）

見精二組字在細音前發生腭化，這是漢語語音史中一個重要的語音現象。其肇端於何時，學界未有定論。敦煌俗文學別字異文中見精兩組字有相互代用的例子，但由於數量較少，難以斷定當時見精組字已經腭化④。遼代石刻中見精兩組相互代用的例子也有 5 例，同樣不能得出肯定的結論⑤。

---

① 馮蒸：《〈爾雅音圖〉音注所反映的宋初零聲母——兼論中古影、云、以母的音值》，《漢字文化》1991 年第 1 期，第 29—36 頁。

② 黎新第：《從量變看朱熹反切中的濁上歸去》，《重慶師院學報（哲社版）》1999 年第 1 期，第 73—82 頁。

③ 王力：《漢語語音史》，第 264 頁。

④ 邵榮芬：《敦煌俗文學中的別字異文和唐五代西北方音》，載項楚、張涌泉編《中國敦煌學百年文庫·語言文字卷》，第 125—126 頁。

⑤ 黎新第：《遼代石刻別字异文所見遼代漢語語音》，《語言科學》2005 年第 7 期，第 41—53 頁。

隨函音義中的這兩條例證，雖同樣不能得出見精已經合流的結論，但仍值得重視。隨函音義"疵，及斯反"條，對應經文原文作"輻輞無疵，輞刃鋒利"（195/67a），"疵"在經文中表示"瑕疵、缺點"之義，按義當據《廣韻》讀爲"疾移切"無疑，隨函音義注爲"及斯反"反映了音義作者方音中"疾"與"及"二字讀音趨同。又此卷隨函音義後還附有元大德五年（1301）辛丑九月磧砂延聖院的刊經題記，故該條音義至遲反映了元大德年間的語音特徵。"繫，昔計，或作係"條，對應經文原文作"一者經行，可去知去，可來知來，可坐知坐，繫意明想，心不慣亂"（176/61a）。又"繫"在《廣韻》中有"古詣切，縛繫"和"胡計切，《易》之繫辭"兩讀。隨函音義中"繫"按義當取"古詣切"，屬於見母霽韻，而音義作者注爲"昔計（反）"，屬於心母霽韻，反映了音義作者方音中見精兩組讀音接近。

（六）泥娘相混

（1）撚泥銑開四上，女娘展反。（195/34b）

（2）合撚泥銑開四上，下女娘展反。（198/31b）

（3）柅泥潸開二上，女娘板反。（144/13b）

據王力《漢語語音史》，朱熹《詩集注》、《楚辭集注》的反切中"娘母併入泥母"[1]，上述混切的例子也是這一現象的體現。

（七）見影相混

（1）攫見藥合三入，烏影獲反，以五指爪取也，元音烏縛反。（158/53a）

（2）攫見藥合三入，烏影獲反。（158/71a）

按：攫，《廣韻·藥韻》居縛切，見母；隨函音義"烏獲反"，影母。而"縛"在《蒙古字韻》里八思巴字讀作"vaw"，同音的還有"懼"字，竊疑該條反映的是該字元代的時音[2]。

（八）精照相混

童齓初震開三去，疾從忍反，小兒換齒之歲也。（189/61a）

跙從語開三上，徐邪與、床崇女二反，樹名也，又《經音義》"才從與反"。（171/14a）

---

①　王力：《漢語語音史》，第 261 頁。

②　此條承黃笑山老師見告，謹致謝忱。

猜清咍開一平，測初才反，疑猜也。（133/59b）

倉卒清没合一入，下初初没反。（282/11a）

犲崇皆開二平狼，上音才從，下音郎。（148/69a）

漢語語音史中，黄侃有"照二歸精"説，認爲照系的二等字與精系字有淵源關係。《可洪音義》中精莊二組亦多有混同①，此二例亦爲這種語音現象的反映。

（九） 從邪相混

漬從真開三去，似邪賜切。（124/34a）

根據可洪音義的注釋，"霈漬，疾賜反……又似賜反者，吳音也，吳音呼寺爲字"②，現代吳方言中亦"從、邪合一"③，上揭隨函音義也是這一語音現象的反映。

（十） 全清與次清的參差

1. 知徹相混

踔徹覺開二入地，上知知教反，又丑徹教反。（175/52a）

2. 精清相混

猜清咍開一平，則精才反，疑猜也。（133/59b）

3. 非敷相混

紡敷養合三上績，上方非岡反，緊絲也。（77/10b）

紡敷養合三上甀，上非非岡反下音牒；紡甀，謂緊毛而爲布也。（159/65a）

紛敷文合三平糾，上方非文反，下吉酉反。（1/9a）

匪非尾合三上，芳敷尾反。（149/47b）（165/35a）（167/15a）（180/22a）

奮非問合三去，芳敷問反。（122/34a）（118/9b）（195/34b）（188/16b）

二 韻母

（一） 支脂之微相混

羈見支開三平，居伊脂反。（121/58a）

---

① 儲泰松：《可洪音義研究》，第73—74頁。

② 轉引儲泰松《可洪音義研究》，第73頁。

③ 魯國堯：《〈南村輟耕録〉與元代吳方言》，載《魯國堯語言學論文集》，第224頁。

羸來支開三平朽，力追脂反。（114/22b）

刵日志開三去耳，仍至至反，截耳也。（182/53a）

臂幫寘開三去，補致至切。（123/59b）

臺蘂日紙合三上；日旨合三上，而鬼尾切。（114/13b）

在漢語語音史中，支脂之微四韻多有混同，如唐代寒山、拾得的詩文用韻中，四者同用的情况經見[①]；又據儲泰松調查，“《玄應音義》支脂之不分，《慧琳音義》、朱翱反切四韻無别……可洪已不容易分别這四韻”[②]。上述數例亦爲這種情况的體現。

（二）三等唇齒與一等相混

楞來登開一平，力凌來蒸開三平反。（185/29b）

三等唇齒音變入一等，與一等相混，是漢語語音發展的一個重要現象，因爲它可能反映部分唇齒三等字—i介音的脱落。董衡、蕭常等宋人音释中，三等唇齿音字与一等互注達20例，這種音變具有嚴整的系統，在當時已經頗具規模[③]。隨函音義此條例證不屬於三等唇齒音，而是來母，有可能是音義作者方音的流露。

（三）臻攝元韵与山攝相混

偃影阮開三上，於件獮切。（123/36b）

偃影阮開三上僊僔，上於件獮切，下二居件切；偃僊，强傲也。（65/75b）

元阮願韻改歸山攝是漢語語音史上的重要變化。《全遼文》所載韻文中元阮願字與山攝字通叶[④]，辽代石刻别字異文中也有數例元願兩韻字與山攝字相互代用[⑤]，透露出北方地區的語音中元阮願改歸山攝的迹象。而根據隨函音義的上揭兩條音切，宋元時代时代南方地区的口語中上述語言變化有可能也在發生。

（四）蟹攝齊韻與止攝相混

眵昌支開三平，姝兮齊反。（94/26a）

---

① 唐作藩：《寒山子詩韻（附拾得詩韻）》，載《漢語史學習與研究》，商務印書館2001年版，第78頁。

② 儲泰松：《可洪音義研究》，第78頁。

③ 孫建元：《宋人音釋研究》，博士論文，南京大學，1996年，第51頁。

④ 丁治民：《辽韻考》，《古漢語研究》1999年第4期，第63—67頁。

⑤ 黎新第：《遼代石刻别字异文所見遼代漢語語音》，《語言科學》2005年第7期，第41—53頁。

眵昌支開三平，尺之反，後作昧兮齊反。（94/18b）

蟹攝細音和止攝合併已經體現在唐詩和敦煌變文的用韻中①。北宋邵雍的語音亦显示蟹攝的細音和止攝合爲一類②，隨函音義的上揭用例正記載了這一語音變化。

（五）寒刪相混

刪山刪開二平，所安影寒開一平反。（299/49b）

燋爛來翰開一去，上子消反，下郎諫見諫開二去反。（215/96b）

開口二等牙喉音腭化變入三、四等，讀爲細音，是漢語北方話重要的語音演變。朱熹讀音中二等肴韻舌齒脣音與一等豪韻相通，肴韻牙喉音是與三等宵、四等蕭相通，説明此時牙喉音的腭化現象已經出現③。但在有些南方方言中，開口二等牙喉音與一等合流，讀爲洪音。例如現今閩北、閩中方言"銜匣銜開二平＝含匣覃開一平"、"監見銜開二平＝甘見談開一平"④；長沙方言"幹見翰開一去＝監見銜開二平"、"陷匣陷開二去＝汗匣寒開一平"⑤。隨函音義音切中上述兩例開口二等牙喉音與一等互注反映了音義作者方音中不同於北方話的語音演變情況。

（六）止遇二攝相混

僂來虞合三上，吕止止反，背曲兒。（85/78a）

在唐五代西北方音中，有止遇二攝相混的例子⑥，此例也是這一語音現象的體現。

（七）灰泰相混

嬪背幫隊合一去，上毗賓切，下蒲貝泰切。（117/86a）

邵榮芬在《敦煌俗文學中的別字異文與唐五代西北方音研究》中曾列舉出敦煌變文中"背"與"貝"互相代用等灰泰相混的例子⑦。宋處

---

①　唐作藩：《唐宋間止蟹二攝的分合》，載其著《漢語史學習與研究》，第135—142頁。

②　周祖謨：《宋代汴洛語音考》，載《問學集》，第600頁。

③　王力：《漢語語音史》，第303頁。

④　邓享璋：《闽北、闽中方言语音研究》，博士论文，厦门大学，2007年，第369頁。

⑤　鲍厚星、崔振华等：《长沙方言研究》，湖南教育出版社1999年版，第125頁。

⑥　邵榮芬：《敦煌俗文學中的別字異文與唐五代西北方音研究》，載項楚、張涌泉編《中國敦煌學百年文庫·語言文字卷》，第138—139頁。

⑦　同上書，第141頁。

觀《紹興重雕大藏音》中亦有兩例灰泰混切的例子①，上揭例子也是這一語音現象的記錄。

（八）怪卦夬相混

迫隘影卦開二去，烏介怪切。（113/58a）

迫隘影卦開二去，於介怪切。（115/47a）

嗌影卦開二去氣，上伊界怪反，氣噎喉也，亦作噫；氣嗌，一音益。（430/61b）

粺並卦開二去，敗夬音。（122/59b）

莠粺並卦開二去，上音酉，下音敗夬，草名。（94/74b）

粺並卦開二去，白介怪切。（122/68b）

蠆徹夬開二去，丑介怪反。（95/67b）

蠆徹夬開二去，丑芥怪反，毒蟲也。（153/11b）

宋代以後的詩詞用韻卦、怪、夬相押，從敦煌本《字寶》的注音來看，唐五代西北方音中、卦、怪、夬已相混②。宋處觀《紹興重雕大藏音》中三韻的混切也十分常見③，上述隨函音義混切的例證也真實地反映了這一語音現象。

（九）蟹假二攝相混

（1）佳麻相混

隘影卦開二去，音亞禡。（209/45a）

（2）怪麻相混

價見禡開二去，音界怪。（192/11a）

吒知禡開二去，竹界怪、竹家麻二反。（182/27a）

（3）皆麻相混

摣徹皆開二平，丑假馬反，又丑皆反。（6/26a）

扇摣徹皆開二平，下敕階反，又丑加麻反。（229/59a）

佳麻合併在唐代是很普遍的現象，杜甫和李白的詩裏就有佳麻互押的

---

①　張國華：《宋代處觀〈紹興重雕大藏音〉音系初探》，碩士論文，首都師範大學，2007年，第33頁。

②　劉燕文：《從敦煌寫本〈字寶〉的注音看晚唐五代西北方音》，載項楚、張涌泉編《中國敦煌學百年文庫·語言文字卷》，第160頁。

③　張國華：《宋代處觀〈紹興重雕大藏音〉音系初探》，第34—35頁。

例子，白居易的詩里佳麻通押的例子更多①。上述佳麻、怪麻、皆麻混切亦是蟹假二攝進一步合流的體現。

（十）　鼻音尾相混

1. -ng 韻與-n 韻相混

賑章震開三去邨，上之升蒸反，下須聿反。（115/84a）

飢饉群震開三去，下渠正勁反。（78/71a）

2. -m 韻與-n 韻相混

喘昌獮合三上息，上初染琰反。（121/9a）

據儲泰松調查，唐五代關中文人的詩文中前後鼻音押韻屢見，共出現19 例，這是當時方音的反映②。鼻音韵尾-m、-n、-ng 雖然在宋代官修韻書《廣韻》中界限分明，但在實際語音中卻時有混同。江西新喻"三劉"古體詩中三尾混叶③，南宋吳文英、張炎等浙南詞人的用韻中三者兩兩合用和三者一起混用的情況十分普遍④。隨函音義上述音切的情況是音義作者方音的流露。另外，-m 尾從動搖到消失是近代漢語語音的一大特點。羅常培曾對注音本《開蒙要訓》中只有一"以敬注禁"例，即-m、-ng互注例，有過如下評價："那麼-m 收聲無疑已然露了消變的痕迹了。可惜我們所得的例子太少，還不能夠下確定的斷案。然而無論如何，我們對於這個有力的暗示是不可忽視的。"⑤ 因此，我們雖然在隨函音義中也僅發現這一孤例，但它的價值同樣不能忽視，它是當時-m 尾發生變化的真實記錄。

（十一）　寒桓相混

瘢並桓合一平痕，上薄寒寒切。（115/64a）

宋代處觀《紹興重雕大藏音》中也有一"墁，莫寒切"例，也爲寒

---

① 邵榮芬：《敦煌俗文學中的別字異文與唐五代西北方音研究》，載項楚、張涌泉編《中國敦煌學百年文庫·語言文字卷》，第 142 頁。

② 儲泰松：《唐五代關中方音研究》，第 147 頁。

③ 杜愛英：《"新喻三劉"古體詩韵所反映的方音現象》，《語文研究》2001 年第 2 期，第46—50 頁。

④ 胡運驫：《吳文英張炎等南宋浙江詞人用韵考》，《西南師範大學學報》1987 年第 4 期，第 78—86 頁。

⑤ 轉引自蔣冀騁《論近代漢語的上限》，載《近代漢語詞彙研究》，湖南教育出版社 1991年版，第 252 頁。

韻與桓韻混切①，且"癍"、"墁"二者同爲脣音，值得注意。

（十二）冬登相混

疼定冬合一平，徒登登反。（331/37b）

此條出自《磧砂藏》本《四分律藏》卷四隨函音義，《慧琳音義》卷五九《四分律》卷四音義："疼痛，又作痋、胅二形同，徒冬反……俗音騰。"[T54,p0700a]《玄應音義》卷一四《四分律》第四卷音義："疼痛，又作痋、胅二形同，徒冬反……下里間音騰。"② 可見，"疼"在唐五代時期的俗音中就讀同登韻，今普通話"疼"正讀同"騰"，隨函音義此條音切反映了這一語音現象。

（十三）麥陌相混

册初麥開二入，又陌陌反。（201/63b）

齚崇陌開二入，助鬲麥反。（158/22a）

赫曉陌開二入，呼隔麥反。（134/6b）（162/53b）

劈坼徹陌開二入，上普覓反，下丑革麥反。（188/42b）

劈坼徹陌開二入，上普覓反，下丑鬲麥反。（294/66b）

坼徹陌開二入，丑隔麥反，坼，裂也。（131/22b）

齟齚崇陌開二入，……下助麥麥反，齚，齧也。（131/22b）

離坼徹陌開二入，下丑隔麥反。（197/55b）

坁坼徹陌開二入，下丑鬲麥反，裂也。（95/105a）

強頟疑陌開二入，下正作額，吾隔麥反。（129/60a）

麥陌相混的情況在唐五代時的《龍龕手鏡》、《可洪音義》和宋代《紹興重雕大藏音》、《内典隨函音疏》的反切中十分常見，隨函音義中上述例證亦可證明這一語音現象。

（十四）麥德、錫陌相混

推核匣麥開二入，下胡得德反……考實事也。（457/145b）

嫌隙溪陌開三入，下丘歷錫反，仇怨也。（97/29a）

周祖謨在《敦煌變文與唐代語音》中，曾舉出唐代詩文押韻中"麥

---

① 張國華：《宋代處觀〈紹興重雕大藏音〉音系初探》，第 33 頁。

② （唐）釋玄應：《一切經音義》，《影印高麗大藏經》第 32 册，第 186 頁。

德通用" 與 "錫陌通用" 的情況①。上述麥韻與德韻、錫韻與陌韻的混切有可能也是隨函音義作者方音的體現，也是這一語音現象的反映。

（十五）入聲韻與去聲韻相混

弊並祭開三去，卑滅薛反，性弊也。（138/73b）

在唐《窺基音義》中有《王三》屬於 "祭霽至" 韻的字讀爲 "薛屑錫" 韻，如："弊，毗祭反，亦爲篇列反（滂母薛韻）。" 這種混讀可與《切韻·序》"秦隴則去聲爲入" 相契合，即關中地區將收-i 尾的去聲字念成收-d 尾②。《窺基音義》是當時唐五代關中方音的真實記錄，隨函音義的上揭例證有可能也是這一語音現象的反映。

三 聲調

（一）濁上與去聲相混

（1）嬾墮定果合一上，上郎罕反，下徒卧過反。（85/14b）（135/59b）（247/11b）

（2）浣匣緩合一上，携半換反，同。（314/11b）

（3）踐從獮開三上踢，上疾羨線反，下徒答反。（149/47b）

（4）蹈定號開一去，音稻定皓開一上，踐蹈。（89/64b）

（5）佛地定母至韻，下徒紙紙反。（94/18b）

濁上變去是漢語語音史上一個重要的聲調變化現象。儲泰松曾考察出《可洪音義》全濁上聲與去聲混切達 58 例，並云："濁上變去是晚唐北方地區的普遍現象，李涪《（切韻）刊誤》卷下 '切韻' 條表明其方音里濁上已變去聲……《慧琳音義》、敦煌俗文學中的別字異文濁上均與去聲相混，而南方朱翱反切無此類變化。"③ 隨函音義上述例子或可説明在南宋末年 "濁上變去" 這種語音現象在南方殆已大面積出現。

（二）上去相混

呪咀從語開三上；精語開三上，下之助御反。（443/74b）

呪咀從語開三上；精語開三上，下則助御反。（154/11b）

---

① 周祖謨：《敦煌變文與唐代語音》，載項楚、張涌泉編《中國敦煌學百年文庫·語言文字卷》，第 425 頁。

② 儲泰松：《唐五代關中方音研究》，安徽大學出版社 2005 年版，第 87 頁。

③ 儲泰松：《可洪音義研究》，第 110—111 頁。

　　儲泰松在《唐五代關中方音研究》中曾這樣解釋其中上聲與平聲、去聲混切的原因："上聲與平、去混切，並不是三類聲調調型、調值的相混，而是不同方言的讀音習慣差異造成的。這種差異，從共時角度説，有南北之異；從歷時角度説，則有古今之別。"[①] 我們認爲這段話同樣可以解釋上述隨函音義平、上、去聲混切的原因，上述隨函音義混切的例子應爲其作者方音的反映。

第三節　認識和了解音切的意義

　　對於上述例證，也許有人會産生這樣的疑惑：前文中的很多例證與唐五代西北方音、關中方音等相契合，縱使推論正確，也只能説明某一方音的情況，而對於當時的官話系統乃至整個漢語系統而言，也許並不能説明其經歷了類似的變化。對此，我們想借用《論近代漢語的上限》一文解釋其爲什麼將唐西北方音作爲近代漢語語音的一個重要考察點的原因來闡述這個問題："是的，我們只要能證明當時的西北方音有這些變化就行了，並不想證明官話系統乃至整個漢語系統都發生這些變化。因爲語音的演變是有地域性的，即使在現代，南方很多方音都不同程度地保留著入聲韻尾、-m 韻尾和濁音，就是輕唇音也還有些方音未完全分出。我們不能以之否定現代北方語音的現實。"[②] 同樣，我們舉出上述音變的例子，也只是證明當時的漢語語音曾發生過這些變化，它們實實在在地存在於漢語語音發展史當中。在我們看來，認識和瞭解這些語音變化的意義在於：

　　1. 有助於了解宋元時代漢語語音的變化

　　根據以上對聲韻調系統的討論，我們可以看出宋元時期漢語語音正在經歷著系統的音變：濁音清化、照二照三相混、船禪相混、知章相混、麥陌相混、入聲尾開始變化、濁上變去，等等。這些都是漢語語音從中古音（即《切韻》、《廣韻》反映的語音）過渡到近代語音（即《中原音韻》反映的語音）過程中語音變化有意、無意的反映。這一過渡階段應該是語音變化頻繁的時期，只是傳統韻書限於其滯後性和正統性往往難以反映實際的語音變化，而隨函音義的這些例證恰好可以彌補這一缺憾，可爲漢

---

① 儲泰松：《唐五代關中方音研究》，第 93 頁。
② 蔣冀騁：《近代漢語詞彙研究》，第 252 頁。

語語音史的某些演變現象和規律充當鮮活的材料和證明，在宋元語音研究
上有著重要的價值和意義。

2. 有助於了解宋元時代吳方言的某些語音特徵

《磧砂藏》是平江府陳湖中磧砂延聖院（位於今江蘇省吳縣）的一部
私刻大藏經，由於磧砂延聖院地處吳方言區，因此隨函音義中有些反映時
音的音切，如見精合流、從邪合一等，往往是作者方音的流露，反映了宋
元時代吳方言的某些語音特徵。

3. 有利於判定隨函音義的時代和性質

如前所述，隨函音義具有内容上的層累性，而上述許多語音特徵却能
夠如實地反映出當時的實際語音情况，這無疑有利於我們推測隨函音義的
某些特點，如産生年代，是否與佛經一同刊刻等等，對於隨函音義的斷代
和剝離工作大有裨益。

值得注意的是，黄耀堃曾對《磧砂藏》中宋人譯經的隨函音義作過
簡略的調查，因爲其中很多隨函音義都有宋太宗和宋真宗序部分，所選詞
語，所用的音切都大致相同，因此他推測這些規格相同的隨函音義有可能
是由一個統一機構頒行，而非私刻"江南諸藏"自行編纂；又由於成書
於十世紀至十一世紀初的三部經卷中《景德傳燈録》、《宗鏡録》的卷末
普遍附有隨函音義，而《大宋高僧傳》却没有，故他懷疑在十一世紀前
後，頒布隨函音義的機構不再在新入藏的部分附上隨函音義；另外，他還
認爲這部分隨函音義的音切甚至可能是當時行用的讀音[1]。

但是根據我們的調查，就音切來論，此部分隨函音義的音切與《磧
砂藏》其他隨函音義中相應詞條的音切大體相同；就釋義而言，其釋義
也與其他隨函音義相應詞條的釋義大體一致。不僅如此，由於隨函音義條
目上的重複性，此部分隨函音義的條目無論是體例還是内容説解均與其他
部分的隨函音義區別不大，因而即使這些音義由某個機構統一校勘頒行，
也只是該機構對前代隨函音義的承襲或者説是刻意的擬作而已，並不是
"創作性成果"，不能反映當時語音的發展變化。

---

① 黄耀堃：《磧砂藏隨函音義初探》，第 259—260 頁。

第七章

《磧砂藏》隨函音義與詞彙學研究

對於漢譯佛經詞彙，前輩學者已多有研究，無論是對單部佛經還是對佛經音義專書的詞彙都多有關注，而對分布於經律論三藏中的隨函音義却極少關注。其實，隨函音義雖然具有條目重複、内容層累等特点，其作爲解釋佛經疑難字詞的一種音義體，仍然可以稱得上是佛經詞彙的資料庫，而且在这其中複音詞占了絶大多數。因此，若以《磧砂藏》隨函音義爲材料，去解讀其中包含的一些詞語，不僅可以充分瞭解佛經詞彙系統，而且可以從中窺探出中古近代漢語詞彙的某些規律和特徵。

第一節　所收詞彙的特徵

綜觀整個《磧砂藏》隨函音義，其詞彙的來源即佛經詞彙的來源，大致可以分爲兩類：一是中土文獻中已有的詞彙，來源於先秦漢語詞彙以及佛經翻譯時中土漢語中流行的語詞；二是外來詞，來源於古印度、中亞、西域等地的語詞，包括極具佛教色彩的佛教術語以及名目繁多的名物詞等。通過这些詞語，我們可以一窺隨函音義所收録詞彙的特点，進而探求整個佛經詞彙的特徵。

一　體現宗教和地域特點

隨函音義作爲佛經音義的一種，自然少不了佛教詞語，其中主要是佛教名相和術語的音譯和意譯詞。如：

阿練若、薜荔、薜荔多、邬耨、婆舍那、溥首、毗佛略、迦羅邏、阿素洛、鞞綱、綱縵、摩納婆、摩納婆、阿蘭挐、那庾多、鄔波索迦、摩醯、循身觀、摩訶衍、芸若、窣堵波、窣堵、闍維等。

另外，隨函音義中還有衆多反映印度和西域地域特色的名物詞，如：

芯蒻、耆婆、捷槌、殑伽、舍佉、商佉、氀馞、氀氈、補羯娑、鷩鳥丘、頗梨、頗胝、羅菔、羅蔔、蘿蔔、瞻蔔、占蔔、巨勝、苣蕂、蕐鉢、蕐芨、蕐撥、柯陀、駱駝、苜蓿、髭氈、蒲萄、醍醐、婆叉、毗舍佉等。

這些詞語在隨函音義中一再出現，帶有鮮明的宗教和地域色彩，使得隨函音義詞彙打上了深深的宗教和地域烙印。

二 折射宗教思想和理念

如前所說，隨函音義收錄的詞語即佛經詞語，作爲佛教思想和文化的載體，必然會體現和宣揚佛教的宗教理念和信仰，這表現在表示佛教因果報應、因緣等思想的詞語在隨函音義中常見而且表示同一狀態的同義、近義的詞語形式繁多。例如：

表示修行佛法使得内心安靜無爲的寂怕、怕然、憺怕、恢怕、靜怕、恬怕、澹泊、淡泊、寂泊、泊然、湛泊等；表示外道凶惡殘忍的弊惡、頓弊、很弊、蛆弊、凶弊、弊魔、捐弊、弊獸等；表示有惡行而遭到因果報應的瞎眼、駝背、口吃、曲腰等容貌不端正的盲瞎、跛躄、跛蹩、跛塞、跛傴、脊傻、傴曲、謇塞、謇澁、塞訥、禿瘻、瘻脊、背腰、謇吃、傴身、盲傴、傴背、拘躄、攣躄、跛僂等；表示佛陀慈愍救濟衆生的矜哀、矜愍、哀矜、矜愛、矜哀、矜悁、矜接、矜愍、賑恤、濟恤、給恤、存恤、賑濟、賑給、拯恤等；還有表示聽聞佛法而高興歡樂的忻懌、忻樂、欣心、怡悦、熙怡、怡然、怡懌、怡泰、怡愉等。

由以上舉例可以看出，隨函音義中積聚了許多佛經中常用的詞語，從中我們可以大致瞭解佛教的思想和觀念。

三 反映漢語發展和變化

漢譯佛經翻譯和創造的高峰是東漢魏晉南北朝隋唐時期，這個階段也是漢語從上古漢語發展到現代漢語的過渡階段，也是漢語發生激劇變化的一個時期。在此期間，一方面漢文佛經促進了漢語的發展變化，另一方面，它也不斷地適應這種發展變化，使得自身的語言文字能爲廣大中土民衆所理解和接受。因此，作爲語言要素中變化最快的詞彙無疑會受到這種變化的影響，且很快就體現在佛經經文的遣詞造句中。隨函音義所收錄詞語許多便是這種變化的反映，體現了中古和近代漢語的新詞新義，例如：

【麼麼】①

按：該詞見於《磧砂藏》本《阿差末菩薩經》（西晉竺法護譯）隨函音義，對應經文作："以此天耳咸悉得聞，所聽了了，無一蔽礙，及復察聞地獄餓鬼畜生音聲，麼麼小虫蚊虻蚑蜂蚝拂音聲，皆得聞之。"[101/26a]隨函音義釋云"麼麼，莫可反，小兒也"[101/26b]，該詞應爲中古漢語中表示"小"義的新詞，"麼"表示"小"義亦見於同時代的其他傳世文獻，如《前漢紀》卷三〇："然卒就鼎鑊伏鑕烹煑分裂，又況么麼不及數子哉！"② 此段的相關文字亦於《資治通鑒》卷四一："然卒潤鑊伏質亨醢分裂，又況么麼尚不及數子！"③《資治通鑒釋文》卷五："么麼，上一堯切，下莫可切，么麼，皆微小之稱。"④ 據此，上揭經文中"麼麼"應爲"麼"在中古漢語時期凝固而成的疊音詞。

此外，還有很多詞語，尤其是複音詞，在這一時期凝固產生，如：塵坌、忿洞、捵㨷、籠戾、愜當、拒捍、懈倦、陶師、革屣、悵快、原赦、警覺、惺憁等，許多詞語還沿用到了今天的現代漢語中。

又，關於佛經詞語新詞新義產生的理據，王雲路指出："中土漢語對佛典的影響遠遠超出佛典對漢語的影響，這是不容置疑的。這表現在兩個方面：第一，翻譯佛典中流行的普通詞語，絕大部分來自中土文獻：一是繼承了許多先秦漢語語彙；二是許多語詞是當時中土文獻中流行的……第二，佛典中完全新造的詞語、新產生的義項畢竟數量有限，而且即便是僅出現於佛典中的新詞新義，或者是佛典中最先出現的新詞新義，也都與中土文獻密切相關，其產生理據與漢語構詞方式、詞義演變方式一脈相承。多是仿照漢語構詞方式產生，或是對漢語詞彙的改造或化用，其源頭無疑是中土文獻。"⑤ 此説甚是。《磧砂藏》隨函音義中某些構詞語素非常活躍，這些構詞語素大多來自中土原有語言，成爲構詞能力很強的詞根後，

---

① 《漢語大詞典》（三卷本）"麼麼"有釋義"微細貌"，書證爲明楊慎《邯鄲才人嫁爲廝養卒婦》詩，第 7658 頁。

② （梁）沈約著：《前漢紀》卷三〇，《四部叢刊初編》第 17 冊，上海書店 1989 年版，第 23 頁。

③ （宋）司馬光編，（元）胡三省音注：《資治通鑒》，第 1328 頁。

④ （宋）史炤著：《資治通鑒釋文》，《叢書集成初編》第 3484 冊，第 99 頁。

⑤ 王雲路：《試説翻譯佛經新詞新義的產生理據》，《語言研究》2006 年第 2 期，第 91—97頁。

構成的複音詞也在隨函音義中一再出現。

　　以上我們粗略地列舉了《磧砂藏》隨函音義的詞彙特徵，旨在説明《磧砂藏》隨函音義中集中了許多具有佛教特色和時代特點的詞語，對於我們進一步了解佛經詞語和中古近代漢語詞彙的構成和特徵大有裨益。

第二節　複音詞構詞研究

　　複音化是漢語詞彙發展的一種趨勢。東漢至隋唐不僅是漢譯佛典發展並達到鼎盛的關鍵時期，也是漢語詞彙從單音化向雙音化過渡的重要階段。正如王力在《漢語史稿》中分析漢語複音化的兩個主要原因時所指出的："另一因素是外語的吸收。如果是音譯，原來是複音詞，譯出來自然也是複音詞……中古外來語如'菩薩'、'羅漢'等……如果是意譯，就更非複音不可。漢語新詞的產生，其重要手段之一，本來就是靠仂語的凝固化。至於吸收外語，在絕大多數情況下，就是靠著仂語來對譯單詞。既然是仂語，至少有兩個音節。"① 朱慶之又进一步指出："佛典這種堪稱中古時最流行最通俗讀物的強烈雙音化傾向肯定會對習慣於單音化詞彙系統的中國人產生潛移默化但又非常深刻的影響，這樣就在實際上加快了整個漢語尤其是書面語詞彙雙音化的進程。"② 因此，漢譯佛經在發展過程中一方面要適應漢語詞彙複音化的趨勢，另一方面又促進了其发展。

　　許多學者都討論過漢語複音詞的構詞方式，如王力曾指出："漢語複音詞的構成，可以分爲三大類：（一）連綿詞；（二）詞根加詞頭、詞尾；（三）仂語的凝固化。"③ 蔣紹愚亦曾指出："總的看來，由詞的引申、轉化、音變而產生新詞，在上古是一種非常能產的構詞方式，但到中古以後，就逐漸讓位給合成這種方式了。這也是漢語詞彙系統在歷史發展中的一大變化……由兩個同義詞（或近義詞）複合而凝固成的合成詞。這種詞在中古產生得很快，在合成詞中占的比例最大。"④ 而《磧砂藏》隨函音義不僅收錄了大量複音詞，往往還揭示這些詞語的內部結構，這對於我

---

① 王力：《漢語史稿》，中華書局 1980 年版，第 341 頁。
② 朱慶之：《試論佛典翻譯對中古漢語詞彙發展的若干影響》，載王雲路、方一新編《中古漢語研究》，商務印書館 2000 年版，第 130 頁。
③ 王力：《漢語史稿》，第 344 頁。
④ 蔣紹愚：《古漢語詞彙綱要》，商務印書館 2005 年版，第 288 頁。

們瞭解中古近代漢語佛經複音詞的構詞方式很有幫助。下面我們就進行舉例説明：

一　並列複音詞

並列造詞是佛經中複音詞最常見的産生方式，這是“由於特殊的文體需要大量的雙音節形式，而作者的個人言語的詞彙系統裏又沒有足夠的雙音詞可供選擇，於是就必須創造。相對而言，並列造詞（就是所謂‘同義連文’）無疑是最便捷的”[1]。根據其語義構成，並列複音詞又分爲：

（一）同義複詞

【堅靳】

隋智顗説、門人灌頂記《仁王護國般若經疏》卷四：“有以煩惱如金剛，以其堅靳不可即斷，非佛智力無能斷者，如經中龜甲羊角所能破者，是此義也。”[T33,p0270b]

按：“堅靳”一詞，《漢語大詞典》未收，含義不明。考《磧砂藏》本《大方等大雲經》卷三隨函音義：“堅靳，下居近反，固也。”[151/35a]《廣韻·先韻》古賢切：“堅，固也。”[2]《玉篇·革部》：“靳，居覲切，固也。”[3] 可見，隨函音義之説可從，“堅”、“靳”二字皆有“固”義，二者同義連文凝固成“堅靳”表示“堅固”之義。

【微尟】

西晉竺法護譯《慧上菩薩問大善權經》卷上：“若惠獨人内自惟察，如來有言，務恢廣施，今吾乞與，所進微尟，建諸通慧，誓意無量，殖斯德本，勸發衆生，僥獲寶掌，若如來至真等正覺。”[T12,p0156c]

按：“微尟”一詞中“尟”爲“鮮”之俗字，《廣韻·獮韻》息淺反：“鮮，少也。尟，俗。”[4] 可證。故其又作“微鮮”，《漢語大詞典》收錄有此種形式，釋義爲“微少”，書證爲蘇軾《答錢濟明書》[5]。今考《磧砂藏》本《慧上菩薩問大善權經》卷上隨函音義：“微尟，下息洩反，

---

① 朱慶之：《佛典與中古漢語詞彙研究》，臺北文津出版社 1992 年版，第 132 頁。

② （宋）陳彭年等編：《宋本廣韻》，第 113 頁。

③ （梁）顧野王著，（宋）陳彭年等修訂：《大廣益會玉篇》，第 123 頁。

④ （宋）陳彭年等編：《宋本廣韻》，第 270 頁。

⑤ 羅竹風主編：《漢語大詞典》（三卷本）“微鮮”條，第 1892 頁。

少也。"[89/8a] 據此，該詞爲"微"和"勦"兩個同義語素凝固而成的複音詞，表示"少也"之義，蓋爲中古漢語中佛經新造詞，亦見於後代其他傳世文獻，如明《懷麓堂集》卷二七："國家熙洽既久，法存而弊生，宏綱闊制之中，不能無孽牙錞隙之患。就一事言之，則其日累月積，起於微勦，而極於蕃熾。"①

【警覺】

唐菩提流支譯《大寶積經》卷一一一："何等爲八？一志樂力無諸詃故，二勝解力離諸惡故……七大悲力堪忍諸惡故，八善友力時時警覺故。童女，是名八力。"[T11，p0623c]

按："警覺"一詞，《漢語大詞典》引唐玄奘譯《阿毗達磨俱舍論·分別根品二》"作意謂能令心警覺，勝解謂能於境印可"，釋義爲"驚醒覺悟"和"驚醒發覺"②。今考《磧砂藏》本《大寶積經》卷一一一隨函音義出"警覺"條，其下曰："上音景。"[84/11b]《方廣大莊嚴經》卷六隨函音義："警，居影反；警，覺也。"[128/53b] 又查《廣韻·梗韻》居影切："警，寤也，戒也。"③《玉篇·見部》："覺，古樂切，寤也。"④ 據此，隨函音義之説甚確，"警"、"覺"同義連文，警即覺也，該詞釋爲"驚醒"爲宜。

【炫煥】

唐地婆訶羅譯《大乘顯識經》卷下："天父天母同座視之，甘露欲風吹花七日，寶璫嚴身曜動炫煥，天童朗潔現天母手。"[T12，p0184c]

按："炫煥"一詞，《漢語大詞典》未收，詞義不明。今考《磧砂藏》本《大乘顯識經》卷下隨函音義："炫煥，上音縣，下音唤，炫煥，光明皃。"[89/27b] 又查《廣韻·霰韻》："炫，明也，火光也。"⑤《廣韻·換韻》："煥，火光。"⑥《玉篇·火部》："炫，胡絢切，耀光也。"⑦ 同部首

---

① （明）李東陽撰：《懷麓堂集》，《景印文淵閣四庫全書》第1250册，臺灣商務印書館1986年版，第288頁。

② 羅竹風主編：《漢語大詞典》（三卷本）"警覺"條，第6682—6683頁。

③ （宋）陳彭年等編：《宋本廣韻》，第296頁。

④ （梁）顧野王著，（宋）陳彭年等修訂：《大廣益會玉篇》，第23頁。

⑤ （宋）陳彭年等編：《宋本廣韻》，第387頁。

⑥ 同上書，第384頁。

⑦ （梁）顧野王著，（宋）陳彭年等修訂：《大廣益會玉篇》，第100頁。

下：“焕，呼换切，明也，亦作炔。”① “炫焕”亦早見於世俗文獻，如漢揚雄《太玄經》卷一〇“雷風炫焕與物時行”，其下注云：“此謂春夏之時，震巽用事，故曰雷風光曜萬物，故炫焕隨天而行之也。”② 據此，“炫”、“焕”均有“光也”、“明也”、“耀也”之義，二者同義連文凝固成“炫焕”，隨函音義釋爲“光明皃”，甚是。

（二）偏義複詞

提到偏義複詞，人們往往想到的是，這是受修辭影響而產生的一種語言現象，是古代漢語中一種重要的修辭手法，其實它也是漢語複音化道路中一個重要的手段，特別是它往往由兩個相關意義的詞凝固而成，人們常誤將它分而釋之，當作兩個並列組合而成的複音詞，而《磧砂藏》隨函音義則每每明其結構，指明其正確意義。如：

【喑嗟】

失名譯《大方便佛報恩經》卷一：“爾時，大王聞是語已，心驚毛竪，身體掉動自持，憂恚懊惱，喑嗟煩悶，心肝惱熱，宛轉躃地，悶絕良久乃穌。”[T03，p0128b]

按：該詞《漢語大詞典》釋義爲“低聲嘆息”，書證爲晉干寶《搜神記》卷一八：“須臾，復有一人，冠赤幘者，呼亭主，問答如前，復喑嗟而去。”③ 此釋不確。爲了更好地理解上揭例證中“喑嗟”的意義，現將引文的上下文徵引如下：“安陽城南有一亭，夜不可宿，宿輒殺人。書生明術數，乃過宿之……向者有一書生在此讀書，適休，似未寢，乃喑嗟而去。須臾，復有一人，冠赤幘者，呼亭主，問答如前，復喑嗟而去。”④ 據此，上揭例證是一則古代志怪小說中常見的人與鬼魅的故事，人遇到鬼魅的反應一般不會“低聲歎息”，而是“大聲呼叫”。

所幸《磧砂藏》隨函音義提供了確解。《磧砂藏》本《大方便佛報恩經》卷一隨函音義：“喑嗟，上於今、於禁二反，呼嗟也。”[189/18b]《玄應音義》對應經卷：“喑唶，於禁反，下子夜反，《聲類》‘大呼也’，《説

---

① （梁）顧野王著，（宋）陳彭年等修訂：《大廣益會玉篇》，第100頁。

② （漢）揚雄撰，（晉）范望注：《太玄經》卷一〇，《四部叢刊初編》第68册，上海書店1989年版，第2頁。

③ 羅竹風主編：《漢語大詞典》（三卷本），第1626頁。

④ （晉）干寶撰，汪紹楹校注：《搜神記》，中華書局1979年版，第229頁。

文》‘大聲也’。"① 又《廣韻》有三音，其中去聲沁韻"於禁切"下有"喑，聲也"，《集韻·覃韻》烏含切："喑，啼泣無聲謂之喑，一曰大呼。"② 可見，隨函音義解釋"喑嗟"爲"呼嗟"有一定的根據，釋義貼切，合乎文義。據此，竊以爲"喑嗟"應爲"大聲呼叫"之義，"喑嗟"、"呼嗟"應皆爲類義並列複音詞，偏義複詞，"喑"、"呼"爲核心義素，"嗟"爲襯字。

又如"喑呝"，符秦曇摩難提譯《阿育王息壞目因緣經》："語則瞋恚，不察來義，口出火毒，從蝎中來；獨處貪食，聲嚮喑呝，從則少睡，從狸中來。"[T50,p0172a] 考《磧砂藏》本隨函音義："喑呝，上音陰，下億界反；喑呝，大聲也。"[435/59a] 據此，上揭經文中"喑呝"亦爲由"喑"組成的類義並列複音詞，表示"大聲呼叫"的偏義複詞。

【溟壑】

姚秦筏提摩多奉譯《釋摩訶衍論》："譬如巨海浪，斯由猛風起，洪波皷溟壑，無有斷絕時。"[T32,p0626b]

按：該詞《漢語大詞典》釋義爲"大海和溪谷"，書證爲唐韓愈《咏雪贈張籍》："厚慮填溟壑，高愁擻斗魁。"③ 其實，此釋義未確。唐實又難陀譯《大乘入楞伽經》卷二亦見該句。《慧琳音義》卷三一《大乘入楞伽經》第二卷音義："溟壑，上覓瓶反，司馬彪注：《莊子》云溟謂南北極也，去日月遠，故以溟爲名也。《説文》從水、冥聲；下呵各反，前《相續解脱經》已釋訖也。"[T54,p0512a] 慧琳雖然分別訓釋了"溟"和"壑"，但並没有明確説明"溟壑"爲何義，而《磧砂藏》隨函音義則給出了明確釋義，《大乘入楞伽經》卷二隨函音義："溟壑，上莫經反，下呼各反；溟壑，海也。"[149/18b] 與經義完全契合。又《廣韻·青韻》莫經切："溟，溟濛，小雨；又溟，海也。"④ 在後代的詩文中，"溟壑"表示"大海"之義經見，如《北山集》卷八《分題得缸子和尚一首》："洪波皷溟壑，浩浩包神姦。安知五濁海，平地即九淵。"⑤ 《鳳池吟稿》卷八《舟次塗

---

① （唐）釋玄應：《一切經音義》，《影印高麗大藏經》第 32 册，第 57 頁。

② （宋）丁度等編：《宋刻集韻》，第 82 頁。

③ 羅竹風主編：《漢語大詞典》（三卷本），第 3399 頁。

④ （宋）陳彭年等編：《宋本廣韻》，第 177 頁。

⑤ （宋）程俱撰：《北山集》，《景印文淵閣四庫全書》第 1130 册，臺灣商務印書館 1986年版，第 76 頁。

山拜禹王廟》：“堯舜深嗟浲水流，禹王專任八年憂。力排漢泗歸溟壑，威逐龍蛇出海陬。”① 據此，“溟壑”應爲類義並列複音詞，表示“大海”之義的偏義複詞。

【俛仰】

失名譯《大方便佛報恩經》卷六：“爾時難陀比丘聞佛説已，即從座起，頭面禮大憍陳如足，次第至優波離前，俛仰而立，合掌而已。”[T03,p0154c]

按：“俛仰”亦可表示“勉強爲之”。《磧砂藏》本《大方便佛報恩經》卷六隨函音義：“俛仰，上音免，強爲也。”[189/54a]該義在佛經中經見，如姚秦鳩摩羅什譯《維摩詰所説經》卷一：“魔即驚懼，念：‘維摩詰將無惱我？’欲隱形去，而不能隱，盡其神力，亦不得去。即聞空中聲曰：‘波旬！以女與之，乃可得去。’魔以畏故，俛仰而與。”[T14,p0543a]《玄應音義》卷八《維摩詰所説經》上卷音義：“俛仰，无辯反，謂自強爲之也。”②“俛仰”表示此義，蓋因“俛”有“勉強”義。《吕氏春秋·別類》：“塗益乾則輕以益勁，任益輕則不敗。”高誘注：“此俛於辭而後必敗其言，不合事實者也。”畢沅曰：“俛當是勉強之義。”③ 即其例。可見，“俛”在中古漢語中與“仰”組成反義並列複音詞，偏義複詞，表示“勉強”之義，隨函音義、《玄應音義》釋義爲“強爲也”有其依據，合乎經義。《漢語大詞典》下應增補該義項。

【懍恔】

北涼曇無讖譯《佛所行讚經》卷三：“況汝末世中，望脱我此箭，汝今速起者，幸可得安全，此箭毒猛盛，懍恔而戰掉，計力堪箭者，自安猶尚難，況汝不堪箭，云何能不驚。”[423/25b]

按：“懍恔”一詞，未見各種辭書載録，未知何義。今查《大正藏》對應經文作“慷慨”，校勘記曰“慷慨”宋、元、明本皆作“懍恔”[T04,p0025b]。然而，從上下文經義來看，“慷慨”於此與經義不合，“戰掉”表示“恐懼發抖”之義，而“慷慨”一般表示“情緒高昂、性格豪

---

① （明）方廣陽撰：《鳳池吟稿》，《景印文淵閣四庫全書》第 1225 册，臺灣商務印書館 1986 年版，第 543 頁。

② （唐）釋玄應：《一切經音義》，《影印高麗大藏經》第 32 册，第 107 頁。

③ （戰國）吕不韋著，陳奇猷校釋：《吕氏春秋》，學林出版社 1984 年版，第 1650 頁。

爽"等，因此此處宜作"懍慄"爲長。那麽，"懍慄"表示何義呢？對此，《磧砂藏》隨函音義給出了解釋。《磧砂藏》本《佛所行讚經》卷三隨函音義："懍慄，上力荏反，下許奄反，敬畏也。"^[423/30b]今考《玉篇·心部》："懍，力荏切，危懼也，敬也。又巨禁切，心怯也。"①《廣韻·寢韻》力稔切："懍，敬也，畏也。"②《玉篇·心部》："慄，士廉、息廉二切，《説文》曰'詖也'，慄利於上，佞人也。"③《可洪音義》卷二一《佛所行讚》第三卷則出"慄撿"條，下云："上苦朗反。"④据此，竊以爲"懍慄"爲表示"敬畏"之義的偏義複詞，與經義契合，其中"懍"爲核心義素，"慄"爲襯字。

綜上所述，佛典翻譯者由於自身學識限制以及用詞臨時性等原因，他們在運用並列構詞時，往往選用的並不是同義或近義等相關語素，而且有時即使選用了相關語素，也僅僅是爲了讓它充當補充音節，即構成了一個表義語素和另一個實際上不表義語素合成的"偏義複合詞"。因此，我們在理解這類複音詞時，應注意其內部構成及表義特點。

二 連綿詞

"所謂連綿詞（亦稱連語，謰語），是指由兩個音節聯綴成義而不能分割的詞。它只包含一個詞素，不能分拆爲兩個詞素。一個連綿詞可以有多種寫法，這些不同的寫法，只不過是用不同的詞形表示相同的音節或表示某一連綿詞的聲音在其發展過程中略有變化而已。"⑤可見，連綿詞是一類特殊的複音詞，《磧砂藏》隨函音義不僅收錄了這類複音詞，還列舉了同一連綿詞的不同形式，或者對其進行了釋義，或者爲釋義提供了可靠的綫索。例如：

【悵悢】

東晉法顯譯《佛説大般泥洹經》："佛告純陀：'如來須臾泥洹，汝供養僧，今正是時。'如是再三。純陀悵悢，舉聲歎曰：'何其怪哉！世間虛空，如來長逝，悲號流淚。'而復啓請，願哀久住。"^[T12,p0860c]

---

① （梁）顧野王著，（宋）陳彭年等修訂：《大廣益會玉篇》，第39頁。
② （宋）陳彭年等編：《宋本廣韻》，第308頁。
③ （梁）顧野王著，（宋）陳彭年等修訂：《大廣益會玉篇》，第39頁。
④ （五代）釋可洪撰：《新集藏經音義隨函錄》，《中華大藏經》第60冊，第182頁下欄。
⑤ 郭在貽：《訓詁學》，第135—136頁。

按："悵悢"一詞，《漢語大詞典》引清吳騫《扶風傳信録》"二十八日生歸，見惟空室，悵悢若失"爲書證，釋義爲"惆悵"①。竊以爲此釋義例證偏晚，且不能概括上揭經義。《慧琳音義》卷二五《大般涅槃經》上卷音義："悵悢，上勑亮反，《玉篇》云：'望也，恨也。'下力尚反，《廣雅》云：'悢，悲也。'"[T54,p0464b]《可洪音義》卷一一《大乘阿毗達磨雜集論》第十四卷音義："悵悢，上丑向反，失志也；下力向反，恨也。"② 二者或援引典籍，或自行注解，都分別對"悵"和"悢"進行了訓釋，給我們提供了綫索，可惜關於該詞的釋義仍不十分明了。今考《磧砂藏》本《佛説大般泥洹經》隨函音義："悵悢，上音暢，下音亮，悲恨失志皃。"[126/30b]又《説文·心部》："悵，望恨也。"③ 《玉篇·心部》："悵，勑亮切，惆悵失志也。"④《磧砂藏》本《經律異相》卷三一隨函音義："悵然，上丑向反，失志皃。"[443/12b]同本《正法華經》卷二隨函音義："悵悢，下力向反，悲也。"[131/21b]《廣韻·漾韻》力讓切："悢悢，悲也。"⑤《龍龕手鏡·心部》："悢，音亮，恨也，悲也。"⑥ 可見，隨函音義稱其爲"悲恨失志皃"，言之有據且釋義明晰，與上揭經文上下文意思契合，又"悵"上古屬透紐陽韻，"悢"上古屬來紐陽韻，"透"、"來"二紐在上古音中屬於旁紐，則"悵"、"悢"爲旁紐雙聲，又二者同爲陽韻，故"悵悢"當爲二者凝固而成的雙聲疊韻連綿詞。《漢語大詞典》"悵悢"下應增補該義項。

【喐噎】【喐咽】【噢噎】【噢咽】【喐呷】

梁寶唱等集《經律異相》卷二四："王曰：'欲求佛法爲一切衆生，於大闇室然智慧燈，照汝生死無明黑闇，斷衆累結得至涅槃，汝等諸人，今者云何違逆我心？'時諸夫人默然不對，心悲郁噎。"[T53,p0131c]

按："郁噎"一詞，《大正藏》校勘記稱"郁"字元、明本皆作"喐"。考《慧琳音義》卷七九《經律異相》第二十四卷音義："噢噎，上憂六反，《埤蒼》云：'噢，内悲也。'杜注左傳云：'噢，痛念之聲。'

①　羅竹風主編：《漢語大詞典》（三卷本）"悵悢"條，第4316頁。
②　（五代）釋可洪撰：《新集藏經音義隨函録》，《中華大藏經》第59冊，第949頁中欄。
③　（漢）許慎撰，（宋）徐鉉校定：《説文解字》，第222頁。
④　（梁）顧野王著，（宋）陳彭年等修訂：《大廣益會玉篇》，第38頁。
⑤　（宋）陳彭年等編：《宋本廣韻》，第404頁。
⑥　（遼）釋行均撰：《龍龕手鏡》，第59頁。

《古今正字》從口、奧聲；下煙結反，《毛詩》傳云：'噎，憂不能息也。'《考聲》云：'氣塞胷喉也，或作饐。'《說文》：'飯窒也，從口、壹聲。'"[T54,p0817c]《可洪音義》卷二三《經律異相》第二十四卷音義："郁噎，上於六反，郁咿，悲也，正作噢也；下一結反。"① 又今《磧砂藏》本對應經文作"喑噎"[442/29b]，隨函音義亦云："喑噎，上於六反，下於結反，或作喑咿，上於六反，下音伊，悲傷之極也。"[442/36a]據此，"郁噎"、"噢噎"、"喑噎"、"喑咿"在此形成異文，又"於六反"與"憂六反"讀音相同，上述幾字的聲旁"奧"、"郁"、"壹"、"伊"在上古音中均屬影紐，則"郁噎"、"噢噎"、"喑噎"、"喑咿"等皆爲同一連綿詞的不同書寫形式。

"郁噎"又作"郁伊"，《漢語大詞典》釋義爲"抑郁不舒貌"，書證中有晉孫楚《笑賦》"或顙蹴俛首，狀似悲愁。怫鬱唯轉，呻吟郁伊"和《世說新語·言語》"不能忘情故泣"下梁劉孝標注引《大智度論》"佛在陰庵羅雙樹間入般涅槃，臥北首，大地震動。諸三學人，僉然不樂，郁伊交涕"②。此釋不確。竊疑其不明"郁伊"爲連綿詞，因"郁"而望文生義地釋義爲"抑郁不舒貌"。爲了更好的理解該詞，我們將《大智度論》的相關原文徵引如下："佛入涅槃時，地六種動，諸河反流；疾風暴發……海水波揚，地大震動，山崖崩落；諸樹摧折，四面煙起，甚大可畏；陂池江河盡皆嬈濁，彗星晝出；諸人啼哭，諸天憂愁，諸天女等郁伊哽咽，涕淚交流。"[T25,p0067a]據此，該詞在上揭經文中是用來形容佛涅槃時衆人的神態情狀，"郁伊"與"哽咽"、"涕淚交流"連用，應不是"抑郁不舒貌"而是"悲傷之貌"。

所幸《磧砂藏》隨函音義證實了我們的推測，上揭《磧砂藏》本《經律異相》卷二四隨函音義釋"喑噎"爲"悲傷之極也"，《可洪音義》對應經卷的音義亦釋爲"悲也"。又《慧琳音義》卷二四《四童子經》上卷音義："噢咿，於六反，下於祇反，《埤蒼》：'噢咿，內悲也，亦痛念之聲。'《古今正字》：'並從口，奧、伊皆聲也。'亦作喑。"[T54,p0460c]《玄應音義》卷四《大方便報恩經》第二卷音義："噢噎，於六反，下一結反，《埤蒼》：'噢咿，內悲也，謂痛悲之聲也，噎塞也。'經文有作郁，

---

① （五代）釋可洪撰：《新集藏經音義隨函録》，《中華大藏經》第 60 册，第 271 頁下欄。
② 羅竹風主編：《漢語大詞典》（三卷本），第 6175 頁。

非體也。"① 《龍龕手鏡·口部》："咿，俗；呷，正；噢呷，内悲也，痛念之聲。"② 可資參證。

"郁噎" 又作 "郁呷"、"郁咿"。《漢語大詞典》未將幾者進行溝通，釋義爲 "鳥鳴聲"，書證爲三國鍾會《孔雀賦》"或舒翼軒峙，奮迅洪姿；或蹀足踟蹰，鳴嘯郁呷" 和清曹寅《粤中丞送孔雀》诗之二 "他日翩全應放去，郁咿綷彩戲林端"③。此釋義亦未確。《孔雀賦》中 "或舒翼軒峙，奮迅洪姿" 描寫的是孔雀情緒昂揚時的姿態，而與之相對應的則是情緒低落悲傷時的 "或蹀足踟蹰，鳴嘯郁呷"，因此釋其爲 "鳥鳴聲" 未能達其確詁，竊以爲此例釋爲 "悲鳴聲" 爲宜。唐道世撰《法苑珠林》卷六二下有："王即叉手，向佛遥稽首，今日命絶，永贊神化，啊呷鯁咽，斯須息絶，舉國臣民靡不躄踊，呼天奈何。"[T53,p0660b]《四部叢刊》本《法苑珠林》卷六二隨函音義："啊呷，啊，於六切；咿，音伊；啊呷，悲泣聲。"④ 可資比勘。後因《孔雀賦》此用例，人們便用 "郁咿" 或 "郁呷" 泛指 "孔雀的叫聲"，書證清曹寅詩即是此用法。又如清《曝書亭集》卷二九《八寶妝·舞孔雀》："除非是邊鸞好手，郁咿聲裏，低丹咮問，飫眼蠻奴，莫銷殘碧暗金否。"⑤ 亦其用例。

另外，上揭《法苑珠林》卷六二經文對應吴支謙譯《佛説未生冤經》相應經文，原文如下："即叉手稽首，今日命絶，永替神化，啊呷哽咽，斯須息絶，舉國臣民靡不躃踊，呼天奈何。"[T14,p0774b]《大正藏》校勘記 "啊" 宋、元本作 "都"，明本作 "那"。竊以爲 "都"、"那" 皆爲與 "郁" 形近而産生的訛字，《大正藏》作 "啊" 可從。

又從上述材料來看，"郁噎" 一詞似乎源出佛典，而事實上其源頭在上古漢語中就已出現，可上溯到《左傳》中的 "鬱湮" 一詞。劉師培《古書疑義舉例補》曾指出："《左氏傳·昭公二十九年》云：'鬱湮不育。'《〈史記·夏本紀〉集解》引賈逵注云：'鬱，滯也；湮，塞也。'

---

① （唐）釋玄應：《一切經音義》，《影印高麗大藏經》第 32 册，第 58 頁。
② （遼）釋行均撰：《龍龕手鏡》，第 267 頁。
③ 羅竹風主編：《漢語大詞典》（三卷本），第 6175 頁。
④ （唐）道世撰：《法苑珠林》卷六二，《四部叢刊初編》第 86 册，上海書店 1989 年版，第 24 頁。
⑤ （清）朱彝尊撰：《曝書亭集》卷二九，《四部叢刊初編》第 279 册，上海書店 1989 年版，第 7 頁。

案:'鬱湮',即'鬱伊'之轉音。《後漢書·崔寔傳》云:'志士鬱伊於下。'章懷注云:'不申之貌。'是'鬱伊'即'鬱湮'也。又'鬱伊'之音,轉爲'鬱邑'。《楚辭·離騷經》云:'會欱歠余鬱邑兮。'王逸注云:'鬱邑,憂也。'均與《左傳》之'鬱湮'同意。鬱、湮二字爲雙聲,且係表像之詞,以滯塞之義訓之,固亦可通,惟不當分訓某字爲滯,某字爲塞耳。賈説失之。"① 由此可見,"鬱湮"、"鬱伊"、"鬱邑"均爲同一雙聲連綿詞的不同形式。

又朱起鳳《辭通》卷二"四支"下有"噢咿"條,並列舉有"噢咿"、"鬱伊"其他兩種不同的形式,且有按語:"内悲爲噢咿,稍轉即鬱悒矣,《後漢書注》釋爲'不申之貌',非是。"②

又"鬱湮"還可反序,如方以智《通雅》卷六:"堙鬱,一作抑鬱、抑悆、壹鬱、泱鬱、湮鬱、伊鬱。《史賈誼傳》'獨堙鬱兮其誰語',氣不通也。《漢書》作'壹鬱'。《文帝紀注·奏請受禪疏》'大禹必鬱悒于會稽之山',何晏《景福殿賦》'感潯暑之伊鬱',《岣嶁碑》曰'裡鬱昏徙',《左傳》'湮鬱不育',息夫躬詩'元靈泱鬱',皆此堙鬱音義也。升菴引有'抑悆'。"③

又如吳玉搢《別雅》卷五:"堙鬱、壹鬱、伊鬱、裡鬱,鬱湮、抑悆、抑鬱也。《史記·賈誼傳·弔屈原賦》'獨堙鬱兮其誰語',《漢書·賈誼傳》作'壹鬱',何晏《景福殿賦》'感乎潯暑之伊鬱',《大禹岣嶁碑》曰'裡鬱昏徙',《左傳》'鬱湮不育',升菴引有'抑悆',《集韻》'悆,紆勿切,音鬱,心所鬱積也',皆與抑鬱聲義同。堙、湮、裡、伊、抑、壹皆一聲相通轉,因聲通用,初不論字義也。"④

從以上分析可知,"鬱湮"這一連綿詞的形體極爲豐富,雖然歷代注疏及辭書對其進行了解釋,但尚未系統地抉發這些形體之間的關係和演變脈絡。可見,由於連綿詞詞無定形,我們在對其釋義時,僅僅憑藉歷代注疏及辭書是不夠的,應當以其聲音爲綫索,突破形體的束縛,以通其義。

---

① 俞樾等著:《古書疑義舉例五種》,中華書局2005年版,第160頁。

② 朱起鳳:《辭通》,上海古籍出版社1982年版,第94頁。

③ (明)方以智撰:《通雅》,《中華漢語工具書書庫》第48冊,安徽教育出版社2002年版,第589頁。

④ (清)吳玉搢撰:《別雅》,《中華漢語工具書書庫》第50冊,安徽教育出版社2002年版,第325頁。

【莨菪】

元魏菩提流支譯《入楞伽經》卷九：“可見染淨法，如空中毛輪；如中莨菪人，見諸像大地；一切如金色，彼不曾有金；如是愚癡人，無始心法染；幻陽焰生有，愚人取爲實。”[T16，P0565b]

按：上揭經文“莨菪”一詞，《大正藏》校勘記稱“莨菪”宋本作“蒗蓎”，元、明、宮本作“䕞蓎”。今考《磧砂藏》本《入楞伽經》卷九隨函音義：“蒗蓎，上音浪，下徒浪反，正作蒗蕩。”[148/79b]《磧砂藏》本對應經文有“如中蒗蓎人，見諸像大地”等句[148/71a]，應即此二字所出。又《可洪音義》卷六《入楞伽經》第九卷音義：“蒗蒼，上郎宕反，下徒浪反，草名也，正作䕞蕩。”① 且“莨菪”二字的聲旁“良”和“宕”在上古分屬來紐陽韻和定紐陽韻，則該詞應爲疊韻連綿詞。

歷代以來，或因音近，或因形近，該詞存在著衆多異文形式，如《玉篇·艸部》：“䕞，力盎切，䕞蓎，藥。蓎，荼盎切，䕞蓎。”②《廣韻·宕韻》徒浪切：“蓎，䕞蓎，毒藥。”③ 同韻下來宕切又魯當切：“䕞，䕞蓎。”④《龍龕手鏡·艸部》：“䕞蓎，上音浪，下徒浪反，䕞蓎，毒草名也。蓎，俗音蓎。”⑤ 又如敦煌寫本伯 2039 號背《大乘起世論》：“你元來無妄，你今曰稱妄者，如人食莨菪，虛空覓針，虛空實無針；如渴人見陽炎，言爲是水，實非水。”伯 2162 號《大乘開心顯性頓悟真宗論》亦有類似文字：“汝本來實无妄想，今稱妄想，即如人食莨蕩子於空中覓針，如此虛空實无有針。”因此，“蒗蓎”、“蒗蕩”、“莨菪”、“䕞蓎”、“䕞蕩”、“䕞蒼”、“莨蕩”是“莨菪”的不同寫法，而《漢語大詞典》僅收錄了“莨菪”一種形式，並解釋爲“多年生草本植物。多生于山野，莖高約一米，葉互生，橢圓形，花淡紫色。根、莖和葉子可作藥用，有鎮痙、止痛的功效”⑥。

其實，該詞在佛經中還具有一定的隱喻意義，常表示“由於食莨菪者常去拾取眼前布滿虛無的針”這一典故，進而引申爲“產生虛妄之象

---

① （五代）釋可洪撰：《新集藏經音義隨函錄》，《中華大藏經》第 59 册，第 741 頁下欄。
② （梁）顧野王著，（宋）陳彭年等修訂：《大廣益會玉篇》，第 67 頁。
③ （宋）陳彭年等編：《宋本廣韻》，第 407 頁。
④ 同上。
⑤ （遼）釋行均撰：《龍龕手鏡》，第 262 頁。
⑥ 羅竹風主編：《漢語大詞典》（三卷本），第 5482 頁。

的人"，如敦煌寫本斯 1846 號《梁朝傅大士頌金剛經序》："彌勒頌曰：'施命如沙數，人天業轉深。既掩菩提相，能障涅槃心。猿猴探水月，莨菪拾花針。愛河浮更没，苦海出還沉。'"明洪蓮編《金剛經注解》卷二曾有夾注解釋云："猿猴探水月證道歌云："水中捉月爭拈得。" 蕳蕩拾莗針《玉篇》："蕳，力盍切。蕩，徒盍切。"《本草》作"莨菪子"，亦名浪蕩，生食念（令）人發狂，眼生莗針，即以手拾之，其實無莗針。"[卍24/0785b] 上揭經文中，"莨菪拾針"與"猿猴探月"對舉，"莨菪"此義，殆由隱喻而得。

【㟮嶽】【碌嶽】【碌碌】

西晉安法欽譯《佛説道神足無極變化經》卷四："其處土地但有污泥及諸不淨，生活勤苦，衣食不充，憙鬥更相罵詈，六月一雨，一歲再雨，五穀不豐，惡行所致，其世界地堅如鐵石，㟮嶽不平，譬如蒺藜蹈傷人脚，毒惡止上及地但生荆棘。"[T17,p0814b]

按："㟮嶽"一詞，《大正藏》校勘記稱"㟮嶽"元、明本均作"碌碌"。《玄應音義》卷七《道神足無極變化經》第四卷音義："㟮嶽，仕角反，下語角反。"① 《慧琳音義》卷三〇《道神足無極變化經》第四卷音義："碌嶽，上床學反，下音岳，案碌嶽者，丘墟土也，不平皃也，經作㟮，非。"[T54,p0505c] 《龍龕手鏡·山部》："㟮，俗，士角反，《經音義》作碌。"② 可見，"㟮"應爲"碌"受"嶽"影響類化而成的俗字，"㟮嶽"、"碌嶽"爲一體之變。又"碌"和"嶽"皆爲形聲字，其聲旁"族"和"獄"在上古分屬從紐屋韻和疑紐屋韻，故"碌嶽"應爲二者凝固而成的疊韻連綿詞，在上揭經文中表示"石地多砂石的樣子"。今考《磧砂藏》本上揭經文中"㟮嶽"對應原文作"碌碌"[138/70a]，隨函音義云："碌碌，上盧各反，下千木反，砂石皃。"[138/73b] 《慧琳音義》卷八一《集神州三寶感通傳》中卷音義："碌碌，上籠谷反，下葱鹿反，《蒼頡篇》云：'碌礛，謂砂石皃白也。'《考聲》云：'石地不平皃也。'録文作礛硊，誤也。"[T54,p0831a] 《龍龕手鏡·石部》："碌，子木反，碌碌，石皃。"③ 《廣韻·屋韻》盧各切："碌，多石皃。"同韻下千木切："碌，碌碌，石皃。"④ 又"碌"上古屬來紐屋韻，與"碌"同韻，則"碌碌"亦爲二者

---

① （唐）釋玄應：《一切經音義》，《影印高麗大藏經》第 32 册，第 104 頁。

② （遼）釋行均撰：《龍龕手鏡》，第 78 頁。

③ 同上書，第 446 頁。

④ （宋）陳彭年等編：《宋本廣韻》，第 431 頁。

凝固而成的疊韻連綿詞，與“嶻嶭”同義。因此，依據隨函音義和其他辭書的解釋，“嶻嶭”、“碟嶭”、“碌碟”均爲表示“石地多砂石的樣子”的連綿詞。《漢語大詞典》可據此收録上述詞語。

【框欀】

西晉竺法護譯《正法華經》卷二：“爾時失火，尋燒屋宇，周迴四面，而皆燔燒……神諸餓鬼，揚聲喜喚，鵰鷲數百，飛欲避火。無數鳩垣，框欀懷慓，百千妖魅，惇遑馳走。”[T09,p0077a]

按：上揭經文中“框欀”一詞，《大正藏》校勘記稱宋、宮本作“框欀”，元、明本作“劻勷”。今考《玄應音義》卷七《正法華經》第二卷音義：“恇攘，丘方反，下而羊反；《説文》‘恇攘，煩擾也’，謂煩恐惶遽也；經文從心作懷，人向反；懷，憚也，難也；懷非此義，正作劻勷。”① 今《磧砂藏》本對應經文亦作“框欀”[131/18b]，卷末隨函音義云：“框欀，上音匡，下而羊反，正作劻勷，逼迫之皃也。”[131/22b] 據此，上揭經文中“欀”應爲“欀”之形近誤字，作“框欀”爲是。又“框”與“欀”皆爲形聲字，其聲旁“匡”和“襄”在上古分屬溪紐陽韻和心紐陽韻，故“框欀”應爲二者凝固而成的疊韻連綿詞，“劻勷”、“恇欀”、“恇懷”應皆爲其不同書寫形式。

又上揭經文中“框欀”用來形容失火時衆多“鳩垣”（即大身鬼）緊迫恐懼的樣子，隨函音義釋爲“逼迫之皃也”與經義契合。又《可洪音義》卷五《正法華經》第二卷音義：“恇攘，上丘狂反，下如羊反，逼迫也，正作劻勷也，《上方經》作框攘也。”② 《韓昌黎先生文集》卷二七“新師不牢，劻勷將補”句，朱熹於“劻勷”下校曰：“上音匡，下音穰，《集注》：急走皃，又迫遽也。”③ 亦可資參證。《漢語大詞典》可據以收録該義項。

第三節　詞義考釋

對於佛經詞語的考釋，學界近來用力甚勤，在這一過程中，衆多疑難

① （唐）釋玄應：《一切經音義》，《影印高麗大藏經》第 32 册，第 93 頁。

② （五代）釋可洪撰：《新集藏經音義隨函録》，《中華大藏經》第 59 册，第 706 頁上欄。

③ （唐）韓愈撰：《昌黎先生文集》卷二七，《四部叢刊初編》第 116 册，上海書店 1989 年版，第 11 頁。

詞語渙然冰釋，大量普通詞語得以抉發，這不僅有利於大型辭書的完善，也大大推進了漢語詞彙學的研究。《磧砂藏》隨函音義也解釋和抉發了許多複音詞，有一些詞語和義項是現今可見字典辭書未收的，有一些則是與現今釋義不同的。如：

【悒遟】

梁僧祐撰《釋迦譜》卷二："爾時世尊在靈鷲山，天耳遥聞迦維羅衞大城之中父王悒遟及諸王言。即以天眼，遥見父王病臥著床，羸困憔悴，命欲向終，知父渴仰欲見諸子。"[T50,p0053a]

失名譯《大方便佛報恩經》卷三："其母一日而便稽遟，過時不與。其女悒遟，飢渴所逼，而便恚心言：'我母今日何因緣故，不與我食，不來見看。'"[T03,p0140c]

按："悒遟"一詞，《漢語大詞典》未收，含義不詳。考《玄應音義》卷四《大方便佛報恩經》第三卷音義："悒遟，於急反，《字林》：'悒，不安也。'《蒼頡篇》：'悒悒，不舒之皃也。'"① 《可洪音義》卷二一《賢愚經》第十五卷音義："悒遟，上於及反。"② 玄應、可洪僅對"悒"進行了注音和解釋，至於"悒遟"爲何義，未說明。今考《磧砂藏》本《釋迦譜》卷二隨函音義："悒遟，上音邑，下去聲，悒遟，憂待也。"[439/53b] 又同卷："傾遟，下去聲，待也。"[439/53b] 又《大方便佛報恩經》卷三隨函音義："邑遟，上正作悒，憂悒也；下去聲，待也。"[189/27a]《廣韻·至韻》陟利切："遟，待也。"③ 周一良更明確指出："遟字古訓有等待、期望之意。魏晉南北朝文獻中猶如此用。如《世說新語·規箴》注引《晉陽秋》云，'主上側席，遟得見公'。當時書札中，更習用此詞，表示期待，成爲套語。"④ 而且中古漢語中"遟"還常與其他語素連用表示"等待"的不同心情和狀態，類似的有表示"殷切期待"的"傾遟"、"急切等待"的"企遟"等，亦可資參證。可見，隨函音義釋其爲"憂待

① （唐）釋玄應：《一切經音義》，《影印高麗大藏經》第 32 册，第 58 頁。

② （五代）釋可洪撰：《新集藏經音義隨函録》，《中華大藏經》第 60 册，第 205 頁下欄。

③ （宋）陳彭年等編：《宋本廣韻》，第 333 頁。

④ 周一良：《魏晉南北朝史論集續編》，原載《鄭天挺紀念論文集》1990 年版，後收入王雲路、方一新編《中古漢語研究》，商務印書館 2004 年版，第 173 頁。

也"是有依據的，且與經義契合①。《漢語大詞典》應據此收録該詞及義項。

【㤜洞】

吳支謙譯《佛説阿彌陀經》卷下："是間無有自然不能自給，當行求索，勤苦治生，轉相欺殆，調詐好惡，得其財物，歸給妻子，勞心身苦，如是至竟，心意不專，愡洞不安。"[T12,p0314c]

按："愡洞"一詞，中古漢語習見。由於俗書"悤"旁可寫作"㤜"或"忩"②，又因"愡洞"爲疊韻連綿詞，故其有"㤜洞"、"愡恫"、"謥詷"、"傯恫"、"憁恫"和"惚恫"等多種形式，《漢語大詞典》收録有"傯恫"、"憁恫"兩種形式，釋義爲"鑽營、奔競"、"魯莽"和"不得志貌"③。《磧砂藏》隨函音義則給出了另外一種説解。姚秦鳩摩羅什譯《佛説阿彌陀經》卷下隨函音義："㤜洞，上七紅反，下正作恫，音動。㤜洞，煩擾之皃也。又准音義、應師作謥詷，上七弄反，下從弄反，言急之皃，恐非經意也。"[乃七][85/78]今查《磧砂藏》本對應經文原文作"㤜洞"[85/75a]，《大正藏》本對應經文作"愡恫"[T12,p0314c]，又查《玄應音義》卷八《佛説阿彌陀經》下卷音義："謥詷，麁痛反，下徒痛反，《通俗文》：'言過謂之謥詷'，《纂文》云：'謥詷，急也。'"④與隨函音義所云略同。又歷代字書及現今辭書均無隨函音義所云之義項，那麼該義項從何而來呢？竊以爲隨函音義所云"煩擾之皃"是由"奔走、鑽營"之義引申而來。下面是《漢語大詞典》所舉之用例：晉葛洪《抱朴子·自叙》："或割人田地，劫孤旅之業，憁恫官府之間，以窺掊尅之益。"⑤此例中"憁恫"爲動詞用法，表示"奔走、鑽營"於官府之間，汲汲於利益。而上揭經文描述的是"爲惡者多作善者少"的情形，人們必須辛勤勞作，汲汲於生存，這與《抱朴子》中"憁恫官府之間"有類似之處，也是到

① 李維琦：《佛經詞語匯釋》解釋該詞爲"愁憂"，疑其僅解釋"悒"，未涉及"遲"之義。參見《佛經詞語匯釋》，第354—355頁。

② 張涌泉：《敦煌俗字研究》（下編）"悤"字條，第378頁。

③ 吳金華認爲其通常訓爲"匆遽"未得正解，"憁恫"即"謥詷"，當解爲"急惰夸誕"，乃魏晉南北朝習用之義。參見吳金華《〈三國志〉解詁》，原載《南京師範學院學報》1981年第3期，後收入王雲路、方一新編《中古漢語研究》，商務印書館2000年版，第217頁。

④ （唐）釋玄應：《一切經音義》，《影印高麗大藏經》第32冊，第114頁。

⑤ 羅竹風主編：《漢語大詞典》（三卷本），第4368頁。

頭來仍然"心意不專，怂洞不安"的由來。文中的"怂洞"爲形容詞用法，用來形容人的情狀，如以"煩擾"代替，亦文從義順，故隨函音義所云符合經義，《漢語大詞典》可據此收録該義項。

【熠耀】

後秦鳩摩羅什譯《大莊嚴論經》卷四："爾時法師復説偈言：'彼女作姿態，令會生渴愛，爲欲情所牽，奪其專念心，用敬吾教故，遮制令還止，如何彼妖孽，惑亂衆人目，譬如青蓮鬘，漂鼓隨波動，衆心亦如是，熠耀不暫停。'"[T04,p0277b]

按：《玄應音義》卷一〇《大莊嚴經論》第四卷音義："熠耀，弋入反，下弋灼反，《字林》：'熠耀，盛光照也。'《詩》傳曰：'熠耀，鮮明也，亦螢火也。'"① 可見，玄應只是徵引了其他典籍中關於"熠耀"的解釋，至於此處"熠耀"爲何義，並未作説明。今考《磧砂藏》本《大莊嚴經論》卷四隨函音義："熠耀，上余習反，下音曜；熠耀，光明不定皃。"[244/29b] 又朱熹《詩集傳》卷八於"倉庚于飛，熠耀其羽"下亦注曰："熠耀，明不定貌。"② 竊疑"熠耀"解釋爲"光明不定皃"蓋由"螢火"引申而來，因爲"螢火"的光是忽閃忽閃的，即"不定皃"的，故上揭經文中"熠耀"用來比喻"衆心"的波動。據此，隨函音義解釋爲"光明不定皃"有其根據，且合乎經義。《漢語大詞典》可據以收録該義項。

【矜接】

宋智嚴譯《佛説廣博嚴淨不退轉輪經》卷五："世尊，佛義以一切法不可得故，於諸法中逮得法忍，如來今者猶如父母矜接我等，不令我等心有擾動，亦得覺知不擾動法，猶如虛空不可擾動。"[T09,p0279c]

按："矜接"一詞，《漢語大詞典》未收，含義未詳。考《磧砂藏》本《廣博嚴淨不退轉法輪》卷五隨函音義："矜接，上居陵反，矜接，恤也。"[141/77b]《廣韻·蒸韻》居陵切："矜，本矛柄也，巨巾切，《字樣》借爲矜憐字。"③《龍龕手鏡·矛部》："矜，正；矜，今，居陵反，憐也，愍也，尉也，恤也。"④ 故"矜"有"恤也、憐也"之義。又從上下文經

---

①　（唐）釋玄應：《一切經音義》，《影印高麗大藏經》第 32 册，第 132 頁。

②　（宋）朱熹集注：《詩集傳》，中華書局 1958 年版，第 95 頁。

③　（宋）陳彭年等編：《宋本廣韻》，第 180 頁。

④　（遼）釋行均撰：《龍龕手鏡》，第 141 頁。

義來看，上揭經文意思是“如來像父母一樣救濟供養我們”。此種用父母供養子女來形容佛對待民衆的態度的例子佛經中常見，如唐義淨譯《金光明最勝王經》卷六：“世尊，若彼國王見於四衆受持經者，恭敬守護猶如父母，一切所須悉皆供給，我等四王常爲守護，令諸有情無不尊敬。”[T16,p0427c]因此，竊疑“接”在此爲“接濟”之義，而且在宋代文獻中，“接濟”表示“物質上的援助”義經見，如《建炎以來繫年要錄》卷九六：“見有斛斗之人，勸諭令依元收糴，時價量取利息，責認石斗數目出糶，接濟闕食之民。”① 據此，“矜接”或爲並列同義複詞，隨函音義云“矜接”義爲“恤也”，與經義契合，釋義可靠。

【駏驉】

唐法琳撰《辯正論》卷二：“老謂尹曰：‘脾者中黃一也，黃氣徘徊治於中宮，黃神長一尺，戴日履月名曰金藤主，常飲甘露食駏驉之脯，其神太白主之於日月，五光覆之太一封之，青龍負之朱雀跱之，中有神一不可不思。’”[T52,p0499c]

按：“駏驉”一詞②，《慧琳音義》卷八五《辯正論》第二卷音義釋云：“上音巨，下音虛，畜獸名，曹憲注《廣雅》云、孔安國注《尚書》云：‘駏驉，孤竹國東北夷驢騾之屬也。’”[T54,p0857a]釋義不甚明晰。又玄應認爲“駏驉”爲“牛父馬子”，《玄應音義》卷一二《別譯阿含經》第一卷音義：“駏驉，渠語反，下許居反，謂似騾而小、牛父馬子是也。”③ 同書卷一三《梵志頗羅延問種尊經》音義：“駏驉，渠語反，下許居反，謂似騾而小、牛父馬子者也。”④ 皆其例。又可洪認爲“馬父驢母爲駏驉”，《可洪音義》卷一二《雜阿含經》第三十八卷音義：“駏驉，上音巨，下音虛，上云馬父驢母爲駏驉，驢父馬母爲騾也。應和尚云‘牛父馬母爲駏驉也’。”⑤ 今考《磧砂藏》本《辯正論》卷二隨函音義：“駏驉，巨虛二音，驢父牛母所生。”[472/21a]又《出曜經》卷一〇隨函音義：“駏驉，巨虛二音，驢（驢）牛和合生駒也。”[425/121a]又《經律異相》卷二一隨函音

① （宋）李心傳撰：《建炎以來繫年要錄》，上海古籍出版社1992年版，第343頁。
② 參見李維琦《佛經詞語匯釋》“駏驉”條，其釋義爲“驢、馬雜交所生的馬類動物，當與騾相似。‘驉’一作‘虛’，一作‘驉’”，第186頁。
③ （唐）釋玄應：《一切經音義》，《影印高麗大藏經》第32冊，第156頁
④ 同上書，第178頁。
⑤ （五代）釋可洪撰：《新集藏經音義隨函錄》，《中華大藏經》第59冊，第1011頁上欄。

義：“駏驉，二字音巨虛，牛驢所生之駒也。”[442/7b] 據此，隨函音義“駏驉爲驢父牛母所生之駒”，《漢語大字典》、《漢語大詞典》“駏驉”條下亦未收録該義項，當據補。

【踣趻】

梁寶唱等集《經律異相》卷二九：“大臣試王，將一獼猴與著衣服，作革囊盛之，串其肩上，將到王前，巧匠已至，願王指授。王知相試，便説偈言：‘觀此衆生類，睞睞面皺𪙊，踣趻性輕躁，成事彼能壞，受分法如是，何能起宮殿。’”[T53,p0155a]

按：“踣趻”一詞，《漢語大詞典》未收。查《慧琳音義》卷七九《經律異相》第二十九卷音義：“踣趻，上音結，下音厥，《廣雅》‘敗也’，《説文》‘僵也’，並從足，形聲字。”[T54,p0818b] 可見，慧琳雖對“踣趻”進行了注音和訓釋，但仍釋義不明。今考《磧砂藏》本《經律異相》卷二九隨函音義：“踣趻，二字正作趌趏，上音吉，下音厥，踣趻，走跳皃。”[442/71a] “踣”、“趻”的聲旁“吉”、“厥”上古音分屬見紐質韻和見紐月韻，“踣趻”爲二者凝固而成的雙聲連綿詞，還有“踣厥”、“趌趏”等多種書寫形式。從經義來看，“踣趻”在此形容獼猴的形狀，隨函音義釋其爲“走跳皃”與經義相諧。又從異文來看，《可洪音義》卷二三《經律異相》第二十九卷音義亦出“踣厥”條，並云：“上居屑反，下居月反，踣厥，走跳之皃也，正作趌趏也，《僧祇律》作結厥字也。”① 又《經律異相》注明此則故事出自《僧祇律》第七卷，故此段文字亦見於《大正藏》本《摩訶僧祇律》第七卷中，對應文字正作“趌趏”[T22,p0279a]。《慧琳音義》卷五八《僧祇律》第六卷音義：“趌趏，居列、居逸二反，下居月反，《纂文》云：‘趌趏，凶竪也，亦跳起也。’”[T54,p0691a] 亦可證。據此，隨函音義釋義可從，《漢語大詞典》可據以收録該詞語和義項。

【瞢瞪】

宋施護譯《佛説守護大千國土經》卷一：“是時，南方矩畔拏主增長天王從座而起，偏袒右肩，右膝著地，合掌向佛，恭敬作禮，而白佛言：‘世尊，若我矩畔拏衆執魅之者，現如是等種種色相，若多語，若燋渴，若心迷亂、目睛瞢瞪，若面赤色，若常臥於地……如是人等爲矩畔拏之所執魅。’”[T19,p0579c]

---

① （五代）釋可洪撰：《新集藏經音義隨函録》，《中華大藏經》第 60 册，第 273 頁下欄。

按："瞢瞪"一詞，詞義未詳。今查《磧砂藏》本《佛説守護大千國土經》對應經文作"瞳瞪"^[492/45a]，卷末隨函音義："瞳瞪，上莫贈反，下音鄧，瞳瞪，昏亂之兒。"^[492/48a] "瞢"與"瞪"的聲旁"登"上古分屬明紐蒸韻和端紐蒸韻，"瞢瞪"應爲二者凝固而成的疊韻連綿詞，還可作"懵憕"等多種形式。又考《爾雅・釋訓》："儚儚，惛也。"郭璞注'皆迷惛'。① 朱起鳳《辭通》卷一"一東"下收錄有"儚儚"、"夢夢"、"瞢瞢"、"懵懵"等形式，並有案語："夢夢即儚儚……心不明曰夢夢、曰蒙蒙，目不明則曰懵懵，瞢即懵字之省。"②《集韻・嶝韻》丁鄧切："憕，懵憕，神不爽。"③ 同韻母亘切："瞢，目不明也。"④ 據此，"瞢"、"憕"均有"不明、迷昏"義，可見隨函音義釋"瞳瞪"爲"昏亂兒"，有其理據且合乎經義。

該詞還可以作"蕻懵"、"蕻瞢"等形，《磧砂藏》隨函音義亦有其用例，《磧砂藏》本《舍利弗阿毗曇論》卷一五隨函音義："蕻懵，上都鄧反，又徒登反；下莫鄧反，又莫朋反。"^[419/40b]《阿毗達磨藏顯宗論》卷二八隨函音義："蕻瞢，上都鄧反，下莫鄧反，惛亂兒也，上又徒登反，下莫登反。"^[407/59a] 即其例。

第四節　同義詞研究

關於同義詞，張永言《詞彙學簡論》曾作出如下界定："所謂同義詞（synonyms）就是語音不同但是有一個或幾個意義相同或很相近的詞，同義詞通常屬於同一個詞類。"⑤ 佛經作爲佛教觀念和哲學思想的載體，傳達的是一種共同的意識形態和世界觀。由於佛經翻譯、撰寫時代的不同，譯師和作者文風的差異等原因，不同的譯師和作者常常會選擇或者創造不同的詞語表達相同的觀念，從而形成佛經詞彙中豐富的同義詞。《磧砂藏》隨函音義作爲佛經詞語的總匯，收錄了大量的同義詞，爲我們瞭解佛經同義詞的面貌以及中古、近代漢語詞彙中同義詞的發展演變提供了

---

① 周祖謨：《爾雅校箋》，雲南人民出版社 2004 年版，第 38 頁。

② 朱起鳳：《辭通》，上海古籍出版社 1982 年版，第 44 頁。

③ （宋）丁度等編：《宋刻集韻》，第 175 頁。

④ 同上。

⑤ 張永言：《詞彙學簡論》，華中工學院出版社 1982 年版，第 105 頁。

材料。

一　因核心語素衍生而來的同義詞

如前所述，由兩個同義或近義語素凝固而成的合成詞在中古漢語中產生得最快，所占的比例也最大，因此《磧砂藏》隨函音義中以一個核心義素爲中心，由此衍生發展而來的同義詞最爲常見。《磧砂藏》隨函音義收録有衆多此類同義詞，這些同義詞涉及佛經説解的各個方面，有表示"畏懼、害怕"之義者，如"怯憚"、"怯懼"、"怯弱"等；有表示"睡覺"義者，如"眠寐"、"睡寐"、"眠寢"等，有表示"除去"者，如"屛除"、"除屛"，等等，現將它們繫聯起來，形成各種語義類别的同義詞系統。例如：

1. "害怕"類同義詞

"怯"有表示"害怕、懦弱"之義，如《玉篇·心部》："怯，去劫切，懼也，畏也。"① 《龍龕手鏡·心部》："怯，欠業反，懼也，弱也。"② 在《磧砂藏》隨函音義收録的佛經詞語中，"怯"分别與表示"害怕"同義語素和表示"弱、少"的近義語素組合成詞，表示"害怕、懦弱"之義，如：

【怯憚　怯懼　怯怖】③

（1）怯憚，上去劫反，下徒旦反。（404/38a）

（2）怯懼，上去劫反。（396/51b）

（3）怯怖，上苦劫反。（13/47b；51/17b）

按："怯憚"條出自《磧砂藏》本《阿毗達磨順正理論》卷七五，對應原文如下："有説驍健，説名爲力，勇悍不怯，説名無畏。如是二種義亦有别，謂成辦事義是力義，不怯憚義是無畏義。"[T29,p0748b] "怯懼"條出自《磧砂藏》本《阿毗達磨俱舍論》卷二七，對應原文如下："如第七力，如何於智立無畏名，此無畏名目無怯懼，由有智故不怯懼，他故無畏名目諸智體，理實無畏是智所成，不應説言體即是智。"[T29,p0140c] "怯怖"

---

① （梁）顧野王著，（宋）陳彭年等修訂：《大廣益會玉篇》，第39頁。

② （遼）釋行均撰：《龍龕手鏡》，第62頁。

③ "怯憚"、"怯怖"兩詞《漢語大詞典》均未收録，"怯懼"《漢語大詞典》的書證爲元劉祁《歸潛志》，第4267頁。

條出自《磧砂藏》本《大般若波羅蜜多經》卷一二六和五〇二，對應原文皆作："復次，憍尸迦！若善男子、善女人等於四衆中宣説如是甚深般若波羅蜜多，心無怯怖不爲一切論難所屈。"[T05, p0692a] 據此，"怯憚"、"怯懼"、"怯怖"均爲同義複詞，表示"畏懼、害怕"之義，又三者皆出於唐玄奘所譯佛經，或皆爲佛經的新造詞，在唐代以及以後的文獻中亦有其用例，如唐義淨譯《佛爲勝光天子説王法經》卷一："佛告大王：'此陀羅尼諸佛所説於日日中清淨澡漱常誦七遍，有大威神能爲救濟，如遭極寒遇炎火聚，如大熱時得清冷，……如病蒙呪藥又復遇良醫，如怯怖人得強壯伴。"[T15, p0126b]《唐會要》卷七六："諫官等或將其策白於宰臣，宰臣怯憚亦不敢爲之明白。登科人李郃者，深有所愧，抗表請讓官於賁。"① 《舊唐書》卷一八二："駢怯懼不能行其謀。九月，師鐸出城，戰敗，慮駢爲賊內應。"②

【怯弱　怯劣　怯羸　怯懦　儜怯】③

（1）怯弱，上苦劫反，下音若。（80/13b）

（2）怯劣，上苦劫反，下力拙反。（127/12b）

（3）怯羸，上去劫反，弱也；下力垂反，劣也。（89/8a）

（4）怯懦，上去劫反，下奴臥反，弱也。（207/22a）

（5）儜怯，上尼耕反，困也，弱也；下苦劫反。（181/8b）

按：上揭"怯弱、怯劣、怯羸、怯懦、儜怯"諸詞中"弱、劣、羸、懦、儜"均表示"弱、少"之義，如《玉篇·羊部》："羸，力爲反，弱也，病也，瘦也，劣也。"④《玉篇·人部》："儜，女耕切，困也，弱也。"⑤ 據此可知，這些語素與"怯"意義相近，二者組合成詞後均用來表示"害怕、懦弱"的意思。其中"怯弱"、"怯劣"、"怯懦"在傳世文獻中早已使用，"怯羸"、"儜怯"或爲中古近代漢語的新造詞，"怯羸"條出自《磧砂藏》本《慧上菩薩問大善權經》（西晉竺法護譯），對應經文如下："（爾時世尊告善思童子）修於善慧一切諸法永無所得，行無所

---

① （宋）王溥撰：《唐會要》卷七六，《叢書集成初編》第825冊，中華書局1985年版，第1394頁。

② （後晉）劉昫等撰：《舊唐書》一八二，中華書局1975年版，第4712頁。

③ "怯羸"、"儜怯"兩詞《漢語大詞典》均未收錄。

④ （梁）顧野王著，（宋）陳彭年等修訂：《大廣益會玉篇》，第109頁。

⑤ 同上書，第15頁。

畏，心不怯羸，顯發道心，行無罣礙，成就如來十種之力。"[T14,p0592b] 遍檢《大正藏》，該詞亦見於其他竺法護譯經以及唐菩提流志譯《大寶積經》，如《大寶積經》卷九："其慈普具足，愍念於衆生，以能達深法，乃可逮法忍，計諸威力勢，其心無怯羸，攝救諸衆生，開化一切難。"[T11,p0050a] "儜怯"條出自《磧砂藏》本《大威德陀羅尼經》（隋闍那崛多譯）卷一，對應經文如下："（佛告阿難）五摩呼多，五最後心生處持來，五不勝法，五儜怯，五優婆塞，五種多貪性，五種宰官，五無量，五勝作。"[T21,p0755a]

2. "鄙陋" 類同義詞

"鄙" 也是佛經中一個常見的構詞語素，《玉篇·邑部》："鄙，補美切，《周禮》云：'五酇爲鄙。'鄙，小國去都遠，鄙陋又不慧也。"① 《廣韻·旨韻》："鄙，陋也，又邊鄙也。方美切。"② 可見 "鄙" 爲含有貶義的語素，在《磧砂藏》隨函音義中常與其他表示貶義的語素組合成詞，如：

【鄙惡 鄙賤 鄙猥 鄙穢 鄙劣 庸鄙】

（1）鄙惡，上碑美反，陋也。（98/14b）

（2）鄙賤，上碑美反，鄙，陋。（141/20a）

（3）鄙猥，上碑美反，下烏每反。（431/79b）

（4）鄙穢，上碑美反，惡也。（407/28b）

（5）鄙劣，上碑美反，鄙，小也。（89/8a）

（6）庸鄙，卑美反。（1/9a）

按：上一組詞中 "鄙惡"、"鄙賤" 上古漢語中已有，"鄙猥"、"鄙穢"、"鄙劣"、"庸鄙" 蓋爲中古近代漢語的新詞。如 "鄙猥" 條出自《磧砂藏》本《佛使比丘迦旃延說法没盡偈百二十章》，對應原文如下："沙門二三年，廣畜諸眷屬，莫能謹慎戒，墮落於邪見，或有說斷滅，或有講有人，已住如是學，墮惡人鬚髮，門徒多鄙猥，少年相圍繞，或時甚枯旱，或時復大水，雀鼠及蝗蟲，災害並輻至。"[T49,p0892b] "鄙穢" 條出自《磧砂藏》本《阿毗達磨藏顯宗論》（唐玄奘譯）卷二四，對應原文如下："諸染污法亦名有罪。是諸智者所呵厭故，亦名有覆，以能覆障解脫

---

① （梁）顧野王著，（宋）陳彭年等修訂：《大廣益會玉篇》，第 15 頁。

② （宋）陳彭年等編：《宋本廣韻》，第 227 頁。

道故，亦名爲，極鄙穢故，應棄捨故，准此妙劣，餘中已成。"[T29，p0892b]
"鄙劣"條出自《磧砂藏》本《慧上菩薩問大善權經》（西晉竺法護譯）
卷上，對應經文如下："假使生在貧匱之門，設行乞匄求一夕饍，無鄙劣
心轉奉賢衆，若惠獨人内自惟察，如來有言務恢廣施，今吾乞與所進微
尠。"[T12，p0156c]"庸鄙"條出自《磧砂藏》本《大般若波羅蜜多經·大唐
三教聖藏序》，對應原文如下："今妙道凝玄，遵之莫知其際，法流湛寂，
挹之莫測其源，故知蠢蠢凡愚，區區庸鄙，投其旨趣，能無疑惑者，哉然
則大教之。"[001/1a]據此可知，以上"惡、賤、猥、穢、劣、庸"六個同
（近）義語素均帶有"卑賤、粗俗、猥瑣"等貶義語義，與"鄙"構成
並列同義複詞表示"鄙陋、淺陋、低劣"之義。

3. "睡覺"類同義詞

【寢寐 寤寐 眠寐 睡寐 寢息 寤寢 眠寢 睡眠 睡寤】①

（1）寢寐，上七錦反，下密二反。（171/48a）

（2）寤寐，上音悟，下蜜二切。（121/58a）

（3）眠寐，下密二反。（87/62a）

（4）睡寐，下密二反。（88/34b）

（5）卧寐，下蜜二反。（156/34a）

（6）寢息，上七稔反。（111/31b）

（7）寤寢，上音誤，睡覺也；下七錦反，寢，卧也。（006/25b）

（8）眠寢，下七錦反。（190/72a）

（9）睡眠，上音瑞字，下弥延切。（115/23b）

（10）睡寤，下音寤。（85/14b）

（11）覺寤，上古孝反，覺寤，睡覺也。（128/53b）

（12）卧覺，下音教。（94/18b）

按：上揭"寢"、"寤"、"寐"、"眠"、"睡"、"息"、"卧"都有
"休息、睡覺"之義，這些語素相互組合便成爲了表示"睡覺"義的同
（近）義複詞。據汪維輝《東漢—隋常用詞演變研究》研究，"寢"、
"寐"、"卧"、"眠"、"睡"五個單義語素之間存在著歷時更替關係②。又

_____

①　上述詞語中"眠寐"、"寤寢"、"眠寢"、"睡寤"、"卧覺"、"卧寐"均未被《漢語大詞
典》收錄。

②　汪維輝：《東漢—隋常用詞演變研究》，南京大學出版社 2000 年版，第 139—157 頁。

據郭穎《〈諸病源候論〉詞義研究》統計，《諸病源候論》表示"睡覺"義的並列複音詞中有"眠臥"、"眠寐"、"眠睡"、"臥睡"、"睡眠"、"睡臥"、"寢臥"、"臥寤"、"寤寐"九個複音詞，從構詞能力來看，中古常見的"眠"、"睡"、"臥"構詞能力要強一些，而"寢"要弱一些①。又從上述材料可以看出，這些"睡覺"類的詞語大體都是中古漢語的新造複音詞，均屬於表同（近）義語素的並列組合結構，而且也從另一個方面進一步說明佛經中新詞新義的產生方式和構詞理是與漢語一脈相承的，其源頭應來自中土文獻。

不過關於語素的構詞能力，從本組同義詞來看，前五個由"寐"組成的複音詞分別出自西晉竺法護的《佛說寶網經》、《度世品經》、《佛說離垢施女經》、《佛說如幻三昧經》、《佛說大淨法門經》，因此竊以爲中古佛經新詞的產生和出現頻率有可能與譯師和作者個人語言習慣有關係，在竺法護的用詞習慣中，如果要表示"睡覺"的意思，他有可能先想到"寐"，然後運用並列構詞法將它與同（近）義的"寢"、"眠"、"臥"等組合成詞表示"睡覺"義。

4. "疲勞、瘦弱"类同義詞

【萎羸 羸領 羸瘠 羸瘦 羸劣 虛羸 尪羸 羸惙】②

（1）萎羸，上正作痿，烏爲反；下力垂反，困劣也。（375/60a）

（2）羸領，上力垂反，下才遂反。（77/29b）

（3）羸瘦，上力之切，下所支切。（114/32b）

（4）羸劣，上力垂反。（101/13b）

（5）虛羸，下力垂反，羸弱。（19/9a）

（6）尪羸，上紆荒反，弱也；下力垂反，劣也。（142/71a）

（7）羸惙，上力垂反，下知劣反。（318/86b）

（8）羸瘠，上力垂反，下才亦反；羸瘠，瘦劣也。（136/74b）

---

① 郭穎：《〈諸病源候論〉詞義研究》，博士論文，浙江大學，2005年，第49—50頁。

② "萎羸"一詞，《漢語大詞典》收錄有"委羸"，釋義爲"困頓瘦弱"，書證爲宋沈遼《居云集》詩，《隨函音義》此例出自唐玄奘譯《阿毗達磨大毗婆沙論》，其實早在東晉佛陀跋陀羅共法顯譯《摩訶僧祇律》卷六中該詞就已出現；"羸領"一詞，《漢語大詞典》未收錄；"羸惙"一詞，《漢語大詞典》僅有釋義"疲困憂傷"，其中最早的書證爲唐白居易《偶作》詩："筋骸雖早衰，尚未苦羸惙"，竊以爲此處將其看作同義連文，釋義爲"疲困"爲長。

按："羸"，《玉篇·羊部》："力爲反，弱也，病也，瘦也，劣也。"① 《龍龕手鏡·羸部》："力爲反，瘦也，極也，痿也，劣也，疲也。"② 在這組詞語的語素中，《龍龕手鏡·頁部》："頼，秦季反，瘦惡皃也。"③《龍龕手鏡·兀部》："尫，烏光反，尫，瘦也。"④《廣韻·薛韻》竹芮切："惙，疲也，憂也。"⑤ 這些表示"弱也，病也，瘦也，劣也，疲也"的同（近）義語素與"羸"組合成詞，表示"疲勞、瘦弱"義。

二　同素異序同義詞

關於"同素異序詞"這一語言現象，學界有過衆多的討論，其中僅名稱就有"同素詞"、"倒序詞"、"同素反序詞"等，今筆者採用常用的"同素異序詞"這個名稱，延用顏洽茂對其所下定義："所謂同素反序，是指成對的、兩個語素相同、語素順序相反，並列成詞後意義相同或相近的詞彙現象。"⑥ 而且"同素異序詞"指的是"同素異序同義詞"。同素異序現象產生的基礎在於"同義、近義的語義特徵，並列式構詞法'並聯'的特點"⑦，而如前所述，並列同義組成的詞語在漢魏以來新譯的佛經中十分常見，因此這些佛經材料中同素異序詞十分普遍，《磧砂藏》隨函音義所收錄的佛經詞語中存有衆多的同素異序同義詞，現將其列舉分析如下：

【蔫萎】與【萎蔫】⑧

（1）萎蔫，上烏爲反，下於言反。（89/64a）

（2）蔫萎，上於言反，下烏爲反；蔫萎，枯悴也。（79/7b）

按："萎蔫"即"枯槁、凋謝、不新鮮"。"萎蔫"條出自《毗耶娑問經》（元魏瞿曇般若流支譯）卷上，對應經文如下："命欲盡時，則有

---

① （梁）顧野王著，（宋）陳彭年等修訂：《大廣益會玉篇》，第109頁。

② （遼）釋行均撰：《龍龕手鏡》，第190頁。

③ 同上書，第486頁。

④ 同上書，第522頁。

⑤ （宋）陳彭年等編：《宋本廣韻》，第479頁。

⑥ 顏洽茂：《佛教語言闡釋——中古佛經詞彙研究》，杭州大學出版社1997年版，第244頁。

⑦ 同上書，第246頁。

⑧ "萎蔫"一詞，《漢語大詞典》釋義爲"植物體由於缺乏水分而莖葉萎縮"，無書證；"蔫萎"一詞，《漢語大詞典》失收。

五相，何等爲五？一謂彼天所依之樹枝心萎蔫頭低卷屈，其花失香；二於彼樹心不喜樂；三則鬘萎；四天風涼變爲熱觸；五諸天女心生憐愍，皆悉憂愁。"[T12, p0228a] 又"萎"，《廣韻·支韻》於爲切："蔫也。"① "蔫"，《廣韻·仙韻》於乾切："物不鮮也。"② 據此，"萎蔫"爲"萎"與"蔫"兩個同義語素組成的並列複音詞。

"萎蔫"在佛經中又作"蔫萎"，"蔫萎"條出自《磧砂藏》本《大寶積經》（唐菩提流志譯）卷六一，對應經文如下："爾時淨飯王以偈問曰：'勝士得來安樂耶，至於飲食無乏少，身無疲勞床臥具，如花在岸不蔫萎？'"[T11, p0354a] 據此，"蔫萎"在上揭經文中亦表示"枯槁、凋謝"之義，與"萎蔫"爲一組同素異序同義詞。

【坌塵】③ 與【塵坌】

（1）塵坌，下蒲悶反。（98/74a）

（2）坌塵，上蒲悶反。（96/20a）

按："塵坌"條出自《佛説菩薩念佛三昧經》（劉宋功德直譯）卷五，對應原文如下："王既知佛已受其請，即於其夜掃灑燒香，嚴辦種種珍妙供具，復於城內遍竪幢幡，懸諸華鬘瓔珞寶蓋，牛頭香汁以灑塵坌，散種種花嚴飾於地，以篋盛花置於座前，作衆妙伎以用供養。"[T13, p0819c] 據此，"塵坌"在上揭經文中表示"塵埃"義，又《玉篇·土部》："塵，除仁切，塵埃。"④ 同部首下："坌，蒲頓切，塵也。"⑤ 故"塵坌"爲"塵"與"坌"兩個同義語素組成的並列複音詞。

"塵坌"在佛經中又作"坌塵"，"坌塵"條出自《大乘大集地藏十輪經》（唐玄奘譯）卷二，對應經文如下："善男子，如是如來成就善巧知諸性智……闇置火坑，僞敷床座，或推山石，或放狂象，拔劍追逐，散坌塵穢，謗行婬欲，毀是不男，或謂非人，或言幻化，以是諸惡而相誹毀。"[T13, p0732a] 故"坌塵"在上揭經文中亦表示"塵埃"義，與"塵坌"也是一組同素異序同義詞。

---

① （宋）陳彭年等編：《宋本廣韻》，第22頁。

② 同上書，第123頁。

③ "坌塵"一詞，《漢語大詞典》未收錄。

④ （梁）顧野王著，（宋）陳彭年等修訂：《大廣益會玉篇》，第9頁。

⑤ 同上書，第8頁。

【薄尠】與【尠薄】①

（1）薄尠，下息淺反，少也。（102/45b）

（2）尠薄，上息淺反。（96/20a）

按：“薄尠”條出自《大哀經》（西晉竺法護譯）卷四，對應經文如下：“佛於是頌曰：‘知根廣無極，了衆生志性……從所應解意，其際欲惡塵，其根若薄尠，若復性卒暴，假使懷龐獷，勝知之何因，曉了其本末。’”[T13,p0402b]考《廣韻·獮韻》：“鮮，少也；尠，俗。”②《淮南子·要略》“悉索薄賦”下，高誘注：“薄，少也。”③《詩·周南·葛覃》“薄污我私，薄澣我衣”，朱熹《詩集傳》：“薄，猶少也。”④故“薄尠”爲“薄”和“尠”兩個表示“少”義的同義語素組成的並列複音詞。

“薄尠”在佛經中又作“尠薄”，“尠薄”條出自《大乘大集地藏十輪經》（唐玄奘譯）卷二，對應經文如下：“此刹帝利灌頂大王，隨彼所應給施珍寶、財穀、田宅、奴婢、僕使，於自國土，若諸衆生德藝輕微，功業尠薄。此刹帝利灌頂大王，隨彼所應微加賑恤，於自國土，若諸衆生功德薄劣，少於精進。”[T13,p0731a]據此，“尠薄”在上揭經文中亦表示“少”義，與“薄尠”爲一組同素異序同義詞。

【屏除】與【除屏】⑤

（1）屏除，上音餅。（142/8b）

（2）除屏，下音餅。（136/16b）

按：“屏除”條出自《等集衆德三昧經》（西晉竺法護譯）卷上，對應經文如下：“今我聽受世尊所説，爲菩薩時，父母之力及十種力，屏除貢高憍慢自大，歸命三寶，願發無上正真道意，愍傷衆生，使獲大安，哀令我得十種諸力，如天中天，具足無異。”[T12,p0973b]考《經典釋文》卷七《毛詩》音義下：“屏之，必領反，除也。”⑥《玉篇·尸部》：“屏，蒲冥、必郢二切，屏，蔽也，放去也。”⑦《廣韻·魚韻》直魚切：“除，階也，

---

① “薄尠”、“尠薄”二詞均未被《漢語大詞典》收錄。

② （宋）陳彭年等編：《宋本廣韻》，第 270 頁。

③ （漢）劉安撰，何寧集釋：《淮南子集釋》，中華書局 1998 年版，第 1458 頁。

④ （宋）朱熹集注：《詩集傳》，第 3 頁。

⑤ “除屏”一詞，《漢語大詞典》未收錄。

⑥ （唐）陸德明撰：《經典釋文》，第 92 頁。

⑦ （梁）顧野王著，（宋）陳彭年等修訂：《大廣益會玉篇》，第 56 頁。

又去也。"① 故"屏"有"除去、放去"之義，與"除"義同，"屏除"爲"除"與"屏"組成的同義並列複音詞。

"屏除"在佛經中又作"除屏"，"除屏"條出自《金光明最勝王經》卷二，對應經文如下："譬如虛空，煙雲塵霧之所障蔽，若除屏已，是空界淨，非謂無空。"[T16,p0410a] 據此，"除屏"亦表示"除去、放去"之義，與"屏除"爲一組同素異序同義詞。

【急躁】與【躁急】

（1）急躁，下則到反。（95/29b）

（2）躁急，上則到反，作懆，恨也。（95/67b）

按："急躁"條出自《大方等大集月藏經》（北涼曇無讖譯）卷三，對應經文如下："五者，於彼國土，亦無非時風雨寒熱；六者，於彼國土，一切衆生無有瞋惡急躁麁獷，顛倒見取爲癡所覆。"[T13,p0317b] 考《廣韻·緝韻》居立切："急，急疾。"②《廣雅·釋詁》："躁，疾也。"③ 故"急躁"同義連文，表示"性急、不冷靜"之義，屬於同義並列複音詞。

"急躁"在佛經中又作"躁急"，"躁急"條出自《大方等大集月藏經》卷七，對應經文如下："若有衆生於己境界貪求聚積，無有厭足，不觀後世可怖畏事，瞋惡躁急，無有慈愍，觸惱刹利，種種兵仗，共相戰鬪，屠割斫刺，捕獵殺害，牢獄繫閉，謫罰擯黜，殺生偷盜，乃至邪見。"[T13,p0351a] 據此，"躁急"亦表示"性急、不冷靜"之義，與"急躁"爲一組同素異序同義詞。

另外，通過上述舉例説明，我們也可以看出，同素異序同義詞在佛經中不僅有歷時的，也有共時的，這説明同素異序同義詞的兩種形式有可能在很長的一段時間裏並存，後來經過"競爭和排擠"，一個逐步穩定下來得以繼續發展和普遍使用，如"萎蔫"、"塵坌"、"急躁"等；另一個則逐漸淡出，最終被排擠出我們的語言系統，如"蔫萎"、"坌塵"、"躁急"等。

---

① （宋）陳彭年等編：《宋本廣韻》，第 50 頁。

② 同上書，第 512 頁。

③ （清）王念孫：《廣雅疏證》，中華書局 2004 年版，第 22 頁。

結　語

　　隨函音義是佛經音義的重要組成部分，一般附載於經律論三藏的函末或卷末，以方便佛經的閱讀和理解。這種音義材料數量衆多、分布廣泛，經見於現存寫本、刻本佛經經卷中。然而，此類音義雖爲數甚多，但多有重複，且散見於經律論三藏中，尚未彙集成册，對其進行全面的研究整理存有一定的難度。因此長久以來學界對這類音義缺乏足够的關注，其體例、內容、分布、價值等情况都缺乏相應的研究。最新的研究成果是《敦煌經部文獻合集》第十、十一兩册，其將敦煌寫本佛經的隨函音義進行了全面的整理和研究，而關於刻本佛經隨函音義的研究成果則還是寥寥無幾，它的相關情况和價值迫切需要人去研究和發掘。鑒於此，我們選擇刻本佛經的隨函音義作爲研究對象，試圖對其進行全面而深入的研究。

　　可是在對刻本佛經的隨函音義進行了充分的調查之後，我們發現刻本佛經中隨函音義的數量過於龐大，要在短時間內對這些材料進行全面的研究，時間和精力都無法允許。一番權衡之後，我們選定《〈磧砂藏〉隨函音義研究》作爲最終題目。之所以這樣選擇，一是因爲《磧砂藏》卷末附載隨函音義的情况十分普遍，二是因爲《磧砂藏》也是現今最常見的宋元刻經，在江南私刻諸藏中具有承前啓後的作用。

　　在閱讀了大量《磧砂藏》隨函音義後，我們深切地感受到，這些音義材料與之前接觸過的專人所作音義專書完全不同，時代、作者、地域等皆不詳，體例也紛繁複雜，因此，我們開始思考什麽是隨函音義，調查和總結隨函音義的形態和特徵，怎樣來研究隨函音義以及《磧砂藏》隨函音義的特色和存在的問題等等，力求對研究的對象有一個清晰而全面的認識。

　　與此同時，本書還將《磧砂藏》隨函音義與現今專人所作音義進行比較，在此中發現了《磧砂藏》將《可洪音義》和《內典隨函音疏》作爲隨函音義附載的現象，有利於釐清此二種佛經音義的版本和流傳。另外，我們還發現隨函音義中偶有徵引其他佛經音義和字書、韻書的現象，這對於這些辭書的輯佚和校勘也具有重要的價值。

在佛經校理方面，本書也積極利用《磧砂藏》隨函音義對現今佛經異文的成因進行分析，異文的是非進行判定，刊刻的訛誤進行匡正。

在文字學研究部分，本書主要是集中於近代漢字的研究，考釋了一些佛經俗字，舉例說明了《磧砂藏》隨函音義在近代漢字和大型字典編纂上的價值。

在音韻學研究部分，本書則重點歸納出《磧砂藏》隨函音義音切中存在的特殊讀音，力求爲音韻學史保存一份真實的語料。

在詞彙學研究部分，本書對《磧砂藏》隨函音義中複音詞的構詞特點進行了分析，集中考釋了一些佛經詞語，並選取了幾組同義詞進行了嘗試性的探討。

總之，本書重點考察了《磧砂藏》隨函音義在文字、音韻、訓詁、文獻等方面的價值，分析了版本、異文、逸卷等的流傳與演變，全面整理了《磧砂藏》隨函音義。本書的研究有利於探明現今佛典中隨函音義的來源，廓清佛經異文的產生軌跡，保存佛經音義的逸卷和佚文，同時爲語言文字的歷史演變研究，爲文字、音韻、訓詁史提供了一批真實而鮮活的材料。

但是由於時間和學識的限制，本書重點討論的是《磧砂藏》的隨函音義，並未將其與寫本佛經和其他藏經的隨函音義進行深入的比較，探源溯流不夠，尚需以後進一步的研究與思考。

下　編

《磧砂藏》隨函音義彙編

凡　例

　　本彙編收録的是《磧砂藏》所附載的隨函音義，條目字頭用粗號宋體字標示，空格後爲注文内容，後以括號標示出處，標注方式如下：出處中斜綫前的數字表示《磧砂藏》的册數，斜綫後的數字代表頁碼，小寫字母“a、b”分别代表上半頁和下半頁。如：**阿闍浮**　治地。（119/21b），即“阿闍浮”爲隨函音義所出條目，“治地”爲注釋語，該條出自《影印磧砂藏經》第 119 册第 21 頁下半頁。

　　《磧砂藏》隨函音義條目重複率極高，限於篇幅，字頭完全重復的條目，本彙編只收録注音釋義最爲詳細者，注音釋義大同小異者擇其善者而收之。

　　音義條目字頭中的異體字、俗字儘量保留，但注釋語中的俗字異體，非關涉所在條目的考證，則一般改爲通行的規範字。爲方便理解，隨函音義注釋語試加標點。

　　音義條目按音義所注之字的現代漢語拼音次序編排。若所出音義注釋的並非首字，也將這類條目附録在對應字母之下，按首字音序排列。如：**低昂**　下吾剛反，高也。（448/81a），附録於 A 類條目之後，按“低”的音序進行排列。

　　音義條目中，被釋字在注釋語中重複出現時，原文中一般以“｜”號替之，本文橫排，爲行文方便，一般以“～”替換“｜”號。

　　隨函音義條目的手民之誤俯仰皆是，限於篇幅，只收録其准確者。惟只檢有一條，且有譌誤，則出注説明。

A

阿闍浮　治地。（119/21b）

阿揭陀　此云無病，謂服此藥。（327/50b）

阿賴耶　此即根本意識。（249/8b）

阿練若　或云阿蘭若，或言阿蘭拏，皆梵語呼輕重耳。此云空寂，亦云閑寂，無評也。（6/26a）

阿難波俞迦　上於何反，法慧菩薩入此定名，無量方便。（119/21b）

阿毗達磨　此云勝法。（249/8b）

阿耆三般　正心。（119/21b）

阿氏多　弥勒字也，舊云阿逸多，此譯云無勝。（224/84a）

阿世耶　此五種子，亦云意樂，樂字吾教反。（233/27b）

阿惟顏　灌頂。（119/21b）

阿遮利耶　此云軌範師。（233/57a）

嘠　亥雅反，又於邁反。（513/24a）

唉痾　上音哀，下正作阿。（288/53b）

埃塵　上音哀。（245/39b）

埃氛　上音哀，塵埃也；下扶分反，妖氣也。（478/113a）

埃　音哀，塵～。（169/26b）

埃　音哀，塵也。（128/78b）

挨　族字。（302/64a）

騃　語賈反。（144/67b）

騃　語解反，癡～也。（384/71b）

騃　語楷反，愚癡也。（140/83a）

騃　語蟹，～癡。（156/14b）

騃　五蟹反，痴也。（154/76a）

騃　魚楷反，愚癡也。（126/40b）

狂騃　下語楷反，癡也。（124/42a）

拘硋　下吾蓋反，與礙同。（467/55b）

喔喋　上吾街反，下床階反。～～，露齒皲齺之皃。（448/28b）

喔喋　上吾佳反，下音柴。（205/62a）

喈喍　上吾皆反，下助皆反，獸鬭露齒之皃。（436/95a）

喈喍　上魚衍反，下音柴，開口見齒也。（189/61a）

喈　魚街反。（169/61b）

矮人　上烏買反，短也。（496/27b）

藹　烏蓋反，清也。（470/31b）

藹　阿害反。（285/71a）

靄　於害反，～，盖也，覆也。（56/54b）

靄　五盖反，雲狀。（555/54a）

靄　於蓋反，清也。（470/43b）

艾　吾蓋反，蒿～也。（470/31b）

艾白　上吾蓋反，艾，亦白也。（465/38a）

艾　吾蓋反，醫草也。（467/43a）

艾　魚盖反。（136/50b）

蘭艾　下吾蓋反，香蘭蒿艾也。（476/100a）

耆艾　下吾蓋反，～～，老舊也。（158/70b）

蓬艾　下吾蓋反，蒿～也，謂鸎雀飛翔之所。（472/86a）

硋礙　二吾盖反，正作硋字。（232/37a）

硋　礙字同。（294/82b）

硋　閡、㝵並與礙同用。（72/80a）

隘　烏懈反，狹也。（552/83b）

隘小　上於賣反，窄～。（100/60a）

隘　玄賣反，迫～也。（462/44a）

隘溢　上於賣反，～塞也；下夷一反，盈～也。（469/47b）

隘　音亞。（209/45a）

隘　於界反。（237/55b）

迫隘　烏介切。（113/58a）

迫隘　於介切。（115/47a）

隘　於賣反，～塞。（132/63b）

隘　於賣反，塞也。（244/15a）

隘　於賣反，窄～也。（476/89b）

隘　於懈切。（122/43a）

隘運　上於賣反，窄也。（478/38a）

隘迮　上於賣反，下音責。（232/19a）

嗌氣　上伊界反，氣噎喉也，亦作噫氣，嗌，一音益。（430/61b）

僾然　上於豈反，見不了皃。（475/31a）

曖來　上音愛，溫和也。（477/74a）

曖以　上音愛，溫和皃。（478/154b）

曖　音愛，春日和～也。（472/32b）

曖　音愛，或誤作瞬。（477/132b）

曖　音愛，暖也。（478/113a）

礙硋閡　三同，吾蓋反。（193/15b）

礙　吾蓋反。（251/86a）

凝　魚記反。（347/69a）

僾慢　上只是愛字。（138/17a）

靉靆　二字音愛代，云之曀會也。（132/34b）

靉靆　二字音愛代，雲狀也。（157/45a）

靉靆　上徒耐反，下烏代反。（290/70a）

靉靆　上音愛，下音代。（187/60b）

菴　烏含反，～婆羅，此云柰果，此園因此果而名，即佛說法處。
（134/6b）

菴園　上烏含反。（145/68a）

鞌韉　上與鞍同，下音牋，正作韉。（297/50a）

鞌　鞍字同。（296/49a）

鞌　本作鞍。（305/25b）

鞌韀　上亦作鞍，下音牋。（316/23b）

鞌馬　上與鞍同。（477/24b）

鞌秘　上俗作鞍，下音秘。（301/20b）

鞍韉　上或作鞌同，下音牋。（322/16a）

鞍　正作鞌，音安。（158/22a）

諳　烏含反，記也，憶也。（553/42a）

諳解　上烏含反，～，識也，下去聲。（477/92b）

諳練　上烏含反，知也；下郎殿反，記歷也。（261/45a）

諳　烏甘反，～，識會也。（449/57a）

諳　烏含反，～，知也。（263/42b）

諳悉　上烏含反，下思一反。(407/51b)

諳　音庵。(306/40a)

闇閉　上音暗，下必計反。(141/85b)

闇鈍　上音暗，下徒困反。(241/42b)

闇射　上音暗，下人夜反。(204/71b)

闇　音暗。(143/80b)

俺　於劍反。(181/46b)

唵　烏感反。(137/86b)

揞　烏感反。(195/79b)

晻冥　上音掩。(278/22a)

晻　一感反。(288/75b)

犴猲　音岸，胡犬也；下音欲，獸名。(512/99a)

按　音案，抑也。(128/89a)

堓岸　下正。(300/61a)

堓　岸字。(262/59a)

堓　音岸。(264/66b)

堓鷹　上岸字，下於陵反。(262/86a)

暗　烏答反。(185/21b)

黯黑　上烏減反，青黑色。(448/81a)

黯黑　上乙減反。(223/31b)

黯如　上烏減反，黑皃。(477/121b)

黯　烏感反。(194/69a)

黯　乙減反。(223/74a)

昂昂　吾剛反，高德也。(465/70b)

昂頭　上吾剛反，高～。(80/20a)

昂爲　上音卬，星名。(476/24b)

昂　吾剛反，舉也。(165/21b)

昂　吾罔反，低～，俯仰皃。(137/67b)

昂　五剛反，高也，舉也。(235/20a)

昂兀　上吾剛反，下吾骨反，謂昂頭兀身也。(476/34b)

昂兀　上吾崗反，下吾骨反，謂頭高身搖皃。(463/62a)

盎瓮　上一浪反，下於貢反。(318/86b)

盎　乙朗、乙浪二反。（168/26b）

馬枊　下吾剛反，繫馬柱也。（464/28b）

凹陷　上烏甲反，下咸字去聲，～～，地形下也。（470/84a）

凹凸　上烏交反，下徒結反。（324/8b）

凹凸　上一交反，下徒結反。（243/50a）

凹凸　上於交反，窊也；下音突，高出皃。（150/22b）

凹　一交反，又烏夾反。（259/68b）

坳凹　上烏交反，下一交反，～陷也。（252/79a）

坳塘　上烏交反，地不平也。（477/121b）

坳　於交反。（356/90b）

敖怛　上吾高反，下丁達反。（430/41a）

嗷　吾高反，衆口愁也。（158/32a）

喚嗷　下五高反，衆口～愁也。（263/34b）

遨戲　上吾高反，遊～也。（204/55a）

熬　吾高反，煎～也。（430/78a）

熬蒸　上吾高反，下之陵反。（320/49b）

翱翔　上吾高反，迴飛曰～；下音祥，飛而不動曰～也。（142/16a）

翱翔　上吾高反，下音祥，飛也。（465/70b）

翱翔　上吾高反，亦作翶；下音祥，佪飛曰翱，飛而不動曰～，（55/83b）

翱翔　上吾高反，下音祥，鳥飛高貌也。（494/33b）

鼇　吾高反，海中大鼈也。（439/53a）

拗脛　上於巧反，下胡定反。（297/7a）

拗　於蛟。（513/67b）

拗折　上烏巧反，下音淅。（297/50a）

襖　烏老反。（322/16a）

傲誕　上吾告反，下音但。（325/16a）

傲佷　上吾告反，慢也；下胡懇反，頑也。（478/113a）

傲慢　上五告反。（42/41b）

傲　吾告反，㑥也。（126/85b）

傲嫚　上吾告反，下音畔。（195/44a）

奧𦋺　上於告反，下渠六反。（181/38a）

奥眇 上吾告反，深也；下美小反，～，末也。（103/15a）

奥 烏告反，深～也。（129/24b）

奥 於告反，深也。（152/77b）

奥義 烏到切。（113/58a）

奥賾 上烏告反，下助鬲反，～～，幽深也，玄微也。（149/10a）

傲岸 上吾告反，～～，高慢也。（475/42b）

傲傲 二同，吾告反。（323/39b）

傲誕 上吾告反，亦作傲，下音但。（229/52a）

傲蠡 上吾告切，下落戈切。（117/77b）

傲慢 上吾到反，不敬也。（46/23a）

傲慢 上吾告反，下莫晏反，不敬也。（80/90b）

奥箄 上烏告反，下必二反。（339/8b）

懊恚 上烏告反，下紆避反。（229/9b）

懊 烏好反，又一吉反。（354/17a）

懊 烏皓切。（126/19a）

B

八難 八難、之難，二難字並去聲。（123/84b）

巴弝 下音霸。（283/52a）

巴 伯麻反。（170/64b）

巴峽 上必麻反，下候夾反，山名在蜀。（470/16a）

巴峽 上伯麻反，下候夾反，～～，二州名，在西蜀也。（471/109a）

巴質 上伯麻反，忉利天樹名，別譯云晝度也。（138/56a）

芭蕉 巴焦二字。（133/59b）

芭蕉 上必麻反，下子消反。（255/63a）

芭糟 上伯麻反，下則曹反。（199/35b）

拔 跋同用。（122/9a）

拔坻 上步末反，下音遲。（433/86b）

拔坻 上蒲末反，下音底。（199/84b）

拔扈 上正作跋，蒲末反，下音户，～～，縱橫也，又云自縱恣也。（131/22a）

拔　毗八反，亦蒲未反。（137/25a）

拔耆　上蒲八反，下渠夷反。（267/33a）

拔棄　上蒲八反，下俗作弃同用。（263/42b）

拔殄　上蒲八反，下徒典反。（276/10b）

拔蕎　上蒲八反，抽～；下音藥，正作鑰，門関也，鑰也。（158/43b）

拔擇　上皮八反，下音宅。（269/15b）

拔吒　上皮八反，下竹嫁反，又竹家反。（136/29a）

拔擢　上皮八反，下音濁。（278/11b）

拔擢　上蒲八反，下音濁，出也。（88/34b）

叐　匹未反。（166/2b）

叐攃磔　上普未反，下二知隔反。（197/21b）

跋　步未反。（187/9a）

跋蹉　上蒲末反，下七何反。（165/44a）

跋祇　上蒲末反，又作我耆。（269/33b）

跋坻　上蒲末反，下音遲。（151/54b）

跋迭　上蒲末反，下徒結反。（199/96b）

跋　伏字，下又云跋字。（168/50a）

跋溝　上蒲末反，下古侯反。（276/64a）

跋聚　上合作撥，必末反。（307/82b）

跋窶　上蒲末反，下其主反。（322/42b）

跋剌　上蒲末反，下郎達反。（166/2b）

跋釐　上蒲未反，下力之反。（437/48a）

跋虜　上蒲末反，下音魯。（462/20a）

跋難　上蒲榘反。（114/22b）

跋貐　上蒲末反，下音攀，～，目多白也。（181/8b）

跋祇　上蒲八反，下渠支反。（349/9b）

跋耆　上蒲末反，下渠而反。（330/19a）

跋耆　上蒲末反，下渠夷反，國名也，或作拔祇。（263/42b）

跋日囉　上蒲末反，中音折，下力何反。（198/31a）

颰想　上亦作跋，蒲末反，下音和。（100/8a）

颰披　上蒲末反，下或作陂。（456/15b）

魃　蒲末反，旱鬼也。（171/75a）

把剌　上步加反，正作吧。（281/19a）

把火　上或誤作犯。（478/154b）

把躃　上步加反，下音厥。（281/19a）

把空　上必馬反，捉也，《妙法蓮花經》相承作步交反。（161/37b）

把搔　上步麻反，正作爬；下蘇刀反，瓜爬也。（472/86a）

把搔　上正作爬，步麻反，下蘇刀反。（323/39b）

把土　上步交反，正作㧓。（446/99b）

把我　上博馬反。（297/63b）

弝　音覇。（323/20a）

弓把　下音覇，正作弝。（89/72a）

罷　皮也反。（165/26b）

栢人　上音陌，擊也。（476/52b）

捭　必弥反。（169/51b）

捭　音卑。（97/71a）

擺　比買反，～，撥也。（478/38a）

擺　必買反，～，擺撥。（244/15a）

擺撥　上比買反，下比末反。（468/11a）

擺木　上北買反，搖～也。（297/63b）

唄唄　音敗。（349/57a）

唄匿　上音敗，梵讚也；下尼力反，亡也。（471/45b）

敗船　上步邁反，破壞也。（158/14b）

稗　傍拜反，稻稗也。（553/17a）

稗　傍孤反，稻也。（552/34b）

稗　步賣反。（330/19a）

稗　排拜切。（122/51a）

稗　蒲拜反。（295/35b）

稗　蒲戒反。（223/17b）

稗　蒲賣反，～，草名。（463/97b）

稗莠　上皮賣反，下音酉。（395/37b）

稗子　上薄拜反。（280/71b）

稗子　上蒲賣反，似稻穗也。（261/45a）

秫子　上蒲賣反，似禾草也。(262/51a)

秫䅟　上蒲拜反，苗似稻也；下正作莠，音酉，莠似粟也。（156/22b)

鞁勒　上音被，裝束車馬也。(491/14b)

鞁　皮被反。(286/8a)

鞁　皮義反。(438/35a)

鞁　皮義，披非。(208/11b)

鞁　平義反，裝束～馬也。(128/54a)

韛囊　上蒲拜反，韋囊吹火也。(448/15a)

韛　蒲拜反，韋囊扇火也。(430/67a)

扳稱　上音班，～，挽也；下今用秤，尺澄反。(434/21a)

盼響　上許乙反，下許兩反，遍布也。(478/154b)

般　北訖反。(165/26b)

般闍于瑟　上音鉢，下音虱，此謂五年六會齊也。(437/48a)

般吒　上音鉢，下丑家、竹嫁二反。(366/45a)

般遮旬　今注言五旬，般遮此云五，即五神通，上治具、微具二反，謂授記也。(137/86b)

般遮于瑟　上音鉢，下音虱，此謂五年一大會也。(446/27b)

班斕　上正作𤲃，補間反；下郎干、零閑二反；～～，文彩兒也。(131/13a)

斑斕　上正作𤲃，下力閑反。(281/25a)

𤲃斕　上碑閑反，下力閑反，色雜也。(448/54a)

瘢痕　上薄官反，下戶恩反。(279/63b)

瘢痕　上薄寒切。(115/64a)

瘢痕　上音盤，戶根反。(280/63b)

瘢　音盤，瘡也。(88/51b)

阪泉　上音反。(470/56b)

阪　音碑。(279/40a)

阪　音反。(281/54a)

坂　方晚反。(273/99b)

坂　音絆，小坡也。(465/19b)

版蕩　上音板，～～，喪放也。(470/108b)

版盪 上音板，大也；下音蕩，除也。（465/47b）

半擇迦 此云黃門。（339/30b）

靽 音半。（132/105b）

辦 蒲幻反，古辦字。（201/42a）

辦 蒲莧切。（125/52b）

榜 步庚反，笞打也。（171/68b）

榜笞 上薄庚反，下音癡。（412/24b）

榜笞 上布庚反，下丑知反，鞭撻也。（131/22b）

榜笞 上步更反，下音癡，～～，捶擊也。（176/102a）

榜笞 上步庚反，又蒲孟反，下音癡，～～，擊打也。（189/18a）

膀胱 上步忙反，下音光，脇下通氣府處也。（448/81a））

蚌蛤 上蒲講反，下古合反。（224/18b）

棒 蒲講反，～杖。（244/29a）

甲棒 下蒲講反，大杖也。（145/68a）

棓 步項反，或作棒。（162/68a）

棓擊 上蒲項反，與棒同，又布口反，亦杖之名。（463/62a）

棓 蒲講反，與棒同。（180/7b）

棓 蒲項反，亦作棒。（179/55b）

彷徨 上音傍，正作彷，下音皇。（128/54a）

蜯蠹 上蒲項反，～蛤也；下都路反，薑尾日頭也。今詳經意，蜯螺皆是多睡之蟲，蠼蜯與蠍恐亦如之。（436/9b）

蜯蛤 上甫講反，下古合反。（298/42b）

包容 上步交反，或作苞，非。（109/116b）

胞骨 上音拋，一音包，又匹兒反。（295/35b）

胞胏 上音拋，正作脬，水府也；下音謂，氣府也。（6/25b）

剝 必角反。（307/20b）

褒貶 上博毛反，～，飾也；下悲檢反，～，黜也。（470/43b）

褒貶 上博毛反，進也，美也；下悲檢反，退也，辱也。（463/62a）

褒貶 上博毛反，下悲檢反，褒進貶退也。（463/97b）

褒灑 上博毛反，下所馬反。（320/9a）

褒灑 上博毛反，下所買反，此云曾長謂半月，又增長戒根也，又云憶憶所作罪對無犯者懺。（343/9b）

褒灑　上博毛反，亦作褒，下所買反。（337/58b）

褒　博毛反，或作衰。（151/54b）

褒礜　上博毛反，進揚美也。（142/8b）

雹　步角反。（219/40b）

雹　蒲角反，雨～。（128/54a）

堡壘　上音保，下呂水反，以土高障曰～。（471/109a）

葆羽　上音保，聚翠尾爲之，即今纛類是，或作莓，非。（161/38a）

褓　博抱反，負兒衣。（551/98a）

抱　步寶反。（311/58a）

抱卵　上薄浩反。（415/62b）

抱　蒲保反，懷～。（154/60a）

抱在　上薄保反，持也。（121/19a）

豹　包貌切。（122/51a）

豹　北教反。（230/74b）

豹　必教反。（180/51a）

豹　必孝反。（142/39b）

豹　布孝反，虎～也。（126/62a）

鉋刮　上步交、蒲皃二反，下俱八反。（313/73b）

鉋　步交反，又蒲孝反。（285/71a）

匏　蒲皃反。（131/92b）

暴　薄報反，侵～也，卒急也。（120/16b）

暴流　上蒲報反，疾流也。（145/68a）

暴露　上蒲報反，又蒲比反。（274/88a）

暴　蒲報、蒲木二反。（304/37b）

暴　蒲木反，二音暴，今非昔比，用曝。（316/17a）

暴乾　上蒲木反，又蒲報反。（223/24b）

暴曬　上蒲報反，下所界反，～～，日乾物也。（179/21a）

暴曬　上蒲報反，下所賣反，又所寄反。（180/44a）

暴曬　上蒲報反，又蒲木反，下所賣反。（307/48a）

暴炙　上蒲木、蒲報二反，曰乾也；下音隻，從肉近火皃。（142/16a）

鮑肆　上蒲卯反，～～，魚市也。（477/12b）

鮑魚　上蒲巧反，腌魚也。（478/113a）

爆　北教反，火裂也。（516/33b）

爆　補各反，迫於火也。（552/7b）

爆　必殭反，又必角反。（321/26a）

爆　必角反，又必皃反。（276/40a）

爆　必皃反，火烈聲也，又必角反。（244/15a）

爆裂　上北教反，火裂也；下音列，破也。（527/32b）

陂泊　上音碑，下匹各反。（197/77b）

陂池　被爲切。（113/41b）

陂池　上音碑。（179/7a）

陂亘　上彼皮反，下居隥反。（68/33b）

陂濼　上音碑，下匹莫反。（499/6b）

陂濼　上音碑，下匹各反。（197/85b）

陂佉　上音碑，下丘迦反。（278/81a）

陂諟　碑是二字。（194/64a）

陂　音皮。（285/14a）

陂澤　上彼爲反。（111/31b）

拔陂　下音卑。（100/30b）

卑尸迦　受胎三七日之名也。（80/27a）

杯盃　二同。（305/25b）

杯度　上盃字，高僧号也，浮螺盃渡水，因以爲号。（464/46a）

杯器　上布回反。（417/61b）

杯　與盃同用。（144/43b）

杯　正作盃。（443/12b）

栖　元房悲反，～，狸也，今檢無狋字，元作狉，音丕。（100/30b）

貝　搏帶反，螺實曰～也。（172/77a）

貝音　上博帶反，螺貝也。（155/27b）

吹貝　下博帶反，海介蟲也，今之次螺是也。（161/38b）

吹唄　下音敗，正作貝，螺也。（310/43b）

悖　蒲没反，～，逆也，又蒲妹反。（142/8b）

被服　皮義切，謂被帶也，眼謂施用之也。（66/29b）

憊　蒲拜反。（208/23a）

憊　蒲戒反。（210/9b）

糒　音備，～，糗也，一云乾飯也，糗，丘九反。（311/90a）

鞴囊　上蒲拜反，吹火具也。（425/50b）

鞴囊　上蒲拜反，或作韛。（244/73b）

済涌　上正作濆，音焚，～，水溢也。（478/52b）

済雲　上邑鹽反，清也，宜作掩。（468/11b）

犇奔　二同，下正。（347/28a）

犇　古文奔字。（287/67b）

蕡研　上音肥，又音秘，美也。（254/83b）

本邦　作邦非。（268/49a）

苯蓴　上音本，下茲損反，～～，草叢生也。（478/52b）

坌坋　蒲悶反，上正。（300/14b）

坌　盆悶切。（125/28b）

坌　蒲混反。（203/30b）

坌　蒲悶反，塵～也。（126/52a）

獖　音墳。（346/7a）

崩　北朋反。（168/26b）

崩　北騰切。（122/51a）

絣　必耕反。（324/46b）

絣　必盲反，彈繩墨曰～。（262/34a）

絣　補耕反，以繩墨～也。（261/94b）

逬　必孟反，～，散也。（156/34a）

逬　必諍反，～，散也。（142/59b）

逬徂　上必孟反，下昨胡反。（287/67b）

逬竄　上必孟反，下七亂反。（172/85b）

逬繩　上正作拼，必耕反。（344/51b）

逬潸　上必孟反，下音贊，水散湔也。（253/53a）

逼　彼力反，～，近也。（186/10b）

逼　彼力反，近也，切也。（247/55b）

逼　彼亦反。（243/73b）

逼　必力反。（203/7b）

逼掠　上彼力反，下音略。（448/28b）

逼迫　上比力反，下音百。（84/11b）

逼迫　上彼力反，下音泊。（362/67b）

逼迫　上彼力反，下音怕。（220/15b）

逼迫　上必力反，下音伯。（409/44b）

逼礭　上彼力反，下口角反。（479/70b）

逼迮　上彼力反，下音責。（171/36b）

逼迮　上彼力反，下音窄。（174/71b）

豍豆　上必迷反。（346/21b）

蜱　補号①反，作蜱，非。（289/81b）

鎞　邊奚反，～，鈚也。（557/71b）

鎞　邊奚反，鈚鑮。（553/34a）

鼻揉　上毗器反，下而周反。（204/94b）

匕　卑履反，匙～。（169/11b）

匕　必里反。（312/88a）

匕　必履反。（314/83b）

匕筯　上音比，匙也；下音佇，與箸同。（462/20a）

阿神　卑脾二音。（73/82b）

闋閉　下悶字。（149/74b）

比尼　上音毗，此云離行，行亦道也，謂行不能離惡道也。（255/
26b）

杺　是去反，正作匙。（332/91a）

秕穅　上卑履反，不成穀粒也；下古篢反，禾皮也。（336/98b）

俾面　上普米反，傾頭也。（244/65b）

俾倪　上普米反，下女礼反，～～，視皃。（151/12a）

俾倪　上普米反，下語啓反，或作睥睨字，《字林》云傾側不正之皃
也。（159/20b）

秕稗　上卑履反，下蒲拜反。（486/8a）

秕　音比，不實。（262/75b）

鄙褻　上碑美反，下音薛，正作媟，～～，慢也。（222/68a）

鄙　碑美反，惡也，陋也。（152/86b）

鄙　碑米反。（217/64a）

─────────

① "号"疑爲"分"之訛也。

鄙　碑矣反，～，陋也，惡也。（235/69b）

鄙醜　上碑美反，～，惡也，下昌九反。（145/49a）

鄙訥　上碑美反，陋也；下～奴骨反，謇～也。（475/42b）

邊鄙　下碑美反，謂邊邑鄙陋也。（54/40a）

豾豸　上蒲買反，下宅買反，獸名，今取山熱高低之皃。（478/154b）

庀萌　上卑二反，廡也；下音盲，田民也。（478/154b）

庀蔭　上必至反，下於禁反。（128/45a）

邲地　上蒲必反，下亭夜反。（198/10a）

邲　頻必反。（58/64b）

苾芻　上步結反，今多作頻必反；下昌朱反，香草也，比出家二衆。
（494/6a）

苾芻　上頻必、步結二反，下楚俱反，香草也，比出家二衆也。
（249/8b）

苾芻　上頻必、步結二反，下楚俱反，亦作蒭。（302/8a）

苾蒭芀茾　上頻必反，又步結反；下三字同用，楚俱反，香草也，比
出家之人。（9/8b）

苾茇　上頻必反，又步結反；下楚俱反，香草也，生中國，具五德，
以喻比丘。（139/7b）

苾芬　上頻必反，香氣也，正作馥。（177/27b）

苾芬　上頻必反，正作秘，香氣也。（158/42b）

苾茾　上步結反，又頻必反；下楚俱反，～～，芀蒭並同用。（44/
39a）

胇肺　二同，芳廢反，上非也。（153/15b）

陛　蒲米反，階道也。（135/11b）

陛牌　二並蒲米反。（313/44a）

椑　音陛，亦通。（180/22a）

閇　閉字。（144/13b）

閉閇　二同。（245/84a）

閉解　上音祕，下胡賣反，散也。（127/12b）

堛　披力反。（137/25a）

弼　皮筆反，輔也，備也。（246/63a）

裨　音卑，助也。（476/52b）

裨　子弥反。(170/65a)

詖　彼迷反，諂惡也。(164/18b)

詖　彼義反，諂惡也。(468/64a)

痹　必至反，脚冷濕~病也。(128/17b)

痹　必至反，氣不到，頑~。(171/5a)

箅　必二反，一音卑。(430/41a)

箅杓　上正作箅，必迷反，下時約反。(321/60b)

喉痹　下卑利反，喉病也，應師音義云：合作閟，~，塞也。(260/
69a)

腷臆　上皮力反，下音憶，~~，意不泄也。(465/8a)

萆豆　上正作𥟑，必迷反。(346/74a)

蓽户　上音必，織荆爲門也。(470/31b)

襞僧伽　上必亦反，正作襞，~，卷衣也。(260/80a)

襞雍　上必亦反，下紆容反，~~，天子教化之宫也。(472/61a)

閟闑　上音秘，閉也；下兄或反，門限。(253/17a)

嬖　卑滅反，性~也。(138/73b)

蔽　必祭反，掩~也。(257/52a)

幣帛　上皮祭反，古之凡金銀錢貨皆名之曰~。(89/20b)

弊帛　上毗祭反，破也，惡也。(251/38b)

弊　部閉切。(122/84a)

算　必寐反。(319/9a)

蔽　必祭反，掩~。(141/20a)

蔽　必祭反，搒也，隱也。(436/9b)

蔽　必祭反，隱也，掩也。(131/13a)

蔽匿　上必祭反，掩~也；下尼力反，隱藏也。(145/10a)

蔽曀　上必祭反，掩~；下一計反，陰~。(154/82a)

祕馚　上頻必反，下扶云反，香氣。(137/50b)

祕　毗忍反，毗必反。(489/95b)

祕　蒲必反，又步結反。(169/26b)

嬖女　上音閟，寵愛之妾也。(476/100a)

嬖　音閟，賤而得寵曰~。(158/43b)

箅　必迷反，正作箅。(309/44b)

篳　音畢，荆竹織門也，藩落也，蔽障也，通作蓽。(158/70b)

薛荔多　上并列反，中零帝反，亦云薛荔，此云餓鬼趣也。(96/20a)

薛荔　上薄閉反，下零帝反，梵語，～～，此云餓鬼趣也。(180/51a)

薛荔　上蒲閉反，下零帝反，此謂戲鬼趣也。(69/33b)

獘鬼　上正作弊，毗祭反，～，惡也。(443/12b)

獘日　上毗祭反，殞也。(476/24b)

臂髆脯直　髆音博，肩～；脯，丑恭反，圓也。(494/6a)

蹕　音畢，警～，止行者也。(464/79b)

降蹕　下音必，警～也，天子駕前上行者也。(467/13a)

鞞跋　上步迷反，阿～～致，此謂不退地。(71/29b)

鞞佛略　上步迷反，下力遮反，亦云毗佛略，此云方廣大乘經。(247/11b)

鞞舍　此云坐估，即商賈。(66/44a)

鞞醢　上步迷反，下呼兮反。(312/15a)

髀髆　上蒲米反，下音博。(241/42b)

髀股　上傍米反，腿～也；下音古，方俗云膀也，匹朗反。(79/7b)

髀　蒲禮反，～，亦作脾。(2/9a)

髀　蒲米反，與脾同。(349/83b)

髀踵　上蒲米反，骹外骨；下正勇反，足跟也。(129/34a)

髀膞　上蒲米反，腿～也；下時軟反，脛腸也。(179/21a)

璧玉　比亦切。(113/41b)

襞　必亦反。(302/58b)

襞　必益反，衣也。(425/25a)

襞　音牒，又必亦反。(315/106b)

襞褶　上必亦反，下音摺。(331/66a)

襞褺　上必亦反，下徒叶反。(349/36b)

躄跛　上必亦反，正作躃；下必我反，脚屈不能行。(333/71b)

躄地　上毗益反，倒也，擗非。(384/71b)

躄踊　上毗亦反，倒也，又作擗同，上以手拊膺也；下音勇，以足頓足。(443/12b)

躄踊　上毗益反，又正作擗，以手撫心也；下音勇，以脚頓地也；

蹁，倒也，非此用。（446/99b）

蹁　正作擗，毗益反。（158/7b）

躄　必亦反，脚戾也。（265/24a）

躄　必亦反，足病也。（140/7a）

躄　必役反，跛~，脚不能行也。（129/16b）

鷩弁　上并列反，稚屬也，其毛文彩可以爲冠；下皮變反，冠也，禮有鷩冕是也。（464/88a）

瓹甌　上音邊，下烏候反，~~，瓦盆盞也。（472/20b）

編椽　上音邊，次也，苦行外道，~~臥其上也。（244/37b）

編髮　上必綿反，或作辮，毗典反。（447/87b）

編髮　上音邊，合作辮，薄犬反。（328/100b）

編髮　上正作辮，蒲典反。（334/112b）

編繩　上正圖，邊典反。（345/58a）

若編　下正作緶，步綿反。（334/112b）

鞭捶　上必綿反，~，杖打；下之委反，擊也。（242/8b）

鞭罰　上必線反，下音伐，~~，杖責也。（260/28b）

鞭撻　上編，下他達反，栲擊也。（142/16a）

鞭梓　上步綿反，下音子，~~，終南山谷名。（470/43b）

鞭靶　上必綿反，馬杖也；下音秘，馬銜頭也。（310/95a）

匾匾　上必典反，下他兮反，~~，鼻薄也。（158/14b）

匾匾　上必犬反，下他兮反，鼻薄也。（132/63b）

貶量　上悲檢反，退也。（456/131a）

褊隘　上必典反，~，窄也；下於賣反，~，塞也。（453/108a）

褊狹　上卑免反，下候夾反，~~，窄塞也。（471/109b）

褊狹　上必緬反，作編，誤也；下候夾反。（435/59a）

褊陜　上必免反，下候夾反，与狹同。（304/37b）

褊局　上俾緬反，窄也；下渠玉反，促也。（177/78a）

弁舄　上皮變反，冠也；下音昔，履也。（464/95a）

抃挵　上皮變反，未見論意；下弄字。（244/29a）

抃躍　上皮變反，撫手也。（478/113a）

抃躍　上皮變反，舞~。（477/92b）

挵　正作弄。（97/21b）

便爲寂滅 竺本云：便爲家家。（269/41a）

辮髮 上蒲犬反，編髮如繩也。（157/32a）

辯 并烈反，受記也。（142/90b）

构攪 上時約反，木～也；下古巧反，手～也，又呼高反。（80/49a）

幖幟 上必苗反，下尺志反，一音試，以旗幡爲～～，以記界地。（510/7b）

幖幟 上俾哨反，下音試，又尺志反，～～，頭上旗幡也，或作
摽，～舉也。（240/53b）

幖幟 上必遙反，下音試，～～，旗幡也。（255/52a）

幖幟 上必遙反，下音試，又尺志反，～～頭上施幡也。（233/35a）

標碣 上必苗反，～，表也；下渠列反，碑～也。（447/16b）

標幟 上必苗反，下尺志反；標，舉也；幟，旗也；謂舉旗號以爲記
認也，或作幖幟，即是旗旛之類也。（44/47a）

標幟 上必苗反，下音志，或作誌。（313/97b）

標幟 上必搖反，下式、戠二音。（155/27b）

癑 必苗反，亦疽也。（443/25a）

癑疽 上必遙反，下七徐反。（188/42b）

飆火 上必苗反，下作熛。（331/9a）

驃 毗妙反。（310/43b）

驃 毗藥反，又毗召反。（168/50a）

驃騎 上毗妙反，下去聲，武職名，～～，驍勇也。（472/32b）

鑣 碑苗反，馬銜旁鐵也。（245/65a）

齊鑣 下必苗反，馬銜旁鐵，一曰排抹，今竝馬行謂～～。（468/87a）

齊鑣 下必苗反，馬銜也，今云齊鑣，並馬行也。（475/31a）

摽綱 上必遙反，舉也；下音剛，～，綱之統也。（249/8b）

摽相 上必遙反，～～，謂舉其相狀也。（244/44a）

摽幟 下音試，上亦作幖。（356/83a）

憋摩 正作弊魔。（86/19a）

憋 匹滅切。（122/51a）

憋 正作弊。（162/31a）

憋惡 上并滅反，急性也，非此用，正作弊。（85/78a）

鼈　必滅反。(318/70a)

鼈　并滅反。(128/69a)

鼈斂　上并滅反，下五巧反。(316/55b)

鼈黿　上并滅反，下音元。(440/21b)

莂　并列反，記也。(159/20b)

邠邸　上布巾反，下音底，此云給孤獨也。(439/8b)

邠邸　上布巾反，下音底，諸經皆作直尼反。(457/67b)

邠坻　賓遲二字。(158/78b)

邠坻　上布巾反，下音遲。(309/13a)

肦尼，正作邠，補貧反。(129/79a)

邠耨　上布巾反，下奴毒反，此亦富樓那之號也。(131/46b)

邠耨　上布巾反，下奴毒反，梵語邠辱文陀，此云滿慈子，即弟子名也。(152/77b)

邠耨　上布巾反，下奴沃反，～～文陀，此是富樓那也。(133/84b)

邠耨　上音賓，下奴毒反，即富樓那別名也，亦云滿嚴飾女也。(176/102a)

彬炳　上布巾反，下音丙，～～，文質明也。(476/24b)

彬蔚　上彼巾反，下烏勿反，～～，文質盛皃也。(466/96a)

斌斌　鄙民反，文質皃。(449/57a)

斌斌　布巾反，文質相半也。(457/145b)

儐　必刃反，正作擯，～，弃也。(434/21a)

儐擯　必刃反，二同。(337/10b)

儐擯　必刃反，上從也，非論意；下出也，遂也，正用。(247/11b)

儐殯擯　三同，必刃反；儐，從也；殯，葬也；擯弃，逐出也。(311/38b)

濱　必頻反，水際也。(423/30b)

豳土　一本作幽，布巾反，幽幽，並州名，在北狄。(469/98a)

瑸　必刃反，正作殯。(469/47b)

繽紛　上匹賓反，下芳文反，～～，花飛皃。(465/62b)

繽紛　上匹賓反，下芳文，～～，飛落之皃。(166/13b)

繽紛　上匹賓反，下芳文，～～，飛墜皃。(104/13b)

繽紛　上匹賓反，下芳文反，～～，墜落皃。(94/86a)

繽紛　上匹冰反，下方文反，～～，飛落之兒也。(439/53b)

擯　必刃反，～，出也。(249/39b)

擯　必刃反，～，逐也；儐，從也；殯，葬也；二俱非。(442/24a)

擯黜　上必刃反，下丑律反；擯，出也，弃也；黜，退也，貶也。(235/54b)

擯徙　上必刃反，弃也；下思紫反，移也。(468/11a)

擯　音鬢。(320/9a)

殯擯　必刃反，下正。(329/8b)

殯斂　上必刃反，下力焰反，正作殮，～～，掩屍入棺。(446/99b)

殯埋　上必刃反，～，掩屍也；下謨皆反。(189/18a)

臏割　上蒲忍切，下于褐切。(117/25b)

臏　毗忍反，膝骨也，宜作髕，腿～也，胜，蒲米反。(127/23a)

秉　音丙，持也。(142/59b)

昺然　上音丙，光明兒也。(253/47a)

昺著　上音丙，下知慮反，又直略反。(326/57b)

柄　彼病反，或作柢。(137/76a)

柄　皮病反。(162/45b)

炳　兵永反，明也。(549/20a)

炳然　上音丙，光明兒。(155/86a)

炳著　上音丙，光明也；下知慮反。(129/51b)

炳著　上音丙，正作病，～，明也；下張慮反。(136/74b)

稟　悲品反，承也。(240/53b)

稟　兵錦反。(187/9a)

併墮　上正作迸，必孟反，～，出也。(189/27a)

摒擋　上音併，下丁浪反，～～，除也。(168/38a)

波羅奢樹　此云赤花樹，樹汁極赤，可以染物，即紫礦是也。(240/18a)

玻胝　上普何反，下珍遲反，亦名玻瓈。(499/6b)

剥　百角切。(123/35b)

剥　必角反。(137/76a)

剥　必角反，～，裂也，刻也。(262/34a)

剥　并角反。(134/84a)

剝　　補角反，割～也。(180/7b)

剝奪　　上必角反，下徒活反。(153/11b)

剝裂　　上必角反，下音列。(158/22a)

剝削　　上必角反，下思約反。(430/41a)

盋鉢　　二同用。(319/9a)

盋　　鉢字。(302/42b)

盋逢　　二字作鉢逢。(342/56b)

盋盂　　二字正作鉢盂。(347/21b)

撥　　比末反，除也。(255/44b)

撥　　必末反，～，摘也。(447/50b)

撥　　音鉢，發也。(310/20a)

播鼗　　上必人①反，下音洮，～～，揚鼓之聲，鼗鼓有柄，自搖擊也。(158/53a)

播殖　　上必箇反，下時力反，種也。(475/18a)

播殖　　上補個反，下常力反，～～，種也。(477/55a)

孛　　蒲没反，又蒲昧反。(488/66b)

泊然　　上普百反，正作怕。(68/51a)

泊然　　上音薄，淡～，安靜也。(422/11a)

泊然　　上音魄，安靜也。(475/31a)

勃然　　上蒲没反，猛也。(447/16b)

勃教　　二同，蒲没反。(104/45b)

浡　　蒲没反，又作浮。(445/64a)

舶舡　　上音白，大舡也。(137/9a)

舶　　音白，大船也。(456/51b)

舶　　音白，海中大船。(119/63b)

渤澥　　上蒲没反，下胡買反，～～，海名也。(128/45a)

渤澥　　上蒲没反，下胡賣反，海之別呼。(463/85a)

搏　　音博，捉也，持也。(470/84a)

搏撮　　上音博，持也；下子活反，捉也。(161/37b)

搏撮　　上音博，～，持也，擊也；下子活反，捉撮也。(132/21b)

---

① "人"當爲"个"之訛也。

搏撮　上音博，下子活反，～～，擊持也。（189/61a）

搏噛齧　上音博，持也，撮也；下二同，吾結反，齾～也。（189/18b）

搏噛齧　音博，持也，撮也；下同吾結反，齾～也。（189/9b）

搏拍　上音博，擊也。（179/14a）

搏　匹各反，擊也。（120/100b）

搏食　上音團，或作揣。（118/52a）

搏仙羽　上音扶，風名也，《莊子》云：扶搖之風，以扇大鵬鳥，一舉九萬里，非風不飛也，下于遇也。（254/84a）

搏　音博，擊也。（127/12b）

搏擲　上音團，～，埋也。（89/48b）

鈸　蒲末反，法樂也。（103/84a）

膊骨　上時輭反，正作腨。（261/94b）

膊腨　時軟反，脛腸也，下正。（255/75a）

膊整　上音博，肩～也；下之領反，整頓也。（242/73b）

肩膊　下音博，與髆同。（49/16a）

薄　蒲博反。（97/40b）

薄蝕　上音泊，或作博；下乘力反，～～，侵日月神也。（517/44a）

薄蝕　上布各反，下神力反。（73/17a）

薄蝕　上音博，下音食，音義云：薄，近也；蝕，虧也；如蟲食草木之葉曰蝕。（233/78a）

駮　必角反，班～也。（77/37b）

駮駱，今去好馬，非駮也，恐是駿字，子閏反，良馬也。（442/64a）

駮龍　上音夾，似龍無角，亦作蛟。（430/41a）

髆腋　上音博，肩～也，下音亦。（54/8b）

髆　音博，～，肩也。（180/14b）

跛　北波反。（162/74a）

跛　北沒反。（163/9a）

跛　必我反，脚病，一本作僵，紆主反，背曲疾。（138/73b）

跛　必我反，脚偏病。（265/24a）

跛　必我反，脚曲之疾也。（181/8b）

跛　必我反，經作北沒也。（165/35a）

跛躄　上必我反，下必亦反，脚屈病也，作癖，誤也。（95/19b）

跛躄　上必我反，下必益反，行不正也。（154/6a）

跛蹇　上必我反，下居輦反，脚屈病也。（138/50a）

跛僂　上必我反，脚病也；下紆主反，背曲也。（175/81b）

跛癖　上必我反，下正作躄，必亦反，同前。（95/80b）

跛傴　上必我反，足偏不正；下紆主反，背曲也。（77/29b）

跛者　上博我反，脚屈病也。（434/38a）

跛跛　上匹可反，下音我；~ ~，搖動之兒也。（61/6b）

簸　卑箇反。（132/73a）

簸　必个反。（417/61b）

簸　必箇反，必我反。（170/55a）

簸　必可反，又必个反。（137/41b）

簸　晡臥反，或作薪。（169/61b）

簸箕　上必箇反，下居其反。（167/39a）

擘擗　補麦反，二同，上正。（342/56b）

擘山　上補麥反。（171/24a）

薜臣　上魚列反，妖~也；又疑作嬖，音閑，賤而得寵曰~。（463/74a）

薜孼　二同，魚結反，下正。（162/9a）

蔔　蒲北、蒲末二反。（172/77a）

蔔　蒲比反，瞻~，花名也。（126/30b）

晡　必蒲反，~，晚也。（158/71a）

晡　必蒲反，申時也。（141/30b）

晡　布乎反。（181/38a）

餔遭　上音步，正作哺，食在口曰~。（473/46b）

餔　正作哺，音步。（423/102b）

卜羯娑　此擔糞人并舁死屍之人也。（325/40b）

哺餔　二同，音步，食在口曰~也，上正。（94/26b）

哺　音步，食在口曰~。（177/78a）

哺　正作哺，補胡反。（185/29b）

捕獵　上音步，下良輒反，張捕走獵也。（95/19b）

捕鼠　上音步，~捉；下詩與反。（262/86a）

捕伺　上音步，～捉也；下相寺反，候也。（261/45a）

捕魚　上音步，張～也。（127/71a）

補特伽羅　此云數取趣，謂數數來往生死也。（7/8b）

補特迦羅　此云數取趣，謂往來諸趣也。（233/10a）

補特迦羅　只是數取趣。（493/5b）

補綻　直莧反，縫線解也。（425/85a）

步搖　以珠玉結花帶之，步行搖動。（342/7b）

怖懼　上音布，下渠句反，惶恐也。（243/65b）

怖勝　一本作悕勝。（183/44b）

C

猜　倉才反，疑也。（483/69b）

猜貳　上七才反，疑也。（96/20a）

裁　音才，制也。（136/74b）

裁蔽　上今用纔，下必祭反。（328/43a）

裁縫　二字音才逢。（188/61a）

裁縫　上音才，裁剪縫綴。（85/86b）

採來　上正作菜。（86/19a）

採蓮花王　應云採蓮違王經，如經廣説，此悮，既諸藏咸然，不敢擅改，爲未詳所出。（451/65b）

參　七含反，覲也。（175/81b）

參差　上楚今反，下楚宜反，～～，不齊皃。（177/40b）

參錯　上七含反，下倉洛反。（313/97b）

參商　上音參，兄弟不睦謂之～～，高辛氏二子不相能，一曰閼伯，次曰實沉，遂遷閼伯于商丘，主辰星商，人以辰爲商星，遷實沉于大夏，唐人以晉爲參星，故曰～～也。商丘，在宋地，大夏即今晉陽縣是也。（472/75a）

參天　上所今反，木長多皃，或作森。（189/68b）

參天　上正作森，所今反，樹木長皃。（443/12b）

參預　上七含反，～，雜也，預間也。（177/52a）

參治　上七含反，下音值，亦音持。（158/22a）

磝席　上七含反，～，合也。（131/22b）

餐湌　上正，下俗。（318/28b）

餐殨　二同，食字。（342/40b）

山參　下楚蔘反，山高兒，正作蔘。（471/76b）

驂駕　上七含反，車兩邊馬也。（129/16b）

驂駕　上七含反，駕傍馬也。（129/86b）

驂駵　上七含反，下音禦，～～，從駕馬也。（476/24b）

蠶　俗作蚕。（189/27a）

蠶蠶　二同，俗作蚕，下正。（341/63a）

蠶蠶　二同，昨含反，～吐絲成蠶者。（255/44b）

慚憤　上慙字，下房粉反，～，怒也。（477/24b）

慙　昨甘反，愧也。（243/80b）

蠶　俗作蚕。（170/55a）

蠶　昨含反，吐絲蟲，俗作蚕，作蚕，非。（126/30b）

慘　七感反，～，憂感也。（89/27b）

慘　七感反，愴情也。（158/14b）

慘惻　上七感反，下昌側反，憂感也。（128/45a）

慘怛　上七感反，下丁達反，～～，傷切兒。（448/81a）

慘黷　上七感反，下音讀，上正作黲，～～，黑暗兒。（477/12b）

慘慄　二三正作瘆溧，上所錦反，下良吉反，慘慄，寒兒也，此非琳師用字，多誤，而《唐韻》從時，未删定也。（472/20b）

慘慼　上七感反，愁痛也；下目的反，憂也。（121/47b）

慘然　上倉感反，亦作憯。（73/26a）

慘惕　上七咸反，下他的反，～～，憂驚也。（441/58a）

粲爛　上七案反，下郎旦反，～～，文彩美兒，正作粲彰。（189/18a）

璨　上倉案反，正作粲，～～，光明兒。（102/23a）

璨麗　上七桉反，正作粲。（328/53b）

燦藻　上七案反，下咨老反，～～，文彩鮮明也。（475/65a）

滄溟　上音蒼，下音冥，海也。（128/78b）

鶬鴰　上音倉，下胡篤反。（79/24a）

鶬鴰　上音倉，下胡各反。（306/94a）

操桴　上七刀反，～，執也；下音浮，鼓椎也。（471/119a）

嘈嘈　上音曹，下才割反，～～，聲大皃。（478/52b）

漕漬　上才到反，穿鑿也；下音讀，溝瀆也。（478/52b）

草蓘　下音察，草蘆也，蘆，采古反，草死亦作葬，母朗反，陝西人云草蓘，山東人云草蘆。（189/36a）

騲　音草，牝馬也。（171/61a）

厠間　上初使反，下去聲。（101/7a）

厠填　上初使反，間雜也；下音田，～，築也。（244/8a）

厠寳　上初使反，間雜也；下音田，卒也。（99/6b）

抹　普未反。（166/13b）

厠　初使反，圂也。（77/37b）

厠　初使去反，～，圊也。（252/47a）

厠溷　上初使反去，下胡困反，正作圂。（244/29b）

策　昌責反，計謀也。（441/20b）

策　初革反。（281/73a）

策筴　二同，上正。（316/8b）

策勵　上楚革反，下力帝反，勉也。（409/44b）

策勵　上楚貴反，下音例，～～，自強也。（405/13b）

策駟　上昌責反，捶～也；下音四，一乘四馬也。（59/77a）

厠　初賜反，間雜也。（145/58b）

厠　初使反，圊～也。（263/34b）

厠　初使去反，間雜也。（171/48a）

厠　初使去反，圊～也。（90/11a）

厠　初伺反。（191/35b）

厠溷　上初使去反，下胡困反，正作圂。（153/15b）

厠填　上初事反，間～也；下音田，～，塞也。（128/53b—54a）

測　昌側反，～，度也。（143/10b）

測　昌力反，～，量也。（37/24a）

測　梵側反。（356/38b）

測度　上昌側反，下徒各反。（176/12b）

惻　昌勤反。（203/7b）

惻愴　上昌側反，下初狀反，傷也，慘也。（177/78a）

惻愴　上楚側反，下初狀反，～～，傷痛皃。（233/10a）

笧　昌隔反。（8/39b）

笧　楚責反。（304/41b）

笧勵　上楚責反，下音例，～～，自強也。（6/25b）

岑　助參反，小山而高曰～。（469/37b）

岑　助蔘反，小山也。（437/32b）

岑竦　上助參反，下息勇反，～～，山高秀立也。（471/76b）

層巢　下助交反，古帝架木爲～～而居也。（477/55a）

蹭蹬　七贈反，下唐亙反，失道也。（511/11b）

蹭蹬　上七贈反，下徒澄反，～～，行不寬度也。（475/42b）

扠　丑佳反，以拳加人也。（132/53b）

扠　褚罵反，丑呂反。（181/53b）

扠打　上丑佳反。（259/108a）

扠梨　上音叉。（199/35b）

扠撲　上丑佳反，下蒲角反，～～，以拳相加也。（492/26b）

扠攤　上丑佳反，下蒲角反。（163/18a）

扠　七加反。（311/90a）

扠築　上丑皆反，下音竹。（307/58b）

杈　初家反。（135/11b）

插　楚夾反，剌入也。（163/42b）

插插　二同，楚夾反。（324/8b）

插　叉洽反。（294/24a）

插　初押反。（162/17a）

插　楚洽反，剌入也。（555/28a）

插插　二同，楚夾反。（342/56b）

嗏　音茶。（134/22a）

嗏　直嫁反。（297/7a）

嗏帝　上音茶。（265/33b）

坨　正作坼。（158/43a）

侂　丑加反。（104/45b）

侂　丑嫁、丑家二反。（154/24b）

侂　丑嫁反。（136/50b）

侘　竹家反。(321/18b)

侘傺　上丑稼反，下粑例反，～～，失志之兒。(465/8a)

瘥　音瘥。(96/43a)

瘥齒　上楚斯反，又楚佳①反，不齊等曰～～。(151/12a)

瘥舛　上楚加反，下昌軟反，～～，不齊也。(456/102a)

瘥巳　上亦作瘥。(308/97b)

瘥者　上瘥字，疾安也。(159/27a)

詫　丑架切。(118/62a)

詫　丑嫁、知嫁二反。(162/9a)

詫　丑價反。(163/18a)

詫　田②嫁反。(181/53b)

詫　竹嫁反。(162/74a)

拆　丑鬲反。(307/48a)

拆　丑隔反。(305/25b)

拆　音尺，丑隔反。(155/18b)

釵　今作叉。(186/102b)

犲大　上音柴，野犬也。(478/87a)

犲狗　上助皆反，野狗也，亦作犲。(492/56b)

犲狼　柴郎二音，野狗也。(104/45b)

犲狼　二字音柴郎，野狗也，下郎旦反。(262/34a)

犲狼　上音柴，下音郎，～，野狗之屬也。(136/66b)

犲　士皆切。(122/51a)

犲　音柴，亦作犲，～狼也。(126/62a)

犲豹　上音柴，野狗也；下必兒反，虎之屬也。(100/60a)

犲狼　上音柴，亦作犲；下音郎，野狗也。(179/49a)

犲羆　上音柴，野狗也；下音神，熊之類也。(170/55a)

犲兕　上音柴，俗作犲，野狗也；下徐姊反，野牛也。(465/38a)

儕　助皆反，等也，類也。(180/51a)

儕倫　上助皆反，等也，朋也。(469/98a)

---

① "佳"當爲"佳"之訛也。

② "田"當爲"丑"之訛也。

蠆　丑介反。(95/67b)

蠆　丑芥反，毒蟲也。(153/11b)

蠆　且①介反，蜇虫也。(286/87a)

覘視　上丑廉反，視也，又敕念反。(463/74a)

覘伺　上丑焰反，又丑廉反，下相寺反。(150/29a)

摻袂　蘇感反，下弥蔽反。(513/24a)

襜衣　上昌廉反。(342/7b)

攙　初含反。(395/15a)

攙搶　上助銜反，斷也；下七羊反，刺也。(475/65a)

潺湲　上助閑反，下音爰，～～，水流皃也。(470/31b)

禪儲　上時扇反，授位也；下音除，副君也。(478/154b)

禪善　上市戰反。(73/82b)

禪位　上時扇反，祭天告本也，封～，又傳授也。(158/70b)

廛　直連反，～肆，陳列於市也。(128/36a)

蟾蜍　上之廉反，下食諸反。(239/19a)

劖　鋤銜反，刺也。(551/51b)

巉絕　上助銜反，～，嶮也。(478/154b)

巉嶮　上助銜反，下許撿反，～～，高險也。(465/47b)

巉岩　上助街反，～～，險峻也。(464/46a)

巉巌　上助銜反，～～，石峯高峻也。(471/45b)

纏廛　直連反，二同音。(228/23b)

緾　直扇反，遠物曰～。(265/88a)

讒　助含反。(213/29b)

讒　助咸反。(170/42b)

讒　助銜反，佞言也。(86/68b)

讒　鉏咸切。(123/9b)

讒諮　上助銜反，言譖也。(136/43b)

讒搆　上助銜反，下古候反，謂讒侯構架也。(236/60a)

讒構　上助銜反，言讚也；下古候反，～，架也。(145/68a)

讒構　上助銜反，下古候反，～～，言佞也。(466/44a)

---

① "且"當爲"丑"之訛也。

讒溺　上助銜反，下奴的反，以言譖佞而陷也。（89/38b）

芻　初盞反，炙肉具也。（310/63a）

芻肉　上初盞反。（350/51b）

芻炙　上初產反。（330/34a）

詔誴　上丑檢反。（51/8b）

詔曲　上丑閃反，諛～。（132/53b）

詔曲　上丑儼反，諛也。（115/31b）

醦毒　上或作磣，初錦反。（342/56b）

鏟　初眼反。（177/27b）

鏟草　上初產反，正作剗。（348/11a）

鐵鏟　下初眼反，炙由～，正作芻。（253/59b）

闡　昌演反，～揚開導也，後有一～提，謂不信佛法人也。（126/30b）

闡　昌演反，開也。（103/8b）

闡　赤善切。（122/75b）

闡　初演反。（307/48a）

闡底　上昌演反，此云多貪，謂貪樂生死不樂，正法故亦云無欲，謂不樂欲涅槃也。（236/36b）

闡鐸　上昌演反，下徒各反。（237/45b）（324/76a）

闡提　上昌演反，～～，無信敬人也。（246/74a）

闡提　上昌演反，西土謂不信佛法人曰～～。（477/12b）

闡陀　上初演反。（322/25b）

闡陀　謂佛弟子五通仙人等說偈名。（237/45b）

讇　丑拾①反，睡語也。（128/54a）

讇　市廉反。（199/35b）

讇嚼　市鹽反，二同。（95/92a）

讇言　上尹②檢反，與詔同。（145/20b）

讇譇　上丑撿反，下魚許反，～～，獨靜中亂言也。（170/7b）

讇語　上丑檢反，夢中語也，又市廉反。（445/64a）

---

① "拾"當爲"撿"之訛也。

② "尹"當爲"丑"之訛也。

劑　初眼反，～，削也。（478/154b）

劑　楚限反。（512/26a）

劑迹　上初産反，～削。（470/43b）

撕墊　二同，七焰反，上非也。（144/13b）

羼　初眼、初鷉二反，通呼。（6/25b）

羼　初眼、初鷉二反，通用。（242/29b）

羼　初眼反，又初鷉反，梵云羼提，此云忍辱也。（189/84a）

羼提　上初簡反，此云忍辱。（243/65b）

羼提　上初眼、初鷉二反，此云忍辱。（178/35a）

顫　戰音。（122/9a）

顫　之扇反，～，動也。（244/8a）

顫　之膳反，寒動也。（244/37b）

顫掉　上音戰，四肢寒動也；下徒弔反，驚動也。（134/6b）

顫掉　上音戰，下徒弔反，經作掉，誤也，四肢寒動曰～～。（508/24b）

顫慄　上音戰，四支寒動也；下良吉反，慄懼皃。（34/55b）

顫慄　戰栗二字。（176/72b）

猖悖　上音昌，下蒲没反，～～，凶惡也。（472/86a）

猖獗　上音昌，下音厥，～～，謂變易情性。（240/53b）

閶闔　上音昌，下胡塔反，～～，崑崙山虛門也。（472/11b）

閶闔　上音昌，下胡塔反，天門也。（475/18a）

常慘　倉感反，～，感憂皃。（73/65b）

嘗言　上市羊切，曾也。（41/9b）

腸胃　上音長，下音謂。（128/54a）

償　音常，報也，復也。（145/20b）

償　音常，還也，報也。（158/43a）

敞　尺兩反，虛也，闊也。（128/17b）

敞　齒兩反。（371/92b）

敞廠　二同，昌兩反，上虛也，閑也，下屋無織障也。（343/45b）

敞處　上昌兩反。（321/72b）

敞露　上初兩反。（321/43a）

例敞　下昌兩反，二字或誤作例敞。（477/132b）

倡　音昌，樂也。（101/13b）

倡伎　上音昌，下具倚反，～～，樂也。（154/76a）

倡伎　上音昌，樂也；下其倚反，或作妓，女樂也。（131/22a）

倡妓　上音昌，～樂也；下渠倚反，女～。（189/18a）

�　丑亮反。（484/73b）

㷀其　上丑向反，通也。（475/31a）

唱令家　謂作音樂人也，亦云尋香人，此等人無家活，但見飲食處，即往彼爲説技樂，而求財食也。（236/60a）

悵悵　丑向反，夫①志也。（153/11b）

悵怏　上丑向反，下於向反。（172/66b）

悵悢　上音暢，下音亮，悲恨失志皃。（126/30b）

悵然　上丑向反，～～，失志皃。（448/15a）

悵然　上丑向反，恨也。（128/45a）

悵惘　上丑向反，下音罔。（89/15a）

悵怏　上丑向反，下於向反，～～，失意也。（127/30b）

暢　丑亮反，通也。（554/28a）

暢　丑向反，樂也。（476/7a）

抄　齒交切。（122/84a）

抄　初教反，又楚交反。（153/11b）

抄掠　上初教反，下力向反，一音略，～～，奪也，劫也。（135/86a）

抄掠　上楚交反，抄寫也；下力灼反，合作略字。（483/107b）

鈔　楚角反，梳義也。（470/16a）

鈔　楚教反，与抄同。（341/21a）

鈔　楚教反，与抄同用。（340/40a）

鈔掇　上楚交反，下丁括反，或作抄綴，知衛反。（303/37b）

巢窟　上助交反，下苦骨反，樹居曰～，土止曰～。（145/10a）

巢窟　上助交反，亦作樔；下苦骨反，木巢上窟也。（72/7b）

巢窟　上助交反，或作樔，非；下苦骨反。（312/45b）

巢燧　上助交反，古帝姓氏；下音遂，亦改火之人也。（256/68b）

朝挹　上知搖反，旦也；下音邑，酌也。（475/65a）

_____

① "夫"當爲"失"之訛也。

嘲　陟交反，～，謔也。（244/29a）

嘲　竹苞切。（125/9b）

嘲　竹交反，～，謔也。（467/33b）

嘲話　上陟交反，下又作譮，玄快反，訛言也。（131/13a）

嘲謔　上竹交反，下許約反，～～，以言詞戲調也，上亦作朝。（471/119a）

潮汐　上直搖反，下音夕，潮，知搖反，汐，夕也，所謂朝來夕至。（476/24b）

謿　音嘲，摘交反，言相～謔也。（119/53a）

謿藝　上陟交反，言詞～謔也，與嘲同；下魚祭反，亂語也。（175/61b）

謿讉　上陟交反，下急計反。（131/92b）

炒　楚巧反。（317/55a）

麨　尺表反。（265/33b）

麨　尺少反，麥屑也。（158/22a）

麨　尺小反，乾飯屑也。（166/51a）

麨糒　上尺小反，下音備。（312/69b）

麨　尺小反，乾麦飯也。（434/50a）

塵麨　下尺小反，乾麥飯也。（447/50b）

麨䴰　上尺小反，乾麥屑；下芳無反，麦皮也，或作麩、䴰同。（310/83b）

車輿轝　上音居，下二同，余預二音。（335/10b）

撦　昌者反。（163/33a）

撦　尺者反。（136/43b）

坼　丑革反。（275/68a）

坼　丑格反。（308/97b）

坼　丑隔反，～，裂也。（131/22a）

坼　正作斥。（295/9a）

坼裂　上丑鬲反。（323/12b）

掣　尺列、尺制二反。（356/75a）

掣　尺列反，又尺制反。（164/79a）

掣電　尺設反，下音殿，謂陰陽相擊之曜。（132/79b）

掣電　上昌列反，下音殿，陰陽相擊之耀。（255/26b）

掣捙　上尺列反，又尺制反；下羊列反，正作拽，牽挽也。　（161/37b）

撤徹　直列反，下正。（347/28a）

撤饔　上直列反，去也；下紆容反，肉食也。（477/12b）

麗揤　下昌世反，又尺列反，正作掣。（262/8a）

徹　丑列反，通。（242/67a）

徹　直列反，澄清也。（176/28a）

澈　直列反，清～，水澄也。（126/30b）

瞋憤　上嗔字同，下房粉反，怒也，怨也。（142/47a）

琛　丑林反，～，寶也。（477/132b）

晨鳬　上宜作昇，下音扶，水鴨也。（478/87a）

訧端　上音尤，過也。（158/43a）

諶　氏林反。（97/62a）

墋碜　上楚錦反，下初甚反。（253/59b）

碜毒　上切錦反，或作傪，七感反，碜，亦毒也，二音通呼；若作七感反，於理爲長。（96/57b）

儭　初僅切。（124/17a）

儭　初近反。（322/50b）

儭　初觀切。（126/10b）

儭襯　初近反，下正用。（344/17b）

嚫　昌觀反，達～，此云財施也。（310/95a）

嚫儭襯　初近反，近身衣也，上二非。（349/64b）

嚫遺　上初迹反，下惟醉反，～～，施贈也。（469/71b）

櫬　初進反。（131/64a）

櫬身　上初近反。（440/28a）

襯身　上初近反，或作儭。（340/40a）

讖　楚禁反，未萌之書也。（467/43a）

讖記　上楚禁反，～～，以驗未萌之事。（445/16a）

讖緯　上楚禁反，下音謂，～～，有徵之書。（463/74a）

童齓　疾忍反，小兒換齒之歲也。（189/61a）

稱　尺證反，今作秤。（182/53a）

稱稱　上去聲，今用秤，下平聲，下文稱槩，亦去聲。(88/60a)

稱盤　上正作秤，尺登反。(79/29b)

稱上　上尺證反，今作秤。(148/69a)

稱繩　上今作秤，下時淩反。(372/22b)

頳尾　上丑呈反，魴魚尾赤也。(447/16b)

橕柱　上抽庚反，下知主反。(94/54b)

瞠爾　上尹庚反，直視也。(453/64a)

乘　時證反，餘～也。(257/39b)

乘傳　上時陵反，下知戀反，驛也。(468/53a)

振　宅庚反。(121/66b)

振　直庚反，或作撐，丑庚反，非。(134/21b—22a)

振　直耕反。(98/44b)

振觸　上宅耕反，撞也。(157/4b)

振觸　上直庚反，觸也。(99/19b)

根　宅庚反，拄也，亦材也。(244/15a)

根　直耕反。(313/73b)

根頭　上直庚反，又作橕，～～，柱頂也。(446/57a)

根頭　上直耕反，塔心柱也。(447/59b)

引撐　下俗多作丑庚反。(342/7b)

裎　恥領反，禪衣也。(557/43a)

澂　直陵反，疑也，清也。(254/83b)

澄漪　下於宜反，～～，水波文也。(456/131a)

橙　登字去聲，正作凳。(264/66b)

橙　都鄧反。(151/35a)

懲　音澄，止也，誠也。(463/74a)

懲　直陵反，止也。(446/27b)

懲革　上音澄，～，止也，誠也，革，改也。(471/45a)

騁　丑領反，～，奔逸皃也。(245/65a)

騁　丑領反，奔驅皃。(142/59b)

騁　丑領反，奔逸也。(246/63a)

騁　丑領反，奔走也。(101/13b)

騁　丑郢，馳～，走也。(126/30b)

騁　音逞。（128/36a）

騁衒　上丑領反，正作逞；下音縣，～～，矜誇也。（471/119a）

各騁　下丑領反，作逞，非。（395/15a）

弉　音掌。（85/39a）

吃　音訖，語謇也。（425/85a）

吃唎　上居乞反。（73/34a）

吃利　上音訖。（94/97a）

吃囉啞　上鱼乞反，中鲁加反，下香至反，下亦作吖。（73/34a）

吃吶　訖訥二字。（172/85b）

吃澀　訖澀二字，言詞訥也。（155/48b）

吃澀　上音訖，下澀字，出言遲訥也。（87/40b）

眵　昌支反。（136/50b）

眵　尺之反，後作眜兮反。（94/18b）

眵　尺之反，目汁凝也。（166/14a）

眵　尺支反，又章移反。（487/75a）

眵　姝兮反。（94/26a）

眵淚　上叱支反，目汁凝也。（419/17a）

笞　丑知反，～，撻也。（163/67a）

笞罰　二字音癡伐。（231/32a）

笞掠　上丑之反，下諒。（483/69b）

笞撻　上丑之反，下他達反。（128/54a）

摛挨　上丑知反，下式焰反，～～，舒也，布也。（468/33b）

嗤　尺之反，～，笑也。（343/28b）

嗤嫌　上尺之反，正作蚩。（325/8b）

嗤笑　上尺之反，經作蚩咲。（445/72b）

嗤笑　上尺之反，下私妙反，從竹、從夭，謂竹得風則夭屈，如人遇喜則笑，從犬，非。（152/86b）

嗤笑　上尺之反，下仙妙反，從竹、夭。（155/27b）

媸妍　上尺之反，醜也；下宜牽反，好也。（472/75a）

絺綌　上丑遲反，下丘逆反，～～，葛布也。（446/99b）

俱絺　下丑之反。（239/67b）

拘絺　下丑知反，～～羅，此云大髎骨。（70/7b）

嚌齧　二同，魚結反。（349/36b）

螭魅　上勑知反，正作魖。（470/31b）

鴟　嗤音。（122/84a）

鴟　尺之反。（347/78a）

鴟　尺脂反，烏～也。（126/30b）

鴟吻　上尺夷反，下武粉反，堂殿上引屋瓦脊。（471/46a）

鴟吻　上尺脂反，下武粉反，殿堂上引瓦眷也。（470/16a）

鵄　尺脂反，老～。（265/41b）

鵄鶙　上尺脂反，老～也，一名鳶，音緣，下音彫，鷹之類也。（434/13a）

鵄梟　上尺脂反，老鳶也；下古堯反，伯勞鳥也；一云～～，即鵂鶹是也，鳶，音沿。（49/75b）

鵄梟　上反脂反，下古堯反，此云伯勞是也。（244/22b）

鵄梟　上尺脂反，鳶屬怪鳥也；下古堯反，長而食父母，名不孝鳥也，鵄別名鵂鶹鳥也。（6/25b）

鵄鵂　上尺脂反，下音休，一名鴟鵂也。（443/39b）

魖　丑知反。（104/45b）

馳騁　下五①領反，～～，奔逸也。（100/51a）

趍　七俞反，走也，江西元作渠幽反，非。（184/28a）

踟躕　上音馳，下直朱反，～～，行不進皃。（456/114b）

踟躕　上音馳，下直朱反，～～，進退不定皃也。（467/76a）

尺蠖　上亦作𧍪，下烏郭反。（406/23b）

侈　尺爾反。（181/21b）

豉　時世反。（357/55a）

豉　時義反。（104/22a）

豉　時智反。（169/61b）

叱　昌吉反，呵～。（244/65b）

叱　昌一反。（151/54b）

叱　昌逸反。（325/65b）

叱咄　上昌吉反，下丁骨、丁枯二反，呵也。（446/99b）

---

① "五"當爲"丑"之訛也。

叱　應法師云：非也，合作唧唧，聲也，又闒猥也。（244/29b）

翄　施智反，～，翼也。（62/50b）

翄　施智、書豉二反。（185/21b）

翄　音施去聲，～，翼也。（34/16b）

翄拘　上音施去聲，下音拘。（153/11b）

啻　音世，不～，猶多也。（127/12b）

熾劇　上尺志反，下奇逆反，～～，火盛也。（437/11b）

熾熱　上昌志反，火光盛皃。（140/20b）

冲　直弓反，～，玄也。（245/65b）

冲邈　上直弓反，下眉角反，～～，深遠也。（472/32b）

冲寂　上直弓反，和也，幽也。（45/48a）

冲曠　上直弓反，下苦況反，～～，深廣之皃。（472/11b）

冲邈　上直弓反，下眉角，～～，玄遠也。（465/54b）

冲邃　上直弓反，下私遂反，～～，幽遠也。（469/57b）

春　書容反。（148/53a）

惷　丑用反，愚～也。（437/32b）

惷　勑降反，又丑用反，～，愚也。（177/78a）

衝　尺鍾反。（305/19b）

衝　齒龍反，向也，突也。（142/23b）

衝擊　上尺容反。（54/48a）

衝窓　上尺鍾反，下徒骨反。（258/30b）

憧憧　尺容反，意不定也，音義云：合作忪忪，音鍾，惶選也。（158/43a）

虫豸　上正作蟲，直弓反，下直爾反，有足曰蟲，無足曰豸。（470/94a）

祟　思遂反，禍咎之徵也。（165/5b）

崇麗　上士弓反，下郎計反。（111/6a）

蟲　俗作虫。（43/55a）

蟲　直弓反，俗作虫，非也。（33/50a）

蟲　直弓反，俗作虫，非也。（45/64a）

蟲篆　上直弓反，下直轉反，謂古書形如蟲。（470/56b）

瘳　抽音，疾愈曰～。（129/69b）

瘳　音稠，病可也，或作袖。(121/38a)

瘳損　上音抽，病愈謂之～～。(441/58a)

瘳愈　上音抽，～～，疾差也。(465/47b)

仇　音仇。(98/36a)

仇　音求，讎也。(142/59b)

仇　音求，寃也。(171/75a)

仇憾　上音求，怨也；下胡暗反，～，恨也。(158/32a)

稠　直留反。(148/17b)

稠　直流反，多也，密也。(139/54a)

稠　直流反，多也，衆也。(128/53b)

稠林　上直流反，衆也，多也。(159/49a)

詶　士由反。(134/33a)

詶　音酬，言答曰～。(139/54a)

詶抗　上音酬，下口浪反，以詶答抗敵也。(467/13a)

綢繆　上直留反，下莫周反，～～，縛束皃。(446/99b)

綢繆　上直流反，下密幽反，～～，優密皃。(475/42b)

綢繆　上直流反，下莫幽反，～～，束薪即纏綿也。(423/30b)

儔　直留反，侶也，等也。(240/53b)

儔　直流反，～，等也，類也。(142/8b)

儔疇　二並直留反，上～匹也，下～昔也。(154/60a)

儔黨　上直流反，～～，服類也。(88/23b)

儔匹　上池流反，～，等也，下疋字。(177/89a)

儔匹　上直留反，下疋字，～～，侶也，齊也。(266/19a)

疇　直流反，古作～匹，今作儔。(131/22b)

疇　直流反，經意宜用酬字，士由反。(138/17a)

疇辺　上直流反，正作儔，下匹字。(88/34b)

疇匹　上直留反，今作儔，下疋字。(171/68b)

籌　直流反，筭也。(179/42a)

籌　直由反，～，筭也。(120/16b)

籌量　上直流反，計也。(159/49a)

躊躇　上直留反，下直於反，～～，猶豫也。(121/47b)

躊躇　上直流反，下音除，～～，行不進皃也。(171/48a)

躊躇 上直流反，下直居反，行不進皃。(177/89a)

讎 市流切。(124/25a)

讎 受州切。(122/51a)

讎 音酬，寃～。(171/81a)

讎酬 時舟反，上冤～，下相～。(330/34a)

讎敵 上市流反，下徒力反。(112/75b)

讎郄 上音酬，仇～也；下丘逆反，怨也，正作隙。(245/39b)

讎隟 上音酬，下丘逆反，怨敵也。(154/82a)

讎隟 上音酬，下丘逆反，正作隙。(322/25b)

讎隟隙 上音酬，下二同，丘逆反。(320/9a)

醜 尺又反。(256/18b)

臭 昌救反。(351/14b)

臭臰 二同。(256/6b)

摴 丑除切。(122/34a)

摴 丑猪反。(309/44b)

摴蒱 上丑居反，下音蒲，～～，戲也。(121/58a)

摴蒱 上丑猪反，～，《博物志》曰：老子造之爲～，今人擲之爲戲。(180/38a)

摴蒲 上丑猪反，～～，賭戲也。(443/56a)

樗 椿攄反。(181/38a)

芻蒭 二並同，楚俱反，下俗。(165/35a)

芻摩 上楚俱反，～～，此云麁草衣。(263/26b)

蒢臽 上音除，下侯鑒反，以草爲坑穽也。(443/12b)

厨饍 上直朱反，炮屋也；下時扇反，食也。(81/10a)

蒭芻 二同，楚俱反，上非下正。(307/95b)

蒭狗 上楚俱反，以草爲狗，雖有其形，而無所悟。(475/42b)

蒭豢 上昌朱反，下音患，食草曰蒭，牛羊之類也，食糠粃曰豢犬之類也。(472/11b)

鉏 床踈反，鍬～。(158/71a)

鉏 助初反。(311/90a)

鉏 助踈反，～，鋻掘也。(127/71a)

鉏掘 上床踈反，下具勿反，以鍬發地曰～～。(263/42b)

躇　音除，進迟皃也。（161/6b）

躇步　上音除，進步也。（72/7b）

鶵　助朱反，鳥子也。（442/7b）

杵　昌午反。（236/11a）

杵　昌與反，舂具也。（134/65a）

杵棓　上尺與反，下蒲講反，或作棒。（180/30a）

杵　尺吕反。（312/69b）

杵臼　上尺與反，下音舅。（128/61a）

楚撻　楚，木荊也，或作楚，～，痛也；下他達反，答也。（244/29a）

儲　音除，貯也，預備也。（131/22a）

儲　直於反。（169/61b）

儲畜　上音除，預備也；畜，積也。（260/9a）

儲待　上音除，下直里反，正作躇跱。（304/49a）

礎　初所反，住下石，一云礩也。（170/42b）

怵惕　上丑律反，下他歷反，～～，憂驚也。（154/68b）

怵惕　上丑律反，下他的反，驚憂也，悽懼也。（171/48a）

處繭　上尺與反，下古典反。（151/12a）

處陸　上尺與反，居～；下音六，道路也。（136/74b）

處在　上尺吕反，經文似此樣字，甚繁，不能一一具音切，看讀隨文勢呼之。（445/7b）

傗　詐六反，緊也。（89/38b）

閦　昌六反，阿～佛，此云無動如來。（126/40b）

閦　初六切。（122/27a）

閦閦　二同，昌六反。（152/77b）

黜　丑律反，～，退也。（469/47b）

黜陟　上丑律反，黜，退也；陟，升也。（467/55b）

矗　初六反。（188/16b）

矗　勅六反，初六反。（487/37a）

揣　昌委反，～，量也。（468/11a）

揣　徒官反，揣食，此云飯。（265/33b）

揣　音團，正作摶。（346/21b）

揣如　上徒官反，正作摶。（98/50b）

搋　丑佳反，又丑假反，又尼假反。（49/83b）

搋　丑假反，又丑皆反。（6/26a）

踹　時軟反，脛腸也，正作腨。（173/18b）

穿穿　音川，上正。（138/17a）

遄　市緣反，速也，正作還，音旋，廻也，復也。（466/17b）

遄　市緣反，宜作還字，似宣反。（466/8b）

椽　俞絹反。（164/45b）

椽　直緣反，梁～。（257/30a）

椽樑　上直緣反，下正作梁。（367/15b）

椽舁　上直緣反，下音余，或作昇，扛～也。（469/98a）

篅　市緣反，一音讀也。（238/43a）

篅　樹緣反。（316/23b）

輇車　上或作輀，音而，喪車也，又市緣反，無輪車也。（466/32a）

舛　昌軟反，不齊也。（468/12a）

舛駮　上尺軟反，下必角反，～～，差錯也。（476/16a）

喘　昌善切。（125/19a）

喘　尺軟反，～，息也。（134/6b）

喘　充兗切。（123/36b）

喘息　上初染反。（121/9a）

喘息　上失軟反。（134/65a）

玔　尺絹切，釧同。（125/9b）

玔　正作釧。（344/62b）

玔釧　昌恋反，二同。（334/112b）

玔釧　昌戀反，下正。（327/31b）

串　古患反，今作慣。（230/7a）

串　俱患反，～，習也，今用慣。（72/89a）

串習　上俱患反，今作慣。（251/67a）

釧　初卷切。（125/84a）

膆膊　上窻字，下音酉。（322/25b）

瘡　初江切。（126/19a）

瘡箭　上初良反，下子賤反，竹～也。（120/50a）

瘡疣　上楚良切，下有糾切。（115/64a）

瘡疣　下音尤，反①上結起曰～。(95/8b)

床榻　上亦作牀，下音塔。(94/9a)

牀褥蓐　上音床，下二同，音辱，褥，氈～也，蓐，薦也。(260/9a)

牀榻　上床字，下音塔。(102/23a)

創　初盎反。(232/19a)

創　楚狀反，初也。(471/27a)

創癩　上古文瘡字，下音賴，惡病也。(69/49b)

創然　上正作愴，初狀反。(158/43a)

愴然　楚狀反，悽～也。(189/84a)

創上　楚狀反，初也。(179/55b)

創思　上初狀反，～，構也。(467/13a)

創制　上昌壯反。(321/34b)

創制　上初狀反。(317/8b)

愴　初兩反。(206/28b)

愴快　上初狀反，下於向反，愴，傷也，快，恨也。(127/45a)

吹呿　上正作欠，下音去，間口運氣。(472/75a)

炊頃　上音吹，下傾領反，～～，謂一蒸之飯間也。(470/43b)

捶　楚夾反，亦作挳。(167/58a)

捶打　上之委反，下音頂，擣打也。(77/20b)

捶栲　上之委反，下音考，正作放，擊打曰～～。(253/53a)

捶撻　上之委反，下他達反，鞭～。(384/24b)

搥阜　上丁回反，下音負，～～，無石小山。(189/18b)

搥殺　上正作縋，直瑞反。(348/11a)

槌　直追反，～，擊也。(40/64b)

搥擊　上直追反，擊也。(85/14b)

箠楚　上之委反，正作捶，擊也，打也。(464/95a)

椿菌　上丑倫反，～有萬年，茂翠也；下具殞反，～覃也；菌類多種，有朝生暮悴者，故《莊子》云朝菌是也。(463/85a)

椿菌　上丑倫反，大椿有八千年榮茂，《莊子》或云二萬年；下巨殞反，一名覃有朝生暮悴者。(477/108b)

---

① "反"當爲"皮"之訛也。

純淑　常輪切，大也，美好也，篤也；下時六切，善也，～～，一也，亦淑。(65/75b)

純淑　上常倫反，下殊六反。(120/92a)

脣哆　上食春反，口～也；下哆，丁可反，脣下垂也。(443/12b)

脣吻　上食倫切，下無粉切。(116/76b)

脣緣　上食春反，下余絹反。(163/42b)

淳酒　上垂倫反，清滑之酒也。(128/61a)

醇淨　上正作淳，音純，清也。(95/67a)

錞　音義云正作鐓，徒對反，矛戟下銅也。(158/53a)

惷愚　上丑用反，其亦愚也。(96/43a)

蠢駮　上尺尹反，下必角反，雜也，又相背也。(476/34b)

蠢　尺尹反，微細蟲類也。(246/31b)

愚惷　下丑用反，又書容、丑江、丑龍等反，並愚也。(139/48a)

踔　步教反，超也，跳也。(161/6b)

踔地　上知教反，又丑教反，～，跳擲也，或悮作亀。(175/52a)

啜　陟列反，又昌列反。(165/71b)

惙　知劣反，疲也，憂也。(244/23a)

綽　尸若反。(131/55b)

輟軔　上知劣反，停～也；下之忍反，車也。(468/33a)

歠　昌悅反。(311/29a)

歠飲　上昌劣反，大欲也。(6/25b)

玼疵　疾斯反，下正。(241/70b)

疵　及斯反。(195/69b)

疵　疾斯反，病也。(158/71a)

疵　疾斯反，音義云作柀，側賫反。(410/56a)

疵　疾茲反。(120/108a)

疵讁　上疾斯反，下牽現反，～～，罪責也。(472/75a)

茅茨　下疾咨反，～～，草屋也。(470/43b)

縒漫　上蘇可反，下莫半、莫官二反。(162/9a)

祠祀　上音詞，～，廟；下音似，祭也。(131/21b—22b)

祠祀　上音詞，下音似，～～，祭也。(260/57b)

瓷　疾咨反，瓦器也。(310/83b)

磁石　上音慈，引鐵之石。（255/63a）

磁石　上在咨反。（148/79b）

雌　七斯反，～，母也。（310/10b）

辭　音詞。（135/78a）

鷀　音慈。（327/37b）

刺股　上七賜反，下音古，～，腿内也，蘇秦勤學，每欲睡，乃引錐刺股。（469/71b）

刺刺　上七賜反，下七亦反。（189/35b）

刺棘　上七賜反，下居力反。（131/22a）

刺頸　上七亦反，下居領反，～，項。（137/57b）

怱　七紅反，～，速也。（131/71b）

怱忽　七紅反，下正。（348/67b）

怱洞　上七紅反，下正作恫，音動。怱洞，煩擾之皃也。又准音義、應師作謥詷，上七弄反，下從弄反，言急之皃，恐非經意也。（85/78a）

忽遑　上七紅反，下音皇，速疾皃。（127/30b）

從容　上七容反，～～，緩皃。（262/75b）

從容　上七容反，正作縱。（284/7b）

常摐　下正作樅，息容反。（477/42b）

叢　藂字。（242/8b）

叢　在紅反。（232/10a）

叢　自紅反。（420/79b）

叢藂　自紅反，二同，草聚生也。（172/10a）

湊　七奏反，水聚也。（142/91a）

粗　才古反，～，略也。（143/20a）

粗　徂古切。（156/79a）

麁獷　上倉胡反，下俱猛反。（155/86a）

麁獷　上蒼胡切，下孤猛切。（115/64a）

麤　麁音。（122/27a）

殂　昨胡反。（89/15a）

醋鹹　上音措，或作酢；下音咸，鹽味也。（126/40b）

醋酢　二同醋字。（343/28b）

踧哦　上子六反，下音伐，應師作踧跋，上音十，下音伐。　（445/

64a)

踧踖　上子六反，下音迹，～～，謹敬皃，又行不進皃也。（236/72b）

蹴　秋六反，～，蹋也。（343/28b）

蹴　子六反，踏也，一音蹙。（261/55b）

蹴地　上秋六反，又子六反，～踏。（189/27a）

蹵　秋六反，～，踏也，亦作蹴。（171/75a）

攙矛　上七官反，～，擲也；下莫浮反，～，稍也。（478/87a）

欑　七亂反，小稍也，經或悞作鑹。（139/13b）

攢矛　上七亂反，正作欑，大搶也，稍也；下莫凈反，戈戟也。（180/7b）

欑茂　上在官反，木叢也，茂草木盛也。（145/74b）

欑　子官反，正作欑。（129/79a）

簒弒　上初患反，奪也；下音試，殺也。（477/12b）

篡　昌患反。（305/31b）

篡　初患反。（304/49a）

竄　七亂反，逃也。（165/71b）

竄過　上麁筭反，又麁官反，～，擲也。（167/94b）

竄匿　上七亂反，逃也；下昵力反，隱也。（111/39b）

崔嵬　上自雷反，下吾回反，～～，山高峭貌。（466/17b）

摧　慈催反，～，折也。（176/12b）

摧　昨催反，～，折。（177/78a）

摧剝　上自雷反，～，折也；下必角反，～，裂也。（127/30b）

摧拉　上自雷反，下郎合反，～～，折挫也。（89/8b）

摧魔　上自雷反，～，挫也。（127/53b）

摧枿　上自雷反，下吾割反，伐木之餘也。（463/74a）

摧殄　上自雷反，～，折也；下徒典反，滅也。（470/108b）

榱棟　上所追反，～，椽角也；下都貢反，屋極也。（131/22a）

榱棟　上所追反，簷角也；下音東，極柱也。（476/16a）

榱桁　上所追反，屋角也；下户庚反，架屋木也。（464/28a）

璀璨　上七海反，玉名也；下七案反，玉光也。（128/53b—54a）

脆　取歳反，不堅也。（126/30b）

脆輭　上取歲反，下吾更反。(344/34a)

萃　才醉反，集也，又處也。(456/87b)

萃栖　上慈醉反，～，聚也；下音西，～，止也。(145/68a)

毳　昌歲反，細毛也。(161/37b)

毳　取歲反，楚歲反，～，毛也。(159/65a)

毳服　上楚歲反，～～，衲衣也。(468/87a)

毳紵　上昌歲反，下音苧。(332/22b)

粹　蘇骨反，又仙醉反。(168/38a)

顇　慈醉反，枯～也。(240/9b)

顇　從醉反。(162/60a)

顇　秦醉切。(122/34a)

皴裂　上七旬反，皮上細起。(446/85b)

忖　七本反，思～。(132/11a)

搓　七何反，手索也。(167/29a)

搓芒　倉何反，下音亡。(513/67b)

瑳磋　二同，七何反，砒也。(326/84b)

磋切　上七何反，～～，磨治也。(86/68b)

撮搏　上七活反，下音博，～～，捉持也。(437/32b)

撮摩　上七活反，手～。(190/49b)

蹉　采何切。(125/28b)

蹉　倉何反。(308/109a)

蹉　麁可反。(165/26b)

眵　昨和反，眼小也。(181/8b)

嵯峨　上昨何反，下音峨，衆峯也。(158/78b)

矬　昨禾反，短小也。(169/43a)

矬　昨和反。(132/21b)

矬陋　上自和，～，短也。(19/9a)

痤　誓螺反。(173/77b)

痤矬　二同，昨和反，下正。(416/71a)

痤短　上正作矬，昨和反。(70/60a)

剉　七箇反，斬～也。(448/67b)

剉　七卧反，刮～。(260/39b)

挫　　側卧反，折～也。（128/36a）

挫　　則卧反，摧也，折也。（240/53b）

挫之　正作剉，千卧反，刮～也。（158/43a）

挫　　子卧反，摧折也。（245/65b）

挫颲　上則卧反，折摧也；下音列，暴風也。（164/45b）

挫辱　上則卧反，摧～也。（77/55b）

挫銳　上磋卧反，下羊歲反，～～，抑其鋒利也。（581/4a）

挫銳　上祖卧反，下羊歲反，詞云：解紛挫銳，謂釋其紛乱，抑其銳
利也。（476/34b）

厝　　倉故反。（258/40a）

厝　　七故反，舉～也。（438/12a）

厝手　上正作措，七故反，舉～也。（443/12b）

厝言　正作措，音醋。（453/158b）

措　　七故反，安也，又置也。（164/52a）

措　　音醋，舉也。（54/64a）

銼　　麁卧反。（330/34a）

錯　　倉落反，雜亂也。（352/49b）

錯　　倉作切。（125/52b）

錯　　七各切。（122/84a）

錯謬　上倉落反，～，雜也；下苗幼反，虛～也。（166/14a）

錯綜　上七各反，下子宋反，錯，根間雜也，綜，摠括之義也。
（233/10a）

鐺釜　上楚庚反，下音父。（357/62a）

鐺鑊　上楚庚反，下玄郭反。（307/70a）

叐方　上昌力反。（320/31b）

叐然　上昌側反，方也。（469/47b）

叐塞　上昌力反，下桑則反。（189/76b）

揩　　口皆反。（309/96a）

莖　　雉之切，此字不合經意，即作莛字呼，董録。（160/74b）

匙　　是支反。（151/65a）

匙匕　上常支反，下畢履反。（313/63a）

匙箸　上市支反，下直慮反，与筯同。（446/70a）

郗絺　二同，耻遲反。（338/13b）

郗柯　上丑知反，下音歌，比丘名也。（441/48a）

下湯　音賜，死也，盡也，又作漸。（422/11a）

酢　古作醋字同，七故反。（235/6b）

酢　今作醋。（349/27b）

酢　音昨，古作醋字用。（340/40a）

酢　昨、醋二音。（122/34a）

酢澀　上古作醋字，七故反，音昨，非也。（131/82a）

D

耷　都含反，大耳也。（448/39b）

搭曳　上音塔，或作榻，打～也；下羊出反，牽也。（469/13a）

嗒然　上他合反，謂亡懷體解也。（134/65a）

嗒水　上音塔，正作還。（328/112a）

嗒兮　上正作哈，音塔。（151/35a）

噠嚫　上音達，下昌覞反。（412/24b）

噠嚫　上音達，下初近反。（428/40b）

呾　丁達反。（365/7b）

呾　丁割反。（343/37b）

呾　丁葛反。（58/64b）

呾羅　上丁達反，下力加反。（253/47a）

呾囉　上丁達反，下力何反。（94/18b）

呾茶　上丁達反，下音茶。（372/36b）

怛　丹達反。（136/29a）

怛　多訖反。（165/26b）

怛絰　上丁達反，下徒吉反。（96/43a）

怛絰　上丁達反，前文作噶絰呬，後文又哆絰他，流志三藏云：凡遇真言呾絰他，中皆作你也反。（94/18b）

怛纜　上丁達反，下郎淡反，素～～，此云契經。（96/27a）

怛纜　上下達反，下即暫反，一音覽。（139/7b）

怛囉　上丁達反，又多訖反，下轉舌呼。（164/9a）

怛薩　上丁達反，梵語阿竭，此是世尊之一号也。（152/41b）

怛姪　上丁達反，下徒結反，《羂索經》作你也反。（165/35a）

妲　丁達反，音義作姐，非。（137/86b）

達兜　下丁侯反，別譯云提婆達多也。（177/16a）

達羅　上詩注反，此謂田農官學國之四大姓也。（51/26b）

打捶　上音頂，下之委反。（181/30a）

打擲　上音頂，下持戟反。（121/19a）

逮　音代，～，及也。（246/43b）

逮　音代，或作逯，非。（340/22a）

逮　音代，及也，或作逯，非也。（161/37b）

逮逯　音代，上正下俗。（48/73b）

帒　袋字。（339/71a）

帒袋　二同。（342/40b）

殆　音待，近也，始也。（128/45a）

殆棄　二字音待弃，亦云弃惡也。（86/68b）

怠　音待，懈～。（41/17b）

貸　他代反，借也，施也。（158/71a）

瑇瑁　上音代，一音毒，下音妹，又莫到反，龜之類生南海。（260/80a）

黛　音代，青。（165/5b）

丹水　有誤作舟。（478/52b）

妉涵　上都含反，下弥鞏反。（132/21b）

耽嗜　丁含反，下音視。（234/7b）

耽嗜　上都含反，下音示，～，貪也。（139/48a）

酖　直禁反，正作鴆。（158/53a）

酖毒　上丁含反，嗜酒也，怨是鴆字，直禁反，～，鳥也，羽盡酒飲而致死。（59/77a）

酖醴　上丁含反，下音禮，～～，嗜酒也。（449/99a）

躭　丁含反，取樂過度也。（33/75a）

躭　丁含反，亦作耽。（96/35a）

躭　都含反，取樂過度也。（128/54a）

躭涵　上丁含反，下靡鞏反，嗜酒也。（96/43a）

躭湎　上丁含反，下綿字上聲，正作酖醞，謂嗜酒也。(96/20a)

躭湎　上下含反，下弥辇反，正作酖醞，謂嗜酒也。(131/22b)

躭婂　上丁含反，下弥展反，～～，嗜酒也。(240/53b)

躭嗜　上丁含反，下音視，～～，欲多也。(233/35a)

躭儼　上丁含反，下五撿反。(166/14a)

儋死　亦作擔。(65/52b)

儋堂　上諸鹽反。(102/59a)

殫紀　上音丹，盡也，作彈誤。(477/24b)

瞻耳　上丁甘反，南蠻人皆穿耳以珠五錘之，或垂至肩。(472/32b)

亶　多罕反，又之連反。(153/26b)

亶　多罕反，又知連反。(445/72b)

亶　之延反，又多罕反。(153/40a)

撣　達丹切。(123/9b)

擔　丁甘反。(414/73b)

擔　丁濫反。(309/55a)

擔　都甘反。(365/79a)

擔　都談反。(175/81b)

擔　徒敢反，安緩也。(558/14b)

擔簦　下音登，長柄笠，今之傘也。(472/75a)

擔　丁談反，亦作儋。(243/88a)

擔負　上丁含反，作擔，非也。(343/28b)

擔檐　都濫反，負也，《集韻》亦從木。(121/38a)

擔搖　丁淡反，上正。(367/60a)

膽　都敢反。(122/51a)

膽　覩敢反，肝中青藏也。(266/12a)

啖　徒敢反，食～也，亦作噉。(442/71a)

啖噉　二同，徒敢反，食～也。(69/49b)

淡泊　二字亦作惔怕，上匹陌反，～～，安靜也。(72/7b)

淡泊　上徒敢反，下音薄，～～，安靜也，下又匹陌反。(39/32b)

淡泊　上亦作澹，徒敢反，下匹陌反，～～，安靜也。(88/34b)

淡泊　釋義同前，上作潭，誤也。(72/7b)

淡淡　上音談，正作痰，～涎。(187/86a)

誕　音但，育也。（169/43a）

誕育　上音但，下余六反，～～，生長也。（89/8b）

噉　談覽切。（122/75b）

噉　音淡，食也。（173/84a）

噉糠　上徒敢反，下音康。（148/90a）

噉肉　上徒敢反，食～。（492/48a）

噉　徒敢反，食也。（146/7b）

憚　徒旦反，～，懼也，難也，未明經意。（171/81a）

憚　徒旦反，怒也，難也。（139/7b）

憚　徒旦反，畏也，又難也。（240/27a）

憚劬　上徒旦反，懼也；下音衢，勤也。（169/26b）

憚懾　上徒旦反，下之葉反，～～，怖懼也。（471/27a）

彈罰　上徒丹反，下音伐，～～，糾罪也。（261/45a）

彈厭　上徒丹切，糺也；下烏甲切，降也，亦作壓。（41/9b）

澹泊　二字或作憺怕，上徒敢反，下匹陌反，安靜之謂也。（6/25b）

澹泊　二字音淡薄，上又徒敢反，下匹白反，亦作憺怕，並安靜之理也。（156/34a）

憺　徒敢反，見下竺寺藏釋音。（146/7b）

憺怕　淡薄二字，安靜也，上又作徒敢反，下匹白反，其理一也。（175/40a）

憺怕　上徒敢反，下匹白反，～～，安靜也。（154/60a）

憺怕　上徒敢反，又音淡，下音魄，亦作泊，並安靜。（142/8b）

當寧　直與反，禮云：天子當寧而立，謂門屏之間也。又音除，義同。（73/8b）

璫　音當，平耳瑤也。（128/36a）

璫　音當字，耳飾也。（145/58b）

璫環　上丁郎反，下音還，～～，目墜也。（97/13b）

璫環　上音當，平耳飾也；下音還，臂飾也。（166/13b）

讜讇　上丁朗反，下徒塔反，讜，直言也，讇，妄語也。（463/97b）

讜言　上丁朗反，善言也。（476/63a）

讜言　上音黨，直言也。（478/38a）

伴黨　下作儻，非。（331/47b）

宕　就經大忘反，又達浪反。（167/15a）

蕩滌　下徒的反，洗～也，又除也。（447/50b）

蕩令　上正作盪，下郎平反。（350/51b）

盪除　上音蕩，洗除也。（72/7b）

譡　丁浪反。（163/9a）

刀斗　上音彫，軍兵行夜擊以警衆也。（472/32b）

忉利　上音刀，～，此云三十三。（137/50b）

忉利天　此云怛利耶，怛利奢，怛利耶，此云三，怛利奢云十三，謂須彌山頂，四方各有八天，城中有一天，帝釋所居，捴有三十三處，故各縣立名也。（111/39b）

倒屣　上音到，下所綺反，鞋～也，所謂敬前人乃忽遽，故倒屣而迎也。（467/76a）

搗擣　二同，音島。（349/27b）

搗和　上音島，與擣同，下去聲呼。（445/86a）

擣搗　音島，二同。（166/14a）

擣簁　上音島，春～，下音師，正作篩，所宜反。（132/63b）

蹈　音盜，履也。（129/86b）

蹈　音盜，踰也。（447/16b）

蹈　音盜，踏也。（443/25a）

蹈　正作登。（259/78b）

悲悼　下音盜，哀～也。（127/30b）

悲悼　下音盜，傷也。（137/50b）

蹈藹　上音盜，履～也；下於蓋反，清～也。（479/81b）

禱祀　上音島，下音似，析禱祭祀也。（189/35b）

禱張　上竹周反，～～，誑也。（101/26b）

稻蔂　上徒皓切，下昨紅切。（113/67a）

稻芊　上音道，禾～名也，下古罕反。（252/71b）

稻藁　上音道，下古老反，禾桿也，作蒿，誤。（446/85b）

纛　徒谷切。（126/19a）

得　都肎反。（163/18a）

得㢟　下正作底，丁禮反，崖底也。（69/49b）

蹬　合作鄧，都鄧反。（306/108a）

蹬道 上都鄧反，正作登。(313/85a)

蹬隥 登字去聲，上非下正。(259/68b)

隥 都鄧反，階梯也。(156/71b)

隥 都亘切。(122/68b)

隥 多鄧反。(115/84a)

瞪 元音作徒旦反。(173/77b)

瞪瞢 上都鄧反，下莫鄧反，上音騰，下莫登反。(367/60a)

瞪瞜 二字正作矒，上丁鄧反，下莫登反。(366/58a)

鐙 舊作登字。(178/73a)

鐙 正作燈。(100/30b)

鐙 諸經作燈字呼。(172/27b)

鐙光 上元音燈，亦音定。(144/7a)

羝羊 上音低，壯羊也。(253/40b)

隄封 上低、題二音，隄限也，封壃土也。(463/62a)

隄塘 上丁兮反，~~，防岸也，舊作陂，亦作堤，下音唐。(126/62a)

堤封 上音啼，~~，防也，限也。(472/32b)

堤盧 上音仾，一音啼呼。(242/49b)

依堤 下音啼，一音低，防也，~，隋也，積土防水曰~也。(240/27a)

鍉 音低，又丁兮反。(185/21b)

滌 徒的反，洗也，除也。(502/6b)

嫡 音的，正也。(189/27a)

糴 徒的反，俗作粜。(350/51b)

糴 音笛，俗作粜。(310/72b)

氐 音低，東方宿名。(128/17b)

屈弖 下氐字，音低，古作弖，傳寫有誤。(476/16a)

坻 遲、底二音。(135/11b)

坻 音遲，又下里反。(104/45b)

坻 音底，一音遲。(445/37b)

坻彌 上音池，~~，大身魚也。(180/72b)

抵突 上音底，下徒骨反，~，觸也。(177/66a)

抵突　上音底，下徒骨反，正作觝，挭～，觸也。（442/64a）

砥礪　上音只，下音例。（238/7b）

觝　音底，觸也。（101/13b）

觝突　上音底，下徒骨反，～～，觸也。（189/84a）

觝責　二字正作抵債。（259/21b）

地也　義靜法師譯羂索，釋云：凡遇地也經他等上字，皆你也反，下音他，謂此音正梵語。（151/54b）

地孕　以證反，二合。（73/50b）

帝麌　音義云正作麛，音迷，此云大身魚，其足有四，此最小者。（260/80a）

遞互　上徒禮反，下乎古反。（73/17a）

遞　音第，～互。（236/11a）

遞　音第，更～。（149/10a）

棣　音第，正作遞。（454/58a）

睇　他計反。（136/36a）

睇　音第，視也。（470/108b）

睇眄　弟麪二音，視也。（453/44a）

遞　音第，～互。（127/30b）

遞　音第，更互也，俗作遞。（187/54b）

禘祫　二字音第狹，祭名也，五年一大祭曰禘，三年一祭曰祫。（476/63a）

蔕　音帝，花草帶實處。（475/65a）

遰　徒計反，迢～也。（557/43a）

締滴　二同，丁歷反。（311/67b）

踶　音弟。（158/60a）

蹎蹶　上音顛，～～，倒也。（240/53b）

蹎蹶　上音顛，下音厥，～～，仆倒也。（257/39b）

蹎仆　上音顛，下蒲比反，蹶倒也。（465/62b）

顛厥　上正作蹎，下正作蹶，～～，倒也。（189/27a）

巓　音顛，山頂也。（141/30b）

癲　顛字。（167/57b）

癲狂　典田切。（113/41b）

癲癇　二字音顛閑，風狂之病也。（45/64a）

癲癇　上音顛，下音閑，小兒病也。（165/35a）

甸　音殿，郊也。（240/9b）

坫　丁念反。（307/36b）

坫　音點，缺也，痕也。（463/85a）

扂户　上徒點反，閉門具也。（343/19a）

扂鑰　上徒點反，下音藥。（319/84b）

淀中　上音殿，淺水也。（478/87a）

電浹　上殿，下狹。（115/47a）

電蕑　上音掩，下烏蓋反，～～，雲色陰噎也。（471/45b）

鈿廁　上音殿，下初使反，～～，以寶玉間廁也。（89/21a）

簟　徒點反，竹席也。（310/95a）

刁斗　上音彫，～～，銅盤之屬，軍呂夜擊以警策。（477/12b）

貂　音刁，士冠曰～。（120/65b）

貂蟬　上音彫，～～，大夫冠右貂左蟬也。（256/69a）

雕琢　彫卓二音，下正作琢。（478/52b）

鵰鷲　上音刁，黑色鳥也，大者能食麇鹿，下音就，亦鵰之類也。
（135/94b）

鵰鷲　上音彫，～鶖，能搏麇鹿而食，下音就，鵰之類。（265/88b）

鵰鷲　音刁就，二鳥能搏食獐鹿。（126/30b）

掉　調吊切。（122/9a）

掉　徒弔反，舉也，動也。（265/50a）

掉臂　上徒弔反，下俗作臂。（155/27b）

掉動　上徒吊反，心不靜也。（371/20a）

掉貢　上徒吊反，謂戲掉貢高也。（262/25a）

掉悔　上徒吊反，心動皃也。（465/70b）

掉悔　上徒吊反，舉也。（179/14a）

掉悸　上徒弟反，下懼季反，～～，心動皃。（441/58a）

掉舉　上徒弔反，振動也。（257/24a）

掉戲　上徒弔反，謔～；下文調慢亦同。（94/54b）

掉戲　上徒弔反，正作調。（345/58a）

掉戲　上徒吊反，或作調。（324/17a）

掉曳　上徒吊反，～，舉也；下羊逝反，牽～也。（145/68a）

掉戰　上徒吊反，～，動也；下正作顫，塞動也。（244/37b）

釣弋　吊異二音，上作鈎，誤也。（476/44a）

調䟽　上徒弔反，下魚記、魚匕、魚戒三反。（349/83b）

調䟽　上徒弔反，下牛成反，～～，嘲謔欺弄也。（89/48b）

調誆　上徒吊反，又竹周反，正作譸。（346/58a）

調戲　上徒弔反，謔～；下虛義反，～笑。（131/13a）

調戲　上徒吊反，下許義反，言詞謔也。（310/20a）

跌　徒結反，～，失足也。（244/15a）

跌　徒結反，失脚也。（244/65b）

迭　徒結反，～，遞也。（156/62a）

迭　徒結反，更遞也。（134/65a）

迭　徒結反，更互也。（232/76b）

迭互　上徒結反，～，遞也。（97/71a）

垤　徒結反，蟻封也。（120/83b）

垤　正作胅，目出也，徒結反。（181/8b）

㩚　所甲反，小飮也，古文作唼。（156/39b）

堞　音牒，小墻也。（465/54b）

襟裏　上音時，摺～也。（310/63a）

喋　大甲反。（166/78b）

喋　徒呼反。（162/68a）

喋捷　上音牒，返聲也；下慈葉反，疾也。（164/45b）

慄慄　音牒，懼兒。（475/31a）

絰　或作姪，徒結反。（170/34a）

絰他　上徒結反，義淨法師云：梵語你也反。（180/22a）

諜利　上音牒，返問也。（163/49a）

圖諜　下音牒，反問之詞也。（245/65a）

氎　徒頰反。（484/73b）

氎　音牒。（305/36b）

氎　音疊。（167/79a）

㲲　徒協反，細毛布。（551/98a）

㲲　音牒，毛布也。（465/8a）

氎　音牒，細布。（430/78a）

白氎　下音牒，毛布也。（255/26b）

白氎　音牒，布也。（144/25b）

釘鉸　上丁字去聲，下音教，作校，非。（344/9a）

鼎　音頂，鐺~。（177/66a）

鼎　音頂，釜也。（310/95a）

鼎　音頂，鍋~。（176/28a）

鼎峙　上音頂，下直里反，~~，三分天下如鼎足立也。（476/63a）

鼎俎　上音頂，鍋~也；下音阻，肉机也。（470/31b）

錠　音登，合作燈。（120/92a）

錠　音定，或云燈光。（133/84b）

錠光　上音登，合作燈。（119/63b）

錠光　上音定，~光，佛名。（129/24b）

錠光　上音定，又音燈，佛名。（88/44b）

錠光　上音定，又作燈字呼。（178/9a）

錠燎　上合作庭，下音了。（121/9a）

東鰈　下音塔，東海有魚名曰鰈，亦名比目，不比不行也。（472/32b）

蕫蕕　上兄云反，香草也；下音田，臭草也。470/108b

湩　音凍，~，乳汁也。（441/58a）

哀慟　下音洞，哭之甚也。（127/30b）

悲慟　下音洞，悲哭之甚也。（137/57b）

兜賜　上正作唗，丁候反。（346/7a）

兜鍪　上丁候反，下莫候反，~~，頭鎧也。（498/12b）

兜鉾　上丁候反，下音牟，正作鍪，~~，頭鎧也。（189/18a）

馬篼　下丁候反，餧馬籠也，作兜，誤。（466/83b）

抖揀　上音斗，下音叟，正作擻，舉動物曰~~。（262/86a）

抖擞　上音斗，下音叟，經作揀，非也，~~，動舉物也。（260/80a）

闍維　或云邪維，或言邪旬，或云闍毗，或云荼毗，梵語不同，此云焚燒也。（189/27a）

毒　虐魚約。（112/75b）

謗讟　下音讀，~，亦謗也，或用黷，誤也。（470/16a）

諴贖　下音讀，正作譴。（456/131a）

毒瑁　二音代昧，龜之類，生南海，甲可以爲器也。（265/41b）

蟒蝐　代妹二字。（262/75b）

瀆　音獨，或作竇，四～，或云四暴流。（137/86b）

犢子　上音讀，牛子也。（252/47a）

髑髏　獨樓二音，頭骨也。（6/25b）

髑髏　二字音獨樓，作髑腰，非也。（261/94b）

牘車　上音讀，正作犢，朱～。（470/43b）

杜多　上徒古反，別云頭陀，此云棄除，亦云修治，謂不貪衣食住處也。（50/64b）

杜多　上徒古反，此云修治，亦云棄除，謂修治淨行，棄除衣食位處也。（34/16b）

蠹　音妬，蛀竹木之蟲也。（240/18a）

蠹蟲　上音妬，害物之虫也；下直弓反，有足曰虫，無足曰豸。（145/10a）

斷事　上丁貫反，理也，決～。（97/40b）

堆埠　二字正作塠阜，上丁回反，下音婦。（306/65b）

堆草　上丁回反，下音父，～～，小土山也。（447/87b）

堆阜　上丁回反，下音婦，無石土山也。（132/34b）

堆阜　上丁回反，下音負，～～，丘陵也。（128/69a）

塠埠　亦作塠埠，上丁回反，下音婦，～～，小山也。（98/27a）

石堆　下丁回反，正作磓。（346/35a）

碓臼　對舅二音，蹋舂具也。（447/59b）

碓臼　上音對，下其九反，～～，蹋舂之具也。（435/59a）

碓磑　上音對，蹋舂具也；下吾對反，磨也。（445/72b）

懟　直類反，怨也。（162/31a）

懟恨　上音隊，冤～也。（98/66a）

惇誠　上丁昆反，厚也，信也。（475/42b）

惇善　上都昆反，厚也。（475/31a）

敦肅　上丁昆反，厚也，信也；下音宿，敬也，戒也，嚴整也。（235/46b）

燉煌　上徒渾反，下皇，郡名也。（132/11a）

燉煌　上徒昆反，下音皇，地名，今瓜洲是也。（453/25b）

蹲　音存，～，坐。（158/14b）

蹲　音存，曲膝坐也。（343/9b）

蹲踞　存據二音，箕坐也。（470/43b）

蹲踞　上音存，下音據，～～，箕坐也。（169/37a）

土墩　下丁昆反，平地堆也。（261/86b）

伅　徒損反，～真陀羅，天之樂神也。（137/67b）

伅真　上音屯，又作屯。（456/15b）

盾　食允切。（124/25a）

盾矛　上時尹反，旁牌也；下莫浮反，戈～也。（448/81a）

遯邁　上徒闒反，下莫敗反，～～，逃往也。（443/12b）

遯邁　上徒困反，去也，逃也；下莫敗反，往也，遠行也。（158/14b）

鈍　徒困反，不快也。（36/8b）

鈍　徒困反，不利也。（132/11a）

鈍　徒困反，頑～也。（169/11b）

闇鈍　下徒困反，不利也。（153/15b）

闇鈍　下徒困反，愚也。（88/60a）

暗鈍　下徒困反，暗昧，愚鈍也。（94/26a）

頓遜　上正作扽，都困反，～～，亦抖擻。（307/70b）

流遯　下徒困反，隱也，亦作遁。（471/27a）

多地　舊音云：以此二字就身切，下同。（104/14a）

多苶　下渠義反，作多，愧。（135/11b）

多羅果　其樹如欓，榦直而高聳樹，經百年方生花果，其實如石榴也。（240/27a）

多羅花　舊名貝多，西域樹名，如此方棕櫚直而且高，花如黃米子，《西域記》南印建羅補那國北不遠有多羅樹林三十餘里，其葉長廣，其色光潤，諸國書寫，莫不採用，又云其體堅如鐵，葉長且密，縱多時大雨，其葉蔭處，乾如屋下。（111/39b）

咄　丁骨反，呵也，又以言相謂也。（52/43a）

咄　丁骨反，以言相謂也。（178/53a）

咄　敦訥切。（124/25a）

咄哉　上丁骨反，阿～也，又以言相謂也。(45/64a)

咄哉　上丁骨反，以言相謂也。(81/10a)

芻藁　上楚俱反，草也；下古老反，禾稈也，正作藁，乾草也。
(131/22a)

芻阤　上正作荳，昌朱反。(153/26b)

咠　多字。(138/17a)

哆　丁箇反，丁可反。(170/55a)

哆　丁賀、丁可二反。(143/40b)

哆　丁可、丁个二反。(182/27a)

哆　丁佐反，又丁可反。(164/45b)

哆跋　上丁可反，下蒲末反。(349/36b)

哆　就經作多曷反。(156/70b)

哆邏　上丁賀反，下郎賀反。(103/65b)

哆哇　上丁可反，下王是反。(137/25a)

掇　丁活反，合也，又竹劣反。(142/8b)

掇菊　上竹劣反，採也。(478/38a)

嚉吒　上正作咄，丁骨反。(445/54a)

侘侘　丑加反，二同。(95/92a)

奪　徒活反，強取也。(242/8b)

躂跣　上達各反，乍前乍却也；下蘇典反，赤足也。(158/14b)

垜　徒果反，射～也。(179/14a)

埵　丁過反。(165/35a)

嚲　丁可反。(163/9a)

垜　徒果反，射～。(179/42a)

惰　徒臥反，應法師云：宣律師作郁字。(132/79b)

跢　丁箇反，又丁可反。(163/9a)

跢　都餓反。(156/70b)

跢　多个反，又丁可反。(165/35a)

跢地　上都可反，未善經意，梅檀經作儃，都罕反，又合作担，丁罕
反，笞也。(447/16b)

跢姪　上丁賀反，下丁結反。(167/15a)

墮窊　上徒臥反，下於主反，～～，慵懶也。(471/109b)

鴰　丁刮反，～，雀也。（311/19a）

覿　徒的反，見也。（449/30a）

段食　上徒亂反。（139/7b）

杳　唐合反，重也。（158/43a）

杳和　上唐合反，下亦作㤛。（89/8b）

杳㤛　上唐合反，下音和，亦云捷闥婆，此云香音神。（86/10a）

杳臘驃　上徒答反，中來盍反，下匹遥反。（118/52a）

鍛　丁乱反，打鐵家也。（310/63a）

鍛　端亂切。（123/76b）

昳　徒結反，日晡也。（456/102a）

E

婀娜　上一可反，下乃可反。（301/7b）

峨岋　上吾何反，下魚及反，～～，聚如山也。（465/47b）

峨嵋　俄眉二音，西蜀山名。（466/96a）

峩　回何反，嵯～也。（552/64b）

訛　五戈反，謬也。（557/15a）

訛　愚和反，謬也。（471/119a）

訛舛　上愚和反，下昌軟反，訛謬也，舛差也。（457/145b）

訛謬　上吾和反，下苗幼反。（372/7b）

訛謬　上愚和反，下苗幼反。（233/10a）

訛替　上愚和反，～，謬也，替，廢也。（447/50b）

訛謠　上愚和反，～，謬也，下音搖，謌也。（464/28a）

蛾　五何反。（306/108a）

蛾　音俄，虫～。（239/92b）

誐　銀迦反，又宜者反。（163/9a）

額　吾客反，亦作額。（89/72b）

額額　吾客反，下正用。（245/21a）

柂　音厄。（367/46b）

四柂　下音厄，亦云四取，一欲，二見，三禁戒，四我語。（96/72a）

噁　惡音。（122/68b）

屼多 上其業反，正作岌。(477/24b)

阨 音厄。(355/87b)

阨厃 二同，厄字。(69/49b)

阨險 上音厄，危也，塞也。(439/94a)

扼 音厄。(409/17b)

扼 於革反，持也。(554/57b)

扼 於隔反，手握也。(467/25b)

扼腕 上音厄，下鳥貫反，～～，以手握臂也。(442/7b)

扼腕 上音厄，下於貫反，～～，以手捉臂也，作惋，誤。(467/76a)

扼腕 上於隔反，下鳥貫反，～～，以手捉臂也。(463/85a)

咢咷 上正作號，音毫，下音桃。(364/40a)

姶 乙合反。(162/38a)

堊 烏各反。(305/19b)

堊 音惡。(330/41b)

白堊 下音惡，白土也。(86/10b)

軶 烏鬲反。(354/25b)

軶 下於隔反。(358/13b)

軶 音厄，壓牛領曲木也。(447/50b)

軶 音厄，音義云：壓牛領曲木也。(233/10a)

軶 於革反。(122/18b)

軶 於蒦反。(352/15a)

軶枙 二同，音厄。(351/28a)

軶鞅 上音厄，下於兩反。(423/42b)

鄂 吾各反。(167/15a)

惡 烏故反。(158/14b)

惡叉聚 樹名也，其子如没食子，西國多聚以賣之。(228/49b)

惡苦 上烏故反，厭～。(242/29b)

惡塗 上烏各反，白土也。(102/23a)

蕚 吾各反，花～出。(477/132b)

蕚 五各反，花名。(551/80a)

遏 曷葛反。(120/26a)

遏 烏葛反，遮也。(156/34a)

遏部　上於割反。（465/19b）

遏部曇　上於葛反。（383/33b）

遏襹　上於葛反，下湯里反。（417/52a）

遏斷　上於葛反，～，止也。（102/65b）

遏頞　二同，於葛反。（169/26b）

遏浮陀　上於割反，受胎日之名也。（80/27a）

遏截　上於葛反，～～，上住也。（477/12b）

遏絕　上於葛反，止也。（470/31b）

遏　烏割反，止也。（478/154b）

遏心　上於葛反，止也。（158/53a）

遏　於葛反，止～也。（464/95a）

崿　吾各反，崖～也。（463/10a）

崿　音愕。（188/16b）

愕　吾各反，驚～也。（129/34a）

愕　魚各反。（188/8b）

愕　玉各切。（259/47b）

愕然　上吾各反，篤也。（446/57a）

愕然　上吾各反，驚～。（439/20b）

腭　上吾各反，口中下～也。（407/67b）

腭　吾各反，口中上～也。（500/58b）

厫　安盍反，山旁空。（85/39a）

厫　烏合切。（119/11a）

厫　烏盍反。（69/26a）

厫羅　上烏合反。（178/42b）

偓　惡字。（172/85b）

偓　烏故反。（176/12b）

頞　安褐切。（125/19a）

頞　烏割反。（128/36a）

頞鞞　上於葛反，下步迷反，迦葉之號。（478/52b）

頞籤　上於割反，下必箇反。（449/110b）

頞部　上於割反，～～曇，謂受胎二七日也。（407/7b）

頞部　上於葛反，此云皰結二七日也。（236/15b）

頞抶　上安葛反，下丑栗反，又充質反。（169/61b）

頞哆　上烏割反，下丁臥反。（137/86b）

頞那　烏萬反。（129/79a）

頞浬　上於割反，俗作濕。（395/7b）

頞㗬　上於葛反，下竹八反。（400/10a）

鍔　吾各反，鋒～也。（466/17b）

齶齒　上吾各反，或作腭，口上～也，下齒字。（149/28a）

兒完　惠官反，二同，下正。（432/18b）

栭　音而，木名，似栗而小。（423/42b）

珥　而志反，耳飾。（127/23a）

珥　而志反，冠上垂玉也。（446/85b）

珥璫　上而志反，下丁朗反，耳飾。（491/7b）

珥璫　上如志反，下音當，～～，飾耳珠子也。（96/20a）

毦　而容反。（313/108b）

毦　而志切。（123/9b）

毦　如之、而利二切。（125/19a）

毦帶　上仍志反，細毛布也。（98/27a）

餌　而志反，以食誘魚也。（448/15a）

餌　仍志反，以食誘物也。（263/7b）

餌　仍志反，以食誘魚曰～也。（189/35b）

餌苓　上而志反，食也；下音靈，松根也。（470/16a）

餌术　上而至反，食也；下直律反，藥名。（477/121b）

餌术　上而志反，食也；下遲迷反，藥也。（475/65a）

餌餉　上仍志反，食也；下式尚反，饋食也。（158/71a）

餌液　上而至反，食～也；下音亦，津～。（477/42b）

邇　兒氏反，近也。（553/34a）

刵耳　仍至反，截耳也。（182/53a）

刵劓　上而志反，割耳曰刵也；下魚器反，割鼻曰劓。（127/53b）

惟愕　下吾各反，驚也。（244/29b）

閼　烏割反。（163/18a）

閼　於葛反，又於連反。（163/9a）

F

乏　另法反，少也。（33/58b）

茷　正作茂。（104/45b）

栰　音伐，束竹木度水也，南人曰簰，北人曰栰。（265/33b）

栰　音伐，束竹木渡水，南人曰簰，音排，北人曰～也。（136/50b）

栰　音伐，束竹木渡水也，小者曰桴，大者曰栰，南人呼爲簰，音排。（240/44a）

栰　音伐，亦作筏，同。（144/7a）

栰筏　二並音伐。（190/39a）

筏　房達反，大曰～，小曰桴。（549/80a）

筏　音伐，束竹木渡水也，南人曰簰，音排，北人曰筏。（233/19a）

筏喻　上音伐，淨～也，亦作栰。（101/65b）

閥閱　伐悅二音，自序也，門户也。（472/32b）

罰讁　二字音伐摘，罪責之謂也。（442/7b）

罰讁　伐摘二音，罪責也。（472/86a）

罰讁　上音伐，下音摘。（332/81a）

罰讁　上音伐，下陟革反。（428/29a）

番禾　上音盤，～～，縣名在涼州。（471/45a）

番禺　潘愚二音，南海縣名。（467/63a）

蕃邸　上方煩反，下音底。（472/32b）

蕃蘺　上正作藩，甫煩反。（384/71b）

蕃籬　幡離二音，竹障也。（477/55a）

旛　音番。（118/52a）

翻　音番，～，翔飛也。（128/69a）

翻翔　上飜字，～～，徊飛也。（472/75a）

翻譯　上芳煩反，下音亦，傳異方言曰～～。（128/10a）

杋　音月，正作抈。（305/31a）

舤柂　上正作帆，下徒可反，正船木也。（464/46a）

樊籠　上扶番反，～，藩也。（423/30b）

樊籠　上音煩，亦籠也。（255/44b）

璠瑚　二字正作瓟，上音潘，下音胡，大方塼也。（189/27a）

璠璵　煩余二音，魯之寶玉也。（456/160a）

燔仆　上音煩，燒也；下蒲北反，謂死而仆地也。（581/4a）

燔　音煩，炙也，又云炮，加火曰燔。（131/22b）

繁縟　煩辱二音，多文彩也。（456/131a）

繁縟　上音頻，多也；下音辱，文彩兒也。（439/53a）

繙　音煩，出宋韻，又於元反。（162/24b）

礬　附袁反，～，石也。（120/16b）

汎　芳梵反，浮也，～，濫也。（240/84a）

汎　芳梵反，與泛同。（239/10b）

汎汎　方梵反，～，張也。（129/51b）

汎觴　上芳梵反，浮～也；下音傷，酒器也。（478/38a）

汎漾　上芳犯反，下余向反，～，大水兒。（467/83b）

軓躅　上俱水反，下直欲反，～～，車迹也。（465/62b）

販　方萬反。（94/74b）

販　方旦反，～，賣也。（132/53b）

販賣　上方万反，賤買貴賣曰販。（127/53b）

洒　薄个、凡泛二切。（122/68b）

肪膏　方高二字。（140/7a）

倣斅　上分罔反，下胡孝反。（163/58a）

舫　府望切。（125/9b）

舫　音放，雙舟曰～。（156/70b）

紡氎　上非罔反，下音牒，～～，謂緊毛而爲布也。（159/65a）

紡績　上方罔反，緊絲也；下音迹，緝也。（77/10b）

紡績　上芳罔反，下子歷反，紡，緊績也，績，絹續也。（128/61a）

髣髴　上芳罔反，下芳勿反，～～，相似兒。（126/73b）

髣髴　上芳罔反，下芳勿反，又芳未反。（446/99b）

髣髴　上芳罔反，下芳勿反，又芳未反，～～，見不定之兒。（244/50b）

妃嬪　上音非，下音頻，宮～。（129/16b）

妃嬪　上音非，下音頻，宮娥也。（94/86a）

妃孕　上音非，～后也；下余證反，姙～也。（439/53b）

菲蕾　二字正作蓓蕾，上音倍，下老每反。（346/51a）

蜚蛾　上古文飛字。（303/37b）

蜚屍　上音飛，作非，誤。（445/72b）

霏　芳非反。（254/83b）

肥　扶非反，多肉也。（151/12a）

肥遁　上房非反，下徒困反，～～，往隱也。（462/44a）

肥腯　上房非反，下徒骨反，～，亦肥也。（475/57b）

朏　普没反，月生三日也，又普對、芳尾二反。（472/32b）

匪　方尾反，不也。（159/20b）

匪憚　上方尾反，不也；下徒旦反，懼也。（453/25b）

匪懈　上方尾反，不也；下古賣反，怠慢也。（246/63a）

口匪　下正作俳，方尾反，口欲言也。（86/68b）

俳俳　芳尾反，欲有所問而未能宣也。（56/54b）

俳憤　上芳尾反，口～～而言也；下房粉反，心～～而怒也。（477/
132b）

俳憤　上芳尾反，口欲言也；下房粉反，怒氣也。（475/57b）

斐發　上芳尾反，文彩兒。（469/37b）

斐服　方尾反，文采兒，非此用，餘經多作裴，音陪，長衣兒，今宜
作陪，加也，重也，稍符經意，應師云：合作披，音被，～帶也，其義亦
通。（69/49b）

翡　扶味反。（347/60a）

翡　符沸反，～翠，赤羽雀。（158/78b）

翡翠　上房未反。（128/44b—45a）

翡翠　上扶味反，赤羽雀也。（128/10a）

誹　芳尾反，又非沸二音。（161/42a）

誹　非沸二音，謗也，《玉篇》：芳尾反。（248/42a）

誹謗　上方尾、方非二反。又非沸二音。（43/63a）

誹謗　上方味切，下捕曠切。（115/23b）

誹謗　上非沸二音，《玉篇》作芳尾反。（152/77b）

誹撥　上芳尾反，又非沸二音，下并末反。（146/48a）

誹毀　上方尾反，又非沸二音，謗也。（49/16a）

廢　方肺反，止也。（553/69a）

廢　微計反。（162/9a）

廢　兮吠反。（362/67b）

廢稽　福本上音發，下音啓，經意是發啓字。（74/46b）

物攢　下元音方未、房未二反，比丘號也。（384/24b）

肺　芳廢反。（139/7b）

費耗　上方未反，下呼告反。（86/68b）

癈病　上方吠反，因病也。（158/43a）

地𦙶　下芳吠反，亦作肺，終南山曰～～。（472/75a）

分齊　二並去聲。（155/34a）

分衛　上去聲，～～，此云行乞也。（89/8a）

芬馥　上芳文反，下音伏，香盛也。（89/8a）

芬馥　下音伏，～～，香氣盛也。（102/40a

芬外　孚云切。（112/54a）

芬蒕　上扶文反，下紆云反，～～，香氣，諸經謂芬馥也，正作馚氳。（131/33a）

氛馥　上音焚，下音伏，香氣也。（155/27b）

氛祲　上芳文反，下子心反，一音浸，～～，妖氣也。（463/85a）

氛熏　上芳文反，香氣也，一音焚。（177/89a）

氛郁　上音芬，下於育反，～～，香氣盛也。（51/26a—b）

紛　撫文反，～～，落皃。（131/13a）

紛糺　上芳文反，下圭有反，～～，亂也。（233/10a）

紛糺　上芳文反，下俱有反，～～，雜亂也。（240/9b）

紛糺　上芳文反，下俱有反，雜亂也。（246/31b）

紛糺　上音分，下俱有反，～～，亂也，有字是借韻用。（58/56b）

紛葩　上芳文反，飛落皃；下普加反，花也。（142/8b）

紛紜　二字音芬云，亂皃也。（244/29a）

雰　音芬。（120/35a）

雰　音紛，雪皃也。（120/26a）

雰霏　上音分，下音非。（478/154b）

焚漂　上扶分反，～燒；下匹搖反，浮～。（153/11b）

棻　扶分切。（123/44a）

棻熏　上正作芬，下許云反，香氣盛也。（442/36a）

坋　蒲悶反，塵～，或作坔。(129/60a)

坋坔　蒲悶反，下正。(330/72b)

忿　芳粉反，又芳問反，怒也。(161/37b)

忿　芳粉、芳問二反，嗔也，怒也。(407/7b)

忿　芳粉、芳問二反，通呼。(170/22a)

忿　撫吻反，又芳問反，並怒也。(6/34a)

忿恨　上芳問反，又芳粉反，嗔也。(5/52b)

忿恚　上芳粉、芳問二反，下紆避反，嗔怒也。(145/40b)

忿怒　上芳粉、芳問二反，通呼。(492/42a)

墳籍　上扶分反，下才亦反，經書也。(131/46b)

憤　方粉反。(85/78a)

憤恚　上房粉反，嗔怒氣也。(77/37b)

憤恚　上房粉反，下紆避反，～～，怒也。(407/14b)

憤恚　上房吻反，氣盈也；下紆避反，怒也。(71/11a)

憤懣　上房粉反，下音悶，～～，怒氣也。(437/25b)

憤嘆　上房粉反，怒也；下亦作歎。(94/63b)

身憤　下舊音扶問反，正作坔，蒲悶反。(253/17b)

奮　方問反，～，振也，發也。(129/24b)

奮翩　上方問反，下音篇，疾飛翱翔也。(120/100b)

奮迅　上方問反，下私閏反，～～，振疾貌。(496/22a)

奮迅　上方問反，下私潤反，振疾也，什法師云：～～，自在也。(103/75a)

奮翼　上方問反，～～，頓飛也。(463/10a)

糞蠅　上糞字，～～，蒼蠅也。(260/39b)

風　上方吠反。(167/57b)

烽燧　峯遂二音，～～，畫則燒煙，夜則舉火，以爲遠兮，下作烽，誤。(473/11b)

蜂　音峯，蠆尾蟲也。(247/115a)

蜂蝎　上音峯，下許謁反，蠆尼虫。(72/7b)

蜂蠍　上音峯，下許謁反。(259/68b)

鋒　音峯，利也。(104/22a)

鋒鍔　上音峯，下吾各反，～～，利刃也。(475/18a)

牛鋒　下正作犎，音封，外道名。(244/8a)

馮　音憑。(317/8b)

捀捑　應師元闕音切，别本作逢誤二音。(445/72b)

縫治　逢持二字，綴補也。(155/58b)

諷刺　上方鳳反，下七賜反，譏毀之皃。(477/12b)

俸　房用反，禄也。(96/43a)

俸　扶用反，禄袟也。(189/61a)

否　方女反，又弼美反。(104/14a)

趺踝　上音夫，足面也；下玄瓦反，足趺骨也。(471/45a)

鈇　音夫，大斧。(181/53b)

鈇鋸　夫據二字，鈇，斧也，鋸，有齒刀也。(180/7b)

麩　与麫同。(307/11b)

敷愉　上芳無反，正作怤，下音愉，～～，喜悦也。(471/46a)

膚瞖　上芳無切，亦膚，皮～也；下於計切，目～障，亦瞖。(65/37b)

膚瞖　上音夫，下於計反，皮膜也。(126/73b)

膚翳　上音夫，皮～；下一計反，～，障也。(253/31a)

扶疏　符踈二音，樹木蔚盛皃。(475/42b)

扶踈　上音符，樹木盛也。(157/23a)

芙蕖　二音扶渠，荷花也。(477/74a)

孚出　上音赴，正作趕，疾行也。(131/22a)

孚　方于反。(304/13a)

孚　芳無反，信也。(475/57b)

孚調　上音赴，～，疾也。(171/75a)

孚乳　上芳無反，鳥哺子也，乳字從爪子，以爪覆子也。(442/7b)

孚乳　上芳無反，正作孵，卵生也。(131/22a)

孚煖　上芳無反，鳥伏子也，故從爪子，今用孵。(384/71b)

枎踈　上音扶，～踈，四布又木盛皃也。(188/26a)

怫　音佛。(160/19b)

怫鬱　上音佛，～～，熱盛皃。(430/61b)

俘　芳無反，～，囚也。(469/13b)

鳧鴈　上音扶，水鴨也。(174/62b)

郛郭　上芳無反，城外近郭曰郛。（478/52b）

泍　音伏，泗流也。（189/35b）

栿　音伏，屋樑也。（469/98a）

唬哹　二同，音浮，又芳謀反。（165/5b）

蔀　伏音，又蔔音。（125/19a）

桴　音浮，鼓槌也。（136/16b）

桴　音浮，正作枹，鼓搥也。（251/11a）

虙羲　上音伏，下具宜反，即太昊之氏也，畫八卦，分九州，取魚養牲，以充庖廚，制婚姻，照牛乘馬，起於此時。（472/11b）

符檄　上音扶，《字林》云：符，信也，漢制以竹長大寸分而相合爲信，故字從竹，取歲寒不變以布德也，亦用銅，謂君臣同心也；下胡擊反，《説文》二尺書也，檄書者，所有罪責當伐者也。人陳彼之惡説，此之德曉，慰百姓之書也。檄，皎也，胡言此彼，令皎然而識之。（242/8b）

涪川　上音浮，～～，水在巴西。（469/13b）

涪陵　上音浮，巴西水名也。（471/95a）

幅　音福，或作複。（119/41b）

蜉蝣　浮由二音，朝生暮死蟲也。（465/70b）

蜉蝣　浮由二音，細蟲而朝生暮死也。（472/75a）

鳧鴈　上音扶，水鴨也。（129/24b）

榑桑　上附夫反，字書云：榑桑木，海外神樹，日所出處者也。（423/30b）

㸒　敷物切。（122/68b）

蝮蠍　上正作蝮，芳福反，虵中最毒也；下呼各反，一音釋，蟲行毒也。（131/22a）

幞　旁王反，～，帊也。（263/77b）

澓　伏音。（124/17a）

輻　音福，車～也。（179/21a）

輻　音福，車輪湊轂者。（80/49a）

輻湊　上音福，車輪聚轂者；下七奏反，～，聚也。（471/119a）

輻湊　上音福，下七奏反，亦作輳，～～，併聚也，如車輻同湊於轂也。（462/29a）

輻湊　上音福，下七奏反，至也，謂如車~之~轂也。(127/12b)

襆　房福反，与幞同。(309/55a)

襆幞　二並房輻反。(311/90a)

襆幞　二同，房福反。(345/38a)

柎　方主切。(123/68a)

柎　芳武反，拍也，擊也，除也。(487/86a)

柎　非父切。(124/17a)

柎　非武切。(122/43a)

柎革　上音撫，~，拍也，革彼也，打拍鼓謂之~~。(233/10b)

柎弄　上音撫，拍也；下正作挊，皮變反，《說文》柎手曰挊。(131/13b)

柎之　上正作傅，音付，塗~。(158/43a)

斧　方巨反，斧，鉞也。(556/7b)

斧剉　上音甫，下倉到反，作坐，非。(330/34a)

斧鉞　甫越二音，大斧也，或作越，誤也。(463/85a)

釜　音父，~鑊。(260/9a)

釜鑊　上音父，下胡郭反，~~，鼎鍋之屬。(343/53b)

輔　扶雨反，助也，佐也。(558/34b)

輔翼　上音父，下正作翊，夷力反，佐也。(139/67a)

腐　音父，壞也，爛也。(445/72b)

黼黻　甫弗二音，黑白相間，畫之其文如斧，芳物反。(472/75a)

黼扆　上音甫，下於豈反，天子屏風以黑白文畫之曰~。(477/121b)

阜塸　上音婦，下土回反，小土山也。(71/29b)

埠南　上音婦，小山也。(470/56b)

埠撲　上丁回反，下蒲角反。(241/9a)

埠　音阜，山陵也。(151/24b)

富伽羅　此云數取趣，謂數數往來生死也，餘譯即云眾生是。(103/75a)

複　音福，物之重也。(247/32a)

複　音福，衣之重也。(334/112b)

蝮虺　上芳伏反，下許鬼反，毒蛇也，正作虺。(189/84a)

蝮蠍　上芳福反，下許謁反，《說文》一名虺。(154/18a)

蝮蝎　上芳福反，下許謁也，正作蠍，一名虿，毒虵也。（170/55a）

蝮蝎　一許謁反，～～，一名虿，又蝎，蠆尾蟲也。（189/84a）

鮒　音咐，魚名。（448/15a）

縛　亡可反，又房可反。（165/26b）

縛　無可反，又作無莫反。（465/19b）

賻送　上音附，以物贈喪也。（456/87b）

賻贈　上音附，以物贈死家也。（468/87a）

鍑　方伏切。（481/90a）

覈　胡革反，考其實也。（439/53a）

覆蔽　上音副，下必祭反，覆蓋也，蔽掩也。（255/9a）

覆藏　上音副，蓋～。（140/83a）

覆醢　上芳伏反，傾也；下音海，肉醬也。（476/24b）

覆簣　上方復反，傾～也；下求位反，土籠也，《論語》云：譬如平地，雖覆一簣，進吾進也。此謂誘其始也。（477/121b）

覆簣　上芳伏反，傾也，倒也；下求位反，盛土籠也，《論語》云：譬如爲山，未成，雖覆一簣，進吾進也。（439/53b）

覆匿　上音副，遮～也；下尼力反，藏～也。（94/9b）

覆苦　上音副，～，蓋；下失廉反，草也。（131/22a）

覆燾　上音副，下音盜，～～，蓋也。（472/11b）

傾覆　方祿切。（113/29a）

馥　音伏，芬～，香氣盛也。（88/51b）

馥蕙　伏惠二音，香草也。（468/87a）

脯臘　甫昔二音，乾肉也。（468/87a）

脯時　上必蒲反，晚也。（260/17b）

G

垓　柯開反，堨也，限也。（58/64b）

姟　古哀反，數也，或作該，誤。（88/34b）

姟　古家反。（86/33b）

姟坁　上古哀反，下音趙，～～，數也。（129/60a）

裓　古得反，衣裾也。（103/65b）

該　古哀反，包也，博～也。(142/8b)

該　古哀反，備也，包也。(256/68b)

該　柯開反，包也。(58/64b)

該通　上古哀反，備也，皆也，苞也。(240/74b)

該閲　上古哀反，下音悦，該，博通也，問視也。(245/65b)

該綜　上古哀反，～，博也；下子宋反，揔理也。(129/16b)

丐匄　二同，音蓋，乞也。(160/74b)

匄　音蓋，乞也。(152/86b)

扢　古愛反。(323/58a)

溉　古愛反，一音既，灌注也。(242/29b)

漑　古代反，澆也，一音既。(240/9b)

溉灌　上古愛反，上音既，下音貫。(314/96a)

溉灌　上古愛反，下音貫，～～，澆注也。(127/71a)

溉灌　上古愛反，下音貫，以水澆注也。(446/40b)

㮣　古愛反，斛斗之～。(190/80a)

芉　古罕反。(161/15a)

忓　音干。(321/52a)

忓嬈　二字音干遶。(316/47a)

肝肺　上音干，下芳廢反。(156/34a)

肝肺　上音干，下芳吠反，亦作胏。(446/99b)

笴　古罕反，箭～也。(462/20a)

笴槊　上古罕反，槍莖也；下音朔，槍之類也。(469/98a)

敢　呼談反，癲～也。(138/73b)

榦　古旦反，正作幹。(348/87a)

干棗　二字並作乾棗，下音早。(329/8b)

紺　姑暗反。(188/8b)

紺　古暗反，青赤色。(135/11b)

紺　古暗反，青紅色也。(134/12a)

幹　古旦反，莖～也。(142/8b)

幹　古旦反，枝～也。(126/85b)

榦　古旦反，莖～也。(145/74b)

榦　古旦反，枝～也。(468/33b)

岡岑　上音剛，下助參反，山上小山曰～～。(463/10a)

剛鐵　二同，音剛，正作鋼，硬鐵也。(69/49b)

崗　音剛，山～。(262/42a)

搁舁　上音剛，下音余，正舁，二人對舉物曰～～。(261/45a)

羔犢　高讀二音，羔羊子也，犢，牛子也。(465/19b)

羔犢　上姑勞切，下徒谷切，羊牛兒。(481/118a)

皋　音高。(132/73a)

皋鶴　上音高，～，澤也，故《詩》云：鶴鳴于九皋，聲聞于天。(256/69a)

膏　音高，～，脂。(158/22a)

膏肓　高荒二音，其疾不治，謂針藥所不至也。(464/95a)

篙樀　上音高，下他的反，挑也，發也，動也，正作摘。(306/31a)

鼛鼖　上音高，役車之鼓也，《詩》云“鼛鼓弗勝”，鼓長一丈二尺也；下音焚，鼖鼓長八尺，云大尺也。(155/27b)

槁　音考，乾～。(262/59a)

橐虫　上古老反。(89/39a)

誥　奴各反。(158/7b)

誥　音告，書也。(246/63a)

戈鋋　上古和反，下音蟬，短矛也。(128/53b—54a)

干戈　下古和反。(86/68b)

兵戈　下古和反。(136/43b)

戈矛　上古和反，下作牟。(426/53b)

胳肩　上音各，腋下也，作骼。(156/71b)

割　古答反。(172/38b)

挌　古厄反，～，拒也，鬭也。(262/42a)

挌　古陌反。(158/60a)

挌　音格，擊也。(429/28a)

革裹　上音革，皮～也；下音果，苞～也。(89/8b)

革裹　上音鬲，皮～也；下音果。(171/75a)

革繩　上音鬲。(258/99b)

革鞭屣　下二同，所綺反。(366/16a)

格　古陌反，不行也，度量也。(244/37b)

祴　古得反，衣襟也。（132/21b）

閤　古合反，閨~。（261/45a）

哿　古我反。（468/12a）

舸　各可反。（169/51b）

跟　各痕切。（114/62b）

跟　音根，足~也。（179/21a）

跟踝　上音根，足~；下已瓦反，足跌骨。（190/39a）

亙　古鄧反，遍境也。（256/69a）

亙　古鄧反，遍也，意也，通也。（245/65a）

亙道　上古鄧反，遍也，竟也。（469/14a）

亙然　上古贈反。（129/86b）

羹臛　上古行反，下呼各反。（155/77a）

耿介　上耕字上聲，~~，忠烈之謂也。（468/33b）

哽　加猛反，~絶哭聲，咽塞也。（127/30b）

哽結　上古猛反，憂悲下止之皃。（244/37b）

哽咽　上古猛反，下於結反，~~，憂悲不止也。（174/23b）

哽咽　上古猛反，下於結反，~~，憂悲不止之皃，恐非此用，疑作骾噎，骾，謂骨骾也，噎，食塞喉也。（177/27b）

哽咽　上加猛反，下於結反，憂悲不止之皃。（189/68b）

梗　音庚上聲。（258/13a）

梗槩　上加猛反，下古愛反，~~，大略也。（469/98a）

梗戾　上加猛反，下零帝反，~~，猛惡也。（471/96a）

梗澁　上古猛反，下俗作澁。（227/80b）

梗澀　上加猛反，下澁字，~~，礙也。（469/38a）

秔　粳字。（167/15a）

秔　音庚，~米，與粳同。（158/42b）

秔粳　二同，音庚。（348/11a）

綆　更杏切。（125/19a）

綆　古孟反。（324/32b）

綆　加猛反，井索也。（466/96a）

綆短　上加猛反，汲水之索。（473/46b）

綆汲　上加猛反，水鑵索也；下音急，取水也。（478/52b）

鯁梗澀　上二更杏反，下色立反。(78/8b)

鯁慟　上加猛反，宜作哽，～咽，哀慟也。(478/52b)

厷　惠萌反，大也。(161/37b)

躬　音宮。(180/44a)

龔瞽　上郎東反，耳無聞也；下音古，雙無目也。(468/33b)

𩨄　胡江反，長項餅也。(149/90a)

䅍　弧勇反，～，枓也。(88/18a)

鉤　古侯反，曲針也。(263/26b)

鉤餌　上古侯反，～，釣也；下仍志反，食誘也。(244/50a)

鉤餌　上古侯反，鉤，釣也；下仍志反，食誘物曰～。(244/15a)

鉤鑷　上古侯反，下尼輒反，拔髭～也。(255/75a)

鉤鏁　上古侯反，下蘇果反。(171/48a)

鉤斲　上古侯反，曲針也；下音卓，～，鑿也。(257/39b)

鉤　勾音。(122/51a)

鉤鏁　上古侯反，下蘇果反，或作鑠，同。(142/8b)

鉤樋　上古侯反，下陟瓜反，正作摘，音擲，投也，以鉤捷至象則轉也，作摘，非。(129/51b)

溝　后侯切。(124/9a)

溝港　上古侯反，下胡降反，謂須陀洹果也，此云入流或云預流，或云溝港，取入流義。(158/7b)

溝港　上古候反，下音講，梵語須陀洹，此云入流，謂已入聖流也，令云～～，取入流之義是也。(436/72b)

溝壑　上古侯反，～，渠也；下呼各反，～，谷也。(189/18b)

溝坑　上古侯反，水瀆也；下客庚反，～，坎也。(242/8b)

垢　音垢。(137/25a)

垢杞　垢起二音。(137/41b)

狗獺　上又作犳，音酌，下他達反。(347/69a)

枸櫞　上俱羽反，下音緣，橘柚之屬也。(252/79a)

姤　呼候反，又作妒字呼。(491/44a)

妒妒　二同，下正，丁路反。(372/15b)

無垢　一本下誤作姤。(183/44b)

遘謀　上古候反，或作構。(158/43a)

搆　古候反，正作搆，合也，成也。（171/5a）

搆　古候反，取牛乳也，正作㲉。（168/38a）

搆㲀　二同，古候反，上非下正。（335/21b）

搆角　上古候反，正作㲉。（243/9a）

搆牛　上古候反，正作㲀。（242/8b）

搆㲀　二並古候反，取牛乳也。26/40b）

雊　音衢。（97/62a）

雊呼　上古候反，雄雉鳴也。（244/22b）

構角　上古候反，正作㲉，取牛乳也。（124/42a）

構隟　上古候反，下丘逆反，謂構合隟隟也。（464/28b）

構釁　上古候反，下許近反，～～，架禍也。（467/13a）

估作　上音古，市～也。（138/50a）

別沽　下正作酤。（326/18b）

泒　匹賣反，分流也。（56/54b）

四觚　下音姑，合作柧。（188/8b）

八觚　下音孤，方也，棱也，正作柧，柧，《漢書》曰：破柧爲圓。
（141/46b）

菰麦　上音姑，菰蔣，水草名，其瓢者食；下正菱，音陵，～角也。
（467/63b）

辜　古胡切。（123/68a）

辜　音孤，罪也。（136/43b）

酤　姑故二音，賣酒曰～。（140/33b）

酤　音孤。（162/52b）

觚　音孤，正作柧，方也，破柧爲圓。（175/9b）

㲉㲀　二同。（259/68b）

㲉㲀　音谷，二同。（242/49b）

股　音古，～，髀肉。（245/13a）

股　音古，腿肉也。（99/38a）

股肱　上音古，髀內也；下俱弘反，臂也。（158/43a）

股肱　上音古，下俱弘反，股，腿內也，肱，臂外也，左右之輔，如
人股肱也。（453/25b）

股肱　上音古，下俱弘反，股，腿內也，肱，臂也，天子近臣如人之

股肱,《書》云:股肱良哉。(464/79b)

股肉 上音古,髀内也。(427/12a)

股肉 上音古,南人曰膀胋。(80/90b)

股羊 上正作羖,音古。(348/31b)

骨髀 下正作骼,古陌反。(244/29b)

罟網 上音古,網之惣名也,一音姑。(343/65a)

羖 古音。(122/59b)

羖羊 上音古,~,䍽羊。(263/34b)

蛊 上音古,正作蠱,以毒藥害人。(89/8b)

蛊 音古,腹中蟲也,正作蠱。(153/11b)

蛊狐 上音野,音義云:諸經多作蠱狐,蛊音古,非經理。(131/22b)

啒絰 上呼骨反,下田結反。(187/9a)

鼓響 古向二字。(118/52a)

穀 音谷,稻~。(263/34b)

穀 音谷,米~。(257/52a)

穀穀餅 上二同用,下亦飯飵。(65/75b)

穀稼 上穀字,下音嫁。(320/15b)

穀巾 上胡谷反,緊絲繒也。(464/88a)

財槃 下音谷,正作穀。(96/20a)

濲 音谷。(513/83a)

瞽 公五切。(125/19a)

瞽 音古,雙盲也。(158/32a)

瞽 音古,雙無目也,一云目平如鞔皷也。(240/65a)

盲瞽 下音古,謂無目如鞔皷皮也。(79/7b)

盲瞽 下音古,無目謂如皮鞔鼓也,鞔,莫官反。(472/11b)

瞽 音古,無目也。(158/43a)

瞽盲 上音古,~~,雙無目也。(100/60a)

鶻 胡骨反。(344/9a)

蠱 公户反,疑毒邪鬼病。(120/26a)

蠱 音古,~道以毒害人。(126/30b)

蠱 音古,腹中毒蟲。(242/61b)

蠱殍　上音古，以毒害人也；下音詳，鬼也。（445/72b）

蠱道　上音古，腹中毒蟲也。（145/20b）

蠱道　上音古，呪毒食於寢中，以害人也。（11/16a）

蠱狐　上古文野字，一音古，非此用。（142/90b）

蠱魅　上音古，以毒害人道也；下眉二反，妖~也。（179/49a）

梏　古篤反。（241/16b）

雇　音故，市也。（158/22a）

雇賃　上音故，下尼禁反。（262/86a）

痼癥　上音固，下音徵。（162/52b）

顧眄　下音免，視也。（175/16b）

苽　郎果反。（306/80a）

苽　正作瓜。（348/60a）

苽蓏　二同，郎果反，下正。（357/62a）

刮　俱捌反，削也。（158/53a）

刮　均八反，削也。（261/55b）

刮削　上俱捌反，下思約反。（180/44a）

絓諸　上音畫，結也。（475/42b）

詿誤　上古賣反，~，亦誤也。（453/158b）

怪　古賣反。（132/45b）

怪之　上古壞反。（471/45b）

棺槨　上音官，下音郭。（258/30b）

關閉　二字音関祕。（133/73a）

關邏　上古還反，下來个反。（73/17a）

關綴　上関字，下知衛反，連~也。（145/68a）

鰥　俱頑反。（158/7b）

鰥寡　上古頑反，六十無妻曰~；下古瓦反，五十無夫曰~。（133/59b）

舘　音貫，舍也。（131/22b）

館　古緩反，~，舍也。（120/100b）

館館　音管，~，舍也，二同。（470/31b）

冠幘　上音官，縶髮謂之~；下音責，髮有巾曰~。（121/28a）

慣　古患反，~，習也。（128/61a）

慣習 上俱患反，前作串，非。（255/63a）

慣習 上俱患反，亦串。（51/51b）

盥 音貫，～盤，洗手之器。（158/22a）

灌 貫音。（122/51a）

灌 上苦愛反，下音貫，～～，澆注也。（140/74a）

罐䃜 上音貫，出《玉篇》；下音務，山名也。（468/12a）

鸛 音貫，一本作䳍。（155/27b）

廣 音黃，病也。（166/13b）

獷 古猛反，大也。（120/16b）

獷 俱猛反，～，惡也。（186/44b）

麁獷 下正作獷。（129/60a）

麁獷獷 下二同，俱猛反，～，惡也，獷，麥也，非用。（260/28b）

麁獷 下俱猛反，～，惡也，作㣬，非。（90/11a）

獷戾 上俱猛反，下零帝反，～～，強項不促順也。（95/19a）

獷硬 上俱孟反，～，惡也；下吾更没，堅也，亦作鞕。（102/59a）

桄梯 上音光，梯上橫木也；下土兮反。（371/48b）

珪璋 二字音圭章，～～，玉也。（149/10a）

規 決弥反。（144/74a）

規 均眉反，～則。（439/53b）

規矩 上俱弥反，下俱羽反。（469/98a）

規利 上均弥反，圖也，經作窺，傾弥反，窺，視也，恐非此用。
（155/27b）

規摹 上音圭，下莫胡反，與摸同。（462/20a）

規䥇 下莫胡反，正作模。（471/109b）

規統 上俱弥反，～，圖也；下他孔反，業也，緒也，都管也。（448/
39b）

瑰 音回。（123/9b）

槻 俱弥反，木名，可爲弓。（265/88b）

㩦 奚圭反，正作攜。（513/83a）

嬀汭 上俱爲反，下而歳反，舜之居也。（465/70b）

瑰 公回反。（119/73b）

瑰琦 上古回反，下音奇，玉也。（88/34b）

瓌琦　上或作環，古回反，玉名也。（137/50b）

瓌瑋　二字正作傀偉，上古回反，下羽鬼反，大也，美也。（442/24a）

瓌瑋　上古回反，下于鬼反，珴琦也，舊云人似玉也，合作傀偉，奇美也。（151/24b）

龜茲　二字音丘慈，國名也。（132/11a）

鮭鮕　上舊音古携反，下去魚反。（251/64a）

鮭鱔　上戶街反，魚名也；下時扇反，食也。（479/92a）

瓌奇　上古回反，正作傀，異也。（456/102a）

宄　音救，正作究，宄音軌。（92/62a）

佹　居毀反。（120/92a）

軌範　上俱水反，下音犯，～～，法也，常也。（249/8b）

軌範　上俱水反，下音范，～～，法則也。（44/77b）

軌模　上俱水反，下莫胡反，～～，法則也。（247/104b）

軌躅　上俱水反，下遲欲反，～～，車迹也。（471/119a）

軌躅　上俱水反，下直欲反，～～，車迹也。（233/10a）

晷　居委反，日影。（483/83a）

晷　俱水反，日影也。（464/28b）

晷漏　上俱水反，～，日影也，刻漏也。（469/37b）

詭　過委反，～，詐也。（186/92a）

詭　居委反，誑也。（142/8b）

詭　居委反，詐也，妄也。（235/54b）

詭滑　上過委反，下玄八反，正作猾，～～，奸惡也。（456/51b）

詭譎　上俱毀反，佞也；下音決，～，詐也。（101/13b）

詭誑　上過委反，詐也。（70/40b）

詭謬　上居委反，詐也，偽也；下苗幼反，虛也。（180/22a）

詭異　上過委反，虛妄不實。（76/15b）

詭語　上過委反，詐也，妄也。（97/34a）

詭語　上居委反，誑也，詐也。（252/86b）

炅　古迥反。（158/60a）

炅然　上俱永反。（158/71a）

攰　居委反。（169/51b）

跪　苦委反。（170/7b）

跪　其矣反，兩脚支地也。（127/23a）

跪　渠委反。（395/29b）

櫃中　上求位反，～，篋也。（527/32b）

袞飾　上古本反，玄衣也。（477/12b）

輥　音袞。（512/36b）

棍　古本反。（179/35a）

棍　史本反，正作棍，箜篌上細繩者是也。（40/79b）

暉　胡本反，視皃也，又吾閑反。（181/8b）

聒　孤活反，聲擾也。（158/14b）

聒耳　上古活反，以聲亂耳也。（158/43a）

墎　郭字。（265/33b）

瘑瘡　上古和反。（168/13b）

瘑痒　上音瓜，疽病也，下音養。（165/71a）

鍋　古和切。（125/9b）

摑　俱陌反，打～。（425/25a）

摑地　上俱麦反。（153/26b）

摑綱　上俱麥反，裂也。（475/31a）

摑裂　上古獲反，～，打也，諸經多作攫，委獲反，以爪持取也。
（244/22b）

摑裂　上正作攫，紆陌反，挙～也，摑，俱獲反，～，打也，非此
用。（85/86b）

摑眥　上俱獲反，～，打也，恐非此用，宜作矆，紆縛反；下在計
反，～～，謂裂目而視也。（443/12b）

馘　俱獲反，戰敵不伏者，斬首截耳以獻之。（465/54b）

槨　音郭，重棺。（259/68b）

裹　戈禍反。（163/87a）

粿食　上合作裹字，悮作郎果反。（164/59a）

H

哈　呼合反。（167/15a）

孩　戶哀反。（304/41b）

孩　音譜。（513/120b）

孩童　上胡開反。（136/66b）

嬰孩　下胡哀反，～，兒也，或作咳，～～笑兒。（240/84a）

骸　戶皆反，形～也。（169/43a）

嘻哆　上知黠、勑八二反，下丁可反。（135/11b）

駭　侯解反。（278/68a）

駭　乎解反。（238/7b）

駭　呼解上反，驚～也。（244/37b）

駭　胡解反，驚也。（466/44a）

駭　胡楷反。（330/41b）

駭　胡買反，驚也。（477/42b）

駭　戶騃反。（273/70b）

駭　下崖揩反，驚也。（483/23b）

駭　鞋騃反。（172/49b）

駭　音揩，驚也。（513/51b）

駭　語解反，上聲。（172/62b）

駭愕　上胡買反，下吾各反，～～，驚也。（472/86a）

駭浪　上胡解反，驚也，起也。（240/9b）

駭惕　上胡解反，下他的反，～～，驚懼也。（442/7b）

駭惕　上胡買反，下他的反，～～，驚悚兒也。（478/24b）

蚶　呼甘反。（154/18a）

蚶　火甘反。（136/29a）

蚶　火含反，就經誤作大含反。（166/78b）

蚶蠣　上虎甘反，蛤之屬也；下音例，～，蚌也。（447/87b）

鼾　呼干反，睡聲也。（265/76b）

鼾　許安反，一音汗。（313/73b）

鼾　許干反。（265/59a）

邗國　上音干，或作邘，音干。（243/9a）

邯鄲　寒丹二音，複姓也，因國名立姓。（476/44a）

函丈　上音含，～，容也，席間容一丈地，授師資之道也。（581/4a）

函丈 上音含，可容一丈之地，以師授也，禮云：席間函丈。(473/46b)

函丈 上音咸，~~，師授之義也。(464/95a)

唅 音含。(98/36a)

涵 户南反。(254/83b)

喊㖤 上呼鑑反，下呼戒反；喊㖤，怒聲也。(437/11b)

捍 音汗，禦~。(155/98a)

捍敵 上胡旦反，下徒的反，謂拒捍抵敵也。(343/9b)

捍樓 上正作捭，必迷反。(159/27a)

悍 音汗，勇也。(176/72b)

菡萏 上胡感反，下徒感反，花開之皃。(502/16b)

菡萏 上胡感反，下徒感反，蓮花半開也。(478/154b)

焊 正作旱。(347/50a)

頷臆 上胡感反，顋~；下音憶，胷~。(54/8b)

頷臆 上胡感反，下音憶，顋頷胷臆也。(502/16b)

澣 玄伴反，洗~也。(468/76b)

航 胡剛反，方舟也。(256/69a)

航海 上户剛反，以舟渡海曰~~。(469/98a)

蒿藋 上呼高反，下徒弔反，~~，草名。(471/46b)

嘷 户高反，哭也。(423/24a)

嘷 音毫，~呼。(187/23a)

嘷哭 上音皐，亦作號。(495/31b)

嘷哭 上正作號，音毫。(448/81a)

濠壍 上音毫，下七焰反，~~，城池也。(180/30a)

濠壍 上音毫，下七焰反，城池無水曰~~。(343/45b)

秏 音好去聲。(128/45a)

秏慉 上音好，損也；下畜字，丑六反。(158/42b)

浩 胡道反，水大也。(140/74a)

浩博 上胡道反，~~，廣大也。(448/94b)

浩昊 二同，胡道反，上明白也，下廣大也。(102/51b)

浩皓　二同，胡道反，上夫①也，下明也。(101/7a)
浩渺　上胡道反，下靡小反，～～，水大貌。(496/22a)
浩瀁　上胡道反，下余向反，～～，水大皃也。(478/154b)
悎　教角二音。(123/44a)
號　音毫，哭也。(128/45a)
號　音毫，正作嘷。(302/58b)
號　音虎。(188/16b)
號叫　上户高反，或作嘷。(384/52b)
號慕　上胡刀反，～，哭也。(161/38b)
號訴　毫素二音，哭告言也。(77/74a)
號咷　上音毫，下音桃，～～，大哭皃也。(128/54a)
悲號　下户高反。(137/57b)
悲號　下音毫，～，哭也。(80/34a)
呵呵　許可反。(94/18b)
呵嚧　如遇此二字相連，下皆作吕故反。(185/29b)
欱　呼合反。(342/56b)
喝　呼葛反。(58/64b)
喝　許八反。(349/9b)
喝　許割反。(400/27a)
喝　許葛反。(326/40b)
喝醯　上許葛反，下呼兮反。(491/20b)
訶　一本去聲呼。(166/2b)
蠚　呵各切。(123/36b)
蠚　呼各反，龍蛇行毒也。(507/22b)
蠚　呼各反，虵行毒也，亦作螫。(502/54a)
和麨　上胡卧切，下尺沼切。(156/79a)
紇　胡骨反。(162/74a)
紇　胡没反。(163/9a)
紇　胡謁反。(151/54b)
荷挽　上胡可反，負～；下音晚，牽～也。(161/38b)

① “夫”疑爲“大”之訛也。

核　何蕅反，又胡骨反，果子～。（495/6b）

核　胡改反。（281/73a）

核　胡鬲反，果中之～也。（126/85b）

核　閑革反，果子～也，又胡骨反。（477/74a）

唎　胡戈反。（165/5b）

唎　音和。（123/84b）

涸　杭各切。（122/18b）

涸竭　音鶴，乾～也。（146/63b）

涸　音鶴，水竭也。（155/27b）

愶竭　上音和，提～～，佛号也，此云定光。（62/67a）

毼　音曷，毛布也。（242/49b）

毼　音曷，與毺同。（128/61a）

閡　礙、导並同。（62/23a）

閡　礙字。（137/67b）

閡　吾愛反，或作硋、硋。（162/38a）

閡　吾盖反，與礙同。（247/43b）

閡礙　二同，吾蓋反。（245/84a）

翮　何隔反。（259/29b）

齕　魚乙、胡没二反，江西音作齕，初几反。（134/22a）

覈　胡鬲反，考～。（58/64b）

覈　胡華反，考事實也。（154/68b）

覈　閑革反。（231/7b）

赫　呼隔反。（134/6b）

赫　呼客反，～，盛皃。（244/44a）

赫　許客反，明盛皃。（187/60b）

赫　許陌反。（182/53a）

赫朗　上許客反，～～，明也。（89/20b）

赫連　上許客反，～～，虜複姓也，稱王，據朔方。（476/16a）

赫羲　上許容反，下興宜反，～～，盛日也。（471/46a）

赫曦　上許客反，～，盛也；下興宜反，曰也。（472/32b）

赫曦　上許客反，下與宜反，～～，日明盛也。（447/50b）

赫炎　上許客反，下音焰，赫炎，盛也。（430/61b）

赫弈 上放客反，下音亦，～～，明盛皃。(493/21b)

赫弈 上呼挌反，下音亦，光明盛皃也。(160/19b)

赫弈 上許客反，下音亦，～～，光明盛皃。(104/36a)

熇 火酷反。(261/55b)

熇 苦老反，熱也。(158/32a)

褐 寒遏切。(125/36b)

褐 何割反。(350/51b)

褐 胡割反。(95/29b)

褐 胡葛反，大衣也。(471/45b)

褐刺𦆀 上胡葛反，中郎達反，下勑知反，又作緇，側思反，野獸毛也。(462/20a)

壑 呼各反，溝～，《爾雅》云：流水深即成壑。(233/10b)

壑 呼各反，谷也，坑也。(133/73a)

壑屢 上呼各反，下力遇反。(73/8b)

焕爀 上許其反，火色盛皃，作熙，非，下音赫。(120/100b)

鶡 胡葛反，鳥似雞也。(89/31b)

鶡鴨 上音曷，下音押。(100/16b)

嘿 音墨，默同。(54/64a)

嘿 與默同。(146/41a)

嘿默 二同，音墨，寂也。(141/20a)

痕 户根反，痕，瑕也。(240/27a)

很弊 上胡懇反，下毗祭反，～～，鄙惡也。(100/44a)

很弊 上胡懇反，下毗祭反，～～，頑鄙也。(179/7a)

很戾 上呼懇反，下零帝反，或作佷。(164/9a)

很戾 上胡懇反，下零帝反，～～，強項頑鄙之類。(97/21b)

很戾 上胡懇反，下零帝反，～～，爲煩鄙強項之人。(161/37b)

狠貌 二同，皃字，上非下正。(131/22a)

桁 胡剛反，械之別名也。(189/18a)

桁竿 上胡浪反，正作笐。(317/82b)

桁笐 胡浪反，下正。(316/17a)

桁械 上户剛反，扭也，下胡戒反。(94/86a)

橫忓 上玄孟反，下音干，犯也，逆觸也。(447/50b)

蘅　户庚反，香草也，以草爲鬠，衰惡也。（261/55b）

薨　暉弘反，～，亡也。（89/8b）

薨　兄萌反，～，亡也。（158/32a）

薨　兄朋反，亡也。（436/31a）

薨殛　上兄弘反，下一計反，～～，死亡也。（131/71b）

轟轟　兄萌反，車聲也。（465/87a）

轟礏　上兄萌反，卜～，車聲也。（89/20b）

仁娙　上音紅，下他外反，好皃。（162/52b）

宏　惠萌反，～，大也。（245/65b）

宏　惠萌反，大也。（469/47b）

宏標　上惠萌反，大也；下必苗反，表識也。（477/108b）

宏敞　上惠萌反，～，大也；下昌兩反，顯也，鬧也。（439/94a）

宏肅　上惠萌反，大也，～，音宿，嚴整皃。（456/87b）

泓　約萌反，水深皃。（72/7b）

泓澄　上烏萌反，～～，水清皃。（478/154b）

虹　音紅，～蜺。（95/105a）

虹　音紅，一音降，蜺虹也。（145/49a）

虹　音紅，一音降，陰琊之氣也，一名蝀蝀。（136/43b）

虹蜺　二字音紅皃，一名蝀蝀也。（128/10a）

虹蜺　紅皃二字。（128/69a）

虹蜺　上胡公切，下言奚切。（115/64a）

虹霓　上音紅，下逆雞反。（145/68a）

虹拖　上音紅，一音降，～，蜺也；下音他，曳也，舊音施平。（149/10a）

白虹　音紅，一名蝀蝀，《釋名》：純陽攻陰氣也，又云：雄曰虹，雌曰霓，未可定也。（189/44a）

鴻規　上音紅，下均弥反，～～，大法則也。（54/64a）

鴻臚　上音紅，下音驢，鴻，又也，臚，陳序也，欲以禮火陳序賓容也。（169/26b）

潰涌　胡動切。（114/13b）

猴　胡鈎反。（182/34b）

睺　音侯。（187/37a）

睺留　上音侯，下就經作音氏。（142/91a）

糇粒　上音候，～糧也；下音立，米顆也。（469/47b）

糇粮　二字音侯良，下亦作糧。（103/8b）

吽　呼今反，合口牛鳴聲。（170/71a）

吼㸈　上呼口反，下音豹。（8/46a）

忽忽　七紅反，速也。（86/28a）

惚怳　上音忽，下兄往反，～～，無形之象。（169/26b）

惚惱　二通，上非也。（156/83b）

惚惱　二同，下正。（246/51b）

狐　音胡，～狸。（95/29b）

狐　音胡，～疑。（177/16a）

狐狢　下音鶴，野狸之類。（257/39b）

狐玃　上音胡，狸～也；下俱縛反，大猿也。（136/66b）

狐獺　上音胡，～狸也；下他達反，水狗也。（158/22a）

狐疑　上音胡，～狸也，多疑故曰～～。（145/20b）

狐疑　上音胡，似狗而多疑故曰～～。（142/8b）

弧矢　上音胡，木弓也；下我旨反，箭也。（111/39b）

弧矢　上音胡，下式旨反，～～，弓箭也。（496/47a）

壺　音胡，牛頂下垂也。（240/53b）

斛　胡谷反，十斗爲一～。（155/86a）

白鵠　下胡篤反。（259/108a）

瑚璉　上音胡，下呂展反，～～，亡祭器也。（469/37b）

糊口　上音胡，謂無可食，如糊其口也。（472/75a）

縠　胡谷反，緊也，繒也。（263/34b）

餬　戶孤反，食塞喉也。（160/74b）

鵠舊　音鶴，今撿無此字。（244/29b）

虎豹　上或作虝，下必教反。（155/98a）

虎賁　上作或虝，下音奔，傅云：～～，勇士也。（158/89a）

唬　虛交反，《説文》虎鳴也，今鹿王鳴如虎也。（120/92a）

唬　元音胡刀反，又呼各反，出弗衣音。（136/29a）

互　胡誤反。（257/34b）

互　音護，更～也。（253/71b）

互跪　上音護，諸經下作胡跪。（187/49a）

互相　上亦作牙字，遞～也。（96/20a）

互相　上音護，與牙同用，遞互也，下同。（104/36a）

瓳　音護，～，瓠之類也。（263/34b）

瓳　音護，似越瓜而大。（128/61a）

滹瀆　上音戶，～～，水名，靈龜負書所出之處。（469/82a）

攫　烏獲反。（349/94a）

攫　紆獲反。（440/68b）

攫　紆陌反，挈～。（477/132b）

濩渃　鑊若二字，《廣雅》云：濁穢水也。（171/36b）

華煥　上惠瓜反，下呼貫反，～～，明麗之兒也。（502/11a）

滑　携八反。（150/22b）

滑　懸捌反。（160/28a）

嘩　音花，又音華。（92/62a）

鏵鍫　上戶花反，下七遙反。（264/76b）

驊鑣　上惠瓜反，～騮，良馬也；下必苗反，馬銜旁鐵也。（59/77a）

樺　胡化反。（169/11b）

劃　忽麥反。（171/55b）

佪　音回，憛也。（119/21b）

踝　胡瓦反，脚趺骨也。（145/58b）

踝　胡瓦反，足胅骨。（168/13b）

踝　玄尾反，足趺骨。（89/21a）

坏　配盃切。（122/18b）

坏　匹回反，～，瓦器未燒。（174/23b）

坏　匹回反，未燒瓦器也。（128/45a）

咶　音話。（168/50a）

譁譁　上與諠字，同音喧，下音華。（301/7b）

譁嘵　上音喧，下尼交，亦作譊。（158/53a）

寰　音還，～，王者封畿之内。（256/68b）

環　古回反，玉也，恐作瓌，美也，盛也。（155/34a）

環　音還，耳瑞也。（242/49b）

環玔　上音還，下昌戀反，亦釧。（95/19b）

環玔　亦作鐶釧。（322/85a）

環釧　上音還，下昌戀反，臂飾也。（145/58b）

環釧　上音還，下玔，非。（349/45a）

環琦　上古回反，下音奇，玉也，正作偲，奇美異之稱也。　（469/98a）

環區　上音還，正作寰，下丘俱反。（60/8a）

緩　乎管切。（122/51a）

緩　胡伴反，遲慢也。（255/75a）

緩　胡管反，～慢。（189/44a）

緩　戶伴反。（309/13a）

緩　携伴反。（317/82b）

緩　玄伴反，寬～也。（469/14a）

緩急　上胡伴反，慢也。（235/6b）

奐　音喚，衆多也，文彩也。（246/63a）

圂中　上胡困反，作溷，非。（303/37b）

浣　胡伴反，洗～，与浣同。（255/75a）

浣　胡管反，洗～也。（151/24b）

浣　五貫反，洗～也。（262/25a）

浣滌　上胡管切，下徒力切。（115/73b）

浣澣濯　上胡管反，二同用；下音濁，～～，洗也。（189/18a）

浣濯　上胡伴反，下音濁，～～，洗也。（242/49b）

逭　音換，迭也，轉也，步也。（244/65b）

煥　呼貫反，煥，明也。（169/26b）

煥　呼貫反，文彩明皃也。（549/10a）

煥爛　上音喚，下郎旦反，光明美皃。（85/87a）

槵　音患，木名。（169/11b）

擐　音患，貫甲。（128/53b—54a）

擐甲　上音患，穿貫也。（104/22a）

擐甲　上音患，貫甲也。（59/77a）

荒懼　上兄廣反，亂也，作也。（169/18b）

慌　呼廣反。（173/9b）

慌　胡廣反，迷亂也。（145/10a）

慌惚　上正作恍，兄往反，～～，無形之象。（86/33b）

慌惚　上正作恍，兄往反，下音忽，釋如前。（129/79a）

慌如　上呼廣反，或作慌，音義釋言：～～，謂無形象不可測量之意也。（156/14b）

偟餉　上音皇，忙也；下式亮反，～，饋食也。（158/22a）

隍　音皇，城池也。（89/27b）

隍池　上音黃，城潭也。（76/78a）

遑　音皇，暇也。（77/55b）

湟瀁　上胡廣反，下余向反，～～，水搖蕩之皃也。（445/7b）

惶悸　上音皇，驚～；下衢季反，心動也。（142/8b）

煌　音皇，～，明也。（88/44b）

煌灼　上音皇，下音酌，～～，光明之皃也。（131/13a）

潢潦　上音潢，下郎到反，積水曰潢，大水曰潦。（260/80a）

蝗　音皇，害五穀之虫也。（94/54b）

癀　音黃。（162/9a）

鍠　惠音反，樂聲也。（187/86a）

怳然　上兄往反，虛驚之皃。（246/63a）

怳惚　上兄往反，與恍同，下音忽，～～，無形象也。（153/11b）

恍惚　上兄往反，下音忽，～～，無形之象也。（88/44b）

晃曜　上胡廣反，光明盛也。（132/34b）

晃昱　上胡廣反，下余菊反，～～，光明盛皃。（157/64a）

晃煜　上胡廣反，下余六反，正作昱，光明皃。（446/40b）

晃爚　上胡廣反，下音藥，光明之皃也。（164/28a）

繡幌　下胡廣反，正作幌，帷～也。（446/85b）

滉瀁　上呼廣反，下音養，水深皃。（158/71a）

虺　許鬼反，蛇～也。（101/32b）

虺蝮　上許鬼反，下芳福反，～～，並毒蛇也。（153/11b）

虺虵　上許鬼，毒虵也。（131/22a）

恢闊　上苦回反，～～，廣開也。（154/76a）

恢廓　上口回反，下苦郭反。（85/86b）

暉　音揮。（119/31b）

暉赫　下許客反，～～，光盛皃。(245/6a)

暉赫　下許容反，明盛皃也。(180/30a)

麾　呼爲反。(158/89a)

麾　許爲反，以旌旗而指揮也。(134/33a)

麾　音揮。(134/92a)

麾　正作揮，許圍反。(304/25a)

洄洑　回素二音，～～，洄洑逆流也。(471/46a)

蛕　音回，腹中蟲也。(188/16b)

毀懱　上香委反，下莫結反，輕也。(155/86a)

燬　音毀，火也。(59/77a)

卉　許鬼反，百草惣名也。(89/21a)

百卉　下許鬼反，草之惣名。(97/21b)

恚　烏避反，嗔也。(253/40b)

恚　紆避反，～，怒也。(161/6b)

恚　紆避反，嗔～。(6/34a)

恚恨　上紆避反，下胡懇反。(98/66a)

恚恨　上紆避反，～怒。(155/18b)

彗　祥歲切，又音遂。(126/19a)

彗星　上徐醉反。(121/84a)

彗星　上旬歲反，～，箒也，其光如箒，因此而名。(95/105a)

彗星　上旬醉反，又旬歲反，妖星也。(136/43b)

彗星　上音遂，又旬歲反，～，箒也，妖星，其光如箒，因以爲名。(260/90b)

喙　其上啄字，音卓。(158/89a)

賄　呼每反，鄭玄云：布帛謂之～。(158/71a)

賄　呼罪反，贈送財曰～。(142/16a)

賄　兄每反，財～也。(472/75a)

財賄　下乎每反，布帛曰～。(89/8b)

財賄　下呼每反，布帛曰～。(245/6b)

財賄　下呼罪反。(121/19a)

財賄　下兄每反。(204/38a)

彙　云貴反。(254/84a)

彙　音謂。（136/9a）

櫄櫝　上旬歲反，下音讀，～～，亦棺柩也。（472/75a）

薈蔚　上烏外反，下烏勿反，～～，雲興皃。（477/74a）

薈蔚　上烏外反，下於勿反，～～，繁茂也。（475/42b）

喊噎　上烏劣反，下於結反。（180/65a）

喊噎　上委劣反，下於結反，～～，氣逆塞喉也。（448/54a）

諱　許貴反，忌～也。（171/75a）

諱　兄謂反。（171/81a）

篲　詞醉反，又詞歲反。（239/92b）

篲　祥歲。（128/26a）

篲星　上旬歲反，一音遂，妖星也，謂其光如～，故以爲名也。
（240/53b）

穢惡　上於計反，下烏故反。（118/52a）

繢　玄對反，盡也。（129/16b）

繢繪　二同，玄對反，畫也。（468/11b）

繪　音會，畫也。（89/21a）

慣鬧　上正作慣，俱妹反，心煩亂也，今作闍，非也。（136/22b）

惛　音昏，不明亂也。（128/17b）

惛　音昏，亂也。（147/27b）

葷茹　上兄云反，下而庶反，～～，臭菜也。（506/41b）

惛　音昏，亂也。（159/7a）

惛沉　上音昏，不明也。（52/34b）

混　胡本反，～，澤也。（240/84a）

混沌　上胡本反，下徒本反，所謂其形不分曰～～。（443/56a）

混淆　上胡本反，下户交反，～～，雜亂也。（467/33b）

混雜　上胡本反，穢濁也。（257/52a）

溷　胡困反，汗濁也。（158/32a）

溷　胡困反，正圂，坑～也。（445/72b）

溷厠　上乎困反，污也；下初使去聲反。（131/92b）

溷厠　上胡困反，正作圂，下初使反。（131/22a）

溷猪　上胡困反，濁穢也，又作圂，廁也。（447/50b）

豁　呼括切。（156/79a）

豁爾 上呼括反，～，達也，通也。（153/11b）

豁若 上呼活反。（174/36b）

豁脫 上呼各反。（253/64a）

騞 呼獲反，破聲甚也。（174/62b）

火浣 下玄伴反，俗作浣，炎洲出獸毛，織爲布，垢穢以火浣洗。（477/74a）

霍 兄郭反。（347/38b）

霍然 上呼郭反，忽起皃。（142/90b）

霍然 上呼郭反，倏忽急疾之皃。（152/77b）

藿靡 上息委反，下免彼反，～～，弱好皃也。（472/86a）

臛 訶各切。（123/51b）

鑊 胡郭反，鼎～。（170/22a）

瘧 呼各反。（181/66b）

譁 音華，喧也。（177/78a）

譁説 上音花，誼亂也。（263/42b）

譁説 上音華，喧～也。（100/8a）

譁 音花，喧雜也。（89/38b）

撝 許爲反，手指也。（136/22b）

撝 許爲反，指～也。（168/50a）

鐶釧 上音還，下昌戀反，臂飾也。（246/74a）

J

悲激 下古弔反，一音擊。（241/9a）

机 居矣反。（132/21b）

高倨 居御切。（116/92b）

關鍵 下巨偃反。（77/10b）

關鍵 下其偃反，～，鑰也，關東曰～，關西曰鑰，音藥。（152/9a）

關鍵 下音件。（77/55b）

机 居矣反，小座也。（134/33a）

机橙 上居矣反，～案；下都鄧反，椅～也，正作凳。（442/36a）

肌　居宜切。（124/17a）

肌　音飢，～膚。（135/86a）

肌膚　上音飢，～肉；下音夫，皮～。（257/39b）

肌肉　上音飢，～膚；下或作宍。（189/68b）

肌縮　上音飢，～肉也；下所六反，退也。（260/48a）

剞劂　上居倚反，下居月反，雕刻之器。（477/42b）

唧哆　上子吉反，下丁可反。（493/16a）

唧隸　上子日反，下零帝反。（496/27b）

唧祢　上子日反，下乃禮反。（508/8a）

唧吒　上子日反，下竹嫁反。（508/8a）

笄　音鷄。（347/78a）

飢饉　下渠進反，穀不熟曰飢，菜不熟曰饉。（233/10b）

飢饉　下渠振反，穀不熟曰飢，菜不熟曰饉。（77/29b）

飢饉　下渠正反。（78/71a）

飢羸　下力垂反，劣也。（127/12b）

飢羸　下力爲反。（111/74a）

屐　渠戟反，履～也。（158/14b）

姬媵　上居疑反，下余證反，～～，婦妾也。（407/44b）

基　古其反，～，址也。（171/48a）

基陛　上居其反，下蒲米反。（156/67b）

基址　上居其反，下音止。（182/16a）

攲　丘宜反，斜曲也。（102/59a）

攲　去奇反，不正也。（136/66b）

嘻　烏兮反。（170/55a）

嘻　音喜，又音希。（492/42a）

箕　居其反。（151/12a）

箕　居之反，竹器。（245/65b）

箕盛　上居其反，竹器也；下音成，～，貯。（263/7b）

箕箒　上居之反，下之九反。（158/43a）

稽遲　上音鷄，留止也。（189/76b）

稽留　上音鷄，～，止也。（129/86b）

稽留　上音鷄，遲也。（127/62b）

稽顙　上音啓，下蘇朗反，～～，謂以手至額也。(253/17a)

稽首　上音啓。(129/86b)

緝綴　上七入反，下知衛反。(231/23b)

畿　巨希反。(162/9a)

璣鄿　上居依反，下時扇反，龍名也。(189/76b)

墼　音擊，土塸也。(310/10b)

激　居逆反。(121/66b)

激　音擊，疾流也。(155/40b)

激　音棘。(158/60a)

激　音繫。(318/44b)

激矢　上音擊，疾也；下識旨反，箭也。(128/78b)

激水　上音激，疾波也。(136/74b)

擊　京字入聲。(8/46a)

擊　音擊，土～。(172/70b)

譏　居依反，誹刺也。(177/27b)

譏　居依反，責也。(134/65a)

譏　音機，誹也，譴也。(143/40b)

譏誚　上居依反，下才笑反。(231/32a)

譏訕　上居衣反，刺也；下所晏反，又所間反，謗～也。(89/15a)

譏訕　上居衣反，誹刺也；下所姦反，又所晏反，～謗也。　(177/89a)

譏嫌　上氏衣反，下戶兼反。(120/9b)

譏嫌　上居依反，下戶兼，謗責之謂。(140/33b)

饑饉　飢僅二字，穀菜俱不熟曰～～。(139/48a)

饑饉　上居依反，下渠印反。(258/20b)

躋蒸　上祖稽反，登也，升也。(514/7a)

齎　子兮反。(258/30b)

齎　子訡反。(258/63b)

齎　祖雞反，持也。(558/47b)

羈　居宜反，絆也。(483/23b)

羈絆　上居宜反，下音半。(241/9a)

羈鏁　上居宜反，繫也，下鑠字同。(343/19a)

羈𦁕　上居宜反，下陟立反，～～，繫閉也。（179/28b）

羈　居伊反。（121/58a）

羈　居宜反，繫也。（100/51a）

羈纏　上居宜反，下直連反，～～，繫絆也。（240/53b）

羈䩭　上居宜反，馬絡頭也；下音薑，繫馬繩也。（447/50b）

羈縻　上居宜反，下密碑反，～～，繫絆也。（453/82b）

岌　牛及反。（164/79a）

岌　魚立反。（163/77a）

岌岌　魚及反，山多皃。（465/47b）

岌然　上魚及反，山衆皃。（439/94a）

汲　音急，欲速也。（101/13b）

汲汲　音給，～～，欲速之意。（465/87a）

即解　下胡買反。（188/34a）

即舉　下音餘，與舁同。（168/26b）

佶　渠一反。（185/21b）

亟傳　上去記反。（73/8b）

笈摩　上其業反，此云教授。（253/47a）

笈摩　此云教法，亦云傳授，別譯云阿含。（249/8b）

笈　其紫反。（163/67a）

阿笈　下其業反，別譯云阿含，此云教授。（256/68b）

姞　其一反。（151/54b）

姞　渠一反。（151/65a）

疾棘　下居力反，正作亟，急也。（470/16a）

棘　荊極切。（125/28b）

棘　居力反。（150/15a）

棘　已力反。（344/42b）

棘剌　上紀力反，下七賜反。（127/71a）

棘剌　上居力反，與剌同，下七賜反。（263/7b）

戢　限①澀反。（158/60a）

戢　之澀反。（131/64a）

_____

① "限"當爲"阻"之訛也。

戢　阻立反，～，斂也，止也。(54/64a)

戢　阻直反，斂也。(85/86b)

趄厥　二字音結厥。(306/80a)

瘠脊　二同，音迹，下正。(335/118b)

檝遏　上恐作戢，阻立反，斂也；下於葛反，～，止也。(189/18a)

蛴螻　疾梨二字，～～，蜈蚣之屬。(187/30a)

藉　慈夜反。(139/67a)

藉　字夜反。(147/18b)

籍　才力反。(72/70b)

籍　才亦反，典～也。(126/62a)

籍　才亦反，經～。(131/13a)

籍胄　上才亦反，戶～也；下直又反，繼續也。(127/78b)

几橙　上居矣反，下都鄧反。(135/21b)

几榻　上居矣反，～，案也；下音塔，椅坐。(131/13a)

脊　音積，背～。(147/18b)

脊　資昔切。(125/28b)

脊檁　上音迹，下力錦反，～～，屋脊梁也。(94/54b)

脊僂　上音迹，背～；下力主反，背曲之疾。(141/67a)

脊脅　上音迹，背～也；下虛業反，～，腋下也。(260/28b)

掎摭　上居宜反，下音隻，～～，採拾也。(478/52b)

掎摭　上居宜反，下音隻，～～，棟擇也。(467/83b)

幾　俱依反。(265/76b)

幾　己機二音。(254/83b)

幾死　居希反。(78/49a)

蟣虱　上居豈反，虱卵也。(94/54b)

蟣虱　上居豈反，下音瑟。(189/36a)

蟣蝨　上居豈反，虱卵也；下音瑟，俗作虱。(45/64a)

庶幾　下居衣反，～～，冀望也。(475/18a)

伎　支義切。(119/11a)

妓　其倚反，女樂也。(157/70b)

妓　渠是反。(8/77a)

迹　音積。(147/13b)

迹 與跡同。（189/18b）

洎 渠器反，至也。（256/68b）

悸 癸季反。（128/89a）

悸 巨季反，心動也。（180/7b）

悸 葵季反，心動兒。（128/45a）

悸 其季反，驚～也。（133/59b）

悸 其季反，心動兒。（128/17b）

悸寐 上求季反，下密二反，～～，睡中驚也。（479/92a）

跽 其矣反，長跪也。（244/58b）

跽 其矣反，腳支地。（466/44a）

跽 渠几反，跪也。（260/48a）

暨 居弃反，至也，及也。（169/26b）

暨 居器反，及也，至也。（149/10a）

稷 音即。（120/65b）

穄 音祭，黍之類也。（262/51a）

覬覦 上居利反，幸也；下音俞，欲也，謂幸而欲也，又希望也。（140/83a）

覬 計音。（122/84a）

覬 居至反。（168/50a）

績 則力反。（120/56b）

勣 子曆反，正作勣。（142/8b）

繼 音計，～嗣也。（157/23a）

霽 在計反，雨止也。（128/89a）

霽 子計、才計二反，《説文》曰：雨止也。（423/30b）

霽 子細反，雨止也。（471/109a）

驥 居弃反，良馬也。（439/94a）

驥 居異反，良馬也。（477/42b）

疜家 下俗用。（138/17a）

痂痟 上音加，瘡也；下音消，瘦也，渴也，即非經意，宜作袈裟，稍通。（178/9a）

家 寂字同。（237/55b）

笳吹 上音家，卷蘆葉吹之，下天瑞反。（179/7a）

笳竽　上音加，卷葉而吹也，下音于，笙～也。（87/62a）

荚　古怗反。（313/97b）

荚　古吓反。（162/60a）

頰　古帖反，腮～也。（81/10a）

頰　古帖反，顋～也。（89/72b）

頰　苦怗反，手托腮謂之支～。（127/30b）

賈　音古，～客經商。（127/12b）

賈　音古，行賣曰商，坐賣曰賈也。（483/14b）

賈販　上音古，賣～也；下方万反，販易也。（138/50a）

鉀　今作甲。（159/20b）

鉀胄　上音甲，下直又反，頭鎧也。（97/62a）

稼穡　上音嫁，下音色，種之曰稼，斂之曰穡。（236/52b）

駕以　古訝切。（112/54a）

恒架　下其正作枷也，大迦反，伽天女是也，般若經殀又音嫁，俁。
（68/51a）

奸詭　上古顏反，下俱委反，～～，諂許也。（189/27a）

奸猾　上古顏反，詐也；下懸八反，狡也，亂也。（181/8b）

奸矯　下居小反，詐也。（96/20a）

奸偽　上古顏反，～，詐也；下危瑞反，虛。（155/18b）

姦　諫顏切。（122/59b）

菅　古顏反，草名。（171/75a）

菅針　上古閑反，茅草也。（179/69b）

堅靳　下居近反，固也。（151/35a）

蕑　古顏反。（158/14b）

蕑草　上古閑反，亦作簡。（426/22a）

間鈿　上去聲，下音殿，寶～也，一音田。（89/21a）

間關　上古莧反，隔也；下古還反，謂屈曲穿過也，謂色中間雜，而
俱法身也。（73/82b）

間隟　上平聲，下丘逆反，孔～也。（253/40b）

犍劇　二同，居言反，下正。（330/50b）

犍稚　上音軋，下直利反，或作槌，直追反。（323/26a）

犍椎　上巨寒反，下音池，梵語臂吒～～，此云打也，～，又翻譯名

義云：聲論翻爲鐘磬，北無正譯，西土無鐘，以此代之耳。（152/9a）

　　監導　上古御反，察也，謂有所監察阻導也，婦人有三監五導是也。
（70/54b）

　　監官　上音鑒。（175/81b）

　　蕳　間字上聲，正作揀。（131/82a）

　　纖芥　上息廉反，～，細也；下或作芥，同用。（261/45a）

　　緘默　上古咸反，～～，無言寂爾也。（469/47b）

　　謇　居偃反。（99/62a）

　　謇　居展反，行不正兒。（478/87a）

　　謇吃　二字正作謇吃，～，居輦反；下音訖，言語澀訥也。（443/
12b）

　　謇吃　上九件反，下音訖，～～，難言也。（140/26a）

　　謇吃　上居輦反，下許訖、魚也二反，舌病難言。（78/8a）

　　謇澀　上居輦反，謇澀，子語遲訥也。（104/45b）

　　繭　古典反，俗作蠒。（317/82b）

　　繭蠒　二同，古典反，上正文，下俗字。（149/37b）

　　瞼　音撿，目上下皮。（166/14a）

　　瞼　音檢，眼上下皮也。（448/94b）

　　瞼睫　上音檢，目上下～，下音接，目毛也。（255/75a）

　　簡擇　上古眼反，亦作簡。（73/42b）

　　蠒繭　二同，古典反，蚕成～也。（89/21a）

　　蠒繭　古顯反，上俗下正。（255/44b）

　　蠒栗　上古典反，下良吉反，天子用牛瀆，角如蠒栗子大，宰而祭
天。（476/63a）

　　荐　在見反，重也，再也。（246/63a）

　　荐臻　上在見反，再也，重也；下則申反，至也。（100/16b）

　　健達　上其建反，別譯云：乾闥婆此云香音神。（249/82b）

　　踐　音賤，履也，蹈也。（176/102a）

　　踐踢　二字音賤踏。（189/35b）

　　鍵　居偃，關鑰也。（149/10a）

　　鍵南　上渠偃反，此云堅實，謂入胎四七日，如肉團實也。（236/
44a）

鍵鎐 上音乹，下疾咨反，正作捷瓷。（346/35a）

鍵鎡 上音乹，正作捷，舉也；下音慈，正音兹，～，其鋤頭之別名也。（307/82b）

鍵鎡鎐 上音乹，正作捷，下二疾咨反，正作瓷。（350/51b）

劎戟 居逆反。（111/39b）

諫誨 上古晏反。（230/66a）

鞬 記言反。（153/11b）

鞬 居言反。（92/62a）

鑑 音鑒，照也，察也。（161/37b）

將帥 上去聲，下所類反。（52/17b）

將帥 上子亮反，下所類反。（120/16b）

僵仆 上音姜，下蒲北反，仰倒曰僵，伏地曰仆。（493/16a）

壃域 上音薑，～界；下營力反，方～也。（145/68a）

彊 強音。（126/19a）

彊疆 上渠良反，勝也；下音姜，～，界也。（184/66b）

橿 音薑，梵語佉陀羅木，此云紫橿木，作檀，非。（168/26b）

橿 音薑，木名，不空經云：佉沱羅木是也。（170/34a）

礓 音姜。（308/37b）

礓 音薑，石形如薑。（128/78b）

疆 強字。（86/19a）

疆 音薑，～界。（162/17a）

疆 音薑，俗作壃，～，界也。（465/54b）

疆壃 音薑，上正下俗。（258/57a）

繮羫 上音姜，繫馬繩也；下苦貢反，～，御馬也。（79/24a）

獎擢 上子兩反，下音濁，～～，勸拔也。（470/56b）

講格 上應師元作斠，音角，正作較，今作講，誤也；下古陌反。（427/24a）

夆 逢、峯二音，又胡江反。（166/51a）

弶 其向反，施弓於路，張獸也。（310/20a）

弶伽 上其陵反，正作殑。（325/73b）

弶伽 上其向反，或作夃，其證、其陵反。（169/37a）

絳 音降，～，紅色也。（180/14b）

絳繖 上音降，赤色也；下音散，上丝綾也。（153/26b）

擸中 上其向反，施機於路，以捕獸畜。（441/58a）

交絡 上正作交，下音落。（263/34b）

教詔 上古孝反，下音照，～～，訓導也。（98/66a）

椒 音焦。（306/31a）

椒掖 上子消反，～～，皇内官之庭也，謂以椒塗其室，欲暖温而辟
惡氣也，掖宮門也。（466/67a）

椒掖 上子消反，下音亦，～～，皇后之内庭也。（456/87b）

蛟 音交，～龍似蛇有足。（262/34a）

蛟螭 上音交，下丑知反，～～，似龍無角。（475/18a）

蛟蝶 頻牒二字。（127/30b）

蛟虯 上音交，下渠幽反，又居幽反。（241/9a）

焦穀 上作憔，非。（347/11b）

僬 昨焦反，～僥，短人，又音焦。（481/59a）

膠 音交，～粘。（245/6a）

膠絃 上音交，～～，無通變守愚之謂。（464/88a）

膠柱 上音交，喻如膠粘琴箏之柱，謂不通變也。（449/57a）

澆 古堯反，澆灌也。（161/55b）

澆波 上古堯反，薄也。（472/20b）

澆溉 上古堯反，下音蓋。（140/20b）

澆灌 上古堯反，下音貫。（150/29a）

澆漓 上古堯反，下音離，～～，薄也。（471/120a）

澆水 上古堯反，～汳。（261/86b）

澆僞 上古堯反，正作僥。（456/51b）

燋 音焦。（133/59b）

燋 子用反，乾也。（165/21b）

燋焦 皆即遥切，～，炷也。（66/37b）

燋爛 上子消反，下郎旦反。（161/38b）

燋爛 上子消反，下郎諫反。（215/96b）

燋濡 上子消反，下而朱反，～～，乾濕也。（467/43a）

鮫魚 上音交，鯌屬皮有文。（140/20b）

鐎 下作燋，子消反。（438/48b）

驕　魚小反。（163/9a）

驕謇　下居展反，驕逸也，縱也，謇，憖也。（469/72b）

鶄鷯　二字音焦寮，一名巧婦子。（136/9a）

嚼　才略反。（345/48a）

嚼　才雀切。（122/9a）

嚼　慈約反，咀～也。（139/20a）

嚼　疾略反。（140/13b）

嚼䭕　上才約反，下音步，正作哺，食在口下～。（479/81b）

嚼咽　上才約反，咀～；下於見反，吞也。（253/53a）

嚼楊　上在爵反。（111/31b）

角伎　上正作較，音角；下其倚反，比較伎藝也。（471/45a）

狡猾　上古巧反，下玄捌反，～～，姦惡也。（95/19b）

狡猾　上居巧反，下携捌反。（155/58b）

僥　古堯反，～，求也。（89/8a）

僥　古堯反，～，倖而得也。（142/8b）

僥　居堯反。（173/18b）

僥倖　上古堯反，下音幸，～～，非理所得也。（443/12b）

僥倖　上古堯反，下音幸，非理所得曰僥倖，又求也。（88/51b）

鉸　古効切。（126/10b）

鉸　音交，一音教，～，刀也。（343/65a）

憿詭　上正作矯，居小反；下過委反，～～，誑妄也。（476/44a）

憿冀　上古僥反，亦作僥；下居器反，～～，所望欲得也。（89/38b）

徼　可逆反，邊道也。（129/41a）

皦然　上音皎，明也。（443/25a）

矯　居小反，～，誑也，詐也。（240/18a）

矯　居小反，～，詐也，妄也，誑也。（255/44b）

矯　居小反，計也。（54/72a）

矯害　上居小反，誑也，詐也。（5/52b）

矯翰　上居小反，下音寒，～～，飛舉之皃也，一音汗字。（465/8a）

矯競　上居小反，舉也；下渠敬反，靜～也。（479/81b）

矯誑　上舉夭反，詐也，強兒。（77/10b）

矯亂　上居小反，妄也，詐也。（235/69b）

矯詐　上居小反，妄也。（139/7b）

皦潔　上居曉反，明也。（263/34b）

挍餝　上音教，比～；下音識，與飾同。（189/9a）

挍餝　上音教去，裝～；下音識，與飾同。（189/18b）

玟珞　上音交，餘經皆作交露也。（152/59b）

窌　普孝反。（158/32a）

教詔　上古老反，下音照，～～，訓道之謂也。（160/48a）

教詔　上古孝反，下音照，～～，訓導之謂也。（175/72b）

較　音校。（121/58a）

較略　上音角，略也，明也。（131/13a）

酵　教音。（124/68a）

酵　居効切。（122/68b）

噍　才笑反，～，嚼也。（80/20a）

嗷　古弔反，與叫同，高聲歌也。（131/13a）

階陛　下蒲米反，階道也。（99/6b）

階陛　下浦木反，暗道也。（89/72a）

階闥　上音皆，下他達反，門屛之門也。（128/53b—54a）

揭　吉謁反。（182/27a）

揭　居烈反，撥也。（549/10a）

揭　居烈反，又居謁反。（170/65a）

揭　居謁反，又居列反。（149/47b）

揭　渠謁反，又居列反。（185/21b）

揭襆　上丘列反，提持也；下房正反，與幞同。（470/108b）

揭路　上居列反，亦云伽樓羅，此云金翅鳥。（96/20a）

摨　元音阻立反。（137/25a）

嚌　才計反。（97/71a）

嚌　竹皆反。（181/38a）

嚌　竹戒反。（94/26b）

癤　音節，熱結也。（478/87a）

孑然　上居烈反，單獨也。（475/57b）

孑遺　上居列反，單也，餘也，下作遺，誤。（470/16a）

拮　音結。（134/22a）

桀　其列反，能過人也。（246/63a）

捷　才葉反，疾也。（262/75b）

捷　才業反。（367/46b）

捷　慈業反，疾也，速也。（174/62b）

捷　疾葉切。（126/19a）

捷利　上慈葉反，疾～也。（136/50b）

蛣蜣　上起一反，下丘良反，一名蜣蜋。（310/10b）

傑　其列反，才能過人也。（177/78a）

傑　渠列反，才過人也。（253/17b）

傑　渠列反，特立也，俊也。（171/55b）

傑桀　二並渠列反。（129/34a）

詰　起一反，～，問也。（180/72b）

詰　起一反，責問也。（252/79a）

詰　丘一反。（316/39a）

詰嘖　上起一反，下正作責。（424/26a）

截　前泄反。（252/20a）

榤手　上竹客反，正作磔。（344/62b）

竭　居烈反。（323/6a）

羯　其謁反。（511/16a）

羯䍩　上元音作羯，音羊，下蒲爾反。（159/20b）

羯邏　上居謁反，下郎賀反，此謂和合父母精血也。（249/23b）

羯邏藍　上居謁反，中郎賀反，下郎甘反，此云和合於受生七日，和合精血也。（139/34a）

羯磨　上居謁反，下去聲，梵語～～，此云作法辦事也。（186/102b）

羯羠　上居謁反，下詞姊反，一音夷，健羊也。（131/22a）

解　閑解反。（262/34a）

解散　上胡買反。（189/44a）

介　音界，被甲也。（446/27b）

芥　音介。（309/13a）

芥子　上芥字。（86/19a）

届　古拜反，至也，舍也。（553/34a）

疥癩　介賴二字。（121/84a）

疥癩　芥賴二音。（19/9a）

疥癩　界賴二音。（510/38b）

疥癩　上音介，下音賴。（56/17b）

疥搔　正作疥瘔，蘇到反，亦疥瘡之別名。（244/50b）

疥瘫　上音界，～癬，或作疺，古和、苦和二反，禿蒼也；下恐作癬，息淺反，瘡～。（158/43a）

堺　界字。（307/95b）

暨　其器反，及也。（131/13a）

斤斧　上正作釿，下音甫。（424/26a）

肋筋　二同，音斤，正作筋。（346/15a）

肋脉　上音斤，下音麦。（258/63b）

觔通　詳是較通正，今音角。（483/83a）

衿　居陵反。（424/71a）

衿　音今。（425/12a）

衿情　上正作襟，音今。（469/37b）

衿瑩　上音今，正作襟，衣～；下烏定反。（478/24b）

矜　居陵反，～，憐也。（475/31a）

矜　居陵反，自大也。（51/43a）

矜　居陵反，自誇也。（186/10b）

哀矜　下居陵反，～～，憐愍也。（98/7b）

矜哀　居陵反，愍恤也。（142/91a）

矜濟　上居陵反，愍也。（446/85b）

矜接　上居陵反，～～，恤也。（141/77b）

矜悁　上居陵反，怜也；下於緣反，憂也。（140/65a）

矜愍　上居陵反，下音敏，～～，撫恤也。（445/37b）

筋　音斤，～脉。（151/12a）

筋　音斤，從竹肉力。（126/30b）

筋筋　二同，音斤，上正。（302/14b）

筋脉　二字音斤麥，上作筋，誤。（49/75a—b）

襟　音今，衣衿也。（513/111a）

僅　渠進反，少也，劣也。(169/26b)

緊　吉因反。(94/18b)

饉　其鎮切。(124/68a)

饉　渠進反。(247/69b)

饉　渠鎮反，采不熟曰～。(103/65b)

近匠　二同，下正。(167/29a)

勁強　上居政反，下其兩反，～～，堅也。(128/36a)

搢紳　進申二音，上正作搢，～～，採笏於帶也。(464/79b)

禁　其禁切。(151/73b)

盡思　上子忍反，任意也；下相寺反，念也。(132/11a)

盡思度量　上子忍反，任意也；思，相寺反，憶念也；度，徒各反，側～也。(189/27a)

濼然　上巨錦反。(145/49a)

噤　巨禁、渠飲二反。(486/105b)

噤　渠飲切。(153/5a)

噤持　上音今，正作禁，力不制也。(445/79a)

噤　渠飲反，又渠禁反。(170/34a)

噤縮　上渠禁反，下所六反。(95/80b)

噤戰　上巨禁反，牙閉也；下正作顫，之扇反，四肢寒動也。(456/51b)

噤戰　上七禁反，牙関閉也；下正作顫，之扇反，四肢寒動也。(466/32a)

覲　渠進反，見也。(186/10b)

覲　渠霱反。(261/36a)

覲省　上渠鎮反，見也；下息井反，謁問也。(266/38a)

覲問　上渠靳反。(186/57a)

燼　才進反。(120/108a)

燼　疾刃反，燭也。(558/14b)

燼　徐刃反，火之餘不也。(161/37b)

燼溺　上徐刃反，火之水，沉餘也；下奴的反，～也。(251/38b)

京畿　下渠依反，天子千里內地也。(98/58b)

荊棘　上幾鄉切，下幾力切，～也，從朿作亦得。(66/44a)

荊棘　上音京，下紀力反，刺也。（138/50a）

荊陝　上音京，下失染反，～～，地名也。（453/82b）

荊陝　上音京，下失染反，又作峽，侯夾反。（467/26a）

秔　粳字。（165/35a）

秔　音庚，亦作粳。（320/40b）

秔　音粳，同用。（126/52a）

秔粳　二同，音庚。（317/55a）

秔粱　上音庚，稻米也；下音良，粟之善者也。（171/55b）

秔粱　上音庚，亦作粳；下音良，粟也。（477/12b）

莖　户耕反，枝～。（252/79b）

莖幹　上户耕切，下古旱切，正作稈。（481/13a）

涇渭　經謂二音，並水名。（457/145b）

菁華　上音精，美也，又草茂盛也。（463/85a）

旌旗　上音精，下音其，旌以五色繫於旗上，所以精進也。（129/16b）

旍斾　上旌同，下薄帶反，旗之屬。（467/13a）

睛　精音，眼～。（129/69b）

睛　音精，目珠子。（257/34b）

粳　更音。（122/51a）

粳秔　二同，音庚。（306/23a）

粳粮　更良二字，下正作粱。（155/58b）

粳粱　上音庚，秈米也；下音良，粟也，或作糧，非此用。（190/18a）

經籍　下才亦反。（180/7b）

兢惕　上居陵反，下他的反，～～，謹慎也。（464/72a）

鯨鼇　上巨京反，大魚也；下吾高反，海中大龜也。（164/45b）

鯨鯢　上巨京反，下吾号①反，海中大魚也。（465/47b）

驚遽　下其預反，正作勮，懼也。（470/56b）

穽　音淨，穿地陷禽獸也。（180/51a）

儆　音景，與警同。（164/52a）

① "号"疑爲"兮"之訛也。

頸　古領反，～項。(129/34a)

頸　居領反，～，項也。(2/9a)

頸　居郢反，項也。(120/50a)

頸鉗　上居領反，下巨兼反，～，以金銀造之，鑠項爲鉺也。(265/41b)

警　居影反，～，覺也。(128/53b—54a)

警　居影反，寤也。(554/9a)

浄滔　上有本作浮，誤也，下土刀反。(477/92b)

逕　經字去聲，闊也。(134/55a)

逕　舊作經字呼。(257/39b)

逕　舊作經字用。(434/13a)

逕　正作經，～，歷也。(61/6b)

逕行　古定反，上字亦作徑。(347/11b)

徑　古定反，直也，又作經字用。(436/64b)

徑俓　二同，古定反，上～路，下～直也。(186/70b)

徑逕　古定反，下俗作。(259/21b)

脛踝　上胡定反，膌腸骨也；下玄瓦反，足跌骨也。(256/25a)

靖　正作靜。(161/27b)

踁脛　二同，胡定反，下正。(328/112a)

競　渠敬切。(122/51a)

扃　俱螢反，户～也。(246/31b)

扃　決螢反，户也。(240/9b)

扃　俱螢反，户也。(161/37b)

扃　決熒反，户也。(233/10a)

迥　户頂反。(119/73b)

迥　户鼎反。(133/34b)

迥　携茗反，遠也。(236/8b)

迥　玄茗反，～，遠也。(358/43b)

迥邈　上户茗反，下眉角反，～～，遠也。(157/70b)

窘　君字上聲，急迫也。(158/14b)

窘　渠殞切，迫也。(481/13a)

窘繫　上居殞反，～，逼也；下知立反，繫也。(469/98a)

糺　居酉反。（85/78a）

糺　俱有反，～，告也。（244/44a）

糺彈　上均有反，下徒丹反，～～，告發其過也。（469/98a）

糺紛　上俱有反，下芳文反，糺紛亂也。（240/74b）

揫然　上七小反，～～，變動皃。（470/56b）

啾喳　上子由反，下知吉反，呵叱也，今恐非也，合作唧，資七反，多聲也。（131/22a）

鳩桓　上居求反，下戶官反，此云大身鬼也。（131/22b）

鳩吒　上居求反，下竹嫁反，又竹家反。（181/8b）

灸癜　上音救，又音久，下音盤，～，痕也。（165/35a）

灸脯　上音隻，火～也；下音甫，乾肉也。（131/22a）

韭山　上音久，經作韭。（472/32b）

舅　臼字，音舅。（71/44b）

咎譴　上音舅，下牽賤反，～～，罪責也。（465/62b）

廄　音救，養象馬之舍也。（136/66b）

廄　音救，養象之舍也，亦作廐。（463/10a）

廄臣　上居又反，～～，馬舍飼馬之人。（80/70a）

廄廄　二同，音救，馬坊也。（443/34a）

廐　音救，或俗作廄。（315/132a）

廐廄　二同，音救，上正。（330/34a）

僦　即就反。（304/30b）

僦　子就反。（307/11b）

廐　音救，養象馬之舍也。（189/76b）

樛　俗作摎，求。（513/94b）

鷲鳥丘　上音就，梵云耆闍崛，此亦云靈鷲山。（190/65b）

拘絺　上音俱，下丑遲反。（353/49a）

拘絺　上音俱，下丑之反。（213/50a）

拘絺　上音俱，下丑知反。（131/12b）

拘拘　音俱，二同。（259/12b）

拘攣　上音俱，束也；下力貟反，縮也，手足不舒也。（161/37b）

拘癖　上音俱，手有緊束也；下必亦反，正作躄，腳屈病。（61/6b）

拘械 上音俱，下胡戒反，繫足之刑也。(471/109b)

罝兔 上子邪反，捕兔綱也。(493/21b)

疽 七徐反，～，瘡病。(478/87a)

疽 七徐反，正作怚。(182/16a)

疽 七余切。(122/43a)

疽 正作蛆，七徐反。(182/27a)

疽虫 二字正作蛆蟲，上七徐反。(446/99b)

疽癘 上七徐反，癘～；下正作癩字。(131/22b)

疽癬 上七徐反，下息淺反。(77/20b)

掬 居六反，物在手曰～。(151/35a)

掬擲 上正作毱，渠六反，毛龙也。(448/94b)

駒 句于切。(124/68a)

局 渠玉反。(240/74b)

毱 求匊、居麴二切。(124/59a)

毱 渠掬切，又匊音。(123/76b)

毱 渠竹反。(135/11b)

咀 才句切。(124/25a)

咀 才呂反，～，嚼也。(477/108b)

咀 在呂反，～，嚼也。(58/64b)

咀嚼 上才呂反，下才略反。(357/55a)

咀嚼 上才呂反，下才約反。(78/57a)

咀螫 上音哲，下呼各反，一音釋。(431/79b)

咀咋 上慈呂反，下助隔反，嚙嚼也。(158/53a)

沮 才呂反，毀也，壞也。(186/70b)

沮 疾呂切。(65/75b)

沮 時與反。(245/39b)

沮壞 上才呂反，作俎，非也。(173/36b)

沮壞 上中呂反。(101/85a)

矩 圭羽反。(154/24b)

矩 俱羽反。(355/69a)

矩嚕 上俱主反，下力古反。(136/29a)

矩嚕 上其主反，下音魯。(162/9a)

舉賈生息　賈音價，謂舉其價例而生利息，一音古。（131/22b）

齟　床語反。（169/26b）

齟齬　阻語二字，～～，齒不齊皃。（169/18a）

齟齚　上床楚反，～齬，音語，齒不相值也，非此用，合作咀，才呂反，～，嚼也；下助麦反，～，齧也。（131/22b）

巨勝　下去聲二字，正作苣勝。（395/7b）

句㕧　二字應師音土，呼口反；下訶戒反，就經下作旱界反。（185/29b）

苣蕂　二音巨勝，黑胡麻也。（254/15b）

苣蕂　今作巨勝。（230/47a）

倨傲　上音據，下吾告反，～～，不尊敬人也。（470/16a）

倨傲　上音據，下吾告反，輕慢也。（255/63a）

倨傲　上音據，作踞，非。（360/53a）

距陽　上正作拒，～～，遮日屏障也。（436/42b）

詎　其據反，豈也，未也。（180/38a）

詎　渠據切，又巨音。（123/59b）

岨　徐與、床女二反，樹名也，又經音義：才與反。（171/14a）

窶　其主反，貧也。（158/14b）

窶　渠主反，《爾雅》云：貧也。（158/7b）

窶　瞿庾反，貧也。（142/23b）

劇　其逆反，加也，增也。（430/61b）

劇　奇逆反，加也，煩也。（310/32a）

踞　上音據，坐也。（436/9b）

遽　其去反，速也。（129/16b）

遽　其去反，心急也。（172/49b）

遽　其預反，怨～也。（468/10b）

懅　巨魚反，心急皃，正作勮，其預反，懼也。（470/94a）

懅　遽音，懼也。（156/14b）

懅　其句反，憂也。（121/28a）

懅　其去反，懼也，或作遽，一音渠，出《玉篇》，心急也。（129/16b）

懅　其庶反，怖畏也。（120/92a）

懅　其遇反。（88/51b）

懅　其預反，怖～也，正勮。（448/54a）

捐　音緣，弃也。（128/45a）

捐棄　上音緣，下俗作弃。（259/21b）

唐捐　下音緣，唐，徒也，空也，捐，弃也。（136/58a）

涓　俱懸反，水細滴也。（137/9a）

涓澮　上俱玄反，下古外反，～～，細流也。（477/121b）

蠲　俱玄反，～，除也。（89/8a）

蠲　俱懸反，～，免也。（175/52a）

捲　居阮、巨貟二切。（123/36b）

捲　正作拳，巨員反，屈指成～。（371/7a）

捲角　上居員反，正作觠，曲角也。（328/65b）

捲揩　上巨員反，正作拳。（309/13a）

捲手　上巨貟反，謂外道師拳指屈握以示弟子也。（245/28b）

捲縮　上巨員反，正作痯，下所六反。（89/27b）

捲葉　上巨員反，正作卷。（307/70b）

券　丘願反，契也，約也。（132/21b）

券契　上丘願反，俗作券。（343/65a）

倦　渠卷反。（182/34b）

勬　居員切。（119/11a）

羂羂　二同，俱犬反。（316/23b）

羂　俱犬反，～，綱也，系也。（435/22b）

羂　俱苑反，～，索繫也。（94/74b）

羂縛　上俱犬反，繫也，挂也。（94/33b）

羂繳　上俱犬反，綱系也；下渠向反，張獸之具也。（263/7b）

撅　其月反。（347/88b）

撅　求月反。（167/15a）

捔　音角，較也。（164/59a）

捔　音角，正作較，比也。（128/36a）

捔力　上音角，比～，正作較，角教二音。（244/65b）

掘　其勿反，以物發地也，又其月反。（247/69b）

掘　其勿反，又其月反。（184/39a）

掘　其物反，～地也，又其厥反。（142/8b）

掘　其月反，又其勿反，以物發地也。（158/22a）

堀掘　二同，求勿反。（95/92a）

梋　角音，芳問切。（122/34a）

訣　音诀字，别也。（443/12b）

駛流　上使史二音，疾流也。（430/89a）

攫　舊音居縛反，未見所出，此合作攫音，如上，以指爪搏取也。（49/75b）

攫　俱獲反。（322/50b）

攫　俱陌反。（316/8b）

攫　正作攫，古獲反。（340/50b）

攫　正作攫，紆獲反，亦作懼，俱縛反。（406/44a）

攫摑　古陌反，下正。（330/50b）

攫裂　俱獲反，以五指打～。（253/64a）

攫裂　上正作攫，居縛反，～～，以爪拏破也。（127/30b）

摑眥　上俱獲反，摑，打也，恐非此用，宜作矆，紆縛反，下在計反；矆眥，謂裂目而視也。（443/12b）

橛　其月反，椿也，椿，竹江反。（124/42a）

橛　其月反，桊～。（163/25a）

爵　咨藥切。（122/51a）

爵禄　上子約反。（189/61a）

蹶　居月反。（278/44b）

蹶　音厥。（336/98b）

蹶　居月反，失腳而倒。（446/99b）

蹶　居月反，走也。（558/47b）

譎怪　上音決，詐也。（476/44a）

譎恠　上音決，詭詐也。（463/62a）

譎詭　上音決，下過委反，譎詭，詐異也。（471/45b）

譎詭　上音決，下居委反，～～，詐也。（177/78a）

譎詭　上音決，下遇委反，～～，狡詐也。（471/27a）

覺寤　二字音教誤。（259/57b）

覺寤　上古孝反，下音誤，～～，睡覺也。（128/53b—54a）

覺寤　上角教二音，下音誤。（396/59a）

爝　上音雀，炬火。（497/6b）

爝　在約反，一音雀。（470/56b）

爝　子約反，火炬也，《莊子》曰：日月出矣，而～火不息，又才約
反。（246/63a）

爝火　上音雀，又在約反，炬火也。（464/95a）

攫　九縛反，鳥窮則～。（485/33a）

攫　九縛反，手爪取。（158/32a）

攫　居縛反，搏取也。（120/100b）

攫　俱縛反，以爪～持也。（310/10b）

攫　烏獲反，以五指爪取也，元音烏縛反。（158/53a）

懼然　上呼郭反，驚也。（478/52b）

均　規勻反。（60/8a）

均　決云反。（258/40a）

均　決勻反。（240/95a）

均調　上決勻反，～，平也，作鈞，非也。（255/75a）

菌　具允反。（322/25b）

菌　渠殞反，蕈也。（464/72a）

筠　于均反，竹也。（478/154b）

筠松　上于均反，竹也。（470/31b）

麏麚　上居倫反，下音加，並鹿之屬也。（468/76b）

俊　與儁同，才過千人也。（189/76b）

捃　俱運反，拾取也。（486/69b）

捃採　上居運反，拾。（468/64a）

捃掇　上居運反，下丁劣反，～～，拾採也。（471/119a）

捃摭　上居運反，下音隻，～～，採拾也。（478/52b）

峻　私閏反，嶮～也。（127/78b）

峻　雖閏反，高嶮也。（144/13b）

峻崖　上雖閏安，下吾皆反。（291/15a）

峻崖　上雖閏反，下宜佳反。（269/33b）

峻峙　上私閏反，高；下直里反，～～，峭立也。（246/63a）

峻峙　上思閏反，下直里反，峻，高也，持，立也。（89/21a）

峻　子閨反，高～。（245/65b）

雋　子峻反，智過千人曰～。（483/23b）

浚壑　上私閨反，下呼各反，～～，深谷也。（465/70b）

儁　音俊，正作雋。（512/109b）

駿　子閨反，～馬，良馬也。（161/38b）

駿　子閨反，馬疾步。（477/55a）

駿　遵徇切。（124/85b）

駿驥　上子閨反，下居異反，～～，良馬也。（463/85a）

駿馬　上子閨反，疾也，又良馬也。（151/44a）

駿馬　子峻切。（112/54a）

揩突　上口皆反，～，磨也；下徒骨反，觸～也。（127/71a）

檻　胡減反，圂也。（260/39b）

嶠　渠要反，山道也。（256/69a）

湫隘　上子小反，下於賣反，～～，小水隘塞也。（472/75a）

繫　古詣反。（355/42b）

繫　音計。（176/56b）

繫　昔計，或作係。（176/72b）

繫係　二並，音計。（177/16a）

繫象　上胡計反，周易有～詞也。（478/24b）

鳷鵲　上音交，下音精，～～，水鳥也。（443/39b）

頡頏　上胡結反，下何朗反，～～，不恭皃。（477/74a）

頡頏　上胡結反，下胡朗反，～～，上下不定皃。（472/61a）

頡頏　上戶結反，下何朗反，～～，上下不定之皃。（477/132b）

濬發　上私閨反，深也。（479/38b）

濬　須閨反。（511/69a）

K

揩　口皆反，～，摩。（251/38b）

揩　苦皆反，～，摩。（189/76b）

揩　苦皆反，又上聲。（169/51b）

揩定　上古解上聲反，法也，模也。（154/6a）

揩摸　上口買反，下莫胡反，～～，法則也。(456/15b)

揩突　上口皆反，下徒骨反。(315/132a)

揩突　上口皆切，下陁没切。(483/14b)

揩訓　上口解反，～，式也。(478/113a)

揩爪　上口皆反，下之巧反。(342/68b)

鎧　苦回反，正作盔。(349/45a)

鎧盔　二同，苦回反，上俗作。(349/27b)

剴　古哀反。(241/9a)

凱　口改反。(465/54b)

凱歌　上苦改反，獻功之樂也。(472/32b)

凱泰　上苦改反，和樂也。(472/32b)

慨　古愛反，正作嘅。(372/7b)

慨　口溉切，慷～。(481/118a)

慨　苦愛反，～，歎也。(467/76a)

慨　苦愛反，嘆也，正作嘅。(240/9b)

慨　苦愛反，正作既字。(357/7b)

慨　苦蓋切。(126/19a)

慨惻　上苦愛反，下昌惻反。(349/83b)

慨嘅　二同，苦愛反，下正。(349/9b)

慨歎　上口愛反，歎也，正作嘅。(34/40a)

慨怨　上苦愛反，嘆也；下音冤，～，雛也。(478/87a)

楷　口解反。(317/49a)

楷　苦駭反，法也。(549/10a)

楷　苦買反。(396/36b)

楷定　上口買反，～，式也。(464/28b)

楷模　上口買反，下莫胡反，～～，法則也。(470/108b)

愷　苦改反，僧名。(245/65a)

愷悌　上口改反，下音弟，和樂也。(475/42b)

愷悌　上苦改反，下音弟，～～，和樂也。(478/52b)

皚然　上吾哀反，白也。(465/19b)

鎧　開改切。(125/9b)

鎧　可亥切。(124/25a)

鎧　口愛，苦改二反，～甲。（441/58a）

鎧　口代切。（123/35b）

鎧　口改，苦愛二反，～甲也。（88/34b）

鎧　口亥反，～甲。（371/7a）

鎧　苦愛反，又苦海反，～甲也。（156/34a）

鎧　苦愛反，又苦亥反，～甲。（144/7a）

鎧　苦改反，～甲也，又苦愛反。（447/50b）

鎧　苦蓋切。（126/19a）

鎧甲　上苦敗反。（137/57b）

欸　苦蓋反，瘶也。（551/29a）

欬嗽　上苦愛反，下呼外反，又於月反，通食氣也。（486/8a）

欬嗽　上古愛反，下蘇奏反。（104/63a）

欬嗽　上古代反，又苦得反，下蘇奏反。（128/53b）

欬嗽　上口愛反，下蘇豆反。（260/69a）

欬嗽　上正作咳，苦愛反，下蘇奏反。（471/46b）

愾　苦代反，虛既反。（428/59b）

愾然　上苦愛反，大息也。（475/31a）

勘　苦紺反。（132/11a）

戡定　竹甚反，又苦耽反。（469/38a）

戡剪　上音堪，～，亦剪也。（464/95a）

戡亂　上音堪，剪伐也。（465/62b）

龕　苦含反，～，室也。（470/16a）

龕　苦含反，～，塔也。（132/45b）

龕　苦含反，佛～也。（581/4a）

龕　音堪。（309/44b）

龕窟　上口含反，下苦骨反，塔下宂。（140/42a）

坎窟　上苦感反，下苦骨反。（136/50b）

坎壈　上苦感反，下力感反，～～，不平皃。（469/98a）

侃閒　苦罕反，和樂皃也。（468/87a）

埳　苦感、候感二反，～，陷也。（306/52a）

埳　音坎，亦作臽，小穽也。（158/14b）

偘　苦罕反，亦作侃。（472/32b）

侃　苦罕反，正作侃。（468/12a）

坅　音坎，陷也。（158/43a）

瞰迴　上苦濫反，～～，視遠也。（469/82a）

瞰玄　上苦濫反。（254/84a）

闞澤　上苦濫反，～～，魏尚書令也。（463/62a）

康莊　～～，衢道也。（343/65a）

康莊　四衢道也。（326/9a）

慷慨　上苦朗反，下苦愛反，～～，高志也。（246/63a）

慷慨　上苦朗反，下苦愛反，～～，決志兒。（245/65a）

穅穢　上音康，下苦會反。（306/23a）

穅　苦剛切。（125/76a）

穅　苦崗反，米皮也。（550/29b）

穅　音康，～穀。（246/74a）

穅　音康，米皮。（265/59a）

穅粃　康比二音，穀不實也。（453/44a）

穅穢　上音康，米穀也；下古外反，麁穅也。（41/17b）

穅檜　上音康，穀皮也；下苦會反，正作穅，麁穅也。（61/6b）

穅糟　上音康，下音遭。（258/99b）

亢氐　上口浪反，下音低。（95/55b）

亢旱　上可浪反。（128/78b）

亢旱　上口浪反。（95/37b）

伉儷　上口浪反，下零帝反，～～，匹偶也。（469/13a）

伉儷　上苦浪反，下零帝反，～～，匹偶也。（477/24b）

抗　苦浪反，大也。（158/71a）

抗　苦浪反，拒也，舉也。（240/95a）

抗對　上可浪反，～，敵也。（133/51a）

抗對　上口浪反，抵～。（46/55a）

抗對　上苦浪反，拒～也。（244/58b）

抗衡　上苦浪反，下戶庚反，～～，高視兒。（468/11b）

抗趾　上苦浪反，下音止，～～，舉足也。（478/38a）

抗志　上口浪反，俗作亢。（479/75a）

拷掠　二字音考略，鞭撻也。（86/68b）

拷掠　上音考，正作攷，打也；下音諒，一音略，笞也，治也。
（186/19b）

拷掠　下力向反，一音略，笞也，榜也。（158/71a）

拷治　上音考，～，打；下音持，理也。（164/45b）

栲掠　二字音考略，笞打也。（102/23a）

栲掠　上音考，～，擊也，正作故；下音諒，一音略，劫也，奪也。
（242/29b）

栲治　上音考，正作攷。（171/68b）

書考　下作栲，非。（305/31a）

苛虐　上音何，下魚約反，～～，猛政也，酷也。（470/108b）

苛虐　上音何，下魚却反，酷毒之甚也。（477/24b）

煩苛　下音何，多也。（152/68a）

白珂　下苦何反，～～，螺寶也。（263/34b）

白骱　下苦何反，膝骨也。（244/29b）

珂　口何反，巾貝白色螺寶也。（126/52a）

珂　苦何反，白螺寶也。（87/62a）

珂白　上苦何反，螺寶。（146/7b）

珂貝　上口何反，下博帶反，螺寶也。（38/81a）

珂貝　上苦何反，螺寶也。（127/78b）

珂貝　上苦何反，下縛帶反，螺寶也。（166/14a）

珂貝　上苦何反，下博蓋反，～～，螺寶色白也。（6/25b）

珂雪　上口何反，白色螺寶也，作軻，非。（81/10a）

珂雪　上口何反，寶螺色白如雪也。（54/8b）

珂雪　上口何反，又螺屬生海中。（76/15b）

如珂　苦何反，螺寶白色，作軻，非。（242/49b）

柯　音歌，枝～。（170/55a）

柯茂　上音歌，枝～也；下莫候反，～盛也。（178/35a）

軻　口何反，正作珂，螺寶也。（89/72b）

軻　苦何反。（347/38b）

軻　苦可反，正作珂，鳴珂，吹螺具也。（72/7b）

痾　古作瘂字。（131/71b）

痾　烏何反，病兒。（553/24b）

痾　音阿，病也。（471/76b）

痾　於何反，病也。（549/10a）

痾疾　上音阿，～，亦疾也，古或作瘂字用。（478/24b）

痾疾　上音阿，病也，舊作瘂字用。（448/81a）

痾疹　上音阿，下丑刃反，～～，病也。（465/62b）

嗑　何塔反。（6/25b）

稞　音科。（168/26b）

窠　苦合反，窟也。（554/57b）

窠　苦和反。（182/34b）

窠巢窟　上苦和反，中助交反，鳥居樹曰巢，居穴曰窟。（177/16a）

榼頭　上苦合反。（307/36b）

磕齒　上苦塔反，叩齒也。（472/75a）

磕磕　苦塔反，～～，石聲也。（478/154b）

頦　古哀反。（85/78a）

頦　胡哀反，頷下也。（166/51a）

頦　戶哀反。（320/73a）

顆　苦果反，小頭也。（550/73b）

顆面　上匹米反，傾頭傍視謂之～～。（101/55a）

髁　口瓦反。（319/41a）

髁　苦化、胡果二反。（78/49a）

髁　苦瓦反，又苦臥反。（342/68b）

礚　苦蓋反。（440/9a）

欬　苦蓋反，正作欫。（148/35b）

欬嗽　上苦愛反，下思奏反。（327/50b）

欬嗽　上苦愛反，下蘇豆反，氣喘病也。（448/81a）

欬嚏　上苦愛反，～嗽也；下音帝，噴～也。（475/57b）

刻雕　上音克，下音彫。（132/11a）

刻鏤　二字音克陋。（131/13a）

刻鏤　上音剋，下郎豆反，剛刀可以～～也。（121/28a）

刻鏤　上正作剋，下音陋。（259/90a）

剋　音克。（177/16a）

恪　口各反，勤～也。（142/16a）

恪　苦各反，恭也，勤也。（171/48a）

尅　肯得切。（122/43a）

溘斷　上苦合反，忽也。（478/154b）

溘然　上苦合反，奄也。（161/38b）

溘然　上苦答反，奄也。（468/52b）

溘死　上苦塔反，奄也。（478/52b）

課得　上苦臥反，～，試也。（189/68b）

肎肯　二同，俗作肯，下正文。（160/74b）

狼　正作貌，音兒字。（260/17b）

狼貌　兒字，下同。（247/22a）

狼貌　兒字，下正。（62/50b）

墾掘　上音懇，耕～也；下其勿反，以物發地也，又其日反。（149/90a）

墾植　上音懇，下時力反，耕種植也。（437/11b）

墾治　上音懇，耕～也，下音持。（127/71a）

懇　音懇，耕也。（189/35b）

坑穽　上客庚切，下疾井切。（117/71a）

坑坎　上苦庚反，下苦感反。（504/9a）

坑坎　下口感反。（71/11a）

坑埳　上苦庚反，下苦感反，一音陷。（148/69a）

鏗　口耕反。（464/28b）

鏗鋐　上口耕反，下惠萌反，～～，金玉聲也。（463/85a）

鏗鏘　上口耕反，下七羊反，～～，金玉聲也。（89/21a）

鏗然　上苦耕反，或作䃘，《説文》：堅也。（177/66a）

箜篌　上音空，下音侯，～～，樂器也。（40/48b）

悾　正作恐，懼。（129/79a）

控紏　上芳文反，下俱有反，～～，亂也，有字借問。（465/54b）

控弦　上苦貢反，～～，引弓射箭也。（128/36a）

摳　苦侯反，或作極，昌俱反。（167/94b）

摳衣　上苦候反，挈衣也。（469/57b）

叩　音口，又苦候反，正作扣。（330/58b）

叩户　上音口，又苦候反，或作扣，同用。（328/43a）

叩頭　上音口，又苦候反，～，擊也。（469/13a）

扣　苦候反，～，擊也，一音口。（468/10b）

扣　苦候反，一音口，擊也。（86/10b）

扣地　上苦候反，亦作叩，一音口。（137/57b）

扣頭　苦候反，一音口，或作叩。（180/30a）

扣絃　上音口，又苦候反，～，擊也，擊琴瑟之器曰～～。（233/10b）

寇敵　上古候反，賊～也；下徒的反，對～也。（96/43a）

寇　苦候反。（158/53a）

蔲　呼候反。（136/50b）

剠斳　枯研二音，剠，剖也，斳，斬也。（464/72a）

剠斳　苦捉二音，剠，被也，斳，斬也。（465/8a）

枯槁　古老反。（73/42b）

枯槁　下音考。（462/60a）

窟　口骨反，穴也。（555/16a）

窟　苦骨反，穴也。（550/14b）

窟　丘骨切。（122/68b）

袴　褲字同。（318/53b）

袴　音庫。（513/133a）

袴褶　上褲字，下音習，褶亦褲也。（471/45b）

酷　苦篤反，毒也，虐也。（244/37b）

酷　苦篤反，毒之甚也。（441/8b）

酷　苦篤反，虐也。（129/51b）

誇　苦瓜反，自逞也。（442/7b）

誇　苦花反。（304/37b）

挎剠　二同音枯，下正。（345/10a）

胯　奪化反，兩股間也。（310/10b）

胯　苦瓦反。（319/59a）

胯　傾化反。（168/13b）

胯　音夸。（260/17b）

胯　正作跨，苦化反。（326/9a）

跨　苦化反，～步。（245/65a）

跨　苦化反，～越也。（96/20a）

跨骻　苦化反，臀～骨，下正。（257/39b）

跨躧　上苦化反，越也；下尼輒反，足履也。（180/22a）

跨躧　上苦化反，～越也；下尼輒反，履～也。（469/26b）

凷　苦對反，土塊也。（264/78b）

快　傾怪反。（258/30b）

塊　頌對反。（167/94b）

塊　苦對反，土塊也。（553/69a）

塊　傾對反，土～也。（103/75a）

塊塼　上傾對反，土～；下音專，～瓦。（255/44b）

儈　正作膾，古會反。（433/62a）

膾　古會反。（77/20b）

膾　古外切。（122/18b）

膾　俱會反，魁～。（240/84a）

膾　七外切。（124/34a）

檜　苦會反。（252/28b）

檜　苦外切。（122/34a）

噲　若①壞切。（161/50b）

寬寬　苦官反，上正。（8/77a）

寬宥　上苦官反，下由究反。（112/75b）

髖　音寬，臀骨也，一音坤。（49/75b）

髖臏　二同，旨寬，一音坤，臀骨也。（6/25b）

髖　音坤，臂骨也。（262/34a）

髖髀　上音坤，一音寬，腰胯間也；下蒲礼反，股外骨。（170/55a）

髖骨　上坤寬二音，臂骨也。（190/39a）

欵　苦管反，成～喜有所欲也。（256/69a）

欵　苦管反，誠也。（174/18b）

匡脚　上去聲，又作距、匡，未詳所出。（308/48b）

---

① "若"當爲"苦"之訛也。

恇恇　上舊音云：工①西作惺，丘王反，～，佉也，恇寫誤也。（131/71b）

筐簁　匡匪二音，竹器也。（478/113a）

扗　紆往反，～，屈也。（246/109a）

扗　紆往反，曲也。（245/74b）

狂攘　音義云：正作惟攘，上音匡，下而羊反，《説文》煩擾也，惶遽也。（161/37b）

誆　居況切。（125/44b）

框欀　上音匡，下而羊反，正作劻勷，逼迫之皃也。（131/22b）

壙　苦況反，塚宂也。（158/32a）

壙　傾況反。（178/64a）

曠　苦浪反，廣遠也，空也。（140/26a）

曠野　上苦況反。（227/59b）

礦獷　二同，俱猛反，下正用。（409/63a）

獷　俱猛反，正作玃。（149/10a）

纊　口浪反，綿也。（490/48b）

纊屬　上苦況反，～～，以錦俟氣也。（470/56b）

鑛　古猛反，金璞也。（553/42a）

鑛　俱猛反，金璞也，亦礦。（102/9a）

鑛礦　二同，俱猛反。（345/67b）

盔　鉢字。（88/12b）

窺窬　上傾彌反，下音俞，正作闚竇，私視也。（478/52b）

虧　苦爲反，～減。（253/47a）

虧　苦爲反，～，損也。（145/68a）

虧　苦爲反，缺也。（33/58b）

虧䶥　苦爲反，上正。（320/49b）

虧缺　上苦爲反，下傾決反。（138/56a）

闚　傾弥反，舊作闚。（169/33a）

奎星　上傾圭反。（123/84b）

揆　巨癸反。（254/84a）

揆　其癸反，～，度也。（94/44a）

揆　衢癸反，測度也。（255/86b）

揆　衢癸反，度量也。（246/63a）

揆　衢癸反，量也，度也。（245/65b）

揆測　上求癸反，下昌側反，～～，度量也。（471/109b）

揆模　上渠癸反，下莫胡反，～～，度量也。（44/77b）

百揆　下瞿癸反，百官也，理也。（158/14b）

魁　口迴切。（124/76b）

魁　苦回反，～，首也。（476/16a）

魁　音懷，一音回。（170/34a）

魁儈　上苦回反，下俱會反，亦作膾。（132/53b）

魁膾　上苦回反，下古會反。（155/86a）

魁梧　上苦回反，下音吾，～～，大形兒。（470/56b）

暌　苦圭反。（48/73b）

暌　苦圭反，離也。（470/83b）

瞶　傾携反，目少精也。（181/8b）

魁　口回反，《説文》：羹斗曰～。（262/51a）

魁　苦回反，《説文》：羹斗也。（260/39b）

傀偉　古回反，下羽鬼反，～～，奇異也。（453/25b）

跬　犬捶反，舉足兒，一曰半步也。（158/22a）

磈磊　上苦每反，下魯每反，正作傀儡。（465/38a）

喟　口位反，大息也。（72/13b）

喟　口位反，又口惟反，嘆也。（154/60a）

喟　丘位反，太息也。（158/71a）

喟然　上口位反，大息也。（469/13b）

喟然　上丘謂反，～～，大息也。（468/87a）

媿恥　上居位反，作愧同，下音祉，～～，慙也。（133/67a）

匱　求位反，～，乏也。（131/22b）

匱　求位反，乏也，盡也。（240/95a）

匱遺　求位反，上正。（51/51b）

匱乏　上求位反，作遺，非。（76/48b）

匱竭　上求位反，～～，貧空也。（471/109b）

潰　回字去聲，正作殨，～闌。（153/21b）

潰　携對反，散也。（161/38b）

潰　玄對反，～，散也。（470/108b）

潰　懸對反，散也，亂也。（242/79b）

潰殨　玄對反，下正。（316/47a）

潰爛　上胡對反，散也，合作殨，肉爛也；下郎旦反。（6/25b）

潰爛　上胡對反，散也，漏也，決也；上合作殨，肉爛也。（49/75b）

潰亂　上俱妹反，～～，謂心中煩亂也。（88/34b）

憒　房粉切。（126/19a）

憒　公對切。（124/59a）

憒　古對反，心亂也。（119/41b）

憒　古妹反，心煩亂也。（131/13a）

憒　俱妹反，心煩亂也。（153/26b）

憒亂　俱妹反，心有煩亂也。（102/40a）

憒丙　上俱妹反，下鬧字，～～，心煩亂也。（186/112b）

憒丙　上俱妹反，下鬧字，心煩亂曰～～也。（77/29b）

憒鬧　上俱妹反，～～，心煩兒，下亦作丙。（137/18b）

憒鬧丙　上俱妹反，下二同，女兒反。（341/21a）

憒擾　上俱妹反，心煩亂也，下而小反。（177/78a）

聵　五怪反，聾也。（511/11b）

簣畚　上求位反，竹籠也；下音本，織草器也，並可以盛注也。（465/62b）

饋　末位反，祭餉也。（177/89a）

饋奠　上求位反，饋，獻食也，奠，酌酒也。（468/11a）

饋遺　上求位反，下去聲，～～，餉贈也。（462/29a）

饋遺　上求位反，下惟遂反，～～，贈也。（100/24a）

昆蟲　上正作鯤，下直弓反，微細之類。（161/37b）

昆蟲　上正作鯤，亦蠢動也。（233/10a）

崐閬　昆浪二音，海中仙山名也。（472/75a）

崑崙　昆論二字，山名。（158/53a）

崑崙　上音昆，下音論平聲。（171/36b）

崑閬　昆浪二音，有崑崙閬苑，仙山之名。（477/42b）

崑崙　上音昆，下音論，海中山名，亦作崐崘。（439/53a）

琨　音昆。（158/60a）

髡　苦昆反。（175/92a）

髡剃　上音坤，下他第反，～～，削髮也。（476/63a）

髡頭　音坤，去髮也。（129/60a）

焜煌　二字音昆皇，～～，光明皃也。（443/56a）

焜曜　上胡本反，光明盛皃。（145/20b）

裈　音昆，內衣也。（471/45b）

焜弈　上正作焜，胡本反；下音亦，～～，光盛也。（158/43b）

蜫虫　上音昆，細蟲能動撣曰～。（261/45a）

蜫蚖　上音昆，下正作蠱，微細小蚛曰～。（479/96b）

蜫蟲　上音昆，細蟲能動者皆曰蜫虫，別云：蠢動蠕動其義曰也。
（263/52a）

臗　音寬，一音坤，臀骨也。（166/51a）

臗　音寬，音坤，胯間髀上也。（153/15b）

臗䏶　上音坤，一音寬，臀肉骨也；下蒲米反，股外骨也。　（256/
25a）

臗臚　上音寬，下音驢。（227/80b）

鵾雞　上音昆，《爾雅》云：雞高三尺曰～。（265/88b）

鯤鵬　昆朋二音，鯤，大魚也，鵬，大鳥也。（478/154b）

閫　苦本反，門梱也。（127/12b）

門閫　下苦本反，門梱也。（448/67b）

括　古活反，揔理也。（233/10a）

括括　正作筈，古活反，～，箭受弦處也。（189/44a）

栝柏　上俱會反，合作檜，細藥似松也。（468/11b）

栝筈　二古活反，上古用，下今用。（232/46a）

筈　古活反，箭～也。（346/65b）

筈　音闊，箭末也。（512/123b）

箭括　下古活反，箭受弦處。（34/16b）

廓　苦郭反，虛也，大也。（128/10a）

廓如　上苦郭反，空也，虛也。（161/6b）

坑曠 上苦庚反，下正作廣。（131/13b）

L

膌 郎答反。（142/91a）

膌臘 二同，郎答反，下正。（345/28b）

膌臘 郎答反，年～也，二同。（469/13a）

膌臘 郎答反，上俗，下正，年～。（441/58a）

膌脾 上郎塔反，下毗伽反。（238/56a）

剌 郎達反，戾也，僻也，又七賜、七亦反。（181/8b）

剌 七赤反，又七亦反。（89/31b）

剌茶 上郎達反，下竹伽反，比丘名也。（98//44b）

剌剌 二同，七賜反。（76/48b）

剌痛 上亦作剌，七亦反。（167/94b）

喇 郎達反，又作剌。（169/37a）

臘膌 上郎答反，正作蠟，蜜滓也。（169/11b）

蠟 郎塔反。（229/44b）

蠟 郎答反，蜂～。（158/43a）

鑞鎬 郎答反，上正。（332/81a）

白鎬 下正作獵，郎答反。（95/92a）

唻呼 上音來，下正作呼，音浮，又芳久反。（445/64a）

睞 郎代，傍視也。（132/79b）

睞 力代反。（256/18b）

睞眼 上郎代反，斜視也。（70/60a）

角睞 下郎代反，斜視也。（128/54a）

賚 郎代反，賜也。（469/37b）

賴 來大切。（123/44a）

瀨漏 上正作漱，尸奏反。（153/11b）

瀨 郎蓋反。（259/21b）

癩 音賴，惡病也。（240/53b）

癩 音賴，疥～。（181/8b）

癩 音賴，惡瘡，病患也。（478/87a）

嵐　落含切。（123/9b）

嵐颰　上郎含反。（383/56b）

嵐毗　上郎含反。（434/50a）

嵐毗　上芦含切，下旁之切。（117/31a）

嵐婆　上郎含反，～～，此云迅猛也。（94/43b）

藍　力含反。（136/29a）

襤縷　上郎含反，下吕主反，衣破曰～～。（509/8b）

蘭拏　上亦作蘭，下尼加反，亦云蘭若。（190/65b）

籃　郎含反。（181/60b）

籃　芦甘反。（347/88b）

灆　郎淡反。（164/69a）

瀾　郎旦反。（148/90a）

瀾　音蘭，～，波也。（85/87a）

瀾　音蘭，波～。（186/10b）

纜縷　上郎甘反，下吕主反，～～，衣破也。（467/43a）

欄楯　蘭甚二字。（118/44a）

欄楯　上勒丹反，下邏尹反。（110/74b）

欄楯　上落干反，下貪尹反，～～，階際檻也。（109/116b）

嘛　力干反。（151/60a）

嘛　力謇反。（170/64b）

壈坎　上魯感反，下苦感反，～，不安也。（472/98b）

懶　郎但切。（124/34a）

懶　力旱切。（125/36b）

懶　落旱切。（124/85b）

懶惰　上郎罕反，下徒卧反。（135/59b）

懶儼　上落旱切，下魚臉切。（117/86a）

覽　盧敢反。（119/21b）

攬　盧敢反，手～取。（119/73b）

攬　音覽。（101/7a）

攬拔　上郎敢反，撮持也，下皮八反。（142/8b）

攬觸　上郎淡切。（114/32b）

欖　郎敢反。（160/41a）

纜　郎淡反，船索也。(456/51b)

纜　郎淡反，繫舟索也。(343/19a)

灠　音覽。(174/18b)

灠觴　上郎淡反，浮游水也，下音傷，酒器也，～～，謂之行酒也。(466/75a)

爛　郎旦反，腐～。(149/66b)

爛　郎旦反，熟也。(140/13b)

爛壞　上郎幹反，下胡怪反。(140/20b)

爛潰　上郎旦反，作瀾，非也；下玄對反，肉腐也。(94/44a)

爛胘　上郎旦反，下音縣，～～，光彩曜目也。(465/19b)

爛　郎旦反，彈舌呼。(162/31a)

狼　郎音。(122/51a)

狼　音郎。(134/33a)

狼跋　上音郎，下蒲末反，～～，惶乱皃，亦作狼狽。(449/110b)

狼忙　舊狼狽，非。(328/100b)

埌　錢斤反，～，岸。(497/6b)

蒗蕩　上音浪，下徒浪反，正作～蕩。(148/79b)

撈漉　二字音勞鹿。(238/79a)

牢　音勞，固也（。242/79b)

牢　牢字。(321/60b)

牢　音勞，與牢同。(175/81b)

勞來　上去聲，下郎代反，《漢書》：～～，不怠也。(142/8b)

僗　郎到反。(158/14b)

嗷　力高反。(167/94b)

醪　來高反。(307/122a)

醪　音勞，濁酒也。(478/52b)

佬　莫古反。(168/26b)

姥　莫補反，女師也。(558/41b)

橑理　上正作料，音寮。(348/11a)

烙　音洛。(182/41b)

烙　音落。(309/65b)

澇　郎到反，大水也。(151/54b)

潦潦　二同，郎到反。（171/5a）

仂　音力，勤也。（144/19a）

泐　音勒。（512/85b）

縲絏　上力追反，下音薛，～～，黑索繫古之，以索繫爲獄。（463/85a）

羸　力垂反，劣也。（190/10a）

羸　力而反。（84/11b）

羸　力爲反，瘦也。（550/53b）

羸憊　上力垂反，下蒲拜反，～～，疲劣也。（479/81b）

羸瘠　上力垂反，～，劣也；下才亦反，瘦~也。（94/54b）

羸瘠　上力垂反，下才亦反，～～，瘦劣也。（136/74b）

羸瘦　上力爲反，下所祐反，～～，巳力損也。（140/42a）

羸憊　上力垂反，下蒲拜反，～～，疲極也。（136/9a）

礌　郎對反。（328/31b）

耒耜　上力對反，下音似，耒，耕田水也，耜，耒之金也，廣三寸，並舜、共工倕所作也，古考史曰：神農所作。（160/19b）

磊　魯猥反，衆石貌。（58/64b）

磊硌　上魯每反，下音落，～～，大石也，今取分明皃。（477/132b）

磊砢　上魯每反，下朗可反。（60/8a）

壘　力軌反，～，重也。（140/42a）

壘　力水反。（322/85a）

壘　力委反。（156/14b）

肋　音勒，脇骨也。（446/99b）

累染　上合作纍，力遂反，係也，又力委反。（136/9a）

淚　零帝反，～，乖也。（135/86a）

纇　力外反。（262/75b）

嘞　力得反。（168/13b）

楞　力凌反。（185/29b）

楞迦　郎登反上。（147/18b）

楞嚴　上郎登反，此云健行定也。（256/25a）

唎　音利。（248/35b）

狸猫　上力之反，下音苗，一音茅。（188/26a）

貍　或作狸，力之反。（184/66b）

貍　音离。（123/76b）

犛　莫交反，又力之反，又音毛，～牛也，生西南，傲尾脚有長毛。
（128/44b—45a）

犛牛　上莫交反，《説文》：西南夷長毛牛，尾脚節皆生長毛。（132/
11a）

釐　力之反，毫曰～。（177/66a）

毫釐　下力之反，十毫曰～，十釐曰分，正作氂。（255/9a）

毫釐　下力之反，正作氂，十毫爲一～。（244/37b）

藜藿　上郎低反，下况郭反，～～，草也，蒸可爲茹，又云豆葉是
也。（466/32a）

藜藿　上郎低反，下兄郭反，二草名，蒸之可以爲茹也，一云豆葉
是。（467/26a）

嚟　力兮反。（167/15a）

離黄　上正作鸝。（357/55a）

黧黮　上力低反，下徒感反。（132/21b）

黧黮　上厤低反，下徒感反，黄黑之色謂之～～。（44/39a）

黧黮　上音黎，下徒感反，～，黄黑色也。（51/51b）

蠡　郎和反，與螺同。（465/8a）

蠡　郎和反，正作累。（188/8b）

蠡　螺字。（56/26a）

籬　吕知切。（123/59b）

里　力止反。（163/18a）

里　力旨反。（136/29a）

醴泉　上音禮，味甘如酒曰～。（453/158b）

邐迤　上吕爾反，下移爾反，～～，連接皃。（478/154b）

欐　應師作力奚反，別本作羅治反。（445/72b）

吏民　上力置反，職也。（97/13b）

戾　零帝反，曲惡也。（132/63b）

戾　零帝反，惡也，逆也。（189/35b）

戾止　上零帝反，亦止也。（470/56b）

琍　力智反。（266/19a）

莅　音利，臨也。（477/74a）

栗　力吉反。（136/29a）

栗呾　上良一反，下丁達反。（137/25a）

栗芝　上良一反，下音之。（97/29a）

粒　音立，顆~。（189/61a）

悷　犁帝切。（123/44a）

晉　力言反。（229/59a）

晉　力智反。（136/9a）

㩧又　上力吉反，亦作栗扠。（347/28a）

慄　力質切。（124/34a）

慄　栗音。（122/9a）

慄　良吉反，懼也。（128/78b）

慄　良日反。（97/29a）

厲　音例，猛也，惡也。（242/49b）

厲渡　上音例，正作砅，履石渡水也。（245/39b）

厲濿　二同，音例。（330/78b）

繚　力結反，絞~。（169/11b）

繚捩　二同，力結反，下正。（317/55a）

勵　例音。（122/27a）

勵　音例，勉也，勸也。（240/95a）

勵　音厲，勸~也，又猛~也，自強也。（78/8b）

襦　音例。（320/64a）

瓅　音爍。（72/13b）

攊　音歷。（316/63a）

瀝　音曆。（123/9b）

礫　郎的反，瓦~也。（133/34b）

礫　郎擊反，小石曰礫也。（552/24a）

礫　上音曆，沙~也。（187/60b）

礫石　上音曆，砂~也。（72/70b）

蠣　音例，蚌屬。（158/71a）

儷　音麗。（163/33a）

轢　音歷，擊也，飛也。（158/32a）

㘑 力帝反。(58/64b)

連綿 上音連，～～，不繼之皃。(439/53a)

漣 音連。(172/66b)

漣漪 上音連，下於宜反，～～，水波也。(478/154b)

奩 力沾切。(124/76b)

奩 音廉，平底粧匣也。(242/49b)

奩底 上音廉，平底粧匣也。(39/8b)

鎌 音廉，割禾刀也。(251/77a)

鎌 音廉，刈禾刀也。(252/6b)

鐮 力沾切。(123/76b)

鐮 獵沾切。(123/36b)

籢 亦作匳，音廉，亦同用。(335/21b)

斂 力撿反。(169/51b)

斂 力冉，又作欠，非。(154/68b)

歛 力檢反。(134/84a)

臉 音檢，眼外皮也。(155/77a)

摙 力塞切。(341/35a)

楝 音練。(164/59a)

練若 上郎殿反，下而者反，阿～～，此云寂靜處。(140/33b)

練若 上郎殿反，下而者反，此云寂靜場也。(242/8b)

練若 下汝者反，阿～～，此云寂靜處也。(96/27a)

鍊 郎殿反。(128/17b)

鍊 音練，～，冶金也。(176/72b)

鍊練 二並郎甸反，上～金之鍊，下帛～之練。(120/50a)

殮 力驗切。(124/85b)

鍊 音練。(120/16b)

鏈 音連，縷絲不解也。(174/11a)

戀 力絹反，慕也。(243/65b)

樑 音良，～柱。(159/49a)

樑栿 上正作梁，下音伏。(349/57a)

糧 音良，～食。(158/22a)

亮 力向反，朗也。(160/28a)

亮　力向反，清也。（465/54b）

諒　力向反。（46/55a）

諒　音亮。（120/65b）

聊　郎彫反。（317/55a）

聊　音寮，正作憀，～頼也。（471/46a）

聊亂　上郎彫反，或作撩，理亂也。（153/21b）

聊亂　上音寮，正作撩，理也。（257/39b）

僚　音寮，官～。（87/19b）

僚　音寮，官曹。（157/64a）

僚庶　上郎彫反，官～也，庶民也。（235/54b）

寥　落凋反，空也。（550/64b）

寥廓　上郎彫反，下苦郭反，～～，空遠皃。（476/34b）

寥廓　上郎彫反，下傾郭反，～～，遠大。（179/21a）

撩　力弔反。（304/37b）

撩　音聊。（512/99a）

撩　音寮，正作料。（345/48a）

撩打　上郎彫反，擲也，又去聲呼。（123/84b）

撩理　上郎彫反，正作料。（350/101b）

撩擲　上力彫反，亂也，力吊反，通呼。（101/55a）

遼　郎彫反，遠也。（449/99a）

遼　郎彫反，正作撩，～撥。（448/54a）

遼　音寮。（258/13a）

遼迥　上音寮，下玄茗反，～～，遠也。（443/56a）

潦　郎到反，水～也。（142/91a）

燎　郎照反，燒也。（49/16a）

燎　力鳥反，又力召反。（259/78b）

燎　力照反，放火曰～。（240/95a）

燎　零照反，燒也。（41/34a）

水潦　下郎到反，亦作澇，水災也。（95/92a）

繚戾　上力小反，下零帝反，～～，曲也，經作膫，誤也。（181/8b）

繚戾　上力小反，下令帝反，～～，手足曲皃。（77/29b）

蓼莪 六餓二音，大蒿也，《毛詩》孝子篇名。（468/11a）

料理 上郎彫反，正料。（102/9a）

鐐 力召反。（258/20b）

迾 音列，良薛反，庶遇也。（487/37a）

迾 正作列。（247/81b）

捩 郎結反。（309/55a）

捩 曆結反。（78/49a）

捩 練結反，拗捩，出《玉篇》。（483/83a）

捩身 上力結反，拗~也。（141/95a）

捩咽 上力結反，下音煙，~~，以手搦咽喉也。（479/59b）

獵 良涉切。（122/59b）

獵 良輒反，取獸也。（253/59b）

獵 良輒反，俗作獦。（478/87a）

獵 良輒反，畋~也。（255/75a）

獵 良輒反，皆禽獸也。（235/28a）

獵 良轉反，俗作葛。（178/9a）

獵獦 二同，良涉反。（148/69a）

獵師 上良輒反，俗作獦，捕獸之人也。（45/8b）

鬛 良輒反。（188/16b）

鬛毛 上力葉反。（118/52a）

啉 力甘反。（182/21b）

琳璆 上音林，下渠幽反，~~，玉也。（465/8a）

霖 音林，~霍。（128/89a）

霖 音林，雨三日不止曰~。（145/10a）

鱗 音善，正作蟮。（322/50b）

麟鳳 上音瞵，正作麟，仁獸也。（470/94a）

麟角 上音隣，仁獸也，似鹿一角。（463/85a）

麟趾 隣止二音，麟，瑞獸也，趾，足也，麟應《關雎》之德，趾足至矣，比仁人之族也。（472/11b）

廩食 上力錦反，正作稟，悲品反。（346/42b）

懍厲 上呂錦反，~~，嚴整皃。（467/63a）

懍癘 上力錦反，敬也，畏也；下音例，或作厲，嚴整皃，《埤蒼》

云：懍悷，零帝反，悲吟皃也。（244/8a）

懍懍　吕錦反，～～，恭懼皃。（478/154b）

吝　良刃反，慳～也。（142/8b）

悷　良刃反，～惜也。（244/22b）

悷　良刃反，慳惜也。（262/86a）

悷悷　二同，良刃反，惜～也。（502/49a）

悋　良刃反，慳惜，一鄙悔也，合作吝。（120/16b）

悋惜　上力進反，正作吝。（151/12a）

悋惜　上良刃反，舊作悁，非。（140/65a）

悋惜　上良刃反，亦作悷。（409/63a）

賃　那禁反。（158/7b）

賃　尼禁反，雇～。（260/28b）

賃剔　上尼禁反，傭力也；下他的反，除也。（449/30a）

瓶堅　上正作籣，《爾雅》云：竹名也，其中堅，可以爲箭莖。（238/79a）

藺草　上音吝，～草似莞。（140/42a）

躪霙峯　上音悷，踐也，中音英，雪也，下芳逢反，山巔頂也。（254/84a）

輴　力進反，車踐也。（141/85b）

轔　良鎮反，車轢者。（343/9b）

輴轢　上良刃反，下音曆，車碾也，下一音落。（466/17b）

囹　力丁切。（124/9a）

囹　靈音。（122/18b）

囹　音零。（545/24b）

囹圄　二字音零語，獄名也。（96/20a）

囹圄　靈語二字，周時獄名。（128/17b）

囹圄　上音靈，下音語，～～，周時獄名也。（177/89a）

泠　郎丁反，清泠。（552/64b）

凌　音陵，歷也，正作夌，高也，越也。（256/68b）

凌　音陵，欺～。（146/63b）

凌嗤　上音陵，下尺之反，～～，輕欺也。（443/25a）

凌打　上音陵，欺～，正作㪉。（145/68a）

凌懱　上音陵，下莫結反，正作欺懱，謂欺欺，輕懱也。（96/35a）

泠竮　上音苓，下蒲丁反，徐行不正之皃也。（121/84a）

凌篾　上音陵，下莫結反，～～，輕慢也。（405/41a）

跉跰　上音零，下匹丁反，～～，苦辛皃。（478/154b）

跉跰　上音零，下匹丁反，正作伶傳，聯翩也，又孤獨也。　（132/21b）

鴒翅　上音靈，正作翎，下施智反，～～，鳥翼飛貌。（507/49a）

旒　力由反。（254/84a）

旒　音流，冠冕之垂餚也。（171/68b）

旒冕　流免二音，冠也，傳有作旅晃，非也。（471/119a）

雷溜　力救反，下正。（330/58b）

癃　力中反，～，殘疲病也。（126/73b）

癃　六中反，～，疲病也。（189/76b）

癃　音隆，疲病也。（186/92a）

龍樅　上魯孔反，下音惣，～～，山皃。（472/32b）

龍樅　上魯孔反，下子孔反，山皃也，今取其籠義。（477/132b）

櫳疎　上亦作襲，盧東反，下音疎，窻也。（309/44b）

籠檻　上字音龍，下胡黤反，闌圈也。（120/16b）

攏　力東反，今疑合作郎孔反。（238/43a）

攏　俗作弄，同。（129/41b）

僂　力主反，背曲之病也。（189/84a）

僂　力主反，傴僂，背曲病。（266/38a）

僂　呂止反，背曲皃。（85/78a）

僂　呂主反，背曲皃。（425/25a）

僂曲　上力主反，傴～，背曲之疹。（147/27b）

僂者　上呂主反，背曲之疾也。（129/86b）

背僂　下呂主反，背脊曲貌。（19/9a）

背僂　下呂主反，背曲病。（262/42a）

背僂　下呂主反，傴～，背曲之疾。（51/51b）

背膢　下力主反，背曲也，正作僂。（244/8a）

嘍　力侯反。（181/21b）

嘍　力口反。（136/50b）

嘍　呂口反。（104/14a）

嘍　音樓。（98/36a）

膢　力主反。（162/9a）

僂僂　音樓，謹敬兒。（477/121b）

樓櫓　下音魯，城上禦敵望樓也。（127/38a）

髏頷　上音樓，下胡感反，頭骨也。（94/44a）

漊　力主反。（138/32a）

漏瘻　上正作瘻。（357/21a）

瘻　力朱反，或作僂，呂主反。（308/37b）

瘻脊　上力朱反，下音迹，或作僂，呂主反。（307/108b）

玃玃　二字音盧萬，～～，大駿大狩也。（135/67a）

廬舍　上音閭，亦舍也。（120/9b）

爐　音芦。（134/33a）

鑪錘　上音盧，下直追反，正作鎚。（472/11b）

鹵　音魯，鹹地。（128/69a）

鹵薄　上音魯，下蒲補反，正作簿，大駕鼓吹隊仗。（262/75b）

虜掠　上盧覩切，亦作虜、擄，下略亮二音，亦作掠，～～，獲地奪也。《漢書》曰：生得曰虜，即俘奪也，又斬首曰獲，強奪曰掠也，又抄暴曰～～。（66/37b）

滷　音魯。（125/28b）

菉　正作綠。（466/17b）

硉矶　上郎骨反，下吾骨反，石崖高兒。（478/154b）

逯逮　音代，及也，上非下正。（166/14a）

逯逮　音代，反也，二同。（89/8b）

輅　音路，車也。（169/18b）

磟碌　上盧各反，下千木反，砂石兒。（138/73b）

碌碌　音鹿，～～，多也，常也。（476/44a）

賂遺　上音路，下去聲，～～，贈也。（469/72b）

淥　音鹿，～，去水也。（263/14a）

淥　音鹿，濾～。（126/73b）

戮　力竹切，刑～。（481/13a）

戮屍　六尸二字。（158/70b）

騄驥　上良玉反，下居異反，～～，駿馬也。（476/24b）

騄驥　上龍玉反，下居利反，並駿馬也。（446/27b）

鏐　卑苗反，馬銜旁～也。（246/63a）

露　力故反。（166/14a）

籙　力玉反，～，圖也。（473/11b）

籙　音録，圖～。（141/85b）

巒峭　上郎瑞反，峯巒也；下七笑反，險峭也，亦作悄。（463/10a）

挛躄　上力負反，手縮病也；下必亦反，腳屈病也。（35/9a）

挛　下力貪反，～，屈也，或作攣。（472/86a）

挛躄　上力員反，或作癵，手縮病也；下必亦反，腳屈病也。（44/39a）

挛躄　上力員反，手縮病也；下必亦反，足屈病也。（52/34b）

臠　力轉反，肉～也。（88/60a）

臠　吕卷反。（305/25b）

臠　吕轉反。（265/24a）

臠割　上吕衍反。（259/57b）

臠切　上力轉反，～，割也。（94/97a）

鸞　落官反。（120/56b）

掠　力向反，奪也，劫也，一音略。（136/43b）

掠奪　上力向反，一音略，下徒活反。（258/57a）

淪　音倫，没也。（145/68a）

波崙　下音論，薩陁～～，此云常啼。（70/74b）

螺　郎禾反。（150/22b）

羅筏　下音伐，室～～，即舍衛國也。（58/32b）

羅邏　下郎賀反，此云和合，謂父母精血方和合也。（255/9a）

関邏　下郎賀反，戍巡邏也。（85/14b）

関邏　下郎賀反；謂守関巡邏之人也。（244/29a）

駱駝　二字音落陀。（171/75a）

駱驛　落亦二音，上或作絡，急疾分布之皃。（470/31b）

騾　郎和反，驢馬和合也。（263/60b）

騄　郎六反。（311/67b）

騾　落戈切。（122/59b）

騾驢　上盧戈反，下力居反。（120/83b）

覼縷　上郎和反，～～，情意委曲也。（477/24b）

覼縷　上郎和反，下呂主反，～～，委屈兒也。（465/70b）

邏　郎箇切。（122/51a）

邏　力佐切。（124/9a）

砢　力可反。（42/41b）

砢　呂可反。（6/25b）

蓏　郎果反，瓜之屬在樹曰果，在地曰蓏。（164/59a）

蓏　郎果切。（122/34a）

蓏　力果切。（122/27a）

裸　力果反，袒也。（550/64b）

裸　魯果反，赤體也。（126/30b）

裸　上郎果反，又胡瓦反。（329/17b）

裸躶　二同，郎果反。（328/43a）

裸形　郭果反，赤體也。（145/20b）

倮裸　上郎果反，赤體也；下胡瓦反，～，露也，未見出處。（244/15a）

倮裸裸　三同，郎果反，又胡瓦反。（303/37b）

裸　郎果反，又胡瓦反。（314/11b）

裸形　上玄瓦，反～露也，篇韻作魯果反。（434/50a）

裸形　上魯果反，赤躰也，又玄瓦反，未見出處。（123/84b）

裸形　上玄瓦反，～，露赤體也，尋捡篇韻，只有魯果反，亦作躶、倮。（80/20a）

裸形　上玄瓦反，赤露也，篇韻只出魯果反，亦作倮也。（446/85b）

裸形　上玄瓦反，赤體也，篇韻只出郎果反。（456/15b）

躶倮　二同，郎果反。（331/37b）

躶裸　二同，魯果反，赤體也，又玄瓦反。（439/8b）

躶形　上郎果反，正作裸，裸，赤體也，今之或作胡瓦反，篇韻不出。（142/71a）

瘰癧　累曆二字，項上結病也。（128/17b）

犖　力角反，此字切甂字，後經多用此字作切。（185/21b）

濼　匹莫反，陂～也。（87/35a）

囉　力何反，又力加反。（137/41b）

囉　力加反，又力哥反。（97/7b）

囉揭　上力加反，又力何反，下丘例反。（104/63a）

閭　音臚。（188/61a）

閭里　上力居反，三十反家爲～也。（260/17b）

閭婁　臚樓二音。（94/86a）

氀　力主、力朱二切。（125/36b）

膂　音呂，脊骨也，又～力，謂手足之力也。（128/36a）

屢　力遇反。（167/15a）

屢降　上力句反，頻也。（137/41b）

履　兩旨反。（132/73a）

履踐　上力几反，下慈演反。（112/75b）

縷　力主反，絲～。（257/30a）

縷褐　上呂主反，絲～；下胡葛反，衣～。（244/15a）

縷綖　上力主反，下音線，或作綫。（140/13b）

濾水　上音慮，淥～。（244/44a）

略也　上應師作剌，郎割反。（445/64a）

樂差　上吾孝反，下瘥字，病可也。（255/75a）

樂豫　上欲雪反，下音喻。（119/31b）

樂樂　上吾孝反，好～；下音落，歡～也。（242/29b）

樂樂　上音岳，下音洛。（152/68a）

M

馬璁　二字正作馬碯，寶名。（90/11a）

埋　莫皆反，～，藏也。（131/22a）

埋殯　上莫皆反，下必刃反，埋屍也。（161/38b）

埋箇　上莫皆反，下音童，～竹～于地。（126/73b）

霾　莫皆反，風起塵曰～。（477/121b）

霾　莫皆反，陰～也，風而雨土曰～。（581/4a）

脉　莫獲反，血脈。（553/17a）

脉　音麦，血～。（255/75a）

邁　莫拜反，遠也，往也。（131/21b—22b）

邁　莫敗反，年已老也。（425/25a）

邁　莫敗反，往也，遠也。（188/75b）

鞔綱　上莫官反，謂指如鵝掌也。（54/8b）

鬘　莫班反，花～也，西土以花繫羅貫之臂首也。（88/34b）

鬘　莫班反，華～衣也。（134/12a）

鬘髴　上芳罔反，下芳物反，又芳未反，未審定也。（177/89a）

蠻　莫班反。（175/92a）

曼　莫官反，及也。（477/132b）

曼拏　上莫官反，下奴加反，～～攞，此云壇。（491/14b）

曼倩　上音万，下七見反，～～，東方朔字也。（464/88a）

曼陀羅　此云悅意花，又云雜色花，亦云天妙花。（111/39b）

僈　莫晏反。（181/46b）

蔓　無繁反。（162/74a）

蔓　音万，藤～也。（443/34a）

蔓　音萬，蔓草。（164/87b）

蔓草　上音万，藤～也。（470/84a）

蔓草　上音萬，連續不斷也。（262/34a）

蔓延　上音萬，下羊羨反，正作莚，～～，不斷之皃。（502/60a）

蔓莚　上音万，下延字去聲，～～，枝條相續皃。（132/21b）

蔓莚　上音萬，下延字去聲，～～，連續不斷之皃。（176/87a）

幔　莫半、莫官二反，帷～也。（127/23a）

幔餙　上莫半反，帷帕之屬，又莫官反。（61/6b）

漫　莫班反，大水也。（555/36b）

漫　莫半反，又莫官反。（407/14b）

漫墮　上莫半反，～，大水也。（187/30a）

漫捍　上莫官反，下音汗，《方言》：～～，不順從也。（127/78b）

漫說　上莫半反，正作謾。（322/42b）

漫言　上莫半反，正作謾。（471/45a）

漫溢　上莫官反，下夷一反，水大皃。（126/73b）

慢　莫竿反。（120/43a）

慢緩　上莫諫反，下乎卵反。（256/18b）

慢縵　上莫晏反，下胡伴反。（182/11a）

熅煴　上正作溫，下與煩同。（307/36b）

瞞　遏俱反，又音藕，牛吼二反。（353/73b）

縵　美官反。（176/28a）

縵　謨半反（341/35a）

縵　莫半反，帳～也。（310/43b）

縵　莫半反，遮眼。（483/83a）

縵幕　上莫半反，或作幔，下音莫。（165/44a）

縵網　上莫官反，網明菩薩手有～～，如鵝掌也。（142/71a）

縵網　上莫官反，謂手指如鵝掌，～～，相連也。（81/10a）

網縵　下莫官反，正作網鞔，謂世尊指相如鵝掌也。（103/30b）

白幔　下莫半反。（165/14b）

芒　音亡，草名。（343/45b）

芒屬　上音亡，下音腳，～～，草履也。（468/76b）

毫芒　音芒，草端也，麥芒也。（73/8b）

鋒鋩　下音亡，作芒，非。（324/8b）

厐　眉江反。（181/53b）

厐牻　二同，莫紅反，下正。（337/10b）

厐牻　二同，莫江反，下正。（340/50b）

甿　莫耕反。（136/9a）

盲瞑　上莫庚反，目無珠子；下莫經反，合眼也。（132/11a）

盲瞎　上莫庚反，下許八反。（51/51b）

氓　音萌，民也。（467/26a）

氓黎　上音萌，庶民也。（478/154b）

茫然　上音忙。（95/19b）

忙　音忙。（168/50a）

忙怖　上與忙同。（162/45b）

牻色　上莫江反，雜色也，《說文》：黑白雜毛牛曰～。（262/86a）

莽　音母。（166/14a）

莽　莫古反，又母朗反。（163/33a）

莽　母朗反，草～也。（473/11b）

漭　母朗反，～，蕩。（449/110b）

瀁沆　上母朗反，下胡朗反，～～，大水廣遠皃。（465/47b）

蟒　莫黨反，蛇中最大曰～。（157/38a）

蟒　莫朗反，大蛇也。（142/39b）

蟒　莫朗反，蛇中最大者。（132/21b）

蟒　母朗反，蛇中最毒者。（153/21b）

猫　苗茅二音，捕鼠～也。（263/34b）

猫狸　上苗茅二音，下力之反。（241/60a）

猫牛　上莫交反，正作犛。（84/11b）

貓　眉朝切。（123/76b）

矛　莫浮切。（126/19a）

矛　莫候反，戈～也。（549/80a）

矛　音牟，～戟。（128/53b—54a）

矛盾　上莫浮反，下時尹反，～～，兵器也，今云一是一非～～。（465/70b）

矛盾　上莫浮反，下時尹反，兵器名，今之是非曰～～也。（462/29a）

矛戟　上莫侯反，下居逆反，並搶之類。（100/16b）

矛矟　牟朔二字，～～，槍也。（177/52a）

矛矟　上莫浮反，下音朔，並槍之類也。（127/53b）

矛矟　上莫侯反，下音朔，並槍之屬也。（95/19b）

矛欑　上莫浮反，～，戟也；下鹿箏反，大槍也。（52/51b）

茅茨　上莫交反，下疾咨反，～～，草屋也。（453/25b）

茅　莫交反，草也。（71/37a）

旄拂　上音毛，犛牛尾於旌旗，又云舞者所執也。（145/68a）

秏氀𣰆　上二同，音衢，下山朱反。（341/59b）

髦　音毛，～鼠。（189/76b）

髦　音毛，髮尾也。（439/53b）

髦彥　上音毛，下魚箭反，～～，俊美之稱也。（470/56b）

昴　音卯，西方宿名。（94/74b）

兒完　二同，惠官反，～，全也。（384/71b）

兒完　戶官反，全也，二同。（189/61a）

皃兒　二同。（299/21b）

皃兒　音冒。（297/36a）

茂　莫候反，卉木盛。（558/34b）

耄　莫報反，老～也，（472/86a）

耄　莫報反，年八十曰～。（142/71a）

耄　莫號反。（171/36b）

耄耋　上莫報反，下徒結反，老也。（475/42b）

袤　莫候反，廣～也。（439/73a）

帽　莫報反。（153/40a）

貿　莫候反，～，換也。（467/63a）

貿　莫候反，或作貿。（176/43a）

貿貿　莫候反，～，易也，二同。（245/6b）

貌　兒字也。（248/21a）

貌　莫教反。（258/90a）

貌　音兒。（131/13a）

懋緒　上莫候反，美也，大也，正作懋，功～。（472/32b）

么麼　上於堯反，下靡可反，～～，小小也。（477/132b）

麼　母可反。（88/23b）

麼麼　莫可反，小兒也。（101/26b）

玫瑰　梅回二字，下又古回反，火齊珠也，又云圓好曰玫，美好曰瑰。（134/65a）

枚　音梅，个數也。（136/50b）

眉格　上正作楣，下古伯反。（346/27b）

湄　音眉，正作哦，音迷。（307/48a）

袂　弥祭反，袖襟也。（168/38a）

袂　弥祭反，衣袖也。（169/11b）

袂　音寐，衣袖也。（462/29a）

寐　弥二反。（121/84a）

寐　彌異反。（120/65b）

寐　蜜二反。（153/15b）

寐寐　二同，密二反，上正。（409/44b）

媚　眉二反，美也。（156/39b）

媚　莫秘反，嫵～也。（552/83b）

魅　眉二反，妖～也。（255/44b）

抆　莫奔反，以手撫持。（553/52a）

抆　音門，～，拭也。（127/30b）

抆淚　上音門，拭也。（87/35a）

抆蘿　上音門，攀也；下音羅，草也。（581/4a）

抆摸　上音門，下忙胡反，一音莫，以手撫摩也。（158/89a）

懣　音悶，煩～。（161/6b）

萌　莫庚反，萌牙也。（109/116b）

萌　莫耕反，～芽。（552/24a）

盟　音明，誓也。（174/49a）

盟誓　上音明，～謂明也，爲告神明之誓也。《三蒼》曰：歃～飲也，血誓也。（153/11b）

瞢　莫崩反，又莫中反，日不明也，亂也。（154/68b）

瞢　莫登反，又莫中反。（168/50a）

瞢　莫鄧、莫登二反，昏亂也。（425/73b）

瞢　莫亘切。（123/9b）

瞢　莫紅反，又莫朋反，云亂也，悶也，一云目不明也。（158/71a）

瞢　莫朋反。（135/50b）

瞢　母亘反。（254/49b）

瞢眛　上莫中反，～～，目不明皃。（254/24a）

瞢瞢　莫中、莫登二反，不明也。（436/31a）

蝱　武庚反，～虫。（552/7b）

濛　莫紅反，溕濛細雨也。（553/34a）

懞　莫紅反。（258/20b）

矒瞪　上莫贈反，下音鄧，～～，昏亂之皃。（492/48a）

懜憧　母揔反，下哆動反，心亂也。（513/13b）

眯　莫禮反。（134/22a）

眯　音米，物入目中。（255/44b）

眯覆　上忙禮反，物入目中曰～。（240/27a）

迷　忙閉反。（94/18b）

謎　莫閉反。（136/58a）

謎　莫計反。（305/48a）

糜　靡爲反，粥～也。（109/116b）

糜　密卑反，乳～，粥也。（94/74b）

糜　密碑反，～，爛也，正作糜。（189/44a）

糜爛　上密碑反，正作糜。（464/28b）

糜碎　上密碑反，正作糜，～，壞也。（478/87a）

縻　摩爲反，繫也。（552/83b）

麋　美爲切。（122/18b）

糜　密碑反，～，粥也，正作糜。（129/60a）

麋　音眉，小鹿也。（175/61b）

彌離　力之反，按離即尼也，如戒文中並作沙彌離之也，又儲經中作伊尼延，亦云尹梨延是也，又經音義及川音並作沙彌尼離戒，並非也，彼本剩尼字也。（338/75b）

靡　苗彼反，無也。（147/18b）

靡　緬被反，無也。（72/7b）

靡　苗彼反，順也，偃也。（189/61a）

靡草　上免美反，偃順也。（447/16b）

靡曼　下莫官反，～～，美也。（448/39b）

獼猴　二字音彌侯。（260/39b）

蘼　苗彼反，蘽蘼，草弱兒。（253/53a）

蘼　上免彼反，一音眉，草名也。（472/75a）

弭　彌爾反。（58/64b）

弭　彌耳反。（97/62a）

弭　米爾反，息也。（477/121b）

弭　免爾反，息也，安也。（469/37b）

瞇　莫閉反。（134/22a）

汨　匹陌反，正作泊。（474/40b）

汨　音骨，～，没也。（478/154b）

汨灑　覓羅二音，屈原溺死之水也。（478/52b）

汨淴　上于密反，下于立反，同前，水流急兒。（462/29a）

櫁　音蜜。（162/52b）

謐　眉必反。（361/20a）

謐　弥卑反，靜也，煩也。（557/65a）

櫋　忙一反，香樹也。（132/11a）

緜　音綿，遠也。（169/26b）

眄　莫見切。（123/35b）

眄　莫箭反，寂視。（549/10a）

眄　下音麵，斜視也。（128/54a）

眄睞　上音麵，下郎代反。（172/85b）

眄衡　麵縣二音，下正作眩，目生花皃，一本作肝衡，上兄于反，下戶庚反，～～，舉目視皃。（470/56b）

眄　音麵，斜視也。（129/41b）

俛首　上音免，～～，低頭也。（463/74a）

俛首　上音免，低頭曰～～。（476/100a）

俛仰　上音免，～～，強爲之謂也。（72/52b）

俛仰　上音免，強爲也。（189/54a）

俛仰　上音免字，作勉，非，～～，強爲也。（443/25a）

勉勵　二字音免例，勸也。（171/81b）

勉身　下正作㝆，生子也。（189/44a）

冕旒　免流二音，天子下至大夫之冠，皆曰～～。（469/14a）

湎　弥見反。（229/59a）

湎　弥免反，正作醖。（358/13b）

湎　弥兖切。（123/36b）

緬　麻展反。（492/48a）

杪兒　上美小反。（178/73a）

眇　忙小反。（169/43a）

眇　眉小反，細一目也。（181/8b）

眇　美小反，～，遠也。（478/154b）

眇　弥小切。（341/91a）

眇　弭沼反，視也。（58/64b）

眇　綿小反。（341/59b）

眇　亡沼反，微細皃。（119/31b）

眇莽　上美小反，下母朗反，～～，空遠皃。（472/75a）

眇邈　上美小反，下眉角反，～～，邈遠也。（472/75a）

眇然　上密小反。（174/36b）

眇鼜　上美小反，下一計反，正作瞖，～～，目小二習也。（464/
28b）

淼　美小反。（167/29a）

淼　弥小反。（168/50a）

淼　靡小反，大水皃。（253/17b）

淼漫　上美小反，下莫半反，～～，水火①皃。（466/17b）

淼漫　上美小反，下莫官反，～～，水大皃。（468/33b）

渺㳽　上美小反，下母朗反，～～，廣遠皃也。（466/96a）

藐　苗角反。（266/7b）

邈　眉角反，～，遠也。（144/25b）

哶　弥爾反，羊鳴音。（168/26b）

哶　免爾反。（92/62a）

哶　音罵，又作羊鳴音，又作免爾反。（95/8b）

哶　音罵，又羊鳴音。（95/67b）

哶闍　上弥爾反，羊鳴音，下傾弥反。（167/39a）

薎　莫結反，輕～，正作懱。（44/23b）

薎戻　上莫結反，下零帝反，～～，不信佛法人也。（56/17b）

薎戻　上莫結反，下零帝反，～～車，此謂全不信佛法人也。（54/
48a）

篾　莫結反，正作懱。（232/37a）

篾　莫結反，正作懱，慢也。（133/73a）

瀎　音末，塗也。（162/38a）

懱　莫結反，輕也。（229/9b）

輕篾　下莫結反，正作懱。（256/25a）

陵篾　下莫結反，二字正作欻懱，謂欺欻輕懱也。（236/60a）

玟　音梅。（123/9b）

玟瑰　上音枚，下音回，又古迴反，～～，火齊珠。（189/18a）

旻　眉巾反。（440/9a）

旻　彌賓反，天名。（425/12a）

旻　音閔。（255/86b）

────────────

① “火”當爲“大”之訛也。

旻　音閩。(512/25b)

岷絡　上音敏，蜀山也，洛西京也，作雒，誤。(469/37b)

岷蜀　上音閩，西蜀山名也。(456/87b)

珉　音閩，美石也。(475/18a)

泯　美忍反，絶也。(475/31a)

泯　弥忍反，～，絶也，滅也。(240/74b)

泯畚　上弥忍反，一音民。(135/21b)

泯逸　上緬忍反，下夷一反。(266/19a)

愍悼　上音敏，憐也；下音盗，傷也。(142/31b)

慜　音敏，憐～，亦作愍。(139/54a)

僶俛　上米忍反，下音免，～～，強爲也。(467/63a)

憫救　上音敏，亦作愍。(493/16a)

溟　莫經反，～，海也。(256/69a)

溟渟　上莫逈反，～～，大水皃。(476/24b)

暝　莫經反，～，暗也。(244/29b)

暝　莫經反，閉合也，又暗也。(499/6b)

瞑　莫經反，合眼也。(551/98a)

銘　莫并反，～，記也。(156/70b)

瞑　莫經反，～，暗也。(189/36a)

瞑　莫經反，夕也。(456/102a)

瞑目　上莫經反，閇目也。(161/38b)

瞑眩　二字音麪縣，～～，昏乱也。(127/23a)

螟蟘　冥特二音，～～，並食禾蟲也。(464/95a)

摸索　上音莫，下正作㨯。(348/11a)

摸㨯　上忙胡反，又音莫，下思各反，捫摩也。(161/37b)

尛　莫可反。(151/54b)

摹　莫胡反，與模同。(165/5b)

摹　莫胡反，正作摸。(365/44b)

模　莫胡反，法也，像也。(254/41a)

景摸　下莫胡反，～～，像法也。(178/9a)

景摸　下莫胡反，法則之明也。(144/7a)

模貿　上莫胡反，圖～也，應作謀，下莫候反，易也。(425/112b)

膜膜 音莫，上肉間也，下目不明也。(244/58b)

膜 慕各反，肉膜。(553/24b)

膜 音莫，筋～。(255/44b)

摩捫 下音門，撫摸也。(179/21a)

暮 謨字。(181/72a)

暮 莫胡反，與謨同。(243/9a)

抹 音末。(132/34b)

妭胎 上或誤作疫。(476/52b)

沫 音末，浮～。(255/63a)

沫 音末，水上浮～。(129/16b)

帞 音怕，～㦦。(167/94b)

秣駠 上音末，以粟飼馬胃之～～也。(478/154b)

秣 音末。(259/21b)

瘼 音莫，正作膜，筋寸也。(165/71a)

默嘿 二同，音墨。(338/13b)

牟楯 上正作矛，下時尹反。(301/61a)

牟鉀 上正作矛，下音甲。(137/41b)

牟矟 上正作矛，下音朔。(342/56b)

眸 音牟，目瞳也。(128/89a)

鉾 音矛。(232/37a)

鉾 音牟，正作矛。(338/24b)

鉾刺 上音牟，正作矛，下七亦反。(346/21b)

鉾鑹 上音牟，下七亂反，小鉾也。(136/58a)

鉾鋋 上音牟，下失延反，～～，槍矟之類。(189/44a)

鉾盾 上音牟，短戟也；下時尹反，傍牌是也。(145/49a)

鉾矛戟 上二同，莫浮反，下居逆反，～～，槍之屬。(260/9a)

鉾矟 上莫浮反，下音朔，～～，並槍之屬。(80/20a)

拇 莫厚反，大拇指。(552/34b)

拇 莫怙切。(122/68b)

拇指 上音母，手足大指也。(127/45a)

沐 音木，洗～。(149/67a)

苜蓿 目宿二音，亦作茂宿。(137/41b)

苜蓿　目宿二字，草名，張騫於西域得種也。（136/50b）

牧　音目，放羊牛也。（136/50b）

牧牛　音目，放牛羊也。（139/27a）

牧豕　上音目，下式旨反，～～，放猪也。（475/42b）

穆　音目，和也，美也。（136/22b）

N

挐　尼加反，須大～，王子名。（145/49a）

挐　奴加反。（166/14a）

捺洛　上奴達反，緊～～，一云緊那羅。（133/34b）

捺落　上奴達反，此云地獄。（246/43b）

捺落　上奴達反，前云那落，其理一也。（249/31a）

捺瘦　上奴達反，捼～也，下一領反，項下氣瘤病。（257/34b）

迺　乃字。（86/68b）

嬭　尼可反。（165/26b）

嬭房　上尼買反，乳也。（162/31a）

奈嬞　下牛昆反，女也，恐只是婦字，傳寫久誤也，未詳。（456/87b）

耐　乃代反，忍～也。（104/63a）

耐　奴代反，忍也。（179/49a）

耐　奴戴反，忍～也。（262/51a）

溙囉　上恐是捺字，奴達反，漆，寫誤也。（504/21a）

南謨　歸敬義也，或云南無曩謨，皆一義也。（422/23a）

南無　或云那謨，又云曩謨，亦云南摩，此翻歸命，或翻恭敬，又翻歸命覺，亦翻信從。（113/73a）

喃　奴感反。（154/18a）

喃　奴含反，又尼敢反。（493/16a）

喃　奴含反，又女感反。（170/34a）

喃　奴暗反，前經又奴舍反。（170/71a）

諵　尼咸反。（162/74a）

諵　女咸反。（97/71a）

難詰 上奴旦反，下起一反，～～，窮問也。(467/13a)

難詰 上去聲，下起一反，窮問也。(465/19b)

赧怍 上女板反，下音昨，慙而回赤也。(469/38a)

儾 奴常切。(122/27a)

儾盛 上奴當反，下音成，～貯。(153/15b)

蠰佉 上而羊反，下丘迦反，主名也，此云珂貝。(425/12a)

蠰佉 上正作儴，而羊反，下丘迦反。(371/42a)

曩 那黨反。(176/12b)

曩 乃黨反，～，舊也。(154/60a)

曩 乃黨反，昔也。(478/154b)

曩 乃朗反，～，昔也。(422/11a)

曩 奴黨反，～，舊也。(142/16a)

曩謨 上乃黨反，下莫胡反，又去聲呼，別云南無，皆歸敬之義。(491/14b)

猱猨 上奴刀反，猴之屬也，下瑗字同。(463/62a)

撓 呼高反，攪也，又尼巧反，～，亂也。(166/14a)

撓 呼高、女巧二反。(230/55a)

撓 尼巧反，亂也，又呼高反。(161/37b)

撓 女巧反，亂也。(466/17b)

撓攪 上呼高反，亂也；下堅巧反，以手～動。(240/53b)

撓攪 上呼高反，又奴巧反，亂也；下古巧反，手～動也。(162/52b)

撓亂 上奴巧反，一音蒿。(88/51b)

撓泉 上呼高反，攪也，又尼巧反，亂也。(146/56b)

撓擾 上乃巧反，又呼高反，亂也；下音遠，～～，勞動也。(189/27a)

檢撓 下奴者反，檢，押也，憢，曲也，治箭之稱也。(260/39b)

惱亂 上或作㦖，非。(137/18b)

煩㦖 下惱字。(42/8b)

煩惱 下古經多作㦖。(90/11a)

訥 奴骨反，出言謇澀也。(477/12b)

訥 奴骨反，言遲難出口也，或作呐～。(78/8b)

訥鈍　上奴骨反，下徒困反，～～，詞澀也。（101/26b）

餒　乃每反，飢～也。（470/83b）

餒　奴每反，飢～。（128/45a）

餒　奴罪切，飢～。（483/14b）

凍餒　下乃每反，飢～也，作餧，誤。（477/24b）

坭　乃禮反，一音遲。（445/86a）

抳　乃旨反。（165/26b）

抳　尼爾反。（135/11b）

抳　尼里反。（166/13b）

抳　尼矣反。（164/18b）

抳黎　上女履反。（73/82b）

泥漫　上去聲，下正作鏝字，莫一反。（330/41b）

倪　吾兮反。（306/52a）

倪　五礼反。（153/15b）

倪　元音魚礼反。（162/31a）

埿梨　二字正用泥黎。（494/25b）

埿塗　上正作泥。（346/21b）

鯢　吾溪反。（185/43b）

鯢　迎兮反，海中大魚，雄曰鯨，雌曰鯢。（164/45b）

麑　吾兮反。（313/31a）

麑　音倪。（143/40b）

齯齒　上或作倪，吾兮反，老人齒再生曰～。（467/26a）

䚑　人兮反，一音泥。（162/24b）

䚑　人兮反，又人例反。（163/9a）

妳媼　上女買反，下烏老反，～～，乳母也。（478/154b）

妳嬭　女買反，二同。（142/91a）

睨爾　上惠板反，～～，笑而無聲也。（469/71b）

擬　魚巳切。（126/19a）

伲咩　上元闕音切，別本音尼，又女利反，下弥耳反。（445/45a）

昵　尼一反，近也。（477/74a）

昵　尼質反，近也。（128/78b）

昵迦　上尼日反。（94/97a）

匿　尼力反，隱～也。（233/10a）

匿　女力切。（122/34a）

匿訑　上女力反，下徒何、吐何二反，欺詐也，正作詑。（73/65b）

眤　古眭字，與脂反。（134/22a）

眤那　應師上翼脂、大奚二反。（445/64a）

堄　五計切。（122/18b）

睨　音詣，視也。（463/62a）

睨眦　上匹計反，在計反，睨眦，怒目視也。（443/13b）

溺　奴弔反，古尿同。（266/12a）

溺像　上奴弔反，今用尿。（472/86a）

惄態　上正作弱，下他代反。（342/15a）

暱曜　上尼力反，正作匿。（504/4b）

膩　尼二反，肥～。（262/25a）

膩　女利反，肥也。（550/29b）

膩吒　上尼二反，下竹嫁反，又竹家反。（157/23a）

膩吒　上尼二反，或作貳，下竹嫁反，此云色究竟天也。（61/6b）

拈搯　上奴兼反，合作捻，乃牒反，下苦夾反，指捻也，爪搯也。（128/78b）

黏　尼沾反，相著也。（236/8b）

黏污　上尼沾反，俗作粘。（99/62a）

黏粘　二同，尼兼反，上正。（319/59a）

黏粘　尼沾反，二同，上正。（342/40b）

黏著　上尼沾反，俗作粘。（495/13b）

捻　泥牒反。（313/85a）

捻　泥叶反。（181/66b）

捻　奴牒反。（158/60a）

捻　奴叶反，手～。（166/14a）

捻　奴叶反，指～。（162/24b）

捻矢　上泥帖反，指～也；下式音反，箭也。（447/87b）

輦　力展反，步挽車曰～。（310/10b）

輦　力展反，檜運物也，正作摙。（263/7b）

輦　力展反，正作摙。（329/17b）

輦輿　上力展反，步挽車曰～也；下余預二音，車無輪曰～。（155/68a）

輦輿　上力展反，下余預二音，或作轝。（132/11a）

輦轝　上力展反，下亦作輿，一音預。（336/21a）

撚　乃典反。（317/73a）

撚　尼展反，手～。（162/38a）

撚　泥典反。（322/76b）

撚　年典反。（319/59a）

撚　奴典反。（325/83a）

撚髭　尼展反，下即移反。（513/51b）

碾輾　二同，尼展反。（341/63a）

釀　女亮反，作酒。（486/58b）

嫋娜　上乃鳥反，下乃可反，～～，柔弱皃也。（240/53b）

尿　乃弔反，或作溺。（425/40a）

尿溺　二並奴吊反。（129/51b）

捏　奴結反。（162/9a）

臬　吾結反，～，標准也。（472/32b）

聶　尼輒反，姓也。（466/44a）

聶捏　二同，尼結反，下正。（347/78a）

聶作　上正作捏，泥結反，聶，尼輒反。（348/11a）

齧　吾結反，又五巧反。（80/20a）

齧　吾結反，《玉篇》又作五巧反。（445/37b）

鼠齧　下吾結反，《玉篇》出五巧反。（346/42b）

齧　吾結反，正作齧。（265/24a）

齧　吾巧反，舊作吾結反。（167/29a）

齧　五狡反，正作齩。（306/31a）

齧　五巧反，元音吾結反。（443/47a）

齧　五校切。（252/57a）

齧　魚結反，咬～。（153/11b）

齧齾　二同，吾結反，上又吾口反，下正。（345/38a）

齧齾　二同，吾結反，下正。（342/40b）

齧齾　二同，魚結反。（302/64a）

齧齧　吾結反，咬～，上俗下正。（255/75a）

齧齧　吾結反，咬～也，二同。（310/20a）

齧指　上五巧反，舊作吾結反。（442/64a）

蘖蘖蘖　三同，魚列反。（165/14b）

蘖　吾結反。（162/9a）

蘖　魚列，栽～。（129/69b）

齧　倪結切。（124/17a）

齧　吾結反，齩～也。（77/65a）

齧齧　二同，魚結反，咬～也。（151/12a）

齧其　上吾結反，作噢，誤也。（128/45a）

蘖　魚列反。（307/122a）

躡　尼輒反，～，輕蹈足也。（343/9b）

躡　尼輒反，履踐也。（126/52a）

闑　魚結反。（99/44b）

闑　魚列反。（313/108b）

顳　而涉反。（445/72b）

儜　乃耕反。（241/34b）

儜　尼耕反，～，困也，弱也。（255/17a）

儜　尼耕反，困也，劣也。（245/13a）

儜惡　上尼耕反，或作寧。（342/56b）

儜獰　二同，尼耕反。（325/65b）

凝　魚陵反，結也，又嚴整之皃。（245/65b）

凝　魚陵反，嚴整之皃，又結也。（240/9b）

凝泊　上魚陵反，嚴整皃，下匹陌反，安靜皃。（476/16a）

凝膚　上魚陵反，求結也；下音夫，皮～也，謂皮膚如水滑也。（244/29b）

凝冱　上魚陵反，下音護，～～，寒結也。（145/68a）

凝蘇　上魚陵反，～，結也；下正作酥，～，酪也。（352/69a）

嚀　乃頂反。（259/12b）

獰　奴庚反。（319/25b）

佞　奴定反，諂也。（407/14b）

佞蠱　上奴定反，下音古。（158/43a）

佞媚　上奴定反，下眉二反。(241/26a)

佞侫　二同，奴定反。(348/21b)

侫　乃定反。(235/54b)

侫　寧定切。(124/17a)

濘　奴定反，前文又作乃頂反。(445/45a)

波牛　下應師作吽，呼貢反。(445/54a)

忸赧　上尼六反，下女板反，謂慚而面赤曰～～，上亦作恧。(463/85a)

忸怩　上娘六反，下音尼，慙而悚息曰～～。(468/33a)

紐　尼九反。(128/36a)

紐　女久反，～，結也。(306/108a)

紐　女久、女鄰二切。(481/45b)

濃　農音。(122/59b)

膿　如冬反，膿血也。(555/16a)

穠　音農，又音濃。(505/68a)

挊　弄字，出《玉篇》。(247/11b)

羺羊　上奴候反。(312/109a)

耨　奴毒反，又奴豆反，輕呼也，西國以毒豆二字，音相濫故也。(164/69a)

砮　乃古反，一音奴，石可爲箭鏃。(476/52b)

笯　乃古及。(439/73a)

笯　尼加反。(228/77a)

駑鈍　上音奴，下徒困反，～～，蹇馬也。(464/64b)

駑蹇　上音奴，下居展反，～～，駘馬也。(465/62b)

駑駘　奴臺二音，鈍劣馬也。(475/31a)

弩　乃古反，弓～。(158/43b)

怒　奴故切。(156/79a)

渜耎輭　三同，軟字，下正。(307/36b)

煗　奴短反，與煖同。(158/22a)

煗　煖、燸並同。(229/15a)

煗　音暖，亦煖。(161/38b)

煗煖　二同，奴管反。(310/95a)

煗煖 二同，下正。（409/63a）

煗煖 二同，音暖。（354/8a）

虐 魚却反，殘也，酷也。（158/70b）

瘧 魚畧反，寒或熱也。（165/5b）

瘧 魚却反，寒病也。（126/40b）

瘧鬼 上魚約反，寒病也。（153/11b）

橠 那可反。（165/26b）

喏 爾者反，元闕者。（445/37b）

搦 尼厄反，手～。（495/31b）

搦 尼厄反，捉持也，又尼卓也。（181/8b）

搦 尼厄、尼角二反。（317/8b）

搦 尼隔反，手～也，又尼用反。（168/38a）

懦 奴卧、而注二反。（423/92a）

懦夫 上奴卧反，弱也。（472/75a）

衄 尼六反，鼻血也。（129/60a）

恧 尼六反，慙也。（158/70b）

恧然 上尼畜反，慚也。（158/14b）

枏 音南。（438/83b）

譊 女交反，宣爭也。（85/78a）

煖爤 二同，奴短反。（158/71a）

煖爤煗 三同，暖字。（323/45b）

儗 語豈反，又許愛反。（509/31a）

儗帝 上語豈反，又語愛反。（501/47a）

O

噢咿 上乙六反，～～，下音伊，悲痛也。（158/14b）

噢咿 上於六反，～～，悲痛也。（449/7a）

漚 烏候反，水泡也。（496/37a）

漚和 上烏侯反，此云方便。（245/84a）

漚和 上烏侯反，下或作恕，～拘舍羅，此云方便。（61/6b）

漚和恕 上烏侯反，下二同用，梵語～～，此云方便。（152/41b）

漚膒　二同，烏俱反。（153/21b）

甌　烏候反，鑾也。（467/43a）

甌　烏候反，孟也。（467/26a）

甌　烏候反，瓦器也。（556/7b）

甌　汝勾反。（311/90a）

甌　烏候反，盞屬。（256/68b）

甌　一候反，小盆也。（309/44b）

甌墫　上一候反，下吕口反。（71/44b）

歐　烏口反，正作嘔。（324/53b）

歐　烏口反，正作區。（320/57a）

歐樓　上於鉤反。（348/87a）

歐逆　上烏口反，正作嘔。（448/81a）

歐嘔　二同，烏口反，下正。（323/12b）

毆嘔　二同，烏口反，下正用。（318/18b）

多歐　下正作嘔，烏后反，～，吐也。（180/72b）

毆吐　上烏口反，今用嘔。（338/45b）

毆吐　上一口反，正作嘔。（445/37b）

毆之　烏口反，～，打也。（453/158b）

謳　烏候反，～，謌也。（465/47b）

謳　一候反。（161/6b）

謳唱　上烏候反，謌也。（467/43a）

謳合　上烏候反。（161/42a）

謳　音歐。（320/49b）

鏂塸　恐作甌，烏候反。（330/50b）

水塸　下烏候反，正作甌。（472/75a）

鷗　烏候反，～鷺。（244/50b）

齵　吾候反，又一音愚。（316/17a）

齵齒　上吾候反，不齊。（342/40b）

偶　吾口反，合也。（152/77b）

嘔　烏口反，～，吐也。（128/89a）

耦耕　上五口反，耦田具也，以鐵爲之，廣五寸，兩耜爲耦，耜音
似。（581/4a）

耦耕　上音偶，耕佃也。（472/75a）

耦耕　上正作偶，並末曰～。（477/42b）

藕　五口反，蓮根也。（384/52b）

藕　音偶，蓮根也。（71/37a）

藕根　上五口反，蓮根也。（407/67b）

藕根　上音偶，蓮～也。（244/29b）

藕絲　上五口反，蓮根也。（494/33b）

藕絲　上音偶。（420/79b）

藕葉　上五口反。（309/105a）

藕葉　上音偶，荷葉也。（442/64a）

P

帊　匹嫁反，～，幞也。（161/38b）

帊　匹價反。（338/82b）

帊　音怕，幞也。（444/31b）

帊　音拍。（301/54b）

葩　普巴反。（185/58b）

葩　普加反，花也。（154/60a）

葩　普加反，華葉也。（129/34a）

葩　匹麻反，花也。（477/74a）

葩　匹麻，花萼。（129/69b）

爬　步麻反。（344/62b）

爬把　二同，蒲巴反，掊也，上正。（264/34a）

爬瓜　上步麻反，爪～；下元音俱獲反，～打。（343/37b）

怕　音拍。（158/60a）

拍　普白切。（122/9a）

拍　普百切。（124/59a）

俳妓　上音排，下渠倚反。（304/13a）

俳說　上蒲皆反。（73/74a）

俳戲　上音排，雜戲也。（471/95a）

俳諧　上音排，雜戲也，舊悮作誹，下許約反，笑弄也。（128/36a）

俳優　排憂二音，即雜戲人也。（39/47b）

俳優　上音排，下音憂。（235/54b）

排目　上土彫反。（189/9b）

排目　上吐彫反。（189/18b）

排却　上步皆反，推也。（261/86b）

徘徊　陪回二音。（136/74a）

番禺　下音愚，縣名在南海。（245/65a）

磐　音盤，大石也。（439/94a）

磐石　上音盤。（98/66a）

盤桓　上音盤，下惠官反，～～，迄廻寬縱之皃。（469/14a）

盤盂　下音于，夏皐帝作～～銘二十六篇。（477/132b）

蟠　音盤，龍虵屈也。（189/35b）

蟠　音盤，屈也。（254/84a）

蟠竈　上音盤，下昌歲反，地穴也，盤古之後巢氏之前人皆蟠屈於穴
而居也。（477/132b）

蟠結　上音盤，屈曲也。（443/25a）

蟠蘭　上音盤，～～，形狀也。（189/18a）

沜　音判，水際也。（163/25a）

泮　音判，水散也。（475/31a）

泮哖吒　上二同，匹末反，下竹嫁、竹家三反。（165/35a）

胖　音判。（123/76b）

反叛　音畔，逃背也。（189/27a）

叛　薄半反。（150/22b）

叛　音畔，背～。（471/45b）

叛　音畔，背逆也。（179/69b）

叛逆　上音畔，下魚力反，～～，逃背也。（467/13a）

岸沜　下音判，水際也。（163/77a）

襻　普諫反，衣～。（343/65a）

胮爛　上匹江反，合作胖，匹絳反。（139/20a）

胮脹　上匹江、匹降二反，下知向反。（232/76b）

胖脹　上匹江、匹降二反，下知向反。（442/24a）

胖脹　上匹絳反，脹臭兒，下知向反。（139/54a）

洪膖　下匹降反，正作胖，～～，答脹也。（471/46b）

滂洽　上普忙反，注也；下侯夾反，沾也。（99/44b）

滂沱　上普忙反，下音陁，～～，大水流兒。（470/16a）

膖　匹江反，～，脹也。（447/30b）

膖　匹江反，又匹降反，正作胮。（188/8b）

膖爛　上匹降反，正作胖，又匹江反。（156/34a）

膖爛　上匹降、匹江二反。（403/50a）

膖脹　上普降反，又匹江反，正作胖、胮；下知向反，腹滿也。（260/48a）

膖脹　上匹江反，下知向反，～～，腹滿也。（343/28b）

霧　普光反。（162/38a）

霧霡　上是忙反，下匹妹反，大雨兒也。（263/52a）

螃蟹　旁駭二音。（512/109b）

螃蟹　旁解二音。（513/94b）

龎　薄江反，姓也。（550/37a）

胖育　上音判，～合夫婦也。（475/42b）

胖脹　上匹江反，又匹降反，下知向反。（262/42a）

胮膜　上音抛，尿府也；下音莫，脂～也。（80/27a）

咆勃　上步交反，下蒲没反。（229/9b）

咆勃　上蒲交反，下蒲没反。（232/66a）

咆地　上步交反，一作跑，足～也。（189/18b）

咆憤　上步交反，下房粉反，～～，虎蘂聲也。（470/31b）

咆陸　上步交反，吼也，恐作跑陸，謂以足～地也。（127/23a）

庖廚　上步交反，下直誅反，～～，食屋也。（448/15a）

袍　薄毛反。（142/91a）

跑地　上步交反，經作刨，非。（448/28b）

泡沫　抛末二音，水上漚也。（77/20b）

泡沫　上音抛，下音末，浮漚聚沫也。（171/75a）

炮　步交反，～煨。（478/87a）

疱　鋪兒反。（344/62b）

疱　蒲兒反。（153/21b）

疱　蒲孝反，又匹兒反。（326/18b）

疱　匹兒反。（165/26b）

疱　匹兒反，又蒲孝反。（326/84b）

疱　匹兒反，正作皰，蒲兒反，面生氣～也。（56/71a）

疱　正作皰，蒲兒反，又匹兒反，氣～瘡也。（13/32b）

皰胞　蒲兒反，氣生疱也，此云樹萌芽之象。（72/80a）

瘡皰　下蒲孝反，又匹孝反。（230/84b）

培　音陪。（94/18b）

培塿　上步口反，下盧斗反，～～，小阜也。（476/100a）

裴　步回反。（151/54b）

裴扅　上音陪，～～闠，國名。（175/92a）

沛然　上元音普蓋反。（175/92a）

沛之　上正作㴘，匹末反，澆～也，應師作㳿，亦匹末反，非此用。
（445/72b）

帔　匹避反。（324/23b）

帔　匹義反。（317/82b）

佩　薄妹反，～帶也。（158/43a）

斾　步具反，旗～也。（456/87b）

珮　蒲妹反，玉～也。（149/10a）

霈　普蓋反。（48/73b）

轡　音秘，～制馭馬者也。（158/14b）

濆涌　上音焚，下音勇，～～，水溢也。（478/52b）

瓮盆　二同。（311/19a）

瓮　盆字同。（188/26a）

砰磕　上普庚反，下苦塔反，～～，雷聲也。（471/119a）

砰磕　上普耕反，下苦塔反，～～，石聲如雷也。（470/56b）

軯抨　普耕反，使也，彈～，下正用。（263/77b）

埲垛　上音朋，下徒卧反。（319/84b）

溯泳　上皮陵反，下音詠，拍浮渡水曰～也。（478/154b）

棚　薄萌反。（322/25b）

棚　被耕反。（318/86b）

棚　步庚反，一音朋。（316/17a）

棚　步耕反。（210/69b）

棚　步萌反，～，閣也。（343/19a）

棚閣　上步庚反，一音朋。（142/80b）

棚閣　上音朋，步庚反，棧也，或作枰，博局也，非此。（142/23b）

搒笞　彭癡二音，打撻也，同前。（86/68b）

搒笞　上步庚反，下音癡，～～，鞭打也。（435/59a）

蓬亂　上薄紅反，正作髼，髮亂也。（189/18b）

烽燵　上薄紅反，下薄没反，～～，煙起之皃。（128/54a）

烽燵　上薄紅反，正作蓬，下蒲没反，～～，煙起盛皃也。（131/22b）

烽燵燉　上薄紅反，下二同，蒲没反，燵正。（259/78b）

憉悙　上步庚反，下許庚反，～～，自大之息也。（470/94a）

髼　薄紅反，髮亂也。（132/21b）

髼　薄紅切。（123/76b）

鵬　音朋，大鳥也。（469/71b）

鵬～鷃　上音朋，大鳥也；下音晏，小鳥也。（468/33b）

鵬鷃　朋晏二音，鵬，大～鳥也，一飛九万里；鷃，小雀也，飛極蓬蒿之上而小大自得其官。（472/11b）

刪　苦怪反。（168/26b）

丕　匹悲反，大也。（128/10a）

丕　匹披反，～，大也。（255/63a）

丕構　上普悲反，下古候反。（73/8b）

坯　匹回反，瓦器未燒。（436/9b）

披服　上音被。（62/50b）

安否　下皮美反，塞也。（248/8a）

紕繆　上匹悲反，下苗幼反，～～，謂如繒帛之麁踈也。（468/12a）

紕繆　上匹毗反，下苗幼反，～～，謂如繒絹之踈薄。（456/15b）

紕紊　上匹毗反，錯也，下音問，亂也。（246/63a）

劈　普激切。（123/9b）

劈　普擊反。（302/64a）

劈坼　上普覓反，下丑革反。（188/42b）

劈坼　上普覓反，下丑离反。（294/66b）

劈裂　上必麥反，正作擘，分～也，劈，普覓反。（168/38a）

劈裂　上普擊反，裂破。（483/23b）

劈裂　上普歷反。(74/8a)

錍　普迷反，大箭也。(265/88b)

礔礰　二字正作霹靂，上普覓反，下音歷。(346/58a)

霹靂　上普覓反，下音曆，～～，雷聲疾激也。(435/22b)

枈　蒲迷反，又蒲滅反。(259/12b)

蚍蜉　毗浮二字，小蟻子也。(127/30b)

疲　音皮，乏也。(252/6b)

疲　音皮，勞也。(131/13a)

疲惓　上音皮，勞也，下倦同。(247/11b)

陴縣　上音皮，正作郫縣，在蜀。(466/96a)

埤　必弥切。(125/84a)

埤　匹計切。(122/18b)

埤堄　二字上普米反，下語啓反，～～，城上短牆也。(468/52b)

埤堄　上普禮反，下魚禮反，又上《玉篇》作避移反，助也，增也，堄即城上女牆。(416/29b)

啤蜱埤　三通，就經作破西反，應師音義作扶支反。(445/72b)

琵琶　上音毗，下步麻反，古作琶琶，非也。(311/90a)

椑唏吟　上音卑，中虛矣反，此三字音義元闕反切，恐有別呼也。(445/37b)

脾　步弥反。(347/69a)

脾　符支反，～胃也。(557/22b)

脾　頻彌反。(89/27b)

脾　蒲米反。(173/18b)

脾髀　二同，蒲米反，腿也，下正。(167/28b)

脾髀　蒲米反，腿～也，下正用。(445/86a)

脾腎　上頻弥反，下時忍反。(184/9b)(266/12a)

鈹　普皮反。(265/88b)

鈹　匹宜反。(185/51a)

蜱　必弥反。(181/53b)

蜱　必兮反。(306/31a)

蜱　頻弥反，又必弥反。(181/72a)

羆　彼爲切。(125/9b)

羆　彼支切。（123/35b）

羆　音碑，獸名也，似熊。（80/90b）

羆　音裨。（170/65a）

鼙　步迷反，騎上鼓也。（155/27b）

匹　俗作疋字。（129/60a）

匹不　上疋字，下方九反。（151/65a）

匹縑　上疋字，下音兼，～，絹也。（466/75a）

匹疋　二用同。（443/12b）

庀拏　上匹下反，下尼加反。（302/42b）

庀那　上匹紙反。（358/13b）

圮毀　上皮美反，坏也，覆也。（476/34b）

仳　皮美反。（136/50b）

仳　匹比反，又毗彼反。（94/18a）

仳　匹比反，又頻比反，別離也。（256/68b）

仳　匹止、弭美二反。（445/64a）

諀訿　上匹爾反，下資爾反。（231/80b）

擗　博厄反，當作擘。（486/69b）

擗　補麦反，正作擘。（328/53b）

擗　房益切。（481/90a）

擗　毗益反。（151/54b）

擗　正作躃，毗益反。（145/10a）

擗擘　補麦反，上誤。（348/49a）

擗擘　二同，補麦反，下正。（345/82b）

擗裂　上正作擘，補麦反。（439/8b）

擗撲　上毗益反，以手拍胷，下蒲角反，掉～也。（127/23a）

擗踊　上毗亦反，以手撫心也；下音勇，以足頓地也。（473/11b）

擗踊　上毗益反，下音勇，以手指心謂之擗，以足頓地謂之踊。（104/29b）

癖　必亦反。（314/74a）

癖　必益反。（164/69a）

癖瘶　上匹亦反，下一領反。（312/15a）

睥睨　上匹計反，下音詣，左右顧視也。（138/73b）

媲　匹詣反。(1/9a)

媲偶　上匹計反，配也。(478/113a)

僻　芳辟反，誤也，邪也。(555/36b)

僻　匹亦反，偏也。(235/62a)

僻　匹亦反，邪~也。(469/37b)

僻靜　上匹亦反，偏~。(261/26b)

僻隈　上匹亦反，下烏回反。(308/97b)

僻執　上匹亦反，僻也。(246/74a)

闢　便亦切。(123/44a)

闢　毗益反，開~也。(463/10a)

闢　毗益反，開也。(469/37b)

偏　匹連反。(133/59b)

翩翻　二字音篇番。(325/23b)

胼胝　上步邊反，手脈也；下之歲反，皮上結起也。(456/15b)

駢　薄邊反，駕馬也。(256/68b)

駢　步邊反。(339/8b)

漂　匹苗反，~，浮也。(99/19b)

漂　匹苗反，~，流也。(127/78b)

漂　匹苗、匹妙二反。(306/80a)

漂　匹搖反，又匹照反。(158/22a)

漂墮　上匹妙反，又匹搖反。(132/79b)

漂溺　上匹苗反，浮也，流也；下奴的反，沒也。(11/38b)

漂漱　二同，匹苗反。(367/53a)

漂翳　二字正作瞟瞖，上匹小反，下一計反。(364/82b)

螵病　上正作瘭，匹苗反，~，疽疥之病。(448/94b)

縹　毗妙反。(308/13a)

縹　匹小反，青白色也。(134/12a)

縹眇　上匹小反，下米小反，~~，遠兒也。(477/74a)

飄　毗藥反。(164/18b)

飄　匹苗反，風吹也。(45/40a)

飄　匹搖反，風吹也。(254/32b)

飄捷　上匹搖反，下慈葉反。(154/68b)

飄曝　上匹苗反，下蒲木反，又滿報反，風飄曰曝。（127/71a）

飄颺　上匹苗反，下音羊，又余亮反。（32/8a）

飄飄　上匹苗反，下音搖，～～，風吹也，今取搖動皃。（102/59a）

飇颺　上匹搖反，下音羊，又余向反。（169/18b）

颻飇　上音漂，下音遙。（120/83b）

瓢　步苗反，～，杓也。（436/42b）

瓢　符宵反，瓠也。（556/7b）

瓢　毗藥反，經注入聲並同呼。（162/9a）

嘌　舊音匹搖反，或作嘌，良旨反。（170/65a）

慓　良吉反，懼也。（156/34a）

瞥　芳滅反，目翳也。（552/9a）

瞥　普結反，暫見也。（549/67b）

瞥若　上匹滅反，暫見也。（475/65a）

瞥　匹滅反，暫見皃。（478/113a）

拼　布耕反。（168/13b）

拼量　上必耕反。（400/10a）

拼繩　上必萌反。（167/15a）

拼作　上比崩反，使也。（263/26b）

頻蹙　上正作顰，下子六反，攢眉之皃也。（85/14b）

頻撓　下尼絞反，以手～攬也。（478/154b）

嬪背　上毗賓切，下蒲貝切。（117/86a）

嬪妃　上音頻，下音菲，官娥也。（166/14a）

嬪御　毗人切。（116/84b）

顰蹙　上音頻，正作顰，～～，攢眉之皃也。（186/102b）

顰眉　上音頻，正作顰。（301/47b）

顰蹙　上步賓反，下子六反，～～，攢眉之皃也。（104/22a）

牝　皮忍切。（149/57a）

牝　毗忍反，～，雌也，禽曰雌雄，獸曰牝牡，音母。（186/102b）

牝牡　上毗忍反，下音母，雌曰牝，雄曰牡。（476/34b）

娉　匹併反，～問娶之號也。（158/43a）

娉　匹併反，初娶婦之號。（129/41b）

凭埭　上音憑，倚也，或作憑埭，傳寫誤矣。（467/43a）

屏　音餅，屏，除也。（177/78a）

屏厠　上音餅，～，隱也，下初使去反。（260/17b）

屏籌　上音餅，下直留反，～～，廁草也。（472/86a）

屏處　餅處二音，屏，隱也。（495/20a）

屏當　二字正作拼擋，上音併，下去聲。（315/69b）

屏覆　上音餅，～，隱也；下音副，～，蓋也。（251/54b）

屏行　上正作并字。（342/15a）

屏斯　上卑領反。（73/82b）

屏隈　上必茗反，下烏迴反。（68/33b）

屏猥　上音餅，下烏回反，～～，隱僻也。（448/94b）

屏猥　上音餅，下正作隈，烏回反。（346/42b）

屏督　上音並，～～，彷徨之皃。（475/57b）

缾　瓶字。（171/48a）

評　符兵反，評量。（553/52a）

坡阜　上普何反，下音婦，～～，小山也。（469/47b）

岥峨　上匹我、必可二反，我何反，～～，搖動皃也。（439/53b）

皤　蒲餓反，一音婆。（164/18b）

皤　蒲我反，又蒲餓反。（169/18b）

皤　音婆，又蒲箇反。（163/9a）

皤　音婆又去聲。（167/15a）

皤吠　上蒲波反，下扶廢反。（73/50b）

叵　火可反，不可也。（189/68b）

叵　普火反，不可也。（187/66a）

叵　匹可反，不可也。（138/7b）

叵　匹我反，不可也。（136/16b）

叵測　上普可反，下昌力反，～～，不可度量也。（446/27b）

駊騀　上普可反，下音我，～～，搖動皃。（127/12b）

迫　百音。（122/34a）

迫　博陌反，急也，近也。（558/34b）

迫隘　上博陌反，下於今反。（110/74b）

迫逼　上音伯，下彼力反。（305/25b）

迫脅　上音伯，下虛業反，正作恊，以威逼人也。（189/18a）

迫迮　百責二字。(140/20b)

迫迮　二音伯責。(372/58b)

迫窄　上音伯，下之陌反。(510/73b)

破迮　二字音伯責。(228/23b)

哱　蒲没反。(104/14a)

粨　匹各反，糟粨。(553/61a)

剖　普后反，判也，破也。(554/9a)

剖　普厚反。(484/18a)

剖　普口反，～判。(171/48a)

剖　匹口反，開～也。(54/64a)

剖枡析　上普口反，下二同，先擊反。(342/40b)

剖疑　上匹口反，謂剖析疑端也。(468/33b)

掊掘　上蒲侯反，下其月反，又其物反，以物發地也。(180/22a)

掊刺挐　上布垢反，中郎達反，下羅加反。(250/95a)

掊撒　上步講反，下七亂反。(165/21b)

裒　薄浮反。(181/21b)

裒　薄候反。(468/10b)

裒　補毛反。(482/61a)

裒羅　上步侯反，聚也，減也。(85/78a)

撲　滿角反，又普木反。(185/21b)

撲　蒲角反，又匹木反。(265/24a)

撲　普木反，擊也。(448/15a)

撲揥　上匹木反，下他的反，～～，打也。(478/87a)

撲仰　上蒲角反，又匹木反。(182/27a)

仆地　上蒲北反，頓也，前覆也。(158/43a)

匍匐　上薄摸反，下蒲比反，又蒲木反。(153/11b)

匍匐　上音蒲，下步比反，伏地而行也。(439/53b)

蒱　薄胡反。(181/14b)

蒱　步孤切。(123/9b)

蒱　蒲字。(181/21b)

蒲　薄胡切。(122/34a)

璞　匹角反，玉璞也。(553/52a)

璞　音朴，玉也。（256/69a）

瞁　克盇反，正作瞝。（513/111a）

濮　音卜。（511/38a）

圃　布補二音。（180/51a）

溥令　上旁古反，廣也，大也。（254/84a）

溥首　上音普，～～即文殊之別號也，餘經多作濡占，音首，今作軟字呼。（131/13a）

溥首　上音普，亦云濡首，濡音軟，即文殊別号也。（441/13a）

溥首　上音普，餘經皆作奭首，即文殊別號。（156/34a）

樸　匹角反，素也，質也。（468/76b）

樸　音朴，質也。（469/98a）

樸散　上普角反，質～。（476/100a）

譜　音補，載識往事也。（438/12a）

瀑　蒲報反，或作暴。（163/77a）

瀑　蒲木反，又浦報反。（325/34b）

瀑布　上蒲木反，～～，懸崖注水也。（471/109a）

瀑疾　上蒲報反，急也。（244/37b）

瀑流　上暴字，急卒皃。（233/10a）

瀑流　上蒲報反，水疾流也。（111/39a）

瀑流　上蒲報反，正作暴。（149/18b）

瀑水　蒲冒切。（113/35b）

曝　蒲報反，又蒲木反，日乾也。（169/11b）

曝　蒲米反，又蒲報反。（346/7a）

曝　蒲木反，日乾也，又音暴。（128/54a）

曝暴　二同，蒲木反。（345/82b）

曝露　上蒲木反，謂日曝霜露也。（129/86b）

曝曬　上蒲報反，又蒲木反，下所賣反，又所寄反，～～，日乾也。（260/80a）

Q

騫　去乾反。（60/8a）

搴蕎　上許言反，下章恕反，飛舉也。（120/100b）

揵槌　上音乾，下音直追反，正云揵稚，梵語～～，此無正翻，謂西土無鍾，以此代之也。（161/6b）

揵鎈　二字音乾慈，下或作瓷鎀。（309/24b）

揵疾　上才葉反。（263/26b）

揵荼　二字音乾荼。（250/51a）

揵稚　上音乾，下直利反，～～，今云乾槌。（493/25a）

揵稚　上音乾，下直利反，或云揵椎，直追反，非也。（343/9b）

揵椎　上音乾，下直追反，此无正翻，西土無鍾磬以此代之，正云～稚殖利，應師云：～稚二字形相似，故傅寫有誤，今見餘經多作建搥，豈非寫誤，此蓋隨譯師之方言也。（145/10a）

矜　居陵反，～，憐也。（127/12b）

矜　居陵反，合作兢。（144/7a）

矜哀　上居陵反，～～，憐恤也。（85/86b）

矜憿　上居陵反，～，大也；下吾告反，～，慢也。（89/21a）

殑伽　其陵反，又其證反，河名也。（169/26b）

殑伽　上七陵反，河名，別云恒河也。（466/8b）

殑伽　上其凌反，又其證反，別云恒河。（146/41a）

殑伽　上其陵反，別譯云恒河也。（156/83b）

剠敵　上巨京反，武也。（478/113a）

剠劓　上巨京反，刺面也；下魚至反，割鼻刑也。（478/113a）

岐麓　上音衹，山～也；下音麈，林屬於山也。（470/31b）

岐嶷　上巨移反，下宜力反，幼而有識曰～～。（478/154b）

岐嶷　上渠移反，少二賢者曰岐；下魚力反，幼而有識曰嶷。（469/47b）

岐嶷　上渠移反，下宜力反，幼而有識曰～～。（477/12b）

奇劂　上居宜反，下居月反，～～，刻木曲刀也。（472/75a）

踦　丘宜反。（94/18b）

踦　丘支反。（97/62a）

歧　巨支反。（167/29a）

歧　渠支反。（164/28a）

歧道　上渠移反，分路處曰歧。（242/8b）

祇　渠例反，就經虬曳反。(163/33a)

耆　渠夷反，舊也。(172/10a)

耆艾　上渠夷反，下吾蓋反，～～，老之稱。也（470/84a）

耆臈　上渠夷反，下郎塔反，老年之稱。(464/64b)

耆耄　上渠夷反，下莫報反，～～，老之稱也。(468/53a)

耆婆　上就經作諶伊反，諶，氏針反。(435/81b)

蚑　巨儀反。(172/85b)

蚑　巨支反。(158/7b)

蚑　渠移反，蟲行兒。(142/8b)

蚑　去智反，蟲行兒。(121/38a)

蚑蜂　上巨支反，下音峯，～，多足蟲也。(101/26b)

蚑行　渠支反，或作蚑，蟲行兒也。(175/9b)

蚳蜥　上渠移反，毒蟲也，下恐作蠷，音衢，～，蝛也，舊音作蚳蛆，蟲毒，非經意旨。(131/22b)

畦稻　上音携，田區也；下音道，～，穀也。(407/76a)

跂　丘義反。(303/37b)

跂　丘智反，舉足而望也。(581/4a)

跂行　上渠支反，細蟲能行之類曰～～也。(475/31a)

跂石　上音企，過委反，捥也。(470/56b)

跂踵　上丘智反，下之勇反，海有國人行脚腕，跟不著地。（476/24b)

崎拏　上丘奇反，下尼加反。(479/59b)

崎嶇　上丘奇反，下丘俱反，～～，艱險也。(465/19b)

崎嶇　上丘奇反，下丘俱反，高下之地也。(446/57a)

崎嶇　上丘奇反，下丘愚反，～～，艱險也。(478/87a)

琦琭　上音奇，玉也。(103/15a)

萁　音其。(150/29a)

祺　音其，福也。(169/18a)

萁　音忌。(330/78b)

萁母　其無二音，複姓也。(471/45a)

齊　相逢切。(122/9a)

齊　音齊，亦作臍。(365/79a)

跂踞　上正作箕，下音據，～～，開膝而坐也。(477/42b)

騏驥　其冀二音，良馬也。(475/31a)

騏驥　上音其，下居異反，駿馬曰～～。(469/71b)

騏麟　二字從鹿，正作麒麟，上音其，下音隣，仁獸也。(472/32b)

騏麟　二字正作麒麟，上音其，下隣。(452/24b)

騏驎　上音其，下音隣，～～，黑脊良馬也，正作麒麟，仁獸也。(121/75a)

騎從　其記切。(116/84b)

臍薺　二同，音齊，肚～，上正。(141/10b)

麒　音其，～麟，仁獸也，似鹿，一角。(472/75a)

企　丘爾反，又丘智反。(163/77a)

企　丘兮反。(94/26a)

企　丘智、丘爾二反，正作企。(260/17b)

企　丘智反，舉踵而望也。(465/62b)

企牂　上音義作丘智反，未詳其旨。(336/70a)

企待　上丘智反，～～，舉踵而望也。(466/67a)

企跂　丘義反，下正。(313/85a)

企竅　上丘智反，下苦弔反，企，望也，竅，穴也，謂悲盲龜不值浮木孔。(475/65a)

企望　上丘智反，～，謂舉踵而立。(172/66b)

企足　上丘智反，～～，舉踵而望也。(469/71b)

杞　胡揩反，乖兒。(484/73b)

杞梓　起子二音，良木也。(468/52b)

杞梓　起子二音，木名。(469/47b)

棨　音啓。(163/25a)

棨　正作啓。(162/17a)

綮　苦礼反，綴繒。(552/16a)

迄　許訖反，至也。(457/67b)

迄于　上許訖反，至也。(453/64a)

迄樂　上許訖反，正作忔，喜也，下音落。(446/57a)

汔今　上計訖反，至也。(245/65a)

刉　魚㕱反。(166/14a)

砌　七細反。（309/55a）

砌壘　上七細反，下吕水反。（259/68b）

氣憤　房粉反，怒氣也。（236/8b）

氣悸　下求季反，心動兒也。（476/100a）

葺　七入反，修～也。（466/67a）

葺　七入反，修也。（465/70b）

棄　歧以反。（164/28a）

棄　弃字。（140/26a）

棄　俗作弃。（333/9b）

棄擯　上弃字，下必刃反，謂弃逐駈～也。（179/69b）

棄捐　二字音弃緣。（100/8a）

棄弃　二同用。（349/9b）

憩　丘例反。（349/45a）

磧　七亦反，砂～。（465/8a）

磧礰　上七亦反，下音曆。（476/100a）

憩　丘計反。（324/46b）

憩　丘例反，～，息也。（244/15a）

憩　丘例反，～，止也，息也。（467/13a）

憩踵　上丘例反，下之勇反，～～，止足也。（467/25b）

掐　苦夾反。（163/87a）

掐　苦夾反，指～也。（168/26b）

掐　苦甲反。（163/9a）

掐　苦洽反，指～。（162/17a）

帢服　上苦合反，正作帢，巾～也，土服狀如缺死角也。（468/76b）

洽　侯夾反，沾也。（449/99a）

洽　侯夾反，霑也。（165/64a）

洽　候夾反，普霑也。（422/90a）

洽　候夾反，沾～也。（469/13a）

洽　狹音。（122/84a）

洽　咸夾反。（325/54b）

洽　咸夾反，普霑也。（169/18b）

帢衷　上苦合反，下知仲反。（469/38a）

千餅　下音餅，或作餅，金板片也。（442/24a）

阡綿　千眠二音，陌道遠兒。（478/154b）

阡陌　上音千，～～，道路也，南北曰阡，東西曰陌。（466/75a）

阡陌　上音千，～～，路也，南北曰阡，東西曰陌也。（581/4a）

汧渭　二音牽，謂二水名也。（477/12b）

汧縣　上音牽，縣名隴州。（466/44a）

栖　音西。（301/7b）

栖你　上音西，下乃爾反。（383/33b）

栖息　上音西，～，止也。（89/21a）

牽挈　下昌列反。（321/18b）

牽挈　下尺列反。（178/42b）

牽牽　二同，下正。（259/78b）

掔　苦閑反。（153/26b）

掔　苦閑反，牽也。（100/30b）

掔　音牽。（303/37b）

愆　去乾反，～，罪也。（477/108b）

愆　去乾反，過失也。（71/10b—11a）

愆　去乾反，罪也，過也。（175/52a）

愆疵　上去乾反，下疾思反，～～，罪過也。（472/75a）

愆僁　二同，去乾反。（426/13b）

愆僁　去乾反，二同。（323/58a）

過愆　下去乾反，～，失也，與僁同。（99/31b）

愆陽　上去乾反，～，失也，～～，缺兩之候。（96/43a）

僉　刺廉反。（482/52a）

僉　七廉反，～，咸也。（154/60a）

僉　七廉反，皆也，咸也。（457/145b）

僉　七全反。（119/31b）

僉　且廉反，皆也。（129/34a）

僉然　上七廉反，皆也。（449/7a）

僉然　上七廉反，咸也。（156/34a）

僉然　上七鹽反。（110/45a）

僉曰　上七廉反，皆也。（456/37b）

慳　苦閑反，惜也。（557/29a）

慳　起間反。（8/39b）

慳悷　上口間反，下良刃反。（302/14b）

慳悷　上哭間反，下良刃反。（250/59b）

慳悷　上苦間反，下良刃反。（251/77a）

慳恪　上口閑反，下吝字。（120/93a）

慳恪　上苦間反，下良刃反。（133/59b）

搴　居伴反，取也。（473/54a）

搴　丘言反。（244/29b）

搴蕖　上去乾反，搜取也；下音渠，荷花也。（477/132b）

薦提　上作薦，非。（347/11b）

薦提　坐蓆之以草爲之類。（348/49a）

薦域　上音迁，移定也。（467/76a）

攓　去乾反，與愭、慦字同。（472/61a）

褰　去乾反，摳衣也。（128/54a）

褰縮　上去乾反，下所谷反，不伸皃。（492/20a）

褰帷　上去乾反，～，挈也，帷，帳也。（469/13a）

謙　苦兼反。（61/6b）

謙損　上去兼反，《易》曰：滿招損，謙受益。（129/24b）

謙遜　上苦兼反，下蘇困反。（160/41a）

攓屑　上去乾反。（230/74b）

鐱　元音闕反切，後別本作劍字呼。（445/37b）

虔劉　～～，殺也，又欺剋也。（469/98a）

鉗　巨兼反，項鎖也。（261/45a）

鉗　巨兼反，以鐵夾物也。（447/59b）

鉗　巨淹反，鎖頭也。（556/7b）

鉗　巨炎切。（123/36b）

鉗鏁　上巨兼反，～～，項節也。（430/89a）

鉆椎　上巨兼反，以鐵夾物也，下直追反，正作鎚，～～，鍜鍊之具。（265/41b）

潛　昨鹽反，～，伏也。（161/6b）

潛　作鹽反。（154/76a）

潛淵　上昨鹽反，～，伏也；下烏懸反，深泉也。(252/79a)

潛扣　上昨盐反，伏也；下苦候反，一音口，擊也。(470/16a)

潛潛　二同，昨鹽反，上正下非。(325/16a)

黔黎　上巨兼反，～～，黑首民也。(233/10a)

黔黎　上巨兼反，黑也；下郎侅反，黎，衆也，黔黎，黑首民也。(161/37b)

黔黎　上巨兼反，～～，黑首民也。(240/9b)

黔婁　上巨兼反，下音樓，～～，古之貧士。(472/75a)

黚婆　上就經作仇嚴反。(95/67b)

繾綣　上音遣，下丘遠反，～～，不離散皃。(475/65a)

繾綣　上音遣，下去遠反，～～，不相離也。(478/52b)

譴　詰數反，責也。(101/20a)

譴　苦現反，～，責也。(152/59b)

譴　牽賤反，～，責也。(465/47b)

譴　牽現反，責也。(466/83b)

欠呿　下音去，開口連氣也。(94/63b)

欠呿　下音去，開口運氣曰～～也。(80/20a)

刋　苦寒反，～刻皃。(478/154b)

刋　苦寒反，～，削也。(456/87b)

刋　音看，～削。(253/64a)

刋定　上苦含反，刻也。(468/11a)

刋定　上苦寒反，削也。(470/43b)

刋定　上音看平，～，刻也。(384/46b)

茜　七見反，絳色也。(311/46b)

茜　七見反，亦作蒨，草根也，可染緋。(343/53b)

倩　七淨反，借～。(260/80a)

倩　七淨反，借也。(446/85b)

蒨　千見反，染草也。(253/53a)

湑倩　下七淨反，作情，非也。(148/79b)

蒨練　上七見反，～～，色鮮皃。(189/18a)

慊　苦點反。(307/20b)

慊代　上正作嫌。(342/95a)

慊忿　上牽點反，～，恨也。（244/37b）

慊恨　上苦點反，亦恨也。（138/8a）

慊恪　上口玷反，切齧恨也；下苦各反，～～，謂恐不能盡誠，檢束其身。（119/63b）

慊苦　上苦嫌反，勞也。（177/78a）

慊切　上可點反，～，恨也。（266/7b）

慊言　上正作謙，苦兼反，～，退也。（470/31b）

壍　七焰反，坑～。（310/55a）

壍　七艷切。（123/51b）

壍壘　上七焰反，城下池也；下力委反，壍壁也。（189/35b）

壍埃　七熖反，坑～，下誤也。（260/9a）

壍壍　二同，七焰反。（357/48b）

羌　去羊反，經帙字号，《説文》云：西戎牧羊人，故從羊，音人。（120/35a）

蜣蜋　上苦良反，下音梁，糞中黑甲蟲。（310/104a）

槍　七羊反。（232/46a）

槍　音鏘，又楚耕反。（512/123b）

鎗　七羊反，正作槍。（470/43b）

鏘　七姜反。（301/7b）

鏘　七羊反。（100/30b）

鏘　七羊反，金玉聲。（478/154b）

鏘　七羊反，正作槍，～渠。（446/27b）

鏘濟　上七羊反，行皃，～，敬也，正作蹡，下子禮反，多威儀皃。（256/69a）

鏘濟　上七羊反，下子禮反，～～，衆盛皃。（465/8a）

鏘槍　二同，七羊反。（302/58b）

鏘鏘　七羊反，行止有序也，正作將，～也。（472/20b）

強額　上渠兩反，下音額。（138/73b）

強額　下正作額，吾膈反。（129/60a）

強瀣　二字並非經理。洪師新音云作慷慨，上苦朗反，下苦愛反，嘆息也，於義更乖；又應師云作謦欬，上苦頂反，下苦愛反，出聲也，亦非其理；今且依應師音義，不知古之譯師意旨以何而用。（102/31b）

強戾　上去聲，下零帝反，～～，鄙惡也。(244/65b)

強縮　上正作摍，其向反，下所六反。(346/15a)

牆墻　二同，才羊反。(342/40b)

牆陳隙　下正，二同，丘逆反。(324/23b)

搶剗　上正作斨，七羊反，斧也；下知劣反，割也。(470/83b)

襁褓　二字從衣，上居兩反。(476/34b)

襁褓　上居兩反，下音保，衣也，繦褓，織縷爲之，負小兒於背上。(476/63a)

齩　五巧反，元作吾結反。(435/71a)

齩地　上北羊反，合作搶，七兩反，頭～也。(158/43a)

敲　口交反，擊也。(553/52a)

敲　苦交反，繫也。(466/32a)

敲　丘交反。(511/38a)

敲門　上苦交反，～，打也，或用撬，呼高反，～，撬也，非此用。(449/7a)

磽确　敲學二音，石土之地。(491/14b)

磽确　敲學二音，土石堅皃也。(502/25a)

磽确　上苦交反，下口角反，一音學，～～，沙石地也。(465/47b)

磽确　上苦交反，下苦角反，瘦薄之地曰～～。(236/52b)

蹺　丘嬌反。(367/15b)

喬　巨嬌反。(316/17a)

喬　其嬌反。(317/39b)

喬　渠嬌反。(322/67b)

喬　渠搖反。(319/9a)

喬答　上渠嬌反，此有三義，一云日種，二牛糞種，三泥土種。(253/40b)

僑　巨嬌反，寄也。(479/92a)

僑陵　二字正作驕陵，謂驕慢欺陵也。(476/7a)

僑寓　上巨嬌反，下音過，～～，寄居也。(468/11b)

蕎　音橋。(168/38a)

憔悴　上在搖反，下才遂反。(87/62a)

憔悴　上慈消反，下慈醉反。(128/54a)

憔悴　上自搖反，下才遂反，作悴同。（332/41b）

樵　在遙反。（345/58a）

樵　自搖反，柴薪也。（251/11a）

樵　自招反。（323/20a）

樵草　上自搖反，柴薪也。（262/86a）

樵歌　上自搖反，採薪之人，謠詠曰～～。（472/86a）

樵蘇　上自搖反，採薪曰樵，取草曰蘇。（477/55a）

樵薪　上自搖反，～～，柴也。（261/26b）

樵野　上知搖反，採薪者曰～～也。（477/42b）

樵野　上自搖反，～～，採薪之人也。（472/75a）

趫　巨矯反，善走緣木也。（487/24b）

蕉　自搖反，～，薪也。（261/45a）

顦顇　上才消反，下才遂反。（423/19a）

顦顇　上自搖反，下才遂反，亦作憔悴。（446/70a）

愀然　上七小反，～～，容色變動也。（476/63a）

愀然　上七笑反，～～，色忽變也。（465/47b）

愀然　上在九反，又七小反，容色變也。（244/8a）

峭　七笑反，高也。（466/17b）

峭　七笑反，山峻直也。（439/94a）

峭峻　上七笑反，下私閏反，～～，山高險皃。（502/35a）

殼　口角反，卵皮也。（466/75a）

誚　才笑反，～，責也。（478/52b）

誚　才笑反，讓也。（463/85a）

誚　才笑反，責也。（469/38a）

鞘　音笑，刀～。（372/58b）

鞘鞘　二同，音笑。（335/21b）

翹　伎遙切。（122/59b）

翹　巨遙反，～，舉也。（233/10a）

翹　渠搖反，～，舉也。（94/63b）

翹　渠遙反，～，舉也。（175/81b）

翹采　上巨搖反，～～，秀美也。（468/87a）

翹楚　上渠搖反，楚，薪也，～～，謂薪中秀者。（463/85a）

窮 苦吊反，孔穴也。(551/80a)

窮隙 上苦吊反，～，宄也；下丘逆反，孔也。(89/27b)

窮鑿 上苦弔反，穿～也，下音昨。(499/6b)

窮鑿 上苦弔反，下音昨，穿鑿也。(494/16a)

窮鑿 上苦叫反，穿～也，下音昨。(508/8a)

切磋 下七何反。(438/83b)

怯 苦劫反，～畏。(477/24b)

怯 苦劫反，畏也。(476/34b)

怯 普劫反，畏也。(72/7b)

怯 去劫反，～，懼也。(405/13b)

怯羸 上去劫反，弱也；下力垂反，劣也。(89/8a)

怯劣 上苦劫反，下力拙反。(127/12b)

怯訥 上去劫反，下奴骨反。(155/48b)

怯弱 上苦劫反，下音若。(244/29a)

挈肛 上苦結反，宜作契，苦計反，刻也。(477/42b)

挈船 上音結反，或作刻。(472/75a)

愜 苦愶反，心伏也。(551/98a)

愜 苦叶反，心快也。(253/47a)

愜 乞業反，正作怯。(511/16a)

愜服 上苦怗反，～～，心伏也。(453/44a)

朅 丘竭反。(136/9a)

朅椿 上去竭反，又就經注切身，上去曷反，下竹江反。(506/12a)

朅佉 上去謁反，此云犀牛一角。(233/27b)

篋 哭叶反，竹器也。(158/43a)

篋 苦帖反，竹器也。(89/21a)

篋 苦叶反，箱～。(244/29b)

篋 謙叶切。(124/25a)

篋盛 上苦帖反，竹器也；下音成，貯也。(94/43b)

篋笥 上苦帖反，下相寺反，～～，竹器也。(100/51a)

篋笥 上苦沾反，下相寺反，竹器也，圓曰篋，方曰笥。(477/55a)

衾 古今反，～，被也。(161/38b)

衾 丘吟反，～，被也。(456/131a)

衾　音欽，被也。（478/52b）

嶔岑　欽吟二音，山高皃。（478/154b）

嶔崟　上音欽，下音吟，山高皃也。（158/78b）

嶔崟　欽吟二音，山高之狀。（491/14b）

頷　五感、胡紺二反。（349/83b）

頷頭　上五感反，搖头也。（158/83b）

頷頭　上字正作五感反，撼頭也。（471/45b）

芹　巨斤反。（136/50b）

芹　求斤反，水菜也。（478/113a）

芹　音勤，水菜也。（161/55b）

芩　渠吟反。（169/61b）

芩　音禽。（97/71a）

擒　巨今反，～，捉也。（467/26a）

擒　音禽，～，持也。（422/78b）

擒　音禽，～，捉也。（437/11b）

鷁鍋　上音鳥，下音育，小釜曰～～。（443/56a）

寢　七錦反，～，臥也。（186/70b）

寢處　上七錦反，臥也；下倉呂反，居～也。（127/12b）

寢寐　上七錦反，下密二反。（128/17b）

圊　音清，廁也。（453/158b）

圊廁　上音清，亦廁也。（261/55b）

清廁　上正作圊，下初使去反。（123/84b）

勍敵　上巨京反，強也，武也。（466/54b）

擎　渠京切。（126/19a）

擎襆　上巨京反，下亦作襆。（464/46a）

頃　傾領反，～刻也。（103/8b）

頃　傾領反，須臾間。（242/8b）

聲欬　上苦頂反，下苦愛反，～～，出聲也。（99/6b）

聲欬　上苦頂反，下苦愛反，出聲也，經作磬咳，非。（265/76b）

親　初覲切。（119/11a）

罄竭　上苦徑反。（235/54b）

罄盡　上牽徑反，空也，盡也。（136/43b）

穹昊　上丘弓反，下胡道反，～～，天也。(478/154b)

穹隆　上去弓反，下六中反，～～，天象也。(468/76b)

筇　巨容反，高節竹也。(128/61a)

筇竹　上具恭反，～～，可以爲杖。(466/67a)

筇竹　上具恭反，～～，節甚高，可爲杖。(456/87b)

煢　音瓊，孤～，無兄弟也。(126/40b)

惸　巨營反，孤獨也。(470/56b)

惸獨　上音瓊，無兄弟可依曰～～。(139/67a)

瓊編　上巨營反，下卑眠反。(73/8b)

瓊編　上瞿營反，玉也；下必連反，～簡。(141/85b)

窮　窮字。(135/32a)

鰌鱓　上音秋，泥～也；下音善字，似鰻之類。(466/17b)

囚　似由反，人固獄中也。(240/84a)

囚　似由反，繫獄罪也。(255/75a)

囚執　上似由反，～～，拘繫皃。(109/116b)

虯　渠幾反，無角龍。(486/38a)

虯　渠幽反，似龍無角也。(448/39b)

虯棟　上渠幽反，無角似龍也，謂棟柱虯之立也。(465/29b)

虯曵　此二字切衹字，上渠幽反，下羊逝反。(162/9a)

毬　正作毱，渠六反。(181/53b)

裘毼　上音求，下胡葛反，～～，大衣也，布也。(465/8a)

裘褐　上音求，大衣也；下音曷，今之道流止服。(129/79a)

佉　丘迦反，一音呿。(173/77b)

佉訕　下舊音竹由反，一音酬。(259/68b)

佉羅騫　上丘迦反，下去乾反，二字亦去聲呼。(132/11a)

屈茨　上居勿反，下在咨反，別名龜兹。(466/32a)

祛　起虛反，散也，除也。(470/108b)

祛　丘居反，～，散也，除也。(476/63a)

祛　丘魚反，除也，散也。(468/87a)

區　丘俱反，小小也。(233/10a)

區秛　上正作漚，音歐，下正作和。(153/11b)

區區　丘俱反，～～，勞勞之皃。(448/15a)

區區 丘俱反，小兒也。（158/43a）

蛆 七徐反。（128/54a）

蛆 七余反，虫在肉中也。（553/34a）

蛆 音哲，与蜇同。（330/50b）

嶇嶔 上丘俱反，下苦今反，～～，艱嶮皃。（581/4a）

駈擯 上丘俱反，亦作驅，下必刃反，～～，弃逐也。（96/20a）

麴蘖 上俗作麪，下魚列反。（400/66b）

劬 音衢，勞也。（178/69a）

劬 音衢，勤勞也。（246/11b）

劬勞 上其俱反，～，勤也。（247/11b）

渠 音渠。（95/105a）

蒟多 上音衢，江西音九主反。（141/95a）

鴝鵒 衢欲二音。（155/27b）

鴝鵒 衢欲二字，作鴝鵒，上古像反，下古陌反。（180/44a）

鴝鵒 上古侯反，又音衢，下古陌反，又音欲。（150/8a）

璩 音渠。（340/22a）

璩穎 上音渠，下管領反，二法師名。（470/108b）

耳璩 下音渠，墜耳之玉也，正作璩。（89/72a）

籧蒢 渠除二音，竹鐵圓倉也。（469/14a）

籧鬪 上音渠，正作豦，鬪不解也。（471/46b）

籧廬 渠驢二音，草屋也。（475/65a）

氍毹 上音衢，下力朱反，毛褥也。（262/86a）

氍毹 上音衢，下力朱反，細毛褥。（260/17b）

氍毹 上音衢，下山朱反，～～，細毛褥也。（263/34b）

氍毹 上音衢，下山朱反，毛布也。（252/71b）

氍毹 上音衢，下所俱反，或作毹，毛布也。（161/37b）

籧篨 渠除二音，蘆簟也。（470/83b）

籧篨 渠除二音，竹簟也。（456/131a）

齲 傾羽反，齒病也。（170/55a）

齲 丘羽反，齒病也。（425/25a）

齲 丘禹反，齒蠹病。（128/17b）

齲齒 上丘羽反，齒病也。（449/49b）

呿　音去，欠～，開口運氣也。（126/52a）

呿　音去，張口運氣也。（175/92a）

闃　苦鵙反，寂靜也。（552/64b）

闃　傾具反。（136/9a）

闃寂　上傾覓反。（321/9a）

闃寂　上傾字入聲，～，靜也。（256/68b）

悛　此綠反，耕也，改也。（553/17a）

悛　七全反，改也。（469/98a）

悛改　上七全反，～，亦改也。（456/15b）

悛心　上七全反，改也。（507/40a）

圈　具卷反，養畜之牢也。（495/31b）

圈　其阮反。（364/54b）

圈　求阮反。（162/52b）

圈　渠卷反。（313/73b）

棬　傾員反。（313/97b）

拳　巨員反，手～。（343/28b）

拳　巨貟反，屈指成～也。（242/18b）

拳　巨貟反，屈指也。（133/92b）

拳　巨貟反，曲指也。（152/26b）

拳扠　上巨貟反，下丑佳反，以拳加人也。（260/69a）

拳腳　上正作瘘，巨員反，～，屈也。（80/20a）

痊　七全反，病安也。（133/51a）

痊　七全反，病瘥也。（128/17b）

惓　其卷反。（8/77a）

筌　此緣反，魚器也。（551/90b）

筌　七全反，正作詮，具也，理也。（89/20b）

筌蹄　上七全反，下或作罤，筌，取魚器也，罤，捕兎綱也，所謂得魚忘筌，得兎忘罤，今之得理忘言之喻也。（472/11b）

詮　七全反，具～事理也。（233/10b）

詮　七全反，具理也。（128/10a）

詮叙　上七全反，或作銓。（463/10a）

銓　取金反，枰也，謂銓量輕重也。（142/8b）

銓衡　上七全反，下戶庚反，～～，秤也。（463/62a）

銓衡　上七全反，下戶庚反，秤也，今取分別輕重之義。（476/34b）

銓題　上七全反，正作詮。（468/11b）

踡　巨貟反，正作躍。（188/16b）

踡脊　上巨貟反，又作罐，曲也；下音迹，背～也。（442/7b）

踡跼　上巨貟反，下渠玉反，～～，不舒伸皃。（467/76b）

踡縮　上巨貟反，或作惓，下所六反。（244/50b）

權　巨貟反，舊作榷、椎，非。（155/48b）

權衡　上巨貟反，下戶庚反，秤也，平也。（469/14a）

權捷　上巨貟反，舊作拳，下才葉反。（128/36a）

綣縮　上正作卷，下所六反。（349/45a）

券　丘願反，契約也。（253/17b）

缺　苦穴反，破也。（551/90b）

缺　去月反。（150/44a）

闕　音缺，終也。（466/83b）

确削　上正作碻，苦角反。（469/72b）

愨　苦角反，謹也，誠也。（557/49b）

愨實　上口角反，謹也。（467/26a）

碻　口角反，堅也，實也。（468/76b）

闋　傾決反，或作缺。（471/109b）

闋　音缺，終也。（89/8a）

鵲　七雀切。（122/43a）

碻　口角反，堅也，實也。（581/4a）

囷大　上丘倫反，小圓倉也。（464/28b）

裙襦　上裙字，下而朱反，短衣也。（468/12a）

裠　裙字。（320/80b）

裠裙　上正，下俗。（342/73b）

R

髯　而廉反，髭～。（471/109b）

苒蒻　染若二音，柔軟皃。（477/132b）

瀼　汝陽反，濃露也。（550/14b）

襀　而羊反，除也。（422/78b）

襀猷　上而羊反，下一檢反。（432/62a）

襀灾　汝羊反。（303/50b）

襀災　上而羊反，除也。（442/57a）

襀之　上而章反。（496/47a）

穰草　上而羊反，稻稈也。（436/42b）

穰積　上而羊反，禾稈也，下或作積，子智反，聚也。（263/42b）

穰積　上而羊反，禾基也。（260/39b）

穰瓤　二同，而羊反，瓜實也，下正。（252/71b）

穰麩　上而羊反，稻莖也，下音翼，麥皮也。（139/54a）

瓤　而羊反，一音娘，果中～也。（396/71b）

壤　而兩反。（86/68b）

壤　而尚反。（133/59b）

壤　而養反。（128/36a）

壤　爾兩反。（151/54b）

壤　汝兩反，土～也。（439/53a）

攘　而羊反，～臂，揎袖也。（126/62a）

攘　而羊反，又乃朗反。（94/18b）

攘臂　上而羊反，～～，揸袖出腕也。（472/20b）

攘臂　上而羊反，揎神出臂。（470/94a）

攘簸　上而羊反，拉衣袖出臂也，下補過反，應師云：合作袂，～，衣袖也。（244/8a）

攘拒　上而羊反，下音巨，～以手禦捍也。（465/47b）

攘袂　上而羊反，下彌祭反，～～，揎袖出臂也。（456/131a）

攘瀼　二同，而羊反。（418/146a）

攘手　上如羊反，伏出臂也。（176/87a）

攘災　正作穰，而羊反。（154/5b）

嬈　乃鳥反，～，弄也，一音遶。（508/24b）

嬈　奴鳥反，～，弄也，一音遶。（263/7b）

嬈　奴紹切。（125/84a）

嬈　女鳥反，一音遶。（152/41b）

嬈　音遶，亂也，又乃鳥反，弄也。（95/19b）

嬈　音遶，又乃鳥反。（103/8b）

嬈　音遶，又奴鳥反。（303/37b）

嬈作　上乃鳥反，～，弄也，一音遶，～，乱也。（478/87a）

橈　音饒，捐也。（513/24a）

擾　而小反，亂也。（153/11b）

擾　而沼反。（171/14a）

擾　音遶，亂也。（141/30b）

擾攘　上汝小反，下如羊反，～～，乱也。（456/131a）

繞頸　上音遶，纏也；下居領反，～，項也。（343/45b）

繞繚　上音遶，下力小反。（102/31b）

惹　而遮反，亦音佐。（162/9a）

惹　而遮反，又音佐，又桑賀反。（163/9a）

熱淡　下音談，正作痰，冷病也。（447/75a）

荏　而錦反。（307/48a）

荏苒　上而審反，下音染，～～，展轉也。（169/26b）

荏苒　上汝錦反，下於爾撿反，～～，速皃也。（40/72a）

荏苒　上汝審反，下音染，～～，急疾皃也。（465/8a）

稔　爾審反，豐～。（256/69a）

稔　耳審反。（316/72a）

稔　汝錦反，年也。（469/13b）

稔　汝審反。（136/9a）

稔　汝審反，年～也。（467/25b）

仞　而振反，七尺曰仞也。（555/22b）

仞　下音刃，一～高七尺。（134/33a）

仞　音刃，高七尺曰～。（158/71a）

妊　而禁反，懷孕也。（126/73b）

妊　而針切。（122/68b）

妊　尼禁反。（258/13a）

妊　如禁反，懷子也。（132/63b）

妊　汝禁切。（259/47b）

妊　汝針切。（123/59b）

妊　入針切。（122/84a）

妊身　上而禁反，懷子也。（129/41b）

妊娠　上而禁反，下音身，～～，懷胎也。（94/54b）

妊娠　上而禁反，下音震，一音身，懷子也。（173/84a）

袵　而甚、如禁二反。（1/9a）

袵　汝審反，～，裳之際也。（240/9b）

姙　汝甚反，正作妊。（511/25a）

紉　尼鎮反。（162/74a）

紉　女慎反。（341/91a）

軔　音刃，礙車輪木。（468/33b）

軔　音刃，車～。（464/72a）

軔羬　上而振反，礙車輪木也；下巨簾反，羊六尺也，《尔雅》曰：羊六尺爲羬，又五咸反，山羊也。（254/84a）

訒　正作認。（342/95a）

訒乎　刃音，難也。（473/54a）

衽　汝審反，衣裳之際也。（246/31b）

絍　如林、女林二切。（125/19a）

芿　音認。（481/74b）

牢靭　下音刃，作肕、礽，非。（301/41a）

充牣　下音刃，益也，作仞，誤。（468/87a）

日囉　上諸經或作淅，音呼，下九何反，又力加反，二合聲也。（492/42a）

日蝕　下音食，～，食也，曰～稍侵，虧如蟲食草木之槃也，今侵日月之神，名之蝕神也。（72/70b）

馹　而質反。（162/38a）

馹　音日，一音折。（164/18b）

馹　音日，一音折，別本又作子達反。（162/9a）

戎　而弓反，兵～也。（475/65a）

戎狄　上而弓反，下徒的反，東戎北狄蠻地之稱。（463/62a）

戎貊　上而弓反，下音陌，～～，東北夷名。（467/33b）

戎仗　上而弓反，兵器皆曰～～也。（137/41b）

茸　而容反，又如志反。（350/90a）

茸　　而終反，線絮也。（507/44b）

茸　　而鍾反，毳飾也。（135/11b）

茸　　而鍾反，花兒，正作穘。（99/6b）

融　　余弓反，和也。（249/8b）

融　　余弓反，消～也。（446/27b）

融銅　　上余弓反，正作鎔，音容。（94/9b）

融冶　　上余弓反，下音野，能消釋其理謂之～～。（469/13a）

鎔　　音容，～，銷烊也。（240/9b）

鎔銷　　上音容，～鑄。（136/16b）

冗　　而勇反，散也。（467/83b）

冗副　　上汝勇反，刺也。（463/97b）

冗雜　　上爾勇反，～，散也。（478/24b）

柔溥　　下合作軟。（131/13a）

柔濡　　下古之多作軟字用，正作輭，或作奭。（152/9a）

柔濡　　下正作軟、輭。（61/6b）

柔輭　　軟字。（136/36a）

柔輭　　上耳由反，下而左反，～～，安也，順也，曲直自由。（109/116b）

揉　　而周反，正作柔。（307/48a）

揉　　汝又反。（229/52a）

揉　　音柔，又仁袖反。（179/14a）

揉　　正作授，奴和反。（342/56b）

糅　　尼救反，雜也。（155/68a）

糅　　尼幼反，雜～也。（465/8a）

糅　　娘救反。（158/32a）

糅　　女救反。（236/8b）

糅　　女右反，雜～也。（158/32a）

蹂　　而袖反。（323/12b）

蹂　　人又反。（325/65b）

蹂踐　　上而州反，下音賤，蹈蹋也。（104/29b）

宍　　肉字。（320/57a）

宍肉　　二同。（301/7b）

宍肉　下正。（333/90b）

茹　而過反，食也。（189/18a）

茹　而恕反。（349/9b）

茹　而庶反，～，噉也。（469/57b）

茹　而庶反，食也。（581/4a）

茹毛　上而庶反，藏蘊毛羽也，一云茹，食也。（478/87a）

茹毛　上仍蔗反，蘊～也。（472/86a）

駑駘　奴臺二音，鈍馬曰～～。（469/71b）

濡　而朱反，～，濕也。（471/119a）

濡　而朱反，沾～也。（468/53a）

濡　而轉反。（265/41b）

濡　人朱反，沾～也。（558/28b）

濡襟　上而朱反，下音今，濡，沾濕也，襟，衣裙也。（469/71b）

濡潤　上而朱反，霑潤也。（145/68a）

孺　而注反，童～也。（468/76b）

孺　而注反，幼小也。（158/70b）

䐄　奴侯、日朱二切，（122/68b）

㑶　而朱、奴卧二切。（122/68b）

煖　奴管切。（125/36b）

煗　煖字。（94/44a）

襦　音儒，襖也。（513/83a）

蠕　而蠢反，動也，而充反。（556/57b）

蠕　音軟，能動細虫曰～。（425/25a）

蠕　與蝡同用。（120/83b）

不濡　下乳朱反，濡，濕也，作溺稍通。（442/71a）

汝媲　匹計反，末詳出處也。（448/39b）

蓐　音辱，草薦。（332/81a）

蓐褥　二並音辱。（313/44a）

蓐收　上音辱，～～，秋之神名。（476/24b）

褥　音辱，亦作蓐。（161/38b）

褥　音辱，裀～。（129/60a）

褥　音辱，坐～也。（446/70a）

褥蓐　二同，音辱，氈～下草薦。（306/12a）

縟　音辱，文彩皃。（477/132b）

縟褥　音辱，下正。（339/64b）

縟思　上音辱，下去聲，～～，文旨也。（465/70b）

墥垣　上而專反，下音園，～～，宮牆也。（463/10a）

奭　今作軟。（156/5b）

奭　乳兗反，喘～皃也。（146/63b）

奭　軟同。（352/36b）

奭　軟字。（236/66a）

奭　軟字，或作濡字，正作輭。（353/35a）

奭脆　上軟字，下取歲反，柔軟危脆也。（436/64b）

奭靡　上軟字，下緬彼反，謂柔軟靡順也。（88/12b）

奭輭濡軟　四字同用。（152/26b）

輭如　上音軟，或濡、濡，並非；濡，音儒。（141/10b）

蕊　如水反，花含也。（104/22a）

蕊　汝水反。（332/101b）

蕊　如累反。（396/44b）

芮　而歲反，或作芮，音丙。（467/25b）

蚋　而歲反，蚊～也。（468/87a）

蜹　而稅反，蚊～也。（553/24b）

睿哲　上羊歲反，～～，明聖也。（476/44a）

睿悊　上羊歲反，下正作哲，～～，明聖也。（477/24b）

銳　羊歲反，～，利也。（94/74b）

銳　羊歲反，勇也，利也。（467/43a）

銳　俞歲反，～，利也。（132/21b）

銳　芋歲反，利也。（466/17b）

叡　下羊歲反。（323/12b）

叡　羊逝反。（316/72a）

叡　羊歲反。（372/7b）

叡　俞歲反，明也，聖也。（128/10a）

叡　與睿同。（486/38a）

弱　音若，劣也。（72/7b）

弱　音若，怯也。（33/58b）

弱冠　若貫二音，年二十謂之～～。（465/38a）

阿蘭若　下汝者反，～～～，此云寂靜處也。（76/8a）

阿蘭若　下汝者反，此云寂靜處。（81/10a）

爇　如劣反，燒也。（128/89a）

捼　奴回反，又奴禾反。（327/61b）

捼　奴回、奴禾二音。（330/50b）

捼　奴迴反，又奴禾反，手挼。（327/44b）

S

洒　正作洗。（372/7b）

灑　踈嫁反，下同。（165/64a）

灑　所嫁反。（162/68a）

灑　所馬反，又所買反。（185/29b）

灑灌　上所馬反，下音貫。（172/66b）

灑散　所買反。（315/33b）

搬打　上音薩，与撒同。（342/68b）

颯　蘇合反。（136/43b）

颯颯　思雜反，風聲也。（478/154b）

薩咀　下丁達反，應師作薩哌，丁禮反。（445/37b）

薩婆若　此云一切智也。（103/65b）

摋　先才反，撐頭也。（435/22b）

塞　桑紇反。（164/18b）

塞　桑則反。（306/31a）

塞　僧乞反。（163/25a）

塞　蘇紇反。（164/9a）

塞迦　上桑則反。（49/83b）

傘蓋　上音散，上亦作繖。（59/53b）

糝　蘇感反。（315/44b）

繖　音散，或作傘。（171/68b）

桑葚　下食審反，亦作椹。（581/4a）

喪　蘇浪反。（180/14b）

纇　蘇朗反，額也。（121/38a）

搔　蘇刀反，～，肥也。（446/99b）

搔　蘇刀反，正作蚤。（309/13a）

搔嬈　上相刀反，下而小反。（135/86a）

搔擾　上蘇刀反，下汝小反，～～，乱也。（476/89b）

搔首　上蘇刀反，～～，爬頭也。（464/72a）

搔痒　上蘇刀反，～，爬也；下音養，与癢同。（448/94b）

騷　先刀反。（166/78b）

騷動　上蘇刀反，擾，動也。（189/68b）

騷咩　上蘇刀反，下羊鳴音，又弥爾反。（167/29a）

騷擾　上蘇刀反，～～，憂動也。（469/47b）

掃　穌到反。（140/33b）

掃　蘇道切。（124/59a）

掃惡　上蘇倒反，下於各反。（118/52a）

掃彗　下音遂，又旬歲反，亦作篲，箒也。（307/20b）

掃簪　上蘇到反，下音遂，又旬歲反。（314/11b）

掃篲　下旬醉反，又詞歲反，～，箒也。（260/48a）

瑟　所節反。（313/63a）

瑟　所櫛反。（317/64a）

瑟膩　上音虱，下泥二反，鳥～～沙，此名頂髻。（54/8b）

瑟吒　上音虱，下竹加、作嫁二反。（180/22a）

瑟吒　上音虱，下竹嫁、竹家二反。（169/11b）

瑟吒　上音虱，下竹嫁反，又丑家反。（6/25b）

瑟祉　二字音虱恥。（252/79a）

澀　澁字。（89/72b）

澀　澀音。（122/18b）

澀澁　二同，所立反，正作澀。（319/9a）

澀　參音入聲。（125/36b）

澀　色立反，與澀同。（126/30b）

澀多　上俗作澁。（457/103b）

澀多　上所立反，俗作澁。（456/114b）

穡揭　上音色，下居烈反。(359/9b)

轖軿　上側持反，～，軿也。(481/59a)

森　所今反。(304/37b)

森繁　上音蔘，～～，樹木翠盛也。(471/109b)

森羅　上音蔘，～，列翠之皃。(468/11a)

森森　音蔘，木長皃，取其意也。(261/55b)

森聳　上音參，下息勇反，～～，對水拔萃之皃。(463/74a)

森兮　上音參，列翠皃。(477/74a)

橬　音森，樹木長皃。(158/14b)

篸　作含反。(306/122b)

莎底　上蘇和反。(356/83a)

殺　所界反。(185/29b)

殺　音試，殺也。(472/86a)

殺拽　上所戒反，下夷結反。(511/61b)

鍛翮　上所戒反，下胡革反。(172/66b)

唅　宜作吸，許及反。(439/8b)

煞　所八反，正作殺。(179/21a)

篩　疎皆反。(94/18b)

篩　所皆反，一音師。(179/7a)

篩　所宜反。(104/14a)

籭　所皆反。(314/83b)

籭　所綺、所皆二反。(97/71a)

籭　所綺反，又所皆反。(104/63a)

籭　所宜反，～，蘿也。(166/14a)

籭　元音先爾反，又所綺反，或作蓰。(137/41b)

籭揚　上所皆，所宜二反。(341/77b)

曬　所寄、所賣二反。(163/49a)

曬　所寄反，又所賣反。(164/18b)

曬　所賣反，又所寄反，日乾也。(189/18a)

曬　音沙。(169/26b)

曬曝　上所賣反，下蒲報反，又蒲木反。(326/33a)

芟　音衫，伐也。(468/11a)

芟草　上音衫，刈草也。（465/29b）

芟剗　上音衫，伐也，刈也；下七卧反，斫～也。（180/57b）

芟夷　上音衫，伐除草木也；夷，平也，等也。（253/17a）

芟夷　上音衫，～～，代除草木也。（465/8a）

芟夷　上音衫，～～，剪伐也。（477/55a）

芟薙　衫替二音，刈除草也。（464/72a）

删　所安反。（299/49b）

删　所姦反，祭削也。（553/52a）

删　所間反，～，削也。（446/27b）

删　所間反，消除也。（405/6b）

删改　上所間反，削也。（456/102a）

删若　上所山反，下汝者反。（334/34a）

删夷　上所間反，～，削也，夷，平也。（456/15b）

删治　上所問反，下持値二音，删削治理也。（471/119a）

苫　尸鹽反。（305/48a）

苫　失廉反。（322/50b）

苫謎　上失廉反，下莫閉反。（161/38b）

埏　尸連反，又時連反。（371/92b）

埏　失然反，柔也。（464/95a）

埏埴　上尸然反，出也；下時力反，種～。（472/11b）

埏埴　上失然反，下常力反。（239/87b）

埏埴　上詩然反，下時力反，～～，柔上爲陶。（495/13b）

埏埴　上詩然反，下時力反，～～，謂柔泥可以爲瓦缶之器。（126/52a）

埏埴　上詩延反，柔也；下時力反，土也。（468/53a）

釤　所濫反。（136/50b）

釤　所陷反。（163/58a）

釤钁　上所鑒反，曲刀頭也；下俱縛反，鏊～。（310/32a）

釤弭　上所鑒反，下弥爾反。（168/13b）

釤弭　上所鑑反，下米爾反。（167/79a）

煽　式然反，亦音扇。（475/31a）

潸　所姦反，出涕皃。（303/8b）

潸然　上所間反，～～，泣灑也。（467/13a）

潸然　上所間反，弃洒也。（466/8b）

潸欷　上所間反，灑泣也；下許既反，泣之餘聲也。（472/32b）

羴　就經作知連反，後經又詩安反。（185/21b）

羴　詩千反。（313/97b）

羴　詩延反。（94/18b）

羴　式連反，臭也。（553/69a）

羴　式然反，星～也。（89/48b）

羴腥　上詩然反，下音星，～～，肉氣也。（468/76b）

羴羶　舊音詩安反，二同。（185/29b）

陝　失染反，西郡。（470/16a）

陝　式冉反。（482/22a）

陝　正作陜，與狹，依夾反。（176/43a）

陝浮　上失染反，恐作陝，音狹。（346/15a）

陝狹　二同，候夾反，下正。（347/21b）

閃　失染反。（312/69b）

閃電　上失染反（498/12b）

閃爍　失冉反，下式酌反。（513/51b）

閃爍　上失染反，下書酌反。（433/26b）

睒　失染反，暫見皃。（101/26b）

睒　失染反，暫見曰睒。（181/8b）

睒　始染反，暫見皃。（425/112b）

睒　式染反。（151/54b）

睒迷　上失染反，下莫閑反，下二字並同。（88/23b）

睒摩　上失染反。（137/50b）

睒睒　失染反，視不定皃也。（442/71a）

睒倏　上失添反，下音私，～～，暫見皃。（475/65a）

睒鑠　上式染反，下詩若反，正作爍。（338/82b）

覢電　上尸染反，與睒、閃同。（155/40b）

訕　所諫反。（162/9a）

訕　所顏、所晏二反，謗也。（158/43a）

訕　所晏、所間二反，謗也。（103/49b）

訕　音山，又所晏反，謗也。（87/62a）

訕　音山，又去聲。（491/44a）

訕謗　上所間、所晏二反，～，亦謗也。（476/52b）

訕謗　上所間反，又所晏反，訕，亦謗也。（463/85a）

扇侘　下丑加反。（344/42b）

扇侘　下丑嫁反。（342/40b）

扇侘　下竹家反，～～半擇迦，此云黃門。（343/19a）

扇攡　下敕皆反。（228/23b）

扇攡　下敕階反，又丑加反。（229/59a）

墠　常演反。（110/61b）

繕寫　上時扇反，理也，補也。（465/54b）

擅　時扇反，專～也。（240/9b）

擅琴　上時扇反，專～也。（502/66b）

膳　時戰反，食也。（552/7b）

膳那　上時扇反，安～～，此云治眼藥也。（405/13b）

膳饍　二同，時扇反，食也。（100/60a）

膳饍　時扇反，食也，二同。（161/38b）

繕　時扇反，補也。（149/10a）

繕修　上時扇反，～～，補治也。（103/30b）

繕埴　上時扇反，治也；下常力反，土也，治土爲瓦器也。（422/23a）

繕治　上時扇反，下音持，～～，理也，補也。（447/30b）

饍　時扇反，食也，亦作膳。（85/86b）

饍　市戰反，食也。（441/20b）

饍膳　二同，時肩反，食。（89/15a）

饍魚　上音善，正作繕。（345/67b）

商颷　下必苗反，～～，秋風也。（465/87a）

商估　二字正作賷買，上音傷，下音古，通四方之貨曰～～。（247/43b）

商估　二字正作賷買。（343/53b）

殤　音傷，少死也，十六至十九曰長殤，十二至十五曰中殤，八歲至十二曰下殤。（470/56b）

殤坻 上音傷，下音遲。（420/79b）

殤夭 上音傷，下於小反，十九已下而死曰～～。（507/49a）

觴 式羊反，酒器也。（558/28b）

觴 音傷，酒器也。（343/45b）

裳 常音。（122/59b）

捎拂 上所交反。（131/82a）

捎拂 上竹交反。（239/58b）

梢 所交反，木末也。（136/66b）

梢尾 上所交反，正舡尾下也。（127/53b）

稍 所教反，漸也。（119/21b）

稍 音朔。（317/82b）

稍刺 上音朔，下七亦反。（78/49a）

稍厝 下七故反，正作措。（477/108b）

筲 所交反，斗～，竹器也。（310/95a）

勺 舊音知闈反，又市若反，一音酌。（170/42b）

勺 時若反，又音酌。（136/29a）

勺饍 上音酌，十勺爲合，十合爲玞也，或作約音呼；下時扇反，食也，亦作善。（89/8a）

勺渧 上元音時約反，疑音酌。（99/31b）

韶 土昭反，舜樂也。（131/64a）

劭 時照反，美也。（466/75a）

劭 寔照反，息強也。（484/73b）

哨 才笑反，～，嚼也。（478/87a）

奢 式車切。（122/34a）

奢 式遮反。（104/22a）

賒 式遮反。（143/40b）

賒 音奢。（168/50a）

舌舐 下神只反。（346/35a）

舌舐 下神止反。（126/52a）

蛇 虵字。（320/73a）

蛇螫 上虵字，下呼各反，一音釋，蟲行毒也。（167/29a）

蛇蠍 上虵字，下許謁反，蕫尾蟲也。（167/57b）

蛇虵　二同。（319/9a）

捨　尸可反。（170/65a）

社　時者反。（71/44b）

射　時夜反。（127/30b）

涉　時攝反，歷也。（553/86a）

赦　音舍，放也。（145/20b）

渫矢　上書涉反，下式旨反。（171/24a）

麝　時夜反，香獸也。（246/74a）

懾憺　上之葉反，下可敢反，驚怖也。（253/53a）

身肢　下音枝，～體。（498/12b）

呻　失人反，～吟也。（556/36b）

呻號　二字音申毫。（127/71a）

呻呼　上升人切。（73/65b）

呻嘷　上音申，下音毫，～～，獸聲也。（186/92a）

娠　音申，孕也。（463/62a）

娠　音身，懷子也，又音震。（154/18a）

娠　音身，懷子也。（189/27a）

娠　音身，姙孕。（492/42a）

娠　音身，一音震。（335/76a）

深奧　烏告切，內也，深也，藏也，生也，《禮記》：室西南隅也，字從奧、米。（66/37b）

詵　所臻反去聲。（169/26b）

詵詵　所巾反，～～，衆多兒。（470/68b）

詵詵　所巾反，衆多兒。（146/7b）

神衷　上或作宸，下音中。（465/62b）

神衷　上正作宸，下音中。（464/72a）

沈沉　二同，直林反。（355/87b）

哂　尸忍反，笑也。（478/52b）

哂　失忍反。（104/45b）

哂　詩忍反，～，笑也。（430/78a）

哂　式忍反。（347/11b）

哂　香利反，又虛以反。（231/7b）

哂　虛器反，又虛以反。（229/15a）

哂　虛以、虛器二反。（234/14a）

哂翅　上式忍反，下施智反。（445/72b）

哂羅　上作哂，一夕反，又音因。（79/24a）

哂沙　上尸忍反，下文作哂，音因，又一夕反。（94/18b）

矧乎　上式忍反，況也。（473/46b）

瞫　音審。（164/9a）

甚　知林反。（151/65a）

脤貧　上軫、振二音，同前。（478/154b）

腎　時忍反。（324/17a）

腎　時志反。（262/34a）

腎壞　上時忍反，《羂索經》作諸振反，下而養反。（169/11b）

脾腎　下作脤，非。（266/31b）

蜃　時忍反，海中有～吐氣爲樓臺。（476/44a）

滲　所禁反，～，漏也。（422/78b）

滲　所禁反，水漏也。（174/11a）

莘　所巾反，莘莘，衆多皃，正作甡甡也。（464/88a）

狌　音生，獸也，人面能言，今云猩猩，只恐化生小兒在水遊戲。（71/44b）

狌狌　音生，～，人面獸身，能言，聲如小兒音。（261/26b）

阩隥　音升，下正。（316/8b）

隥　音升。（163/87a）

隥　音昇。（163/42b）

甥　音生，姊妹之子。（158/32a）

繩　食陵反。（132/45b）

繩　時陵反。（342/56b）

繩　俗作繩，食陵反。（160/28a）

繩　音乘。（125/28b）

繩繩　食陵反，上正下俗，二通用。（189/18b）

繩繩　市陵反，准～也，《道經》云：～～兮不可名，復歸於無物，作澠，誤也。（477/42b）

眚　所井反，災～也。（478/154b）

睂　所杏反，目病。(549/10a)

盛屎　上音成，～，貯也；下式旨反，亦屎。(89/39a)

盛　音成，貯也。(97/40b)

盛金　上音成，貯也。(493/5b)

剩　承證反。(327/7b)

剩　食證反。(319/17b)

墭　音盛。(307/11b)

賸　余證反，餘也，增也，益也，一音剩。(163/42b)

虱　所即反。(318/9a)

虱　所櫛反。(335/118b)

虱　音瑟。(131/22a)

施洽　上去聲，惠也；下候夾反，沾也。(477/12b)

屍骸　上音尸，下音諧。(131/22a)

屍搶　上音尸，下七羊反，謂恐動趣步也，疑作七兩反，身～地也。
(158/71a)

絁　式移反。(135/11b)

絁　式支反，粗紬也，經緯不等者。(181/38a)

絁　音施平聲，麁繒也。(310/32a)

絁絹　上音施平。(339/8b)

蓍龜　上音戶①，～，草也；蓍曰筮，龜曰～。(476/7a)

葹　音師。(260/57b)

溼　濕字同。(359/9b)

溼嚌　上濕字。(507/5b)

溼濕　二同，上正文。(170/55a)

溼濕　二同，上正下俗用。(250/104b)

溼濕　二同，失入反。(319/17b)

蝨　俗作虱。(478/113a)

蝨　音瑟。(158/22a)

蝨虱　二同，所乙反。(181/38a)

濕　失入反，水沾也。(549/20a)

---

① “戶”當爲“尸”之訛也。

食言　或作蝕，虛言無信也，《書》云：爾不信朕，不食言。(468/76b)

寔　時弋反。(405/62a)

蒔　音侍，移種曰～。(242/55b)

蒔　音侍，種也。(76/8a)

蝕　石音。(122/75b)

蝕　市力切。(124/9a)

蝕　音食，羅睺侵日月曰～。(502/25a)

蝕　音食，侵日月之神名。(142/31b)

識　尺志反。(319/84b)

矢　詩音反，箭也。(152/41b)

矢　式旨反，箭也。(165/5b)

矢鋒　上式旨反，箭也；下音牟，～，㮈也。(186/81a)

矢溺　上式旨反，正作屎；下奴弔反，尿也。(131/22a)

豕　施氏切。(123/9b)

豕　式旨反，豬也。(446/99b)

豕犬　上式旨反，豬也。(462/20a)

使行　上正作駛。(345/38a)

使流　上作駛，疾流也。(131/92b)

屎　式示切。(125/9b)

屎尿　上矢字。(103/58a)

屎屎矢　三並式旨反。(129/51b)

駛　疎吏反，速也。(551/29a)

駛　疎事切。(124/25a)

駛河　上史、使二音。(346/21b)

駛河　上使、史二音，～～，疾流也。(435/59a)

駛河　上使史二音，疾也，作流河，非。(134/55a)

𢪊　施亦切。(124/76b)

𢪊　識字。(129/8b)

𢪊　音識。(259/21b)

𢪊觜　上音識，下子委反。(266/46a)

柿櫅　二音市奈，果子名。(349/64b)

恃　時止反，依也。（553/17a）

恃　時止反，依倚也。（552/7b）

恃　音市，怙恃，依也，賴也。（144/7a）

恃怙　二音市户，倚賴也。（425/12a）

恃怙　上音市，下音户，～～，倚賴也。（422/33a）

恃怙　上音市，下音户，依賴也，《韓詩》曰：無父何恃，無母何怙。（161/37b）

恃怙　市户二音，依賴也。（504/31b）

恀　尺氏切，恀也。（481/118a）

恀　巨支反。（170/55a）

眂　珍遲反。（104/45b）

舐　神只反，舌～也。（447/75a）

舐　神止反，舌舐也。（471/76b）

舐　神紙反，以舌取物也。（158/22a）

舐　時只反，舌～。（310/95a）

舐　時止反。（308/26b）

舐　時紙反，以舌取物也。（129/51b）

舐　時至反。（311/90a）

舐屑　上神紙反，下食春反。（165/35a）

舐掠　上神只反，下音略。（320/80b）

舐血　上時旨反，以舌取物也。（136/74b）

貰　音世，又時夜反。（168/38a）

貰　音世，又恃制反。（353/73b）

弒　音試，殺也。（472/20b）

軾　音識，車前橫木。（464/72a）

嗜　常志切。（123/9b）

嗜　神利反。（187/9a）

嗜　時利切。（122/59b）

嗜　音示。（395/72b）

筮　石制切。（124/51a）

筮　音逝，蓍～也。（476/34b）

飾　音識。（262/16a）

飾　音式。(310/20a)

飾餝　二同，音識。(8/39b)

適莫　上音的，～～，無親疎之謂也。(171/55b)

適莫　上音的，～～，無指定也，又無親疎之謂也。(471/45b)

適莫　上音的，～～，謂無親疎也。(152/59b)

餝飾　二同，音式。(245/13a)

餝飾　音識，二同。(247/69b)

噬齧　上時世反，下五結反。(73/17a)

噬臍　上音逝，下音齊，～～，齧嚼也。(476/16a)

噬螫　上正作噬，音逝，～，齧也；下音釋音，又呼各反，蜇～。(443/12b)

謚　音示，死而後號曰～也。(476/24b)

謚　音示，死後之號。(476/52b)

螫　呼各反，一音釋，蟲行毒也，北人曰蛆，音晢。(157/57b)

螫　呼各反，一音釋，蟲行毒也。(470/83b)

螫　呼各反，一音釋，虵虺行毒也。(43/55a)

螫　施隻反，虫螫毒。(553/34a)

螫　式亦切。(125/9b)

螫嗽　上許各反，一音釋，蛇行毒也。(51/8b)

螫　音釋，又呼各反，蟲行毒也。(77/74a)

毒螫　施隻切，亦作蠚，螫虫行毒也，其蠚字，本黑各切。(65/37b)

毒螫　下音釋，又呼各，反蟲行毒也，作蛣，非。(72/7b)

首鼠　～～，伸縮，一前一却。(478/52b)

受禪　下時扇反，授位也。(471/27a)

受樂　上或作愛，下五教反。(135/67a)

狩　今用獸。(349/36b)

狩　獸字。(443/12b)

狩　獸字同。(332/101b)

狩　正作獸。(189/61a)

售　音壽，賣去曰～也。(442/57a)

瘦　所又反。(264/16b)

瘦　所皺反。（142/8b）

綬　音受。（127/23a）

獸　尸又反。（263/34b）

抒　神与切，除也。（483/69b）

抒　音序，～，去也，取也，又神吕反。（128/44b—45a）

抒　音序，挹也。（156/71b）

抒　音序，又神吕反。（306/52a）

抒棄　上神与反，除也，一音序，下棄字。（436/31a）

姝　昌朱反，美也。（129/24b）

姝　尺朱反，美好也。（127/23a）

姝　觸朱切。（122/84a）

姝好　上尺朱反，美也。（441/20b）

姝麗　上尺朱反，美也。（89/27b）

姝壯　上尺朱反，美也，好也。（123/84b）

倏　式竹反，～，忽也。（551/66a）

倏　音叔，～忽。（465/19b）

倏忽　上音叔，急疾兒。（465/8a）

倏忽　上音叔，作儵，非。（328/75a）

倏瞬　上音叔，下音舜，謂倏忽瞬息之間。（581/4a）

紓　神與反，又徐吕反。（487/60b）

儵　上音叔，急疾兒也。（475/31a）

淑　殊六反，善也。（552/83b）

淑　音熟，善也。（178/16b）

淑　音熟。（119/31b）

舒緩　上音書，下胡管反，～～，遲慢也。（139/54a）

樞　昌俱反，户輪也。（446/85b）

樞　昌朱反。（313/44a）

樞　尺朱反。（256/69a）

樞　楚俱反。（318/86b）

樞闔　上昌朱反，户輪也；下胡答反，～，閑也。（99/6b）

輸　詩注反。（88/23b）

輸　式朱反。（185/21b）

輸琛　上式朱反，下丑林反，～～，貢寶也。（472/32b）

輸租　上詩朱反，下子姑反，輸納租税也。（473/11b）

不疏　下正作踈。（178/42b）

攄　丑居反。（102/65b）

攄妙　上丑庶切，舒也。（41/9b）

秫　輪律反。（162/68a）

秫　詩律反，又音述，下同。（163/9a）

黍　商煮切。（123/9b）

黍稷　鼠即二音，五穀揔名。（477/121b）

黍穄　上詩與反，下音祭，～～，並可食。（436/64b）

署　常恕反。（120/56b）

署　時庶反。（69/26a）

署　時著反。（511/38a）

曙　常恕反，曉也。（555/60a）

曙　時庶反，旦～。（477/74a）

戍達　上詩注反，此謂田農官學四姓。（343/19a）

戍達　上詩注反，四大姓也。（52/60a）

戍達　上詩注反，～～羅，此謂田農官學國之四大姓也。（11/38b）

戍邏　上詩注反，下郎賀反，～～，謂邊戍巡邏也。（96/20a）

戍陀羅　上詩注反，此謂田農官學四大姓也。（233/64a）

束蘆　謂兩束相倚而立也。（232/28a）

述　詩律反。（164/28a）

漱　先奏切。（156/79a）

漱　音瘦。（162/9a）

漱流　上音瘦，謂洗～於流水也。（86/68b）

豎　竪音。（129/69b）

豎　俗作竪。（496/27b）

數恢　上音朔，頻數也。下正作愡，依豈反，泣也。（100/30b）

數稱　上音朔，頻～。（260/39b）

數攘　上音朔，頻～也；下而羊反，～～，謂揎袖出臂也。（465/62b）

數數　二同，音朔，頻～。（79/29b）

數數　二同，音朔。（132/53b）

數數　音朔，頻～。（127/23a）

數麚　上音朔，下一檢反。（172/56b）

澍　之旬反，時雨也。（120/43a）

澍　之住反，時雨也。（133/34b）

澍　注字。（492/32b）

刷　數劣反。（337/73b）

刷　所八反。（309/33b）

刷　所劣反，刮～也。（310/95a）

刷箆　所劣反，下正作枇，必迷反。（322/85a）

衰　所追反。（8/53b）

衰頹　上所追反，下才醉反，顇～。（233/78a）

衰邁　上所危反，年五十曰～；下莫拜反，往也遠也。（136/66b）

衰耄　上所追反，下莫報反，年五十曰衰，八十曰耄也。（44/55b）

攣率　二同，下正。（344/17b）

膞　昌兗反，腓也。（303/8b）

腨　時軟反，脛腸也。（479/59b）

腨腗　上時軟反，下蒲米反。（314/11b）

腨腸　上時軟反，脛腸也。（103/30b）

腨腸　上時軟反，脛也，下音長。（129/34a）

腨脛　上時兗反，腨腓也；下胡定反，脛骨也。（2/9a）

霜鷄　上音作鸘，下丁活反，～～，並鳥名。（478/52b）

爽　霜兩反，明也。（448/81a）

塽塏　上塽兩反，下苦改反，～～，地高明亮也。（472/32b）

睡闇　音義下合作讅，丑撿反，睡中語也。（253/71b）

吮　時允切，舐。（483/14b）

嘗吮　下徐軟反。（225/24a）

嘗吮　下徐允反。（279/71a）

楯　時尹反，榜牌也。（186/102b）

楯　時尹反，鈎欄也。（135/11b）

瞚　詩閏反，目動兒，與眴、瞬同用。（181/46b）

瞬眼　上音舜，目動兒。（77/90b）

瞬眴　詩閏反，目動皃，二同。（90/11a）

稍　山卓切。（124/25a）

稍　音朔，槍～。（462/20a）

槊　音朔，刀～。（94/74b）

槊　音朔，矛～。（128/54a）

槊　音朔，矛長一丈八尺曰～。（162/31a）

槊　音朔，與稍同。（150/29a）

爍　詩若反，光～。（499/22a）

爍　詩若反，火灼也。（186/102b）

爍　正作烙，音落。（328/43a）

爍口　上正作烙，音落，或火～也。（94/97a）

鑠　詩若反，正作爍。（131/40b）

鑠　詩若反，銷～也。（472/11b）

鑠　詩藥反。（136/50b）

鑠　詩約反。（162/17a）

鑠　書藥反。（485/52a）

鑠如　上詩若反，正作爍，光明也，音義云：閃爍也，言忽霍暫出也。（131/22a）

鑠石　上詩若反，目氣盛毒也。（477/12b）

斯破　上音西聲，散也。（87/40b）

絲桐　下音同，梧～木可以爲琴。（477/42b）

厮役　上音斯，賤役也。（99/38a）

卑廝　下音斯，役使也，賤也。（127/23a）

嘶喝　上音西，下一芥反，聲嘶噎也，經作唱，誤也。（71/11a）

嘶破　上音西聲，散也。（80/20a）

廝　音斯，賤役也。（149/83a）

澌地　音斯，亦作漸，音尖。（342/15a）

緦總　思惠二音，麻服也。（478/38a）

蜤　音斯。（243/80b）

籭　音斯，又疑是簁字，必簡反。（97/62a）

兕　詞姊反，青色野牛也。（425/60b）

兕　徐姊，獨角牛也。（129/69b）

兕　徐姊反，似牛一角，青色，重千斤。（126/73b）

兕　序姊反，獸醫似牛，一曰雌犀。（314/11b）

兕豹　上徐姊反，下必兒反。（241/9a）

兕虎　上詞姊反，野牛也。（468/76b）

伺捕　上相寺反，～，察也；下音步，～捉。（266/24b）

伺捕　上相寺反，候；下音步，～～，提也。（443/12b）

伺捕　上相寺反，下音步。（308/37b）

伺察　相寺反，心細思也。（146/56b）

伺求　上相寺反，候也，察也。（88/23b）

伺求　上相寺反，察也，思也。（11/38b）

祀祠　上音似，下音詞，祭也。（245/6a）

姒　音似，褒～，周幽王之后，極美也。（464/88a）

俟　常史反。（312/69b）

俟利　上士史反，或作涘。（445/37b）

俟用　時史反，待也。（155/86a）

飤　音寺。（372/22b）

飤飼　音寺，二同。（301/41a）

笥　相寺反，篋～也。（469/47b）

笥下　相寺反，竹器正方曰篋～。（151/54b）

飼　音寺，餧～也。（462/29a）

飼　音寺，餧～。（509/8b）

駟　音四，馬也。（301/7b）

駟馬　上音四，一乘四馬也。（446/85b）

忪　尺容反，～～，意不定也。（443/12b）

忪　職恭反，意不定兒。（158/14b）

忪　職容反，心動兒也。（483/14b）

忪忪　音鍾，心動兒也。（447/30b）

菘　息弓反，作菘，非。（306/31a）

嵩　息弓反，山高也。（558/47b）

嵩華　上息弓反，下胡化反，二山名。（466/17b）

嵩華　上息弓反，下玄化反，二山名也。（472/75a）

嵩山　上息弓反，中岳也。（476/7a）

悚　息勇反，～懼。（162/17a）

悚懼　上息勇反，下其遇反，怖也。（89/15a）

悚慄　上息勇反，下良吉反，～～，驚畏皃。（471/109a）

悚慄　上息勇反，下良吉反，怖懼也。（132/34b）

悚慄　上息勇反，下良吉反，驚惶～～。（127/12b）

悚慄　上息勇反，下良日反，～～，敬畏皃。（464/28a）

悚恧　上息勇反，下尼六反，～～，慙也。（477/132b）

竦然　上思勇反，敬也。（189/68b）

聳　息勇反，驚也。（164/52a）

聳幹　上息勇反，下古旦反。（406/44a）

溲　疎九反。（165/64a）

溲　所九反。（165/35a）

溲　元音色九反，或音搜，非也。（162/9a）

艘　蘇刀反，舩之揔名。（467/76a）

艘　蘇刀反，船之揔名曰～。（581/4a）

㛃　叟字同。（371/92b）

謏　蘇了反。（346/7a）

擻　音叟。（88/78a）

藪　桑後切。（123/76b）

藪　息後切。（124/34a）

藪　相走反，澤無水曰～。（132/45b）

藪　音瘦。（312/78b）

藪　音叟。（308/13a）

藪澤　蘇口切。（117/50b）

欶　朔音。（125/84a）

欶　所角反。（153/15b）

欶　音朔。（331/37b）

嗽　蘇奏反。（308/122a）

瘶　蘇奏反。（348/67b）

酥　蘇音。（122/34a）

酥　素姑反，酥乳酪也。（554/28a）

窣堵　上蘇没反，下音覩，亦云塔婆，今云塔是。（59/77a）

窣堵　上蘇沒反，下音覩，～～波，亦云塔婆，此云高廣，今之云塔是，梵語略也。（51/8b）

窣堵波　上蘇沒反，此云高廣，梵云亦塔婆，今云塔是略也。（18/15b）

窣堵波　上蘇沒反，下音覩，此云聚相，亦云塔也。（257/34b）

窣覩　上蘇沒反。（494/6a）

窣羅　上蘇骨反。（356/9a）

夙興　上音宿，早也。（100/16b）

泝流　上音素，逆流而上也。（343/19a）

泝流　上音素，逆流也。（469/71b）

涑　蘇由反。（95/80b）

肅悚　上音宿，下息勇反，敬畏皃。（422/33a）

肅恭　上音宿，嚴整皃。（72/7b）

訴　音素，告也。（469/98a）

塐像　上音素，正作塑。（506/12a）

嗉　音素。（357/62a）

塑　音素。（513/24a）

遡　音素，向也。（581/4a）

肅穆　上音宿，嚴也，戒也；下音目，敬也，和也。（158/22a）

薂　音速，菜茹揔名。（478/38a）

遬　音速。（154/49b）

愬流　上音素，正作泝，逆流也。（478/154b）

憟　音粟。（85/78a）

狻猊　上蘇官反，下魚号反，～～，下師子也。（465/87a）

痠　素官反，疼痛也。（553/17a）

酸　蘇官反，辛～也。（127/12b）

酸　蘇官反，正作痠，痛也。（244/23a）

酸鹹　上蘇官反，下音咸，俗作醶，同用。（88/18a）

酸迫　上蘇～反，正作痠；下音伯，迫急也。（99/6b）

筭　筹字。（1/33b）

筭筹　二同。（330/34a）

蒜　蘇貫反，葷菜也。（553/69a）

蒜 音筭，臭菜，一云葷菜。（126/52a）

蒜蒜 二同，音筭。（311/90a）

荄 音雖，作葰。（479/59b）

睢 七余反，又息遺反。（488/43b）

隋 音隨，帝代也。（463/74a）

隋唐 上音隨，帝代也。（468/11b）

綏 音雖，安也。（437/11b）

綏緝 上音雖，下七入反，綏，安也，緝，理也。（468/11a）

綏恤 上音雖，安也；下思律反，慰也。（177/78a）

髓腦 上息委反，骨中脂也。（109/116b）

祟 私遂反，禍~也。（467/33b）

碎 蘇對反。（317/8b）

睟 私遂反，視也。（478/154b）

睟容 上私遂反，潤澤也。（477/121b）

睟容 上私遂反，正作粹。（478/113a）

睟容 上相醉反，清和潤澤皃也，又子內反，目際也。（73/8b）

隧 徐醉反，穴道也。（133/34b）

隧 音遂，墓道也。（468/33a）

誶 私遂反，美也。（469/26b）

璲 音遂，基道也。（466/96a）

燧 音遂，火母也。（437/11b）

燧人 上音遂，火母也，取火教人熟食，因以爲名。（476/44a）

穗 音遂，禾~。（442/64a）

穗 音遂，和秀也。（96/27a）

檖 邃音。（122/84a）

檖 音遂，和秀也。（97/21b）

邃 私遂反，深也。（471/96a）

邃 私遂反，深遠也。（58/64b）

邃 雖遂反，深也，遠也。（553/61a）

邃 雖醉反，深遠也。（142/91a）

邃谷 上私遂反，深~也。（89/21a）

笋 筍字同。（315/132a）

筍　笋字。（188/8b）

潠濡　上蘇困反，下而朱反，諸經皆作軟音呼，《幕魄經》作遬濡，今詳經音，似急疾意，即不知譯師玄旨，以何爲義。（158/89a）

潠之　上蘇困反，噴水也。（470/16a）

縮　所六反，歛也。（555/28a）

縮　所六反，敏也，短也。（558/28b）

索　史責反。（333/42a）

索　所隔反，心有形向也。（434/6a）

索　所責切。（122/27a）

索牽　上俗作索。（494/42b）

索隱　上史責反，搜~隱微也。（477/55a）

瑣　蘇果反，~，細也。（158/71a）

瑣瑣　蘇果反，~~，細也。（463/62a）

瑣瑣　蘇果反，~~，小細也。（470/84a）

瑣瑣　音鏁，小小也。（476/44a）

瑣鏁　二同，蘇果反。（367/23b）

鏁　鏁字。（507/5b）

鏁鏁　二同，蘇果反。（345/48a）

鏁鑰　上蘇果反，與鏁同，下音藥。（468/12a）

鏁鏁　二同，上正下俗。（232/76b）

鏁鏁　二同，蘇果反，相連之皃也。（149/28a）

下殤　下音傷，~，亡也，年十九至十六曰長殤，年十五至十二曰中殤，年十一至八歲曰下殤。（477/55a）

枷鏁　下蘇果反，與鏁同。（136/16b）

枷鏁　下與鏁同，蘇果反。（121/47b）

宿墮　上正作寙，音愈，懶嫷也，勞苦也。（244/22b）

挻　失然反。（364/9b）

挺特　上亭頂反，~~，超出也。（244/29b）

剡　時染反，越縣名。（470/108b）

剡蟲　上時染反，下作虫，非。（443/12b）

剡魔　上以檢反，別亦云閻羅也，亦云雙世，謂苦樂並受也。（96/65a）

剡人　上時染反，越地縣也。(471/119a)

剡山　上時染反，越地也。(466/75a)

T

挮　他歷反，挑～。(158/42b)

挮　音替，所以摘髮。(512/123b)

鋋　亭頂反，～，鐵片也。(240/27a)

鋋　亭頂反，金片也。(188/75b)

鋋鎔　上徒頂反，下音容。(239/92b)

剬　丁丸反，眼佛名。(134/55a)

剬割　上之頓反，截也，《説文》：斷首也。(260/39b)

蹹　徒盍反，脚～洗。(486/58b)

蹹　徒盍反，聊～也。(483/69b)

蹹　徒答反，踐～。(437/11b)

蹹蹋　二同，徒答反。(333/61a)

蹹蹋　二同，徒答反，踐～。(159/20b)

蹹蹋　徒答反，二同。(303/37b)

獺弁　上他達反，水狗也；下皮變反，～～，以前腳弁合也。(471/109a)

獺狚　二同，他達反。(312/55a)

獺狩　上他達反，下正作獸，～～，水狗也，能食魚。(261/26b)

榻　託盍反，床也。(558/28b)

榻　音塔，椅也。(469/26b)

榻　音塔，坐～。(171/24a)

榻　音塔，坐也。(468/11b)

榻机　上音塔，～，下座矣反，～，居案也。(159/20b)

毾　天夾切。(123/9b)

毾㲪　二字塔登。(302/64a)

毾㲪　上音塔，下音登，～～，亦毛褥也。(263/34b)

毾㲪　上音塔，下音登，毛褥也。(161/37b)

毾㲪　塔登二字，亦毛布也。(134/33a)

撻　他達反。（306/31a）

踏　他合反，著也。（551/80a）

踏　亦作蹹，徒答反。（94/86a）

踏蹹　徒答反，二同。（325/16a）

蹹　徒盍反，踐～也。（549/80a）

蹹　徒答反，踐～。（253/59b）

蹹　徒答反，踏也。（253/31a）

蹹　徒答反，亦作蹹。（97/29a）

蹹草　上亦作蹹，徒答反。（471/45a）

蹹鞠　徒塔反，下渠六反，毛丸也，亦謂之蹴毱。（478/154b）

蹹踏　二同，徒答反，上正。（322/76b）

蹹踏　唐合反，上正下誤。（320/24a）

闥　他達反，宮外門也。（476/24b）

闥　他達反，門屏之兒。（449/110b）

闥額　上他達反，下吾客反，亦作頟。（343/65a）

苔　音臺。（322/25b）

炱煤　上音臺，下音梅。（309/44b）

駘　音臺，～，鈍馬也。（245/65b）

鮐肌　台飢二音，鮐，海魚，皮如沙也，故謂老壽肌膚如鮐魚皮也。
（478/113a）

擡　音臺。（319/25b）

汰　音太，濤～。（255/75a）

態　他代反，美也。（177/78a）

態　他代反，姿～嬌美也。（137/86b）

態　他代反，姿～也，美也。（442/7b）

態慝　下他得反，穢也，惡也，《礼記》云：世亂則禮～。（177/89a）

貪饕　下音鐵，貪食也。（435/59a）

貪饕　下音鐵，貪也。（102/40a）

灘澓　上他丹反，急流也，下音伏，洄流也。（471/109b）

郯　音談，姓也。（466/8b）

埮藻　上式豔反，～～，舒布文章也。（477/108b）

憺　徒敢反，靜也。(479/86b)

憺　音談。(128/69a)

憺憺　二同，音淡，又徒敢反，安靜也。(141/95a)

憺怕　二字音淡拍，安靜之理也。(134/21b—22a)

憺怕　上徒敢反，下匹白反，～～，安靜也。(157/64a)

憺怕　上徒敢反，下匹陌反，～～，安靜也，亦作淡泊。(178/9a)

憺怕　上徒敢反，一音淡，下音魄，安靜之皃。(132/34b)

憺然　徒敢反，安靜也。(140/65a)

覃　徒含反，及也，延也。(343/9b)

痰　徒甘反，胷上水病也。(553/34a)

痰　徒甘反，胷中水病也。(128/17b)

痰　音談，～唾。(493/21b)

痰　音談，～涎。(139/7b)

痰膈　談革二音，胷膈痰癊也。(303/23a)

痰飲　上音談，下於禁反，正作痰癊，胷中水病也。(96/58a)

痰癊　上徒甘反，下於禁反，胷中水病。(165/71a)

潭　徒南反，深水也。(492/26b)

潭然　上正作澹。(173/9b)

曇　徒含反。(56/17b)

曇　徒含反，鄔波尼薩曇分，此云極數也。(35/48a)

壜　徒含反，～，瓷甖類也。(163/42b)

坦　他但反，平也，安也。(551/40b)

坦然　上他罕反，～～，平也。(142/91a)

袒　音但，露膊也。(453/158b)

袒髆　上音但，下音博，亦作膊。(466/17b)

毯　他敢反。(325/34b)

毯　吐敢反，毳席也。(157/38a)

炭棘　上他旦反，下紐力反，～，刺也。(506/41b)

探　他含反，取也。(149/10a)

探覈　上土含反，下閑隔反，取其實事曰～～。(478/113a)

探賾　上土含反，～，取也；下助革反，玄微也，幽深也。(233/10a)

探賾 上土含反，下助革反，幽微也，玄遠也。(240/9b)

探括 上土含反，~，取也，括，撿也。(471/27a)

探視 上土濫反，候也，合作貼；今用探，土含反，取也，俗皆作貼候字用。(491/14b)

探索 上土含反，取也；下史責反，求也。(475/31a)

探啄 上土含反，下音卓。(395/7b)

湯渻 下徒合反，沸溢也。(120/100b)

湯突 上正作盪，土郎反，下徒骨反。(328/20a)

湯突 下徒骨反，觸也，上正作盪。(466/32a)

唐捐 上音緣，唐謂虛也，空也，捐，謂弃也。(175/52a)

唐捐 唐，空也，徒也；下音緣，弃也。(177/16a)

唐突 下徒骨反，二字正作塘揬，觸也。(471/119a)

唐寚 下徒骨反，~~，惡觸也，正作搪揬。(189/36a)

塘 徒郎反，陂塘也。(555/60a)

搪突 上音唐，~，徒骨反，正作揬。(304/49a)

搪突 上音唐，下徒骨反，正作揬，觸也。(87/62a)

搪歃 上音唐，或作撐，直庚反。(342/95a)

煻煨 上音唐，下烏回反，~~，熱灰炮也。(448/67b)

煻煨 上音堂，下烏回反，《説文》：熱度也。(174/62b)

橖 音唐。(163/87a)

橖 直庚反，亦作堂。(445/86a)

橖觸 上宅耕反。(245/39b)

螗蜋 二字音堂，郎草蟲也。(476/63a)

餳 似盈反，~飴，米蘗煎也。(168/69a)

餹糖 二同，音堂。(345/58a)

帑 他朗反，~，藏貯金帛之舍也。(137/67b)

帑藏 上音儻，貯金之舍也。(131/22a)

帑藏 上音儻，下去聲，~~，貯金帛之舍。(468/52b)

儻 他朗反，作讜。(265/18a)

儻叙 上他朗反，正作讜，直言也。(477/108b)

曭朗 上他朗反，~~，日不明也。(478/154b)

絛 土刀反，~，繩也。(163/77a)

搯　苦夾反，指～也。(499/6b)

搯齧　上口夾反，下魚結反。(416/62a)

滔　土刀反，漫也。(552/24a)

滔滔　音叨，大水皃也。(472/20b)

滔天　上土刀反，言水盛大若漫天也。(159/20b)

謟　丑琰反，僞也。(551/98a)

謟　勑檢切。(122/84a)

濤　音桃，波～。(151/12a)

濤汰　桃太二音，先也。(469/37b)

韜戈　上土高反，藏也；下古和反，～，戟也。(465/19b)

韜光　上土刀反，藏也。(446/40b)

饕餮　叨鐵二音，貪財曰饕，貪食曰餮。(476/34b)

迯竄　上逃字，下麁筭反。(327/31b)

咷　徒刀反，號～也。(550/64b)

逃迸　上音桃，下必孟反，～，走也。(437/48a)

逃竄　上音桃，下七亂反，藏避也。(145/68a)

洮　徒刀、土刀二反。(304/19a)

洮　音桃。(330/50b)

洮簡　上音桃，正作濤，～，澤。(469/47b)

洮米　上音淘，～，浙也，盥也。(307/82b)

陶家　上音桃，燒瓦之家。(310/10b)

陶鈞　上徒刀反，下規倫反。(73/8b)

陶鍊　上音桃，下郎殿反。(146/56b)

陶師　上音桃，燒瓦之匠也。(233/71a)

陶師　上音桃，燒瓦之匠曰～～。(261/19a)

陶甄　上音桃，下居延反，～～，鑪冶也，取鎔鑄之義。(476/44a)

萄　徒刀反，蒲萄也。(549/20a)

討　他老反，伐也。(435/10b)

討覈　上他老反，窮～也；下閑隔反，考其實也。(467/13a)

愿　他得反。(171/75a)

疼　徒登反。(331/37b)

疼　徒冬反。(305/14a)

疼　徒冬反，～，痛也。（166/2b）

疼　徒冬反，痛也。（446/40b）

疼痺　上徒冬反，下必二反。（448/81a）

疼痺　上徒冬反，下必至反。（188/34a）

縢　音騰，正作藤。（334/82b）

縢　正作藤，音騰。（336/21a）

縢緘　上音騰，下古鹹反，～～，封也。（472/75a）

藤　徒登反，～，蔓也。（245/74b）

藤蔓　二字音騰萬。（89/21a）

藤枝　上徒登反，～，蔓也。（163/42b）

剔　他的反。（347/78a）

剔　他曆反。（182/53a）

剔　他歷反，解骨。（549/10a）

剔髮　上他的反，～，削。（473/11b）

剔髮　上他滴反，～，除也。（80/70a）

梯　他計反。（143/40b）

梯　他兮反，～橙。（371/7a）

梯　他兮反，又他弟反。（170/64b）

梯　他奚切。（123/68a）

梯　湯兮反，又他弟反。（185/29b）

梯　土雞切。（122/68b）

梯　土迷切。（125/19a）

梯陛　上他兮反，下蒲米反，～～，階道也。（177/52a）

梯橁　上他兮反，下蒲米反，或作陛，作椑，非。（310/10b）

梯橙　上土兮反，下都鄧反，階道也。（244/22b）

踢突　二字正作搪揬，上音唐，下徒骨反，觸也。（94/9b）

提防　上低啼二音，下音房。（320/9a）

提封　上或作隄，誤也，～～，所封疆域。（73/8b）

提封　上音題，限防也。（129/16b）

罤　杜奚反，兔網也。（557/35b）

罤筌　蹄詮二音，同前。（581/4a）

稊　音啼。（342/56b）

稊稗　上音諦，下蒲賣反，～～，並草名，似稻也。(256/49a)

稊稗　上音啼，下蒲買反，二草似稻禾也。(44/77b)

稊莠　二字音啼酉，並草名。(476/63a)

渧　滴帝二音。(129/34a)

渧　滴字。(85/86b)

渧　音的。(239/78b)

渧　音滴，一音帝。(344/42b)

渧滴　的字，二同。(328/53b)

渧滴　二同，丁力反。(306/23a)

渧滴　二同，丁歷反，下正。(345/28b)

綈　徒兮切。(125/84a)

綈衣　上音啼，厚繒深緑色。(477/12b)

蜕　祛奚反，又丁溪反。(487/97a)

緹　他禮反，一音提。(134/22a)

緹幔　上音體，亦音題，赤繒也；下莫半反，帷～。(129/60a)

緹縵　上音躰，一音啼，赤色錦也；下莫半反，正作慢。(159/20b)

醍醐　二字音提胡，精酥也。(126/40b)

醍醐　二字音啼胡，乳酪也。(131/71b)

剃　音替。(136/29a)

洟　湯遞反，鼻汁。(483/14b)

洟　湯計反。(485/41b)

洟　音替，鼻津也。(255/75a)

洟　音替，一音夷。(185/58b)

洟唾　上音替，一音夷，下吐卧反。(139/7b)

洟唾　上音替，亦作涕，下土卧反。(6/25b)

倜儻　上他的反，～～，大也，特達也。(469/72b)

倜儻　上他的反，下他朗反，～～，奇俊非常。(471/109b)

逖　他的反，遠也。(468/10b)

逖　他敵反，遠也。(470/56b)

逖　徒的反，遠也。(477/132b)

涕零　上音體，一音贊，泣淚曰～～。(260/90b)

涕泗　二字音體四，泣淚也。(442/50a)

涕泗　上音體，下音四，～～，泣淚也。（86/68b）

涕洟唾　上二同音替，下土卧反。（333/9b）

迗　他的反，遠也，又作迹，徒浪反，過也。（467/26a）

惕　他的反，驚～也。（477/74a）

惕　他的反，悚～。（477/132b）

惕然　上他的反，驚～。（456/87b）

替　他計反。（419/142a）

鬄　剃字。（341/21a）

嚏　音帝，鼻氣。（245/28b）

嚏嗿　上音帝，俗作嚏，下匹悶反。（496/27b）

鬀髮　上他的反，～，削也。（86/68b）

畋　音殿，平也。（166/14a）

畋　音田，獵也。（469/98a）

畋獵　上音田，獵之惣名也。（468/76b）

畋獵　上音田，下良涉反，～～，取禽獸也。（189/18b）

畋獵　上音田，下良輒反，～～，取禽獸也。（189/9b）

恬　徒兼反，～，靜也。（164/28a）

恬　徒添反，靜也。（463/62a）

恬淡　上徒添反，～～，安靜也。（436/9b）

恬淡　上徒添反，下徒敢反，～～，安靜也。（443/25a）

恬憺　上徒添反，下徒敢反，安靜也。（126/30b）

恬漠　上徒添反，～～，安靜也。（472/75a）

恬凝　上徒添反，下魚陵反，～～，安靜也。（476/34b）

恬怕　上徒添反，下匹陌反，安靜也。（178/25b）

恬怕　上徒添反，下匹陌反，安靜之謂也。（77/65a）

恬甜　二同。（346/58a）

恬愉　上徒添反，下羊朱反，～～，安靜和悅之皃也。（469/71b）

甛　徒兼切。（122/43a）

甜　徒添反，甘～。（495/13b）

甜　徒添反，甘味也。（441/58a）

甜醋　上徒添反，下七故反。（128/61a）

甜苦　上徒添反，甘味也。（251/54b）

甜酢　上徒添反，糖味也；下七故反，今作醋。（157/57b）

甜酢　上徒添反，下古作醋。（306/94a）

填　音田，～築。（263/42b）

填　音田，塞也。（145/58b）

填築　二字音田竹。（166/14a）

綖　他敢反，亦作毯。（318/18b）

綖　土感反，正作毯。（339/64b）

綖毯　二同，他敢反，下正。（319/41a）

綖毯　二同，他感反，褥也。（343/45b）

綖毯　土敢反，下正。（316/55b）

窴廁　上音田，與填同。（135/32a）

窴寘　下音田，蒲也，義靜法師譯《金光明最勝王經》作窴積，比丘積者聚也，寘者，滿也，其理皆一，今或作窴寘，支智反，寘有廢也，置也，或云窴寘，莫經反，寘者，暗也，今音田，必欲疑。（137/50b）

窴窴　下音田，或作寘、寘，非也。（135/32a）

闐　田殿二音。（136/9a）

闐　音田，滿也。（446/85b）

闐　音田，盛皃。（161/37b）

闐闉　上音田，下於結反。（463/97b）

殄　徒典反，絕也，滅也。（158/71a）

殄悴　上徒典反，滅也，下才遂反。（478/52b）

殄殍　二同，徒典反，滅也，絕也，下俗用也。（170/65a）

腆瓷　上他典反，設食也，又厚也。（478/52b）

腆美　上他典反，厚也，至也，又設食也。（260/57b）

瘨瘓　上他典反，下土管反，風病也，又作瘦，非。（448/94b）

靦　他典反，慙～也。（464/88a）

挑　上土彫反，～，抉也。（94/97a）

挑　徒吊反，正作掉。（434/6a）

挑　土凋反，～，抉。（140/83a）

挑　吐彫反，～，撥也。（187/49a）

挑目　上他彫反，～，抉。（52/85b）

挑其　上他彫反，～，抉也。（97/21b）

挑取　上土彫反，～，抉也。（96/27a）

挑頭　上正作掉，徒弔反，搖～也。（446/70a）

挑擲　上正作掉。（98/50b）

岧然　上音條，草木秀實兒。（469/13b）

岧嶢　苕堯二音，山危兒。（478/154b）

迢然　上音條，～，遠也。（236/60a）

條　土高反。（316/30b）

條　音叨。（317/39b）

髫辮　上音條，下蒲犬反，童子初束髮也。（581/4a）

髫齓　上音條，下昌謹反，髫，小童長髮之年，齓，換齒之歲也。（468/12a）

髫年　上音條，亦作齠，同前。（456/51b）

齠齓　上音條，下昌謹反，～～，謂男女換齒髮之歲。（158/70b）

齠齓　上音條，下昌謹反，小兒長髮也。（246/31b）

齠齓　上音條，亦作髫，小兒初長髮之年；下昌謹反，毀一齒之歲也。（233/10a）

眺　他弔反，觀望也。（475/65a）

眺　他吊反，望也。（581/4a）

眺　他了反，又他吊反。（469/98a）

眺　田弔反，～，望也。（470/16a）

趒　他吊反，～，越也。（343/28b）

跳　他吊反，正作逃。（513/120b）

跳　徒聊反，躍也。（553/17a）

跳　音條，～，躍也。（462/44a）

跳　音條，～，躑。（343/9b）

跳　正作掉，徒吊反，心動兒也，跳，音條，一躑，非兒。（88/69a）

跳蹀　条牒二字。（129/69b）

跳梁　上音條，下正作踉。（443/12b）

跳梁　上音條，下正作踉，跳躍也。（447/50b）

跳踉　上音條，下音郎，一音良，跳躍兒。（266/46a）

跳躑　上音条，下遲亦反。（128/36a）

糶　他弔反，俗作粜。（347/50a）

鐵鐵　二同用。(156/39b)

鐵　鐵字。(167/94b)

呫　昌列反，離～毗，别云離車，此云居士。(133/34b)

呫　昌葉反。(342/40b)

呫　元作陟咸反。(320/31b)

飻　他列反。(316/47a)

飻　音鐵，貪食也。(176/102a)

汀瀅　上他定反，下紆定反，～～，小水也。(456/131a)

渟　笛令反。(110/61b)

渟　音亭，水上曰～。(158/22a)

莛　亭頂反。(316/55b)

莛楹　下音盈，廷直也，正也，楹，柱也。(463/85a)

亭　狄丁反。(170/7b)

亭傳　下知戀反，～～，驛舍也。(472/86a)

庭　音亭。(124/34a)

葶艾　上音亭，毒草也；下吾蓋反，蒿～也。(463/97b)

葶藶　二字音亭曆，細於芥子也。(157/23a)

葶藶　亭歷二音，子可入藥，猶細於芥子。(447/50b)

霆擊　上音庭，雷～也。(469/47b)

霆掃　上音廷，雷～也。(477/132b)

挺　他頂反，出也。(467/63b)

挺　亭頂反，～，出也。(463/10a)

挺超　上他頂反，出也。(469/13a)

挺超　上亭頂反，～，出也。(99/62a)

挺出　上庭頃反，超～也。(470/16a)

挺生　上亭頂反，出也。(465/54b)

挺特　上亭頂反，～～，超異也。(436/31a)

挺特　上徒頂反，～～，出人之異也。(443/56a)

挺直　上他頂反，正作侹頲。(259/78b)

挺質　上他頂反，拔也。(478/9b)

艇舟　上亭頂反，小船也。(443/25a)

彤　徒冬反，或作彤，音融。(455/21b)

峒　舊音徒貢反，一音同。（172/27b）

烔然　上戶頂反，光皃。（155/68a）

烔然　上音同，火熱皃，或作洞音呼，非也。（127/53b）

烔然　上音同，熱盛皃。（158/22a）

烔然　上音童。（334/22b）

橦弩　橦，直降反，正作䡴，衝城戰車也，下乃古反。（190/65b）

瞳　音童，目珠子也。（181/14b）

瞳子　上音童，目中珠子也。（138/50a）

穜芽　上徒紅、直容二反，先種後熟也。（148/27a）

筒　音同。（301/28a）

筒箭　二音同。（349/27b）

統攝　上他綜反，揔也，紀也；下書沙反，兼也，録也。（516/18b）

箭　徒紅反，竹～也。（550/80b）

箭　一作觕，音童。（423/64a）

箭　音童，竹～。（145/30a）

慟　徒貢反，哭之甚也。（456/51b）

慟　音洞，悲深也。（161/38b）

慟　音洞，哭之甚也。（448/67b）

慟哭　音洞，悲深也，又變動情皃。（189/44a）

偷　託侯切。（122/51a）

鋀　上音偷，～石。（495/31b）

鋀　他侯切。（124/25a）

鋀　音偷。（318/9a）

鋀石　上音偷，～～，銅之美者。（343/53b）

骰　音投。（511/79b）

頭　途邑反。（162/9a）

凸　徒結反，骨～。（158/78b）

凸凹　上徒結反，下烏交反。（308/37b）

凸瘠　上徒結反，下音迹。（334/11b）

禿　他谷反，頭無髮曰～。（151/35a）

禿　他谷反，無髮也。（131/71b）

禿　他屋反，頭無髮也。（186/81a）

秃　通獨切。（122/27a）

秃　徒谷反，頭無髮也。（263/7b）

秃丁　上他谷反，辱僧謂之～～也。（473/11b）

秃梟　上他谷反，下古堯反。（315/118b）

秃梟　上土谷反，下古堯反，伯勞鳥也。（425/112b）

秃傴　上他谷反，下紆主反。（303/37b）

突　屠骨切。（122/59b）

唋　音余。（259/12b）

嵞嵊　上他胡反，下食證反，山名在剡縣。（466/75a）

鵚梟　上他谷反，下古堯反，一名鵚鵘也。（443/56a）

荼　音徒。（304/37b）

荼　音屠。（126/10b）

荼蓼　二字音徒了，苦菜也。（472/86a）

荼蓼　上音徒，下音了，～～，苦菜也。（478/134b）

屠　音徒，殺也。（128/45a）

屠酤　徒姑二音，屠殺酤酒也。（495/6b）

屠膾　上音徒，下俱會反，或作儈。（179/21a）

屠獵　上音徒，～宰；下良輒反，畋～。（253/31a）

挨　上音唐，下徒骨反。（330/41b）

挨　徒骨反。（162/17a）

塗路　上音徒，正作途。（142/91a）

塗漫　上音徒，下莫宮反，又莫半反。（431/49a）

莬兔　二同，下正。（251/11a）

莬兔　二同，上草名，下正用。（255/44b）

莬腊　兔豬二字。（123/84b）

湍　他端反，急瀨也。（553/24b）

湍　他端反，疾流也。（158/71a）

湍　土官反，疾瀨也。（189/35b）

湍　土官反，淺水急流曰～。（127/45a）

湍洄　上他端反，急瀨也；下音回，旋流也。（128/61a）

湍洄　上土官反，下音回。（250/40a）

搏　徒端反，手～也。（133/43b）

搏　音團，手～。(171/61a)

搏撮　上音博，下子活反，～～，持捉也。(441/58a)

搏飛　上音團，扶～搖直上而飛也。(446/27b)

搏擊　上音團。(395/7b)

摶如　徒官反，手～。(157/23a)

摶若　上徒官反，手～。(186/81a)

摶食　上徒端反，手～。(141/95a)

摶食　上音團，～～，飯曰～。(422/53b)

團　搏音。(125/36b)

彖　土亂反。(470/94a)

推　尺追反。(306/94a)

推　土回反。(311/58a)

推盪　上土回反，下音蕩，～～，除也。(469/98a)

推㞐　上土回反，下徒點反。(314/11b)

推核　上尺追反，下胡得反，推窮其實也。(453/158b)

推排　上元音上回反，今作尺追反，謂～其善，排其惡也。(132/21b)

推撲　上土回反，下蒲角反。(304/13a)

推撲　上直追反，下蒲角反。(446/27b)

推乾　上土迴反，～，進也。(189/27a)

推徙　上土回反，下所綺反。(349/94a)

推𦜅　上直追反。(136/74b)

推徵　上尺追反，～～，尋其所證也。(255/44b)

推著　上土回反。(310/20a)

隤　徒回反，～，落。(131/22a)

隤　徒回反，墜也。(479/92a)

隤　徒雷反。(132/21b)

隤年　上徒回反也，～～，老之謂也。(466/17b)

隤阤　上徒回反，下直爾反，崩墜也。(468/52b)

頹　杜回反，暴風。(551/98a)

頹　隊槌切。(123/76b)

頹　徒回反，墜也。(470/16a)

穨崿　上徒回反，墜也；下吾各反，山也。(478/154b)

繷　上徒回反，墜也，網，揔也。(465/8a)

穨毀　上徒回反，正作隤。(347/11b)

穨龕　上徒回反，下苦含反。(476/100a)

穨圮　上徒回反，～，墜也；下弼美反，毀也。(462/20a)

穨圮　上徒回反，墜也，下皮美反，毀也。(475/42b)

穨陊　上徒回反，下直爾反，～～，崩墜也。(470/108b)

娧　正作悅，美好也。(163/25a)

蛻　書芮反，～皮。(556/75b)

蛻　舒芮反，蛻皮也。(555/8b)

豚　音巳。(258/63b)

豚　音屯。(440/14a)

豚　徒昆反。(485/41b)

臋　徒昆反。(153/15b)

臋　徒論切。(114/62b)

臋　音屯。(162/68a)

托　音託。(341/35a)

拖紐　上音他，經作施，並賞是反，解也，捨也。(307/122a)

拖拽　上吐何反，下羊列反。(439/8b)

扡杖　上音佗，曳也。(158/14b)

咃　託何反。(187/9a)

咃厲　上音他，下羅嫁反。(134/21b—22a)

脫憶　上他活反，經或作悅，作悅，非也。(158/7b)

娧，　徒活反，出郭氏音。(445/37b)

駝馳　二音託陀，亦云駱駝。(77/20b)

駝馳　託阤二音，亦云駱駝。(464/46a)

駝駝　託阮二音，亦云駱駝。(506/12a)

陀曳　下弋勢反，一本作申。(185/21b)

陀枳　下居只、居支二反。(355/79a)

柂　徒可反。(165/26b)

訑　他可反。(162/68a)

訑　天可反。(163/9a)

駄擔　上唐賀反，下丁甘反。（499/13a）

駄載　上唐賀反，負也。（448/81a）

橐籥　音託藥，唐玄宗注經云：橐者，雖也，籥者，笛也，韛之鼓風，笛之運吹析，謂虛而無心，動而有應。（254/7b）

馳　音陁。（513/51b）

馳駝　二同，音陁。（154/6a）

橐　音託。（246/63a）

鼉　音陀，龜之屬也。（158/14b）

鼉黿　上音陀，下并滅反。（347/69a）

鼉鰐　上音陀，下吾各反。（416/62a）

拓　他各反，開也。（555/54a）

拓　托字。（165/64a）

拓　音讬，手～。（430/27b）

拓　音托。（94/74b）

拓　音託。（162/68a）

拓梗　上音託字，下又作損。（466/17b）

唾壺　上他卧反，下音胡。（308/97b）

唾壺　上土卧反，下音胡。（307/20b）

唾濺　上湯卧反，口誕也；下音箭，～水。（121/28a）

唾啼　上土卧反，下音替。（187/86a）

唾洟　下音替，亦作涕。（350/90a）

薙　他計反，除草。（549/10a）

薙　音替，除草也。（512/60a）

剸棋　上應師音義作團。（336/59b）

W

唲　烏八反。（308/26b）

莞　户板反，笑兒也。（479/59b）

莞　音管。（511/25a）

莞尔　上呼板反，微笑也。（473/29a）

莞然　上胡板反，～乃傲笑而無聲也。（467/33b）

莞席　上户官反，草也。(469/82a)

莞蓆　上惠官反，草名。(472/32b)

生莧　下正作莞，音官，草似莌也，《廣雅》云：莌蒲生水中，可以爲蓆，論云生莞，户官反。(238/79a)

繞羅　亡運反，喪服，或作免。(491/14b)

昬利　上弥牝反，音義作昬，元闕反切。(445/86a)

哇歌　上烏瓜反，淫聲也。(473/11b)

窊凹　上烏瓜反，深也，下也；下烏合反，不平。(99/6b)

窊隆　上烏瓜反，下也，隆高也。(464/72a)

蛙歌　上烏瓜反，蝦慕也，或作哇，淫歌也。(477/12b)

蛙黽　上烏瓜反，下音猛，蝦蟇也。(447/30b)

鼃　烏瓜反，蝦蟇，別名也。(475/31a)

袜　音末。(167/29a)

嗢　烏骨反。(154/24b)

嗢　烏没反。(136/29a)

嗢　乙骨反。(141/85b)

嗢　於骨反。(357/28a)

嗢鉢　上鳥没反，嗢鉢羅，此云青違，一云黛花。(30/46b)

嗢鉢　上烏骨反，～～，此云著色花。(44/55b)

嗢柁　上烏骨反，下徒何反，此云攝散。(246/43b)

嗢嚛　上烏没反，下香約反，～～，笑也。(478/52b)

襪　亡發反。(331/66a)

襪　亡伐反，脚衣也。(168/69a)

韈　亡發反。(162/9a)

喎　傾釵反。(323/26a)

喎　傾街反，口戾病也。(132/63b)

喎僻　上駈釵反，下匹亦反。(188/16b)

喎偏　上傾華反，口騫邪也。(469/57b)

喎斜　上駈釵反，口戾之疾也。(128/54a)

剜　烏官反，～，刻也。(446/57a)

剜　烏官反，～，割也。(155/27b)

剜　烏丸切。(125/19a)

剜掘　上烏官反，下其月反。(80/20a)

剜取　上烏官反，～，挾也。(443/12b)

剜身　上烏官反，～，刻也。(155/86a)

捥剜　烏官反，上非下正。(424/26a)

蜿垂　上紆元反，龍屈皃也。(477/132b)

豌　一丸反，豌豆也。(553/86a)

彎　烏関反。(142/8b)

彎　烏還反，～弓。(128/78b)

彎　烏還反，引弓也。(478/154b)

彎　永関反，引弓也。(158/42b)

彎　紆還反。(316/47a)

彎弓　上紆関反，引也，挽也。(246/74a)

彎觳　上烏還反，～弓勢；下古候反，張弓弩也。(436/31a)

彎弧　上烏還反，下音胡，～～，引弓也。(462/60a)

彎几　上烏還反，～，曲凭也。(469/72b)

灣　烏還反，水曲也。(466/17b)

刓耳　上愚官反。(429/52a)

刓其　上吾官反，正作刜，割也。(189/76b)

汍瀾　丸蘭二音，泣淚也。(465/8a)

岏　愚官反，人名。(478/87a)

完　胡官反，～，全也。(120/65b)

完　戶官反，～，全也。(155/48b)

完　惠官反，全也，作兒，非。(422/33a)

完兒　二同，戶官反，～，全也。(135/32a)

玩　愚貫反。(134/6b)

紈　惠官反，羅～也。(473/11b)

紈　惠官反，生絹也。(477/42b)

頑鈍　上吾官反，下徒困反。(114/67b)

頑很　上五還反，下胡懇反，謂強項頑很之輩也。(62/67a)

頑很　下胡懇反，～～，強項鄙惡之徒。(89/38b)

頑嚚　上愚関反，下音銀。(139/7b)

頑嚚　上愚関反，下音銀，愚鄙之甚也。(164/52a)

宛頸 上紆阮反，下居領反，～～，引項也。(468/76b)

宛麥 上疑作豌，烏官反。(346/58a)

宛俛 上紆阮反，下音免，～～，強爲也。(477/12b)

挽 上音晚，牽～也。(422/78b)

挽 音晚，牽也。(129/51b)

挽挃 上音晚，下昌列反，牽拽也。(470/56b)

挽箭 上音晚，牽～。(97/29a)

挽纜 上音晚，下郎淺反，牽船索也。(471/109b)

挽撲 上音晚，牽～；下蒲角反，又蒲木反，連杖打也。(242/18b)

苑蓆 上惠官反，草名，可以爲蓆。(463/62a)

苑囿 上於阮反，下音右，種樹曰苑，養獸曰囿。(464/64b)

涴 烏卧切，水也。(303/23a)

涴水 上玄伴反，浣衣也。(424/26a)

惋 烏貫反，～，嘆也。(442/50a)

惋 烏貫反，嘆也。(425/25a)

惋 無貫反，嘆也。(169/43a)

惋怛 上烏貫反，嘆～也；下丁達反，驚也。(478/52b)

惋慨 上烏貫反，下苦愛反，～～，嘆也。(456/51b)

惋歎 上烏貫反，～，亦歎也。(127/30b)

婉 音宛，～轉，美順也。(129/51b)

婉 紆阮反，～，美也。(89/21a)

婉 紆阮反，美也。(468/33b)

婉 紆遠反。(306/80a)

婉麗 上紆阮反，美也。(472/11b)

婉孌 上於阮反，下呂遠反，～～，美好也。(471/119a)

婉孌 上紆阮反，下呂轉反，美好之兒。(476/63a)

婉緕 上紆阮反，下丘阮反，～～，美順之兒也。(448/94b)

婉轉 上正作豌，紆阮反，順也。(131/21b)

琬琰 上紆阮反，下以撿反，美石也。(581/4a)

琬琰 上紆阮反，下以檢反，～～，碑石之美号也。(469/82a)

椀 烏管反，食器也。(468/12a)

煩惋 下烏貫反，～，嘆也，正作煩冤，～～，苦毒也。(137/57b)

煩悁　下音義云：正作冤，於元反，屈也，枉也，悁，烏貫反，懊嘆也。（189/27a）

皖　戶版反。（511/25a）

綰　烏板反，繫也。（549/36a）

綰　紆板反，～，握也。（468/87a）

綩綖　上紆阮反，下音延，～～，生褥也。（101/7a）

綩綖　上紆阮反，下音延，舊作綎。（188/16b）

綩綖　上紆阮，下音延，～～，坐褥也。（442/36a）

綩綖　二字音宛延，舊傳裀褥也。（127/23a）

綩綖　上紆阮反，下音延，～～，相傳云裀褥是。（161/37b）

綩綖　宛延二字，坐褥也。（137/76a）

忨愒　二字正作翫習。（426/33a）

忨忨　音義云：元元者非一民也，古者謂民曰善人，因善爲元，故曰黎元，今作元，非也。（131/71b）

腕　烏貫反，手～。（483/107b）

腕　烏貫反，手～也。（445/64a）

腕　紆貫反。（167/15a）

尪　烏光反，劣也。（478/52b）

尪　音汪，弱病。（121/38a）

尪　紆光反，～，劣弱也。（443/25a）

尪羸　上紆荒反，弱也；下力垂反，劣也。（142/71a）

汪濊　上烏荒反，下烏外反，～～，深廣也。（469/72b）

汪濊　上烏光反，下烏外反，～～，水深廣。（478/113a）

汪洋　上紆王反，下音洋，深廣皃。（72/7b）

尩　紆往反，～，屈也。（171/75a）

尩　紆往反，屈也。（255/75a）

尩橫　上紆往反，屈也；下懸孟反，非理所及也。（248/28a）

尩濫　郎淡反，～，濁也，作纜，誤也。（189/18a）

暀　羽兩反，光美也。（513/94b）

網　音剛。（254/32b）

網　音岡。（515/7b）

網維　上音剛，網之揔也。（158/22a）

輞 音罔，車～。(446/85b)

輞轂 上音罔，下音谷。(47/73a)

誷 音罔，誣也。(456/131a)

魍魎 二音罔兩，～～，乃是木石之妖怪也。(43/63a)

魍魎 二字音罔兩，木石之怪也。(11/16a)

逶迆 上烏爲反，下徒何反，～～，行步委屈皃。(448/15a)

逶迆 上烏爲反，下徒何反，一音移，～～，行步委屈皃。(502/35a)

逶迆 上紆爲反，下徒何反，一音移，行偏曲之皃。(149/83a)

偎人 上烏回反，仁愛也。(475/42b)

隈 烏回反，隱也。(242/8b)

隈嵎 上烏回反，下音愚，～～，曲崖也。(478/52b)

葳蕤 上音威，下而誰反，～～，草木之華美也。(478/52b)

葳蕤 上音威，下汝水反，～～，花也。(477/74a)

煨燼 上烏回反，下徐刃反，火之餘也。(470/84a)

薇 音微。(158/14b)

唯詻 上于癸反，下奴各反，～～，恭膺也。(88/34b)

唯諾 上羽癸反，下奴各反，～～，恭膺也。(448/54a)

唯然 上惟癸反，諾也。(141/10b)

唯然 上于癸反，恭膺也。(263/26b)

唯然 上羽癸反，恭膺也。(19/9a)

唯然 上羽癸反，諾也。(493/5b)

唯然 惟癸反，恭膺也。(132/11a)

帷幄 帷，圍障也；下於角反，四旁及上垂覆曰幄。(161/38b)

嶉 舊音于鬼反。(307/48a)

嵬然 上吾回反，高皃。(469/14a)

幃帳幔 上音圍，中知向反，下莫半反。(126/30b)

闈 音圍。(165/71b)

闈闥 上于歸反，下苦本，～～，內宮也。(472/32b)

委陀 上烏爲反，下徒何反，正作逶迆，行委曲皃。(446/99b)

萎 烏爲反，蔫～也。(81/10a)

萎痿黄 上烏爲反，痿，正用。(320/31b)

偽 危睡反。(419/142a)

僞稱 上危瑞反，下今作秤。（229/59a）

偉 于鬼反，大也。（164/18b）

偉 羽鬼反，奇也，異也。（456/15b）

偉麗 上羽鬼反，～～，奇美也。（465/29b）

偉曅 正作暐曄，上于鬼反，下余輒反，光明皃也。（131/13a）

偉哉 上于鬼反，大也，美也，異也。（177/89a）

葦 乎鬼切。（122/43a）

葦 於鬼反。（136/50b）

葦 紆鬼反，蘆竹草也。（134/75b）

葦 于鬼反，蘆竹也。（242/67a）

葦 羽鬼反，蘆竹也。（30/8a）

猥 烏每反，衆也。（158/43a）

猥處 上正作隈，烏回反。（333/90b）

猥湊 上宜用隈，烏回反；下七奏反，隈倚也，湊聚也。（476/16a）

猥鬧 上正作喂，烏回反，隱蔽也。（343/9b）

猥雜 上烏每反，衆也，鄙也。（51/51b）

瑋 羽鬼反，琨～。（512/123b）

暐曄 上紆鬼反，下夷輒反，光明也。（171/81b）

暐曄 上于鬼反，下于輒反，～～，光明也。（260/39b）

暐曄 上羽鬼反，下于輒反，～～，光明也。（443/25a）

痿 烏爲反，又作瘀，於去反。（309/13a）

煒煒 上羽鬼反，明盛之皃。（72/13b）

煒煒 紆鬼反，明皃。（156/34a）

煒耀 上于鬼反，光明皃。（244/29b）

煒曄 上于鬼反，下夷輒反，～～，亦光明皃。（172/77a）

頠 五每反，又五毁反，人名。（246/63a）

頠 五每反，又五毁反，人名也，～，美好皃。（245/65a）

緯 音謂，經～。（245/65a）

緯讖 上音謂，下楚禁反，～～，有徵之書。（476/24b）

緯幕 二字音圍莫。（168/50a）

鮪 爲水反，魚名。（478/87a）

亹 無匪切，美也。（103/39b）

亹亹 音尾，～～，美也。(478/154b)

亹亹 音尾，正作浘，水流皃也。(478/154b)

胃 音謂，氣府也。(186/92a)

喂 烏悔反。(307/108b)

渭 音謂。(186/19b)

蔚 音鬱，茂盛也。(475/31a)

蔚 於勿反，～，茂也。(464/95a)

蔚采 上音鬱，茂盛之皃，一音畏。(477/74a)

蔚爾 上於勿反，～～，盛皃。(470/83b)

蔚茂 上於勿反，草木盛也。(95/29b)

蔚映 上於勿反。(438/23b)

蝟 音位，小獸似鼠其毛如刺。(439/73a)

慰沃 下烏谷反。(286/8a)

慰沃 下烏篤反。(88/34b)

餧 烏瑞反。(319/17b)

餧 於僞反。(124/25a)

餧 紆瑞反，～，飼也。(471/109b)

餧 紆瑞反，與畜獸之食也。(160/74b)

餧虎 上紆瑞反，飼也。(471/45b)

餧食 上紆瑞反，下音寺。(430/78a)

憒 舊音烏快反，惡皃也，又烏外反。(156/71b)

憒 烏外反。(120/56b)

温沃 下烏篤反，～～，肥壤之謂也。(468/52b)

蚊育 上音文，下莫庚反。(95/19b)

蚊䖪 上音文，～蚋；下胡定反，腦骨也。(186/70b)

蚊虻 上音文，下莫庚反，正作䖟。(86/28a)

蚊虻 上音文，下莫庚反，正作䖟。(262/42a)

蚊虻蝱 上音文，下音同莫耕反，正作蝱。(357/14a)

蚊䖟蝱 上音文，下莫庚反，正作䖟。(263/52a)

蚊蝱 上音文，下莫庚反，正作䖟。(236/72b)

蚊䖟 上音文，下莫庚反，作虻，非。(330/41b)

蚊蚋 上音文，下而歲反，蚋，細於蚊。(89/27b)

刎　武粉反，斷頭也。（469/47b）

刎首　上亡粉反，斷頭也。（128/78b）

扠　亡粉反。（158/7b）

扠　武粉反。（263/7b）

扠　云粉反。（349/94a）

扠摩　上亡粉反，摸拭也。（41/34a）

扠拭　上王粉反，下音式。（127/12b）

扠拭　上武粉反，摩～。（100/30b）

吻　亡粉反。（188/26a）

吻　武粉反，口邊也。（463/62a）

紊　亡慍反，乱也。（485/33a）

紊　音問，乱也。（477/132b）

穩　烏本反。（128/36a）

穩　於本反。（405/55b）

搵　烏運反，以物內水中曰～。（507/17a）

搵　烏困反，以物內水中也。（89/39a）

搵取　上烏困反，以物內水中也。（102/59a）

璺　無運反。（320/9a）

璺　音問。（316/55b）

璺破　上音問，或許近反，作裂痕也。（343/65a）

翁　元音一猛反，又苦礦、古猛二反，並天色明也。（174/71b）

蓊　音翁，～鬱。（428/51a）

蓊　音翁，又烏孔反。（188/26a）

蓊蔚　上烏孔反，下紆勿反，～～，枝葉繁茂。（97/62a）

蓊蔚　上於孔反，下音欝，～～，茂盛兒。（79/7b）

蓊欝　上烏孔反，～～，樹繁盛也。（89/21a）

蓊鬱　上烏孔反，下鳥勿反，～～，花木盛兒也。（502/54a）

蓊鬱　上音翁，又烏孔反，～～，草木茂盛也。（263/34b）

瓮　烏貢反，亦作甕。（232/28a）

瓮　於恭反，亦作甕。（77/37b）

瓮　於貢反，亦作甕。（322/16a）

瓮甕　二同，於貢反，缾之類。（343/53b）

瓮甕　於貢反，上俗下正。（342/19a）

甕　於貢反，俗作瓮。（448/54a）

甕　於貢反，亦作瓮字。（443/12b）

甕瓮　於貢反，二同。（321/26a）

齆　於貢反，鼻塞病也。（437/57b）

撾　知花反。（86/28a）

撾　陟瓜反。（303/29b）

撾　陟瓜反，～，擊也。（142/16a）

撾　竹瓜反。（172/38b）

撾捶　上陟瓜反，下之委反，鞭打也。（137/76a）

撾捶　上陟瓜反，下之委反，擊打也。（131/13a）

撾捶　上竹瓜反，下之委反，～～，擊也。（86/19a）

撾罵　上竹瓜反，打也。（100/60a）

撾撲　上竹瓜反，～，擊也；下匹木反，打～也。（89/31b）

蝸　古蛙反，蝸牛，小蝶也。（553/61a）

蝸　音瓜。（302/28a）

蝸角　上音瓜，小螺也。（472/61a）

蝸螺　上音瓜，～～，小田螺也。（96/27a）

沃　烏篤反，慰～也。（470/43b）

沃　烏哭反，灌也。（550/73b）

沃　烏酷反，灌也。（553/61a）

沃　烏毒反，澆～也。（240/95a）

沃　烏篤反。（188/42b）

握　於角反，～，持也。（129/34a）

握　於角反，拳～也。（470/16a）

握泥　上於角反，手～。（476/52b）

握搦　上於角反，下尼厄反，又尼卓反。（345/19b）

握手　上於角反，把～。（468/12a）

渥　於角反，優也，厚也。（476/24b）

渥　於角反，霑濡潤～也。（120/92a）

斡　烏括反，轉也。（553/52a）

齷齪　上於角反，下楚交反。（469/47b）

巫覡　上音無，～師也；下賢覓反，女曰巫，男曰覡也。（463/85a）

巫覡　上音無，下胡的反，師～也，女曰巫，男曰覡。（471/46a）

洿　烏故反，亦作汙。（442/7b）

洿池　上音烏，積水池也。（469/26b）

洿池　上音烏，水不流皃。（153/15b）

鄔波　上一古反，～～尼殺曇分，此數之極也。（11/31a）

鄔波　上一古反，～～尼殺曇分，此謂極數也。（18/8a）

鄔波索　上一苦反，下思作反，此云近事男，謂近三寶也，鄔波斯，近事女也，舊云優婆塞等也。（236/60a）

嗚　音烏，～㖒。（309/65b）

嗚唈　上音烏，下子雜反，正作唈，吮㖒也。（244/37b）

嗚咽　上音烏，下衣結反。（172/66b）

歍吻　上音烏，～，唧也。（495/45a）

誣　音無，謗也。（441/58a）

誣　音無，誑也。（467/76a）

誣　音無，以言加人曰～。（263/77b）

誣謗　上音無，以言加人也。（265/41b）

誣横　上音无，～，謗也；下玄孟反，非理所加。（89/8a）

誣誙　音無，誑也，上正下誤。（158/43a）

誣枉　上音無，下烏往反（325/65b）

誣枉　上音無，下紆往反。（321/43a）

誣罔　上音無，～～，謗也。（476/16a）

誣罔　上音無，下正作誷。（259/21b）

誣罔　上音無，下正作誷，加言謗之曰～～。（255/44b）

誣誷　二音無罔，謗也，誑也。（96/20a）

誣誷　二字音無罔，謗也，作巫、燜，非也。（476/89b）

梧楸　吾秋二音，木名。（478/154b）

蜈蚣　二字音吳公。（131/22b）

蕪菁　無精二字。（314/39b）

蕪穢　上音無，草也；下俱猛反，草莖也。（449/57a）

五緯　下音謂，二十八宿爲經，五星爲緯，故曰～～。（472/32b）

五杌　下吾骨反，五杌則五刑之罪也。（435/59a）

迕 音悟，逆也。（478/52b）

迕 音悮。（239/78b）

忤 音午，逢也，觸也。（128/78b）

忤 音悟，觸也。（456/114b）

忤 音悟，逆～也。（469/57b）

忤 音誤，觸也。（445/45a）

忤人 上音誤，觸也。（470/31b）

忤色 上音悟，觸也。（581/4a）

侮 無苦反，弄也。（483/34b）

侮 音武，弄也。（486/58b）

侮 音武，輕慢也。（137/76a）

侮慢 上音武，下吾告反，～～，輕慢於人。（55/75a）

侮慢 上亡甫反，慢也。（468/12a）

廡 無禹反，堂下屋也。（436/42b）

廡 音武，堂下廊也。（465/62b）

憮然 上方武反，失意兒。（470/84a）

憮然 上音武，～～，失意兒。（478/113a）

儛 舞字。（173/18b）

兀手 上五骨反，～也。（310/95a）

杌 吾骨反，伐樹之餘也。（476/100a）

杌 吾骨反，樹無枝曰～。（254/32b）

杌 吾骨反，株～也。（140/7a）

杌 吾忽切。（123/44a）

杌撑 五忽反，下抽庚反。（512/109b）

杌樹 上吾骨反，樹無枝曰～。（186/92a）

杌樹 上吾骨反，一樹無枝曰～。（437/11b）

晤駭 上吾故反，下胡買反，驚也。（469/71b）

婺 音務。（512/99a）

塢 一古反，村～也。（467/33b）

寤 吾故切。（122/18b）

寤 音悟。（120/56b）

寤 音悮。（80/20a）

寤　音誤，覺也。（90/11a）

寤寐　上音悟，下密庇反。（95/46b）

寤寐　上音誤，下密二反。（241/26a）

寤寢　上音誤，睡覺也；下七錦反，～，臥也。（6/25b）

寤　音誤，夢覺。（155/18b）

鶩　音木，家鴨曰～，鴈也。（129/34a）

鶩　音務，馳也。（254/83b）

鶩　音務，驅也，奔也。（469/14a）

鶩　木務二音。（303/23a）

汙泥　上烏故反，穢也；下或作埿同。（143/10b）

輼　於昆反。（485/41b）

X

瑕疵　上胡加反，下疾斯反，人之過患曰～～也。（128/10a）

瑕疵　上胡家反，下疾斯反。（174/18b）

瑕疵　上戶加反，正作瑕；下疾斯反，～～，病也。（138/17a）

瘕疵　上音遐，下疾斯反，正作瑕玼，痕病也，今作疵，～，黑病也。

瘕穢　上正作瑕，戶加反。（138/7b）

瘕穢　上正作瑕，音遐。（158/53a）

鹹　俗作醎，音咸。（395/7b）

鹹　音咸。（123/36b）

鹹　音咸，俗作醎，鹽味也。（102/9a）

鹹鹵　咸魯二字，～～，鹽味也，其地不生草木。（134/65a）

鹹澀　上音咸，俗作醎，鹽味也；下澁字。（257/20a）

鹹醎　二同，音咸，上正。（344/34a）

鹹醎　音咸，鹽味也，上正下俗。（449/30a）

曬　所賣、所寄二反。（309/44b）

曬曝　上所買反，下蒲木反，一音暴，日乾物也。（343/28b）

郄　正作郤，却退也。（581/4a）

吸　許及反，呼～。（131/13a）

吸　許及反，入氣也。（128/78b）

吸　虛急切。（122/68b）

吸　義及切。（125/19a）

扸　先擊反，分～。（161/37b）

扸析　星的反，下正。（39/32b）

希望　上或作悕，下音亡。（308/60a）

析　星的切。（123/35b）

析　音錫。（258/13a）

析骨　上先激反，分～。（189/84a）

析骨　上先擊反，分～。（491/27a）

析寒　上正作祈，音祇，～，盛也。（478/87a）

析理　上先擊反，分也。（468/12a）

析枅　二並先擊反。（229/15a）

析枅　二同，先擊反，分～也。（127/71a）

析枅　二同，先擊反，開也。（456/37b）

析枅　二同，先棘反。（172/66b）

析枅　先擊反，二同。（246/31b）

析枅　先擊反，分也，二同。（247/22a）

析爻　上先擊反，分判也；下户交反，封象也。（470/43b）

析疑　上先擊反，剖判也，作折，非。（477/108b）

肸響　上許乙反，下許兩反，～～，遍布也。（478/154b）

郗　丘之反，作郗，丘逆反。（450/27a）

晞　虛几反，又音希。（170/42b）

奚　古雞反，何也。（553/42a）

狶　音希，又虛豈反。（319/17b）

悕望　二音希亡。237/55b）

悕望　二字音希妄。（132/53b）

晞　香衣反，日氣乾。（553/34a）

晞露　上音希，日幹也。（476/34b）

欷報　音希，或作歁，苦管反。（477/121b）

欷歔　上許既反，下音虛，～～，悲之餘聲。（468/11a）

悉疏　悉，謂盡也，皆也；下詩助反，券～也，又記也。（244/37b）

龕　許及反，～，集也。（470/16a）

龕　迄及反，衆也。（513/51a）

龕然　上正作嗒，～～，體解神亡也。（470/31b）

犀　音西，一角牛也。（190/72a）

犀牛　上音西，角牛也。（87/35a）

犀象　二字音西象，正作象。（155/98a）

犀枕　上音西，下止審反，以犀角爲枕也。（470/31b）

嵠　溪字同。（120/83b）

熙怡　上許之反，下余之反，～～，和悦皃。（493/9b）

蜥蜴　上先擊反，下音亦，一名蝘蜓。（189/84a）

熙然　上許之反，～～，和悦皃。（187/44a）

熙怡　上音希，下音夷，和悦皃也。（76/8a）

熙遊　上許之反，正作嬉。（154/68b）

僖　許其反。（303/73b）

嘻　許之反，一音喜。（151/12a）

嘻　香其反。（169/51b）

噏　許及反，作吸同。（338/24b）

膝　音悉，脚～。（422/11a）

瘜　音息。（123/36b）

嬉　許之反，～，戲也。（131/13a）

嬉　許之反，～，樂也。（72/7b）

嬉戲　上許之反，～，樂也；下許義反，～，笑也。（134/6b）

錫　先革反。（316/23b）

錫　先擊反，～杖。（186/81a）

錫賚　上先擊反，下郎代反，～～，賜也。（235/54b）

羲　興宜反。（136/9a）

蟋蟀　上思苦反，下所律反，秋蟲也。（468/76b）

爔赫　上興儀反，正作曦，下訶客反。（8/53b）

醯　呼雞反。（92/62a）

醯　呼計反。（165/26b）

醯　呼兮反。（94/18a）

醯　呼兮反，舊作醢，音海，經中無此。（156/22b）

曦　許羈反，日光也。（551/66a）

曦　上興宜反，日也。（478/154b）

曦和　上興宜反，～～，日也。（475/65a）

犧稀　二同，音希，下正。（347/21b）

鼳鼠　上音分，～～，能食人并鳥獸，而不覺痛，亦名甘口鼠也。
（131/22a）

敽　閑鬲反，考～也。（464/79b）

檄　胡的反，告急之牘也。（465/70b）

檄　胡的反，書～。（476/63a）

襲　音習，合也，因也，及也。（244/44a）

襲　音習，入也。（171/68b）

枲　相里反。（162/9a）

枲麻　上息里反，～～，麻也。（478/87a）

徙　思綺反。（328/43a）

徙　斯此反。（166/51a）

徙　斯爾反。（228/23b）

徙　斯綺反，移～也。（467/13a）

徙　斯子反。（304/30b）

徙　所綺反，鞋屬也；正作屣，屝履不躡跟也。（265/41b）

徙　所紫反，移～。（177/89a）

徙著　上斯紫反，移～。（142/71a）

葸　先里反。（357/62a）

葸　斯爾反，草也。（307/122a）

葸　所宜反，又所綺反。（445/64a）

屣　所綺反，履～也。（468/87a）

屣　所綺反，鞋～也。（134/33a）

屣　所紫反。（104/45b）

屣履　上所綺反。（89/21a）

憘　喜字。（101/32b）

憘戲　上正作嬉，許之反，遊也，樂也。（97/21b）

璽　思氏反，王印也。（551/40b）

璽　斯氏反。（165/26b）

璽　斯子反，天子玉印也。（453/25b）

璽書　上斯綺反，玉印也，～～，天子詔命也。（468/11a）

系　胡計反。（160/41a）

系　胡計反，應師作末對、力佳二反。（445/64a）

系　舊音以許反，《唐韻》胡計反。（170/64b）

系　閑繼反，帶～也。（425/85a）

咽　呼以反，又去聲。（165/44a）

咽　許器反。（104/14a）

咽　詩忍反。（175/40a）

咥　丑吉反。（343/37b）

咥　丑一反。（509/27b）

咥　丑一反，諸經多作徒結反。（179/7a）

咥　丁吉反。（316/8b）

咥　喜梨反。（151/65a）

咥　香之反，前作呼旨反。（94/26a）

係　音計。（127/23a）

係念　上音計，連～也，或作繫。（134/12a）

歙　許一反。（170/65a）

歙　火吉反。（165/26b）

隙　兵逆反，瑕～。（502/35a）

隙　綺戟反，壁孔也。（553/24b）

隙讎　上丘逆反，下音酬，～～，怨執也。（453/82b）

赩　許極反，大赤也。（34/55b）

赩　許力反，赤也。（453/158b）

隟　綺戟切。（122/51a）

隟　丘逆反，孔～。（161/37b）

隟　丘逆反，嫌～，怨也。（128/78b）

隟隙　丘逆反，孔～，上俗下正。（343/53b）

㵼　悉姐反，～，水也。（239/19a）

戲　欣義切。（123/59b）

戲論　上虛義反，亦作戲，下去聲。（30/46b）

戲戲　二同，虛義反。（40/24b）

矘　許奇反。（181/53b）

瞎　呼八反。（264/76b）

瞎　呼轄切。（124/59a）

瞎　許八反，眇一目曰～也。（448/15a）

瞎鱉　上許八反，下并滅反，亦作鼈。（455/46b）

蝦蟇　二字音遐麻。（157/23a）

蝦蟇　上音遐，下音麻，律作麻，誤。（310/104a）

蝦蟆　上音遐，下音麻，正作蟇。（442/7b）

狎　胡甲反，～，習也，近也。（407/67b）

狎獘　上銜甲反，下毗祭反。（243/9a）

俠　胡怗反。（101/32b）

俠　正作挾。（258/30b）

俠道　上正作夾。（72/7b）

峽徑　上候夾反，下古定反，～～，山路也。（463/10a）

狹　咸夾反。（133/73a）

狹陜　二同，侯夾反。（179/35a）

祫　候甲反，祭名也。（488/43b）

祫　胡甲切。（153/5a）

陜　古狹字，侯夾反。（180/38a）

陜　侯夾反，～，小也。（126/30b）

陜　咸夾反，與狹同。（243/97b）

陜狹　二同，候夾反，下正。（351/7a）

瑕　胡加反，過也。（550/73b）

瑕　戶加反。（161/42a）

瑕　戶家反，痕病也。（439/53b）

瑕　音遐，痕～。（142/16a）

瑕玼　上音叚，下疾斯反，痕病也。（101/7a）

瑕疵　上胡家反，下疾斯反，亦作玼。（129/60a）

瑕穢　上音遐，～～，玉之病也。（140/7a）

瑕隟隟　上音遐，下二同，丘逆反。（344/9a）

瑕隟隟　上音霞，下丘逆反，二同，下正。（327/50b）

瑕釁　上音遐，下計近反，～～，罪禍也。（476/16a）

碬　古駕反，閑～也。（515/7b）

碬　音夏，閑～。（40/64b）

黠　胡八切。（122/27a）

黠　户八反，智利也。（141/46b）

黠慧　上何憂切。（114/32b）

黠慧　閑八反，智利也。（155/18b）

鎋轄　遏葛反，二同用。（338/24b）

閜閘　上呼雅反，下乙甲反，～～，大開閉門也。（478/52b）

嚇　呼格反，謔也。（513/111a）

嚇　許陌反。（181/30a）

罅孔　上呼嫁反，孔儿也。（447/16b）

罅　呼訝反，孔～也。（553/24b）

銛　思廉反，利也。（513/83a）

銛　息廉反，～，利也。（465/62b）

銛利　上息廉反，～，利也。（149/37b）

銛銳　上息廉反，下羊歲反，～～，利也。（469/98a）

暹　息廉反，僧名。（476/16a）

譣詖　上虛檢反，下比義反。（110/29b）

纖　思廉反。（188/8b）

纖　息廉反，～，細也。（177/78a）

纖芥　上息廉反，細～也；下與界同。（260/48a）

躚　音仙，～～，衆物傾舞之兒。（137/67b）

纖　息廉反，～，細也。（468/33b）

弦　音賢，弓～。（246/74a）

弦歌　上音賢，正作絃。（131/40b）

弦歌　上音賢，正作絃，～，箏篌之屬也。（103/84a）

涎　賤延切。（123/35b）

涎　似連反，～，口津液也。（257/24a）

涎　叙連反，口液反。（555/28a）

涎流　上似連反，～，唾也。（77/65a）

涎沫　上似連反，～～，津唾也。（502/25a）

涎瘀　上似連反，津液也；下徒甘反，脣上病也。（262/34a）

涎洟　上似連反，下音替，亦作涕。（402/20b）

涎埴　上式然反，下常力反，～～，柔土也。（463/74a）

絃　音賢，正作弦，琴瑟之～也。（517/44a）

絃歌　上音賢，～～，謂笓笆筆之類也。（244/29a）

絃歌　上音賢，琴～，作弦，弓～，非也。（189/27a）

絃歌　上音賢，作弦，非。（321/18b）

絃緩　上音賢，下玄伴反，～～，緊慢也。（187/86a）

閑病　上正作癇。（445/72b）

嫌　胡謙反。（118/9b）

嫌恨　戶兼反。（112/75b）

嫌隙　下丘逆反，～～，仇怨也。（100/16b）

銜　戶監反，俗作衘。（158/14b）

癇癲　二音顛閑，風狂病也。（52/34b）

癇癲　二字音閑顛，風狂病。（33/41b）

尠　息淺反，～，少也。（469/47b）

跣　先典反，赤脚也。（262/66a）

跣　先殄切。（124/76b）

跣行　上先典反，赤足行也。（470/43b）

跣韤　上先典反，赤～也；下亡發反，脚衣也。（436/31a）

褗　羊絹反。（325/16a）

褗　直緣反，～，桁也。（89/72b）

嶮　休撿切。（124/85b）

嶮　虛臉切。（122/43a）

嶮地　上虛檢反，阻難也，或從山。（155/27b）

嶮　許撿反。（186/92a）

幰盖　上許偃切，車幰也。（13/55b）

限閾　下兄力反，又音域，門柣也。（469/98a）

陷　候敢反。（313/44a）

陷　戶暗反，入地隤也。（552/34b）

陷　咸字去聲，～沒。（104/14a）

陷頓　上咸字去聲，抗～也；下舊音正作頓，口感反，又苦咸反，注云：眼～枯也，今聲韻中檢無頓字，頓，音余。（244/29b）

陷偃　上咸字去聲，下於阮反，陷，没也，偃，伏也。（138/50a）

睍　胡典反，目小兒。（181/8b）

羡　似箭反。（151/12a）

羡　徐箭反。（181/38a）

綫　線字。（243/9a）

線綖　思箭反，二同。（246/22b）

憲　許健切。（123/51b）

憲　許偃反，法也。（132/11a）

憲　音献，法也。（86/68b）

霰雪　上先見反，雨雪～下也。（468/11b）

霰雪　上先見反，雨雪同下。（456/102a）

相愽　應師云：正作薄，步莫反，迫也。（445/16a）

葙　音相平，正作廂。（245/46b）

廂　音箱也，一廊廡邊也。（157/38a）

箱篋　上音相，下苦帖反。（317/8b）

緗簡　上音相，淺黄色也，簡，榮也，牒也。（439/73a）

緗囊　上息羊反，淺黄色，～～，經幐也。（476/24b）

緗縹　上息羊反，淺黄色也；下匹小反，青白色也，～～，經袟之謂也。（477/132b）

襄　息羊反，用事有功也，又作衰，所追反。（453/64a）

瓖奇　上古回反，下正作琦，玉也。（468/11b）

禳禍　上而羊反，又作禳。（304/41b）

驤首　上息良反，馬昂頭也。（128/54a）

驤首　上息羊反，～～，昂頭也。（465/70b）

瓨　户剛反。（309/13a）

瓨　户江反，長項瓶也。（168/69a）

瓨　户江反，瓶之類。（446/85b）

瓨　户江反，瓶之屬，或作瓨，徒古反，亦餅之也。（94/43b）

瓨盛　上户江反，甖之屬也；下音成，～，貯也。（447/16a）

庠塾　祥孰二音，～～，門側之堂也。（472/20b）

庠序　上音祥，行止有度謂之～～。（45/8b）

庠序　上音祥，行止有度曰～～。（266/19a）

㾆癢 音養，痛也，二同。（101/7a）

翔 音祥，飛也。（72/7b）

翔翥 上音祥，下之庶反，～～，飛騰也。（465/8a）

享 許兩反，獻也，當也。（142/16a）

享 許兩反，歆也，饗也。（158/70b）

餉 詩尚反，～，贈出。（438/35a）

餉 詩尚反，食物所贈曰～。（478/87a）

餉 詩尚反，贈食也，今文只取贈理而用。（441/20b）

餉 詩向反，饋食也。（189/36a）

餉遺 上詩尚反，下惟醉反，～～，食與也。（471/46a）

象繫 下胡計反，周易～有詞也。（478/113a）

項 胡講反，頸項也。（81/10a）

項脊 上胡講反，頸～；下音迹，背～。（256/25a）

嚮 許兩反，聲～也。（240/84a）

肖 私妙反，似也，小也。（553/17a）

肖 音笑，不～，不相似也。（137/67b）

肖 音笑，似也。（133/21a）

梟 古堯反，倒懸其頭也。（435/59a）

梟 古堯反，倒懸首也。（262/42a）

梟獍 上古堯反，伯勞鳥也；下正作獍，獸名也，皆反逆之禽獸。（470/43b）

梟首 上古堯反，前經作梟，倒懸首也。（261/45a）

痟 音消，～渴。（128/17b）

痟 音消，瘦病。（251/54b）

痟 音消，頭痛也。（120/26a）

痟 音銷，～，盡也，又渴病也。（242/61b）

痟 音銷，痰也。（441/58a）

銷鎔 二字音消融。（126/73b）

毛毹 下未詳所出，或作毨、蕭、銷二音，鳥毛羽也，今看律意，未符其理。（336/21a）

鄗煩 上許嬌反，喧也。（470/16a）

鄗俗 上許嬌反，誼～也，亦作嚻。（469/72b）

嚻埃　上許橋反，喧～也，～，音哀，塵～也。（464/95a）

嚻擾　上許嬌反，下汝小反，～～，喧雜也。（468/87a）

驍勇　上古堯反，武健也。（77/55b）

淆雜　上戶交反，～，混也。（449/57a）

小机　下居矣反，～，坐也。（100/24a）

皛　形了反，白也。（478/154b）

効　胡教反，傚也。（261/45a）

効效　胡教反，二同。（330/41b）

効斆　二同，胡教反，功～也。（166/14a）

咲　笑字。（439/8b）

咲　正作笑。（333/30b）

咲笑　二同，上非也。（149/66b）

校比　上音教，正作較。（99/19b）

校優　上正作較。（128/36a）

哮呀　上許交反，下呼嫁反，～～，獸之聲也。（189/36a）

傚　胡教反，傚～也。（472/75a）

效　乎教反，學也。（553/69a）

傚　胡教反，教也。（553/52a）

嘯　蘇弔反，吹聲也。（134/12a）

嘯　蘇吊反，聚脣出聲也。（310/43b）

斅　胡教反，傚～也。（464/28a）

斅　胡教去反，學～也，與効同。（470/56b）

斆　胡教反，与効同。（330/65a）

斆　与効同。（258/57a）

楔　先結反，木檄也，檄，子心反。（248/57b）

楔　先結反，木截也。（513/111a）

楔　音屑，木～。（246/51b）

楔　音屑，又先節反。（345/19b）

歇　許謁反，止也。（153/11b）

蝎　許謁反，蠆尾蟲也，正作蠍。（34/16b）

蠍蜇　上許謁反，下音哲，正作蜇，毒也。（253/59b）

邪　似嗟切。（122/34a）

協　胡牒反，正作挾。(263/26b)

協　胡怗反，同心也。(468/11a)

協　胡業反，和也。(467/43a)

協　音叶，和也，合也。(133/73a)

協洽　上音叶，下侯夾反，歲在未曰～～。(245/65b)

挾　胡怗反，懷～也。(80/20a)

挾　戶劫切。(341/35a)

挾　音叶，懷也。(175/40a)

挾　音叶，權輔也。(104/36a)

挾　正作夾。(167/94b)

挾　正作葉。(263/42b)

挾夾　二同，下正用。(330/58b)

挾遭　上戶頰反，合作夾。(152/68a)

挾澡　上音叶，一音夾，下音早。(168/50a)

脅　呼業反。(244/8a)

脅　許業反，～，助。(446/40b)

脅　許業反，亦作脅。(465/19b)

脅　計業反，正作脅。(456/87b)

脅　虛業反，～肋，或作脅。(310/72b)

脅脅　二同，虛業反，～，肋也。(439/20b)

脅脅　二同，虛業反，～，肋下也。(6/25b)

脅　許業反，～，助也，亦作脅。(137/51a)

脅　虛業反，～助，俗作脅。(343/53b)

偕　音皆，俱也。(100/30b)

偕違　上烏簞反，～～，海中有石水灌不濕。(476/24b)

擕　携字。(317/49a)

鞋韤　上戶皆反，下忘發反，正作襪。(446/40b)

諧　戶皆反，～，和也。(145/68a)

諧　戶皆反，和也，合也。(553/17a)

擕携　二同。(342/56b)

纈　胡結反，班繒也。(246/31b)

泄　私列反。(162/17a)

泄　音薛，出也。(343/19a)

泄　音薛，漏~。(165/5b)

卸　思夜反。(94/18b)

卸駿　上音尤，下子閏反，~~，驛馬也。(465/8a)

洩　私列反。(511/61b)

洩　音薛，与泄同。(324/8b)

屑　先結反。(135/11b)

屑　先節反，~，末也。(94/86a)

械　胡戒反。(127/12b)

械　胡界反，繫足之刑也。(464/28b)

械　戶界反。(241/60a)

偰　私列切，商辛氏子。(481/118a)

媟　思列反。(423/30b)

媟嬻　上相烈反，下徒木反。(172/85b)

楔　先節反，木~也。(234/46b)

楔　先節反，亦作揳，俗言尖子。(146/21b)

摯　音至。(511/99a)

屟　思帖反。(333/90b)

薤　何芥反，葱~也。(468/87a)

邂逅　上何懈反，下音候，~~，不期之意。(436/42b)

邂逅　上胡買反，下音候，~~，不期之意也。(446/99b)

廨　隔賣反，公署也。(467/43a)

懈　居賣反，怠也。(248/50b)

懈怠　上居賣反，亦作懅。(68/51a)

懈怠　上居賣反，亦作懅，下音待。(43/55a)

懈懅　二同，古賣反，~，怠也。(170/28b)

褻衣　上音薩，~~，内服也。(478/87a)

齘　胡戒反。(313/73b)

齘　戶界反。(311/9a)

齘齒　上胡界反。(334/22b)

蟹　胡買反，螃~。(478/87a)

燮和　上先怗反，~，亦和也。(477/74a)

辛酸 ～～，物辛辢之甚矣。(66/29b)

忻 許斤反，～喜。(473/11b)

忻 許斤反，～，喜也。(72/7b)

忻懌 上許斤反，下音亦，～～，和悅之皃。(470/56b)

忻樂 許斤反，喜也。(144/13b)

昕 音忻。(254/84a)

欣 許斤反，與忻同。(185/14b)

欣狎 上許斤反，下胡甲反，～～，喜近也。(471/27a)

欣懌 上許斤反，下音亦，～～，悅樂也。(441/8b)

歆 許今反。(154/68b)

薪 悉津切。(122/59b)

薪 音新。(141/37b)

馨 呼刑反，香也。(553/69a)

馨 許形反。(136/50b)

馨馥 上詐形反，下音伏，香氣也。(89/72b)

駖 許近反。(168/38a)

顖 音信，腦～也。(163/67a)

釁 許近反，禍～也，又罪也。(472/75a)

釁 許近反，凶也，罪也。(177/78a)

釁 許進反，罪也。(49/16a)

釁 許覲反，罪～也。(129/51b)

釁戾 上許近反，下零帝反，～～，罪惡也。(466/67a)

釁戾 上許覲反，下零帝反，～～，禍惡也。(456/87b)

惺 桑經反，～憁，了慧兒。(552/64b)

惺 息井反，～，覺也。(477/24b)

惺悟 上息井反，出《字林》。(128/26a)

惺悟 上息頂反。(123/84b)

惺悟 上息挺反。(479/28a)

腥臊 上音星，下酥刀反，魚臭曰腥，肉臭曰臊。(71/21a)

鯹 桑經反，魚躍也。(553/69a)

邢 音形。(512/60a)

行縢 上户庚反，下徒登反。(334/112b)

行瘁　上去聲，下亦作癢，音養。（436/83a）

娙女　上吾耕反，好兒。（163/58a）

鋞　形頂反，温器也。（490/48b）

醒　息井反。（258/20b）

醒醐　二音啼胡，精乳也。（434/50a）

醒悟　上桑形切。（115/64a）

倖　音幸，冀求也。（178/35a）

匈訩　二同，音凶，上非下正。（153/15b）

洶涌　上許勇反，下音勇，～～，水勢騰沸也。（478/52b）

胷　胷字。（167/94b）

胷脅　上音凶，下虛業反。（314/27a）

胷臆　二字音凶憶。（257/39b）

雄　户弓反。（179/21a）

熊　乎恭切。（124/34a）

熊　音雄，獸名似猪，而大憨猛多力。（242/55b）

熊　音雄，獸名也，似豕猛憨多力也。（128/45a）

熊　羽弓切。（123/51b）

熊羆　二字音雄碑，二獸並猛憨多力。（95/67b）

熊羆　上音雄，似豕而大；下音碑，亦熊之類黄色。（142/39b）

夐　兄政反，遠也。（58/64b）

咻　許求反，又詡音。（165/5b）

羞　音修，憼也。（152/26b）

羞　音修，珍～，食也。（128/36a）

鵂　音休。（181/53b）

鵂狐　上音休，下音胡，一名鵂鶹鳥。（262/86a）

鵂鶹　二字音休留，謂此鳥晝伏夜飛，今此仙人日在山中，夜即出
來，因此爲名。（240/53b）

鵂鶹　上音休，下音留，此鳥日息夜遊也。（149/67a）

鵂鶹　休留二字，日中不見夜飛而食。（180/51a）

朽腐　許久反，下音父。（241/26a）

朽腐　上許九反，下音父。（311/9a）

朽骸　上許久反，下胡皆反。（230/30a）

朽邁　上許九反，下莫敗反，～～，年老之謂也。（468/12a）

嗅　許救反，亦作齅。（89/21a）

嗅　齅字同，許救反。（131/71b）

嗅齅　二同，許救反。（328/100b）

嗅齅　二同，許救反，上俗下正。（81/69b）

嗅齅　許救反，二同。（371/35a）

嗅齅　許救反，上俗。（257/30a）

襃　博毛反。（179/7a）

銹　舊音秀。（156/70b）

繡栭　秀兩二音，～～，雕畫梁上枅栱。（478/154b）

齅　許救反。（100/8a）

盱衡　上兄于反，下戶庚反，～～，舉目高視。（469/98a）

胥附　上息徐反，相也。（469/82a）

虛偽　下僞瑞反，作僞，俗也。（40/48b）

墟　起居反，丘也。（434/21a）

墟　起虛反，～，聚也。（127/23a）

墟　起魚反，丘～。（171/81a）

墟　去居切。（124/68a）

墟　去魚切。（124/76b）

墟　直虛反，聚落石。（478/154b）

墟坎　上丘虛反，下苦感反，～～，高下也，謂亭池之趾也。（463/10a）

歔　欣居切。（126/10b）

歔欷　上音虛，下許既反。（258/40a）

歔欷　上音虛，下許既反，～～，泣之餘聲。（478/113a）

歔欷　上音虛，下許旣反，～～，悲之餘聲。（468/76b）

歔欷　上音虛，下許旣反，悲嘆聲。（252/47a）

歔欷　上音虛，下許旣反，一音希。（231/71a）

噓　音虛，～，出氣也。（492/48a）

噓　音虛，～，呵也。（448/39b）

噓　音虛，吹也。（188/61a）

諝　息徐反。（468/33b）

欻　許勿反，卒起皃也。（478/24b）

欻　許勿法，暴起也。（551/66a）

欻　許勿反，～然，忽起皃。（133/67a）

欻　許勿反，急卒之皃。（233/78a）

欻爾　上許勿反，卒起皃也。（479/14b）

欻怳　上許勿反，下兄往反，～～，卒然不定皃也。（475/65a）

欻聞　上許勿反，忽起皃也。（146/48a）

卹　思律反，救也。（471/27a）

卹　思律反，以財濟惠也。（469/71b）

呴涅　上應師作呼通反。（445/37b）

恤　思律反，撫～也。（154/68b）

恤　思律反，愍～也。（466/75a）

恤　思律反，慰也，憂也。（260/57b）

恤貧　上思律反，賑財匱之曰恤。（477/24b）

存郵恤　下二同，思律反。（258/57a）

誘恤　下正作訹，思律反，～～，誘進之詞。（101/43b）

給恤　下思律反，賑貧也，正作郵。（261/45a）

給恤　下惡律反，正作郵，以財賑濟也。（263/26b）

濟恤　下思律反，或作郵，賑～也。（49/58b）

酗酳　煦詠，下正，酱～～，酒怒也。（172/85b）

勗　許玉反，勵也。（466/17b）

勗勵　上許玉反，下音例，～～，勸勉也。（495/20a）

勗勉　上許玉反，～～，勸進也。（88/34b）

壻　音細，夫～。（140/83a）

壻　音細，女夫也。（157/70b）

勗　許玉反，勉也。（100/8a）

訹　思聿反，憂～也。（462/44a）

訹　徒聿反，誘～也。（490/48b）

訹勸　上思律反，誘也。（470/68b）

絮　息慮反，花白飄絮也。（446/99b）

絮　息慮反，綿～也。（470/16a）

蓄　敕六反，～，積也。（94/74b）

畜　丑六反、許六反，～，積也。(247/104b)

蓄　許六反，～，積也，又丑六反。(255/63a)

蓄　許六反，聚也，積也，又丑六反。(128/10a)

煦　香句反。(177/78a)

煦　兄句反，恩育也。(465/8a)

慉　許六反。(134/22a)

鉞斧　越甫二音，而有刃也。(104/45b)

緒　徐呂反，由也。(557/71b)

緒　徐侣反，由也。(550/14b)

緒　音序，端～也。(89/20b)

緒　音序，端也，事也。(266/7b)

稸　許六反，蓄積也。(462/29a)

喧伽　應師作哻，元闕反切，別本作呾，丁達反。(445/45a)

萱蘭　上音喧，～～，香草名也。(472/32b)

喧嘩　上音宣字，下音華字，～～，闹也。(466/17b)

喧呶　上音喧，下女交反，～～，闹也。(478/52b)

喧嘲　下許嬌反，～～，闹也，亦作嚻。(89/21a)

儇慧　上許緣反，智也，或作儇，誤。(469/82a)

諠　音喧，～，闹也。(253/47a)

諠譁　上許元反，下胡爪反，大語話也。(77/10b)

諠譁　上音喧，下胡瓜反，～～，闹也。(469/71b)

玄　音緣。(359/9b)

痃癖　上音賢，下必益反，～～，心腹之病也。(164/52a)

琁珠　上似宣反，正作琁，舊云眷山之寶也。(265/41b)

琁珠　上似宣，或作掋，誤。(263/34b)

旋踵　上似宣反，下之勇反，～～，迴步也。(469/47b)

漩　似宣反，回～也。(556/49b)

璇璣　上似宣反，下居依反，～～，北斗也。(477/108b)

璇穹　上似宣反，下丘弓反，～～，天也。(477/132b)

選　思兗、思絹二切。(481/13a)

癬　息淺反，～，疥也。(551/10a)

泫　携犬反，露光也。(240/9b)

泫　玄犬反，露光也。（235/69b）

泫然　上胡犬反，～～，淚落皃。（448/81a）

炫煥　上音縣，下音喚，～～，光明皃。（89/27b）

眩　胡涓反，亂也。（555/16a）

眩　鳥涓反，亂也。（553/77b）

眩　音縣，～惑，目生花皃。（126/40b）

眩　音縣，～，眼生花也。（158/43a）

眩　音縣，亂也，不明也。（164/59a）

眩惑　上音縣，～惑，亂也。（186/92a）

眩目　上音縣，亂也，目不明也。（255/44b）

眩瞖　上音縣，目生花也；下一計反，目生～障也。（56/71a）

眴　許閏反，目動皃，亦作瞬。（101/7a）

眴　詩閏反，目動皃。（98/58b）

眴　詩閏反，正作瞬。（511/52b）

眴　舒閏反，目動也。（555/36b）

眴　舒潤反，目動也。（119/73b）

眴頃　上音舜，下傾領反，～～，目閉動。（436/72b）

眴瞬　二同，音舜，動目。（496/41b）

眴瞬　詩閏反，目動皃也，二同用。（244/37b）

不眴　許縣切，眴，目動也，諸經皆作不眴菩薩。（73/65b）

衒　音縣，行賣也。（158/14b）

衒　音縣，誇也。（463/62a）

衒賣　上音縣，自媒曰～也。（81/69b）

絢　呼縣反，文彩皃。（472/32b）

絢　許懸反。（254/84a）

絢　兄懸反，文彩皃。（466/17b）

鉉　玄犬反。（313/63a）

靴　許戈反，鞾也，亦履。（446/40b）

靴鞾　上兄迦反，或作鞾，同。（337/58b）

靴鞾　二同，兄迦反。（342/73b）

鞾　兄迦反，皮鞋之屬也，俗作靴，同。（310/95a）

鞾靴　二同，兄過反。（345/58a）

鞾靴　二同，兄迦反。（302/70b）

勳胡　上兄云反，或作獯狐，一名鵃鷜。（95/29b）

薰狐　上兄云反，下音胡，亦名訓胡，即鸕鷜鳥是。（468/11a）

獯狐　上凡云反，下音胡，舊云鵃鷜是也。（252/86b）

獯狐　上音薰，下音胡，舊音雞鳩也，《唐韻》云：北方狄名也。
（253/8a）

曛　兄云反，日昏也。（466/67a）

曛夕　上兄云反，～～，日入後時也。（456/51b）

恂　詞閏反。（33/50a）

恂　思旬反。（342/15a）

恂　相倫反，信也。（120/108a）

恂恂　息旬反，恭敬皃。（456/51b）

紃　食倫反。（306/122b）

揗　時允切。（126/10b）

循　音旬，歷也，遍也。（136/66b）

循　音旬，順行也。（120/26a）

循觀　上音旬，逼也，鹿也；下文循身觀亦同，或作修，誤。（127/
86a）

循身　上音旬，下文循受、循心、循法，皆同，或作脩、修，誤也。
（144/52b）

詢　思旬反，諮也，信也。（235/69b）

詢　蘇旬反，諂也，謀也。（161/37b）

詢問　上息旬反，諮也。（465/8a）

燖　祥廉反。（188/42b）

迅　私閏反，～，疾也。（9/31a）

迅　私閏反，一音信。（228/15b）

徇　詞閏反，以身從物也。（49/83b）

殉　詞閏反，正作徇，以身從物。（462/60a）

殉腸　上詞閏反，腸字，未詳，恐書誤也。（371/54b）

殉利　上詞閏反，正作徇。（479/81b）

殉徇　二同，詞閏反。（48/73b）

訙訊　二同，音信，問～。（94/18b）

訊訊　音信，下正。（333/42a）

訊　音信，與訊同。（145/30a）

訊訊　二同，音信。（258/99a）

訊訊　音信，二同，上正。（325/47b）

巽　蘇困反。（162/31a）

潠　蘇困反，水賁也。（169/11b）

馴　音旬，善也。（470/31b）

馴　音旬，習也，順也。（469/14a）

馴伏　上音旬，順也，狎也。（465/38a）

馴擾　上音旬，下音遠，～～，柔順皃。（471/46a）

馴擾　旬遠二音，馴，順也。（478/87a）

馴狎　上音旬，善也，順也；下胡甲反，近也，習也。（470/16a）

遜　蘇困反，恭～也。（502/54a）

遜　蘇困反，恭也，順也。（177/78a）

潠之　上蘇困反，噴～。（445/64a）

涎　似連反，～，唾也，亦作涎。（89/72a）

涎涎　似連反，下正。（346/21b）

Y

壓　烏甲反，鎮也。（552/9a）

壓　押字。（86/28a）

壓　於甲反。（150/44a）

鴉　塢牙反，鳥名。（551/98a）

崖　吾佳反，一音宜，～岸。（253/47a）

崖　吾皆反。（102/16a）

崖　吾街反，高嶮也，邊也。（136/66b）

崖　魚佳反，一音宜。（170/7b）

崖　魚皆反，山～也。（467/13a）

崖　魚皆反，山側也。（443/12b）

崖岸　上音宜，又吾佳反。（127/23a）

崖岸　上魚佳反，一音宜。（343/45b）

崖坂 上魚街反，高嶮也；下音返，大坡也。（145/49a）

崖際 上音宜，～岸。（442/57a）

崖際 上魚佳反，一音宜。（172/18b）

崖坎 上魚皆反，下口感反，坑～。（343/9b）

崖窟 上吾皆反，山側也；下苦骨反，～，穴也。（257/39b）

崖限 上魚佳反，一音宜，畔，岸也。（244/15a）

崖巘 上吾皆反，下語檢反，山形如重甑曰～～。（468/53a）

崖巘 下語偃反，重山曰～～。（478/52b）

涯 吾加反，又音宜，際也。（425/60b）

涯底 上音宜，又五佳反，～，岸也。（266/12a）

睚眥 上吾賣反，下助賣反，嗔目之兒也。（477/55a）

睚眦 上吾賣反，下助賣反。（479/49a）

漄 五佳反，深。（483/69b）

厓 五𪗪反，廡也，含也。（436/42b）

厓 音雅，廳屋也。（483/14b）

啞 烏下反，不言也。（551/90b）

啞 烏馬切。（122/34a）

啞 烏雅反，失音聲。（128/10a）

瘂 烏可反，聲不出。（140/26a）

瘂 音啞。（145/68a）

瘂 於賈反。（315/22b）

訝 音迓，嗟訝也。（158/22a）

猰 苦結反，不仁也。（164/52a）

錏鍜 上乙加反，下户加反。（432/62a）

呀喘 上呼如反，開口兒；下尺軟反，～，息也。（128/54a）

咽 音湮，正作胭，～項。（445/45a）

咽 音煙，或作脛，～項。（136/74b）

咽 音鷖。（336/21a）

咽 音因。（265/24a）

咽不杼氣 咽音煙，～，喉也；杼，伸呂反，～，出也。（89/72a）

咽嗜 上於見反，下昌劣反，正作歠。（356/9a）

咽腹 上音煙，正作胭，～，項也。（256/68b）

咽頸　上音煙，正作胭；下居領反，頂也。（187/54b）

咽瓔　上音烟，正作胭，～，項也；下一盈反，～，珞也。（95/37b）

胭飾　上音煙，～，項，～～，瓔珞也。（145/68a）

烟熅　上音因，下紆云反，～～，天地之氣。（475/65a）

烟支　今用燕脂。（167/58a）

淹遲　上意廉反，久也，留也，又稽滯也。（240/53b）

淹久　上一鹽反，稽滯也，遲留也。（254/75a）

淹泥　上一鹽反，濕也，宜作掩，一撿反。（127/71a）

閹　邑廉反。（182/6b）

閹官　上於廉反，下音患，～～，內官也。（128/10a）

蔫萎　上於言反，下烏爲反，～～，枯悴也。（79/7b）

炎赫　上音焰，下呼客反，光盛兒。（177/40b）

炎赫　上音焰，下許客反，～～，火盛兒也。（448/67b）

炎燎　上子廉反，下力召反，火光上行曰炎，放火曰燎，又云火田曰燎。（233/10b）

炎磨　上音焰，下音摩。（135/21b）

炎氣　上音鹽，熱～也。（453/158b）

炎暑　上尤廉反，～～，盛熱也。（128/45a）

炎燠　上于廉反，下於六反，～～，暑熱也。（469/38a）

蓪　余羨反，蔓～也。（436/18b）

蓪烽　上羊羨反，下音峯，～，火相續不斷之兒也。（472/61a）

蓪如　上余羨反，相連兒。（425/40a）

研　宜堅反。（165/21b）

研　魚牽反。（251/77a）

研覈　下還革反，～～，考窮其實也。（245/65b）

研覈　下何鬲反。（238/7b）

研覈　下閑革反，～～，窮者事實也。（240/84a）

研覈　下閑鬲反，～～，考窮其實也。（246/63a）

綖　上線同。（182/48b）

綖　私箭切。（124/51a）

綖　思羨反。（148/44b）

綖　線字同。（165/14b）

綖線　二同，先見反。（325/34b）

綖線　先見反，上同。（328/43a）

橧　音簷，俗呼音擔。（540/71a）

嚴峻　上吾銜反，下雖潤反，～～，峯高也。（157/45a）

簷　而監反。（316/23b）

簷霤　上音鹽，下力救反，～～，漏下水處。（468/11a）

簷橧　二同，而瞻反。（318/36b）

簷簷　二同，音鹽，市鹽反。（306/122b）

巖　吾咸反，山～。（180/14b）

巖　音銜反。（255/9a）

巖岫　上吾銜反，下音袖，巖岫，穴也。（467/13a）

巖陳　下音儼，～～，山形如甋也。（470/68b）

櫶　許嚴反，正作杴。（365/44b）

奄　一撿反。（104/29b）

奄　衣檢反。（258/40a）

奄蔽　上正作掩，下必祭反。（97/7b）

奄然　上一檢反，忽也。（469/13b）

奄然　上衣檢反。（302/64a）

奄然　上於檢反。（425/25a）

奄如　上烏檢反，忽也。（476/34b）

奄如　上邑檢反，忽也。（463/62a）

奄臻　上邑檢反，下側巾反，～～，忽至也。（453/44a）

兗　沿淺反。（456/131a）

兗相　上緣淺反，下去聲，～～，二州名。（465/54b）

兗豫　上以淺反，～～，並州名也。（476/16a）

兗豫　上以淺反，下音預，二州名，並九州之數也。（477/12b）

衍那　上音演，～～，姓也，因姓爲名，舊云迦旃延。（233/10a）

繁衍　下余轉反，～～，豐饒也。（422/33a）

掩　意撿反，～，蔽也。（129/41a—b）

眼眵　尺之反，目汁凝。（162/17a）

眼眵　下尺之反，目汁凝也。（409/88b）

眼瞼　下音撿，目上下皮也。（165/71b）

眼眩　下音縣，目生花兒也。（189/18a）

偃　於件切。（123/36b）

偃　於阮反，～，仰也。（128/45a）

偃　於幰反，～，仰也。（552/24a）

偃　於幰反，倒也。（550/37a）

琰　以染反。（154/11b）

掩　拻同。（126/10b）

掩　烏合反。（94/18b）

掩　掩音，莫甘反。（484/86b）

掩　於撿切。（341/91a）

掩坎　上掩字，坎冗也。（469/72b）

掩羅　上元作烏甘反。（208/83a）

掩然　上正作奄，邑撿反。（467/76a）

掩掩　以撿反，二同。（283/41a）

淹　正作淹，邑鹽反，～，濕。（473/46b）

黤黕　上烏感反，下正作黵，他感反。（151/44a）

黤黮　上烏感反，下他感反，～～，青黑之色。（142/16a）

儼　五撿反。（129/16b）

儼　魚撿反，教也。（555/28a）

儼　魚掩反。（133/67a）

儑儑　音義云：正作礏，五合反，《坤蒼》云：山高兒也。（158/89a）

魘　一撿反，睡魔也。（177/89a）

魘　於琰反，睡中～也。（557/57a）

魘鬼　上一撿反，睡魔也。（167/79a）

魘魅　上於撿反，又於葉反。（168/50a）

嶮　語偃反，山～也。（479/59b）

黶　一撿反，黑子也。（94/74b）

黶　一撿反，身上黑子也。（104/29b）

彥　魚箭反，美士也。（253/17a）

宴　於見反，飲也。（422/78b）

宴寂　上於見反，安也。（98/66a）

宴默　上於見反，下音默，～，謂安然寂靜。（152/86b）

宴默　上於見反，下與嘿同。（232/10a）

宴坐　上於見反，安也，作燕，非。（260/17b）

挑　詩焰反，舒也。（477/132b）

挑　詩焰反，振也，布也。（468/33b）

挑　書焰反，布也，奮也。（470/31b）

挑藻　上詩焰反，下音早，～～，謂舒布文采也。（463/85a）

堰　於見反。（148/69a）

堰　於建反。（158/78b）

堰塞　上於建反，捍禦水也。（430/27b）

堰水　上於建反，塞止水也。（447/16b）

堰水　上於㰰反。（433/56a）

猒惡　上一焰反，下烏故反，或作汙。（246/63a）

猒迮　二字正作壓笮，上音押，上又於華反，下音責。（153/26b）

猒祝　上一檢反，正作㾏，下呪字。（476/44a）

焱　之瞻反，應師舊音云：合作焱，徒甘反。（134/21b—22a）

猒　猒同。（123/59b）

厭　一焰反。（103/15a）

厭此　上於焰反，足也。（189/68b）

厭惡　上一焰反，下烏故反。（247/55b）

厭蠱　上一撿反，～，禱也；下音古，以毒害人也。（94/18b）

厭猒　二同，於焰反。（72/80a）

燕處　上正作宴，於具反。（88/44b）

燕居　上於見反，～，安也，正作宴。（176/12b）

燕室　上正作宴，於見反，安靜也。（156/34a）

燕緹　上於延反，下音題，～～，赤繒。（472/32b）

燕息　上正作宴，故見反，～，安也。（158/43a）

燕坐　上於見反，正作宴。（265/9a）

燄赫　上焰字，下許客反，火盛也。（100/60a）

諺　魚箭反，俗言也。（158/32a）

鴈　烏諫反，鳥名也。（473/54a）

鷃　音晏，小雀。（472/75a）

醼　音燕。（425/12a）

醼　於見反，～，樂也。（473/11b）

醼　於見反，飲會也。（476/34b）

饜　於焰反，飽也。（171/55b）

讌　於見反，飲～也。（478/87a）

讌　正作宴，於見反，～默，安寂也。（126/62a）

釅酢　二字正作釅醋，上魚欠反，醋味。（79/57a）

讞　魚列反，罪也。（488/43b）

讞詳　上魚列反，議也，又語展反。（466/83b）

豔　似贍反，～，好而美也。（188/16b）

豔　艷字。（188/26a）

豔艷　以贍反，二同。（309/65b）

泱咽　上何朗反，下於結反，～～，水流音也。（478/52b）

鞅　央字。（169/61b）

鞅　於兩反。（307/70a）

鞅　正作央。（328/31b）

鞅靽　上於兩反，羈項也；下音半，繫～也。（189/84a）

鞅掌　上於兩反，～～，荷任也。（469/57b）

鞅掌　上於兩反，～～，強也，荷也。（443/12b）

鴦　烏郎反。（134/22a）

鴦　音央。（124/85b）

鴦擬　上經誤作鴦，恐非。（497/16a）

佯　羊音，詐也。（129/69b）

洋　音羊，洋溢也。（434/6a）

洋洋　音羊，大水皃。（466/17b）

陽燄　下亦作焰，炎去。（7/8b）

陽愚　上正作佯，謂詐其愚癡也。（158/43a）

揚跛　上正作佯，下必我反。（331/47b）

蛘痒　音養，二同，下正。（317/8b）

煬　洋漾二音。（540/71a）

瘍　音羊，頭瘡病。（478/87a）

瘍癬　上音羊，頭瘡也。（167/57b）

颺　音羊，飛～也。（469/38a）

颺　余向反，一音羊。（164/37a）

颺唄　上音羊，正作揚，舉～也；下音敗，讚～也。（446/57a）

颺帆　上音羊，越風行舟曰～～。（466/44a）

卬　印字。（70/74b）

卬首　上吾剛反，高其頭曰～～。（502/35a）

仰抱　下正作揖，衣入反。（464/46a）

块鬱　上烏朗反，～～，氣昧也。（478/52b）

痒　音養，或作癢。（313/85a）

痒　音養，作癢同用。（142/8b）

癢　音養，痛～。（159/14a）

癢痒　二同，音養，痛～。（100/8a）

癢痒蛘　三同，音養。（303/8b）

怏　央向切。（122/84a）

怏　於亮反，情不足也。（557/6b）

怏　於向反，失志皃。（470/56b）

怏怏　於向反，不快皃。（449/99a）

恙　羊字去聲，憂也，病也。（186/19b）

恙　余向反，病也，憂也。（175/81b）

恙　余向反，疾～也。（502/35a）

恙　余向反，憂也，病也。（470/56b）

漾　余向反，游～也。（472/32b）

漾目　上余向反，蕩～也。（476/7a）

漾玄　上許亮切，水溢蕩皃，正作養。（41/9b）

樣　餘亮反，～式也。（550/53b）

夭　烏篤反。（254/66b）

夭　於小反，～，喪也。（151/35a）

夭　於兆切。（122/68b）

夭彼　上於小反，不壽而亡曰～。（456/87b）

夭殂　上於小反，下自胡反，～～，少而亡也。（470/56b）

夭橫　上於小反，下玄孟反，少亡謂之～～也。（97/29a）

夭喪　上於小反，下去聲，少亡曰～～。(96/43a)

夭殤　上於小反，下音傷，小死曰～～也。(446/70a)

夭夭　伊消反，舒展歡悦之兒也。(56/54b)

妖　於喬反，豔也。(550/37a)

妖　於喬反，妖豔也。(555/36b)

妖　於小反，～，亡也，亦作夭。(472/75a)

妖孽　上正作祅，馨煙反，下魚烈反。(172/85b)

殀　於小反，少亡也。(463/62a)

殀　於兆反，殀也。(556/7b)

殀夭　二同，於小反，少喪也。(233/19a)

殀夭　於小反，少亡曰～，二同。(236/44a)

夭　於小反，～，喪也。(158/42b)

夭　於小反，亡也。(124/42a)

爻　户交反，～卦，～也。(189/9a)

爻繫　上户交反，卦～也；下胡計反，《周易》有繫辭。(475/31a)

肴　户交反，食也。(469/71b)

肴饌　上胡交反。(232/46a)

嘉餚　下户交反，～～，珍食也。(96/20a)

姚　音摇，姓也。(473/11b)

姚墟　上音摇，下丘居反，～～，舜之治地也。(472/32b)

窯　古孝反，掘地空。(483/83a)

窯師　上音摇，～～，燒瓦之匠也。(187/49a)

軺　遥詔二音，馬車也。(487/107a)

徭　音遥，使也。(128/17b)

徭　音遥，役也。(158/71a)

徭　餘昭反，役也。(550/73b)

摇裵　下羊世反，正作曳。(472/32b)

銚鑊　上音遥，燒器也，又徒弔反，小釜也；下音橫，大鍾也，並非經意。(152/59b)

餚　户交反，～，食也。(478/154b)

餚饍　上户交反，下時扇反，亦作膳，～～，食也。(127/71a)

餚饍　上户交反，下時善反，～～，美食也。(171/81a)

餚饌　上古交反，下床戀反。（261/36a）

餚饌　上户交反，下床戀反。（264/7b）

謠　音搖，謌～。（471/27a）

謠　音搖，詠也。（470/16a）

飄颺　二字音搖揚，下一音樣，～～，從風飄骨也。（89/21a）

杳　煙曉反，～，遠也。（472/98b）

杳曠　上煙曉反，下苦況反，～～，深遠之皃也。（456/131a）

杳冥　上煙曉反，～～，深遠之皃也。（477/12b）

杳杳　煙曉反，深遠貌。（491/7b）

咬　語巧反，正作齩。（169/11b）

咬齧　上五巧反，下吾結反，正作齩齧。（265/41b）

咬齩　二同，五巧反。（324/17a）

窅　煙曉反，冥也。（581/4a）

窅絕　上煙曉反，深也。（475/31a）

窅冥　上煙曉反，～～，深遠也。（464/79b）

窈　烏皎反。（119/53a）

窈　煙小反，～，深遠。（103/8b）

窈　煙曉反，～冥，深邃也，望遠也。（177/78a）

窈　煙曉反，正作杳，～冥，深邃也。（133/84b）

窈　於皎反。（158/70b）

窈　於了反。（119/41b）

窈　於鳥切。（124/9a）

窈寘　上於曉反，～～，深邃寬廣之皃。（156/34a）

窈寘　上煙曉反，～，幽深之皃也。（86/10b）

窈冥　上煙曉反，正作杳，～～，深遠之皃也。（434/13a）

窈宛　上煙小反，下亭馬反，美皃。（263/26b）

窈宛　上煙曉反，下徒弔反，美皃。（140/74a）

窈宛　上煙曉反，下徒了反，～～，美皃。（478/154b）

窈宛　上煙曉反，下徒鳥反，～～，美好皃。（471/120a）

齩　良巧反，～，齧也。（447/75a）

齩　俗作咬。（167/94b）

齩　五巧反，～，嚙也。（240/53b）

齩　五巧反，～，齧也。（448/15a）

齩　魚巧反。（168/13b）

齩咬　五巧反，上正下俗。（499/13a）

要期　上音邀，～，約也。（155/98a）

燿　耀字。（127/12b）

燿　夷照反，明也。（129/24b）

燿　余照反，光～也。（466/83b）

耀　胡笑反，光也。（558/14b）

耀　弋笑反，光耀。（554/69b）

耀曄　下于輒反，～～，光明皃。（101/7a）

鷂　音曜。（234/70b）

鷂　于照切。（124/34a）

鑰　音藥，門關也。（132/45b）

鑰　餘灼切。（125/84a）

関鑰　下音藥，門～也。（166/14a）

耶　羊箇反。（163/9a）

耶　以遮切。（122/34a）

掖庭　上音亦，～～，天子內宮也。（465/62b）

掖下　上音亦，正作腋脇。（470/68b）

掖腋　二字音亦，脇～。（436/31a）

掖腋　音亦，下正。（340/67a）

掖腋　音亦，下正用，脅～也。（70/40b）

椰子　上羊遮反。（348/39a）

椰子　上夷遮反。（250/40a）

暍　音謁。（165/14b）

暍人　上音謁，傷熱也。（451/8a）

暍吧　上於葛、於竭二反，下徒旦反。（156/22b）

噎　烏結切。（122/18b）

瞖　一計反，正作醫，目～。（446/85b）

瞖　一計反，正作瞖，掩～。（471/27a）

噎氣　上於結反，亦作因。（477/24b）

噎饐　上一結反，下委劣反，正作噦。（322/16a）

咃　亦音反，應師音作陀。（135/11b）

冶師　上音野，～～，陶鑄之匠也。（158/42b）

野馬　～～，飛塵也。（103/39b）

叶　正作協，音俠，和也，合也。（128/10a）

曳　羊逝反，牽～也。（442/75a）

曳　羊逝反，拖～。（466/8b）

曳踵　上羊逝反，下之勇反，～～，拖脚行也。（457/118b）

曳　羊逝反，牽也。（123/84b）

曳　羊逝反，搖～。（89/27b）

拽　余世反，牽拽也。（189/76b）

拽電　上正作掣，尺設反。（135/67a）

腋掖　二同，音亦，下非。（349/36b）

曄　于輒反，明也。（468/87a）

曄　于輒反，亦作暈。（468/87a）

曄　葉音，光明煒～。（129/69b）

鍱　音葉，鋼鐵薄也。（253/17a）

咿利　上音伊，下或作和，非。（137/86b）

洢洛　上音依，或作伊。（478/134b）

猗　音倚，又於離反。（178/9a）

猗　於離反，安也，喜也。（190/39a）

猗　於離反，身心輕美也。（251/86a）

猗覺　上於離反，一音倚。（432/80b）

猗其　上於其反，美也，又嘆詞也。（478/154b）

猗氏　上於宜反，正作陭，河東縣名。（471/46b）

猗歟　上於宜反，下音余，～～，嘆詞也。（465/70b）

猗樂　上於離反，又作倚樂。（366/8a）

揖讓　上伊入反，手著胷曰揖也。（145/20b）

禕　於宜反。（135/11b）

漪　於宜反，漣～，水皃。（513/83a）

噫　乙戒反。（335/76a）

噫　乙希反，出氣曰～。（443/12b）

噫　音醫，嘆惜也。（470/56b）

噎噦　上乙界反，下委劣反，～～，氣逆塞喉也。(448/81a)

噎氣　上一界反。(325/8b)

噎氣　上於界反。(348/87a)

噎吐　上乙界反，嘶聲也。(260/69a)

緊　烏兮反。(360/65b)

醫瑿　醫字，下正。(138/17a)

瑿　正作醫。(302/58b)

瑿巫　上正作醫，下音無。(342/73b)

醫　於計反，目醫。(555/16a)

醫　余之反。(285/19a)

黟　一兮反。(95/67b)

圯　弭美、符鄙二反。(328/65b)

怡　余之反，～，悅和也。(128/10a)

怡　與之反，和悅也。(126/85b)

怡然　上余之反，～～，和悅皃。(263/26b)

怡適　上余之反，怡，悅也，適，樂也。(254/24a)

怡悅　上餘之反，～～，和樂之皃。(79/7b)

柂　音移字。(117/50b)

柂　元音士可反，又徒可反。(137/25a)

胰　音夷，正作痍，瘡也，傷也。(129/34a)

痍瘡　上以脂反，亦瘡也。(448/81a)

貽　余之反，及也。(466/44a)

貽　余之反，與也。(470/31b)

羠　音夷，《廣雅》云：健羊也。(352/49b)

椸　余之切，弋支切。(481/118a)

椸架　弋支反，衣架也。(511/61b)

頤　以之反，養也。(465/62b)

頤　余之反，頷下也。(157/70b)

期頤　下余之反，～，養也，《禮》曰：百年謂之～～。(471/119a)

期頤　下余之反。《禮》曰：百年曰～～。鄭玄曰：期，漂；頤，養也。(470/68a)

彝章　上音夷，法也。(253/17a)

嶷　魚力反，山高貌。(58/64b)

嶷然　上魚力反，～～，山立兒。(470/83b)

彝　以脂反，常也，法也。(556/7b)

厎　一豈反。(243/9a)

厎旒　上於幾反，下音流。(464/95a)

蟻　五倚反。(151/12a)

蟻　魚倚反。(162/74a)

艤　語倚反，整舟向崖也。(253/17a)

艤棹　上語倚反，下直孝反，～～，整舟近岸也。(470/68a)

齮齛嚌　上丘奇反，又丘倚反，下二同，在細反。(304/49a)

弋繳　上音翼，下音酌，以約繫箭而射曰～～。(470/16a)

刈　魚廢反。(125/9b)

刈　魚吠反，割～也。(178/9a)

刈稻　上魚吠反，下音道，～～，割禾也。(466/67a)

刈芻　上魚吠反，下楚俱反，～～，割草也。(158/43a)

仡然　上魚乞反，正作疙癡。(470/16a)

抑　意力反，～，安也，制也。(253/8a)

抑挫　上意力反，下則臥反，～～，摧折也。(476/34b)

抑遏　上意力反，制也；下於割反，止也。(447/50b)

杙　羊力反，橛也。(311/9a)

杙　音弋。(306/40a)

杙　音翼，椿～也，椿，竹江反。(439/73a)

邑悒　上正作悒，憂～也；下去聲，待也。(189/27a)

佚　音遙，樂也，佚，欲也，或作泆，水所蕩也，又作妷，婬妷，放媱也，妷，一音姪。(174/11a)

易　羊逝反。(185/21b)

易　羊義反。(187/9a)

易沮　上羊至反，下正作沮，才呂反，毀也。(431/49a)

抶　丑一反。(185/29b)

泆　夷一反，或作佚。(174/18b)

泆　夷一反，婬～也。(425/40a)

妷泆　二同，音逸。(338/69b)

柂　余世反。(151/54b)

博弈　下音亦，齊魯間圍棊曰～～，棊音其。(126/52a)

博弈　下音亦，齊魯人圍棊謂之～～。(151/35a)

弈煌　上音亦，下音皇，光明色也。(131/40b)

弈弈　音亦，光盛也。(434/13a)

疫　音役，疾屬也。(425/12a)

疫　于亦反，疾～也。(129/24b)

疫　于益反，疾～。(255/75a)

挹　伊入反，～，酌也。(131/13b)

栧　羊逝反，又余列反。(162/68a)

唈　烏合反。(96/43a)

悒　音邑，憂～，不安也。(121/47b)

悒遟　上音邑，下去聲，～～，憂待也。(439/53b)

悒慼　上音邑，下倉曆反，～～，憂也。(79/7b)

悒慼　邑戚二字，憂愁之皃。(142/16a)

悒怏　上音邑，下於向反，～～，失志也。(476/63a)

隋岸　上去奇反，正作敧，傾～也。(471/109a)

翊　音翼，輔～也。(470/83b)

翌　音翼，明也。(467/13a)

翌日　上音翼，明日也。(469/72b)

裔　羊世反，苗～也。(472/20b)

裔　羊逝反，苗～。(471/27a)

裔裹　羊逝反，二同。(185/21b)

繁裔　下羊逝反，盛也。(138/73b)

溢　兮一反。(313/85a)

溢　夷一反，滿也。(470/31b)

溢　夷質反。(5/68b)

溢　余一反，滿也。(136/58a)

溢瀁　上夷一反，下音養，～～，水大皃。(465/87a)

瘞　於例反，埋～也。(469/47b)

誼　音義，理也，善也。(174/11a)

瘞　於計反，埋也。(512/48a)

瘞于　上於例反，埋也。（470/56b）

毅然　上魚既反，勇也。（456/51b）

熠　余習反，光皃。（513/94b）

熠燿　上余立反，下羊照反，～～，明皃。（472/20b）

熠燿　上余習反，下音曜，～～，光明不定皃。（244/29b）

瞖　一計反，目障也。（13/32b）

瞖　一計反，眼障也。（256/68b）

瞖膜　上於計反，下音莫，目病也，謂慧眼不明也。（78/8a）

瞖眩　上一計反，下音縣，注謂目瞖花也。（18/15b）

曀　一計反，陰～。（159/20b）

曀　一計反，正作瞖，眼障也。（420/55b）

曀　於計反，陰風～日也。（134/6b）

曀匿　上正作翳，一計反；下尼力反，掩藏也。（103/49b）

劓　魚器反，一音刑，鼻也，刑也。（79/57a）

劓　魚器反，割鼻之刑也。（435/36b）

懌　音亦，和悅也。（447/75a）

懌　音亦，樂也，悅也。（169/33a）

縊　一義反，擊殺也。（463/62a）

縊　伊異反。（163/9a）

縊　於避反。（316/55b）

翳　一計反，障也。（95/19b）

翳　於計反，～，障也。（134/6b）

翳暗　上一計反，下與闇同。（49/41b）

臆　音憶，㗂～。（137/25a）

㞘　魚祭反，睡語也。（552/34b）

翼　蠅即切。（122/51a）

翼從　上余力反，正作翊，輔也；下去聲。（177/27b）

翼上　正作翊，音亦，下去聲呼。（129/34a）

藝　魚例反。（261/65a）

藝語　上魚祭反，正作㞘。（307/58b）

狂㞘　下音藝，夢中語也，亦作讛。（240/74b）

繹　羊益反。（254/83b）

繹　音亦，解也。(477/132b)

蘙薈　上一計反，下鳥外反，～～，草盛皃。(465/70b)

饐　舊音一結反，又一逝反，正音懿。(154/60a)

囈　魚例反。(346/51a)

懿　乙記反。(334/11b)

懿　乙器反，温柔克聖也，美也，大也。(158/14b)

茵蓐　二字音因辱。(347/11b)

茵褥　上音因，亦作裀，下音辱。(128/54a)

姻啞　上因，下亞，下正作婭。(483/23b)

氤氳　上音因，下鳥云反，～～，氣盛皃。(471/46b)

殷雷　上音隱，～～，雷聲也。(129/16b)

殷猥　上於斤反，作樂盛也；下鳥每反，頑也，鄙也。(131/22b)

陻　音因。(511/38a)

堙　一兮反，一音困。(169/11b)

喑　許林反，或作唫。(185/36a)

喑呃　上音陰，下憶界反，～～，大聲也。(435/59a)

喑呃　上於禁反，下於界反，～～，吁歎之意。(448/54a)

喑嗟　上於今、於禁二反，呼差也。(189/9b)

愔　於今反，靜也。(478/38a)

愔隘　上一林反，靜也；下於賣反，塞也。(255/75a)

愔鬱　上邑今反，不快皃。(469/71b)

絪縟　二字音因辱，正作裀褥。(129/16b)

蔭蔽　上於禁反，下必袂反，～～，草覆皃。(121/9a)

蔭芘　二字正作廕庇，上於菜反，下必二反。(89/8b)

禋　音因，祀也，享也。(466/75a)

禋祀　上音因，祭也。(473/41a)

瘖　依今反。(482/22a)

瘖　音陰，瘂也。(158/32a)

瘖痾　上一今反，下於雅反，痾，音阿，病也，非此用。(158/89a)

磤　音隱。(151/73b)

諲　音因。(511/99a)

垠　宜斤反，～，涯也。(502/6b)

垠　魚斤反，～，漼岸也。（256/69a）

唫　音吟。（301/47b）

淫佚　上于針切，下夷日切。（117/17b）

婬泆　上夷今反，下夷一反。（101/32b）

婬姝　上夷今反，下夷一反，作泆，亦同。（160/74b）

婬姝　下夷一反，作泆，非。（138/67b）

婬姝泆　上夷今反，下二同，夷一反。（161/37b）

闇　魚巾，笑皃。（129/69b）

嚚　音銀，愚也。（162/24b）

嚚　語巾切。（125/76a）

飲醼　下於見反，或作飲咽、吞～，非此用。（138/25a）

靷　直引反，牛繩也。（244/37b）

隱翳　一計反，障也。（266/19a）

隱軫　上正作隱，下之忍反，車聲也。（470/56b）

齗　魚斤反，齒根肉也。（165/26b）

齗　語斤反，～，齒根肉。（257/14a）

癮　於禁反，胷中水病。（132/34b）

癮疹　上於近反，下之忍反，皮外小起也。（472/86a）

胤　羊晉反，繼也。（554/9a）

胤　羊進反，繼嗣也。（233/78a）

胤　羊鎮反，～，嗣也。（471/109b）

胤　余震反。（231/90a）

胤　余鎮反，～，嗣也。（456/102a）

堙淤　上魚近反，下於去反，～～，濁泥也。（467/33b）

癮蕩　上於禁反，正作癮，疾～也。（446/40b）

瑛　音英，正作瓔，～，珞也。（131/92b）

瑛瑜　英俞二音，玉名。（477/132b）

嫈媖　上乙耕反，下莫庚反，小心態也，又美也。（128/78b）

嬰　一仍反。（316/39a）

嬰　一盈反，當也，抱也。（189/27a）

嬰　於京切。（122/27a）

嬰　於盈反，當也。（448/81a）

嬰癩　上一盈反，下音賴。（43/78b）

膺　於陵反。（177/16a）

罌　烏耕反，瓶類。（168/69a）

罌　一耕反，長項瓶。（436/72b）

罌　於耕反，長項瓶也。（581/4a）

罌水　上一耕反，～，瓶之屬。（100/60a）

蘡薁　上一盈反，下於六反，～～，似蒲萄而小也。（343/45b）

嚶　一耕反，鳥鳴也。（158/78b）

嚶囀　上一耕反，下知戀反，～～，鳥聲也。（463/10a）

嬰孩　上一盈反，下胡哀反。（264/50a）

纓　於盈反，～，結也。（126/62a）

纓鑊　上一盈反，下鑊字，～～，纓絡也。（87/70b）

鷹鸇　上於陵反，下之然反，～～，皆迅擊之禽也。（468/76b）

楹　以成反，柱也。（551/80a）

塋　音營，墓域也。（468/53a）

熒　携扃反。（151/12a）

熒火　上正作螢。（245/13a）

瑩　紆定反，光飾也。（133/51a）

瑩澈　上烏定反，下直列反，～～，明淨也。（493/16a）

瑩曬　上於定切，下所賣切，有本作鑒，通用。（41/9b）

瑩拭　上紆定反，下音識，或作飾。（139/48a）

縈　紆瓊反，綵也。（446/57a）

縈　於營反，～，纏也。（161/38b）

縈　紆營反，纏繞也。（260/17b）

縈纏　上紆營反，下俗作纏。（493/9b）

鎣　紆定反，與瑩同。（470/31b）

鎣瑩　二同，紆定反，光淨也。（77/65a）

蠅　就經作以恒反。（445/72b）

蠅　弋繩切。（259/47b）

蠅　余陵反，俗作蠅。（491/14b）

蠅　余陵反，正作蠅。（89/48b）

蠅蠓　上余陵反，下莫孔反，蚊蚋之類也，朽蠰之土因雨而生，覩陽

而死，一音蒙，音義云：合作蠓，莫結反，其理一也。（159/20b）

蠅蝇　上余陵反，下俗作虫。（258/57a）

蒼蠅　上正作蒼，下俗作蠅。（94/63b）

穎脫　上營領反，下羊歲反，～～，利也。（472/32b）

癭　一領反，氣瘤。（400/10a）

癭　於領反，項下氣病也。（478/87a）

癭　於郢反，項腫也。（120/56b）

映　於敬反，掩～。（260/9a）

鞕　吾更反，与硬同。（319/59a）

鞕　吾孟反，堅～也。（175/9b）

鞕　音硬，同用。（150/36a）

鞕硬　吾更反，二同。（364/82b）

媵　余證反。（356/9a）

鷹　一證反。（346/21b）

邕　紆恭反，～～，和也，肅肅，恭也。（449/30a）

庸　音容，凡也，常也。（161/37b）

傭　音容，雇也。（466/54b）

傭　音容，賣力也。（425/73b）

雍　烏用反。（316/17a）

雍　於容反。（304/37b）

雍曀　上紆用反，下一計反，～～，壅蔽也。（158/43b）

墉　餘封反，垣也。（555/22b）

擁　紆拱反，手～握也。（464/72a）

擁篲　上紆拱反，下旬歲反，～～，持帚也。（469/38a）

擁之　上紆栱反，正作壅，防止水也。（448/39b）

壅　於隴反，障也。（549/80a）

壅　紆勇反，～，塞也。（262/42a）

臃　舊音紆恭反，未見出處。（181/8b）

臃腫　上紆勇反，脹大皃，臃，《唐韻》不出也。（244/29a）

癰　紆恭反，～，癤。（437/11b）

饔人　上紆恭反，～～，廚官也。（477/121b）

癰瘡　上音雍，疽久也。（437/41a）

癃疽 上紆恭反，～，癰也；下七徐反，～，瘡也。（19/9a）

癃疽 上紆恭反，下七徐反，俗作疽，非。（351/14b）

甬角 二同。（319/25b）

涌 音勇。（137/25a）

湧 涌字。（188/34a）

蛹 音勇，虫化。（438/35a）

攸 音由，所也。（256/68b）

悠 音由，遠也，思也。（246/85b）

悠漫 上音由，下莫干反，～～，遠也。（478/154b）

悠邈 上音由，下眉角反，～～，遠也。（102/59a）

悠敻 上音由，下休詠反，～～，遠也。（477/132b）

憂悒 於急反，憂也。（138/32a）

疣 音尤，瘡～，皮上結起病也。（126/85b）

疣 尤求切。（122/43a）

疣 又休反，皮上結起曰～。（158/32a）

疣 于休反，皮上結起也，大者曰～，小者曰贅。（104/29b）

疣 羽求反，結病也。（552/7b）

疣贅 上于休反，下之歲反，皮上結起之病。（497/55b）

瘤肬 下音尤，正作疣。（95/67a）

遒爾 上音由，深視之皃也。（462/20a）

蚰蜒 二字音由延。（131/22b）

蚰蜒 上音由，下音延，小蜈蚣也。（257/52a）

偤 音由，侍也。（162/38a）

訧 音尤。（158/53a）

猶狸 猶，獸也，似麂，善登木而食，今或作貁，余神反，鼠類也；下力之反，野狗類也。（131/22a）

猶豫 下音預，～～，進退之皃也。（149/74b）

猷 音由，道也。（103/49b）

蕕紫 上音由，臭草也。（475/31a）

蝣 以周反，朝生暮死也。（553/77b）

輶軒 上音猶，一音酉，～～，小車也。（439/73a）

輶軒 上由酉二音，～～，輕車也。（464/72a）

莠　音酉，草各也。（438/83b）

莠稗　上音酉，下音敗，草名。（94/74b）

莠稗　酉敗二字，並似禾而草也。（126/62a）

牖　下音酉，牕~也。（102/23a）

牖　音酉，窻~。（134/21b—22a）

呥　禹六反，~，吐也。（484/18a）

宥　音右，赦罪也。（467/33b）

宥罪　上音右，放~也。（478/154b）

誘　音酉，引也。（69/49b）

誘恤　上音酉，下思律反，誘引勸也。（138/73b）

鼬　余救反，~，似鼠，尾大而黃赤色。（126/52a）

鼬　余救反，舊作狖，似貂而食鼠。（126/62a）

迂　委于反，~，曲也。（356/17a）

迂　憶俱反，曲也。（552/91a）

迂誕　上委于反，下音但，~~，背命也。（464/88a）

逗　委于反，~，曲也。（465/19b）

紆　委于反，~，屈也。（468/11b）

吁　兄于反。（153/11b）

吁鼾　許干反，一音汗，下正。（330/41b）

吁眠　上戶案反，睡中喘聲也，正作鼾。（581/4a）

淤　於去反，淤，泥也。（255/9a）

淤死　上音於，又去聲呼，亦通菸，~也。（471/45a）

瘀　於去反，青血也。（245/13a）

杅　音于，正作盂。（330/50b）

杅　正作盂，音于。（264/26b）

杅食　上音于，正作盂。（258/71b）

盂杅　二並音于。（312/88a）

禺中　上音愚，~~，食時也。（466/67a）

舁　音余，扛也，二對舉也。（307/70a）

舁　音餘，二人對舉也。（306/65b）

舁舉　上音余，對舉也，經作轝，非也。（128/45a）

娛嬔　上音愚，樂也；下於見反，正作讌。（158/43a）

娛樂　上音愚，歡～也。（100/8a）

魚獵　上正作漁，下良輒反。（131/64a）

隅　音愚，角也，方～。（131/40b）

隅　音愚。（120/65b）

隅隩　二字音愚奧，屋西南角也。（456/102a）

揄揚　上羊朱反，～，引也，揚，舉也。（465/62b）

喁喁　愚恭反，衆口也。（475/65a）

嵎　音愚，正作隅，方隅四角也。（154/68b）

渝　羊朱反，變也。（472/32b）

渝　音俞，變也。（467/43a）

愉　羊朱反，忻～也。（581/4a）

榆　羊朱反，～，柳也。（463/62a）

榆枌　上音俞，下宜作柳。（477/42b）

褕　羊朱反，小寶也。（551/98a）

諛　羊朱反，～，諂也。（468/11a）

諛諂　上音臾，下丑染反。（139/48a）

踰　羊朱反，過也，越也。（135/21b）

踰　音逾，越，也過也。（151/24b）

踰繕　上羊朱反，下時扇反，一～～那，此方四十里。（52/26a）

踰繕那　上音逾，下時扇反，一～～～，此方四十里。（11/31a）

過踰　下音逾，～，越也。（86/10b）

輿　音余，亦音預。（150/22b）

輿　音余，又音預，無輪之車也。（425/12a）

輿　音預，車～，一音余。（128/45a）

輿行　上音余，正作舁。（319/25b）

輿舁　音余，下正。（316/47a）

顒　魚恭反。（129/51b）

顒　愚恭反。（146/7b）

俁　愚字上聲。（162/60a）

俁　愚主反。（162/9a）

圄　音語。（545/24b）

圄　魚吕切。（124/9a）

建旟　下音余，畫鳥集於旛旗之上也，旟者衆也，州里建旟，謂進於衆士也。（464/28a）

庾多　上於主反，千億數也。（249/46b）

傴　紆主反，~僂，背脊曲也。（171/68b）

傴　紆主反，背曲皃。（159/20b）

傴俄　音義云：正作回我，上匹可反，動搖之皃。（159/20b）

傴僂　上於武反，下力主反，~~，背曲之皃。（128/45a）

窳　以主反，惰也，勞也。（448/94b）

郁　於六反，文章皃。（469/98a）

郁烈　上於六反，~~，香氣盛皃。（463/10a）

郁俭伭　上於菊反，下二同，丘義反，丘爾反，正作仚。（153/11b）

郁郁　於六反，~~，文章也。（477/108b）

育　余六反。（185/29b）

昱鑠　二字正作煜爚，上余菊反，下音藥，~~，光明之皃也。（131/13a）

昱耀　上余六反，正作煜，光明也。（469/38a）

昱鑰　二字正作煜鑰，上余菊反，下音藥，光明也。（131/40b）

域　于力反，方~也。（131/13a）

喑噎　上於六反，下於結反，或作喑咽，上於六反，下音伊，悲傷之極也。（442/36a）

喑咽　上於六反，下音伊，~~，悲痛之聲也，正作噢咽。（161/37b）

喑咽　郁伊二字，憂悲之皃。（127/30b）

馭　音御，駕~。（128/45a）

御車　上魚去反，作禦，非。（327/56b）

御寓　下与字同。（255/63a）

寓　音遇，寄也。（469/57b）

愈　以主反，差~也。（551/51b）

愈　余主反，瘥也。（549/10a）

煜爚　上余菊反，下音藥，~~，光明盛皃也。（85/86b）

毓　余六反，亦作育。（511/69a）

瘉　音愈，勝也。（158/14b）

奥室　上烏告反，不見户明也，又深～也。（243/9a）

奥室　音奥，屋西南隅。（462/20a）

奥隅　上音奥，下音愚，～～，屋西南角也。（469/57b）

嫗煦　上紆句反，下兄句反，～～，和氣也。（475/31a）

豫察　上羊恕反，叙也，正作預，先也，安也。（176/72b）

閾　呼域反。（311/76b）

閾　于力反，門限也。（174/62b）

諭謟　上羊朱反，正作諛謟。（131/64a）

諭謟　上羊朱反，正作諛；下尹檢反，苟媚也。（178/9a）

諭諛謟　上二同，羊朱反，上非下正。（156/5b）

燠　於六反。（128/36a）

燠憹　元音云：二字作懊憹。（131/22b）

禦　魚據反，禁也，止也。（557/49b）

禦敵　上音語，下徒的反。（165/21b）

禦扦　上魚舉切，下何旦切。（117/50b）

轝　音余，正作舁，一音預。（322/67b）

轝　余預二音，車無輪曰～。（261/45a）

轝出　上音余，正作舁，扛～。（346/15a）

轝還　上音余，正作舁。（328/100b）

轝上　上音余，亦作輿。（424/54b）

礜　余預二音，稱美也。（143/40b）

鬱　於物反，香草也。（502/66b）

鬱　紆屈切。（122/9a）

鬱怏　下於向反，～～，謂心不快也。（448/15a）

淵　烏玄反，深泉也。（441/58a）

淵壑　上烏玄反，下呼各反，～～，深谷也。（72/7b）

淵曠　上烏玄反，下苦況反，～～，深遠也。（449/30a）

蜎　烏緣反，細蟲能飛之類。（142/8b）

蜎　紆緣反，微細之蟲而能飛，即蠛蚋之類也。（152/50a）

蜎飛　上紆玄反，細微之虫能飛皆曰～也。（443/62b）

蜎飛　上紆緣反，細蟲飛類。（174/55a）

悁　紆緣反。（171/36b）

悁悒　上於緣反，忿也，憂也；下於急反，亦憂也。(121/19a)

鶢　於遠反，鳳屬。(553/61a)

垣　音圜，又音丸。(454/21b)

垣　圜丸二音。(309/33b)

垣墻　上音圜，一音丸，四周有墻曰垣。(131/21b—22b)

原赦　上音元，原赧，恕罪也。(102/59a)

原赦　元舍二字，～～，恕放其罪。(140/83a)

蚖　五官反，毒蛇也。(555/28a)

蚖　音丸，又愚官反，毒虵也。(170/55a)

蚖　音元，又五官反。(142/8b)

蚖　愚官反，一音元。(158/43a)

蚖蝮　上愚害反，下方伏反，毒虵也。(447/87b)

蚖蛇　上愚官反，毒蛇也，一音尤，蜥蝪別名。(100/16b)

黿鼉　二字音元陀，亦龜之屬。(443/81b)

援　音院，救也。(422/78b)

援　于眷反，救也，助也。(177/78a)

援　于眷反，助也，一音圜。(158/22a)

援引　上音爰，引也。(439/53a)

猨猴　二字音圜侯。(149/18b)

園囿　下音右，養獸曰囿也。(145/10a)

園囿　下音右，種樹曰園，養獸曰囿。(447/16b)

園囿　袁有二字，無墻曰～，有牆曰～。(121/19a)

園苑　下紆速反，苑，囿也，有垣曰苑，無垣曰囿，《白虎通》曰：苑在東方，謂養萬物於東方，物所生也。(180/7b)

園苑　下紆元反。(133/21a)

園苑　下紆遠反。(141/10b)

緣袠　下袟字，經～也。(476/24b)

黿虬　上音元，大龜之類也；下渠幽反，～，龍也。(180/72b)

黿鼉　上音元，下音陀。(161/38b)

轅　音袁，車～。(155/77a)

轅　音圜，車前兩廂木也。(336/98b)

轅　音圜，車轅軛曰～。(443/12b)

轅輈　上音園，下竹由反，～～，並車具也。（475/18a）

苑　紆阮反，園～也。（94/54b）

苑　紆遠反，園～。（246/51b）

苑囿　上紆阮反，下音右，種木曰苑，養畜曰囿也。（129/24b）

怨讎　二字音冤酬。（76/70a）

垸帆　惠官反，二同，下正。（318/53b）

掾　俞絹反，府官也。（469/72b）

刖　吾骨反，斷足也，一音月。（128/78b）

刖　吾骨反，一音月，斷足刑也。（245/13a）

刖　吾刮反，去手足之刑，又音月。（158/14b）

刖　吾月反，斷也。（420/55b）

刖　五勿反，居厥反。（487/37a）

刖　音月，又吾骨反。（440/58a）

刖刵　上吾骨反，斷手足之刑也；下而志反，割耳之刑也。（478/
113a）

岳峙　上嶽字同，下直里反，～～，高聲皃。（465/29b）

悦懌　下音亦，～～，和樂也。（443/12b）

悦豫　下音預，誤作矜。（72/7b）

越斧　上正作鉞，下音甫。（264/66b）

粤　音越，于也，審慎詞也。（253/17a）

粤　音越，于也。詞也。（468/10b）

鉞　音越，斧～，以黃金飾之謂黃鉞也。（255/86b）

鉞斧　上音越，下音甫。（165/44a）

閱　弋雪反，簡閱也。（555/60a）

閱　音悦，窺也，故也。（513/67b）

閱　音悦，視也。（137/9a）

籥鑰　二同，音藥，下正。（349/36b）

籥帆鑰　三同，音藥。（331/19a）

鸑鷟　上音岳，下勖角反，～～，鳳子也。（475/42b）

白暈　下音運，或作暈，誤也。（165/71a）

芸若　上音云，下而者反，薩～～，此云一切智也。（137/67b）

芸若　上音云，下汝者反，薩～～，此云一切智。（101/26b）

耘　音云，～，除草也。（449/57a）

耘翦　上音云，下與剪同，～～，除草也。（468/33b）

紜雨　上音云，衆也，亂也，盛也。（163/77a）

雲翳　下一計反，掩也。（437/32b）

雲翳　下一計反，障也。（503/38b）

隕　於敏反，～落。（158/70b）

隕　羽敏反，～，没也，～，墜也。（476/52b）

隕　羽敏反，墜也。（474/32a）

隕　正作殞，于敏反。（158/43a）

隕穫　上羽敏反，下胡郭反，～～，墜落也。（447/50b）

殞　爲閔反，～，歿也。（129/51b）

殞　爲敏反，～，亡也。（442/50a）

殞　羽敏反，正作隕，～，墜也。（492/7b）

殞涕　上羽敏反，正作隕，下替體二音，落淚也。（468/76b）

孕　夷證反，懷子也。（139/7b）

孕　余證反，懷子也。（129/16b）

孕　余證反，有胎也。（103/39b）

惲　委粉反，厚也。（511/69a）

愠　紆運反，忽也。（469/71b）

愠恨　烏運反，怒也。（131/22a）

愠心　上紆運反，怒也，怨也。（189/76b）

薀　俗作蘊。（235/13b）

薀蘊　紆粉反，下正。（6/25b）

熨　音鬱。（335/21b）

韞　紆粉反，藏也。（478/154b）

Z

哻　子合切。（122/84a）

哻　子離反，～，噉。（131/22b）

哻　子答切。（116/76b）

哻　子離反，～，噉也。（257/39b）

唼　子雜反，～，噉，正作咂。（186/102b）

唼吮　上子雜反，下徐軟反，～，㻛也。（89/21a）

唼呷　子雜反，下正。（311/90a）

鱣　知連反，魚口在頷下，無鱗也。（158/7b）

慴　之葉反，驚～。（154/68b）

慴怖　上之葉反，驚慴也。（85/86b）

慴伏　上之葉反，驚～。（478/113a）

慴伏　上之葉反，驚也。（98/58b）

纗纊　上音波，下苦況反，以綿俟氣謂之～～也。（478/154b）

纗纊　上之欲反，下苦汎反，以綿候氣也。（469/57b）

愡惱　二同，下正。（247/55b）

帀　之雜反，俗作匝。（365/58a）

拶　子割反。（508/24b）

拶　子葛反。（513/120b）

咋　正作齚，助鬲反，齧也。（158/43a）

咋　助陌反，齧～也。（471/46a）

栽　宰才切。（122/34a）

簪　作含反，又側蓡反。（309/33b）

簪縫　上作含反，～，綴。（310/83b）

簪縫　上作含反，下音逢。（340/10b）

簪　側參反，冠也。（471/96a）

簪　子含反。（350/71a）

簪　作含反。（314/11b）

簪并　上阻蓡反，下皮變反，～～，冠也。（468/87a）

簪刺　上作含反，下七亦反。（312/99a）

簪縫　上才今反，下音逢。（348/76a）

簪紱　上側參反，冠～也；下音拂，綬也。（464/72a）

簪綴　上作含反，下知衛反。（315/44b）

攢　在丸反，聚也。（556/57b）

攢　在丸反，木叢也。（553/42a）

攢攎　上昨官反，～，聚也；下音盧，柱頭抖也。（88/18a）

暫　蹔字。（253/8a）

暫蹔 二同，上正。（357/28a）

蹔 藏濫反。（110/61b）

蹔 與暫，同也。（186/10b）

蹔 暫字同用。（51/8b）

瓚污 上音讚，水灑也。（448/94b）

酇 子管反，一音讚。（506/35b）

讚 側禁反，～，佞也。（442/7b）

牂 側郎反。（308/97b）

臧 財郎反，善也。（89/39a）

臧否 上則郎反，善也；下方久反，惡也。（456/160a）

臧否 上則郎反，下皮鄙反，～～，善惡也。（456/15b）

臧否 上則郎反，下音比，善惡謂之～～。（158/32a）

奘 慈朗反，法師名。（246/31b）

糟糠 上音遭，下音康。（186/10b）

糟粕 上音遭，下匹莫，～～，酒醋之滓也。（468/87a）

糟粕 上音遭，下匹莫反，酒滓也。（70/22b）

糟粕 上作高反，下匹莫反，酒醋滓也。（470/43b）

鑿 音昨，～，鏨也。（156/70b）

鑿 音昨，穿～。（132/45b）

鑿竅 上音昨，下苦叫反，穿鑿竅穴也。（472/75a）

鑿崖 上音昨，穿～也；下魚皆反，山～也。（463/10a）

鑿楹 昨盈二音，雕柱也。（477/132b）

鑿治 上音昨，下音持。（187/37a）

蚤 音早，跳蟲。（95/19b）

蚤蝨 上音早，下俗作虱，正作蚤蝨。（69/49b）

蚤蝨 上音早，下俗作虱。（171/81a）

棗核 上音早，下何鬲反。（321/34b）

棗核 上音早，下何葛反。（346/21b）

棗核 上音早，下胡革反，又胡骨反。（500/49a）

棗核 上音早，下閑革反。（322/33b）

璅骨 上蘇果反，正作鏁，～～，相連皃。（77/65a）

澡罐 上音早，下音貫，～～，淨瓶也。（157/38a）

澡　俗作㲊。(474/64a)

澡　音早，淨也。(128/17b)

澡　音早，作澡，非。(258/99b)

澡　子皓反，或作澡，非也。(189/18a)

澡盥　二字早貫音，淨瓶也。(430/78a)

澡灌　早貫二音，下正作罐。(468/11b)

澡潃　音早，～，洗也，下非。(138/17a)

澡潄　二字音早瘦。(126/52a)

澡洗　上音早，亦作澡。(81/69b)

藻蔚　上音早，下音鬱字，～～，文詞茂盛也。(466/54b)

藻蔚　早欝二音，文彩盛兒。(468/33a)

噪　先到反，鳥鳴也。(158/32a)

簉　初瘦反，齊也，充也。(469/82a)

燥　蘇老反。(159/7a)

燥　蘇孝反。(308/26b)

燥　先老反，乾～。(261/55b)

燥　相老反，乾～也。(161/37b)

燥濕　上蘇老反，乾也。(468/33b)

燥燥　二同，相老反，乾～，下非也。(131/22b)

燥燥　蘇老反，上正。(320/15b)

躁　則到反，～疾，煩病也。(94/74b)

躁　則到反，～，擾也。(128/10a)

躁　則到反，動也。(552/34b)

躁　則到反，擾也。(139/54a)

躁動　上則到反，亦作躁。～～，心煩擾。(76/48b)

躁急　上則到反，作懆，悞也。(95/67b)

躁躁　二同，則到反。(258/57a)

躁躁　則到反，～，煩憂也。(260/57b)

迮　側革切。(122/43a)

迮　側禹切。(122/34a)

迮　音責，正作笮，厭～也。(439/53b)

迮陿　上音責，正作窄，下咸夾反。(145/30a)

迮窄狹　上二同，音責。(334/82b)

責數　只是數字。(262/86a)

笮　側格反。(239/58b)

笮　音責，壓也。(425/121a)

笮　音責，一作迮。(231/71a)

笮　音詐，壓也。(169/43a)

嘖　音責，阿也。(89/48b)

幘　音責，巾也。(486/58b)

冠幘　下音責，漢宣帝已前不冠者服之。(131/22a)

賾　助鬲反。(339/8b)

賾　助隔反，幽深也。(477/132b)

賾　助責反。(321/9a)

齰　鋤陌反，齧也。(484/18a)

齰　床陌反，齧～。(430/56a)

齰　床陌反，齘也。(442/50a)

齰　助鬲反。(158/22a)

齰　助陌反，齘～也。(447/16b)

齰　助責反。(313/108b)

仄　音側。(320/80b)

仄　阻力反。(337/73b)

譖　側禁反，讒佞也。(442/71a)

譖　側焰反，焰字借聲，讒也，毀也。(158/42b)

譖　側葉反，～，愬也。(447/87b)

譖　子念反，讒～也。(463/62a)

譖　測焰反，讒也，毀也，陷借音。(171/68b)

甑　子淨反。(336/59b)

甑　子正反。(349/94a)

甑　子證反，飯～。(443/62b)

繒　疾精反。(367/15b)

繒　疾陵反。(173/18b)

繒　疾陵反，～，綵也。(171/75a)

繒　疾陵反，～，衆綵帛之揔名。(263/34b)

繒綵　上疾陵反，～，綵帛。（153/15b）

繒緤　上自陵反，～，帛也；下音牒，正作氈，白布也。（178/9a）

繒蓐　上疾陵反，～，綵也；下音辱，正作褥。（131/22a）

礙繒　下似陵切。（116/8a）

吒　丑價反，又竹價、知禮二反。（163/9a）

吒　知嫁反。（162/9a）

吒　陟加切。（122/68b）

吒　陟嫁反，叱呵也。（550/64b）

吒　陟嫁反，吒，歎也。（553/17a）

吒　竹家反，又竹嫁反。（186/10b）

吒　竹家、竹駕二反。（265/33b）

吒　竹嫁反，又竹加二反。（258/13a）

吒　竹嫁反，又竹家反。（153/11b）

吒　竹價反。（309/24b）

吒　竹界、竹家二反。（182/27a）

挓　竹陌反，張開也。（448/15a）

挓　竹宅反，～，開也，張也。（265/24a）

札　側八反。（309/33b）

眨　之合反。（513/51b）

眨眼　上阻夾反，目動也。（500/58b）

撠　知鬲反。（128/36a）

撠　竹隔反，開～也。（448/94b）

撠　竹客反。（339/57b）

撠　竹陌反。（323/33b）

撠手　上正作磔，知客反。（331/28b）

撠手　上知隔反。（307/122a）

撠手　上知客反，正作磔。（328/53b）

撠磔　二同，竹客反。（349/45a）

咤　丑加反。（185/75a）

咤　丑家反。（259/21b）

咤　丑價反，丑家反。（170/55a）

咤　知加切。（259/47b）

咤　竹嫁反。(102/65b)

咤飢　上正作侘，勅加反。(153/21b)

咤吒　二同，丑嫁反，下又竹家反。(306/122b)

咤吒　二同，竹嫁、竹家二反，下正。(345/38a)

詐　側駕反，偽也。(551/98a)

摣掣　上側加反，下昌列反，～～，口觜牽拽皃。(437/25b)

榨　詐音，打油具也。(264/40b)

摘摘　二同，他的反，上正手取也，元音云：宜作拆，拆，擊也，恐不可。(311/46b)

摘摘　他的反，下正。(310/55a)

齋　音齊，肚～也。(434/38a)

齋　自礼反，菜也。(470/16a)

窄　側革反，～狹。(552/7b)

窄　作格反，迫也。(481/34a)

窄狹　上音責，亦作迮同用；下候夾反。(322/67b)

窄陜　上音責，下候夾反，與狹同。(185/43b)

債償　上作責，誤；下音常。(314/83b)

寨　床賣反，～，柵也。(448/67b)

瘵　側界反，～，病也。(247/104b)

瘵　則異反，病也。(466/96a)

沾　霑音。(125/52b)

沾洽　上張廉反，下候夾反。(98/58b)

霑　諸延切。(156/79a)

粘勇　上尼沾反，合也，《説文》：相著也。(233/10b)

詀　尺廉反，又丁兼反，又作苦字。(343/65a)

詀　尺占反，又丁兼反。(343/45b)

薝蔔　上音占，下蒲比反。(183/44b)

遭　知連反。(136/9a)

遭迴　上之連反，逆～。(467/26a)

遭迴　上知連反，迍也，一曰移也。(256/68b)

氈　之然反，毛席也。(310/63a)

氈　諸延反。(256/60a)

氈　之延反，毛席也。（470/31b）

氈毼　上之然反，下音牒，氈，毛席也；毼，毛布也。（465/47b）

氈蓐　上之延反，毛席也；下音辱，薦也。（168/50a）

氈褥　上之延反，毛席也；下音辱，褥辱也。（79/7b）

氈毯　上正作氈，之然反；下他敢反，～～，並毛褥也。（476/16a）

鱣　知連反。（312/15a）

鸇雀　上之延反，似鷂而小，黃色，捕雀而食。（169/18a）

展　折選反。（252/20a）

輾　力展反。（322/76b）

輾　尼展反。（346/74a）

輾　尼展反。（96/65a）

輾　女展反。（259/78b）

輾　正作碾，尼展反。（346/42b）

躔　女展反，足蹈也。（490/68a）

棧　仕限反。（313/73b）

棧　助限反。（169/51b）

棧　助晏反，以板木架險爲道也。（456/87b）

棧道　上助板反，以板木架險爲道也。（463/10a）

棧道　上助諫反，以板木加險爲道也。（462/29a）

湛　宅斬反。（360/53a）

湛然　上宅減反，澄寂也。（187/71b）

綻綴　上在莧反，衣縫線，解也，正作綻，下知衛反，補縫也。
（158/22a）

戰　之膳切。（122/51a）

戰掉　上正作顫，音戰，下徒吊反。（259/78b）

戰掉　上正作顫，音戰，下徒吊反，四肢寒動也。（439/20b）

戰挑　二字正作顫掉，上之扇反，下徒弔反。（301/14a）

蘸　爭陷反。（162/9a）

蘸　莊陷反。（164/69a）

蘸　子笑反，經作子了反。（165/35a）

張俹　下竹由反，狂也。（478/154b）

獐鹿　上音章，亦作麞。（95/67b）

憧遑 二字音章皇，下正作惶，～～，驚懼兒。(131/22b)

憧遑 上音章，下音皇，正作惶。(228/69a)

麞 掌常切。(123/35b)

麞 之羊初。(124/34a)

麞鹿 上音章，小鹿也。(127/53b)

棖 直庚反，棠音。(487/107a)

漲 音帳。(511/88a)

漲 張亮切。(122/43a)

漲 知向反，潮滿也。(447/16b)

漲渁 二同，知向反。(331/56b)

杖 亭樣反。(162/68a)

杖棒 下蒲講反。(182/34b)

杖捶 下之委反，擊也。(178/35a)

杖鉞 上正作仗，兵器摠名也；下音越，大斧。(465/47b)

帳幔 上知向反，下莫半反。(153/15b)

脹 知亮反，～，蒲。(556/7b)

脹 知向反，～，滿也。(242/79b)

昭穆 上正作昭，時遙反，明也；穆，敬也，父昭子穆也，晉諱昭，故云詔穆。(469/71b)

釗 隻遙反。(484/86b)

爪 之巧反，～甲。(137/86b)

爪齒 上之巧反，～甲，亦作抓。(49/75a—b)

爪抓 二同，之巧反。(337/10b)

沼 之少反，池～也。(516/33b)

兆姟 上音趙，下古哀反，數也。(140/55b)

垗 音趙，葬址也。(469/57b)

棹 直教反，～，舡楖也。(256/69a)

棹 直教反，正作櫂。(512/123b)

棹楫 上直罩反，下音接，～～，舟篙也。(128/54a)

罩 竹孝反，籠～。(477/74a)

肇 音召，法師名也。(245/65a)

櫂 直教反，撥舡～也，亦作棹。(477/55a)

櫂棹　直教反，二同。（311/9a）

蜇　音哲，蜂行毒也。（447/50b）

喆　古文哲字。（154/60a）

喆　陟列反。（124/25a）

喆哲　二同，上古文，下俗用。（156/70b）

輒　竹涉反，專～也，從取，非也。（121/28a）

磔　知隔反。（162/24b）

磔　陟格反。（315/118b）

磔　竹厄反。（163/77a）

磔　竹格反。（306/80a）

磔　竹鬲反，開也。（507/5b）

磔　竹恪反，張也。（158/32a）

磔　竹客反，開也。（167/29a）

磔　竹陌反。（306/122b）

磔縛　上竹陌反，張也，間也。（435/81b）

磔開　上知格反，張也。（166/14a）

磔手　上知客反，作搩，非。（309/44b）

磔搩　竹客反，二同。（348/60a）

讁　陟革反。（485/41b）

讁捶　上音摘，～，罸也；下之委反，擊也。（158/43a）

讁罰　二字音摘伐，罪責也。（97/7b）

讁罸　上音摘字，下音伐，～～，罪責也。（443/34a）

讁讁罸　上二同音摘，～～，責罪也。（405/34b）

轍　直列反，車迹也。（476/34b）

讁　音摘，伐罪。（98/36a）

讁罸　上音摘，下音伐，～～，譴責也。（244/37b）

福　音輒，又之涉反。（311/90a）

福　之涉反，一音輒。（323/45b）

福　之葉反，一音輒。（344/62b）

赭堊　者惡二音，赤土也。（465/62b）

赭服　上音褚，赤色也。（472/75a）

蔗　之夜反，甘～。（131/13a）

砧磓　上知林反，下直追反，正作鎚。(471/76b)

斟　正作斟，音針，~酌也。(434/13a)

甄別　上居延反，下井列反，~ ~，識辯也。(470/16a)

甄叔　上居延反，一音真。(157/4b)

甄異　上居延反，察也。(469/13b)

禎明　上音貞，宋諱。(469/26b)

禎祥　上音貞，~，善也。(136/22b)

榛　助巾反，木藂也，一音臻。(242/8b)

榛梗　上助巾反，下加猛反，~ ~，叢刺也。(471/109a)

榛梗　上助由反，下加猛反，~ ~，叢刺也。(470/56b)

箴　音針，誡也，誨也。(467/33b)

箴勗　上音針，下許玉反，~ ~，誡勸也。(453/82b)

臻　側巾反，至也。(136/43b)

臻　側巾反，至也，巾字隣韻。(161/38a)

鍼　與針同。(170/34a)

鍼筩　二字亦作針筒同用。(352/49b)

畛　之忍反，一音真。(418/14a)

疹　丑刃反，疾也。(135/59b)

疹　丑刃反，之忍反。(231/71a)

疹　之認反。(325/54b)

疹　知刃反。(349/94a)

軫　之忍反，車後橫木也。(465/8a)

振　職刀反，舉也，裂也。(555/60a)

朕　直稔反，我也，古之以來，貴賤共稱，始皇二十六年唯天子獨稱也。(141/85b)

朕　直甚反，我也，自古貴賤共稱，秦始皇二十六年呼帝，唯天子獨稱也。(128/10a)

賑　音振，以財贍貧曰~。(422/78b)

賑給　上音震，以財濟乏也。(456/87b)

賑窮　上之忍反，一音振，以財贍貧也，或有拯蒸字上聲，~，拔也。(189/68b)

賑贍　上音振，下時焰反，~ ~，以財物濟乏也。(470/43b)

震越 即是袈裟服也。(68/41b)
鴆 直禁反，~，鳥名，食蛇，其毛歷殺人也。(158/32a)
鴆 直禁反，食蛇毒鳥也。(448/54a)
烝 煮仍反，火氣上行也。(232/28a)
噌吰 上楚耕反，下惠萌反，鐘聲也，出《文選》。(470/56b)
揁 竹庚反。(342/73b)
揁 竹耕反，琴聲鎗聲也。(343/45b)
揁 作孟反。(327/26a)
蒸民 上之陵反，衆也。(142/16a)
鉦鼓 上音征，似鈴而有柄，鉦以靜之，鼓以動之。(100/44a)
徵 知履反。(162/9a)
徵 陟陵反。(396/65b)
拯 音蒸上聲，救助也。(111/39b)
拯 之肯反。(1/9a)
拯 之領反。(371/92b)
拯 之忍反。(241/9a)
拯 之郢反，救也，助也。(558/28b)
拯賑 二同，之忍反。(317/39b)
整肅 上之領反，嚴敬之皃。(232/86a)
幀 猪孟反。(165/14b)
卮 音只，~盞。(168/69a)
汁 之入反。(126/73b)
芝英 上音之，~~，瑞草也。(467/33b)
吱 舊音支字，羅陀那~頭，此是佛名，譯云寶。(137/86b)
胝 珍遲反。(168/50a)
胝 珍尼反。(246/74a)
伽末 上應師元闕音切。(445/54a)
梔 音支。(172/85b)
榰頤 支怡二音，以手託顋曰~~。(502/11a)
織 之力、之異二切。(124/17a)
殖 常力反，亦作植，種~。(88/34b)
殖植 二同，常力切，種也。(48/56a)

摭 音隻，拾也。（453/82b）

摭 之石反，又作拓。（553/61a）

摭拾 上音隻，採~也。（456/15b）

縶 知立反，繫也。（456/131a）

縶維 上陟立反，~~，繫也。（469/72b）

縶紲 上涉立反，拘繫也；下音薛，正作絏，長繩繫也。（131/22b）

蹠 音隻，腳底也。（468/52b）

蹠詞 上音隻，採拾也，正作摭。（256/69a）

躑躅 上真亦反，下直錄反，~~，謂疾舉足而不進也。（80/70a）

躑躅 上直亦反，下直欲反，舉足兒，進之兒。（478/154b）

址墌 止隻二音，基地也。（468/52b）

泜 舊音直飢反，一音只。（170/64b）

枳 居支、居旨二反。（128/69a）

枳 居只反，又居支反。（137/25a）

咫尺 上音只，八寸曰~。（246/63a）

炙 音只。（338/13b）

炙 音隻，火~。（242/8b）

炙燎 上音隻，下力照反，正作爒。（131/22b）

治罸 二字音持伐，治理也，罸，責也。（248/8a）

挃 之日反，在足曰桎也。（553/52a）

挃 知吉反。（332/81a）

挃 竹日反。（349/27b）

峙 直里反，立也。（157/45a）

室非 正作室。（165/26b）

桎 之日反，在手曰~。（557/22b）

桎梏 上音質，下古篤反，~~，木械別名。（469/47b）

秩 持一反，祿~也。（472/32b）

痔病 上直里反，下部病也。（168/38a）

痔漏 上直里反，下正作瘻，~~，下部病。（56/17b）

痔瘻 上直里反，下音漏，下部病也，亦作瘺。（494/6a）

蛭 音質，水~蟲也，一名蚑。（257/39b）

彘 直例反，豕也。（171/75a）

跱　直里反，正作峙。（102/23a）

跱立　上直里反，立也，正作峙。（262/86a）

雉　直里反，山雞也。（430/89a）

雉鶙　上直里反，下徒的反，～～，長尾烏也。（303/23a）

稚　直追反。（188/26a）

寘　支義反，置也。（513/94b）

滯　直例反，止也。留也。（156/14b）

緻　直利反，密也。（556/42b）

擿　他的反，正作揥，挑～。（189/76b）

擿　摘同。（307/48a）

擿分　上他的反，作摘，非。（350/40b）

擿抛　上直亦反，与擲同用；下作苞，非，匹交反。（346/35a）

擿去　上他的反，作摘，非。（327/56b）

擿摘　二同，下正用。（319/9a）

擲　持隻切。（123/51b）

櫛　阻蝨反，梳也。（463/74a）

櫛比　上之蝨反，下頻必反，～～，謂相連近如梳齒之密。（456/
102a）

櫛沐　上阻蝨反，下音牟，～～，梳洗也。（465/62b）

儨　正作質。（98/36a）

鷙鳥　上音至，迅鳥也。（470/56b）

躓　音致，礙也，倒地。（128/89a）

躓　陟利反，礙也。（473/29a）

躓頓　上音致，～～，方言挫辱之謂也。（70/54b）

終盩　知流反，水曲爲盩，山屈爲屋，謂曲水洄，則舩車不行也，正
作盩也，又江西作力計反，綬名也，非此用。（73/8b）

螽鼠　上音終，正作䶂，豹文鼠也。（95/29b）

冢　之涌反。（171/55b）

冢　知勇反。（139/7b）

塚　展勇反，正作冢。（176/72b）

腫脚　上之勇反，正作瘇。（322/16a）

踵　之勇反，繼也，追也，又足跟也。（158/53a）

踵　之勇反，足跟也。（472/20b）

喠口　之勇反，又尺容反。（342/15a）

洲渚　下音煑，水中沙潬，可以居人，大者曰洲，小者曰渚。（236/60a）

洲渚　下之與反，水中沙潬，可以居人，大者曰洲，小者曰～。（233/10b）

啁哳　上竹交反，下竹八反，鳥聲也。（478/154b）

輈　竹由反，車轅也。（478/154b）

賙給　上音周，救贍也。（71/21a）

盩厔　上知留反，下知一反，～～，縣名在京兆。（470/56b）

籒　竹尤切。（132/105b）

籒議　上竹留反，誆也。（256/68b）

籒張　上竹由反，作輈，非，～～，誆也。（476/44a）

軸　直六反，車軸也。（553/17a）

肘　張柳切。（124/76b）

肘　知腳反，臂～也。（81/10a）

肘　知流反，臂骨也，一肘長一尺八寸。（502/25a）

肘　知柳反，臂～。（435/46b）

肘　知柳反，臂～，一～長二尺一六長一尺八寸。（89/27b）

肘脾　上知卯反，下正作髀，蒲米反。（345/48a）

帚　之九反，掃～，正作帚、箒。（245/65b）

睭　音周，瞻也。（469/38a）

呪咀　下之助反，正作詛。（443/74b）

呪詛　下之助反，作咀，非也。（129/41b）

胄　音宙，兜鍪也。（128/17b）

胄　直又反，繼嗣也。（441/8b）

甲胄　下直右反，頭鎧也。（45/48a）

甲胄　下直又反，頭鎧也。（59/53b）

甲胄　下直右反，兜鍪也。（136/74b）

皺　側瘦反，皮蹙也。（127/12b）

驟　床瘦反，馬行疾。（136/74b）

侏儒　上音朱，～～，短人。（476/24b）

株　音朱，～杌。（128/54a）

蛛蛭　上陟未反，下知利反，應師未詳，川音下作丁悉反。（445/64a）

豬　張如反。（442/7b）

豬　陟魚反。（125/19a）

豬　猪字。（127/12b）

豬屑　上張如反（306/65b）

豬豬　二同，張如反。（319/9a）

豬腈　二同。（236/60a）

拄頮　上知主反，下古怙反，以手拓顊也。（443/12b）

渚　音煮，洲～。（46/23a）

渚　之與反，洲～。（135/86a）

矚　音燭，視也。（252/66a）

炷　音住，灯～。（265/59a）

祝詛　上之右反，亦作呪，下之助反。（158/53a）

疰　音注，病～。（167/94b）

竚　音佇，待也。（469/47b）

著䲲　上直略反，下魚各反，亦作鱷。（359/9b）

紵　音佇，～麻。（265/88b）

紵木　上正作杼，音蕁，～～，枝也。（434/13a）

貯　張吕切。（122/34a）

貯　知吕反，盛積也。（120/92a）

跓　知主反。（169/11b）

跓　朱柱反。（303/73b）

翥　章恕及，飛也。（553/61a）

翥　之庶反，飛～也。（447/30b）

箸　直慮反，與筋同。（423/102b）

箸筋　二同，直慮反。（170/34a）

駐　知遇反，止也。（255/75a）

霔　音注。（76/8a）

霔　之句反，霖霔也。（558/21a）

築　音竹，填～。（260/9a）

鑄 音注，鎔～。（157/4b）

抓摑 上之巧反，下俱獲反，～，打也，或作攫，紆獲反，只不擊～也。（448/15a）

抓摑 上之巧反，下俱獲反，又攫，紆陌反。（420/89a）

塼構 上音專，下古候反。（416/18a）

塼坯 上音專，下匹回反。（307/108b）

塼甓 上音專，～瓦；下力水反，～，砌也。（261/36a）

塼甓 上職緣反，下盧對反。（416/25a）

塼支 上音專，下本正作搘用，～～者，以去持相拄也。（311/9a）

塼甄 二同，音專，瓦也。（350/61b）

塼甄 二音專，～，瓦也。（466/8b）

塼甄 二音專，同用。（345/38a）

撰 床選反，～，述也。（266/7b）

撰集 上助板反，述也。（52/34b）

篆 直轉反，～，書也。（465/8a）

饌 床恋反，食～也。（89/8a）

饌 助綰反，具食也。（155/18b）

戇 竹降反，愚～也。（447/50b）

椎 直追反，～，擊也。（176/28a）

椎鍾 上直追反，～，擊也，或作槌。（161/37b）

錐 質追反，針～。（343/45b）

錐 朱惟反。（513/133a）

錐鞭 上質追反，針～刺也；下必綿反，鞭杖也。（437/32b）

綴 輟芮切。（124/25a）

綴 知衛反，連～也。（244/29b）

綴緝 上知衛反，下七入反，～～，連續也。（233/49b）

迍邅 上知倫反，下竹連反，～～，多否也。（472/98b）

諄諄 之倫反，誠懇也。（346/7a）

倬 音卓，大也，明也。（58/56b）

豹 音酌，獸似豹也，今用豹字，亦通。（343/45b）

灼 音酌，光兒。（154/68b）

斫 之若反，刀～斬。（257/39b）

斫治　上之若反，刀～，治理也。（262/16a）

啄　音卓，～嗷。（6/25b）

啄　音卓，鳥觜取食也。（262/34a）

啄　竹角反，鳥啄。（554/28a）

啄嗷　上音卓，作喙，誤。（41/17b）

啄喙　音卓，下非。（259/78b）

琢　音卓，磨～也。（76/78a）

硺　正作斲，音卓，～，鑿也。（189/84a）

擢　直角反，拔也，抽也，出也。（553/61a）

斲　音卓，～，鑿也。（244/65b）

濯　音濁，洗～。（96/79a）

焯　音酌，燒也。（164/9a）

焯　之若反，正作灼，燒也。（162/17a）

孜　音茲，～～，不息之皃。（446/57a）

孜孜　音茲，～～，不息之意。（464/95a）

茲其　下音義云正作薋，似箭反，箭草如細荻，今詳未定。（149/83a）

嗞　音茲，《說文》嗟也。（503/11b）

粢　音咨，祭食。（486/58b）

粢盛　上音咨，祭食也。（462/20a）

滋蔓　上音茲，下音萬，連續之貌。（436/9b）

貲　子斯反，計也。（158/32a）

貲財　上即斯反，貨也，財也。（73/17a）

貲租　上即斯反，下子胡反，～～，財稅也。（477/24b）

訾謗　上音紫，口毀也，亦作訿、呰同。（476/52b）

緇　側師反，黑色也。（467/13a）

緇　則思反，深黑色。（128/10a）

緇素　上側詞反，～～，僧俗也。（446/70a）

緇衣　上側茲反，深黑也，古之僧服曰～。（89/20b）

輜　側持反，又音經。（185/29b）

輜藍　上止茲反，下就經作鹿奄反。（185/36a）

髭　即移切。（259/47b）

髭　子斯反。（336/10b）

髭相　上即斯反，鬚也。（498/17b）

錙銖　上側思反，下音殊，六銖曰錙，四錙曰兩。（470/43b）

呰　音紫，呵也。（111/39b）

呰　音紫，口毀也。（136/66b）

呰訾　二同，音子，口毀也。（89/48b）

梓藩　上音子，州名也；下音飜，作蕃，誤。（475/42b）

梓宮　上音子，～～，木也，天子用之槨棺也。（465/62b）

梓匠　上音子，良匠也，善理其木曰～～。（469/37b）

桑梓　下音子，木名，今謂故鄉曰～～。（471/27a）

桑梓　下音子，木名，今故里謂之～。（473/11b）

訾　即斯反，計也。（478/52b）

訾　音紫，口毀也。（128/45a）

訾呰　二同，音紫，呵～。（343/37b）

訾呰　二同，音紫，口毀也。（152/16a）

滓　側史反，～，濁也。（100/44a）

滓　阻史反，激也。（552/7b）

牸　音字，母畜也。（343/19a）

牸　音字，母牛也。（159/27a）

牸犢　上音字，下音讀，～～，母牛子也。（164/45b）

漬　才賜切。（123/76b）

漬　即自反，浸～也。（490/32a）

漬　疾智反，浸潤也。（120/26a）

漬　在智反，浸～。（162/24b）

綜　子宋反，～，機之摠理也。（245/65a）

綜　子宋反，摠理也。（499/6b）

綜　宗用反。（120/108a）

博綜　下子宋反，摠理也。（177/89a）

博綜　下子宋反。～，摠也。（85/86b）

齜蔑　上子紅反，下莫結反，～～，醜人也。（472/75a）

揔　惣字。（6/25b）

揔　總字。（49/83b）

捴持　上惣字，或作惚。（88/34b）

捴捴攝　上二字同捴字。（250/10b）

捴　音惣。（8/77a）

捴緝　上惣字，下七入反，續也，亦作緝。（477/74a）

縱廣　上足容反，～，橫也，南北曰～，東西曰橫。（434/6a）

縱潤　上足容反，～，直也，闊，橫也。（180/7b）

租　則孤反，田稅也。（260/57b）

租　子姑反。（342/68b）

葅　測踈反。（342/40b）

葅醢　上側所反，菜鮓也；下音海，肉醬也。（447/16b）

葅醢　臻魚反，酢也，或作菹；下音海，肉醬也。（158/32a）

卆卒躁　上二同，倉没反，暴急也；下則到反，～，憂也。　（169/43a）

卒　臧没反，百人爲卒也。（555/22b）

挨姓　古文族字。（131/13a）

挨族　上古文。（260/17b）

鏃　子木反，箭頭也。（127/53b）

鏃　子族反，箭鋒也。（446/99b）

鏃　作禾反，箭頭也。（152/26b）

阻壞　上正作沮，才呂反，毀也。（247/43b）

阻俎　才呂反，上正下誤，毀也，斷也。（242/49b）

俎　正作沮，才呂反，毀也。（90/11a）

俎鼎　上同前，下音頂，調五味之器。（477/108b）

俎豆　上音阻，祭器也。（472/32b）

祖祽　上音質，下古篤反，～～，柤械之別名也。（463/85a）

組　音祖，～，綬也。（468/87a）

纂　子管反，～，集也。（253/17a）

纘　子管反，～，集也，繼也。（463/85a）

撮　七活反，正作撮，于～。（164/79a）

攢　子官反，～，刺也，或作攢，昨官反，～，聚也。（443/12b）

攢木　上子官反，作贊，非也。（242/49b）

攢仰　上子官反，～～，謂道之深遠，～～，不可及也。（470/16a）

鑚仰　上子官反，～～，謂言不可窮盡。(253/17a)

鑚仰　上子官反，俗謂其道玄遠，～～，所不及也。(467/33b)

鑚　作丸切。(122/27a)

觜　子委反，俗作携。(448/67b)

觜　子委反，亦作觜。(327/56b)

觜棠　子委反，上非下正。(311/29a)

樽俎　尊阻二音，酒器也。(464/79b)

搏節　上子損反，～，到也，節制也。(470/31b)

怍　音昨，正作酢，酬～也。(470/15b)

祚　才故反，福～也。(476/52b)

祚挿　應師上作社，時者反，下必弥反。(445/45a)

參考文獻

（一）古籍

《北山集》，（宋）程俱撰，臺北：臺灣商務印書館《景印文淵閣四庫全書》第 1130 冊。

《別雅》，（清）吳玉搢撰，安徽教育出版社 2002 年版《中華漢語工具書書庫》50 冊。

《昌黎先生文集》，（唐）韓愈撰，上海書店 1989 年《四部叢刊初編》第 116 冊。

《大廣益會玉篇》，（梁）顧野王著，中華書局 1987 年版。

《大正新修大藏經》，日本大正一切經刊行會編，臺北：新文豐出版股份有限公司 1994—1996 年影印本。

《讀書雜志》，（清）王念孫著，江蘇古籍出版社 2000 年影印本。

《爾雅校箋》，周祖謨著，雲南人民出版社 2004 年版。

《法苑珠林》，（唐）道世撰，上海書店 1989 年《四部叢刊初編》第 86 冊。

《房山石經》，中國佛教協會、中國佛教圖書文物館編，華夏出版社 2000 年版。

《鳳池吟稿》，（明）方廣陽撰，臺北：臺灣商務印書館《景印文淵閣四庫全書》第 1225 冊。

《改併五音類聚四聲篇海》，（金）韓孝彥、韓道昭撰，上海古籍出版社 2003 年版《續修四庫全書·經部》第 229 冊。

《干祿字書》，（唐）顏元孫撰，紫禁城出版社 1990 年影印明拓本。

《高麗大藏經》，韓國東國大學校譯經院 1994 年版。

《廣雅疏證》，（清）王念孫著，中華書局 2004 年版。

《漢書》，（漢）班固撰，（唐）顏師古注，中華書局 1962 年版。

《淮南子集釋》，（漢）劉安撰，何寧集釋，中華書局 1998 年版。

《懷麓堂集》，（明）李東陽撰，臺北：臺灣商務印書館《景印文淵閣四庫全書》第 1250 冊。

《集韻》，（宋）丁度等編，上海古籍出版社 1985 年版。

《建炎以來繫年要錄》，（宋）李心傳撰，上海古籍出版社 1992 年版。

《經典釋文》，（唐）陸德明撰，中華書局 1983 年版。

《舊唐書》，（後晉）劉昫等撰，中華書局 1975 年版。

《類篇》，（宋）司馬光等編，中華書局 1984 年影印本。

《隸辨》，（清）顧藹吉編，中華書局 1986 年版。

《龍龕手鏡》（朝鮮本），日本影印朝鮮咸化八年（1472）增訂本。

《龍龕手鏡》，（遼）釋行均撰，中華書局 1985 年版。

《論衡校釋》，（漢）王充著，黃暉校釋，中華書局 1990 年版。

《呂氏春秋》，（戰國）呂不韋著，陳奇猷校釋，學林出版社 1984 年版。

《佩觿》，（宋）郭忠恕撰，中華書局 1985 年版《叢書集成初編》本第 1065 冊。

《篇海類編》，（明）宋濂撰，（明）屠隆訂正，上海古籍出版社 2003 年版《續修四庫全書·經部》第 229—230 冊。

《曝書亭集》，（清）朱彝尊撰，上海書店 1989 年《四部叢刊初編》第 279 冊。

《前漢紀》，（梁）沈約著，上海書店 1989 年《四部叢刊初編》第 17 冊。

《紹興重雕大藏音》，（宋）處觀撰，《中華大藏經》（第 59 冊）影印宋資福藏本。

《詩集傳》，（宋）朱熹集注，中華書局 1958 年版。

《十三經注疏》，（清）阮元校刻，中華書局 1980 年版。

《史記》，（漢）司馬遷撰，中華書局 1959 年版。

《說文解字》，（漢）許慎撰，中華書局 1963 年版。

《說文解字注》，（漢）許慎撰，（清）段玉裁注，上海古籍出版社 1981 年版。

《說文通訓定聲》，（清）朱峻聲撰，武漢市古籍書店 1983 年版。

《宋本廣韻》，（宋）陳彭年等編，中國書店 1982 年版。

《宋高僧傳》，（宋）贊寧撰，范祥雍點校，中華書局 1987 年版。

《宋刻集韻》，（宋）丁度等編，中華書局 2005 年版。

《搜神記》，（晉）干寶撰，汪紹楹校注，中華書局 1979 年版。

《太玄經》，（漢）揚雄撰，（晉）范望注，上海書店 1989 年《四部叢刊初編》第 68 册。

《唐會要》，（宋）王溥撰，中華書局 1985 年版《叢書集成初編》第 825 册。

《通雅》，（明）方以智撰，安徽教育出版社 2002 年版《中華漢語工具書書庫》第 48 册。

《卍續藏經》，日本京都藏經書院編，上海商務印書館涵芬樓 1923 年影印本。

《五經文字》，（唐）張參撰，中華書局 1985 年版《叢書集成初編》第 1064 册。

《新集藏經音義隨函録》，（五代）釋可洪，中華書局 1993 年版《中華大藏經》第 59、60 册。

《續一切經音義》，（遼）希麟，上海古籍出版社 1986 年影印日本獅谷白蓮社刻本。

《荀子集解》，（清）王先謙撰，中華書局 1988 年版。

《顏氏家訓集解》，顏之推著，王利器點校，中華書局 1993 年版。

《一切經音義》，（唐）釋慧琳，《大正新修大藏經》第 54 册。

《一切經音義》，（唐）釋慧琳，上海古籍出版社 1986 年影印日本獅谷白蓮社刻本。

《一切經音義》，（唐）釋玄應，《影印高麗大藏經》第 32 册，韓國東國大學校譯經院 1994 年影印。

《一切經音義》，（唐）釋玄應，《影印磧砂藏經》第 458—461 册影印本。

《影印磧砂藏經》，上海影印宋版藏經會 1935 年影印。

《應縣木塔遼代秘藏》，山西省文物局、中國歷史博物館編，文物出版社 1991 年版。

《戰國策》，（漢）劉向集録，上海古籍出版社 1985 年版。

《正字通》，（明）張自烈，（清）廖文英編，中國工人出版社 1996 年版。

《中華大藏經》，中華大藏經編輯局編，中華書局 1984—1996 年版。

《重廣補注內經素問》，（唐）王冰注，上海書店 1989 年《四部叢刊初編》第 63 冊。

《篆隸萬象名義》，［日］空海，中華書局 1995 年版。

《資治通鑒》，（宋）司馬光編，（元）胡三省音注，中華書局 1956 年版。

《資治通鑒釋文》，（宋）史炤著，中華書局 1985 年版《叢書集成初編》第 3483—3489 冊。

《字彙》，（明）梅膺祚，上海辭書出版社 1991 年版。

（二）今人著作

《〈古今韻會舉要〉及相關韻書》，寧忌浮著，中華書局 1997 年版。

《〈龍龕手鏡〉研究》，鄭賢章著，湖南師範大學出版社 2004 年版。

《〈入唐求法巡禮行記〉詞彙研究》，董志翹著，中國社會科學出版社 2000 年版。

《〈新集藏經音義隨函錄〉研究》，鄭賢章著，湖南師範大學出版社 2007 年版。

《碑別字新編》，秦公輯，文物出版社 1985 年版。

《草字編》，洪鈞陶編，文物出版社 1983 年版。

《詞彙學簡論》，張永言著，華中工學院出版社 1982 年版。

《辭通》，朱起鳳著，上海古籍出版社 1982 年版。

《東漢—隋常用詞演變研究》，汪維輝著，南京大學出版社 2000 年版。

《敦煌·民族·語言》，［日］高田時雄著，中華書局 2005 年版。

《敦煌寶藏》，黃永武主編，臺北：新文豐出版公司 1981—1986 年版。

《敦煌變文校注》，黃徵、張涌泉著，中華書局 1997 年版。

《敦煌經部文獻合集·小學類佛經音義之屬》，張涌泉主編，中華書局 2008 年版。

《敦煌書儀語言研究》，張小豔著，商務印書館 2007 年版。

《敦煌俗字典》，黃徵編，上海教育出版社 2005 年版。

《敦煌俗字研究》，張涌泉著，上海教育出版社 1996 年版。

《敦煌遺書總目索引新編》，敦煌研究院編，施萍婷主撰稿，邰慧莉助編，中華書局 2000 年版。

《敦煌音義匯考》，張金泉、許建平著，杭州大學出版社 1996 年版。

《法藏敦煌文獻》，上海古籍出版社、法國國家圖書館編，上海古籍出版社 1995—2005 年版。

《佛典精解》，陳士強著，上海古籍出版社 1992 年版。

《佛典與中古漢語詞彙研究》，朱慶之著，臺北：臺灣文津出版社 1992 年版。

《佛教語言闡釋—中古佛經詞彙研究》，顏洽茂著，杭州大學出版社 1997 年版。

《佛經詞語匯釋》，李維琦著，湖南師範大學 2004 年版。

《佛經音義研究—首屆佛經音義研究國際學術研討會論文集》，徐時儀、梁曉虹、陳五雲編，上海古籍出版社 2006 年版。

《佛經音義研究通論》，徐時儀、梁曉虹、陳五雲著，鳳凰出版社 2009 年版。

《佛經音義與漢語詞彙研究》，梁曉虹、徐時儀、陳五雲著，商務印書館 2005 年版。

《佛學大辭典》，丁福保編，文物出版社 1984 年版。

《古漢語詞彙綱要》，蔣紹愚著，商務印書館 2005 年版。

《古書疑義舉例五種》，俞樾等著，中華書局 2005 年版。

《古字通假會典》，高亨纂著，董治安整理，齊魯書社 1989 年版。

《故訓匯纂》，宗福邦等編，商務印書館 2003 年版。

《漢文佛教大藏經研究》，李富華、何梅著，宗教文化出版社 2003 年版。

《漢語大詞典》（三卷本），羅竹風主編，漢語大詞典出版社 1997 年版。

《漢語大字典》（縮印本），徐中舒主編，武漢、湖北、四川辭書出版社 1993 年版。

《漢語史稿》，王力著，中華書局 1980 年版。

《漢語史學習與研究》，唐作藩著，商務印書館 2001 年版。

《漢語俗字叢考》，張涌泉著，中華書局 2000 年版。

《漢語俗字研究》，張涌泉著，岳麓出版社 1995 年版。

《漢語音韻學講義》，楊劍橋著，復旦大學出版社 2005 年版。

《漢語語音史》，王力著，中國社會科學出版社 1985 年版。

《漢字古音手冊》，郭錫良編，北京大學出版社 1986 年版。

《慧琳〈一切經音義〉研究》，姚永銘著，江蘇古籍出版社 2003 年版。

《近代漢語詞彙研究》，蔣冀騁著，湖南教育出版社 1991 年版。

《近代漢語綱要》，蔣冀騁、吳福祥著，湖南教育出版社 1997 年版。

《近代漢語研究概要》，蔣紹愚著，北京大學出版社 2005 年版。

《晉方言語音史研究》，喬全生著，中華書局 2008 年版。

《舊學新知》，張涌泉著，浙江大學出版社 1999 年版。

《魯國堯語言學論文集》，魯國堯著，江蘇教育出版社 2003 年版。

《呂澂佛學論著選集》，呂澂著，齊魯書社 1991 年版。

《南部吳語語音研究》，曹志耘著，商務印書館 2002 年版。

《任繼愈學術論著自選集》，任繼愈著，北京師範學院出版社 1991 年版。

《湯用彤學術論文集》，湯用彤著，中華書局 1983 年版。

《唐五代關中方音研究》，儲泰松著，安徽大學出版社 2005 年版。

《唐五代西北方音》，羅常培著，科學出版社 1961 年版。

《唐五代語言詞典》，江藍生、曹廣順編，上海教育出版社 1997 年版。

《唐五代韻書集存》，周祖謨編，中華書局 1983 年版。

《問學集》，周祖謨著，中華書局 1996 年版。

《現代吳語研究》，趙元任著，科學出版社 1956 年版。

《校勘學概論》，張涌泉、傅傑著，江蘇教育出版社 2007 年版。

《新編漢文大藏經目錄》，呂澂著，齊魯書社 1991 年版。

《玄應〈衆經音義〉研究》，徐時儀著，中華書局 2005 年版。

《訓詁叢稿》，郭在貽著，上海古籍出版社 1985 年版。

《訓詁學》，郭在貽著，湖南人民出版社 1986 年版。

《疑難字考釋與研究》，楊寶忠著，中華書局 2005 年版。

《音韵論叢》，中國音韵學研究會、石家莊師範專科學校編，齊魯書社 2004 年版。

《音韻學教程》，唐作藩著，北京大學出版社 2002 年版。

《英藏敦煌文獻（漢文佛經以外部分）》（14 冊），中國社科院歷史研究所、中國吐魯番學會敦煌古文獻編輯委員會、英國圖書館、倫敦亞非學院編，四川人民出版社 1990—1995 年版。

《語言學文集：考證・義理・辭章》，魯國堯著，上海人民出版社 2008

年版。

《中古漢語讀本》，方一新、王雲路著，上海教育出版社 2004 年版。

《中古漢語研究》，王雲路、方一新主編，商務印書館 2000 年版。

《中國大藏經雕印史》，道安著，《大藏經研究彙編（上）》，《現代佛教學術叢刊》（第十冊）臺北：大乘文化出版社 1977 年版。

《中國敦煌學百年文庫·語言文字卷》，項楚、張涌泉主編，甘肅文化出版社 1999 年版。

《中國佛教》（三），中國佛教協會編，東方出版中心 1989 年版。

《中國佛教百科全書·經典卷》，陳士強著，上海古籍出版社 2000 年版。

《中國佛教史籍概論》，陳垣著，上海書店出版社 2001 年版。

《中國寫本大藏經研究》，方廣錩著，上海古籍出版社 2006 年版。

《中華字海》，冷玉龍等編，中華書局、中國友誼出版公司 1994 年版。

《周祖謨文字音韻訓詁講義》，周祖謨著，周士琦編，天津古籍出版社 2004 年。

《字典考正》，鄧福禄、韓小荊著，湖北人民出版社 2007 年版。

（三）學位論文類

《〈可洪音義〉研究——以文字爲中心》，韓小荊，浙江大學博士論文，2007 年 1 月。

《可洪音義研究》，儲泰松，復旦大學博士後出站報告，2002 年 4 月。

《閩北、閩中方言语音研究》，邓享璋，厦门大学博士论文，2007 年 6 月。

《宋代處觀〈紹興重雕大藏音〉音系初探》，張國華，首都師範大學碩士論文，2007 年 5 月。

《宋人音释研究》，孙建元，南京大学博士论文，1996 年 12 月。

《〈諸病源候論〉詞義研究》，郭穎，浙江大學博士論文，2005 年 5 月。

（四）論文類

《〈爾雅音圖〉音注所反映的宋初零聲母——兼論中古影、云、以母的音值》，馮蒸，《漢字文化》，1991 年第 1 期。

《北京圖書館藏磧砂藏研究》，李際寧，《北京圖書館館刊》1998 年第 3 期。

《從量變看朱熹反切中的濁上歸去》，黎新第，《重慶師院學報（哲社版）》，1999 年第 1 期。

《敦煌變文與唐代語音》，周祖謨，《中國敦煌學百年文庫·語言文字卷》，甘肅教育出版社 1999 年版。

《敦煌俗文學中的別字異文與唐五代西北方音研究》，邵榮芬，原載《中國語文》1963 年第 3 期，後收入《中國敦煌學百年文庫·語言文字卷》，甘肅教育出版社 1999 年版。

《佛教混合漢語初論》，朱慶之，《語言學論叢》（第二十四輯），商務印書館 2001 年版。

《可洪〈隨函録〉與行瑫〈隨函音疏〉》，高田時雄，《敦煌·民族·語言》，中華書局 2005 年版。

《遼代石刻別字異文所見遼代漢語語音》，黎新第，《語言科學》，2005 年第 7 期。

《遼韻考》，丁治民，《古漢語研究》，1999 年第 4 期。

《盧宗邁切韻法述評》，魯國堯，《魯國堯語言學論文集》，江蘇教育出版社 2003 年版。

《論“音隨形變”》，張涌泉，《舊學新知》，浙江大學出版社 1999 年版。

《論“音義體”及其流變》，于亭，《中國典籍與文化》，2009 年第 3 期。

《〈南村輟耕録〉與元代吳方言》，魯國堯，《魯國堯語言學論文集》，江蘇教育出版社 2003 年版。

《磧砂藏隨函音義初探》，黃耀堃，《音韻論叢》，中國音韻學研究會、石家莊師範專科學校編，齊魯書社 2004 年版。

《山西崇善寺藏〈磧砂藏〉本的價值》，何梅，《宗教學研究》，1999 年第 1 期。

《試說翻譯佛經新詞新義的產生理據》，王雲路，《語言研究》，2006 年第 2 期。

《宋代汴洛語音考》，周祖謨，《問學集》，中華書局 1996 年版。

《唐宋間止蟹二攝的分合》，唐作藩，《漢語史學習與研究》，商務印書館 2001 年版。

《吳文英張炎等南宋浙江詞人用韻考》，胡運飆，《西南師範大學學報》，1987 年第 4 期。

《"新喻三劉"古體詩韻所反映的方音現象》，杜愛英，《語文研究》，2001 年第 2 期。

後　記

　　這是我的第一本著作。從選題、搜集材料、寫作、修改到出版，前後花去了近六年的時間。《磧砂藏》隨函音義，數量繁浩，一開始面對如此龐大而零碎的材料，那種不知所措的窘迫感，至今記憶猶新。這項研究對於生性駑鈍的我而言，是個極大的挑戰，整理與研究過程中的甘苦，如魚飲水，冷暖自知。佛經隨函音義涉及佛教史、佛經校勘、文字學、音韻學、訓詁學等多學科的內容，然而，目前學界關注的很少，衷心地期待，拙著能發掘其一二價值，拋磚引玉，使更多的研究者關心和從事這項研究。

　　本書的撰寫和出版，離不開眾多師友的指導和幫助。我要特別感謝我的兩位恩師張涌泉先生和鄭賢章先生。是兩位先生的因材施教，傳道解惑，諄諄教誨，將資質平庸的我領上學術研究的道路。多年來對我的鼓勵和教導，言猶在耳，受惠良深。感謝蔣冀騁、方一新、王雲路、顏洽茂、黃笑山、張小豔等諸位先生爲本書提出了許多寶貴的修改意見。感謝同門張磊爲本書的修訂提供了諸多幫助。浙大古籍所朱大星、竇懷永、秦佳慧和陳葉諸位老師，學友董雪、李玲玲、阮幗儀、曹海花、熊娟、朱新林、郜同麟、張新朋、張鉉、田業政等或提供資料，或指點迷津，或校覽文稿，在此一並致謝。

　　博士畢業以後，我來到中華女子學院對外漢語系任教。我享受着這裏既寬鬆自由，又積極進取的教學、科研環境。系領導壽靜心、陳麗君老師關心青年教師的成長，給予多方的支持和鼓勵。同事對我非常照顧。那群青春洋溢的學生，帶給了我許許多多快樂時光。前系主任李秀蘭老師離開我們一年多了，每念及此，不禁潸然。

　　我生性懶散，本書能修改出版，也離不開我先生凌文超的督促。他總是以他的專業背景和眼光提出看法和建議，而我常抱怨之。北京生活壓力很大，尤其是我們這些第一代移民，居大不易。讀文史的我們，雖然坐擁書山，却只能將衆多專業書籍打包塵封。屢次搬家的困頓恐怕是一輩子也不會忘懷的。感謝公公婆婆和父母在物質和精神上對我們的支持和愛護，使我們能安定下來。這無疑加快了本書的修改進度，這些都是我銘記在心的。

中國社會科學出版社李炳青先生爲本書的出版付出了不少心血，謹此致謝！

我願以本書爲新的起點，繼續佛經隨函音義等的進一步研究。誠摯地希望讀者對小書的疏漏、不當、錯誤予以批評、指正，幫助我提高。

譚　翠

2013 年 2 月